世界经典
侦探推理游戏

刘晓菲 主编

中国华侨出版社
·北京·

图书在版编目（CIP）数据

世界经典侦探推理游戏 / 刘晓菲主编 . —北京：中国华侨出版社，2014.3
（2024.1 重印）
ISBN 978-7-5113-4496-0

Ⅰ . ①世… Ⅱ . ①刘… Ⅲ . ①智力游戏 Ⅳ . ① G898.2

中国版本图书馆 CIP 数据核字（2014）第 045052 号

世界经典侦探推理游戏

主　　编：刘晓菲
责任编辑：唐崇杰
封面设计：冬　凡
美术编辑：陈　萍
经　　销：新华书店
开　　本：720mm×1020mm　1/16 开　印张：28　字数：650 千字
印　　刷：三河市兴博印务有限公司
版　　次：2014 年 7 月第 1 版
印　　次：2024 年 1 月第 4 次印刷
书　　号：ISBN 978-7-5113-4496-0
定　　价：78.00 元

中国华侨出版社　北京市朝阳区西坝河东里 77 号楼底商 5 号　邮编：100028
发 行 部：（010）88893001　　传　真：（010）62707370
网　　址：www.oveaschin.com　　E－m a i l：oveaschin@sina.com

如果发现印装质量问题，影响阅读，请与印刷厂联系调换。

前言
PREFACE

如果将人类的全部能力比喻成一座冰山的话，我们已经开掘的，仅仅是冰山一角。假如能探测到水面下的冰山，那么无疑会使我们得到进一步的提升。当今时代，竞争加剧，生活节奏不断加快，在这样的环境中，无论是渴望成为社会精英的莘莘学子，还是渴望在工作中寻求突破的上班族，具有一套完整的思维体系都至关重要。探究思维大厦，了解其中的构造并且有目的、有计划地游走其间是十分必要的。只要全身心地投入观察与思考之中，你就能发现它面纱下的真面目，这种探索的过程就是你受益的过程，破茧成蝶的过程。

在启发思维的过程中，侦探推理举足轻重，因为它能够开启心灵，拓宽视野，启发智慧，有目的地培养人的观察能力、分析能力、推理能力、创造能力和想象力，对锻炼人的思维大有益处。而侦探推理游戏是一种具有高度刺激性和挑战性的思维游戏，比推理小说更真实，比数独游戏更有趣。更加重要的是，它会让你在侦破案情的过程中展露出超强的推理、分析能力。面对扑朔迷离的案件，根据故事中提供的蛛丝马迹，运用单向思维、逆向思维、发散思维、创造性思维，通过正确的逻辑推理，再加上对一些知识、常识的了解，你就可以提出合乎情理的看法，最后是灵光一闪的豁然开朗，智破奇案。多做侦探推理游戏，可以活跃思维，挑战智慧，激发推理潜能，提高智商，让你无论是在学习生活中，还是参加500强企业面试、公务员、MBA等各类考试，都能轻松应对。

本书是目前国内外规模大、内容全、游戏好玩的大型图书。本书有如下三大特点：

一、游戏经典，收录量大。本书共收录了近700则侦探推理游戏，古今中外，涵盖面广，包罗万象。书中以侦探推理为导向，以读者兴趣为出发点，每一个游戏都惊险曲折，神秘玄妙，扣人心弦；融知识性、趣味性于一体，力争做到一本书让读者玩遍所有经典侦探推理游戏。在凡事都讲求效率的今天，很多人对于花长时间阅读长篇文章深感厌倦，因此本书在内容上删除了一些不必要的枝节，凸显绝妙的推理精华。

二、体例科学，图文并茂。本书一改此类图书不作分类或只进行简单分类的惯例，按照科学推断、经验洞察、知识应用、逻辑推理、事实演绎、心理剖析、综合分析分为七章，从不同角度展开推理，力求多层面地进行深度剖析，以锻炼读者的思维能力。在内容编排上注重内在联系和逻辑顺序，结合广大读者朋友的阅读习惯，同时附有手绘图片，诙谐幽默却寓意深刻，与文字相辅相成，给读者更加鲜明而具体的认知，帮助读者展开推理。

三、针对面广，启发性强。这是一部开发潜能的游戏典范，是一个活跃思想的智慧读本。无论是孩子、大人，或者学生、上班族、求职者、管理层，甚至是高智商的天才，都能从中找到适合自己的题目。完成这些游戏之后，你会发现自己的逻辑能力得到了进一步的开发，无论在学习、生活、求职还是工作中遭遇什么样的困难，都不会再感到无从下手，而是能够通过思维的灵活转换，胜利迈向成功。

这是一本让侦探迷和推理爱好者疯狂的游戏书！不论你是推理游戏玩家、逻辑高手，还是侦探小说迷，这本游戏书将让你和全世界聪明的人一起推理，掌握推理方法，突破思维瓶颈，引发思维风暴，创造卓越人生！

目录
CONTENT S

第一篇 科学推断

1. 谁盗走了项链................2
2. 巧找钻石....................2
3. 钻石藏在哪儿................2
4. 克娄巴特拉的眼泪............3
5. 小偷是怎样逃跑的............3
6. 自杀与他杀..................4
7. 凶手是自己..................4
8. 两个猎人的仇杀..............5
9. 恐怖枪击事件................5
10. 飞机上的遗书...............5
11. 天上的凶手.................6
12. 你在说谎...................7
13. 影子与谎言.................7
14. 柯南的解释.................7
15. 刑期有误吗.................8
16. 财会室起火案...............8
17. 奇怪的来信.................8
18. 铁路公司诉讼案.............9
19. 圣彼得堡的雪花.............9
20. 幽灵的声音.................9
21. 北极探险的险情.............10
22. 萨斯城的绑架案.............10
23. 谷底逃生...................11
24. 火车站谋杀案...............11
25. 寻找赃物...................12
26. 沉入水中的棉花.............13
27. 失踪的弹头.................13
28. 纵火者的谎言...............14

29. 作案的电话.................14
30. 泄密的秘书.................15
31. 飞机机翼上的炸弹...........15
32. 谁是纵火犯.................16
33. 变软的黄金.................16
34. 被热水浸泡的体温计.........16
35. 重要证据...................17
36. 鞋印的证明.................17
37. 牡蛎黄的证明...............18
38. 月亮的倒影.................19
39. 不能捧起的黄磷.............19
40. 起火的玻璃房...............20

第二篇 经验解读

41. 谁盗走了古币...............22
42. 钻石大盗的计谋.............22
43. 一枚珍贵的硬币.............23
44. 衣架上的大衣...............23
45. 移花接木...................24
46. 一桩奇特的凶杀案...........24
47. 珍邮藏在哪儿...............24
48. 博物馆里的盗窃犯...........25
49. 小汽艇上的凶案.............25
50. 四个高中生去野炊...........26
51. 大厦失火...................26
52. 失窃的海洛因...............27
53. 谁是投毒凶手...............27
54. 案发时间...................27
55. 女儿的致命约会.............28
56. 台风过后...................28

57. 谋杀案 28
58. 冒牌的声音 28
59. 不是自杀 30
60. 杀妻的男人 30
61. 教练的谎言 30
62. 抢钱的破绽 30
63. 金网球俱乐部的一夜 31
64. 被杀的女乐手 31
65. 停电时的误杀 31
66. 雪夜目击 32
67. 楼梯上的凶案 32
68. 投机商人 32
69. 听力差的冒领者 33
70. 一位孤独的老人 33
71. 谎言的破绽 34
72. 有人杀害了我的丈夫 34
73. 梅丽莎在撒谎 34
74. 对话 35
75. 游乐园的父子 35
76. 警长的反问 35
77. 消声器坏了 35
78. 过继 36
79. 沙漠归来 37
80. 戴墨镜的杀手 37
81. 雨中的帐篷 37
82. 政府办公室被盗 38
83. 报案的秘书 38
84. 火炉上的烤肉 38
85. 一条大红的龙虾 39
86. 警员与警长 39
87. 被窃的手提包 40
88. 识破伪证 41
89. 超车的规定 41
90. 六头被打死的斗牛 42
91. 古代的瓷瓶 42
92. 雨夜的报案 43
93. 一片沉寂 43
94. 藏珠宝的罐头 44
95. 谁是劫匪 44

96. 第一感觉 44
97. 指纹 45
98. 老地质队员遇难 45
99. 大毒枭 45
100. 枪击案 46
101. 如何接头 46
102. 可疑旅客 46
103. 集邮家 46
104. 目击证人 47
105. 遗书是伪造的 47
106. 发难名探 48
107. 桅杆上的白布 48
108. 金砖的所有者 48
109. 谁是新娘 49
110. 被害的妻子 49
111. 软件专家的电脑 49
112. 报案破绽 50
113. 消夏的游客 50
114. 珠宝商度假 51
115. 二战中的间谍 51
116. 聪明的警官 51
117. 半夜敲门 51
118. 机智脱险 52
119. 间谍被擒 52
120. 巧过立交桥 52
121. 钞票藏在哪里 53
122. 监视的妙方法 53
123. 用驴找鞍 54
124. 交换情报 54
125. 伪证据 54
126. 职员的话 55
127. 数茄子 55
128. 伪造的现场 55
129. 被冤枉的狗 56
130. 审问石头 56
131. 墙外树下 56
132. 候选的小提琴手 57
133. 谁是抢劫杀人犯 57
134. 凶手的逃跑方向 58

135. 无辜还是敲诈...................58
136. 便利店劫案...................59
137. 钢结构房间...................59
138. 球杆风波...................59
139. 停车场命案...................60
140. 女扮男装的修女...................61
141. 刷门廊的人...................62
142. 一碗油炒豆...................62
143. 字迹的证明...................63
144. 两碗寿面...................64
145. 李良审鹅...................64
146. 换刀擒凶...................65
147. 真假布店伙计...................65
148. 深夜的恐吓信...................66
149. 伪造的契约...................66
150. 吃青菜的牛...................67
151. 变速车...................68
152. 加油站劫案...................68
153. 后院有贼...................69
154. 快餐店...................69
155. 皮艇谋杀案...................70
156. 花店劫案...................70

第三篇　知识应用

157. 珍贵艺术品...................72
158. 价值连城的邮票被盗...................72
159. 神秘的盗贼...................72
160. 拿破仑智救仆人...................73
161. 飞来的小偷...................73
162. 被杀的猫头鹰...................74
163. 珠宝店里的表...................75
164. 埃默里夫人的宝石...................75
165. 英格兰的旗舰...................76
166. 头像是怎么来的...................76
167. "死人河"...................77
168. 警犬的鼻子...................77
169. 是巧合还是谋杀...................78
170. 东京度假游...................78

171. 神秘的古堡...................78
172. 死亡与鲜花的对比...................79
173. 请专家来断案...................79
174. 游船上的谋杀案...................79
175. 血型辨凶手...................80
176. 双重间谍...................80
177. 四名嫌疑犯...................80
178. 迷乱的时间...................80
179. 马戏团的凶案...................81
180. 一张秋天的照片...................81
181. 凶手可能是美国人...................82
182. 神父的判断...................82
183. 大力士之死...................82
184. 谁在撒谎...................83
185. 新郎之死...................83
186. 卖狗人...................84
187. 一起恶性肇事逃逸事件...................84
188. 玻璃上的污水...................85
189. 水生动物研究所...................85
190. 园艺家是个骗子...................85
191. 黑珍珠项链...................85
192. 富媚报警...................86
193. 银店抢劫案...................86
194. 撒谎的肯特...................86
195. 瑞香花朵...................87
196. 今年冬天的第一场雪...................87
197. 骡子下驹...................88
198. 古老的壁画...................88
199. 南美洲的大象...................88
200. 寓所劫案...................89
201. "幽灵"的破绽...................89
202. 小福尔摩斯...................90
203. 谍报员面对定时炸弹...................90
204. 大侦探罗波...................91
205. 聪明的谍报员...................91
206. 柯南断案...................92
207. 聪明的珍妮...................92
208. 衣柜里的女尸...................93
209. 罪犯逃向...................93

210. 求救信号 93
211. 判断页码数 94
212. 神秘的电文 94
213. 破译情报 94
214. 暗影 95
215. 联邦调查局难题 95
216. 拿破仑的结论 95
217. 奇怪的钟表并不怪 96
218. 神秘的情报 96
219. 匿藏赃物的小箱子 96
220. 常客人数 97
221. 集中抓捕行动 97
222. 鱼是怎么死的 97
223. 盗墓者的自首 98
224. 可靠的证据 98
225. 报警的数字 99
226. 狡猾的罪犯 99
227. 巨款仍在 99
228. 救命的闹钟 100
229. 智推车牌号 100
230. 森林里的杀人案 100
231. 被托管的白银 101
232. 一张照片引发的秘密 101
233. 翻下悬崖的吉普车 102
234. 律师的推断 102
235. 一个报案电话 103
236. 重大发现 103
237. 摩天大楼里的住户 103
238. 不在场证明 103
239. 门口的卷毛狗 103
240. 雨后的彩虹 104
241. 锐眼识画 104
242. 冰凉的灯泡 104
243. 装哑巴 105
244. 破解隐语 105
245. 律师的判断 105
246. 蜘蛛告白 106
247. 杀人犯冯弧 106
248. 县令验伤 107

249. 冒充的饲养员 107
250. 是谁偷了佛珠 108
251. 被打翻的鱼缸 108
252. 藏在水中的银子 108
253. 一瓮马蹄金 109
254. 巧称黄金的文官 110
255. 谁是房子的主人 110
256. 一封奇异的家书 111
257. 池塘里的倒影 112
258. 一道密码算术题 112
259. 一条黄色工装裤 113
260. 谁是凶手 113
261. 飞驰的快艇 114

第四篇　逻辑推理

262. 名画失窃 116
263. 住在房间里的人 116
264. 美术馆失窃案 117
265. 金表被盗 117
266. 回到地球 117
267. 谁扮演"安妮" 118
268. 旅馆里的凶案 118
269. 四件凶器 119
270. 被毒死的伊凡 119
271. 皮划艇比赛 119
272. 哪个男人是凶手 120
273. 思道布的警报 120
274. 迅速破案 121
275. 继承人 121
276. 家庭凶杀案 121
277. 富豪被杀的真正原因 122
278. 兜风意外 122
279. 做贼心虚的约翰 122
280. 致命的烧烤 123
281. 小镇的烦心事 123
282. 聪明的探长 123
283. 下一个出场者 124
284. 凶手可能是律师 124

285. 一起就餐 125
286. 囚室 125
287. 谎言 125
288. 足球评论员 126
289. 他绝不是自杀 126
290. 他杀证据 126
291. 房间之谜 127
292. 灭口案 127
293. 寄出的信件 127
294. 毛毯的破绽 128
295. 是走错房间了吗 128
296. 柜台交易 129
297. 丽莎在撒谎 129
298. 管家在撒谎 129
299. 戴黑帽子的家伙 130
300. 不想花钱买个谎言 130
301. 背影与领结 130
302. 春天到了 131
303. 教授的凶杀案 131
304. 一个冷天里的冷玩笑 ... 132
305. 小猪储蓄罐 132
306. 诚实国与说谎国 133
307. 马蹄匠的工作 133
308. 胡同里的假案 133
309. 农民的商店 134
310. 口袋里的金币 134
311. 特工间谍 135
312. 三个嫌疑犯 135
313. 牛奶送错了 135
314. 那个人就是罪犯 136
315. 赛马 136
316. 银行抢劫案 137
317. 成名角色 137
318. 粗心的警察 138
319. 蒙特港的游艇 138
320. 凶手就是他 138
321. 哪一间房 138
322. 前方修路 139
323. 侦探波洛 140

324. 明断银元案 140
325. 善于针织的母亲们 140
326. 指挥失误 141
327. 扮演马恩的四个演员 ... 141
328. 游击队员送情报 142
329. 牧民的宝石 142
330. 别尔的行程 142
331. 周末选择 143
332. 囚犯抓绿豆 143
333. 糟糕的往日 144
334. 郊外露营跳舞的女孩有几个 ... 144
335. 五月皇后 144
336. 一起枪击事件 145
337. 车牌号是空的 145
338. 去往墨西哥的六个枪手 ... 145
339. 打开保险柜 146
340. 新工作 146
341. 肇事车号 147
342. 奇异的钟声 147
343. 军官的来历 148
344. 怪盗传递信件 149
345. 逻辑题作者 149
346. 小错误很致命 149
347. 一起报案 150
348. 失败的降落 150
349. 又是一次导演案 151
350. 航海 151
351. 臭名昭著的大盗贼 152
352. 蓄意谋杀 152
353. 站岗的士兵 152
354. 绑票者是谁 153
355. 悬赏启事 153
356. 新英格兰贵族 154
357. 逃犯与真凶 154
358. 墙上的假手印 154
359. 退休的警察们 155
360. 牙科诊所 155
361. 豪华轿车 156
362. 自杀的餐馆老板 156

363. 保密的措施不保密……156
364. 罗马遗迹……157
365. 一起盗窃案……157
366. 军队成员……157
367. 雪地上的脚印……158
368. 凶手的破绽……158
369. 上班迟到了……158
370. 店员的智慧……159
371. 跳崖者的眼镜……159
372. 签名售书……160
373. 树叶上的血迹……160
374. 被害者……161
375. 英国士兵的孩子们……161
376. 受过伤的死者……161
377. 庄严的参观……162
378. 赌棍、骗子和牧师……162
379. 狙击手的绰号……162
380. 得克萨斯州突击队……163
381. 谁拿错了谁的伞……163
382. 警察队……163
383. 手机是谁捡到的……164
384. 甲的帽子是什么颜色……164
385. 沿下游方向……164
386. 巧点鸳鸯谱……165
387. 维多利亚歌剧……165
388. 四位古希腊少女……166
389. 银行保险柜被撬……166
390. 赫尔墨斯计划……166
391. 仿爱因斯坦题……167
392. 被绑架的失明富家少女……167
393. 哥哥还是弟弟……168
394. 势单力薄的警察们……168
395. 一句话断案……168
396. 教授的谜题……169
397. 抓巫将军……169
398. 得分列表……169
399. 公寓房客……170
400. 专业小偷……170
401. 品尝威士忌……170

402. 谁是受伤者……171
403. 穿过通道……171
404. 谜语专家的谈话……171
405. 又是三个嫌疑犯……172
406. 连续发生的刑事案件……172
407. 中断的演出……172
408. 追根溯源……173
409. 最诚实的人……173
410. 叠纸牌……174
411. 谁是国际间谍……174
412. 单身公寓里的爱情……174
413. 酒吧老板的新闻……175
414. 失物招领处……175
415. 小偷被偷……175
416. 票……176
417. 案发时间推理……176
418. 博尔思岛上的抢劫案……177
419. 侦探小说……177
420. 犹豫的冒险家……178
421. 刑事专家的火眼金睛……178
422. 回到家乡……179
423. 斯拜在哪儿……179
424. 赖福尔斯小姐的报复……180
425. 出师不利……180
426. 走哪一条路……181
427. 谁杀害了医生……181
428. 谁穿了红色衣服……182
429. 完全不同……182
430. 被偷走的答案……182
431. 倒霉的日子……183
432. 紧急侦破任务……183
433. 电视转播赛……183
434. 环行线路……184
435. 客官挑选船老大……184
436. 七个沾泥巴的孩子……185
437. 女运动员……185
438. 丽丽玩不玩乒乓球……185
439. 聪明的囚徒……186
440. 一瓶新药……186

441. 长长的通道...........186
442. 取手提箱...........187
443. 职业迁徙...........187
444. 愤怒的丈夫...........188
445. 藏在叶子下的古币...........188
446. 完人之旅...........188
447. 前胸与后背...........189
448. 换装...........189
449. 手上的证据...........190
450. 一尊假香炉...........191
451. 勋章...........192
452. 小姑娘筐里的食盐...........192
453. 被诬陷的偷瓜贼...........193
454. 过街女士...........194
455. 皇帝与大臣...........195
456. 昏庸的皇帝...........195
457. 修理店的汽车...........195
458. 转危为安...........196
459. 巧打德国侵略军...........196
460. 牛群...........196
461.《圣经》阅读计划...........197
462. 倒霉的"郝斯彻斯"...........197
463. 大学生公寓的谋杀案...........198
464. 瓦尼斯城堡...........198
465. 谁安放的录音机...........199
466. 高个子修理工...........199
467. 博物馆的展品...........200
468. 口香糖艺术...........200
469. 被抢的村会计...........201
470. 在碰碰车上...........202
471. 被偷的古书...........202
472. 甜水和苦水...........203
473. 笔名...........204
474. 消失的花瓶...........204
475. 深深的脚印...........205
476. 知名人士的房子...........205
477. 谁杀了叔叔...........206
478. 圣诞节...........206
479. 腼腆的获奖者...........207

480. 自杀还是谋杀...........207
481. 收藏古书...........208
482. 古堡凶杀案...........208
483. 心理学家之死...........209
484. 服务窗口...........209
485. 谁在点火...........210
486. 鼠屎之谜...........210
487. 谁是真正的贼...........211
488. 首姆斯和惠特森...........212
489. 公主的珍宝...........212
490. 莫斯科"摩尔"...........213
491. 品尝红薯的滋味...........214
492. 不认识的窝主...........214
493. 运货车...........215
494. 巧断家产...........216
495. 品牌代言人...........217
496. 井中的丈夫...........217
497. 没人在家...........218

第五篇　事实演绎

498. 邮票藏在哪里...........220
499. 珠宝店被抢劫...........220
500. 被偷的世界名画...........220
501. 首饰店被盗...........221
502. 价值连城的大钻石...........221
503. 仓库被盗之谜...........221
504. 一定是桩凶杀案...........222
505. 时间观念很强的银行经理...........222
506. 巧留鞋印...........222
507. 不在现场...........223
508. 在劫难逃...........223
509. 奇怪的密室杀人案...........223
510. 被害人溺水死亡...........224
511. 同事间的生死较量...........224
512. 离奇死因...........224
513. 酒店谋杀案...........225
514. 主谋...........225
515. 聪明的伽利略...........225

516. 训练猴子做杀手.....................226
517. 漂泊的救生筏上.....................226
518. 特工情报员遇害.....................227
519. 空姐被杀.............................227
520. 融化的巧克力.......................227
521. 一宗杀人案件.......................228
522. 子弹会拐弯吗.......................228
523. 富家女遇难.........................228
524. 阳台上的枪杀案.....................228
525. 第二枪.............................229
526. 死在阿尔卑斯山.....................229
527. 杀人的毒蝎.........................229
528. 土耳其浴室.........................231
529. 邮政局长被害案.....................231
530. 无孔不入的特工暗杀.................231
531. 保险诈骗案.........................232
532. 可笑的小偷.........................232
533. 不早不晚，正好七点.................232
534. 拿走了一颗珍珠.....................233
535. 究竟发生了什么.....................233
536. 赃物藏在何处.......................233
537. 吞蛋送命.........................234
538. 寻找凶器.........................234
539. 凶器消失了.........................234
540. 宰相的女儿.........................234
541. 犯罪手法.........................235
542. 不翼而飞的赎金.....................235
543. 凶器是什么.........................236
544. 引爆...............................236
545. 手枪队护送宝马.....................236
546. 女窃贼.............................237
547. 失踪的赎金.........................237
548. 寡妇之死.........................237
549. 被偷得彻底的别墅...................238
550. 酬金有诈.........................238
551. 工人偷运橡胶事件...................239
552. 同样的剧情不同的结论...............239
553. 吃人的老虎.........................239
554. 警犬也会有失误.....................240

555. 古屋幽灵.........................240
556. 瞬间逃窜的匪徒.....................241
557. 凶手的作案手段.....................241
558. 狡诈的走私犯.......................241
559. 蠢管理员.........................241
560. 罪犯的阴谋.........................242
561. 毒蜂与录音机.......................242
562. 金发美女与敲诈犯...................242
563. 雪后脚印.........................243
564. 影星之死.........................243
565. 中毒...............................243
566. 巧用厕所.........................244
567. 不可能发生的事.....................244
568. 硬币透露了案情.....................244
569. 盗窃犯.............................245
570. 遗书上的签名.......................245
571. 结婚纪念日.........................245
572. 滑雪场的凶案.......................246
573. 勤快的表弟.........................246
574. 警察破案.........................247
575. 打破的水晶.........................247
576. 没有消失的指纹.....................247
577. 为何指控她.........................248
578. 谁把花踩坏了.......................248
579. 摆摊算命.........................248
580. 完全不对的车子.....................249
581. 开具火葬证明.......................249
582. 奸细是怎么找出来的.................249
583. 能说话的尸体.......................250
584. 一根白色的细毛.....................250
585. 谁是花瓶的主人.....................250
586. 会抓贼的盲人.......................251
587. 电话密码.........................252
588. 奇异的案情.........................252
589. 笔记本电脑不见了...................252
590. 聪明的化妆师.......................253
591. 姑娘的手枪.........................253
592. 跟踪谜团.........................254
593. 惯犯被擒.........................255

594. 目击者的疑惑 255
595. 令人瞠目结舌的真相 255
596. 是"梦"吗 256
597. 终日不安的罪犯 256
598. 婚礼灾难 256
599. 行李箱被窃案 257
600. 被淹死的人 258
601. 教授之死 258
602. 谁是抢劫者 258
603. 大摇大摆的小偷 259
604. 同案犯的罪证 259
605. 果汁杯底下的纸条 260
606. 强盗后背的蜡烛油 260
607. 生豆子和熟豆子 261
608. 马戏团谋杀案 262
609. 可疑的盗窃案 262
610. 恐怖分子 263
611. 替罪羊 263
612. 谎言 264
613. 一副银牙签 264

第六篇　心理剖析

614. 商队 266
615. 等鱼上钩 266
616. 间谍 266
617. 找到窃贼 267
618. 聪明的警长 267
619. 多出的金币 267
620. 斗米斤鸡 268
621. 选择几率 269
622. 使用伪钞的家伙 269
623. 没能力做证人 269
624. 无冤无仇 270
625. 一颗散落的珍珠 270
626. 杨树叶作证 271
627. "赌城"拉斯维加斯 272
628. 奇怪的拳头 272
629. 开庭审理 272
630. 孤独费 273
631. 化学家的声明 274
632. 谁是匪首 274
633. 列车上的广播 274
634. 装哑取证 275
635. 设宴抓贼 276
636. 县令买马 277
637. 母亲与儿子 277
638. 两张诬告状纸 278
639. 盖字识盗 279
640. 被赖掉的钱 280
641. 祖传妙药 281
642. 寻找嫁妆 281
643. 失而复得的官印 282
644. 不识字的狗 282
645. 贪财的瞎子 283
646. 以牙还牙的办法 283
647. 智破伪证 283
648. 引诱 284
649. 巧还耕牛 285
650. 藏人的木桶 285
651. 一口大铁锅 285
652. 被割掉舌头的耕牛 286
653. 招兵抗倭 286
654. 大牢与小牢 287
655. 兄弟打官司 288
656. 谁害死了老太太 288
657. "神钟"识盗 289
658. 良师益友 289
659. 没装胶卷的相机 290
660. 公审大树 290
661. 收萝卜 291
662. 受冤枉的木匠 291
663. 谁是抢劫者 292
664. 跟踪狂 293
665. 心理学家的理论 294

第七篇 综合分析

666. 失窃的宝石 296
667. 一家乐器商店被盗 296
668. 船长遇害 297
669. 替罪的瞎子 297
670. 画家被杀 298
671. 森林公园深处的凶情 298
672. 证言的破绽 299
673. 嫌疑犯答话 299
674. 考卷里的错误 299
675. 空的保险柜 300
676. 露出马脚的高级骗子 300
677. 伪造的照片 300
678. 一宗奇案 301
679. 飞来的爹 301

680. 新学期的风波 302
681. 抢劫出租车的强盗 303
682. 一株植物 305
683. 一张借条 305
684. 谁的旱烟管 306
685. 寻找放哨的人 306
686. 巧辨方头锹 307
687. 到底是谁 308
688. 林中奇案 309
689. 波森家的盗窃案 310
690. 杀手阿龙 312
691. 带血的合欢树叶 312
692. 馆长之死 313

答案 314

第一篇

科学推断

1. 谁盗走了项链

某小镇的一位珠宝商约翰收购了一条镶满宝石的项链，价值连城。他把这条项链放在一个金属首饰盒里并锁起来，外面还用封条封好，不遇到知心朋友或懂行的人，不轻易拿出来。

一天，3个经常来光顾珠宝店的富商A、B、C慕名来访，约翰打开了珍宝盒，让他们观赏这条项链。大家观赏后约翰拿了一张封条，涂上糨糊，将珍宝盒重新封好，便陪同A、B、C3个人到客厅闲谈。言谈中约翰发现，3个人的手指都有毛病：A的食指发炎了，涂着紫药水；B的拇指被毒虫咬伤了，涂着碘酒；C的拇指划破了，涂着红药水。谈话间这3个人都上过厕所。谈兴正浓时，约翰的好友林德来访，也要看一看项链。约翰带着林德来到珍宝室，撕开刚刚粘上的湿封条一看，盒中的项链不见了。

林德问明了情况，得知偷项链的是A、B、C3人中的一个。他俩回到客厅，当林德看到3个人的手指时，便指着其中一位说："盗窃项链的就是他！"

你知道盗窃者是哪位吗？林德的依据是什么？

2. 巧找钻石

一群游客来到一家博物馆参观。这家博物馆最吸引人的是它所收藏的一颗大钻石。钻石原本浸在一种溶液之中，当这种溶液接触到盐分时就会变成绿色。在游客们走了之后，博物馆的警卫发现钻石被偷了，于是报了警。警察截住了所有的游客，并把他们关在一间屋子里。警长让助手把炉子生了起来。

请问：他为什么要这么做呢？

3. 钻石藏在哪儿

夏季的一天，女盗梅姑乔装改扮，混进珠宝拍卖会场，盗出两颗大钻石。一回到家，她马上将钻石放在水中用冰箱做成冰块。因为钻石是无色透明的，所以就算万一有警察来搜查也不易被发现。

第二天，吉川侦探来了。"还是把你偷来的钻石交出来吧。珠宝拍卖现场的闭路电视已将化装后的你偷盗时的情景拍了下来，虽然警察没看出是你化的装，但瞒不过我的眼睛，一看就知道是你。"吉川侦探说。

"如果你怀疑是我干的，就在我家搜好了，直到你满意为止。"梅姑若无其事地说。"今天真热啊，来杯冰镇可乐怎么样？"

梅姑说着从冰箱里拿出冰块，每个杯子放了4块，再倒上可乐，递给吉川侦探一杯。将藏有钻石的冰块放到了自己的杯子里，即使冰块化了，钻石露出来，在喝了半杯的可乐下面也是看不出来的。吉川侦探怎么会想到在他眼前喝的可乐中会藏有钻石呢，梅姑暗自盘算着。

"那么，我就不客气了。"吉川侦探接过杯子喝了一口，下意识地看了一眼梅姑的杯子。"对不起，能换一下杯子吗？""怎么！难道怀疑我往你的杯子里投毒了吗？""不，不是毒。我想尝尝放了钻石的可乐是什么味道。"吉川侦探一下子从梅姑手里夺过杯子。

冰块还没溶化，那么吉川侦探是怎么看穿梅姑的可乐杯子里藏有钻石的呢？

4. 克娄巴特拉的眼泪

布兰妮是一位臭名昭著的女盗，警察们一心想把她绳之以法，可总让她溜掉。这天，她又精心策划了一次偷窃行动，企图盗窃 G 公爵的遗孀秘藏的一件稀世珍宝——重达 50 克拉的大钻石"克娄巴特拉的眼泪"。可是，不巧布兰妮因病卧床不起。于是她叫来两名助手丽卡和沙布，命令他们说："你们俩去替我偷来，这是考验你们的最好时机。'克娄巴特拉的眼泪'藏在卧室的秘密保险柜里。"

"怎么打开保险柜呢？"

"保险柜上有相当复杂的密码锁，要是我去的话，怎么都能将锁打开。可对你们来说就不那么好对付了。可喜的是，G 夫人现在外出旅行，那是一座空房。"

于是，那两个助手便带了氧气切割机和高压氧气瓶，溜进了那所房子，从卧室的墙上揭下了一张油画，便露出了保险柜。虽然很小，但却是钢制的，又镶嵌在墙壁上，所以将保险拒搬走是不可能的。

"喂！丽卡，开始吧。"于是，两个人马上操起氧气切割机开始行动了。灼热的火焰很快将保险柜的门烧红，不久它便像糖稀一样开始熔化。"还差一点儿，沙布，再加把劲。"很快，保险柜的门就被切割出一个大洞。"好了，已经可以了。"丽卡顺着洞往里一看，里面却什么也没有。只有一小堆灰烬。"真怪，哪有什么'克娄巴特拉的眼泪'呀。""什么！你说的是真的？"沙布很吃惊，套上耐火手套伸手进去一摸，里面果然是空的。两个人像泄了气的皮球，回到布兰妮那里。

"怎么？没有钻石？你们俩究竟怎么打开保险柜的？"布兰妮追问道，"用氧气切割机。用那个没什么大动静……""真是蠢货！再大的声响也不要紧，那是座空房，为什么不用电钻！"布兰妮痛骂了两人一顿。

丽卡和沙布出了什么错？

5. 小偷是怎样逃跑的

一批名贵的钻石正在市博物馆展出。

为保证钻石的安全，博物馆在本来就戒备森严的展览厅里又新增红外线监控系统，只要有人在非开放时间进入展厅，红外线就会立刻感觉到他的移动，警卫甚至可以在电视屏幕上清晰地看到进入者的图像。博物馆馆长放心地说，钻石进了博物馆，比进了保险箱还安全。

深夜，经过一天劳累后的警卫们都打起了瞌睡。一个小偷悄悄地溜了进来，他先不急于走进展厅，而是从口袋里摸出一面小镜子，小心翼翼地沿着墙角来到第一个发射仪面前。他再次观察了发射仪的方向，然后用最快的速度把小镜子竖在发射仪前，一个小小的红点开始在镜子中央闪烁。

他知道现在这个发射仪发射出来的红外线会被全部反射回去，这等于让红外线装置变成了瞎子。用同样的方法，小偷很快搞定了所有的发射仪，他立刻来到大厅中央有一人高的钻石展柜前。

"天皇之星"在暗淡的光线里发出夺目的光彩，小偷拿出笔记本电脑，开始破译展柜的密码。5分钟后，密码成功破译，展柜悄然无声地打开了。

就在小偷把"天皇之星"拿到手上的时候，忽然四周警铃大作，博物馆的大灯一下子全部打开，照得大厅亮如白昼，4名全副武装的警卫冲了进来。

"放下钻石，放下钻石！"警卫大叫。

"该死！原来钻石下面还有压力感应系统！"小偷开始为自己的鲁莽而后悔。他把钻石揣进口袋，高高举起双手。

"把身上所有的东西扔过来。"警卫高声喊道。

小偷把身上装工具的包、电脑、手表甚至钥匙都扔了过去。

"把钻石放回去！"警卫对他的合作表示满意，继续高声喊道。

小偷犹豫了一下，忽然一猫腰钻进展柜，举起用来托钻石的花岗岩底座，把钻石放在下面，大声叫道："不要逼我，否则我砸碎钻石！"

警卫顿时面如土色，他们没想到事情会发展成这个样子。经过短暂讨论，一个警卫按下了遥控开关，展柜迅速关上。现在，轮到小偷傻眼了。

"既然你不愿意出来，那就在防弹玻璃里过一夜吧。"警卫笑道，"晚安，先生，明天会有人来收拾你的。"

第二天，当博物馆警卫带着警察走进大厅的时候，他们惊讶地发现小偷竟然划开玻璃，带着钻石逃走了！请问：小偷所有的工具都被收缴了，他是怎么跑出去的呢？

6. 自杀与他杀

一位左腿被截肢的老人吊死在寓所里，一天以后才被人发现。

尸体距地板大约80厘米。如果是自杀的话，应该有凳子一类垫脚的物件，可是没有。老人只有一条腿，他无论如何也不可能跳起来把绳子套在自己脖子上。警方因此断定是他杀。

那位老人在死前两个多月曾投了高额人寿保险。从现场看，房门是从屋里锁上的，完全处于一种与外界隔离的密室状态。保险公司怀疑，死者是为了把保险金留给他的独生女而伪装成他杀的，于是委托拉姆侦探进行调查。

名探拉姆旋即来到了事发现场。他发现，在死者的尸体下面有一个空的纸制包装箱，但他认为老人不可能踩着空箱子上吊；如果箱子里装着冰，踩上去就塌不了。可是，箱子和地面又没有潮湿的痕迹。换气扇虽然开着，但也不可能在一天多的时间里就把冰水完全吹干了。突然，拉姆灵光一闪，迅速得出结论：老人是把自杀伪装成他杀的。

你知道为什么吗？

7. 凶手是自己

一个夏日的夜晚，出租车司机小李开着出租车与女友外出后一夜未归。直到第二天早上，人们才在郊外发现了他的汽车，他和女友相互依偎着坐在后排座位上，却双双命归黄泉了。

接到报案，公安局刑侦队刘队长立即率人前来勘察现场。

出租车停在离高速公路不远的一块地势较低的草地上，发动机还在运转，车上的空调也开着，但门窗紧闭。出租车车身、门窗完好无损，车内外也无搏斗的迹象，两人衣衫整齐，面容安详。因此可以断定，两人之死非外来袭击所致。

那么究竟谁是凶手？凶手又是用什么方法把两人杀死的呢？一连两天，刘队长苦苦思索，却始终不得其解。正当冥思苦想之际，法医的尸检报告送来了。

"凶手原来是司机小李自己！"刘队长看过验尸报告，刘队长心里的一块石头终于落了地。

你可知小李和女友的死因吗？

8. 两个猎人的仇杀

在乡间的一片密林边，有一座低矮的小屋子，里面住着两个年轻的猎人，一个叫鲁本，一个叫内维尔。他们虽然住在一起，但从来不一起去狩猎。这一年，内维尔在秋天捕猎丰厚，所以冬天就没有进山捕猎，而是在家生起了炭炉取暖。鲁本则冒着严寒，在林子里转了好几天，结果终于打到了一只豹子。他得意洋洋地拖着死豹子回家，想要好好地向内维尔炫耀一番。谁知道他刚刚推开房门，便"哇哇"乱叫着逃了出来。原来，内维尔趴在地上，早已死去了。惊慌的鲁本连忙报了警。警察觉得内维尔的死因非常蹊跷，因为内维尔体格十分健壮，但他的尸体却面色发黑，好像中了毒。警察在调查中了解到，这里几乎没有其他居民，而鲁本和内维尔两人性格都很倔强，经常为了谁先捕捉到猎物发生争执。到底鲁本是不是杀害内维尔的凶手呢？

9. 恐怖枪击事件

一个星期前，B城的第一大街陆续发生了恐怖的枪击事件。凶手躲在大厦里，用红外线步枪瞄准街上的行人，并且当场打死3个无辜的人。凶手在行凶后迅速离开大厦，而附近的大厦实在太多，警方根本不可能对所有大厦的窗口实施监控。

经分析，凶手杀人完全是为了发泄，他还有可能继续作案。为了早日抓住凶手，警察装扮成路人、小贩、大楼管理员等，日夜监控整条大街的数十座大厦。可是，狡猾的凶手一连两个月没有作案，他好像空气一般消失了。大街上的一切又恢复了往日的和谐与美好。

这天中午，突然从银行大厦发出一声沉闷的枪声，正在过街的一位黑衣男士应声倒下。凶手又出现了！

警察在最短的时间里封锁了大厦，但是凶手还是混进了人群。经过调查，警察在十楼发现了弹壳和被丢弃的步枪，可以确定凶手是在十楼开的枪。

嫌犯共有5个人：一个是拳击教练，他是个枪械爱好者；一个是银行职员，他曾经是一名小口径步枪项目的射击运动员；第三个人是来银行办理业务的客户，他患有严重的糖尿病；第四个人是银行保安，但他的枪没动过；最后一个人是海员，他说自己是来旅游的。他们五个人都坚持说自己是无辜的。

警长感到非常棘手，如果找不出证据，要逮捕这5个人是完全没有道理的；但要放走他们，万一凶手就是他们中的某个人呢？警长低头沉思。忽然，他发现被丢弃的步枪枪柄上有好多蚂蚁爬来爬去。警长立刻明白了什么，大声说："逮捕他，他就是罪犯！"

这个人是谁呢？

10. 飞机上的遗书

一日，亿万富翁查理乘坐私人直升飞机到海边别墅度假。一小时后，直升飞机返回机场。驾驶员向警方报案，称查理在飞行途中，突然打开舱门跳机自杀了，座椅上留有一份遗书。

警方立即到直升机上勘察，查理的座椅上确实放着一份遗书，表明自己已经厌倦人生，所以自杀。随后，警方经过多方调查，发现了其中的破绽，判断遗书是由驾驶员事先伪造，杀害查理之后放在座椅上的。

请问警方是通过什么得出这个判断的？

11. 天上的凶手

宋朝钦宗的时候，有一个地方叫王家庄。在王家庄的边上住着一户人家，家中只有哥俩，哥哥叫王壮，弟弟叫王勇。兄弟俩从小父母双亡，相依为命，靠租种地主的田地勉强为生。光阴荏苒，岁月如梭，转眼，哥俩都到了娶亲的年龄。

村里有个叫桃枝的姑娘，和兄弟俩年龄相差无几。小的时候，他们3个人就经常在一起玩耍，渐渐地，桃枝姑娘对这王氏哥俩产生了感情。桃枝的父母见女儿与王家哥俩很好，便也十分欢喜，因此，也时常地叫王氏哥俩到他们家去吃饭。

如今，桃枝已经出落成一个美丽的大姑娘，王家兄弟便对桃枝姑娘都有了好感，桃枝的父母对兄弟俩的心意也看得出来。他们觉得王氏兄弟都是本分的庄稼人，憨厚朴实，虽然家境贫寒，也拿不出什么贵重的聘礼，但只要女儿能中意，做父母的自然也高兴。可是，他们在高兴之余也增添了烦恼，因为总不能一女嫁二夫吧，做母亲的便悄悄地问桃枝喜欢王家兄弟的哪一个，桃枝羞羞答答地告诉了母亲自己喜欢的是弟弟王勇。

很快，桃枝父母就与王勇挑明了此事，而哥哥王壮知道了桃枝喜欢的是弟弟后，并没有不高兴，赶忙为弟弟祝贺——毕竟兄弟二人是一奶同胞，而且又相依为命地长大成人，弟弟能娶上一个好媳妇，当哥哥的更高兴。于是，王壮就与弟弟商量，准备下个月就给弟弟完婚。

这天早上，哥哥王壮感觉异常不舒服，就想在家里歇一歇。弟弟见状，就对哥哥说道："哥哥，你今天就不要下田了，我自己去干活吧！"说完，他就自己扛着农具独自下田干活去了。

快到中午的时候，突然天空乌云密布，转眼间就下起了倾盆大雨。王壮想起弟弟下田干活走的时候没有带雨具，就赶紧摇摇晃晃地穿好蓑衣，又给弟弟带上一件，推开门，顶着雨向田里奔去。

雨下得非常大，王壮深一脚浅一脚地来到自家的田里，却没有发现弟弟王勇。他沿着田地寻找，猛然发现弟弟倒在田边的一棵大树下，他上前一摸，发觉弟弟已经气绝身亡。

王壮好不悲伤，就冒雨找来了四邻，好帮助自己来料理这突降的横祸。

此时，大雨已停了，乡亲围拢过来，看着死了的王勇，开始纷纷指责王壮，有的人甚至说是王壮看弟弟要结婚而心存妒忌，故而把亲弟弟给杀了。

王壮本希望乡亲们能帮助自己把弟弟的丧事处理了，万万没想到乡亲们却怀疑是自己杀害了弟弟。

就在他既不明白弟弟的死因，又不明白乡亲们为何怀疑他的时候，县令张巡恰巧路过此地，乡亲们便向张县令报了案。

这张县令是一个饱学之士，不仅喜欢经史，而且善于研究天文历算。他见王壮朴实憨厚，不像是一个不法之徒，便开始勘验现场。他见王勇死的地方有一棵大树，他的胸口上又有两处被灼伤的痕迹，便知道了大概。

于是，张县令对大伙说道："请乡亲们不要怀疑是王壮杀害了弟弟，真正的凶手不是王壮。"

张县令为什么这样说呢？

12. 你在说谎

一天晚上,张先生在家看书,突然被人用棒球棒从背后袭击身亡。书桌上的一盏台灯亮着,窗户紧闭。

当时报案的是住在对面公寓里的刘某。他向赶到现场的警方所做的说明是这样的:"当我从房间向外看时,无意间发现张先生书房的窗口有个影子高举着木棍,我感觉不妙,所以赶紧给你们打电话。"

听后聪明的警察却说:"你在说谎!"说罢便将刘某逮捕归案。

为什么警察会断定刘某是在说谎呢?

13. 影子与谎言

道格拉斯先生租住在一所简易寓所中,寓所有3间平房,每两间房之间都用纸糊的隔屏隔开,每间房当中的屋顶上都分别安装了一盏电灯,道格拉斯住在中间的房间里。他因为一起案件受到警方怀疑,关键之处在于,晚上9点半时,他是否一个人在屋里。道格拉斯一口咬定自己一个人在房间,两边的房客也分别说,那个时间,的确在隔屏上只看到一个人影。

听了这些说法,警察马上认定道格拉斯说谎了,警察是依据什么做出判断的呢?

14. 柯南的解释

一天,某男爵的遗孀拜访柯南道尔,向他谈了一件令人难以置信的事:

"5年前,先夫不幸去世,我为他建造了一座墓。谁知道从那以后,每年冬天,墓石就会移动一些。前天,我请了一位巫师来召唤先夫的灵魂,可是没有任何反应。先生,我是多么希望能与先夫的灵魂对话啊!"

说着,她从手提包里取出一张照片给柯南道尔看。这是男爵的墓地照片。在一块很大的台石上面,放着一块球形的大石头。"由于先夫生前爱玩高尔夫球,所以临终时曾嘱咐要给他造个像高尔夫球那样形状的墓。这张照片就是在墓建成之后拍的。球石正面还雕刻了十字架。现在,这个球石差不多移动了四分之一,十字架也一点一点地被埋在下面,都快看不见了。"

"球石仅仅是在冬天移动吗?"柯南道尔问。

"是的。这个地方的冬季特别冷。每年一到冬天,我就到法国南部的别墅去,春天再回来,并去先夫的墓地扫墓。这时,总是发现球石有些移动。我想,是不是先夫也想与我一起去避寒,要从墓石下面出来?"

柯南道尔请夫人带他去墓地看看。

在一堆略微高起的土丘上,墓地朝南而建,四周有高高的铁栅栏围住,闲人不能随便进入。在沉重的四方形台石上面,有一个直径80厘米的用大理石做成的球面,为了不使球面滑落,台石上挖了一个浅浅的坑,正好把球嵌在里面。浅坑里积有少量的水,周围长满苔藓。如果球石的移动是有人开玩笑,用杠杆来移动它,那在墓地和苔藓上该留有一道痕迹，可又一点痕迹也没有。如果有人不用杠杆而用手或身子去推球石，那凭一两个人的力气是根本推不动的。

柯南道尔摸了一下浅坑里的积水，沉思了片刻以后说："夫人，墓石的移动是一种物理现象，与男爵的灵魂没有任何关系。"

你能解释柯南道尔所说的物理现象是怎么一回事吗？

15. 刑期有误吗

一个德国纳粹间谍被捕了。在他的住处，搜出了许多的氨基比林药片和牙签。

审讯开始了。

"你干吗带那么多氨基比林药片？"

"我常常偏头痛。那是一种解痛药。"

"你干吗带那么多牙签？"

"我牙齿不好，吃了肉，老塞牙缝。"

然而，经过暗地里的观察，他并没有饭后剔牙的习惯，偏头痛也没有经常发作，因此他被判处 20 年徒刑。

你知道这是为什么吗？

16. 财会室起火案

一天深夜，一家商店的财会室突然起火。虽经值班会计奋力扑救，仍有部分账簿被大火烧毁。

警官向浑身湿透的值班会计询问案情。

"前几天，我就发现室内的电线时常爆出火花。今天，我将全部账簿翻了出来，堆在外面，准备另换一个安全的地方，不料电线走火，引燃账簿，酿成火灾。幸亏隔壁就是卫生间，我迅速放水，把火扑灭，才未酿成大祸。"

"你能肯定是电失火吗？"警官追问。

"能。我们这里没有抽烟的，又没有能自燃的其他物品和电器。对了，我刚才进来救火时，还闻到了电线被烧后发出的臭味。"

"够了！"警官呵斥道，"你是因为担心自己的贪污问题暴露而故意纵火的吧？"

请问：这是什么道理呢？

17. 奇怪的来信

下面这道看上去有点古怪的题目取材于一个真实的故事。一家著名汽车制造公司的老总收到了一封奇怪的来信：

"这是我第四次写信给您，而且如果您不给我回信，我也丝毫不会抱怨，因为我看上去肯定是疯了，不过我向您保证，我所说的一切都是真的。

"我们家多年来一直有一个传统，就是每天晚饭后全家人要投票，选出用哪种冰淇淋作为当晚的甜点。然后，我就开车到附近的商店去买。最近，我从贵公司购买了一辆新型号的汽车，此后怪事就来了。每次只要我去买香草冰淇淋，回来时我的汽车就会发动不起来。而如果我买的冰淇淋是其他口味的，那就万事大吉。不管您是不是认为我很蠢，但我真的想知道，为什么会有这种怪事出现呢？"

汽车公司的老总对这封信的内容深表怀疑，不过他还是让一位工程师过去看看究竟是怎么回事。工程师刚好在晚饭后来到写信人的家里，于是他们两人一起钻进汽车，开车到了商店。那天晚上那个男人买了香草冰淇淋，果然当他们回到汽车上之后，汽车有好几分钟都发动不起来。

工程师又接连来了三个晚上。头一天，他们买了巧克力冰淇淋，汽车发动得很顺利。第二个晚上，他们买了草莓冰淇淋，也没有问题。第三个晚上，他们又买了香草冰淇淋，而汽车再次罢工了。

显然，买香草冰淇淋和汽车发动不起来之间肯定有一种逻辑上的联系。你能想出这是怎么回事吗？

18. 铁路公司诉讼案

从纽约开往洛杉矶的直达特快列车因意外情况不得不在芝加哥郊外滞留。司机长在倒车时刹车太急，以致旅客在车厢里像木桩子那样前仰后翻，从而导致数起对铁路公司的诉讼案。

一位名叫伦斯的旅客在诉讼中要求给予 10 万美元的赔偿。他声称：急刹车发生在晚上 9 点，那天气温虽高达 36℃，但因在下铺风大凉爽，加之旅途劳累，8 点钟左右他就昏昏入睡了。他被突如其来的急刹车从铺位上抛了下来，一头撞在茶几上。因为剧烈的头痛，他不得不在芝加哥下车求医。他还向法庭出示了一张芝加哥医生出具的颅骨骨折的诊断书。

铁路公司保险员米尔对这张诊断书的真实性十分怀疑。他去请教名探理查德。理查德说："放心好了，你们不会遇到麻烦的。"

请问：理查德为什么这样说呢？

19. 圣彼得堡的雪花

18 世纪，俄国沙皇彼得大帝修建了圣彼得堡，并把它定为俄国的首都。下面这件怪事就发生在 1773 年的隆冬。当时圣彼得堡的一个舞厅正在举行一场盛大的宴会，点着上千支蜡烛。由于屋里的空气浑浊，有人晕倒了。大家赶紧打开窗户透透气。结果，屋里竟然纷纷扬扬地飘起了雪花。

外面并没有下雪，雪花是从哪里来的呢？

20. 幽灵的声音

英国大侦探洛奇一天来到法国度假，正当他在海滩上欣赏海景的时候，突然发现了一位奇怪的男子。只见他脸色苍白，坐在海边好像努力回忆着什么，脸上的表情恐惧而痛苦，仿佛回忆起了什么非常恐怖的事情。洛奇很奇怪，于是走到他身边坐下来问道："朋友，有什么我可以帮助你的吗？"

这个男子好像被吓了一跳，他猛然往后一缩，浑身颤抖起来。

"我没有恶意，"洛奇连忙安慰他，"我只是想帮助你，有什么就告诉我吧。"

男子仔细看了看洛奇，结结巴巴地问："你有胆量帮我吗？你相信我吗？我碰上了幽灵！"

"有这样的事情？"洛奇一下子来了兴趣，根据他的经验，所谓幽灵、鬼怪，其实都是人们自己想出来的。"我一点也不害怕，相反，我还是对付幽灵的好手！"洛奇大声说，"快告诉我，我一定可以帮你。"

男子听到这里，一把抓住洛奇的手："这件事情实在太可怕了！我是豪华客轮'拉夫伦茨'

号上的一名大副，上个月在返航的路上，'拉夫伦茨'号撞上了暗礁，船底破了一个大洞，迅速下沉。当时正是深夜，我根本来不及通知所有旅客，只能带着靠近指挥室的10多名旅客撤离到救生艇上。"

"后来呢？"洛奇的思绪跟随他的叙述回到那个恐怖而漆黑的夜晚。事故、沉船、撤离，真是惊心动魄的经历。可是幽灵又是怎么回事呢？

"后来，我放下救生艇，决定回去再救一些人出来。"那名男子继续说道，"可当我再次返回甲板的时候，听到了龙骨断裂的可怕声响，海水铺天盖地漫过来，我只好转身跳下大海，拼命向前游。我知道，如果我不及时离开，就会被轮船下沉时带起的旋涡卷入海底！"

"我最擅长仰游，我拼命游啊游啊。不知道游了多长时间，忽然听到了一声惊天动地的响声！那声音可怕极了。轰鸣混合着炸雷，简直就是幽灵的怒号！我连忙仰头一看，只见'拉夫伦茨'号从中间断开，火花四溅，发出了惊天动地的爆炸声。我被气浪震得晕了过去，后来被赶来救援的海岸巡逻队救起来。"

"这就是你说的幽灵的声音吗？"洛奇若有所思地问道，"可能只是你太过惊慌，听到了爆炸声而误认为幽灵的号叫呢？"

"是的，那是来自海底幽灵的号叫。"男子显然着急了，"你要帮我必须先相信我！我问过其他生还的人，他们都只听到一声爆炸，而我听到两声巨响！我没有记错，清清楚楚！"

洛奇沉思了一会儿，忽然笑了起来。他问道："当时其他生还者都在救生艇上，只有你不在，对不对？"

"是这样的。"男子疑惑地回答，"难道幽灵是来自海底的？"

洛奇大笑起来，他拍拍那名男子的肩膀："我看你是自己吓自己了，其实根本没有什么幽灵！"

"可是我明明听到了两声巨响！"那个男子坚持说。

"对，一点没错。"洛奇点头赞同。

"但是除了我以外的所有人只听到一次爆炸！"男子带着哭腔说。

"这也没错！"洛奇微笑着，"你们都没有听错！"

亲爱的读者，你能解开这个恐怖的幽灵之谜吗？

21. 北极探险的险情

一位探险家来到北极探险。他很高兴地发现了一个因纽特人造的房子，就住了进去。晚上很冷，风呼呼地刮着。他生了一堆火，并在上面放了好多木材，然后就舒舒服服地进入了梦乡。可是，他再也没有能够醒来。几个星期之后，人们发现了他的尸体。

人们发现，他所住的房子并没有被风吹倒，他也不是被火烧死或者由于缺氧窒息而死的。那么，探险家究竟是怎么死的？

22. 萨斯城的绑架案

在海滨小城萨斯，最近发生了一起性质极为恶劣的绑架案。

被绑架的是萨斯城著名演员多恩的小女儿琳达，今年刚满13岁，上小学5年级。星期一的早上，琳达的妈妈像往常一样，开车把她送到学校，简单叮嘱几句就离开了，可是晚上再去学校接琳达的时候，学校的老师告诉他，孩子已经被人接走了。

晚上，正当多恩一家人找小琳达快要找疯了的时候，一名自称是绑匪的人打来了电话，说琳达在他们手上。为了让多恩一家人相信他们的话，并确定小琳达还活着，他们还让小琳达和父亲通了话。绑匪提出要多恩一家支付 30 万英镑，并不能报警。多恩一时慌了神儿，为了保证女儿的安全，他竟然真的没有向警察求助，而是按照绑匪的要求，自己去指定的地点交钱了。

本指望绑匪收到钱后就会放了小琳达，可绑匪见多恩真的没有报警，而且很快就把钱给送来了，不禁起了更大的贪心，不但没有把小琳达放回来，反而要求多恩一家人再拿 30 万英镑来才肯放人。

这样，多恩就不得不向警察求助了。警察接到多恩的报案后，立刻组成了破案小组，由多利警官全权负责。

为了尽快抓到凶手，同时确保小琳达的安全，警察局出动了大量的警力，对全城进行搜查，最后在郊外一家废弃仓库里，找到了非常虚弱的小琳达。被放出来的小琳达告诉警察，绑架她的是两名中年男子，他们本想跟琳达的父亲再要 30 万英镑以后就逃之夭夭，可突然听到风声，警察正在全城搜查他们，于是这两个人赶紧带上钱，往海上跑去了。

"不好，罪犯要从海上逃跑！"多利警官知道，离萨斯城不远的海域就是公海，罪犯一旦逃到公海上，警察就拿他们没有办法了，于是，多利警官立即一边带领人马向海边赶，一边调遣直升机前来增援。

这时，在海边，两名罪犯已经驾驶一艘汽艇跑出了一段距离。警察来到海边后，马上也找到一艘汽艇，两名便衣警察立即跳了上去，开始全速追赶罪犯，前来增援的直升机也赶到了，多利警长坐上直升机，在空中指挥。

警察的汽艇开得很快，眼看就要和罪犯齐头并进了，只要再快一点儿，就可以包抄到罪犯的前面。可是，公海已经在眼前，超过去拦截已经来不及了，这样的话，只有将罪犯当场击毙，可两位便衣警察身上并没有带枪，怎么办？警长多利决定，用直升机将罪犯所乘座的汽艇击沉。

此时，已是晚上 7 点钟左右，天色已经黑了下来，从直升机上根本分辨不出哪艘快艇是自己人，哪艘是罪犯的，驾驶员正不知向哪艘快艇投弹才好，在这关键时刻，多利警长冷静地观察了海面上的两艘汽艇，然后果断地下令道："向左边的那艘开火！"

结果证明，多利警长的判断是对的，那么你知道多利警长是怎样分析出左边的那艘是罪犯的汽艇的吗？

23. 谷底逃生

迈克和杰克用软梯下到一个深谷，准备探寻谷底的洞穴。刚到达谷底走了几米，忽然谷底的泉水大量涌出，不一会儿水位就到了腰部，并不断上涨。他们两人没想到谷底会发大水，既不会游泳，又没带救生用具，只能立刻攀软梯出谷。但他们所用软梯的负重是 250 千克，攀下时是一个一个下来的，因为他们的体重都是 140 千克左右。如果两人同时攀梯，势必将软梯踩断；若依次先后攀梯而上，水势很急，时间来不及。

你能帮助他们想一个办法安全脱险吗？

24. 火车站谋杀案

亚当斯侦探在火车站熙熙攘攘的人群中，他准备到曼彻斯特去度假。

"对不起，请让一让。"身后有人礼貌地说。亚当斯侦探连忙让到一旁，只见一个身穿黑色长裙的贵妇，推着轮椅走了过来，轮椅上坐着一位老人，他蜷缩在轮椅里，表情十分僵硬。

"有什么需要帮忙的吗？"亚当斯侦探询问道。

"谢谢，我想不用了。"贵妇婉言谢绝，她叹了口气说道，"这是我的父亲，他偏瘫已经有一年多了，现在，我打算带他去曼彻斯特治病。"

亚当斯侦探接着彬彬有礼地说："曼彻斯特吗？正巧我也去那里，要不结伴同行吧，如有什么需要帮忙的地方，我一定尽力效劳。"

贵妇婉言拒绝了亚当斯侦探的好意。她推着轮椅，慢慢消失在人群中。看着她的背影，亚当斯侦探忽然觉得有点不对劲，可到底哪里有问题，却又说不上。转眼开车的时间到了，一列从远处开来的火车此时呼啸着马上就要进站了，亚当斯侦探拿起行李准备上车。

突然，尖利的刹车声响彻车站，刹车片在铁轨上磨起阵阵火花，伴随着旁边乘客的尖叫，刚刚进站的火车以飞快的速度撞上了出现在铁轨上的那辆轮椅车，可怜的老人当场死亡。

亚当斯侦探马上停住要上车的脚步急忙赶过去，只见刚才的那位黑衣贵妇正坐在地上哭泣。她嘶哑地号哭，自责地拍打着自己的脸，然后开始对火车司机怒骂。几位乘客试图安慰她，但是她的情绪始终无法平静。警察迅速赶到，一位年轻警员开始向她了解情况。

黑衣贵妇哭诉道："刚才我好端端在等车，送我父亲到曼彻斯特治病。谁知道火车进站的时候，一股强大的气流向我吹过来，把我一下子向外吹，我一时站不稳，跌倒在地上。而我父亲的轮椅顿时失去控制，一下子冲下站台，卡在铁轨上！然后……都是这该死的站台设计，我要告这该死的火车站！"

"女士，很遗憾你说的是假话。"亚当斯侦探在一旁冷冷地说，"不管你是因为遗产还是其他的原因下这样的毒手，你都不能逃脱法律的制裁。警察先生，你应该立刻拘捕她。"你知道亚当斯侦探是怎样知道她在撒谎的吗？

25. 寻找赃物

一家博物馆失窃了一批价值连城的艺术珍品。波拿巴探长率领一个小分队，以迅雷不及掩耳之势，抓住了几名重要的罪犯，可是却没有找到那些艺术品。

这时主犯招认，艺术品被农场主福斯用一个大铁箱装起来，然后埋在石磨的下面。警察冲到福斯的农场，福斯的眼睛里闪出一丝惊慌，朝院子里那两个篮球场般大的晒谷场瞟了一眼，随即镇定下来，委屈地说自己从来没有触犯政府法令，对于今天发生的一切，他要请农场主协会的律师提出控告。

警察们把磨房里的石磨移开，在下面挖了个又宽又深的一个坑，直到坑底已见到了生土，也没有见到主犯所说的那个大箱子，眼看再挖下去也没有什么意义了，波拿巴探长便跳进坑底想找到一些线索。他看到坑壁的一层层泥土，中间有一段跟别的不同，就用手捧了一把，见里面还残留有完全新鲜的小麦梗，就猜到一定是福斯嗅到了什么风声，早已把铁箱转移了。

可是铁箱会转移到什么地方去呢？树底下？麦田里？床底下？没有目标怎么找呢？本以为轻而易举的事，现在变成了难题。

波拿巴探长脑子飞快地转动着，他一点一点回忆进村后福斯的一举一动，突然一拍大腿，招呼警察们说："这里不用再挖，跟我到院子里去。"

来到院子里，波拿巴探长叫警察们去打水，把晒谷场分成若干块，一块一块地浇上水，水浇到泥土上，很快往地里渗，大约是好久没有下雨的缘故吧，浇上一块，干一块，场地上只不过因为吸了水分，颜色变得深了一些。

福斯在波拿巴探长的监视下，一声不吭地瞧着警察们做这种看来毫无意义的事。终于，当水浇到福斯刚才站过的那块场地时，探长突然宣布："停！"他指着一块颜色更深的泥地，叫警察往下挖，自己却回头朝福斯瞧去。只见福斯脸色惨白，惊恐万分。

不久，一只铁箱挖出来了，里面正是那批珍贵的艺术品。

请问，探长怎么知道铁箱埋在这里呢？

26. 沉入水中的棉花

"卖糖炒栗子，又香又甜！""要买土特产，快到这里来！"在一个旅游景点旁边，有一条小商品街，这里卖什么的都有，老板们拉开了嗓门，大声吆喝着，好像在大合唱。

小商品街上有一家扇子店，方老板今天赚了一大笔钱，他数着一沓沓钞票，笑得合不拢嘴。下午来了一个旅游团，那些蓝眼睛高鼻梁的游客，看到画着《西游记》图案的折扇，被上面的孙悟空逗得哈哈笑。他们一个个抢着买，把几大箱扇子一下子都买完了，方老板直后悔没有多进货，他决定连夜去进货，明天再大赚一笔。

方老板没有料到，他已经活不过今天晚上了。这时候，他听到有人敲门，赶紧一边把钱塞进抽屉，一边问："是谁啊？"他听到一个熟悉的声音："是我呀！"他这才放心地去开了门。那人进来以后，和方老板寒暄了几句，突然拿出一团白的东西，捂住了方老板的嘴……

第二天早上，人们发现了方老板的尸体，他的嘴里塞着一大团棉花。王探长调查现场以后，推测是熟人作案，凶手骗开门以后，用蘸过麻醉药的棉花，捂住方老板的嘴鼻，使他昏迷后窒息死亡。

王探长经过进一步调查，知道这里有两家店卖棉花，一家是棉花店，卖做棉衣的棉花；另一家是药店，卖药水棉花。这两家店的老板又都和方老板熟悉，也都有作案的时间。那么，究竟哪个店的老板有犯罪嫌疑呢？王探长看着这团棉花，心里有了主意。

王探长对棉花团做了简单快速的测试，马上推测出了谁是犯罪嫌疑人，请问他用的是什么办法呢？

27. 失踪的弹头

萨尔茨是一个小城，它又是个著名的城市，它的出名，是因为那里盛产盐。

"萨尔茨"在德语里就是"盐"的意思。这里开采出来的盐，质量好，价钱便宜，商人们都来采购盐，再卖到全国各地，人们又把它叫做"盐都"。

萨尔茨出名的另一个原因，就是它还是旅游胜地。那些开采以后留下来的盐矿，就好像是很大的溶洞，走在里面，洞壁的盐晶体在灯光下，闪耀出奇妙的光彩，五颜六色，分外好看，吸引了世界各地的游客。

这一天，有一批游客来到萨尔茨，其中有个叫艾华特的男子，在参观盐洞的时候，不断吹嘘自己如何有钱，还跷起手指，炫耀他的钻石戒指，导游暗暗地为他担心，因为这样露富，会引起坏人注意，很可能会招来杀身之祸。

游客们游览了盐矿，就回到旅馆，早早休息了，第二天早上，游客们来到餐厅吃早饭，艾华特却没有来。导游有些紧张，预感到出事了，他奔到艾华特的房间里，看到艾华特倒在地上，胸口有一个弹孔，已经死了，水龙头还在"哗哗"喷着热水，手指上的戒指不见了。

导游急忙打电话报警，威尔逊探长带着法医来到现场，经过检查，估计死亡时间是昨天晚上10点多。从伤口来分析，是气枪射击的，不过死者身上只有一个弹孔，也就是说，子弹从胸口射入身体以后，没有穿出身体。奇怪的是，法医解剖了尸体，还是找不到那颗子弹头。

那么，子弹头到哪里去了呢？威尔逊探长苦苦思考着，终于找到了答案。

你认为杀死艾华特的子弹头到哪里去了呢？

28. 纵火者的谎言

基正大街和其他地方一样，有宽敞的柏油马路，各种各样的商店和住房。唯一不同的是，基正大街001号到700号房屋全是精致的木质房屋。住在322号的吉姆先生很满意自己的住所。

这天夜里，吉姆先生被爱犬的狂吠声惊醒。他睁眼一看，只见火苗正从屋子的每个角落蹿出来，滚滚浓烟熏得人睁不开眼。吉姆吓得光着脚丫抱起爱犬，夺门而逃。

大火虽然被扑灭了，但在这场可怕的大火中，有20幢房屋被完全烧毁，30多幢遭到严重破坏。警察调查发现，大火是从吉姆先生的邻居、321号德雅丽女士家中开始的，由于现场已经完全毁坏，起火的原因无法查明。好不容易逃出来的德雅丽女士，听到丈夫和孩子没能从火海中生还的消息后，悲痛得晕了过去。

过了一会儿，德雅丽女士精神状态好了一点，警察开始询问她起火的原因。

德雅丽说："我们昨晚参加一个朋友的派对，一直到深夜才回家。回来以后，我丈夫和孩子都说很饿，我就去给他们煎牛排。正在牛排快煎好的时候，我忽然听到孩子大哭起来，连忙放下牛排跑到客厅里，原来孩子手掌被玻璃划破了。我丈夫这时也跑了过来，他把孩子带到浴室清洗包扎，而我返回厨房。没想到，我出去的时候忘记关闭煤气灶，火焰顺着油，已经在锅里烧了起来！"

"只是在锅里烧？那很容易扑灭啊。"警察说道。

德雅丽痛苦地捂住脸说道："这时我犯了一个不可饶恕的错误！我当时完全慌了，随便提起一个桶就朝油锅浇过去，谁知道，桶里面也是油！整个厨房一下子就着火了，我甚至来不及通知丈夫和孩子……"

警察停下记录，和吉姆对视了一下，缓缓说道："德雅丽女士，你因为涉嫌纵火被捕！"

警察为什么说德雅丽涉嫌纵火呢？

29. 作案的电话

一天下午，某地一座房子忽然爆炸起火。警察和消防队员赶到了现场，及时扑灭了大火。经勘察，这场火灾是煤气爆炸引起的，在现场发现一具老人的尸体，他是在卧室中被发现的。经过解剖，他的健康状况良好，但在煤气爆炸前服用过安眠药。在他卧室中，有煤气管漏气的现象。但使警方调查人员百思不解的是，煤气为什么会爆炸？引起煤气爆炸的火头是从哪里来的？在爆炸之前，这个地区停电了。不可能因漏电而起火。警方怀疑被害人的外甥有作案可能。理由是被害人有大量的宝石和股票，都存在银行里，他立下遗嘱，全归外甥继承。老人的外甥也许是想早日继承这笔遗产，而老人却很健康，所以才下了毒手。而在这座房子爆炸前后，他都不在现场，他是在离现场10千米远的一家饭店里。服务员还证明，他在饭店里还打过电话，也就是说，老人的外甥不可能是作案者，那么，谁是作案者呢？

警方不得不将几位专家请来破案，其中有电话发明者贝尔。负责破案的警察局长向各位专家介绍完案情，贝尔先生站起来说："肯定是他的外甥利用电话作的案！"这是怎么回事？

30. 泄密的秘书

昂奈先生在K公司工作，担任总经理的秘书。由于他工作出色，总经理非常赏识他。他的理想就是有朝一日，也能坐上总经理的宝座。K公司有个竞争对手，就是H公司。最近，K公司试制了一种新产品，它的资料是绝密的，万一被H公司得到，就能把K公司斗垮。总经理把写新产品报告的任务，交给了昂奈先生。

可就在这关键的时刻，昂奈先生出现了意外，那天他上班的时候，大楼的电梯坏了，为了抓紧时间，他从1楼往8楼跑，跑到6楼的时候，踩上了一块香蕉皮，脚下一滑，把右脚跌骨折了。幸好清洁工鲍比跑来，把他背下楼，送到了医院。医院给他的右脚绑了石膏，他不能上班了，但是他向总经理提出，在家里继续赶写报告，请鲍比帮他料理家务。

这天下午，他趴在桌子上，埋头写报告。吃晚饭的时候，鲍比给他端来饭菜，放在离他3米远的茶几上。资料的文字很小，离得那么远，鲍比是看不清楚的，到了半夜，昂奈先生感到很困，鲍比端来一杯葡萄酒，体贴地说："昂奈先生，您喝一杯酒，提提神吧。"昂奈先生一口喝了，顿时感到精神十足。他把酒杯放在桌子上，继续写报告，一直到第二天凌晨，报告终于写好了！

可是就在K公司的新产品上市的前一天，H公司竟然抢先推出了这种新产品！经过调查，是昂奈先生泄的密。他丢了工作，"总经理之梦"也彻底破灭了。

原来正是昂奈先生在家里写报告的时候泄密了，可是，他是怎么泄密的呢？

31. 飞机机翼上的炸弹

一天晚上11点，一架由墨西哥城起飞的波音767大型客机正在飞行途中，这时大多数乘客都睡着了，只有少数乘客还醒着。而这班飞机的一位空姐却注意到坐在20排B座的身穿黑色西服的秃顶的中年男人显得非常焦虑。他不停地左右张望，又好像在犹豫什么。

空姐悄悄叫来机上的乘警商量，他们越看越觉得可疑：飞机上的温度维持在舒适的25℃，可是这位乘客还捂着厚厚的毛衣和外套，难道他在隐藏什么东西？出于安全的考虑，乘警走到他面前说道："先生，需要帮忙吗？"

这个男人吃了一惊，结结巴巴地回答道："不，算了，不、不要！"

他的表现更加重了乘警的怀疑，乘警不禁加重了语气："可以请你到机舱后面来一下吗？我们有事情需要你配合。"

那个男人一下子变得脸色惨白，他缓缓站起身，突然，从腰间掏出手枪，叫道："举起手来，转过身去，不要靠近我，滚开，都滚开！"

就在乘警按照持枪的要求转过身去的时候，坐在21排B座的一名小伙子，趁持枪者不备，猛然勒住了他的脖子，一只手钳住手枪，乘警迅速将手枪夺了过来。

就在乘警向21排那位见义勇为的小伙子道谢的时候，持枪者冷冷地开口说话了："别高兴得太早，这注定是一班飞向地狱的班机，我早就在飞机机翼上绑了气压炸弹，只要飞机从万米高空下降到海拔 2000 米以下，炸弹就会把飞机炸成碎片。"

乘警连忙跑到舷窗边一看，机翼下方果然有两枚黑色的炸弹！怎么办？在万米高空根本无法拆除炸弹，而飞机不可能永远不降落，汽油是会耗尽的！难道只能束手待毙吗？乘警忙将这个坏消息告诉了机长。机长思索了一会儿，果断地调转了航向。

一个小时后，飞机呼啸着降落在机场，全体人员安然无恙，持枪者目瞪口呆，他实在想不通，灵敏的气压炸弹怎么会没有爆炸。聪明的读者，你知道这是怎么回事吗？

32. 谁是纵火犯

独身画家安格尔和他的小猫生活在树林深处的一所房子里，已经有 20 年之久了。

一次，想到外地旅行的画家将这所房屋投了高额保险金后，就将猫留在了家里。结果他刚外出了 15 天，就接到电话说他家发生了火灾，幸亏下了一场大雨，树林的树木潮湿，火势未能蔓延开，否则损失的可不仅仅是他的房子和那只可爱的猫了。

从着火现场看，小猫被关闭在密封的房间里，因没有猫洞无法逃脱而被活活烧死。现场勘察结果表明，起火点是一楼 6 张席子大小的和式房间。可是，房间里没有任何火源，也没有漏电的痕迹。煤气开关紧闭，又无定时引火装置。

细心的火迹专家在清理书架下的地面时发现了一个破碎的鱼缸，在烧焦了的席子上发现有熟石灰，于是火迹专家断定，这是一起故意纵火案。

那么是谁纵的火呢？

33. 变软的黄金

一条繁华的大街上并排开着多家金店，人称"金街"。这天晚上，负责守卫安特金店的保安习惯地走进了地下金库，准备查验金库的黄金情况。当他迈进一间装有黄金的库房时，发现有 100 千克的纯度很高的金块被盗了，他马上打电话报警。

刑警们立即出动，很快就在码头将盗贼和他们的车截住了。

刑警们仔细搜了汽车的里里外外，轮胎和座椅也都检查过了。可是，搜来搜去，连一克金块也没找到。一无所获的刑警们颇感失望。

"现在可是法制社会，请你们快点。耽误了我的事，小心你们丢了饭碗。哈哈哈……"盗贼见刑警们搜查不出赃物，便大声嘲笑着。

这时亨特侦探赶到了，他看了一眼汽车，说道："你们是怎么搜查的，黄金不就在你们的眼皮底下吗。"

亨特是如何查到黄金的？

34. 被热水浸泡的体温计

戈拉是个内科医生，开了一家诊所。他的医术很高，对病人非常热情。曾经有一个病人，得了很难治的怪毛病，别的医院都说治不好了，戈拉医生却接了过来，经过仔细诊断，对症下药，结果病人奇迹般地好了。那个病人是个作家，他写了表扬文章，在报纸上发表，戈拉医生出了名，诊所的生意更加红火了。

坦布斯医生也开了一家诊所，就在戈拉医生诊所的附近。可是,坦布斯只关心赚病人的钱，谁给钱多就给谁好好治，碰到没有多少钱的穷人，就马马虎虎敷衍了事。再加上他的医术也很差，不多久，人们都不来他的诊所了。坦布斯却认为，是戈拉医生抢走了他的生意，就怀恨在心。

有一天晚上，戈拉医生接到电话，说有个小孩发高烧，于是带着体温计、退热药，连忙赶了过去。经过急救，小孩退烧了，他才往回赶，这时已经是半夜了。他来到家门口，正要开门，突然头上被重重地打了一下，戈拉医生顿时倒在地上，当场死亡，凶手就是坦布斯医生。

坦布斯医生知道，警察看到尸体以后，可以根据尸体腐烂的程度，判断死亡的时间。他动了一个脑筋，把尸体拖到浴缸里，用滚烫的热水泡了两个小时，这样，可以把死亡时间推前10个小时，那时他正在诊所上班，没有作案的时间。他又趁着凌晨，悄悄把尸体拖到马路上，造成被汽车撞死的假象，这才回到家。

巡逻警察很快就发现了尸体，经过仔细检查，在死者的口袋里，发现了一件东西，证明死者死亡的时间是伪造的。

你知道这件东西是什么吗？

35. 重要证据

格林是个好吃懒做的家伙，他原来做送奶工，可是他嫌很早就要起床，不能睡懒觉，就辞职不干了。后来他又想开出租车，向邻居波特借钱，买了一辆出租车，干了两个月。有一次，他喝得醉醺醺的，驾驶着出租车上了路，只听"哐当"一声，撞上了电线杆，车子报废了，人也送进了医院。经过医生抢救，总算捡回了一条命。

格林出院以后，波特来要他还钱，可是格林没有了工作，还欠了医院一大笔医药费，哪里有钱还债呢？波特就警告说："我给你3天时间，到时候再不还钱，我来烧你的房子！"

3天过去了，中午的时候，波特接到格林的电话。让他马上去拿钱。波特可高兴了，在电话里说："你这个家伙，敬酒不吃吃罚酒，一来硬的，就有钱还了。"吃过午饭，波特得意地嚼着口香糖，来到了格林的家。他按了门铃，里面传出格林的声音："是谁呀？"波特吐掉了口香糖，说："是我，波特！"

格林马上开了门，热情地倒了一杯啤酒说："喝一杯凉快凉快。"趁波特仰脖子喝的时候，格林举起啤酒瓶，狠狠地砸在波特头上，波特头一歪，就断了气。到了晚上，格林趁着天黑，把尸体抛进了河里。

第二天，汉斯警长敲开了格林的门，说："我们在河里发现了波特的尸体，有充分的证据，证明波特在死之前到你这里来过。"格林说："不可能，我已经3个月没有见过他了！"汉斯哈哈大笑说："就凭你这句话，就说明你在撒谎！"

波特留下了什么证据，证明他曾经来过格林家呢？

36. 鞋印的证明

郊外有一所专门关押死刑犯的监狱，那里守卫严密，被押到那里的犯人一般都是最凶的歹徒。

这天，侦探波洛来到监狱看望当监狱长的好朋友加森，当他经过阴森狭长的走廊时，忽然听到有人大声叫唤："放我出去，我是无辜的，我没有杀人！"

顺着声音，波洛发现一个相貌清秀的金发青年眼睛布满血丝，声音嘶哑，正拼命捶打着牢门。

"这是怎么回事？"波洛问道。

"吉恩，杀人犯。"加森简单地回答，"他杀了两名在森林公园里巡逻的警察，结果被捉住了，这样严重的罪行，当然被判了死刑。"

波洛说道："可是他说他是无辜的，看上去他也不像杀人犯。"

加森笑了起来："我的大侦探，到这里的人有一半都说自己是无辜的，有1/4的人看上去不像小说里的标准坏蛋。"

波洛还是觉得有点不对，因为到了死刑监狱还坚持声称自己是清白的，其中一定有问题。他提出应该仔细核对一下吉恩的卷宗，加森拗不过，只好把吉恩的卷宗拿来。

根据卷宗的记载，3个月前森林公园里发生了一起惨案，在一个雨夜，两名巡警被人袭击。他们的尸体在第二天才被发现，当时已经天晴了。大雨清除了凶手留下的所有证据，警方在现场只找到一个陷在泥土里的鞋印。

警方立刻搜查了整个森林公园，在1平方千米以内，只有吉恩一个人声称自己被大雨困在了那里。警方马上把吉恩的鞋子和取得的鞋印石膏模型做对比，发现完全吻合。

虽然这种款式的鞋子有很多人穿，但是大小完全相同、又同时出现在犯罪现场的可能性非常小。因此，法院判吉恩死刑，再过一星期就要执行了。

加森看完以后说道："事情很清楚，现场只有他一个人，鞋印又完全吻合，他也没有不在场的证据，这个案件没有什么疑问。"

波洛气愤地站起来说道："恰恰相反，这些糊涂警察！难道他们没有一点科学常识吗？他们的关键证据——鞋印，其实只能证明吉恩是清白的！"

你是否也为波洛的结论感到惊讶？为什么鞋印其实能够证明吉恩的清白呢？

37. 牡蛎黄的证明

谷村武治是一所大学的生物系教授，住在浅田公寓B座22层。

谷村与他的妻子离婚已经几年了，唯一的女儿也判给了妻子，所以，他一直是一个人生活。

这天，学校里发现谷村已经有两天未来上班了，同事吉川便给他的家里打电话，可电话没人接。吉川隐约觉得不妙，所以，一下班吉川就急忙来到谷村家，想看看谷村到底发生了什么事情。

吉川到了谷村家门口，正想抬手敲门，突然发现门是虚掩着的，他推门进去一看，不禁被眼前的情景吓得倒吸了一口凉气：谷村仰面躺在客厅的地板上，身上有两处刀伤，地上一大堆血迹已经干涸了……吉川没敢多想，立刻打电话报了警。

警长矢村带着助手高桥来到现场之后，没有找到什么有价值的线索，但是谷村手里紧紧攥着的两个油炸牡蛎黄，却引起了年轻的警长矢村的注意。矢村暗暗琢磨：一个临死的人，为什么要紧紧抓住牡蛎黄？他是想暗示什么呢？

经过多天的走访调查，矢村带着助手高桥最终找到了两个嫌疑人，一个是死者的前妻，一家妇女杂志社的编辑久梅子；另一个是死者的堂弟，总在歌舞伎中扮演女主角的小林山夫。

矢村的调查结论认为，两个人都有杀死谷村的动机，久梅子非常爱自己的女儿，可以说是要什么给什么，谷村认为这对于女儿的成长很不利，就在前段时间向法院提出收回抚养权，久梅子很可能由爱生恨杀了谷村。

而小林山夫向来心术不正，不务正业又极爱赌钱。前阵子他又输了很多钱，来向谷村借，谷村把他训斥了一顿后赶出了家门。他也很有可能对谷村心怀不满，为了报复杀死谷村。

矢村又发现两个人不可能是一同作案，只能其中之一是凶手，可这两个人究竟谁是凶手呢？侦破一下子陷入了僵局。

就在矢村犹豫不定的时候，他一下子想起了谷村手上的那两个牡蛎黄，同时也想到了谷村生前是生物系教授，于是，他马上赶到图书馆，翻阅了百科全书，然后，他果断地认定凶手就是在歌舞伎中男扮女装的小林山夫。

矢村警长在百科全书中看到了什么，就认定了小林山夫就是凶手？

38. 月亮的倒影

一天晚上，在日本著名的水乡，发生了一起命案。办案神速的警察在第二天就找到了有重大作案嫌疑的男子酒井。

警察们开门见山地问酒井："昨天晚上 10 点左右你在什么地方？"

"在东西河上钓鱼。"酒井很镇静地回答道。

那条河跟它的名字一样，河水是由东向西流淌着。"那么你在河的哪边钓鱼？"警察又问道。

"在南岸。昨天晚上月亮很圆，河面上映照出洁白的月亮，很漂亮。"酒井又答道。

"昨晚确实是个月朗星稀的美丽夜晚。但是我可以肯定你在说谎，杀人的罪犯就是你！"警察哈哈一笑，然后非常肯定地说道。

警察根据什么认定酒井就是杀人犯呢？

39. 不能捧起的黄磷

村里有一户大院子，院子里有两间房子，分别住着哥哥吕涛和弟弟吕波。一天，吕波发现哥哥吕涛外出 4 天没有回来，不禁起了疑心，于是他撬开吕涛住屋的门锁，进去一看，发现地上有许多血迹。他立即向派出所报了案。

警察立即赶赴现场进行勘察，发现吕涛住的屋子门窗之前完好无损，桌子抽屉内放着的3000 元钱、存折、金戒指、衣物等均无损失。床头并排放着两个枕头，床单上排乱着几根女人的长发。椅子旁边的墙壁上和砖地上均有滴落的血迹。床头和缝纫机的台板上放着两张字条。其中一张写道："昨天晚上回家后，反复琢磨下午的事，事到如今叫我好为难，要想叫我忘掉你，我真舍不得啊！"还有一张写着："悬崖勒马，回头是岸，端正作风，才是正道。"从现场的情况分析，极像是情杀。警察马上展开调查，了解到有一位妇女曾经与吕涛关系一直密切，可随着调查的深入，警察们还是排除了情杀的可能。当天晚上，有人报告在村内一眼深 3 米的井里发现了一具尸体，警察们马上打捞，发现死者正是吕涛。

案子陷入了困境，但警察们却发现了一个怪现象，来打探消息的村民忽然多了起来，一位有着多年刑事侦察经验的老警察便灵机一动，很细心地对来打探消息的村民说："案子很快就会破的，因为我们已经找到了一个可疑的指纹，很可能就是犯罪嫌疑人的。"原来他用的是敲山震虎、引蛇出洞的计策，以此来观察嫌疑人的反应，好尽快寻找破案线索。

很快，警察们发现在众多打探消息的人中，有一个叫刘兴国的人显得特别关心，警察便开始注意上了他。经调查，知道他是县磷肥厂的工人。可是还未等警察询问他，警察们就得到了一个消息，刘兴国突然住进了医院。警察立刻赶到县磷肥厂，从工伤事故报告单上查到：刘兴国被黄磷烧伤，其人自述:经过精制车间，发现一块黄磷冒烟，便用双手捧起想往桶里放，结果烧伤了双手。经过慎重考虑，警察当即决定搜查刘兴国的住宅，发现了刘兴国的一双胶鞋底有血迹，经鉴定与吕涛的血型完全相同。于是，警察便将刘兴国带到公安局。

经审讯,刘兴国交代了全部罪行:原来刘兴国马上要结婚了，为了弄到钱，蓄谋杀害了吕涛，并把吕涛的尸体扔到井中。由于他非常害怕，竟然忘了拿吕涛的财物，仓皇逃回家中，当听见警察说查到一个可疑的指纹后，害怕警察发现他的指纹，于是回家从水桶中捞出一块黄磷，猛用手搓，黄磷燃烧，烧起两手血泡。他想这样不仅可以烧掉指纹，而且也可以因伤躲进医院。不料，他刚进医院两天，就被逮捕了。

警察是怎样发现刘兴国可疑的呢？

40. 起火的玻璃房

在郊区的农庄里，有一位叫做詹姆雷斯的庄园主，他种植着闻名全国的玫瑰。詹姆雷斯对他的玫瑰爱如珍宝，专门盖了自动调节温度的玻璃房，让玫瑰在最好的环境里成长。

盛夏的一天，詹姆雷斯生怕玫瑰给太阳烤坏了，便拿出冬天储存下来的干草铺到玻璃房里，又在草上放上大量冰块，玻璃房的温控系统也调到最低。看着温度表上的22℃，忙活了一天的詹姆雷斯终于松了口气。

到了傍晚，忽然下起了淅淅沥沥的小雨。雨越下越大，一直下到天亮。詹姆雷斯望着难得的雨水，心里充满了喜悦。这真是及时雨啊！气温一下子下降了好几度，再也不用怕玫瑰晒坏了。他想乘这时候去买点肥料回来，便在中午时分套上马车出去了。

马车刚刚出庄园。他忽然看到庄园里腾起一股黑烟，接着，红色的火苗也蹿了上来，看方位，正是玻璃房所在的地方！他大惊失色，连忙全速赶回去。只见玻璃房的干草已经被点燃，滚滚黑烟将珍贵的玫瑰完全吞没了。等火完全扑灭的时候，玫瑰也烧得差不多了。

"天啊，是谁放了火？"詹姆雷斯大哭起来。

这是多么惨重的损失啊！他连忙给老朋友亨利探长打电话说："无论如何，请你一定把那个该死的纵火犯找出来！"

探长立刻带领警察赶到现场，可奇怪的是，在现场只有詹姆雷斯自己和两个赶来救火的仆人的脚印，此外连个鞋印都找不到。

"奇怪了，刚刚下过雨，到处是湿漉漉的泥，怎么说也应该留下一些脚印吧。"一个警察说。

探长接着询问在附近劳作的仆人，他们也说起火时玻璃房里没有人。詹姆雷斯悄悄地向探长询问："怎么会这样，难道是幽灵来放火？"探长摇摇头，围着玻璃房绕了一圈。

忽然，探长注意到玻璃房顶部有一圈圆形的凹槽，这些凹槽围绕着房顶边缘排列，非常整齐好看。"这些是透水孔。"詹姆雷斯见探长注意，便在一旁解释道，"是用来让房顶积水流下来的。"

探长沉思了一会儿说道："纵火犯找到了，并不是什么幽灵，而是这些圆形凹槽！"

"为什么？"詹姆雷斯无论如何也想不通，这些圆形凹槽怎么就成了害死玫瑰的凶手呢？

第二篇

经验解读

41. 谁盗走了古币

中士菲特向检察官报告："有个名叫戴维德的古币收藏家向警察局报案，说他的一枚很贵重的古币被盗。这枚古币是他几天前刚弄到手的。他说他为了找寻它，花费了好几年的时间，所以如获至宝。他的一个哥哥和一个弟弟同他住在一起，见了古币也都羡慕不已。这两个人也是收藏家。哥哥集邮，弟弟藏书。3 个人收藏的珍品都放在大厅的书橱和玻璃柜里。开书橱和玻璃柜的钥匙全放在写字台的一个抽屉里，唯一的一把开抽屉的钥匙放在壁炉上的花瓶里。昨天戴维德还接待了另外一个古币收藏家——哲尼克。戴维德从玻璃柜里拿出那枚价值连城的古币让他观赏，哲尼克赞叹不已，爱不释手，并且一定要买走，可是戴维德不肯割爱。今晨哲尼克又来电话说这件事，戴维德断然拒绝了。戴维德放下话筒，马上就去赏玩自己的宝物……可是玻璃柜里的那枚古币已经不翼而飞。锁是完好的，说明是用钥匙打开玻璃柜的。"

"指纹呢？"检察官问。

"没有留下。无论是客厅的家具上，还是门把手上、壁炉上，凡是应该留下指纹的地方，都被抹掉了……戴维德的哥哥肯定地说，他一无所知。他的弟弟已于今晨外出办事，他走时古币还在玻璃柜中。"

这时检察官说："我知道这 3 个可疑的人当中，是谁盗走了古币。"

你知道盗走古币的是谁吗？

42. 钻石大盗的计谋

在一辆特快列车的餐车里，穿着华贵的休斯敦夫人和年轻姑娘詹妮弗谈得十分投机。其实詹妮弗是个钻石大盗，这次她瞄上的是休斯敦夫人随身携带的价值一百多万美元的珠宝。

凌晨 3 点 30 分，乘客们都在熟睡时，詹妮弗提着一只塑料包悄悄来到休斯敦夫人的包厢门前，取出一件金属工具和一个带吸管的小玻璃瓶，从锁眼里吹入迷药，迷倒了休斯敦夫人。10 分钟后，得手的詹妮弗回到自己的包厢，安然入睡。

天亮时，休斯敦夫人发觉自己的珠宝全部被盗，于是赶紧报警。列车在前方车站停下后，警长带人上车进行调查。由于列车夜间没有停靠过任何车站，所以珠宝肯定还在车上。

警察和休斯敦夫人一起，对车上每位乘客逐个进行了严格的检查。查到詹妮弗时，休斯敦夫人忽然看到行李架上有一只衣箱看上去很眼熟。可是打开衣箱一看，里面只是一些随身的衣物而已。搜查进行了 4 小时之久，却根本没有发现珠宝的影子。警长只能带着手下垂头丧气地离开了。

后来，詹妮弗带着她盗得的珠宝，回到了自己的住所。

詹妮弗究竟是用什么巧妙的办法骗过了警察呢？

43. 一枚珍贵的硬币

在一家宾馆里，已经很晚了，一位清洁工正在擦拭前厅的内线电话。突然，旁边传来了打碎玻璃的声音，接着警报声响了。

大厅里有一个展橱，里面陈列着纪念这家宾馆50周年的纪念品：该宾馆的第一份菜单，每个房间的价目表，一些珍贵的硬币、邮票、照片，还有第一位尊贵客人的签名等。

夜班经理和其他员工很快赶到，发现一枚珍贵的硬币不见了。经理见附近只有3个客人，便坚决而又礼貌地请求这3个客人在此等候，直到警察来到。

"我们一直在看着他们，"经理对赶到的警察说，"那个坐在扶手椅上看书的是奥克莉女士，她说她刚吃完工作餐。我们要求她待在这里时，她很合作，坐下后就从公文包里拿出一本书来看。"

"布赖尔先生说他刚从房间里出来，到前台拿了几片阿司匹林，他妻子有点头痛。我们留住他后，他用投币电话给妻子打了个电话，我在旁边听到他说让妻子等一会儿，不要着急。"

经理又指着一个穿得破破烂烂的男人说："格林利夫先生刚从宾馆酒吧出来，侍者拒绝再给他上酒，他就在这里游逛。我们在电梯里找到了他，当时他的手指被电梯按钮夹住了。"

"偷东西的人绝对没想到我们装了警铃，"经理说，"也许他早被吓跑了，我们抓不住他了。"

"不，我已经发现了嫌疑人！他就是布赖尔先生！"

警察为什么这样说呢？

44. 衣架上的大衣

在冬天快要结束的时候，某城市的人们特别喜欢在家里聚会。这一天，该市最富有的女人艾玛·惠勒在她家里开了一个聚会，宾客来了很多，一直玩到凌晨。这时，艾玛突然发现价值连城的中国明代花瓶不见了，而花瓶原先就放在大厅入口的桌子上。

警察赶到时，宾客们都聚集到了客厅里，艾玛正站在前面，情绪激动得活像一条愤怒的牧羊犬。警察搜查了整个房间及客人们的汽车，都没有找到花瓶。

"你们得去问一下客人了。"艾玛对探长说，"我想也不会有什么用处。像在这样的聚会里，人们连自己做了些什么都记不住，更别说去注意别人的行动了。"

菲利浦·麦克斯走上前说："我和朱莉·贝克尔一样，是最早一批到达的客人。我始终没有离开过房间。要是其他人没有注意到我，那是因为有一半时间我都待在卧室里看电视转播的棒球赛。"探长记录下菲利浦的话，然后让他走了。

罗德·史洛威茨第2个接受讯问。"我必须得回家了。"他先道歉说，"要是两点钟我还没喂我的双胞胎孩子吃饭，我妻子会打我的脑袋的。"罗德也声称从未离开过房间。"哦，"他又想起来了，"我曾出去一趟，上了二楼阳台，外面很冷，我一会儿就回屋了。"

朱莉·贝克尔第3个接受讯问。她也声称从未离开过房间，也没有看到什么异常现象。她说："我一直在跟不同的人说话，还品尝桌子上丰盛的食物。"探长也让她走了。朱莉走进入口大厅，从挂满衣物的衣架上端取下自己的大衣。

"看来要用一整夜时间来找嫌疑人了。"艾玛抱怨说。

探长说："不用了，我已经看到了一个嫌疑人。她就是朱莉·贝克尔！"

为什么他认为朱莉·贝克尔是嫌疑人呢？

45. 移花接木

晶晶死在卧室里，尸体是被来访的记者朋友发现的。他立刻拨打了110，警察和法医以最快的速度赶到了现场。

大约过了一个小时。"死因和死亡时间出来了吗？"警察问法医。

"是他杀，大概已经死了23个小时了，但现场没有作案的痕迹。"法医回答。

"那就奇怪了。"

警察忽然注意到桌子上的蜡烛在燃着，他顺手打开日光灯，却发现停电了。猛然，他意识到了什么。

"这尸体是别从处移过来的。"

请问，警察是凭什么做出推断的？

46. 一桩奇特的凶杀案

一个酷热的晚上，发生了一宗奇特的凶杀案。

一个中学的男教师，被人发现倒毙在地上，上身赤裸。

警方经过调查，发现死者是被人勒死的。据现场侦查警方很快就拘捕了两个嫌疑人物。

第一个，是死者的弟弟，他是个游手好闲的流氓，染上毒瘾，经常向他的哥哥索要钱财，两兄弟也发生过争吵。

第二个，是个被开除的学生的家长，他为人粗暴，脾气很差，他因儿子被开除而大发脾气，怀恨在心。

根据死者现场的环境，警方估计案情大概这样，死者在住所的窗前，看到来找他的人，于是开了门，结果却遭袭击身亡。你认为，哪个人才是凶手呢？

47. 珍邮藏在哪儿

夜幕降临，一家三星级宾馆一楼大厅里的吊灯刚刚亮起，这时，一阵急促的脚步声从3楼传来。不一会儿，一位两鬓斑白、头发还是湿漉漉的老者气喘吁吁地跑下楼来。总服务台的服务员一看，原来是当日一早住进宾馆的邮票收藏家李教授。只见他上气不接下气地对服务员说："赶快报——警！我的邮票被——盗了！"

几分钟后，刑侦中队的两名侦察员老王和小张来到宾馆。李教授对侦察员老王说："我是应邀来本市参加一个邮票拍卖会的。下午我带着自己收藏多年的那枚底价30万的珍贵邮票，去了一趟拍卖会现场，与主办单位负责人见了一面，并给他们看了那枚珍邮。回到宾馆房间后，我将装着那枚邮票的邮册塞在枕头下，就去卫生间洗澡了。等我洗完澡走出卫生间，发现房间的门是开着的。我赶紧来到床前，翻开枕头一看，邮册没了！"

侦察员老王向服务员询问下午有什么可疑的人员进出过宾馆。服务员说："今天住店的客人不多，3楼一共开了3间房。李教授隔壁住进了两位采购员，对门住进了一位持有记者证的小报记者。下午李教授出去大约5分钟后，他也出去了。李教授回来刚上楼，他也回来了。几分钟后他从楼上下来进了对面的邮局。后来，他回到总服务台对我说：'今晚我可能要9点钟以后回来，如果有人来找我请他9点以后来。'"

这时，李教授回忆说："我好像在拍卖会现场觉得有一个人的眼睛一直盯着我那枚邮票。莫非就是他？"

听完服务员和李教授的介绍，侦察员老王和小张初步推测这位记者是一个非常可疑的作案者。

侦察员老王叫服务员打开了那位小报记者的客房。这时，大家发现里面没有记者带来的东西，这家伙可能已经逃了。

侦察员老王和小张带着李教授立即下楼来到宾馆对面的邮局。他们向邮局工作人员出示了工作证并说明来意后，请邮局工作人员拿出了刚才那位小报记者交寄的东西。这是一封挂号信，只见一个大信封上贴着一张大大的刚刚发行的纪念邮票，地址及收信人是本市某住宅小区某某先生，寄信人的姓名正是小报记者在宾馆登记住宿的姓名。透过灯光看这封信，里面什么东西也没有，奇怪！

这时，邮局门口闪过一个黑影。小张反应迅速，立即追出门去。那个黑影发现有人追来拔腿就跑。小张猛跑上去一把抓住了那人，带回邮局。李教授一看，正是下午在拍卖会现场见到的那位可疑的小报记者。老王将手中的挂号信送到那人眼前，说："这是你寄的吧？"那人腿有些发软，身子往后一倒。小张一把将他拽住。

"走，跟我们到宾馆保卫科去一趟！"老王3人将那人带回宾馆，总台服务员一眼就认出了他。等到了宾馆保卫科办公室，他居然开始抵赖，说他并没有偷东西，随即就把他随身携带的包，以及衣服、裤子、口袋里的东西统统倒了出来。

老王说："我们还没有说你偷东西，你怎么就不打自招了呢？我知道邮册已经被你扔了，而你将被盗的邮票藏在什么地方我心里也有数了！"

请问，你知道那枚被盗的邮票藏在哪儿了吗？

48. 博物馆里的盗窃犯

国家博物馆里，正在举办国际文物展览。世界上最珍贵的文物，如今都集中在这里，而且只展出一周。这可是千载难逢的机会啊！来自世界各地的人们，纷纷来到这里参观，博物馆售票处的窗口前，天天排着长长的队伍。

博物馆越是热闹，博物馆保卫部门越是高度紧张。他们得到情报，有一个文物盗窃集团，正准备在博物馆下手。为了加强保卫工作，警卫们全部取消休假，日夜巡逻放哨。

这一天下午，天正下着大雨，有一个盗窃犯买了门票，走进了博物馆。他似乎对每个展品都很感兴趣，看得非常仔细，待了很长时间，实际上，他是在查看地形。博物馆关门的铃声响了，游客们纷纷离开，盗窃犯却悄悄躲进厕所里，爬到上面的水管上。到了半夜里，他从厕所里出来，摸清了警卫巡逻的规律。他乘警卫两次巡逻之间的空隙，溜到一个展架前，里面放着一个象牙杯子，那可是一件非洲的国宝啊！他用工具打开橱窗的锁，拿走了象牙杯子，换上了一只假的象牙杯子，然后逃回厕所里。

第二天早上，博物馆开门了，参观的人群蜂拥而入。盗窃犯从厕所里出来，混在参观的人群里。过了一会儿，他假装参观完了，跟着人群向门口走去。外面还在下雨，他打开了雨伞，这时候，一个警卫拦住他问："昨天晚上，你躲在博物馆里干什么？"警卫为什么会看出他躲在博物馆里呢？

49. 小汽艇上的凶案

小汽艇在风暴中东摇西晃，颠簸前行。

风暴暂息时，一号甲板上传来一声枪响。犯罪学家福德尼教授扔下那本他一直未能读进去的侦探小说，几个箭步就冲上了升降口扶梯。在扶梯尽头拐弯处，他看到斯图亚特·迈尔逊正俯身望着那个当场亡命的人的尸体。

死者头部有火药烧伤。

拉森船长和福德尼马上展开了调查，以弄清事发时艇上每位乘客所在的位置。

调查工作首先从离尸体被发现地点最近的乘客们开始。

第一个被询问的是内森·柯恩，他说听到枪声时，正在舱室里写一封信。

"我可以过目吗？"船长问道。

福德尼从船长的肩上望去，看到信笺上爬满了清晰的蝇头小字。很显然，信是写给一位女士的。

下一个舱室的乘客是玛格内特·米尔斯韦恩小姐。"我很紧张不安。"她回答说，由于被大风暴吓坏了，大约在枪响一刻，她躲进了对面未婚夫詹姆斯·蒙哥马利的卧舱。后者证实了她的陈述，并解释说，他俩之所以未冲上过道，是因为担心这么晚同时露面的话，也许会有损于他俩的名誉。

经过调查，其余乘客和船员的所在位置都令人无懈可击。

请问，福德尼怀疑的对象究竟是谁？为什么？

50. 四个高中生去野炊

4个高中生马克、威廉、汤姆和约翰一起到森林里去野餐。

由于头一天下了雨，无法骑自行车，他们步行到了野餐地点。到吃饭时间时，他们发现装着食物的野餐篮丢了。

4个人商量了之后，马克、威廉、汤姆3人分头行事，而约翰留守。可是15分钟后马克等人回来时，却发现约翰竟然被人杀死了！

警察闻讯赶来，对这3个人进行了询问。

马克说，他拿了渔具到河边去钓鱼，但由于水太浑，一条也没钓到。

威廉说，他到附近去找看有没有商店可以买吃的，但那些小店今天没有开门。

汤姆说，他到森林里去拾木柴准备回来生火。但他拾完木柴回来时，被一棵树绊倒了，木柴掉在了地上。他看到木柴全都湿了，又怕大家等得太久，就回来了。

警察看了看附近的地面说："没有别人来过这里。凶手就是你们3个中的一个。"

那么，究竟谁是凶手？

51. 大厦失火

深夜，某大厦失火。125房间里浓烟滚滚，住在一间套房里的郑小姐逃了出来；而另一间套房里的王小姐则被烧死在里面。

经过验尸，发现王小姐在起火前已经被刀刺中心脏而死。她的房间里还发现有一个定时引火装置。

郑小姐说："我因为有点事很晚才回去，看到王小姐已经睡了，就回自己房间里休息。刚刚睡下，我便感觉胸部憋闷而醒来，发现四周弥漫着烟雾，急忙大声喊叫王小姐，然后跑到室外。"

警察又找到平素与王小姐不睦的李先生。

李先生说："也难怪你们怀疑，我还收到一封恐吓信呢。"说着拿出一封信来，上面写有：

"我知道你是刺杀王小姐的凶手,如果不想被人知道,必须在明天下午 6 时,带上 100 万现款,到 ×× 车站的入口前。否则,有你好看。"这时,离案发时间只有 1 小时。

警察立即确定了凶手。你知道凶手是谁吗?

52. 失窃的海洛因

一家综合医院里,深夜,罪犯潜入药房,从药品柜里盗走一大瓶只贴着化学式标签的海洛因。当时因被保安人员发现,所以罪犯用匕首刺死保安人员后逃走了。

经调查,找出两个嫌疑人:一个是刚来医院不久的实习医生,另一个是前几天才进医院的患者,是个青年农民。

作案现场的药品柜里摆着许多药瓶子,但罪犯只拿走了装着海洛因的瓶子。

试问,罪犯是谁呢?

53. 谁是投毒凶手

一家酒馆里有许多客人在悠闲地喝着香槟。中间的一张桌子上,3 个男子正在谈笑风生。正在这时,酒馆内灯光突然灭了,到处一片黑暗。原来是停电了,酒馆老板急忙叫人点燃了蜡烛。点燃蜡烛后,人们继续喝酒交谈。忽然,中间那张桌子上的一位男子惨叫一声,倒在地上,气绝身亡了。

酒馆里出现如此重大的案件,这可了不得!酒馆老板急忙叫人报了警,并很快维持了秩序,不让人们走动,更不让人离开。

很快,大侦探希尔赶来了。他仔细检查了死者的酒杯,发现酒里有一种烈性的液体毒药。希尔知道,这种毒药一经接触人的食道,可以马上置人于死地。

希尔问酒店老板:"今晚停电你们事先知道吗?"

"知道,前两天就在酒店门前贴了通知,我早有准备,所以准备了许多蜡烛。"

"如此看来,凶手是早有预谋的,他知道今晚要停电,便准备了毒药,在停电的瞬间把毒药放进了死者的杯子。死者并不知情,喝了杯中的酒,从而致死。"

希尔问清了案发的时间,又察看了这张桌子与其他桌子的距离,再仔细检查了四周地面,发现地上没有可疑物品,便断定凶手是同桌的人,否则不可能在一瞬间投毒。

于是,希尔要求同桌甲和乙掏出他们所有的物品。甲掏出的物品有:手表、手帕、香烟、火柴、现金;乙掏出的物品有:手表、手帕、口香糖、金笔、日记本和现金。

人们心想,这能看出什么呢?可是,希尔却指着乙说:"是你害死了他!"乙听了大喊冤枉,其他人也觉得很奇怪。希尔为什么说是乙杀害了死者呢?

54. 案发时间

一天晚上,一位女作家被发现死在她的住宅中。从现场看,死者生前似乎正在书桌前写作,是被重击头部而死的。书桌上放着一个开着的应急灯,台灯是关着的。

警察问物业管理员是否停过电。管理员说:"昨天下午 9 点左右曾停了约一小时电。我想她大概是用应急灯照明写作时被害的,她每天很晚才关灯。"

警察又问:"停电前后都有谁来过?"管理员回答:"停电前死者的男友来过,停电后他匆忙离开了大厦,我想他一定是凶手。"

"那停电以后还有什么可疑的人出入吗?"警察又问道。管理员想了想说:"来电后有一名 30 岁左右的陌生男子从死者住的那层楼下来，但我不知道他有没有进过死者的房间。"警察听到这里已经知道谁是真凶了。

你知道吗？

55. 女儿的致命约会

仙蒂周末晚外出后，一夜没有回家。第二天有人发现她死在住所附近的公园内。

警察到仙蒂家中调查时，仙蒂的母亲哭得死去活来，因为她是家里的独女，而且是家庭的经济支柱。当仙蒂的母亲情绪较为稳定之后，对警察说道："我记起来了，昨天下午 5 点半左右，有一个男子打电话来，他自称是我女儿的男朋友，约她 18 时 30 分，在他公司楼下的公园见面。后来我女儿回来后，我告诉了她，她就换上衣服走了。"

"那人说过自己的姓名吗？"

"没有，他说我女儿会知道他是谁！"说完，她又伤心地哭起来。

警方搜查仙蒂的房间，结果找到一本电话簿，首页写着两个男子的姓名。两个人的职业分别是侦探社职员和电报局职员。

请你判断一下，如果上述两人其中有一个是凶手，会是谁呢？

56. 台风过后

一天晚上，海滨城市 F 市遭遇了台风和暴雨的袭击。

次日早晨，有人在公园发现一具女尸，浑身湿淋淋地趴在地上，旁边是死者的棒球帽。除此之外，现场没有留下任何痕迹，也找不到目击证人。

经法医验尸，死者至少是在 20 个小时以前死亡的。警官推断，这里并不是凶杀现场，死者是被人杀害后从别处移到这里的。

请问警官是如何判断的呢？

57. 谋杀案

警察甲、乙在讨论刚接手的谋杀案。一个寡妇死在梳妆台前，头部被击，几乎没有线索。

"你注意了吗？死者手里抓着一串珍珠项链。"

"人死在梳妆台前，她是正在打扮时被害的，当然拿着项链了。"

"不，死者脖子上有项链，她不会再戴呀。"

"可能凶手也是个女人，她在搏斗中揪下了项链。"

"也不对，项链很完整。我以为这是死者在暗示什么，一定与凶手有关。"

"凶手？刚才邻居说这个女人信佛讲道，接触的除了和尚，就是算命的，谁戴项链呀？"

"谁戴……我好像明白了。"

请问：凶手是什么人呢？

58. 冒牌的声音

一个初夏的夜晚，在凤凰湖西岸的一间低矮的茅草屋里，突然跑出一个披头散发的女人，她一边惊慌地跑着，一边呼喊救命。当有些好奇者开门探视，看到是刘素英的时候，又都很快关了门。原来，这户人家，男的叫田丰，女的叫刘素英，他们靠耕种二亩良田和纺线织布为生，家里还有一个未满周岁的孩子。田家的日子本来过得还算不错，但是近来不知什么原因，夫妻俩经常大吵大闹。邻里们认为夫妻吵架不足为怪，开始还有人劝说几句，到后来就干脆没有人理睬了。

第二天黎明，一个老汉因为前一天晚上和田丰约好了一早进山，便早早地叩响了田家的破竹门。可是屋内没有一丝回声。老汉用手轻轻一推门，门没插，"咯吱"一声开了。他刚一探头，吓得"妈呀"一声，扭头就往回跑。屋里地上躺着3个血肉模糊的人，正是田丰一家。

很快，有人报知了县令，当县令一行数人赶到案发现场时，这里已经围了几层人。县令听那个老汉讲述了刚才他所看到的情景后，便到屋内仔细观察。只见屋内陈设不乱，3具尸体并排横卧在炕上，炕头的一块青砖下压着一张字条，上面写道：

"生不逢时何再生，互往中伤难相命，送汝与儿先离去，我步黄尘报丧钟。"

县令围着3具尸体慢踱着。蓦地，他站住了，弯下腰，伸手拉了拉田丰僵硬的胳膊。一会儿，县令直起腰，略思片刻，然后走出茅屋，对还未散去的众乡民说道：

"田丰杀妻害子后自刎而死，已查证属实。只是这孩子吓昏过去，需要听见母亲的声音才能唤醒。本官宣布，谁能学得刘素英的声音，救活这个孩子，田家的遗产就归他一半……"

话音未落，人群中便走出一个自称叫冷华的年轻妇人，她躬身道："大人说话可算数？"

县令细细打量了一下冷华，说道："一言为定，字出千斤。"

于是，冷华上前学起："宝贝儿，我的宝贝儿，妈妈回来啦……"可是她叫了半个小时孩子依然"睡"着。

县令问那老汉："这与昨天晚上刘素英的声音相像吗？"

"像！真像！像极了！"老汉肯定地点了点头。

县令转身对冷华道："好了，虽然孩子没被救活，但你学的声音却很像，鉴于田家已无后人继承产业，所以田家遗产全部归你所有……"

冷华刚要谢恩，县令抬手止住了她，继续说道："按当地的习惯，外姓人继承遗产，必须用左手一刀砍断院中最粗的一棵树。我看你身单力薄，不能胜任，就由你指派一个最亲近的人来完成吧！"

听完县令的吩咐，冷华伸脖子往人群中探了探。人们顺着她探视的方向，看见人群外层忽地站起来一个壮实汉子。此人膀大腰圆，原来是冷华的丈夫杨艮。他径直奔到县令面前，接过柴刀，用左手掂了掂，几步跨到院中那棵最粗的红柳树旁，猛地抡起锋利的柴刀劈了下去，只听"咯嚓"一声，刀落树断。这时县令的锐眸中闪出了欣喜的光芒。他干咳了一声，人们立时安静下来。只见他开口说道："本官对这起人命案已审理完毕，现宣布捉拿案犯杨艮和冷华归案。"

杨艮和冷华"扑通"一声跪在地上，口喊冤枉。

县令瞥了他们一眼，朗声说道："你们有罪不认，冤在哪里？"

杨艮颤颤地问道："田丰杀妻害命而死，大人怎说是被我们所害？"

县令笑道："这是你们自己表演的结果。"说着转向围观的人们，"昨天半夜，有人听见刘素英呼喊救命，可是从死尸干黑的刀口上看，案发是在傍黑时分。这就怪了，难道刘素英被杀后还能到处呼喊救命吗？所以，我想一定是有人冒名顶替，制造了假象，这个冒名者一定是这起命案的杀人凶手。于是，我便决定先从声音上查出冒名者。当查出冷华就是冒名者后，我发现她身体单薄，绝非是直接作案人，一定还有同谋。于是，我便利用在现场观察出的凶手是左手使刀这一特征，以田家的遗产作诱饵让凶犯自投罗网。"

田丰全家被杀一案，县令由刘素英的刀伤血迹，推断出有人冒名顶替。可是，他怎么知道田丰不是自刎而死的呢？

59. 不是自杀

在一所豪华别墅里，警方发现了一具女尸，一个40多岁的女子，身体已经有些变硬，身上穿着一件睡裙，看来是别墅的女主人。在死者的身边有一支没有套上笔套的笔和一封遗书。遗书中说她发现自己身患绝症，觉得心灰意冷，所以服药自杀。遗书最后还写着时间，是三天前的中午。

警察小心地检查了现场的所有东西，没有发现什么特别有价值的线索，认为可能是自杀。这时，警官墨菲也来到了现场。他细细观察了一番后，随手拿起了那支笔。这是一支挥发性很强的油性笔。墨菲随手用那支笔写了几个字，发现写出来的字十分清晰。

墨菲微微一笑："这不是自杀，死者是被人杀死后搬到这里来的，现场是假象。"

他是根据什么线索这样推测的呢？

60. 杀妻的男人

一天晚上，一位男士打电话报警，称其妻子在家中开枪自杀了。

警官赶到现场，男士说："我当时正在楼下看电视，忽然听到楼上卧室传来一声枪响，跑上楼一看，我妻子倒在梳妆台上，右手握着一把枪，头部中弹。"

警察随即检查了整个卧室，然后将溶解了的石蜡涂在死者的右手上，对男子说："等石蜡一凝固，就什么都知道了。"男子见状，便乖乖认罪了。

你知道这是为什么吗？

61. 教练的谎言

某日深夜,游泳馆外的路上发生一起拦路抢劫杀人案,正巧被游泳馆内跳水队的教练目睹。

这位教练是退役的跳水运动员，他报称：案发现场离他住宿的房间阳台约50米，当时他正巧站在阳台上，他看见凶手是个理小平头的青年，月光下可看到青年右眼眼睑有一道疤痕。

于是，游泳馆附近有相似特征的青年王涛被传讯。警方在秘密搜查他家时起获一把与受害人伤口相吻合的大号弹簧刀，可王涛坚决不承认作过此案。

久审不下之后，侦察员对教练的证词重新进行了研究，终于恍然大悟，原来教练才是真正的凶手。

侦察员发现了教练的什么疑点？

62. 抢钱的破绽

一名女出纳员拎着一个空手提包向民警报案："我叫夏扬，是远华进出口公司的出纳员。上午9点钟，我去市农业银行取了10万元人民币放进手提包里，当我走到十字路口的时候，一个骑摩托车的歹徒突然停在我身边，狠狠地打了我一拳,我头一晕,倒在了地上,当我醒来时,手提包里的10万元人民币不见了。"

听完夏扬的叙述，民警冷笑一声，说："小姐，你涉嫌作案，请跟我们到公安局去！"

在公安局，夏扬不得不交代了她伙同男友作案的过程。

请问：民警是根据什么断定夏扬作案的？

63. 金网球俱乐部的一夜

深夜，歹徒们把皇冠大街的路灯全部弄灭，随后撬门钻入金网球俱乐部，把俱乐部里珍贵的奖杯、奖品以及球拍等值钱的东西席卷一空。负责侦破此案的霍克探长正苦于没有任何线索，这时有个抱着毛茸茸的小猎狗的中年男子来找霍克探长，说他目睹了一切。

霍克探长朝他点点头，请他把看到的一切讲一遍。

"情况是这样的。午夜刚过，我的'拿破仑'，"他指指膝上的小狗说，"它呜呜直叫，吵得我不能安睡。我不得不带它出去溜达。当我走到皇冠大街时，前面黑糊糊的。我继续往前走……刚要转到爱神街时，发现一辆卡车停在俱乐部门前——"

"离你多远？"霍克探长打断了他的叙述。

目击者回忆了一下，回答道："约100米，可以肯定，不会近于100米的。两个男子把许多东西从俱乐部里往外搬，放在卡车上，装满一车后，连车灯也没有打开，就悄悄开走了。"说着，他从口袋里取出一张纸片，"这是卡车的车牌号，我看见后马上记下的。我想你们会有用处的。"

霍克探长点点头，用一种令人捉摸不透的古怪神色，看看"拿破仑"，又看看目击者，随后转身对副手说："塞克，今晚这儿有空房间吗？"

"有。"塞克奇怪地瞧了瞧霍克探长。

"那好，你可以把这位先生和他的'拿破仑'关起来。不要怠慢这条小狗，给它喂点水。不管怎么说，狗是没有错的，而它的主人可是个非同寻常的见证人。"

目击者一听，顿时气愤得跳了起来："你……这是什么意思？"

霍克探长笑笑说："不管你是在瞎编，还是存心把我们引向歧途，你都不是一个诚实的人。"

请问：霍克探长为什么说目击者不是一个诚实的人？

64. 被杀的女乐手

女乐手苏姗躺在一辆红色的小轿车里，身中两弹：第一颗子弹从右大腿穿过，在黑色的紧身裙上留下了一大块血迹；第二颗子弹是致命伤，射穿了她的胸部。车子就停在她的住宅门口，车内还有一把大提琴。

据洛克探长推断，她遇害的时候应该是在晚上8点左右，离她在国家音乐厅的演出时间仅差半个小时。

警方分别取得了3个人的证词。发现尸体的房东太太说："苏姗打算出席音乐会但不参加演奏，因为她与邦德——乐队里的一个同事闹翻了。为此，她一个星期没有练琴，那把琴一直搁在车上没动过。"

邦德坚持说他与苏姗已和好，而且她答应参加演出并约定像以往那样8点10分驾车去接他，然后一起去音乐厅。但他空等了一场。

乐队指挥杰森说，苏姗能在不排练的情况下出色地演奏，因为音乐会的曲目已反复上演过多次。

听完3份证词后，洛克探长立即判断出谁在撒谎。你猜到了吗？

65. 停电时的误杀

凯文打开电冰箱的门，拉出一只冰盒。烛光中，梅森探长看到他往白兰地中加冰块的手在发抖。

探长知道这位颇负盛名的小说家为何手会发抖。他们刚从凯文的书房出来，凯文的管家死在里面，脖子断了。

"我以为他是个强盗，"凯文一边喝着冰镇的威士忌，一边说，"自打4天前发电机坏了以后，这儿的一切电源都断了。我本来想在这里好好完成一篇小说，因为没电了，所以只好暂时搬到城里去住。大概两小时前，我回来拿几份手稿，就在我放下手电筒去开写字台抽屉时，他跳到我的身后。我现在猜想他也许以为我是个贼，而在黑暗中我以为袭击我的是个歹徒，我就竭尽全力反击。我击中了他，他倒在壁炉边扭断了脖子，然后我就给你打了电话。"

梅森探长说道："如果你把我找来是想让我相信你编的故事，那么在警察审问你之前，你最好把它重新编一下。"

梅森探长凭什么断定凯文在编故事？

66. 雪夜目击

杰克探长回到家里，电话铃响了，他拿起话筒，传来了一位警察的声音："喂，是探长吧，请你速来警察局。"

半个小时之后，探长来到了警察局，径直走进警长办公室。

警长神色忧郁地说："夜里11点，小门街发生了一起事故，也许是谋杀案。一个人从楼顶上栽了下来，有位现场目击者一口咬定死者是自己摔下来的，他周围没有一个人。"

探长点点头，说："我们先去看看现场，见见那位证人。"

一会儿，他们来到现场，目击者被找来了，探长请他再叙述一遍他见到的情景。

目击者说："因为天下着大雪，我便在附近的一家餐馆里足足坐了两个半小时，当我离开时，正好是11点，大街上没有一个行人。我直接跑进自己的车里，就在这时，我看到楼顶上站着一个人，他犹豫片刻，就跳了下来。"

探长紧紧盯住目击者，语调冷冷地说："你不是同伙，就是凶手给了你一大笔钱而说了谎话！"

目击者一听，顿时脸变得煞白。

探长是怎样识破目击者的谎言的？

67. 楼梯上的凶案

因供电局更换照明电缆，好几幢公寓都在晚8点至11点停电。

这天晚上，盲人中心的经理妮可9点多才回到公寓，并走楼梯回家。第二天，人们在楼梯上发现了她的尸体，她手里攥着皮包的带子，却不见皮包，显然这是一宗杀人抢劫案。

警察赶到现场调查。据公寓管理员回忆，当时还有同楼的另一男子与妮可差不多同时上楼。警方立刻找来那名男子讯问。那名男子说："我当时确实和妮可同时上楼梯，我看见她是盲人，行动不方便，所以还扶着她上楼梯，到了她住的那层我才走。"管理员听那男子说完后，大声地说："他在说谎，妮可小姐可能是他杀的。"

管理员怎么知道那男子在说谎呢？

68. 投机商人

海格是位投机商人，他收藏了许多油画，都是价值连城的艺术珍品。为防止万一，他为这些油画投了巨额保险。

一天，海格来保险公司报案，说他家中所有的油画都被强盗抢走了，并拿出开具的证明，要求赔偿。保险公司因赔偿金额巨大，怀疑其中有诈，便高薪请来著名侦探梅森。

梅森和助手来到海格家中，请他讲述一下抢劫的经过。海格叫来仆人替他说。仆人讲道："那天，我和主人在房间里，突然闯进来一伙强盗：他们用枪托将主人打昏，又用枪指着我的头，让我面朝墙站着，然后就动手抢画。"

"这么说，你没有看清强盗的长相？"梅森的助手问道。

仆人说："不，我从墙上油画镜框的玻璃上看到了歹徒的长相。为首的那个满脸横肉，左额头上还有一块刀疤。他们抢完画后用枪托把我也打昏了。"

梅森问道："海格先生，你的仆人说的都是事实吗？""千真万确！我俩的脑袋上还留着疤痕呢！"助手查看了他俩的脑袋，果真都有一道愈合不久的伤疤。

梅森笑着说："你们想用苦肉计来行骗吗？"接着指出海格主仆二人谎言中的一个破绽，二人无可抵赖，只得交代他们妄图骗取保险金的罪行。

你知道破绽在哪里吗？

69. 听力差的冒领者

寂静的深夜，一个蒙面大盗抢劫了银行，开枪打死了两名值夜班的出纳员。保安在一晃而过的车灯中发现劫匪的脖子有一块伤疤。

1小时内，全市各交通要道口，警车呼啸来往。警察用高音喇叭公布悬赏令："劫匪的脖子上有伤疤，举报者奖励5万元！"

时隔不久，一个匿名电话打到警察局："劫匪已往阳光大厦方向逃走，请你们赶快去追击。"

一阵激烈的枪战后，身材魁梧的匪徒倒在血泊之中。劫匪被击毙的消息很快传开，领5万元赏金的人，一下人冒出了很多。他们一个个都称自己是那个匿名报信人，警察局一时真假难辨。局长把甄别真正的报案人的工作交给了足智多谋的神探查理。

很快，警察局的接待室就来了一排领赏人，克里斯丁是最后一个申请者，他极自信地说："虽然我的耳朵听力比较差，但等我复述完，再拿了证据，尊敬的先生就会相信……"

他说在公共汽车的喇叭里听说了缉拿通告后不久，就在后排座发现了一个企图用衣领掩盖自己脖子上的伤疤的男人，于是心中一惊，并开始留意他的一举一动。

那人侧过身子，对通道上的一位红发女郎说："我等会下车，然后去阳光大厦。"克里斯丁虽然耳朵不太灵便，但他从口型上能判别出那人说些什么，随后那男人递给红发女郎一张纸条。

红发女郎看完纸条后，马上揉成一团扔在车上，那男的跟女的相继下车，克里斯丁将纸团拾起，发现在上面写着："两天后，按此地址找我。"

"喏，就是这张。对吗？这5万元赏金，你们警方可不能赖啊。"说着，他拿出了一张纸条。

查理扫视了一下纸条，扑哧一下笑了："这正是凶手被击毙的现场地址，可惜呀，它是从报纸上抄来的！"

查理是怎样知道事情的真相的呢？

70. 一位孤独的老人

在一幢被杂木林所包围的别墅中，一位孤独的老人死了。在现场发现了写得很潦草的遗书，看起来他似乎是服毒自杀。

发现尸体的人是死者生前的女友，他们有好几年没见面了。

房后有很多鸟笼，一群小鸟不知主人已死，仍然在那里快乐地唱歌。老人的女友告诉刑警说："一直到三年前，他都是爱鸟协会的会长。"

刑警听了以后，立刻就断定："既然是这样，这必然是他杀，遗书也一定是伪造的。"

请问：这是为什么呢？

71. 谎言的破绽

在家休息的老罗接到一个电话，对方想在下下星期的星期五拜访他。但老罗说："那天上午我要开会，下午1点要参加学生的婚礼，接着4点要参加一个朋友的孩子的葬礼，随后是我姐姐的公公60寿辰宴会……所以那天我没时间接待您了。"

老罗的话里有一个地方不可信，请问是什么地方？

72. 有人杀害了我的丈夫

电话铃声一连响了四次，侦探康纳德·史留斯才意识到自己不是在做梦。他睁开眼，看了看钟，时间是凌晨3点30分。

"哈罗！"他拿起话筒说道。

"你是史留斯先生吗？"一个女人问道。

"正是。"

"我叫艾丽斯·伯顿。请赶快来，有人杀害了我的丈夫。"史留斯记下了她的住址，把电话挂上。外面寒风刺骨，简直要冻死人，史留斯出门要多穿衣服，自然就比平日多花费了一点时间。他听到门外大风呼呼的声音，于是在脖子上围了两条围巾。

40分钟以后，他到了伯顿夫人的家。她正在门房里等着他。史留斯一到，她就开了门。在这暖和的房子里，史留斯摘下了围巾、手套、帽子，脱下外套。

伯顿夫人穿着睡衣、拖鞋，连头发也没梳。

"我丈夫在楼上。"她说。

"出了什么事？"史留斯问。

"我和丈夫是在夜里11点45分睡的。也不知怎么的，我在3点25分就醒了。听丈夫没有一点声息，才发觉他已经死了，他是被人杀死的。"她说。

"那你后来干了什么？"史留斯问。

"我便下楼来给你打电话。那时我还看见那扇窗户大开着。"她用手指了指那扇还开着的窗户。猛烈的寒风直往里灌，史留斯走过去，关上了窗户。

"你在撒谎，让警察来吧！"史留斯说道，"在他们到达这里之前，你或许乐意把真相告诉我吧？"

史留斯为什么会这样说，他的根据是什么？

73. 梅丽莎在撒谎

这是一个气温超过34℃的炎热夏天，一列火车刚刚到站。女侦探麦琪站在月台，听到背后有人在叫她："麦琪小姐，你要去旅行吗？"

叫她的人是她正在侦查的一件案子的当事人梅丽莎。

"不,我是来接人的。"麦琪回答。

"真巧,我也是来接人的,已经等了好久了。"梅丽莎说。说着,她从手提包里掏出一块巧克力,掰了一半递给麦琪:"还没吃午饭吧?来点巧克力。"

麦琪接过来放到嘴里。巧克力硬邦邦的。这时,麦琪突然想到什么,厉声对梅丽莎说:"你为什么要撒谎,为什么要骗我说你也是来接人的?"

梅丽莎被她这么一问,脸色也变红了。但她仍想抵赖,反问说:"你凭什么说我撒谎?"

请你判断一下,麦琪凭什么断定梅丽莎在撒谎?

74. 对话

请看下面警官和嫌疑犯的一段对话。

警官:"昨天晚上 10 点案发时你在哪里?"

嫌犯:"昨天晚上我在家里。"

警官:"可是,据你的一位朋友说,当时他去找你,按了半天门铃,并没有人出来开门。"

嫌犯:"哦,当时我使用了高功率的电炉,房间的保险丝烧断了,停了一会电,门铃当然不响……"

警官:"别再编下去了。你被捕了。"

请问这是为什么?

75. 游乐园的父子

父亲带着两个儿子去游乐园。他让他们自己去玩,不过要在晚上 5 点钟回到游乐园的大门口。可是,当他们最终出现在大门口时,已经是 5 点半了。父亲十分生气,说要惩罚他们,以后一个月都不会带他们出来玩了。这时,哥哥开口了:"爸爸,这可不是我们的错!当时我们正在坐过山车,可是正准备下来的时候,引擎突然熄火了。"父亲想了一会儿,突然板起了脸孔:"我的孩子们,说谎是比不守时更糟糕的行为!"

父亲怎么知道儿子在撒谎?

76. 警长的反问

警长在旅馆附近的湖边思考问题。

天气很冷,达到了 -5℃。突然,一个浑身湿透的男子上气不接下气地向他跑来,喊道:"先生!快去救救我的朋友吧!我们刚才在湖面上溜冰,冰面突然破裂,结果他掉了下去。我跳下去捞了半天,却什么都没捞着。"

警长赶紧回旅馆找警察帮忙。从旅馆到出事地点有 1500 米,等他们赶到那里时,只发现在裂洞旁边有一双溜冰鞋。那人解释说:"当时我刚把鞋脱掉,他说还要再玩一会儿。"警长说:"别再隐瞒了,谈谈你是怎么害死你的朋友的吧!"

这是怎么回事呢?

77. 消声器坏了

街上发生了一起车祸,一辆汽车撞伤了一个孩子并且逃跑了。警官梅森根据各种线索,当天晚上就找到了肇事嫌疑人洛克——一个身高 1.9 米的高个子。

洛克说："我今天上午没用过这辆车，是我妻子用的。"洛克的妻子是位娇小玲珑的金发美人，身高不过 1.5 米。她向警察证实了丈夫的话。

梅森说："根据目击者提供的线索，撞人的汽车噪声很大，好像消声器坏了。"

"那咱们就去试一下吧！"洛克把梅森带到车库，打开车门，然后舒舒服服地坐在驾驶座上，发动马达，在街上转了一圈，一点噪声也没有。

梅森微微一笑："别演戏了，这个新消声器是你刚刚换上的。"

梅森是怎么做出这一判断的？

78. 过继

李铁桥是广东某县的知县，一天衙门口来了一位告状的老妇人，当差的衙役便把老妇人带到了堂上。

老妇人哭诉道："大人，我丈夫李福贵去世多年，没有留下儿子，现在我丈夫的哥哥李富友有两个儿子，为了占有我的家业，他想把他的小儿子过继给我，做合法继承人。大人啊，我的这个小侄子一向品行不端，经常用很恶毒的语言谩骂我，我实在不想让他做我的继子，于是，我就自己收养了一个别人家的孩子做继子。这下可惹怒了我丈夫的哥哥，他说什么也不同意让我收养别人家的孩子，并说不收养他的孩子，就让我这位小侄子气死我！大人呀！天下还有这样的哥哥、这样的侄子吗！请大人给我做主啊！"

李铁桥听罢，非常气愤，第二天便在公堂之上开始审理这桩案子。

李铁桥先把李富友叫到堂前，问道："李富友，你想把你儿子过继给你弟弟家，你是怎么考虑的？"

李富友理直气壮地说道："回禀大人，按照现行的法律，我应该过继给我弟弟家一个儿子，好让我弟弟续上香火。"

"你说的有些道理。"李铁桥肯定地说。旋即，他又叫来老妇人，让老妇人说说他不要这个侄子的道理。

老妇人回答道："回禀大人，照理说我应该让这个侄子成为继子，可是，这个孩子浪荡挥霍，来到我家必定会败坏家业。我已年老，怕是靠他不住，不如让我自己选择称心如意的人来继承家产。"

李铁桥听了勃然大怒："公堂之上只能讲法律，不能徇人情，怎么能任你想怎么样就怎么样呢。"

他的话还没说完，李富友连忙跪下称谢，嘴里直说："大老爷真是办案公正啊！"而告状的老妇人却无奈地直摇头。

接着，李铁桥就让他们在过继状上签字画押，然后把李富友的儿子叫到跟前说："你父亲已经与你断绝关系，从今天起，你婶子就是你的母亲了，你赶快去拜认吧。这样一来名正言顺，免得以后再纠缠。"

李富友的小儿子立刻就向婶子跪下拜道："母亲大人，请受孩儿一拜！"

老妇人眼见着知县如此判案，侄儿又在眼前跪着，边哭边对李铁桥道："大人啊！要立这个不孝之子当我的儿子，这等于要我的命，我还不如死了好！"

听了他的话，知县李铁桥不禁哈哈大笑，笑后很快就断了案。

你知道知县李铁桥是如何断案的吗？

79. 沙漠归来

在酒吧，侦探霍恩遇见一个满头金发、面孔黝黑的青年在大谈生意经："昨天我才从沙漠地带回来，洗尽一身尘垢，刮去长了好几个月的络腮胡子，修剪好蓬乱的头发，美美地睡了一夜。最值得庆幸的是，我的化验分析报告证实，那片沙漠地带有个储量丰富的金矿。假如有谁愿意对这有利可图的项目投资的话，请到 210 号房间，这儿不便细谈。"

霍恩端详着他那古铜色的下巴，讪笑着说："你若想骗傻瓜的钱，最好把故事编得好一点！"

试问，霍恩为什么会这样讲？

80. 戴墨镜的杀手

郊区的一座公寓里住着两个年轻小伙子，一个姓李，一个姓冯。

一天，下着大雪，胡警官和助手接到小冯的报警电话，说小李被人枪杀了。胡警官和助手立即赶到现场，见小李头部中了一枪，倒在一片血泊之中。

小冯说："我和小李刚才正在一起吃火锅，突然闯进来一个戴墨镜的人，对准小李开了一枪之后逃走了。"

胡警官看到桌上热气腾腾的火锅，说道："你撒谎，杀害小李的凶手就是你！"

请问，胡警官是根据什么做出这样的判断的呢？

81. 雨中的帐篷

一天中午，突然下了一场大雨。雨停过后，一个人急急忙忙来到了警察局，向警长大山说道："不好了，派尼加油站的服务员被枪杀了。"

大山给他倒了一杯水，然后对他说："别着急，慢慢说。"

"当时我正把车开进派尼加油站，突然我听到了一声枪响，接着我看见有两个人从加油站里跑了出来，跳进了一辆周末旅游车飞快地开走了。我赶紧跑进屋里，一看加油站的一个男服务员已倒在血泊里。"这个人一边哆嗦着一边描述道。

警长大山听罢目击者的讲述，又问了一些旅游车和那两个人的外貌后，便带着几名警员开始搜巡嫌疑人。很快，他们在公路的路障南边找到了一辆被人遗弃的旅游车。

警长大山一看这辆旅游车，离派尼国家公园的正门只有几米远，便猜测罪犯一定是进了公园里。

在公园一处人工湖边，大山向第一个野营者沃伦问起他们来公园的时间。

留着一撮小胡子的沃伦说道："我和我弟弟是昨天晚上过来的。因为为了赶上鲑鱼迁徙的季节，从到这里开始，我们兄弟俩就在钓鱼。"

"你们两个下雨时也在钓鱼吗？"大山又问道。

"是的。"沃伦点点头回答道。

大山辞别了沃伦。又来到了第二对野营者阿尔的帐篷里。

阿尔说道："今天早上，我们支起帐篷，然后就出去了。天开始下雨时，我们找了个小山洞躲了好几个小时，我们什么都没看到。"

大山在听阿尔说话的时候，发现地上湿漉漉的，他不禁眉头一皱，但还是友好地走出了帐篷。

在停车场的一辆旅游车上，大山又找到了第三对野营者乔治和他的女朋友。

乔治说道："我知道我们不应该在这里。我们没有伤害任何人，芝加哥的一个朋友借给了我这辆车，所以驾照上不是我的名字，你们可以打电话到芝加哥去查……"

"不必了！"大山说道，"我已经知道谁在撒谎了！"

大山是如何判断的呢？

82. 政府办公室被盗

某日晚，H市政府办公室被盗，探长接到报案后赶往现场，经过紧张的勘察和现场询问，他们把嫌疑人锁定为居住在附近的一位农夫。

探长询问农夫："昨天晚上发生了什么事情，你知道吗？"

农夫答道："啊，知道，政府办公室被盗了。可我一直在家没有出去，不能为你们提供更多的线索。"

探长又问："昨晚你在家做什么？"

农夫回答："家里养的十几只鸭子在孵蛋，我准备接小鸭子出生。"

你认为这位农夫的话是真的吗？

83. 报案的秘书

国际电子产品博览会即将在东京举办，来参加博览会的，都是世界上著名的企业家。村井探长亲自负责保卫工作，他在机场和宾馆里派出大批警察，荷枪实弹站岗，还有很多便衣警察，在暗中保护着贵宾。

博览会开幕前的一天晚上，警察局的报警电话响了，村井探长心头一震，最担心的事情还是发生了！美国一家大公司的总经理赶来参加博览会，下午刚住进五星级大宾馆，就在卧室里被人杀害了。

村井探长赶到宾馆，在保安的带领下，来到死者的卧室。那是一间很大的套间，里面的设备和装潢非常豪华，墙壁上挂着昂贵的名画，地上铺着厚厚的土耳其驼毛地毯，很柔软，走在上面，几乎听不见脚步声。总经理倒在地毯上，后脑勺上有一个窟窿，流了很多血。桌子上有一部电话，话筒没有搁在电话机上，就扔在旁边。

这时，有一位年轻的女士走过来，哭着说："我是总经理的秘书，一小时前，我乘飞机到东京，下了飞机以后，马上和总经理通电话，正说着呢，听到话筒里总经理大叫一声，然后听到'扑通'的一声，好像是人倒在地上的声音，再后来，又听到一阵匆忙的脚步声，好像是罪犯逃跑的声音。我知道情况不好，马上打电话报警，然后叫了一辆出租车，刚刚赶到这里。"

村井探长低着头，在房间里来回踱步，他一会儿走过来，一会儿走过去。忽然，他停住脚步，严厉地对女秘书说："你说的都是谎话！"

村井探长为什么说女秘书在撒谎呢？

84. 火炉上的烤肉

比尔和妻子丽莎有一座不大的农场，他们没有孩子，生活过得逍遥惬意。他们除了去城里采购食物或者签订农作物买卖合同，基本上很少外出。

一天，当妻子从城里采购生活必须品回到家时，发现比尔竟然死在了火炉旁边，胸口插了一把匕首。

精神恍惚的妻子立即报警，警察杰里奇过来后查看了现场：一个烤盆里有些无焰的碳块，上面烤着牛肉。托盘、刀叉、作料散放在一旁。杰里奇检查尸体后，确认比尔大约在1小时前被杀害。

根据农场的交通和人员居住情况，杰里奇立即展开了追捕，结果在方圆10里的范围内只见到一个人。

杰里奇将这个人带到了凶杀现场。那人说自己是个旅行家，肚子饿了正找地方想吃饭呢。见到火炉上的烤肉，伸手就拿，张嘴就吃。

"先生，慢慢吃。我只问你一个问题，你来过这里吗？"杰里奇一边打量这个人一边问道。

"我没来过这里。我在这里迷路了，不知道在什么地方。哎，警官先生，请等我吃完这块烤肉再跟你详细说。"说着他停顿了一下，从碳火中取出了一块烤肉，大大方方地放进了嘴里。

他的这个小动作被杰里奇看得一清二楚。杰里奇眼前一亮，然后把手铐拿出来说："先生，你的演技太差了，请跟我到警署去一趟吧！"

杰里奇是如何看出这个人是凶手的呢？

85. 一条大红的龙虾

有一家专门经营龙虾的餐馆，老板是一个非常善良、慷慨的人。

一天，人们突然发现老板在厨房里被人杀死，而且他衣兜里的现金也全被人掏走了。十分悲伤的老板娘马上打电话报了案。

几分钟后，警长矢村带人来到了餐馆。

老板娘一边哭一边对矢村说道："警长啊，我丈夫可是一个慷慨热心的人啊！每当有流浪汉来我们餐馆时，我丈夫总是给他们东西吃。我丈夫现在惨遭不幸，我认为一定是那个穿黄上衣的人干的，我在10分钟之前看见他和我丈夫在厨房说话，然后就发生了这事。"

老板娘说完话，便领着矢村来到一个身着一件又脏又破的黄上衣的人面前说道："就是他，你们可别让他跑了。"

矢村警长上下打量一番这个人，估计此人是一个流浪汉，于是便问道：

"老板娘刚才说的话，你都听见了？"

穿黄上衣的人马上辩解道："尊敬的警长先生，我刚才的确是在这儿了，可我什么都没干。刚才一个戴围裙的人说要给我东西吃，我看见他把一条大红龙虾放在锅里，他还告诉我20分钟后来吃呢！所以我就在这儿等着。"

矢村听罢，笑了笑说道：

"你不用狡辩了，你就是凶手！"

矢村警长是如何发现这个人在狡辩的？

86. 警员与警长

傍晚，一位男士冲向马路中间拦车，原来是他母亲心脏病突然发作。一辆救护车从东向西飞驰而来，那男士拦下了车，可司机却说他们要去接一名生命垂危的病人，没时间救他母亲。这位男士便同司机大吵起来。

这时，一辆去城西堵截3名抢劫银行歹徒的警车正好经过，见这里交通堵塞，他们便去疏通。最后，司机只好让车上的两名医生下去，将昏迷的患者抬上担架。

当警长看到患者被头朝外、脚朝里地抬上救护车时，立即下令将他们抓了起来，并从车上的急救箱中搜出整捆的钞票。原来他们就是那3名抢劫犯。

事后，警员们问警长："你怎么知道他们就是歹徒呢？"

警长微笑着说："这是一个常识性的问题，你们自己去想吧！"

87. 被窃的手提包

沙娜小姐下了飞机，乘车径直来到了市区一家豪华的旅馆。

"小姐，您好！"女招待员殷勤地迎上来，接过了沙娜小姐的手提包。

"谢谢！"沙娜小姐这时才感觉到有些累了。她跟女招待员来到了二楼的一个单人房间。

"小姐，您休息吧，有事尽管吩咐。"女招待员把手提包放在床头柜上，退了出来。

"等等！"沙娜追了出来，"我没有别的事，只是请您明天早上给我送来一杯热牛奶，只要一杯！"

"好的，我记住了。"女招待员微笑着走下楼去。

沙娜小姐回到屋子里，打开了手提包。那里面装着许多精美的首饰。她是代表公司来这里参加国际博览会的。如果这次成功的话，她将得到一笔可观的奖金。她把首饰又依次检查了一遍，发现一路上没有损坏什么，便放心地笑了，接着她去餐厅吃了饭，又洗了澡，便睡下了。

第二天早上，她醒来睁开眼睛一看表，已经快7点钟了，便急忙穿好衣服，按电铃叫女招待员送牛奶。然后，她来到了洗漱间。她刷过牙，刚要洗脸，听见房门开了。她以为是女招待员送牛奶来了，便没在意。然而，当她涂抹在脸上的香皂还没用水冲洗净时，就听见外面"扑通"一声。她急忙跑出洗漱间，朝外面一看，吓得惊叫起来。原来，女招待员躺在房门口，失去了知觉，头上有一道殷红的血迹。再往床头柜上一看，更是大吃一惊，那个装有许多贵重首饰的手提包不见了。沙娜愣了片刻，忽然明白过来，猛地冲到门口，大声呼喊：

"来人啊，快来人啊！有人抢东西啦！"

很快，整个旅馆都被惊动了，胖经理和各个楼层的女招待员先后都赶来了。

胖经理让人把受伤的女招待员扶到了床上。她已经醒过来了。随后，胖经理又亲自打电话向警察局报了案。

10分钟后，警长哈尔根领着两个助手赶到这里。他察看了现场，并没有发现什么，便把沙娜叫到跟前，简单询问了案发的经过。哈尔根那满不在乎的神情似乎在告诉人们，他对这个案子并不感兴趣。最后，他来到了受伤的女招待员身旁。

"请问您好些了吗？"哈尔根关切地问道。

"好些了，只是还有些晕。"女招待员不知是因为受了惊吓，还是因为头部受伤流了点血，此时脸色白得像一张纸。

哈尔根点燃一支香烟，又问道："小姐，您能把刚才见到的跟我说说吗？"

"可以。"女招待员把身子支起来，半倚在床上说道，"刚才，我按小姐的吩咐端来了一杯热牛奶。可是刚进屋，就从门后蹿出一个男人，照着我的下巴就是一拳。我一下子被打倒在地，以后就什么都不知道了。"

"那个人长什么样你看清了吗？"

"事情来得太突然，我没看清他的脸，只看见他拎着小姐的那个手提包。"

哈尔根点了点头，没再问什么。忽然，他走到床头柜前，端起那杯热牛奶问沙娜小姐：

"小姐，您早上总是要喝热牛奶吗？"

"是的，这是从小养成的习惯，不喝杯热牛奶，全天都会不舒服的。"

"是吗？那您今天为什么不把这杯热牛奶喝了呢？"

"是啊，您不说我都忘了。"

"凉了吧，小姐？我去给您热热。"女招待员殷勤地说。

哈尔根忙用手按住了牛奶杯，用一种嘲讽的口吻说道："不用了，我看沙娜小姐即使喝不上这杯牛奶，今天也会舒服的。您说是吗？亲爱的女招待！"

"您这是什么意思？"女招待员不无惶惑地问道。

"小姐，别做戏了。这件事您最清楚，快交待出您的同伙吧！"

听了这话，女招待员瘫软在床上。原来，正是她勾结一个盗贼，盗走了沙娜小姐装首饰的手提包。

警长哈尔根怎样发现女招待员就是作案分子的呢？

88. 识破伪证

桥下河里浮起一个被淹死的女孩，对于这个女孩，周围的人一无所知。警察正为侦破这个案子一筹莫展，这时，有个男人划着小船急速地由前面向桥下驶过来。他向警察提供了这样的证词："刚才我向桥下划来时，确实亲眼看见这个女孩在桥上脱下帽子，随后跳下了河。"

看着他满脸憨厚，语句真切，周围的人一下子全都相信了，纷纷议论起来。可是精明的警察一下子就识破了这个男人的谎言。请问，警察是怎样判断出来的？

89. 超车的规定

电影演员克里夫人向保险公司申明，她的那辆"奔驰"被盗，要求索取一辆新"奔驰"的保险金。斯蒂尔受保险公司的委托，来到克里夫人家里调查了解事件的全部经过。

克里夫人见这位德国有名的大侦探来到家中，忙把他让到了沙发上。

"听说您的那辆'奔驰'是去日本东京拍电影时被盗的，对吗？"斯蒂尔点燃了一支香烟，然后开门见山地问。

"是的。因为拍片需要，我就用船把它运去了，没想到……"克里夫人白皙的脸上掠过一丝不无惶惑的苦笑。

"所以，您向保险公司提出了赔偿损失，是吗？"

"是的，是这样。"

"好，那就请您再讲述一遍事件发生的经过，我也好向委托人作出交待。"斯蒂尔透过清幽的烟雾，发现夫人的眉梢动了一下。

夫人叹了口气说道："事情再简单不过了，以至于我还没弄清是怎么回事，汽车就没影了。"

"请您说得具体些。"斯蒂尔从兜里掏出了笔记本。

克里夫人眯起眼睛，思忖了片刻说道："那天导演宣布休息一天，我就独自一人开着'奔驰'去东京西郊玩了半天。在回来的路上，我以正常车速行驶着。在离市区不远的一个拐弯处，一辆客货两用车从我的左边超了过去，并挡住了我的车道。我很生气，想下去叫他们让开，可是刚一打开车门，就听见一声轰响，我失去了知觉。等醒过来眬眼一看，我已躺在了医院的病床上。我并没伤着哪里，只不过是轻微脑震荡，第二天导演接我出院了。但是，我的'奔驰'也无影无踪了。"

听完克里夫人的讲述，斯蒂尔笑了。他做了个滑稽动作说道："您总算是万幸中的不幸了！"

"什么，你这话是什么意思？"克里夫人惊愕地望着斯蒂尔。

"我是说，您可以向保险公司索取一辆'奔驰'的保险金了。"斯蒂尔微笑着望着她。

"啊，是这样，那是当然的了！"克里夫人也笑了，那是发自内心的笑。

忽然，斯蒂尔把脸一沉，厉声说道："遗憾得很，你这个骗子，跟我到法庭上去领保险金吧！"

斯蒂尔是怎样识破克里夫人的骗局的呢？

90. 六头被打死的斗牛

3月的一天，警察局局长莱特交给刑侦科长埃塞勒一个任务，让他审查一个麻醉毒品走私嫌疑分子。埃塞勒让人把嫌疑人带到了自己的办公室里。

"你叫什么名字？"埃塞勒用目光打量了一下站在自己面前的中年人问道。

中年人似乎漫不经心的样子，干咳了两声答道："库特迈，一个守法的商人。"

"你到葡萄牙和西班牙干什么去了？"埃塞勒盯视着库特迈。

"先生，我昨天才乘飞机从葡萄牙回来。目前，葡萄牙和西班牙根本就没有毒品。"说着，库特迈从上衣兜里抽出一张护照递过去，"请看，护照上有日期。"

埃塞勒并没有查看他的护照，而是不无揶揄地说道："这张护照并不能证明你昨天是从葡萄牙回来的，你还可能是从别的国家回来的，甚至还可能是偷越国境跑过来的。"

"别开玩笑了，先生！"库特迈装出一副无可奈何的样子。

"你还有什么可以证明，你昨天确实是在葡萄牙的吗？"

库特迈眼珠转了转说："先生，您一定知道，人们可以拿着德国的护照去葡萄牙的里斯本旅行，在边界上是不用签证的。"

"这说明不了什么。"

"还有，"库特迈像变戏法儿似的从手里又捻出一张纸片，伸到了埃塞勒的眼前，"先生，我昨天曾在里斯本斗牛场观看了场精彩的表演，这是入场券，上面的日期写得清清楚楚。"

埃塞勒看了看那张淡黄色的入场券，冷笑着问道："你都看见什么了？"

库特迈听到埃塞勒这样问他，心里有些发慌。但他立即平稳了一下心情答道："我正赶上开场仪式，那场面真是前所未见。斗牛士轮番上阵，很快，先后就有6头牛被打死拖了出去。"

"不要再说了，全部是谎言！"埃塞勒用手止住了他。

"你……"

"对不起，你被拘捕了，请吧，库特迈先生。"

刑侦科长埃塞勒是怎样识破库特迈的谎言的呢？

91. 古代的瓷瓶

一天，一位少女神情忧郁地走进矢村侦探事务所，说有件非常棘手的事情请求他帮助。

原来少女父母双亡，留下一份颇丰的遗产，其中最有价值的是一只古代瓷瓶。不料，她的叔叔看中了这只瓷瓶，称愿花1000万日元的代价买下来。因是父母遗物，她没有同意。后来叔叔说，要她把瓷瓶借给他一天，让他从各个角度把瓷瓶拍下来，以便自己随时可以观赏，少女只好把瓷瓶借给了他。第二天，少女去叔叔家取瓷瓶时，叔叔却板下脸，说他昨天已经把 1000 万日元给她了，并说当时有女佣在场，可以作证。

矢村很同情少女的遭遇，就接受了少女的请求，他对少女说："现在你陪我去见你叔叔。"

到了她叔叔家，叔叔指着那只瓷瓶，对矢村说："这是我花了 1000 万日元从她手里买下来的。真奇怪，我明明是从皮夹里拿钱给她的，她怎么说我没有给她呢？好在我的女佣在场，她可以作证。"

"是的。"站在一旁的女佣接口说，"我亲眼所见，每张日元的面值都是一万元。"

矢村沉思片刻，又问女佣："你确确实实看清了吗？"

"是的，我确实看得一清二楚。"

一听女佣斩钉截铁的回答，矢村就冷冷地对少女的叔叔说："姑娘说得对，你根本没有给她钱。如果你还坚持的话，那么，咱们就上法庭，我可以出示证据。"

果然，叔叔一听要上法庭，乖乖地把瓷瓶还给了少女。

矢村是怎么识破少女叔叔的谎言的？

92. 雨夜的报案

在一个风雨交加的深夜，大地笼罩在漆黑的夜幕中。小镇上的人家，都熄灯入睡了，只有几盏路灯，射出昏暗的灯光。这时候，警察局里却灯火通明，高斯警长和几个警员，正守候在电话机旁值班。因为根据经验，越是这样的天气，越容易发生案件。

果然，电话铃声响了。对方是一个男子，他好像受到了很大的惊吓，颤抖着声音说："警察……局吗？不、不好了，我在……小镇的河边，发、发现了一具尸体……"高斯警长马上带上两个警员，驾着警车冲进雨幕，往河边飞驰而去。

在车灯的映照下，远远看见河边有一个人影，高斯警长他们下了车，打着手电筒，来到小河边。这时，他们看清了那个人影。他是一个瘦高个儿，全身上下，从头发到衣裤，全都是水淋淋的，完全湿透了。他脸色苍白，神情很紧张。高斯警长拍拍他的肩头，让他先稳定一下情绪，自己蹲下来查看尸体。过了一会儿，瘦高个儿不那么紧张了，开始报告说："刚才我在河边走，忽然脚下一滑，跌进了河里，幸好我会游泳，游到岸边的时候，被什么东西绊了一下，仔细一看，竟然是一具男尸！"一个警员问："天这么暗，你看清是男尸吗？"瘦高个儿说："幸好我口袋里带着火柴，我划亮了火柴一看，他的脖子上有两道刀伤，浑身都是血，已经死了，我害怕极了，就赶紧跑到电话亭，给你们报案了。"

另一个警员还想问什么，高斯警长却果断地说："不用再问了，他就是嫌疑犯，把他铐上，带回警察局！"

为什么高斯警长会怀疑报案人就是凶手呢？

93. 一片沉寂

警长罗斯的别墅同哈利的寓所相距不远。一天夜里，突然一声枪响。罗斯闻声往外跑，正碰上哈利。哈利喊道："托尼被枪杀了！"

罗斯边走边听哈利诉说："托尼是我的客人。刚才我俩正看电视，突然电灯全灭了，我正要起身查看原因，前门开了，闯进一个人来，对着托尼开了两枪，没等我反应过来，那人已无影无踪了。"

进入寓所，罗斯发现房间里很黑，用手电照着托尼，他已死去。到车库里把被人拉开的电闸合上，房间里的灯立刻亮了。

第二天，名探洛克听着警长罗斯复述在现场所见，问道："开闸后电灯亮了，这时寓所里还有什么响动？"

罗斯说："一片沉寂。"

洛克说："够了。哈利涉嫌谋杀成立。"

请问：洛克为什么做出这一判断？

94. 藏珠宝的罐头

一个夏日的清晨，波兰卡尔拉特市警方得到了可靠的情报，一个化名米希洛的法国走私集团的成员，从华沙市及维瓦尔市弄来许多珠宝，装在一只柠檬罐头里面企图蒙混出境。

该罪犯所带的罐头外形、商标和重量完全一样。为了查获珠宝罐头，女警官尼茨霍娃奉命前去海关协助检查。临行时，局长再三强调，一定不能损坏出境者的物品，以免万一判断失误，造成不良国际影响。

尼茨霍娃警官驱车来到海关后，开始注意带罐头的外国人。果然不出所料，"目标"已到了海关。在接受检查时，那个化名米希洛的人，出境时带着12只罐头，都是柠檬罐头。尼茨霍娃知道，靠摇晃罐头无济于事。于是她佯笑地问："先生，你带的全是柠檬果汁吗？"

"当然是。"米希洛彬彬有礼地含笑回答，毫无异色。

尼茨霍娃警官淡淡一笑，使了一招，然后取出其中一只罐头厉声问道："这只不是柠檬果汁！"打开一看，果然是珠宝。那个化名米希洛的走私犯低下了头，呆若木鸡。

你知道女警官尼茨霍娃采取什么妙法，查出了藏珠宝的柠檬罐头吗？

95. 谁是劫匪

警官墨菲在街上巡逻时忽然听到争吵声。于是他上前查看，原来有两个男子正在争夺一块手表。这两个男子中有一个身体强壮，穿着十分得体，好像是个白领；而另外那人则身体消瘦，还穿着一条短裤，看模样像是一个蓝领工人。

看到墨菲，两人连忙停手，转而向墨菲诉说起事情的经过。身体消瘦的男子说："我下班回家时，这个人突然走过来，想强抢我的手表。"身体强壮的男子则对墨菲说："你不要相信他的鬼话。这只手表很名贵，这个人怎么有资格戴呢？"

墨菲仔细看了看这两个男子，然后拿起手表看了看。接着，他将手表交给身体消瘦的男子，并掏出手铐，铐住了身体强壮的男子。

请问：墨菲为什么能断定身体强壮的男子是劫匪？

96. 第一感觉

一天，一个侦探正走在一个大型旅馆的走廊上，突然，他听到一个女人的尖叫声："看在上帝的分上，别开枪，约翰！"紧接着是一声枪响。

他立刻跑向传出枪声的房间，冲了进去。房间的一个角落里躺着一个妇女，子弹射穿了她的心脏，一把枪掉在房间中央的地上。

房间的另一侧站着一个邮差、一个律师和一个会计师。侦探只看了看他们，就一把抓住邮差说："我将以谋杀的罪名逮捕你。"

确实是这个邮差谋杀了那个妇女，但此前这个侦探没有见过这个房间里的任何一个人，他是怎么知道的呢？

97. 指纹

一天夜间 10 点左右，小岛正要入睡，忽然听见门铃响了起来。他打开门一看，只见一个瘦高个男人正冷冷地盯着他。小岛见来人正是他一再躲避的债权人中村，心里不禁倒吸了一口冷气。

中村一把推开小岛，气呼呼地走进房间，抬眼朝室内环视一周，冷笑一声说："嘿，好漂亮的公寓呀！这是用我的钱购置的？"接着大声威胁说，"别再躲躲藏藏了，快把钱还给我，不然我只有到法院去控告你！"

"请相信我，钱我明天如数还你，好久不见了，来一杯吧！"小岛一边连连道歉，一边从冰箱里取出一瓶啤酒。他趁中村坐下之际，抢起酒瓶朝中村的脑袋砸去，中村连哼也没哼一声，就应声倒在了地上。

小岛砸死了中村，慌忙把尸体背到停车场，用汽车把尸体运到郊区，扔在了公园里。他返回家后，立即来个彻底大扫除，用手巾擦掉了留在桌子和椅子上的指纹，连门上的把手也擦得干干净净，直到觉得房间里再也不会留下中村的痕迹，才长长地吐了一口气。

第二天一早，小岛刚起床，就听到一阵"咚咚咚"的敲门声，他打开门一看，竟是山田警长和段五郎侦探。

山田警长脸色严峻地问道："今天早晨，我们在公园里发现了中村的尸体，在他口袋里的火柴盒后面写着你的地址。昨晚上中村来过你家吗？"

小岛忙说："昨晚谁也没来过，我已经一年多没有见到他了。"

这时，站在一边的段五郎淡淡一笑，说："不要说谎了，被害者来过这里的证据，现在还完好地保留着……"

没等段五郎说完，小岛声嘶力竭地叫道："在哪？请拿出证据来！"

"安静点，瞧，在那儿！"小岛顺着段五郎指的地方一看，顿时吓得面如土色。那里确实留下了中村的指纹。

你知道中村的指纹留在什么地方吗？

98. 老地质队员遇难

一个初秋的早晨，在森林里一棵大树下的帐篷里，人们发现了失踪的老地质队员的尸体，他好像是在那里被人杀死的。

然而，公安人员得知他是个老地质队员后，只看了一眼现场，就马上下了结论：

"罪犯是在其他地方作的案，然后又将尸体转移到这里来，伪装成死者在帐篷里被杀的假象。"

此结论的理由何在？

99. 大毒枭

某大毒枭连闯四国，马上就要将价值不菲的海洛因带进毒品价格最高的 X 国了。为了顺利通过机场的安检，他把毒品藏在一个新足球内，足球上有好几个世界著名球星的英文签名。他认为这样一个有着世界球星签名的足球，肯定不会有人怀疑里面藏着毒品。

不巧的是，他在机场遇到了一位反毒专家。专家只看了一眼足球，甚至都没有掂一掂足球的分量，就怀疑足球有问题，并请大毒枭到毒品检查站去一趟。

大毒枭又吃惊又着急，大声说：“世界球星签名的足球，能有什么问题呀？”

如果你是专家，你是怎么看出足球有问题的呢？

100. 枪击案

刚刚发生了一起枪击案，枪响后，酒吧里只有哈瑞一个顾客。

他刚刚喝了一口咖啡，就看到3个人从银行里跑出来，穿过马路，跳上了一辆等在路边的汽车。

不一会儿，一个修女和一个司机进了酒吧。

“二位受惊了吧？”善良的哈瑞也没有仔细打量这两个人，就说，“来，我请客，每人喝一杯咖啡。”

两个人谢了他。修女要了一杯咖啡，司机要了一杯啤酒。3个人谈起了刚才的枪声和飞过的子弹，偶尔喝一口杯子里的饮料。这时，街上又响起了警笛声。抢劫银行的罪犯抓住了，被送回银行验证。哈瑞走到前边的大玻璃窗前去看热闹。当他回到柜台边时，那个修女和司机再次感谢他，然后就走了。

哈瑞回到座位上，看着旁边空空的座位和杯子，咖啡杯的杯口处还隐约有些红色，他突然明白了什么，叫起来：“噢！这两个家伙是刚才抢银行罪犯的帮手！”说完赶紧报了警。

请问，是什么东西引起了哈瑞的怀疑呢？

101. 如何接头

探长接到线报，称有两大犯罪集团的成员在某百货公司接头交换情报。探长亲自到场监视，终于等到其中一名犯罪集团的成员出现。这名男子到百货公司的问讯处，向女职员说了些话，女职员便播出了以下的广播：“魏兰小朋友，你的爸爸在百货公司一号门门口等你，请你立刻前去。”探长一直在监视着那名男子的举动，但始终没有看见那个名叫魏兰的小朋友出现。而在此期间，两名犯罪人员已经成功地接头了。

你知道他们是怎么接头的吗？

102. 可疑旅客

某夜，马尼拉—北京航线的某班机，降落在北京首都机场。海关人员开始检查旅客们的行李。检查员小刘发现从飞机上下来的3个商人打扮的人神色可疑：他们带有一个背包、一个纸箱子和一个帆布箱。小刘查看了他们的护照，他们来京的目的是旅游。当天早上从泰国首都曼谷出发，经过菲律宾首都马尼拉，再经中国广州，然后飞抵北京。

小刘拿着护照看了一会儿，便认为他们肯定有问题，最后果然在夹层里发现了毒品海洛因。

是什么引起了小刘的怀疑呢？

103. 集邮家

85岁高龄的集邮家，今晚在他的卧室里为一位朋友的集邮品估了价。朋友去客厅参加舞会了，仆人走进来想请老人家上床休息，却发现他伏在桌子上，因颅骨受到致命打击而死亡，于是立即打电话请来了名探霍金斯。

霍金斯验过尸体，判断死亡时间约在20分钟以前。

仆人说："我进门时，好像听见轻轻的关门声，似乎是从后楼梯口传来的。"

霍金斯仔细察看了桌子上的5件物品：一把镊子、一本邮集、一册集邮编目、一瓶挥发油和一支用于检查邮票水印的滴管。霍金斯走出房间来到楼梯边，俯视下面的客厅，那儿正为集邮家的孙女举行化装舞会。

"谁将是死者遗嘱的受益者？"霍金斯问。

"嗯……有我，还有今天舞会上的所有人。"仆人答道。

霍金斯居高临下，逐一审视那些奇装异服的狂欢者，目光最后落在一个扮作福尔摩斯的年轻人身上。他斜戴着一顶旧式猎帽，叼着个大烟斗，将一个大号放大镜放在眼前，装模作样地审视着身边一位化装成白雪公主的姑娘。

"快去报警！"霍金斯吩咐仆人，"我要拘捕这位'福尔摩斯'先生。"

请你想一想，霍金斯依据什么判断出了凶手？

104. 目击证人

乔博士和警长杰克沿着一条小路缓缓地行走。这条小路从迈克尔·海德油漆过的后门廊和后院的工具屋之间穿过。

"在这条小路的任何地方，"警长说，"海德都可以看见沙克·威尔被杀的情景。他是唯一可能的目击证人，但他却说什么也没有看见。"

"那他对此又作何解释？""海德声称他一直走到工具房才发现油漆洒了一路。"乔博士于是更加仔细地察看油漆滴在地上的痕迹。从门廊到小路间，滴在路面的油漆呈圆点状，每隔两步一滴；从路中间到工具房，滴下的油漆则呈椭圆点状，间隔为五步一滴。进到工具房里，乔博士发现门背后挂着一把大锁。"无疑，他怕说出真情后会遭到凶手的报复。"乔博士说，"但他肯定看到了这里所发生的一切。"

请问：乔博士是根据什么做出这样的论断的呢？

105. 遗书是伪造的

侦探乔森村的助手石原近几天正为女友遇到的麻烦而心神不定，终于他向乔森村讲了这件事的原委：

女友的父亲因交通事故住院，上星期去世了。在葬礼之夜，她的伯父，也就是死者的哥哥，拿着她父亲的遗书，提出要分一半财产给他。遗书是去世的前两天写的。内容是："生前多蒙哥哥的照料，故将我财产的一半馈赠于您，作为报答，唯恐儿子或女儿反对，故立此遗言。"女友的父亲负重伤后就卧床不起。她伯父说这份遗书是她父亲在他一人去探视时写的，没有第三人在场。因为不能坐起来，是仰面躺在床上用普通的圆珠笔写的，所以上面的字简直就像蚯蚓一样七扭八歪的，无法同生前的笔迹相比较，也就无法判断遗书的真伪。

乔森村听了，从写字台上拿起一支圆珠笔来，问道："是这种吗？"

石原说："是的。"

乔森村右手拿着那支圆珠笔，左手拿着纸仰面朝上写了一阵子。突然，向着石原吼了一声："笨蛋！那份遗书纯粹是伪造的。还不快点儿告诉你的女友，好让她放心。"

请问：乔森村连遗书都没看，怎么就知道那份遗书是伪造的呢？

106. 发难名探

富有的贵妇人沃夫丽尔太太闲得无聊，竟动起了难倒名探哈利的念头。

这天，凌晨2时，哈利接到沃夫丽尔太太的男管家詹姆斯的告急电话，说"夫人的珠宝被劫"，请他立刻赶来。

哈利走进沃夫丽尔太太的卧室，掩上门，迅速察看了现场：两扇落地窗敞开着。凌乱的大床左边有一张茶几，上面放着一本书和两支燃剩3英寸的蜡烛，门的一侧流了一大堆烛液。一条门铃拉索扔在厚厚的绿地毯上，梳妆台的一只抽屉敞开着……

沃夫丽尔太太介绍说："昨晚我正躺在床上借着烛光看书，门突然被风吹开了。一股强劲的穿堂风扑面而来。于是我就拉门铃叫詹姆斯过来关门。不料，走进来一个戴面罩的持枪者问我珠宝放在哪里。当他将珠宝装进衣袋时詹姆斯走了进来。他将詹姆斯用门铃的拉索捆起来，还用这玩意儿捆住我的手脚。"她边说边拿起一条长筒丝袜，"他离开时，我请他把门关上，可他只是笑笑，故意敞着门走了。詹姆斯花了20分钟方挣脱绳索来解救我。"

"夫人，请允许我向您精心安排的这一劫案和荒唐透顶的表演致意。"哈利笑着说。

请问：沃夫丽尔太太的漏洞在哪里？

107. 桅杆上的白布

最近，劳尔探长一直在调查市政府官员詹姆森被害的案子，这天黄昏，他驾车来到海边的港口，踏上一只帆船，找到了涉嫌者鲍里金。

鲍里金听劳尔探长说他的朋友詹姆森被人杀害后，惊得嘴里的雪茄差点掉下来。探长向鲍里金询问："出事的时候——也就是那天下午2～4点，你在什么地方？"

鲍里金歪着头想了想，说："哦，那天天气很好，中午12点我驾船出海办事，不料船开出两个小时后，发动机就坏了。那天海面上一丝风也没有，船上又没有桨，我的船被困在大海上，无法靠岸。情急之下，我在船上找到了一块大白布，在上面写上'救命'两个黑色大字，然后把桅杆上的旗子降下来，再把这块白布升上去。"

"哦？"劳尔探长很有兴趣地问，"有人看见它了吗？"

鲍里金笑着回答："说来我也挺幸运的。大概半小时后，就有人驾着汽艇过来了，那人说，他是在5千米外的海面上看见我的呼救信号的，后来，他就用汽艇把我的船拖回了港口，那时已近黄昏了。"

鲍里金说完，轻轻地呼了口气。谁知劳尔探长却对他说："鲍里金，假如现在方便的话，请马上随我到警局走一趟。"

鲍里金的脸刷地白了："这是为什么？"

你知道这是为什么吗？

108. 金砖的所有者

靠淘金起家的富翁汉森，临终前把他的两个伙伴叫到床前，告诉他们一个不为人知的矿金产地，允许他们到那儿淘金，前提是他们永远不把秘密外传，并且只去一次。他们定的契约上规定两个伙伴——泰尔和西德尼，或者他们的随从，只要能将金子背回汉森家，无论数量多少，都将归背者所有。

第二天，他俩启程了，一头驴子驮着他们的工具和食物。半年之后，他们淘得的矿金够多了，便铸成一块长1英尺、宽高均为6英寸的金砖,回到了汉森的家。两人都说金砖是自己背回来的。在法庭上,法官看了那块金砖和那份契约,便做出了正确的裁决。

请问:金砖到底归谁所有呢?

109. 谁是新娘

新婚不久的丹麦商人霍克去美国洽谈生意,不料遇上车祸,不幸身亡。

霍克在美国的朋友立即发了份电报,请新娘去美国料理后事。

没几天,新娘到了美国。但令人奇怪的是,来了两个,她俩都说自己是霍克的新娘。

这使霍克的朋友很为难,他没有见过霍克的新娘,只知道新娘是个钢琴教师。无奈,他只得请来私人侦探大维来辨真假。

大维来后询问得知,霍克拥有一大笔财产。按照法律,他的妻子将继承这笔遗产。现在两位新娘中的一位一定是想来骗取这笔遗产的。

两位女士一位满头金发,另一位皮肤浅黑。大维看着她们,沉思片刻说:"两位女士能为我弹一首曲子吗?"浅黑肤色的女士马上弹起了一首世界名曲,她的双手在琴键上灵巧地舞动。大维发现,她左手戴着一枚宝石戒指和一枚钻石婚戒。接着,金发女士也弹了一曲,琴声同样悦耳动听,大维注意到她右手上只有一枚钻石婚戒。

大维听完演奏,走到浅黑肤色的女士身边说:"你不要再冒充新娘了,快回去吧。"这位女士听了,辩解道:"你凭什么说我是冒充的呢?难道我弹得没她好吗?"大维说了一番理由,浅黑肤色的女士没趣地溜走了。

你知道大维说了什么理由吗?

110. 被害的妻子

一名警察和他的妻子到一个滑雪胜地去度假。警察的妻子被发现摔死在了悬崖下面。在度假胜地工作的售票员与当地警方取得了联系,这名丈夫以谋杀罪被逮捕。售票员怎么知道这是一起故意杀人案?

提示:

(1)售票员从来没有见过警察和他的妻子。

(2)如果没有售票员提供的信息,当地警方就不能逮捕这名警察。

(3)她是摔死的。

(4)她是个滑雪好手。

111. 软件专家的电脑

托尼是位开发软件的专家,近来他的运气很差,因为连续几次开发软件都以失败告终。老板已经暗示了他好几次了,再这样下去不仅他得滚蛋,整个公司都得完蛋。因此托尼压力很大,想想这几年来自己的辉煌战绩,再看看目前的处境,他感到心灰意冷,请了假后就躲到他的别墅去了。

他的手机不通,座机也打不通,担心他压力太大想不开做蠢事的老板就派人去别墅看他,结果去的人发现他死在他的电脑旁,便立刻向警方报了案。

当警方来到别墅后,发现托尼的电脑开着,屏幕上显示的是一份遗书,桌子上还倒着一个喝过咖啡的杯子。经检验,咖啡里边掺了毒。另外还发现地上的电脑电源没插电,死者死亡的时间是在两天前。最后警方确定这是一起凶杀案件，并不是死者自杀身亡的。

那么，警方是怎样确定的呢？

112. 报案破绽

电视播音员清水夜里 1 点多钟突然向警方报案，说他妻子被杀了。西蒙警长驱车火速赶赴现场。这是一幢新宅，门旁车库前停放着一辆红色越野车。

警长下车走近大门时，那儿突然有条狗汪汪地吼叫起来。那是一条狼狗，被一条长长的铁链拴着。

"太郎，闭嘴！"清水走出门来，那条狗便乖乖地蹲在他的脚下。看来是训练有素。

死者身穿睡衣，倒在厨房的地板上，是头部被打伤致死的。

清水声泪俱下地向警长诉说："我为一点小事和妻子吵了一架，憋着一肚子气跑了出去，在外面兜了两个小时风，回来一看，妻子被杀了，那时是 11 点。我出去后大概妻子没关门，肯定是强盗闯进我家，被妻子发现后，于是杀人逃走了。"

"有什么东西被盗了吗？"

"放在柜子里的现金和妻子的宝石不见了。"

"去兜风时带上你的狗了吗？"

"没有，只是我一人去的。"

现场取证工作基本结束了。第二天一大早，警长就命令助手到邻居家了解情况。不一会儿，助手跑回来报告说："西边的邻居家里有一个老头昨晚几乎看了一夜电视。据他讲，在罪犯作案的时间里没听到什么异常的动静。"

"也没有听到汽车的声音吗？"

"听到过，有过汽车的声音，是晚上 11 点左右听到汽车由车库开出的声音。"

"不错，罪犯就是清水。"

果然，经审讯，清水供认由于同女歌星约会被发觉，和妻子吵了架，怒不可遏地抄起啤酒瓶照着妻子的头部砸去。本来他是无意杀死妻子的，但事后又不想去自首，因而伪造了盗窃杀人的假象，并出去兜风，顺便把当做凶器的啤酒瓶扔进河里。

那么，西蒙警长究竟凭什么证据，识破了清水的犯罪行为呢？

113. 消夏的游客

盛夏的海边别墅群里，住满了来消夏的游客，白沙蓝水的海滨热闹非凡，人们泡在海水里洗海水澡和在海中畅游。然而，却有个幽灵般的贼，半个多月来在别墅和宾馆的客房里连续盗窃游客的贵重物品。

警方经过多方调查访问，渐渐摸清了这个罪犯的体貌特征，于是请画像专家画了罪犯的模拟像四处张贴，提醒游客注意，发现后及时报告警方查缉。很快，一位宾馆服务员向警方报告，该宾馆新入住的一位客人与模拟像上的犯罪嫌疑人极为相像。

侦探们获讯后迅速赶到该宾馆，在服务员指点下敲开了这位客人的房门。这位客人确实长得和模拟像上的犯罪嫌疑人极其相像，唯一的区别是，客人梳的是大背头，而犯罪嫌疑人则是三七开分头。

当侦探拿着模拟像要求客人到警局接受调查时，客人立即指出了分头与大背头的区别，并称自己来海滨休假已经半月有余，有许多大背头的照片可以作证，只是刚换了个宾馆而已。

说着，客人拿出许多彩色照片，来证明自己一向是梳理大背头发型的。

侦探们有些疑惑了，会不会只是长得相像而已？这时，宾馆服务员悄悄地向侦探建议，带客人到美容室做个实验，就能搞清问题。

你能猜出这是个什么实验吗？

114. 珠宝商度假

一个珠宝商携着家人来到著名的避暑胜地度假。当地的温差比较大，早晚十分寒冷，常常会下霜，而中午的气温很高。

一天，当珠宝商全家兴致勃勃地从外面游玩回来，发现他们的珠宝被人偷了。小偷似乎是从靠近院子的窗户爬进去的，在微湿的泥地上还留有他的足迹。小偷穿着旅游鞋，鞋底的条状花纹还很清晰地留在地上。而这个小偷是何时潜入的呢？

（1）昨天早上；（2）昨天半夜；（3）今天早晨。

115. 二战中的间谍

第二次世界大战期间，英国警方得到一份情报，说一个纳粹间谍将从南美来到伦敦，随身携带了一笔10万英镑的巨款，准备发展间谍组织。英国警方对他进行了密切监视，并在他下船几个小时后故意制造了一次车祸，把他送进了医院。

趁此良机，警方仔细地检查了他的衣服和行李，结果，除了一个公文包里面放有几封他在英属圭亚那的朋友写给他的信之外，一无所获。根本就没有巨款的影子！

警方也考虑到这个间谍有可能玩弄其他花招，比方说通过邮局把钱寄给自己，但此时正值战时，邮递业务很不正常，因此这个办法行不通；他也可以将宝石吞在体内，但在医院里进行检查时，X光机已经排除了这种可能性。

那么，这个间谍如何能够藏起这10万英镑呢？

116. 聪明的警官

玛琳是一位漂亮的女明星，她不仅年轻漂亮，而且还是一位双性恋者。她经常带女性伙伴回家欢歌笑语，当然也不乏英俊风流的男人。

一天早上，她的尸体被发现在她的卫生间，尸体还有体温，看来凶手刚离开不久。据邻居反映："昨晚一直到凌晨，玛琳的家中喧闹的音乐就没有停过，大约是在开大型派对，并且有男有女。"

警官保罗分析道："那我们应该先确定凶手是男性还是女性，这样也许会更有利于我们抓到凶手。"另一个警官说："这很好办，看一下卫生间的现场，就很容易知道了。"

这个警官是如何做出判断的？

117. 半夜敲门

维特打开了电视机，播音员正在播报一条消息："今天19点左右，在贝姆霍德花园街，一名79岁的老人在遭抢劫后被枪杀。据目击者说，凶手穿绿色西装。请知情者速与警察局联系。"

花园街正好是维特住的这条街，她感到十分害怕。正在这时，阳台上的门口突然出现了一个35岁左右的男子，身穿绿色西装，而且衣服上有血。维特吓得脸都白了。

那人进了房间，让维特把手表和金戒指给他。正在这时，突然有人敲门。那人用枪顶着维特的背，命令道："到门口去，就说你已经睡下了，不能让他进来。"

"谁呀？"维特颤声问道。

"韦尔曼警官。维特小姐，你这儿没事吧？"听到这熟悉的声音，她内心平静了许多。

"是的。"她答道。停了一会儿，她用稍大的声音说，"我哥也在问你好呢，警官！"

"谢谢，晚安。"不一会儿，巡逻车开走了。

"干得不错，太妙了。"那人高兴地大口喝起酒来。突然，从阳台上的门里一下子冲进来许多警察。没等那人反应过来，就给他戴上了手铐。

"好主意，维特小姐。你没事吧？"韦尔曼警官关切地问道。

请问，维特是怎样给韦尔曼警官报信的？

118. 机智脱险

被特工部门视为超级间谍的伊凡诺维奇，为了搜集一份重要情报，巧妙地混入了 A 国举行的一个外交集会。

伊凡诺维奇伪装成一个记者，他背着高级照相机和闪光灯，利用伪造的证件潇洒地步入了会场。

就在他不停地拍照的时候，联邦调查局的一位中年特工大步走到他的眼前。

"记者先生，能看看你的证件吗？"

"当然。请过目。"伊凡诺维奇微微含笑，彬彬有礼地递上"记者证"。

那中年特工仔细看过"记者证"，突然厉声喝问："好一位冒牌的记者先生，还是亮明你的真实面目吧！"他一面说，一面将手伸进衣袋里取枪。

伊凡诺维奇从对方那灼灼逼人的目光里知道遇上了 A 国特工，自己必须立即逃走。他站的地方离大门十分近，但他立刻又想到，如果自己此刻转身逃跑，对方一旦拔出手枪，自己就会被击中。

伊凡诺维奇毕竟是位名副其实的超级间谍，他急中生智，想出了一个迷惑对方、争取时间的巧妙办法，终于脱险，逃之夭夭。

你能猜出他用的是什么办法吗？

119. 间谍被擒

初春时节，西伯利亚仍然寒气袭人，A 国间谍史密夫在那里执行任务时，失手被擒，其后被关在高原上的木屋内。木屋的囚室内没有纸、笔、电筒，就只有一扇窗、一张床、一台冰箱及一罐汽水。

在晚上，史密夫就利用囚室内的设备，发出了求救信号，通知同伴来救援。最后，他成功地逃脱掉了。

请你判断一下：史密夫是如何发出求救信号的呢？

120. 巧过立交桥

罗尔警长快要过 60 岁生日了，可是看上去很年轻，50 岁还不到的样子。这得归功于他的自行车，也许你不相信，这辆自行车陪着他 30 多年了，还是当年巡逻时骑的呢。后来，警察巡逻开上了警车，可是罗尔警长坚持骑自行车，他说："坐在警车里不锻炼，连路也跑不动了，怎么抓坏人？"

有一天下午，他骑着自行车在街上巡逻，一辆黄色轿车"呼"地从身边冲过，紧接着，身边传来喊叫声："他偷了我的汽车！"罗尔警长赶紧蹬车去追黄色轿车，可是，自行车的两个轮子，怎么追得上四个轮子的轿车呢？才追了一条马路，他就累得直喘气，眼看轿车越来越远了。

这时候，他看见路边停着一辆集装箱卡车，司机正在卸货，他扔下自行车，跳上卡车，开足马力，继续追赶。

偷车贼还以为把警长甩掉了，心中暗自嘲笑：一辆破自行车，还想追我？哼，没门！忽然，他从后视镜里看见了卡车，司机就是那个老警察！他慌忙加大油门，警长紧追不舍，两辆车在公路上追逐着。

前方有一座立交桥，轿车一下子就从桥底下穿了过去，可是集装箱卡车的高度，恰恰高出立交桥底部2厘米，警长一个急刹车，停在立交桥前，好险啊！

罪犯看到卡车被挡住了，还回头做个怪脸，罗尔警长气得两眼冒火。他毕竟是老警察了，马上冷静下来，看了看轮胎，立刻有了主意。

几分钟以后，集装箱卡车顺利从立交桥底下穿过，罗尔警长终于追上了罪犯。

罗尔警长用什么方法，很快就让卡车通过了立交桥底下呢？

121. 钞票藏在哪里

方方精品屋生意火暴，有一个窃贼假装往邮筒中投信，经常观察方方的举动，尤其是现金的存放动向。一次，这名窃贼终于逮着了一个下手的机会，但他没跑出十多米，就因神色异常而被警察询问。这时，警察接到方方的报案。于是警察就对窃贼进行搜身，但奇怪的是，此人身上连一分钱也没有，警察无奈只好将其释放，但警方没放弃破案机会，继续暗中监视他。过了一两天，果然看到那个嫌疑犯顺利地取走了钞票。那么，你知道窃贼到底把钞票藏到哪里去了吗？

122. 监视的妙方法

警方接到线报，在某偏僻村落，藏匿着大批通缉犯及黑社会头目。为避免打草惊蛇，高级督察查理做出周详而严谨的部署。他乔装成村民，视察现场环境后，发觉村屋坐落在隐蔽的丛林内，四面都有窗及门，方便罪犯逃走。

查理为防行动失败，特派8名干练的警探，悄悄地埋伏在对面的丛林内，等待晚上伺机行动，各出口有两人把守。到了深夜时分，通缉犯们正蒙头大睡，查理见机不可失，调动数十人准备突袭行动，却发现8名警探中有4名失踪了，为怕阻延行动，只好急召警察救援，最后，终于把里面的罪犯拘捕，押上法庭。

事后，查理质询4名失踪的探员，为什么竟敢违抗命令，幸好行动成功，不然的话，他们便要受降职的处分。

谁知他们说："我们8人抵达现场观察后，觉得现场不需要8人驻守，便可把整间屋包围了，所以我们没有遵守你的意见，而擅做调整，希望你原谅！"查理细听他们擅自更改计划的原因后，觉得非常有理，再没有追究此事了。你知道4名探员是如何监视那批罪犯的吗？

123. 用驴找鞍

唐朝的时候，河南有个河阳县，因为交通比较方便，所以集市贸易特别兴旺。逢五排十，赶河阳集的人络绎不绝。

这一天，一个客商到河阳来卖东西。天过中午，集市快散了，他的东西也卖光了。便找到一家小饭店，把小毛驴拴在外面，走进店里，很惬意地吃了一顿，饭后又稍停了片刻，就准备上路了。

等他走出饭店一看，他的小毛驴不见了，只有半截被割断的缰绳留在树桩上。

客商着急起来，便四处打听寻找。可一直找到傍晚，也不见驴子的影子。他不得不住下，第二天继续寻找。又找了两天，还是没找到。于是，这位客商便把丢驴的情况报告给了县衙。

河阳县县令名叫张坚，他接到这一案子，立即命令差役把寻驴告示张贴在各主要街口，告诉截驴的人把驴赶快放出来，并要知情人到县衙告发。告示贴出的头一天，没什么动静。第二天，张坚又叫差役把寻驴告示贴进大街小巷，声言要进行搜查。因为追查的风声越来越紧，私藏客商驴子的人在晚上把驴子悄悄地放出来了。

这天早晨，客商在大街上忽然见到了自己的驴子，心里很高兴，但他找到差役说，还有一个新驴鞍子备在驴身上，现在不见了，准是叫偷驴的人藏起来了。

"驴找到就行了，一个鞍子才值几个钱！"一个差役不耐烦地说。

"驴鞍子是个死东西，不能像驴那样会自己走出来。再说，鞍子那么个小玩意，藏起来，很难找到。"另一个差役说。

两个差役满不在乎的样子，让客商十分不快，他就又来到县衙，希望张坚能帮他再找到驴鞍子。张坚很有把握地告诉他："既然驴子都找到了，驴鞍子自然就有线索可查了。"果然，第二天，张坚就找到了驴鞍子。你知道张坚是如何找到的吗？

124. 交换情报

警察发现在一家旅馆里住进了两个间谍，他们准备接头交换情报。为了截获这些情报，探明其计划，警察动用了各种先进手段，对这两个人进行监视、监听，并派了两个特工日夜跟踪。让人惊讶的是，这两个间谍从来就没有见面交谈过，更没有打过电话。

警方经过认真排查，认定这两个间谍唯一的接头机会就是在旅馆的公共浴室里。因此他们对浴室的里里外外进行了彻底的搜查，不放过任何蛛丝马迹，但还是一无所获。最后他们决定放弃这一线索。正当警察们准备离开时，有一个警察突然找到了答案。

那么，这两个间谍是如何接头交换情报而又不被别人发现的呢？

125. 伪证据

"我正站在商店门口，等我丈夫开车接我回家，突然有个人冲了过来，一把抢走了我的钱包！我只看到了他的背影。"一个妇女正在向警察讲述自己的遭遇。

警察找到了一个目击证人。他说自己当时正坐在旁边的一张长椅上。"这位女士站在我前面大约两米的地方，拿着好几个购物袋，还有她的钱包。一个穿着牛仔裤和皮衣的大块头抢走了她的钱包，并且拉开旁边的救生门，消失在大楼里面了。"

几个小时之后，警察在这个目击者的汽车里找到了被抢走的钱包，并逮捕了他。

警察怎么知道他与这起抢劫案有关呢？

126. 职员的话

某单位的金柜存放着近几天的单位结算资金，因账目还未整理完，就没有存入银行。

就在整理完账目要送往银行的时候，金柜被盗，丢失近百万元现金。

警察察看现场时，发现窗户上的玻璃被打碎，玻璃碎片散落一地。金柜被盗贼切割开。警察询问负责看管的职员，职员回答："我一直都很警惕，半夜的时候特意巡察了一次，那时窗户都关得好好的，我还把窗帘都拉上了，没有发现任何异况。"

但警察听完他的话，反而把这位职员给抓了起来，你知道这是为什么呢？

127. 数茄子

明朝时，有一位菜农早晨挑着两只空筐往菜地走去。茄子长大可以上市了，他要摘一挑子到集市上去卖。想到自己精心种植的紫盈盈的茄子要换钱了，心里美滋滋的。走着走着，他突然看到一个年轻人挑着满满两筐茄子，从他的菜地里走出来，向集市匆匆赶去。

菜农急忙赶到自己的菜地，一看，大个的茄子都被摘走了，有好几颗连茄枝也给劈下来。他拼命跑着去追赶偷茄子的年轻人。追上后，伸手抓住吊筐的绳子，质问道："你怎么偷我的茄子？"

那个年轻人却说："这是我自家的茄子，你怎么说是我偷的？这不是诬赖好人吗？"

"我亲眼看到你从我的菜地里出来，我的茄子没了好多！"菜农气愤地说。

"你看到我，怎么不在你的菜地里抓住我？"那个年轻人用无赖的腔调说。

菜农见年轻人拒不认账，便拉着他来到了县衙。县令李亨是个善于断案的人。他先叫两个人各自说了事情的经过，然后满有把握地说："这茄子是谁的，一看便知。"

他命令衙役把筐里的茄子倒在大堂上，粗粗一看，就指着那个年轻人说："这茄子分明是你偷的，还敢要赖！"大堂上几乎所有的人都感到困惑不解。

那个年轻人仍然坚持说："县老爷，这茄子确实不是偷的，是我自己的。"

县令李亨笑笑说："如果这茄子真是你自家种出来的，你怎么舍得在茄子刚刚熟的时候，就把小嫩茄子也摘下来去卖？有几个茄子，还是连嫩枝一块劈下来的。可见不是你自家流汗出力种出来的。"

这时，大堂上的人才注意到那堆茄子透出的秘密。年轻人开始露出心虚胆怯的神色，但仍狡辩道："那是因为天黑，看不清，才把小茄子也捋了下来。"

见年轻人还不认罪，李亨眼珠一转，计上心来，便说道："你把这堆茄子分成大、中、小三等，数数看各有多少。不许数错！数错了，重打 40 大板。"

年轻人不知道县令是什么用意，便壮着胆子把茄子按要求分开，数清，然后报告给县令："大人，大茄子 87，中茄子 63，小茄子 24，一共是 174 个。"

李亨马上把一个衙役叫到跟前耳语了一番，衙役便走了出去，不大一会儿，衙役回来又在李亨的耳边嘀咕了一阵，然后，便指出了年轻人就是偷茄子的窃贼。年轻人见证据充分，便乖乖地认了罪。县令李亨是怎样让年轻人认罪的呢？

128. 伪造的现场

名声显赫的女演员维娜神情惨淡地向私人侦探哈利逊诉说："绑架者肯定是白天潜入房间的。因为夜间我们各房间的门窗都关闭了。半夜时，我在阳台上乘凉，突然见到一个人把那条带子放下去，扛着可怜的莎丽顺着带子溜下去了，他一定是把我女儿打昏了。"

哈利逊看到这间卧室里一条由床单和薄毯撕开后结成的长带子在床腿上缚着，另一头在窗外悬吊着，带子约有 12 英尺长，距地面不到一码。他问："房间里的东西移动过吗？"

维娜回答："没有。"

哈利逊走到室外，在街上叫来一个报童，给他半美元，让他模拟绑架者，顺着那条带子下去。哈利逊笑着说："维娜女士，你是在演戏吗？"

请问：哈利逊侦探根据什么看穿了这个伪造的现场？

129. 被冤枉的狗

有一天，哈林正在家里看书，突然响起一阵急促的门铃声，他赶紧去开门。进来的是隔壁的莫亚太太，她可是个远近闻名的刁妇，只见她气势汹汹地向哈林嚷道："你太可恶了！自己的狗也不管好！它把我咬了！"

哈林莫名其妙，因为他的狗从来不咬人，而且今天一直都蹲在他脚边。于是，哈林问莫亚太太道："什么时候咬的？咬在哪里？我怎么没看到伤口？"

莫亚太太说："就在刚才经过你家门口时。"说着把她干净整洁的裤子拉得高高的。哈林这才看到，莫亚太太膝盖处有一处被咬伤的伤口。

当哈林看过莫亚太太的伤口后，十分肯定地说："荒谬！你在撒谎！伤口不是我的狗咬的。"接着哈林说出了证据，莫亚太太哑口无言。

你知道哈林的证据是什么吗？

130. 审问石头

一天，包公访客途经一个小县城。忽然一个卖油条的男孩在大街上拦住了包公，哭喊他的钱被偷了。男孩说他把油条卖完后，数了数，一共 100 枚铜钱。铜钱放在篮子里，他靠在路边的这块石头上睡着了。醒来后，铜钱就不见踪影了。

包公听完后，想了想，对男孩说："一定是这块石头偷走了，我来审一审它。"于是就命令跟随的差役重责石头 40 大板。差役们抢起大板，噼噼啪啪打得石头火星四溅，附近的人见状纷纷围拢过来。包公见人越来越多，便示意差役们住手。

包公对大家说："这个男孩丢了卖油条的钱，怪可怜的，我判在场的每个人给男孩 1 枚铜钱。"然后，他命令差役端来一盆水，率先将 1 枚铜钱扔进了盆里。看热闹的人本来就很同情这个孩子，又见包公带了头，就自觉排好队，一个挨一个往盆里扔铜钱。扔着扔着，有一个人刚把铜钱扔到盆里，包公立刻命令差役："把他抓起来！"然后指着这个人说："就是你偷了小孩儿卖油条得来的钱！"

那个人吓得马上撒腿想跑，不想却被众人围住，绑了回来。

有人问包公："你凭什么说这个人就是偷钱的人呢？"包公向众人说出了一番话，大家才恍然大悟。

131. 墙外树下

某天清晨，在一堵围墙外的大树下发现一具尸体。死者赤着脚，脚底板有几条从脚趾到脚跟的纵向的伤痕，而且还有血迹，旁边有一双拖鞋。

"死者是想爬树翻入围墙，但不小心摔死了。他可能是想行窃。"有人这样推断。

但是老练的警长却说："不，这个人不是从树上摔下来的，而是被人谋杀后放在这里的，凶手是想伪装成被害者不慎摔死的假象。"

试问：警长为什么这样说呢？

132. 候选的小提琴手

金碧辉煌的大音乐厅里，演出马上就要开始了。为了保证演出质量，乐队的首席小提琴演奏员由格德和马里雷两个人担任。在每一场演出前半个小时，由指挥福兰特临时决定，到底让谁上场演奏。格德和马里雷是师兄弟，他们的演奏水平都差不多，不过格德更得到福兰特的赏识，所以，他上场演出的机会更多一些。

当天的演出，听说最著名的小提琴大师要来观看，格德和马里雷都暗暗希望，自己能够上场演奏，万一能得到大师的赞扬，那以后就不愁不出名啦。

演出前半小时，福兰特做出了决定，让演奏水平更高的格德出场。格德先生听说以后，马上来到化妆间化妆，化完妆以后，他还要调试 3 分钟琴弦，然后才能上场演奏。可是，就在开场的前 10 分钟，人们发现格德不见了！剧场经理和乐团团长可急坏了，领着人到处寻找，最后在堆放道具的小房间里，发现格德已经被人勒死了。

探长莱克来到现场，这时，离开场只有 3 分钟了。为了不影响演出，指挥福兰特只好决定，让马里雷准备上场。马里雷接到通知匆匆来到化妆间，一边化妆，一边伤心地说："放心吧，我一定会好好演出，来悼念我的师兄！"

上场的铃声响了，马里雷熟练地从琴盒里拿出小提琴，跑上台就演奏起来。莱克探长站在后台，一边观看演出，一边细心地向乐团团长了解情况。

演出获得了成功，马里雷当天发挥得特别好，他看到小提琴大师微笑着向他点点头，表示赞赏。他谢完幕，兴高采烈地回到后台，莱克探长拍拍他的肩膀说："马里雷先生，请跟我去趟警察局吧！"

莱克探长从哪个细节上，发现马里雷是杀害格德的嫌疑犯呢？

133. 谁是抢劫杀人犯

南昌市的一个所属县的信用社发生了一起重大抢劫杀人案。两名女营业员被当场杀死，现金被劫走 12 万元。案发时间大约在中午 1 点。恰巧这天中午有个职工结婚置办酒席，除那两名遇害的值班员外，其余所有职工中午都被请去赴宴了。中午信用社没有营业，留下的两名值班员把门关上后就在里面看电视。等到下午两点吃完酒宴的职工来上班时，才发现凶案。警察来到现场勘察，发现罪犯非常狡猾，现场没有打斗痕迹，门窗也没有损坏，没有留下任何可以破案的证据。警察怀疑是内部职工作案。但内部其余的职工都去新婚同事那里赴宴了，大家可以互相证明，任何人都没有作案时间。这时信用社主任对警察说，还有一个职工没有去参加婚礼，他叫胡文兵，正在休假，已经 4 天没有上班了。

第二天，警察小陈和小孔敲响了胡家的房门。寒暄落座后，小陈开门见山地对胡文兵说："你们社里出事了，听说了吗？"

"听说了，我刚下汽车就听说了。"胡文兵说，"我这些天休假，在家待不住，昨天早上去了南昌，晚上就住在三八旅社，今天上午才返回家中。"

"你昨天去南昌，有人和你在一起吗？"小陈抬起头，望着胡文兵的脸问。

"你们怀疑我吗？我这里有车票、住宿费收据，你们看。"胡文兵边说边气呼呼地把车票和住宿费收据掏出来，"昨天早上6点我就上了汽车，大约9点到了南昌，在南昌市各处逛了一整天，晚上6点就住进了旅社。"

小陈看着票据：一张昨天到南昌的车票，一张昨天南昌某旅社的住宿费收据，一张今天南昌返回的汽车票。由于售票员的粗心，所有的车票只写了日期却没有注明班次时间。

小陈笑着说："你别急，我们也是例行公事！"说完就回到了公安局。

"你看胡文兵有没有可疑的地方？"在公安局里，小陈边看电视边问小孔，电视里正在播报本省新闻："……昨天早上南昌市突发龙卷风和大暴雨，城区和公路多处被洪水淹没，外地进南昌路段积水一米多深，车辆被堵达两个小时，到10点才通车……"小孔和小陈眼睛一亮，几乎同时脱口而出："就是他……"

你知道犯罪嫌疑人是谁吗？

134. 凶手的逃跑方向

一个雪后的清晨，两个警察在街上分头巡逻。这时，一个青年推着一辆自行车走过来。其中一个警察见他神色慌张，便上前查问。不料，这个青年突然从衣袖里拔出一把尖刀，猛地朝警察胸口刺去，然后骑上自行车仓皇逃走。

另一个警察闻讯赶来时，受伤的警察只剩一口气了。他向同事指明了凶犯逃跑的方向，并说他是骑自行车逃走的，但话没说完便死了。

后赶来的警察悲愤万分，立刻朝指示的方向追去。没跑多远，前面就出现了岔道。他朝两边望去，左右两边都是不太陡的上坡路。在离开岔道口40米的地方，两边的路上都铺了一层黄沙。而且，在松软的雪地上，两条路上都清晰地留有自行车的痕迹！他蹲下身仔细观察：右边路上的车胎痕迹是前后轮深浅大致相同；而左边路上的，前轮的车胎痕迹要比后轮的浅。

这个警察稍微思考了一下，立刻选择了正确的路线，最后抓住了凶手。

那么，凶手到底是往哪边逃的呢？

135. 无辜还是敲诈

列车驶出某站时，夜已经很深了。海顿先生看了一会儿侦探小说，正准备上床睡觉。突然，一个女人闪进了他的包厢。她长得很标致，一进门她就把门反扣上，胁迫海顿先生乖乖交出钱包，否则，就要扯开衣服，叫嚷是海顿先生把她强拉进包厢，企图强奸她。

看到海顿先生没有做出反应，这个女人说道："先生，即使是你床头的警铃也帮不了你的忙，因为，我只需要把衣服轻轻一扯……"

海顿先生顿时陷入了困境，他只好讷讷地说："让我想想，让我想想。"说着，他点燃了一支哈瓦那雪茄。就这样，双方僵持了三四分钟。出乎这个女人的意料，海顿先生还是轻轻地按了一下床头的警铃。

这个女人顿时气急败坏，立即脱了外衣，扯破了胸前的衣衫。待乘警闻声赶到，躺在海顿床上的女人又哭又闹，她直着嗓子嚷道："三四分钟前，这个道貌岸然的先生把我强行拉进了包房。"

这时，海顿先生依旧平静地、不动声色地站在那里，悠闲自在地抽着雪茄，雪茄上留着一段长长的烟灰。

乘警仔细地进行观察，不一会儿就明白了：这个女人想讹诈海顿先生。于是，毫不犹豫地把这个女人带走了。

警察根据什么做出判断，认定海顿先生是无辜的，而这个女人却是在敲诈呢？

136. 便利店劫案

勒肯警官已在加油便利店外守候很久了，这个店最近已遭受了3次抢劫。

此时，他正在向站在店前的朗姆警官、神探博士和瑞贝卡警官报告情况。

勒肯警官说他看到有两个人尖叫着从加油便利店里跑了出来。其中一个跑向了旁边的支路，另一个则跳上一辆自行车沿主路向南逃去。他来到便利店，发现店员已倒在地板上，神志不清，但随即赶来的医护人员说店员没有大碍，过会儿就会苏醒。

随后，警方逮捕了这两名嫌疑犯并进行审问。勒肯警官补充道："这两个人都称是对方胁迫店员交出现金，并用刀捅伤了店员。店员昏过去之后两人都感到十分害怕，因此才尖叫着夺路而逃。"

"你在他们身上搜到现金或凶器了吗？"瑞贝卡警官问。

"由于他们都很紧张，因此并没有抢劫成功，凶器也没有找到。"

"那么他们被捕时身上都有些什么东西？"博士问道。

勒肯警官看了看自己的记事本说道："那个逃跑的人身上有他的钱夹，一把梳子，一些零钱，一个小手电，一包糖果和两块手表，他说糖果是在店里拿的，还没付钱。"

"怎么会有两块手表？"瑞贝卡警官问道。

"他说自己是个住在附近街上汽车旅馆的销售员。由于经常要到不同的地方出差所以总是戴两块表。其中一块表被调到出差地的时间，另一块米老鼠手表则是他儿子给他的，上面显示的是他家里的时间。"

"另一个骑车的家伙呢？有什么线索？"博士问。

"他口袋里有一块表，一些零钱。车上还有个背包，里面装了些衣服。他说自己是骑车游全国的旅行者。他的自行车上有个头灯，还有个小工具箱，里面只有一把扳手和一把螺丝刀，就这么多东西。他说他从城外来到这个店里，当另一个家伙掏出刀时他吓坏了。"

瑞贝卡警官想了想说道："看来其中有一个人的嫌疑很大啊。"

博士点了点头表示同意。那么你知道谁的嫌疑更大吗？

137. 钢结构房间

有一间房间是钢结构的，除了一个坚固的门之外，再也没有别的出口，并且当门关上时和门框处在同一平面上。这个房间只有一把钥匙，掌握在爱德华的手里。爱德华把佛瑞德锁在房间里后就带着钥匙出去了。一个小时后，当他回来时，门已经被打开，佛瑞德逃跑了。佛瑞德没有打开锁，因为门的里面根本没有锁洞，并且房间里的东西没有被破坏。

佛瑞德是怎么逃出去的？

138. 球杆风波

米西尔侦探和波森警官来到了专业高尔夫球手尼尔家巨大的、能容纳6辆车的车库进行案件调查。尼尔个头很高，相貌十分英俊，只可惜在一次躲避别人挥杆时左耳被打裂，而且被打掉的部分耳朵遗失到水塘里再也没找到。他说自己却因祸得福，在以后的比赛中每当风声吹过他的残耳，他就能更清楚地辨别打长杆的距离和力度，从而使自己一跃成为一名优秀的球手。

波森警官正在询问尼尔关于被窃球杆的事，被窃的球杆是尼尔专门定制的，极其珍贵的一套球杆。米西尔侦探此刻已拿了根备用球杆跑到车库尽头操练球技去了。

"每天打完球回来，我都会洗净球杆然后把它们放到这个架子上。"尼尔说。

波森顺着尼尔手指的方向看到一个漂亮的橡木架子，很明显是用来摆放球杆的，但现在已经是空无一物。

"它们曾是我最喜欢的球杆，"尼尔说道，"也是我最好用的球杆。"说到这里，尼尔的眼泪几乎夺眶而出。

尽管米西尔侦探似乎心不在焉，但看到尼尔伤心的样子，他也被深深地打动了。米西尔侦探走到尼尔面前问道："有没有特别值得怀疑的人呢？"

尼尔回答道："有。很遗憾他们还是我的侄子。他们从佛伦戴尔来这里看望我，他们就在车库外面，他们的车也停在外面。我想我的球杆肯定就藏在他们的汽车后备箱里。我只是不愿意为此事告发他们而已。他们两个都曾说过想成为职业高尔夫球手。似乎他们认为只要有一副像我那样的好球杆就能成为球星。他们球都还打得可以，但是我常说光靠好球杆可不能保证他们成为职业球手。"

波森警官和米西尔侦探面面相觑，露出了迷惑的表情。

"他们是你的侄子？"米西尔侦探问道。

"对，就在外面。"尼尔指着通往后院的门说道。

3人来到后院，只见两个年轻人正在玩棒球。其中一个个头很矮，还是个光头。他正绷紧身体准备投球。

"好球！"只听"啪"的一声，另一个年轻人用手套牢牢把球接住，大声喝彩道。

看到这里，大家都注意到这个接球手的手套有些与众不同——倒不是因为它很大，看起来尺寸和普通的棒球手套也没有什么区别，而是因为这是只左手手套。看来这里定制的体育用品还真是不少。

"嗯，看起来到底是哪个侄子偷了你的球杆已经很清楚了。"波森警官开始下结论了。

"是哪个？"尼尔连忙问道。

这时，米西尔侦探却说出了不同的意见："我看两个都不是。"

为什么波森警官认为自己已经知道是谁偷了球杆，米西尔侦探却说"两个都不是"？

139. 停车场命案

南路小学的每个人都正在欢庆他们一年一度的美国传统狂欢节，大人小孩儿都汇集到了学校操场上，身穿各种象征美国著名历史人物的装束载歌载舞。

狂欢节上有很多活动和表演，其中最引人注目的要算是由大名鼎鼎的埃利奥特侦探和他那著名的会跳舞的骡子莫丽为大家献上的西部套索表演了。

莫丽身上架着发亮的黑皮革马鞍，马鞍两侧还镶着银色的海螺。埃利奥特则穿着那身游行盛装，高高的白色牛仔帽，招牌式的毛绒绒、蓬松松的白色羊皮护腿，红色长靴上还装饰着精美的银质雄鹰图标。

埃利奥特正站在莫丽背上表演花样套索，把手中的绳索在头顶上旋转成一个很大的圆圈。他还在一点一点地放出绳子，好让圆圈变得更大，直到最后才稳稳地停下来，让旋转的绳索慢慢地套住莫丽和自己，落到地上。然后"啪"的一声，手腕再一抖，整个绳索又重新被拉过头顶继续旋转起来。

就在这时，埃利奥特感到胸前口袋里的手机振动起来。他连忙腾出一只手伸向口袋，而另一只手仍继续旋转着绳索。埃利奥特从口袋中拿出手机上的对讲耳机塞进耳朵，这样就可以一边接电话一边继续自己的演出。

电话那边传来的是助手波森警官的声音，现在他正在市内一个停车场报告案情，似乎情况并不让人乐观。波森警官身旁躺着一具尸体，上面盖着毯子。医护人员和警察正在现场忙碌地工作着。旁边的两辆警车上，有两个男子正分别接受警方调查。

"比伯·斯巴德薯片公司的比伯被谋杀了，他是被人用刀刺死的。"波森警官说道。

埃利奥特一边听着波森的汇报，一边把手中旋转着的绳圈拉小了一些，这样就能更好地控制，然后把绳圈移到和身体左侧垂直的方向，开始前后左右地挥舞绳圈，同时身体还轻巧地从绳圈中跳过，又稳稳地落在马鞍上。看到他娴熟地控制着自己的平衡，还能一心二用接电话，围观的人群顿时发出热烈的喝彩声和鼓掌声。

波森警官说比伯是在进入自己的汽车时被两个人用木棍打倒，然后被他们用刀刺死的。当时停车场另一头有人目击了整个案发过程，但目击者没有看清楚凶手的脸。目击者朝凶手大声叫喊并跑了过去，但凶手最后还是跑掉了。

让人吃惊的是，目击者还看到比伯的合作伙伴斯巴德当时也在案发现场。目击者说看到斯巴德站在不远处自己的车旁，眼睁睁地看着自己的合伙人比伯被凶手杀害。目击者称斯巴德至少观望了有一分钟，然后才驾车离开。这时附近有人报了案，当斯巴德刚准备开出停车场时警察就及时赶到了。警方拦下了斯巴德进行问讯，斯巴德说他看到了案发经过，由于太害怕，因此当他想驾车离开时竟然一下子无法用钥匙打开车门。他的车是一辆全新的、豪华的房车，当时他很怕自己也会遭到凶手抢劫。他还说当警察到达时，他正准备开车出去求救。

"就是他，赶快逮捕他！"埃利奥特侦探一边说，一边最后一次跳过套索，然后他把双手高高举向空中向大家致谢，人群中再次响起了热烈的掌声。

为什么埃利奥特侦探要波森警官逮捕斯巴德？

140. 女扮男装的修女

穆摩是一个特大犯罪集团头目的前妻，联邦调查局在审理一起案子时，准备让穆摩出庭作证。为了保证她的安全，他们让穆摩住进了位于闹市区的一个女修道院。探员们认为，没有哪一个不自量力的暴徒敢在女修道院杀人的。

穆摩住进修道院的第二周，联邦调查局探员们的自信就受到了巨大的打击。穆摩的头颅被一颗0~44英寸口径手枪的子弹打穿了。枪声是在当天傍晚修女们做祷告的时候响起来的。玛丽修女宣布了这个噩耗。"穆摩死了。"她说这话的时候，脖子上紧绷绷的硬领子随着她咽唾沫一跳一跳的。

探员们在3楼穆摩的房间找到了她的尸体。"我不知道凶手是如何在不被人发觉的情况下，进来杀了人又逃走的。"修道院院长颤抖着说。

"也许凶手既没有进来过，也没有出去过。"麦克马克探员回答说。然后，他又问院长，"近来有新的修女加入这个修道院吗？"

"是的，新来了3个修女！"院长回答道。

第一个修女玛丽来到院长面前："枪响时我在2楼，当时我害怕极了，我赶快藏到了一个阴暗的角落里。几秒钟后，我看到朱莉安娜修女从3楼下来。她没有看见我，但我清楚地看到她手里拿着枪。她走过去后，我上楼发现了尸体。"

朱莉安娜修女是从新泽西州转院来到这里的，她承认她当时拿着一支 0.22 英寸口径的手枪："当我哥哥听说我要来这个修院后，他让我带着枪防身，看来哥哥是对的。我听到枪响后，拿着枪下了楼，我什么也没看见。"

厄休拉修女当时正在 3 楼的洗手间里，她声称枪响后曾听到一个人的声音，一边走一边自言自语。厄休拉是最后一个到晚祷小教堂的修女。

听完 3 个修女的描述，麦克马克探员马上就指着玛丽修女说道："你就是凶手！"

麦克马克探员为什么说玛丽就是凶手呢？

141. 刷门廊的人

许多地方都有地痞，他们欺负当地的居民，犯下累累罪行。但很少有像克斯山庄的皮特那样招人恨，像他那样落得如此下场。

一天，皮特被人杀死在他的家里。巡警接到报案，立即赶到了现场。皮特的尸体就在他家后院的地上，身上满是刀伤，现场有搏斗的痕迹，血迹溅得到处都是。巡警立刻询问了周围的邻居，可是邻居们却都声称自己什么也没听见，什么也没看见。

这时，一名探长对其他的巡警说道："很明显，他们在撒谎。命案发生时至少有 3 个人在附近，我们应该尽快跟他们谈一谈。"

探长先找到弗鲁姆，他刚刚刷完家里的门廊。弗鲁姆看上去是一个友好的年轻人，在与探长握手之前，他把手在自己十分干净的牛仔裤上擦了擦。探长注意到弗鲁姆腰带上别着的盒式录音机，脖子上还挂着耳机。"整个上午我都在外面刷门廊，这活儿很费事。我真的什么也没听见，什么也没看见。"他很抱歉地说。

探长接着又找到了奥尔森。他的花园与死者的花园只有一墙之隔。"我一直在除草、种花，进进出出屋门好几次。"他的手上、指甲缝里满是泥土，"我去开房间里的空调，杀人案一定是我在屋里的时候发生的。抱歉，我不能提供什么情况。"

探长找到了第三个人，名叫肯尼。这是个大肚子中年人。他对探长说道："我当时正在梯子上擦窗户。"探长发现他的 T 恤衫还是湿的。而且从肯尼的院子里可以俯视死者的院子。肯尼说："我从来不往皮特家的院子里看。我当时在考虑别的问题，什么也没看见。"

3 个人全都不配合，但聪明的探长却马上对其他的巡警说道："我已找到了犯罪嫌疑人，这个人就是弗鲁姆！"

142. 一碗油炒豆

明朝时，刘伯温被皇上派到江西省高安县做县令。

这一天，他来到了高安县，被一群当差的迎进衙门，刚落座就听外边有人击鼓喊冤。

刘伯温便下令马上击鼓升堂。

那告状的人，一个是大高个，非常干瘦，因为姓刘，人们叫他刘瘦子；另一个身材短小，膀宽腰阔，人称吕胖子，他们两人都是单身汉。

原来，刘吕二人都是城东的居民，他们两家房挨房地接地，中间只有一墙之隔，邻里之间关系很僵，经常吵架。

半年前有一天，刘瘦子的一只鸡跃墙飞入吕胖子院内，吕胖子嘴馋，把鸡抓住杀掉吃了，把鸡毛和骨头埋在刘瘦子的马圈粪里。刘瘦子丢了鸡，闻到邻家有煮肉的香味，便拉着吕胖子到县衙去说理，在县官面前，他们各说各的理，县官无奈，率领当差的到两家去查找，结果在刘瘦子家马圈粪里翻出了鸡毛，断刘瘦子诬告好人，责打50大板。弄得刘瘦子有冤无处申，有理无处诉。从此，两人更是火上加火。

今天，吕胖子听说新来了一位县太爷，就来了鬼主意，想借着县官大爷的权势，再整治整治刘瘦子。

两人上堂以后，刘瘦子大声喊："县老爷，青天白日，刚才，我回到家刚要吃饭，姓吕的跑到我家，硬赖我偷吃了他的油炒豆。小人冤枉……"

吕胖子抢过话说道："他确实偷吃了我家的油炒豆。过去，他还吃了自家的鸡，诬告好人呢。你若不信，请问各位差官。"他指了指两旁站立的差人。又说："我炒了一碗油炒豆，还没吃，出去到店铺买了点酒，回来一看，连碗都没了。我一查看，两家中间的墙上做的记号让他蹭掉了，地上还掉着豆粒呢。"

听了他俩的争吵，众差人是张飞纫针——大眼瞪小眼。

只见刘伯温"啪"地一拍惊堂木，喊了声："把二人分别带下。退堂！"

众人说："这案子老爷您还没审呢，怎么退堂呢？"

刘伯温笑了笑，说："明天本官自见分晓。"

第二天，刘伯温叫差人在大堂两侧用黑布做了两个"井"字形布幔，一边一个，每个里边都放上一个瓦盆。差人见了十分纳闷。刘伯温升堂以后，吩咐将刘吕二人分别带入黑幔，并告诉他们必须如此如此。一会儿，差人说道："按老爷吩咐已经如此如此了。"

"当场实验来。"刘伯温不动声色地说。

差人看了半天，当场说了一句话，吕胖子闻听，不禁"扑通"一声跪倒在地，连连说道："请县老爷饶命……"

刘伯温宣判道："吕胖子，你诬告好人，欺骗本官，你可知罪？"

"小人知罪，半年前，是小人吃了刘家的鸡，我又来个恶人先告状。"吕胖子一边磕头一边说道。

"好，本官念你从实招认，暂且记下50大板，你速速赔刘家一只鸡。今后邻里之间要和睦相处，互敬互爱。再有如此，罪加一等。"刘伯温警告说。

"是，小人谢罪。"

刘伯温是用什么办法让吕胖子现了原型？差人又是说了一句什么话，顿时让吕胖子马上承认了自己是诬告？

143. 字迹的证明

明朝正德年间的清江县，有一个生意人名叫朱铠。一天，人们发现朱铠被杀死在文庙之中，县衙得知情况后，马上立案调查，开始寻找凶手，可是，调查了一个多月却没有发现一丝线索。

就在人们苦无良策之时，一天，清江县令殷云霁突然收到了一封匿名信，揭发县衙里的一个名叫王信的差人，杀死了朱铠。殷云霁便问身旁的几位差人："我收到了一封匿名信，说朱铠是被王信所杀，你们认为这可能吗？"

"可能，非常可能。"几个差人回答道。

殷云霁想了想说道："我看不一定，仇人未必就是杀人者，这难道就不能是真凶嫁祸于人的一种手断？好让我们转移视线，从而放松追查真凶吗？"

殷云霁看着手中的匿名信，突然问道："县衙里都有哪些人平常与朱铠非常要好呢？"

一个差人回答道："有个姓姚的小吏，同朱铠交往甚多。"

"好了，我可以找到凶手了。"殷云霁高兴地说道。

他马上让差人把全衙门所有的当差者都叫到大堂，然后，让他们做了一件事，立刻殷云霁便指着一个人说道："姚明，你还不从实招来！"

叫姚明的人见自己被县令所识破，马上跪地求饶："小人愿招，小人与朱铠确是好朋友，一个多月前，朱铠带了一大笔钱准备去苏州做生意，让我去送他，我看他带了那么多钱，就起了贪心，便在文庙里把他杀了。"

案件在殷云霁的巧妙布置下，终于破了，可殷云霁让所有当差者做了一件什么事，让凶手姚明露了马脚呢？

144. 两碗寿面

一天，一个白发老妇到襄阳县衙来告状。她一上堂就哭得十分伤心。

老妇说，她的媳妇金氏忤逆不孝，平日里从来没有好好服侍过她。今天老妇过生日，金氏竟只给烧了碗青菜萝卜汤，而她自己却在房里吃鱼吃肉。婆婆一气之下，跑到县衙来，要县令替她做主。

县令马上派人将金氏带上堂来，惊堂木一拍，问道："金氏，你为何忤逆不孝，不敬公婆，快快讲来！"

金氏竟同哑巴一样，只知道低头哭泣，什么话也不肯说。

县令感到束手无策。忽然，他想出了一个办法。他平心静气地对婆婆说："你媳妇不孝，实在不该。不过，本县身为百姓的父母官，却使百姓中出了如此不孝之人，实在也要负教化不明的责任。今天本县摆下两碗寿面，一来为你祝寿庆贺，二来使你婆媳和好，可好？"婆婆连忙叩头谢恩。

县令让人在大堂上摆开一张长桌，搬来两把椅子，让婆媳两人面对面坐下，又亲自到后堂安排。

不一会儿，差役端上两碗热气腾腾的寿面。婆媳两人互相看看，实在弄不懂，再看看堂上的县官大爷，正笑眯眯地看着她们，于是她们只好端起碗吃了起来。

过不多久，县令就把案子断清了。请问，你知道他是怎样断案的吗？

145. 李良审鹅

汉朝的时候，沛县有一个农民，家里养了几百只鹅，大家都叫他"鹅大王"。他手脚很勤快，天天到河塘里捞螺蛳，捻碎了给鹅吃，所以他喂养的那些鹅，只只身肥体壮，人见人爱。

这一天，鹅大王早早就起来，挑着两大笼子鹅，到城里去卖。不多一会儿，大半的鹅就卖完了。鹅大王觉得肚子饿了，就挑着剩下的几只鹅，来到一家饭店。他把鹅放在饭店的院子里，然后吃早饭。吃完了，他提着鹅笼要走，饭店老板却拦住他，说鹅是他店里养的。

鹅大王和饭店老板争吵起来，有个老人说："大伙儿也别争了，还是到县衙门去，请县老爷判个是非吧。"鹅大王挑着鹅笼，和饭店老板一起，来到了县衙，人们也都跟着去，想看个明白。

县官是个昏官，听了两个人的诉说，也不知道谁在撒谎，急得满头大汗。这时候，人群中有个叫李良的书生，悄悄对县官说："我只要审一审那几只鹅，一定能查出真相。"县官以为他在胡闹，可是转念一想，就让他审吧，自己就可以趁机脱身了。

李良在地上铺了一块白布，把鹅都赶到白布上面，然后大声问鹅："快快告诉我，谁是你们的主人？"鹅哪里听得懂他的话？都伸长了脖颈，"昂昂"地拼命叫，李良侧过耳朵，好像在很认真地听。就这样，过了半个时辰，鹅真的告诉了大家，谁是它们真正的主人。

鹅当然不会说话，可是李良是怎样让鹅"说"出真相的呢？

146. 换刀擒凶

唐朝时，一天，一艘从北方来的货船在广州城的海湾靠了岸，年轻的船主带了一个仆人从船上走下来，想游览一下海滨城市的风光。他们来到市区，好奇地东问问，西看看，不知不觉地来到了一所大宅院的门前。这时，一个长得十分漂亮的姑娘从大院里走出来，差点儿和船主撞个满怀。船主礼貌而谦和地说道："小姐，没撞着吧？我这里赔礼了！"

当姑娘看见向自己赔礼的是一个英俊的小伙子时，脸上泛起了红晕。

姑娘走了，船主还愣愣地站着。突然，他招呼仆人，紧跟姑娘而去。

姑娘穿过几道街，来到了一座青砖瓦房前，刚要推门进去，被从后面赶上来的船主挡住了。

船主抹了把脸上的汗水说道："小生多有冒犯，请问小姐姓名？"

姑娘见是刚才那个险些和自己撞在一起的英俊小伙，便笑笑说道："我叫翠玲，不知官人找我有何事，请进家门说吧！"

船主一听，高兴万分，忙随姑娘进了院子。姑娘的父母不在家，院子里很幽静。船主让仆人守在院门口，自己和姑娘交谈起来。客套了几句之后，船主便向翠玲表明了自己的倾慕之情，并约定晚上还来此处幽会。翠玲也被小伙子的潇洒举止迷住了，满口应允。

太阳落山后，多情的姑娘打开院门，盼望着情人早点儿到来。

这时，姑娘看见有人朝这里走来，便高兴地迎了上去。可是来人并不是船主，而是一个盗贼。盗贼以为自己被人发现，姑娘是来捉自己的，便挥刀砍去，将姑娘砍倒在地，然后扔下屠刀仓皇逃走。

事有凑巧，盗贼刚逃走，船主就来到了姑娘家。他不知小院里发生了如此大案，摸黑去寻姑娘，还没走几步，就脚下一滑，"扑通"一声摔倒在地，身上沾了许多湿漉漉的东西。他刚要爬起来，又听见身边有一种奇怪的声音，用手一摸，竟摸在了姑娘被砍断的喉咙上，吓得他跳起来，跑出院去。他不敢急慢，奔回岸边，连夜开船离开了广州。但是，他没能逃脱，很快就被知府派出的人抓住了。

知府杨大人升堂问案。可是不管怎样施以重刑逼问，船主就是不承认姑娘是他杀死的。无奈，案子被送到了广州刺史刘崇龟的府上。

刘崇龟是个很善断案的人，他亲自带人来到杀人现场进行勘察。他发现杀人凶器是一把样子古怪的屠刀，便传令城内所有的屠夫都带着屠刀到一个空场上集合，说要举办一个空前盛大的宴席。屠夫们没有敢不来的，站了一长排。他们在空场上等了一天，直到天黑下来时，刘崇龟才来到他们面前，告诉大家说宴席改在了明日，让他们把屠刀留下来，编上号，明天早上再来。屠夫们走后，刘崇龟便让人继续按计划行事……第二天，杀人凶手赵四便被抓住了。

刘崇龟是通过什么办法捉住杀人凶手赵四的呢？

147. 真假布店伙计

有一个人名叫王乔，在一个布店里当小学徒。布店里的布全是卷起来的，顾客要买布，店里的伙计就把布扯起来，让顾客挑，卖完以后，再把布卷起来。这卷布的手艺能表现出布店伙计的水平，王乔就天天刻苦练习卷布，直练得手心起泡，胳膊都肿了。几个月以后，他已经很熟练了，手里的布一甩、一抖、一晃，再长再乱的布，一眨眼就卷得服服帖帖的。

有一天，老板要王乔送一匹布到裁缝店去。他扛着布就上了路，走到一半，突然一个闪电，天上下起了雷阵雨。豆大的雨点劈劈啪啪落下来，路上的行人都抱着头，赶紧找地方躲雨。王乔担心大雨会把布淋湿，他看到路边有一座凉亭，马上奔了进去。

凉亭里已经有一个年轻人在躲雨，看到王乔进来，很热情地打招呼。王乔就和他一起聊天。聊着聊着，雨停了，太阳出来了。王乔跟那个年轻人说："天晴了，我该送布去了，再见吧！"说着，拿起布就要走，谁知道那年轻人抢过布，生气地说："你怎么拿我的布？"王乔奇怪地问："这是我的布，你是不是搞错了？"年轻人理直气壮地说："明明是我的布！"两人争吵起来，最后，只好请县官来评判。

县官把布料摊开，认真地看了一看，然后叹了口气，挥挥手说："本官看不出来什么证据，请你们把布料卷起来，本官不管啦！"年轻人得意极了，抢先夺过布料，手忙脚乱地卷起来。县官哈哈大笑，指着年轻人说："你才是真的骗子啊！"

县官凭什么判断出年轻人就是骗子？

148. 深夜的恐吓信

坐落在 W 大街的一幢大厦在凌晨 1 点突然着火，浓烟是从 1015 房间冒出来的，消防队员从房间里救出了梅西，而她的老师费莱蒂却被烧死了。

经法医鉴定，费莱蒂是因中毒而亡，时间大约是起火前 1 小时。这说明有人杀害了费莱蒂，又纵火制造了假象。

警方调查得知，费莱蒂因为和丈夫邦迪闹离婚，一个月前搬到梅西处居住，夫妻两人因财产问题一直未达成协议。蒙特警官认为邦迪有作案嫌疑，立刻带人前往邦迪的住处。

此时已是凌晨 4 点了，绘画师邦迪仍在挑灯创作，蒙特说明来意，邦迪说："我知道你们会怀疑我的，这不奇怪，其实我也是受害者，你看，我收到了一封恐吓信。"说着，他从口袋里掏出一封信，递给了蒙特警官，只见上面用打字机打着："知道你是杀害费莱蒂然后又纵火的凶手，如果不想让我说出真相。你必须在明天早上 7 点带 40 万现金，到市中心地铁入口处见面，不许报警。"

蒙特看完信，想了想问道："起火时你在哪里？"

"一直在这里绘画。"邦迪答道。

蒙特厉声地说道："不，你就是凶手！"说着，让手下将邦迪抓了起来，邦迪还想反抗，说自己无罪，可当蒙特警官说出原因，邦迪顿时哑口无言。

你知道是什么原因吗？

149. 伪造的契约

宋朝眉州有一个叫王刚的小伙子，家中唯有老母一人，靠祖传的一亩良田维持生活。谁知这一亩良田被本州的一个豪门大户孙延世看中了。此人心毒手狠，仗势欺人。他暗中盘算很长时间，终于想出一条毒计。

春耕时，一天清早，王刚带上干粮，扛着锄头，高高兴兴地来到自己的地里干活。他还没走到地里，远远看见有两个中年汉子正在自己的地里翻地。他急忙跑过去，上前问道：

"这是我的地，你们是不是弄错了？"

"是我家老爷派我们到这块地干活的，没错。我们只管干活，别的你去问我家老爷好了。"两个中年汉子说完，继续翻地。

"你家老爷是谁？"王刚急了，气愤地大声问道。

"豪门大户孙延世！"两个中年汉子答话中含有几分得意。

王刚听后，急忙转身朝孙家奔去。

"孙延世你出来！"王刚站在孙家大门口喊着。

过了一会儿，孙延世晃晃悠悠地从里面走出来，说："啊，是王刚啊！有话好说，何必发这么大的火……"

"你为什么叫人到我家地里干活？"王刚气冲冲地对孙延世说。

"那地已经是我的了。不要在这里胡闹，赶快离开这里吧！"

"什么？你胡说，我去告你！"

"愿意告你就去告，我等着。"孙延世摆出一副不屑一顾的样子说。

两个人到了县衙，孙延世抢先对知县大人说："去年冬天我和他立下契约，将他的一亩地转卖给我，这小子小小年纪就敢赖账，请大人做主，查明真伪。"

知县大人立即叫差役跟孙延世回家将契约取来，并展开细看。只见白纸黑字，朱红大印，上面确确实实写着王刚把地转卖给了孙延世。

知县辨不出这个契约的真伪，就上报给了州府，州府立即责成御史章频来核办此案。章频办案经验丰富。他仔细查看那张契约，很快发现这份契约上的字和印章与一般契约不同，便断定这是一张伪造的契约。他立刻传孙延世受审，孙延世只好供认伏罪了。

章频是怎样发现契约上的字和印章与一般的契约有所不同呢？

150. 吃青菜的牛

清朝江南的一个小县城里。一天，一高一矮两个农民拉扯着来到县衙告状。县令升堂审案，分别对他们进行了询问。

高个农民说："我是平远村的。我在房屋后面种了一块菜地，这几天被牛吃得乱七八糟，一定是他偷偷放出了自己家里的牛，因为我们家的牛从来不吃青菜。"

矮个农民说："我家的牛是跑到了他家的菜地里，可我家的牛也从来不吃青菜，他凭什么把我家的牛打伤？"

听了两个农民的述说后，县令说道："走吧，我到你们那里看看就知道了。"

一路上，县令已经想好了断案的办法。到了平远村以后，他让高个农民和矮个农民都把自己家的牛牵出来。他看见高个农民家的是一头黄牛，矮个农民家的是一头水牛。随后，他又来到了高个农民家的菜地里，仔细地观察了一番，由于菜地里既有黄牛的蹄印，也有水牛的蹄印，因此断不清是谁家的牛吃的菜。

县令想了一会儿，让差役从高个农民家的菜地里拔了两棵青菜，递到黄牛嘴边，黄牛只闻了闻，并不去吃。

高个农民对矮个农民说道："怎么样，我家的牛不吃青菜吧！"

县令又让差役把青菜放到了水牛嘴边，水牛也闻了闻，摇头走开了。

矮个农民又对高个农民说道："怎么样，我家的牛也不吃青菜吧！"

水牛和黄牛都不吃青菜，难道是别的牛吃的吗？高个农民疑惑地望着县令。矮个农民脸上显露出胜利者的微笑。县令则又在菜地里走了一圈儿，停在一个粪坑旁边，凝神思索着。

片刻，县令对他们说道："本官已经查明了这件事情的真相，但今天太晚了，明天再宣布结果。"

县令说完上轿回城了。高个农民和矮个农民也只得耐着性子回家再等一个晚上。

县令刚回到城里，就立即找来一个身强力壮的差役，对他说道："你今晚再去平远村一趟，要当场捉住那头偷吃青菜的牛。"

"是！"差役领命而去。

当天晚上，果然有一头牛又来到高个农民的菜地里偷吃青菜，被差役当场捉住。当人们闻声赶到这里时，发现偷吃青菜的正是矮个农民家饲养的水牛。

差役把案情报告了县令，县令很高兴。他把矮个农民传唤到县衙，处罚他按价赔偿了高个农民损失的青菜。

案子虽然破了，但人们却不明白：那天白天水牛为什么不吃青菜，而晚上去偷吃青菜呢？县令怎么知道会有牛晚上去吃青菜呢？

151. 变速车

神探博士的儿子小杰弗里和他的朋友史蒂夫·斯威特一起来到了校长办公室，因为史蒂夫停在车棚的十速山地车刚刚被偷了。史蒂夫说好像看到一个叫泰德·席佛的高年级学生骑着他的车出现过。泰德也来到了办公室，他的解释是这样的：

"史蒂夫看到的是我在骑自己的十速山地车，只不过跟他的很像而已。我没偷他的车，我是在帮他找回自己的车！我看到一个社会上的小混混在摆弄他的车，我就说：'嘿！那不是你的车子！'结果那家伙骑上去就跑，我一看也急忙骑上自己的车在后面追，虽然他骑得快，但我差一点就抓住他了。这时他骑到了枫树岭那个大上坡，为了赶上他我赶快把速度调到最高，可惜等我骑到坡顶时已经看不到他了。我想他肯定是拐弯了或是躲到了某个房子后面，我找了半天也没找到。我虽然没追上他，但我已经尽力了。"

"你的十速山地车是新的吗？"小杰弗里问道。

"不是，我已经买了有十年时间了。不过看上去就跟史蒂夫的车一模一样。"

"是吗？我看你的山地车恐怕不止是像史蒂夫的车，它根本就是史蒂夫的车！"小杰弗里说道。

为什么小杰弗里肯定是泰德偷了车？

152. 加油站劫案

神探博士和他儿子小杰弗里把车开进加油站，博士走下车说："儿子，去把油加满，我去处理一下他们刚才报告的抢劫案。"

"可是牌子上写着'先付费，后加油'啊！哦，我看清楚了，是'下午五点后先付费，后加油'。"小杰弗里一边说着，一边下车去加油了。

当小杰弗里加完油走进办公室时，服务员正在向博士说明案发当时的情况。

"两个男的把车停到油泵那里，就在你们停车的那个位置。加完油后，其中一个走进来像是要交费，突然他从口袋里掏出一把枪说'快把钱交出来！'于是我把钱给了他，大概有两百美元，然后他就跑回车里扬长而去。"

"你能描述一下这两个人吗？"博士问道。

"当然，两个人都很高，差不多6英尺或更高一点儿。进来的那个家伙留着胡子，左脸上有块伤疤。"

"当时附近没有其他人吗？"

"没有,当时已经快 10 点半了,而且我们一般夜里 10 点以后都没什么生意,"服务员说道,"当时就我一个人在场。"

"等一下,他的话好像有点不对劲儿,老爸。"小杰弗里说道。

"没错,儿子,我想这个服务员需要向我们好好解释一番了。"博士一边说,一边把头转向了服务员。

小杰弗里发觉了什么?

153. 后院有贼

神探博士来到了约翰·马克夫妇家,马克夫妇告诉博士在他们外出度周末时家里遭到了抢劫。他们说邻居曾看到过窃贼,因此博士打算和他们的邻居戴尔先生谈一谈。

约翰·马克领着博士来到后门,博士看到约翰和邻居家的后院隔着一道 8 英尺高的篱笆墙,戴尔先生正在墙另一侧的梯子上张望。相互介绍之后,约翰对戴尔先生说道:"博士想问你几个问题。"

"我已经把知道的一切情况都告诉了警察,不过没关系,我不介意再说一遍。"戴尔先生说道。

"请告诉我你都看到了什么,戴尔先生。"博士说。

"事情是这样的,当时我正在后院用除草机除草,突然听到奇怪的声音,然后我看到一个家伙正在摆弄约翰家后门的锁。他很快就进了屋,我马上打电话报了警。然后我看到他抱着一个大盒子从后门跑出来,他刚离开几分钟警察就到了。"

"你能描述一下那个人的样貌吗?"

"当然,虽然我已经向警方描述过了。"

"我想你此前做过的描述并不重要,除非你描述的是你自己。"博士说道。

为什么博士怀疑戴尔先生?

154. 快餐店

面对神探博士,这个少年描述了那个将其打翻在地并抢走其钱包的家伙,而且还描述了攻击者逃逸时乘坐的车,是一辆黑色敞蓬车。

不久,在附近驾车游荡的汤姆·泰特就被警察拦了下来。他和他的车都很符合受害者提供的描述。尽管少年马上就指认出汤姆就是抢劫自己的人,但汤姆却拒不承认。

于是,博士开始询问汤姆抢劫案发生时他在哪里。

"我当时在一家汉堡店吃快餐,我在那里至少呆了有 20 分钟之久。"泰特回答。

"如果你在那里待了那么久,那么店里一定有人能证明这一点,对吗?"博士问。

"不不不,那个时候我端着自己的食物坐在角落里,虽然我坐在那儿吃了很久,但没人看到我。"

"看起来你的话和受害者的证词颇有不同。这对你可非常不利,除非你能证明受害者在说谎,或者,你得为自己编一套更好的说辞。"博士说道。

"对了!等一下,在我车里有样东西可以证明,是汉堡店里的餐袋,它可以证明我当时在店里!"泰特喊道。

"是啊,汤姆,这一套恐怕只有你自己才信。"博士反驳道。

汤姆的证词有什么破绽？

155. 皮艇谋杀案

说到捉贼神探博士倒是在行，可说到捉鱼他就逊色多了。这天博士和儿子小杰弗里在河边悠闲地钓鱼，两个小时过去了他们总共钓了6条鱼。其实，准确地说应该是小杰弗里钓到了6条鱼。

这时，博士注意到上游不远处传来一阵骚动和警笛声，急救车和警车都开了过来。见到此景，小杰弗里说道："爸爸，我们快去看看究竟发生了什么事情。"

赶到现场，博士认出了海岸巡警帕德，他正在和另一个人交谈。那人全身都湿透了，围着一条毛毯，向警官描述起朋友溺水的经过。

"丹和我是生意伙伴，也是朋友。他以前从没试过划皮艇，所以我在艇上掌舵。当时水流很湍急，他肯定是在经过比较危险的地段时掉下去的。而且由于巨大的水浪声，我也没听到他的喊叫声。总之我也不能确定他落水的具体位置，因为我没看到他掉下去。当我划出那段危险水域时才转过身来，这时才发现他已经不见了。然后我就在这个宿营地停下来报了警。"

过了一会儿，帕德警官告诉博士，警方在死者后脑发现了一处可疑的瘀伤，好像是被什么东西击打过。"医生说看上去像是用桨而不是石块造成的伤害，身体上没有割伤或擦伤，只有这一处瘀伤和肿块。"

博士想了一会儿说："如果是这样，我们应该怀疑这是起谋杀案。"

请问嫌疑犯的证词有什么破绽吗？

156. 花店劫案

神探博士刚赶到辛迪花店门口就看到了心急如焚的店主辛迪。

"博士，我们被抢劫了！"

"别着急，跟我说说是怎么回事。"博士安慰道。

"我的助手罗斯在去银行存款时遇到了劫匪，我还是让她亲自告诉你事情的经过吧。"

辛迪把头转向刚刚进门的一个个头不高，长着黑色头发的女孩说："罗斯，这位是杰弗里·林恩博士，你把整个过程给他讲一下。"

"现在想起来我还是吓得心惊肉跳，"罗斯说道，"事情来得很突然，而且其实没什么可说的。"

"就从你能想起的事开始说吧。"博士建议。

"我当时拿着钱袋去银行，正当我掏出钥匙准备打开车门时，突然有人从背后钻出来，拿着一把枪顶着我。然后他说'把钱和车钥匙给我，否则我就开枪'，接着他就抢走钱袋并把我锁进车里，然后马上跑掉了。等我从车里脱身时他早已消失得无影无踪。我看这人和钱恐怕是再也找不回来了。"

博士听了哈哈大笑道："没错，你说的这个人恐怕真的找不到了，不过我们还是能找到那笔钱的，只要你告诉我它们在哪里。我可不信你那套故事！"

罗斯的故事有什么破绽？

第三篇

知识应用

157. 珍贵艺术品

某展览馆正在展出从法国运来的珍贵艺术品，包括众多价值连城的十七世纪油画。展览进行到第二天时，一幅名画被盗，只剩下装饰名画的镜框。

大侦探乔治在观察现场时发现总有几只苍蝇围着镜框转来转去。乔治开始盘问最晚离开的几个馆员。当问到一个名叫约翰的馆员时，他不慌不忙地答道："我的确是最后一个离开展台的。我离开前和几个馆员一起喝红茶。后来因为红茶洒了，我用手帕擦拭，放在一旁晾干了之后，我才离开。"

乔治马上命人逮捕了约翰。那么请问乔治是如何识破约翰是小偷的？

158. 价值连城的邮票被盗

加力与简恩合谋将邮票展览中价值连城的古版邮票偷走，离开时简恩带着邮票，二人分开逃跑。

两天后，加力来找简恩，商量将邮票变卖分赃。简恩道："现在风声正紧，我把邮票藏到秘密的地方。等过些日子，我们再取出变卖吧。"但加力认为，这是简恩想独吞邮票的诡计，不肯答应。

最后，简恩说："这样吧，邮票由你保管，等风声过后我再来找你，这样你总可以放心了吧？"加力答应了简恩的建议。

简恩取出一把钥匙，说："我把邮票藏在《圣经》第 47 页和第 48 页之间，这本《圣经》存放在距离这里三条街的邮局信箱内。这是邮局的钥匙，钥匙上有信箱的编号。你去拿吧，晚些我再与你联系。"

加力拿了钥匙便匆匆往邮局跑去，走到半路，他停了下来，低声骂道："混蛋！竟敢骗我！"他跑回去找简恩，但简恩已逃之夭夭了。

加力为什么说简恩欺骗了他呢？

159. 神秘的盗贼

一个规模庞大的珠宝展在国际商贸大厅举行，其中最引人注目的是一粒巨大的钻石，价值超过千万元。

为了防止这粒钻石被人偷去，珠宝商特邀一家防盗公司设计制作橱柜，上有防盗玻璃，可以抵御重锤乃至子弹袭击，不会破裂。同时在会场中还有防盗设施如摄像头等。

一天，参观的人很多，一个男子迅速地走到了玻璃柜前，用一个重锤向柜子一击，玻璃竟然破裂，男子抢去钻石，乘乱逃去。

警方事后到现场调查，发现玻璃的确是防盗玻璃，而摄像头则刚好只拍到盗贼的手，看不见他的真面目。

那么到底谁是盗贼，又用什么方法打破了防盗玻璃呢？警方根据防盗玻璃的特性，很快捉到了盗贼。你能找出谁是盗贼吗？为什么？

160. 拿破仑智救仆人

滑铁卢战役后，拿破仑被流放到圣赫勒那岛，身边只带了一个叫桑梯尼的仆人。

一次，岛上长官部派人通知拿破仑说："你的仆人桑梯尼因盗窃被逮捕了。"

拿破仑赶到长官部要求失主叙述事情的经过。"桑梯尼来找我的时候，我正在处理岛民交来的金币，就叫秘书带他去左边房间等一等。之后，我把金币放在这桌子里的抽屉里，锁上之后就去厕所了，但是我把抽屉上的钥匙遗忘在了桌子上。两三分钟后，我回来发现抽屉里的金币少了 10 枚。在这段时间里，只有他一个人在房间里，桌子上又有我忘带的抽屉钥匙，不是他偷的还有谁呢？因此，我就命令秘书把他抓了起来。"

"但是，你应该知道，左边的门是上了锁的，桑梯尼无论如何也进不来。"拿破仑说道。

"他一定是先走到走廊，再从正中的那扇门进来的。"失主又说。

"你不是说你只离开两三分钟吗，桑梯尼在隔壁根本不可能看到你把金币放在抽屉里，也不会知道你把抽屉钥匙忘在桌子上，你离开的时间又那么短，他怎么可能偷走金币呢？"拿破仑反驳他道。"他准是透过毛玻璃看到了。"失主牵强地回答。

拿破仑要求去现场亲自查个究竟。他向房间左边的门走去，将脸贴到靠近毛玻璃左边的房间仔细地看去，只能大概地看见一些靠近门的东西，稍远一点就看不清了。他又走到左右两扇门前，摸摸门上的毛玻璃，发现两块玻璃的质量完全一样，一面光滑，一面不光滑，不同的是，左边房门上毛玻璃的不光滑面在失主房间这一边，而右边房门上毛玻璃的光滑面在失主房间这一边，右边房间是秘书室。拿破仑转过身来，指着门上的毛玻璃对失主说道："你过来看一看，从这块毛玻璃上桑梯尼不可能看到你所做的一切，你还是问问你的秘书吧？"失主叫来秘书质问，金币果然是他偷的。

请问：拿破仑推断的根据是什么呢？

161. 飞来的小偷

一天，日本的一位富翁在东京城外别墅里举行宴会，别墅里绿树成荫，百鸟齐鸣。客人们一边谈天说地，一边品尝着美味佳肴，一个个显得十分高兴。

这时，一位女宾在去洗手间洗手时，把钻石戒指放在外间靠窗的桌子上，再出来时，发现钻石戒指不见了。

门是关着的，洗手间在 3 楼，也没有人来过，别墅中的仆人都忠实可靠，何况，失窃之前也没有一个仆人上过楼。再说窗子外面也没有梯子，难道小偷是从天上飞下来的？

大富翁为此事很生气，认为这事又一次丢了他的面子。因为在他的别墅里，已经第三次发生这样的事了，他非要查个水落石出不可，他拿起电话就准备报警。

这时，从宾客中走出一位名叫山田吉木的中年人，他是位动物学家。他听那位女宾讲了事情的经过，又听富翁讲了以前发生的两起失窃案件的经过，胸有成竹地说："先生，你别报警，这件事让我来试试吧！"

山田吉木先生在别墅四周转了转，指着一棵大树上的喜鹊窝说："派个人爬到树上，到喜鹊窝里查查看。"

一位机灵瘦小的仆人很快就爬上大树，他将手伸到喜鹊窝里一摸，大声叫道："金耳环、钻石戒指、项链，都在这儿哪！"

"这是怎么回事？"富翁问道。

山田吉木说出了一番话，富翁方如梦初醒。

你知道山田吉木说了什么话吗？

162. 被杀的猫头鹰

夏季的一天下午，著名昆虫学家法布尔正在院子里观察蚂蚁的生活，巴罗警长走了进来。他摘下帽子擦着汗说："法布尔先生，你知道吗，格罗得先生把他那只心爱的猫头鹰杀了，并且剖开了腹部。"

"昨天晚上，格罗得先生家里来了一位巴黎客人，他叫巴塞德，也是位钱币收藏家，是来给格罗得先生鉴赏几枚日本古钱的。正当他们在书房互相谈论自己的珍藏品，相互鉴赏的时候，巴塞德发现带来的日本古钱丢了3枚。"警长接着说。

"是被人盗走了吧？"法布尔问道。

"不是的，书房里只有他们二人，肯定是格罗得先生偷的，巴塞德也是这么认为的。但追问格罗得时，格罗得却当场脱光了衣服，让巴塞德随便检查。当然没有搜到钱币，在书房内搜个遍也没有找到。"这位警长仿佛自己当时在场一样绘声绘色地说着，法布尔仍在埋头观察蚂蚁的队列。

"古钱被偷的时候，巴塞德没看见吗？"法布尔疑惑地说。

"没有，他正在用放大镜一个一个地欣赏着格罗得的收藏品，一点儿也没有察觉。不过，那期间格罗得一步也未离开自己的书房，更没开过窗户，所以，偷去的古钱不会藏到外面去。"警长肯定地说。

"那么，当时他在干什么？"法布尔接着问道。

"据说是在鸟笼前喂猫头鹰吃肉。"警长道。

"那古钱究竟有多大？"法布尔先生走到警长跟前坐了下来，看上去他对这桩案件也产生了兴趣。

"长3厘米，宽2厘米，共3枚。再能吃的猫头鹰，不可能把这种东西吃进肚里吧。但是，巴塞德总觉得猫头鹰可疑，一定是它吞了古钱，主张剖腹查看，而格罗得却反问，如果杀掉还找不到古钱又怎么办？能让猫头鹰再复活吗？"警长道。

"这可麻烦了。"法布尔若有所思地说。

"被他这么一说，倒使巴塞德为难了，当夜也没再说什么，上二楼客房休息了。谁知今天早晨一起床，格罗得就将那只猫头鹰杀掉并剖开了腹部。可是，连古钱的影子也没见到。"警长似乎也很沮丧。

"那么，是不是深夜里换了一只猫头鹰？"法布尔更觉疑惑问道。

"不，是同一只猫头鹰。巴塞德也很精明，临睡前，为了不被格罗得掉包，他悄悄地在猫头鹰身上剪短了几根羽毛，并且在今天早晨对照检查过，认定了没错。"警长说。

"真是细心呀。"法布尔夸赞道。

"如果猫头鹰没有吞食，那么，3枚古钱到底会去哪儿呢？又不能认为在猫头鹰肚子里融化，真是不可思议。巴塞德也无可奈何，最终还是报了案。所以，刚才我去格罗得的住宅勘察时，也看到了猫头鹰的尸体。先生，你对这起案件是怎么想的？"警长问法布尔。

法布尔慢慢站起身来说："是格罗得巧妙地藏了古钱。"

可是他藏在哪里了呢？

163. 珠宝店里的表

一家小珠宝店关门停业了3天。店员们都利用这3天假期出城探亲，第4天上午刚开店，便走进来一位顾客。他让店员打开橱柜，要看里面的手表。店老板丘吉从账桌那边走过来，打开橱窗，让他选择。这位顾客拿起一块表摆弄了一阵，问了价钱，说要考虑考虑，就走了。这位顾客刚离开不一会儿，丘吉发现橱窗里靠门的那边少了一串名贵的珍珠项链。他愣了片刻，立即吩咐店员关门闭店，而后挂了报警电话。

没出5分钟，巡警韦尔奈赶到了珠宝店。丘吉迎上去说："我相信盗贼在你们警察局是挂了号的，他的动作太神奇了，连我也没有看出来。"说完，他耸了耸肩，现出一副苦相。

韦尔奈问道："那个人长得什么样？"

丘吉眯起眼睛："很平常，个子高高的，戴一副茶色眼镜，衣着很考究，不过，脸面吗……我没看清。"

"如果他是惯偷，档案里一定能有他的指印，这店里也会留下的。"

"怕不会的，我看见他刚放下表，就立即戴上了手套。"

"那么表上一定会有的。请告诉我，那个人动了哪块表？"

"这谁知道。橱柜里挂着100多块表，凡是来买表的顾客都要摆弄一番，哪块表上能没有指印。"

"不，我认为这并不像您说的那样困难。"

巡警韦尔奈说着，已经用镊子夹起一块表："这就是那个人动过的那块表。"

然后，韦尔奈在那块表上取下了罪犯的指纹。很快，韦尔奈便根据这一线索，查出并逮捕了罪犯。

韦尔奈是怎样找出那块留有犯罪分子指纹的手表的呢？

164. 埃默里夫人的宝石

埃默里夫人是一位宝石商人，按照规律，今年的新宝石展销会又由埃默里夫人主持操办了。

但会议一开始，就令埃默里夫人很失望，她本以为珠宝商们应该知道如何穿戴，但来的人好像都不知该如何打扮。波士顿来的罗德尼穿着一件20世纪70年代流行的衬衫。亚特兰大来的朱利穿着一身运动装，脚上穿着胶底跑鞋。杜塞尔多夫来的克劳斯的袜子竟然一只是褐色的，另一只是蓝色的。

尽管对来宾颇为失望，但埃默里夫人还是认真地向来宾介绍着展销的宝石："我的宝石的品质跟以前一样好。请大家仔仔细细地观看，绝对没有次品。"

埃默里夫人一边介绍着，一边在心里琢磨着：今年的宝石展不像往年那样隆重，只要能把我精心准备的一块精美的绿宝石售出去就可以了，所以她特意把这块绿宝石放在一些人造蓝宝石、石榴石、鸡血石中间，希望能衬托出绿宝石的光泽。

就在她津津有味地介绍时，突然间外面的街上发生了非常强烈的撞车声，一下子把正听她讲解的人的注意力全部吸引到了街上，仅仅几秒钟，等埃默里夫人回过头来，发现桌子上所有的东西——包括不值钱的人造石榴石和那颗珍贵的绿宝石，全都不见了。埃默里夫人马上报了案，探长里尔带着助手立刻来到了现场，里尔查看了一番后对埃默里夫人说："街上的撞车事件一定是为了转移视线。"

很快，里尔就在一个胡同里，找到了一个布袋，打开一看，布袋里是闪闪发光的人造蓝宝石、鸡血石，可就是没有了那颗绿宝石。

"看来窃贼只想要绿宝石呀！我估计这一定是行内人士干的。"探长说道。

听探长这么一说，埃默里夫人立刻恍然大悟，对探长说道："我知道窃贼是谁了。"请问是谁呢？

165. 英格兰的旗舰

1805 年，罗德·纳尔逊在战役中不幸受伤，他在特拉法尔战役中战胜了法国舰队。他的旗舰的名字由 16 个字母组成，根据下面的信息，你能在每个小方框中填出正确的字母吗？

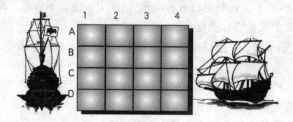

现在已知线索是：

（1）任何两个水平、垂直或对角线方向上的相邻字母都不同。

（2）V 在 R 下面的第二个方框内，并在 C 的左边第二个方框内。

（3）L 不在 A2 位置，也不在最后一行。

（4）其中一个 A 在 D3 位置上，但没有一个 R 在 D4 位置上。

（5）A4 和 C2 中的字母相同，紧邻在它们下面的方框内的字母都是元音字母。

（6）G 在 I 所在行的上面一行。

（7）O 就在 T 上面的那个位置，在 Y 下面一行的某个位置，而 Y 在与 O 不同的一列的顶端。

（8）要填的 16 个字母为：A，A，A，C，F，G，I，L，O，R，R，R，T，T，V，Y

提示：先找到 V 的位置。

166. 头像是怎么来的

有个叫埃尔默·克莱顿·芬林的人，男，32 岁，性情孤僻，是个偷盗之徒，犯有前科。他在离家 1500 英里以外的加利福尼亚遇见一个名叫珍妮特·波达德的女人。她是一个浅黑型白种人，是农业季节工。她缄默寡言，其貌不扬，凡是见过她的人，都会很快地把她淡忘，留不下任何值得记忆的印象。

他俩在静水县混了两个星期。芬林为了图财，在一次酒后，就把波达德弄死了。在无人察觉的情况下，芬林把尸体塞进小汽车，迅速向镇郊浓密的三角叶杨树林驶去。他匆匆掩盖了尸体，悄悄离去。芬林认为，他把罪行掩盖得天衣无缝，没有发案的任何可能。退一步说，就是有人找到了遗骨，也不能把她辨认出来，至于要牵连到自己那就更不可能了。

哪知，事与愿违。几个月后，一些打松鼠的猎人在渡过静水湾时发现了一个人头骨和一块颌骨。后来，警官们在一个浅坟坑的附近找到一副肋骨架、一根脊梁骨和一些骨骸。坟坑里还残存有几绺棕色头发和几件衣服。当地的报纸就上述情况作了报道。芬林看了报道后，若无其事，满不在乎。

当地法官乔·司坦利组织指挥了这场调查。他查看了衣物，没有发现能表明死者身份的线索。用检测器检查了现场，也没有检测出哪儿有珠宝。他曾给报告家人失踪的当地住户打了电话，请来认识遗物，然而走失的人都不是死者。

像这样只有一个人头骨、一块颌骨和不完全的骨架的案件，似乎人们对它已无能为力了。可是在当年的8月，波达德的头像照片突然在电视上出现。当芬林见到时，被吓呆了。一星期后，两封揭发信寄到了司法部门。芬林终于没有逃脱法网。

请问：波达德的头像是怎么来的呢？

167. "死人河"

侦探波洛参加了一个旅游团，到美国西部的大草原旅游。途中，他们经过一条看上去浑浊肮脏的小河。导游向他们介绍说，这条河有一个外号，叫"死人河"。关于这个名称，还有一个悲惨的故事：

当地有一位名医托马斯。一天下午，当他正在诊所给一个病人看病时，住在附近的尼克突然闯了进来。他神情十分慌张地对托马斯说，刚才有一个拿着手枪的强盗企图抢劫银行，结果与警方发生了枪战。当时现场一片混乱，正巧站在附近的尼克被警方误认为是那个劫匪，他们不由分说，冲过来要抓他，尼克不得不赶紧逃跑。他要托马斯帮他摆脱警方的追捕。托马斯相信尼克是清白的。他拿出一条6英尺长、口径约1英寸的空心胶管递给尼克。他要尼克跳到小河里隐蔽起来，通过胶管呼吸，他自己则出去对付警察。这样，尼克就能摆脱追捕了。

然而，结局却非常不幸，当托马斯来到小河旁边找尼克时，发现他已经溺死在河里了。托马斯猜测，尼克也许是因为在水下惊慌失措才淹死的。

听到这里，波洛打断了导游的话："不，尼克是被人谋杀的。"

波洛为什么会这样说？

168. 警犬的鼻子

一个村庄里，一天发生了一起入室抢劫杀人案。一名农家妇女在自己家里被害，现金被全部抢走。傍晚，牧羊归来的丈夫回到家里时才发现了妻子的尸体。而凶手好像是从后院向牧羊的山坡方向逃跑的，后院的地面上留有凶手清晰的脚印。

接到丈夫的报案后，警方马上带着优秀的警犬赶到现场，警犬嗅了院子里凶手的脚印后，便迅速朝山坡方向追去。当来到山腰时，警犬突然停了下来，一个劲儿地打转转不再往前追了，然而凶手并不是从这里骑上自行车逃跑了，也不是脱了鞋逃跑的，就是穿着用刚才作案时穿的鞋逃走的。

请问：为什么警犬的鼻子不灵了呢？

169. 是巧合还是谋杀

一个岛上有很多椰树，同时也有很多的椰蟹。

一个夏天的午后，沙滩上三三两两的人在海水中嬉戏，享受阳光。一对夫妻沿着海岸散步，看到一个青年男子躺在椰树下，用草帽盖着头部，似乎睡着了。但细心的妻子发现青年男子头部好像有鲜血流出，他们马上报了警。

警察赶到，发现该男子已经死了大约两三个小时，他的太阳穴被打破。尸体旁边有一颗大椰子，椰子上还沾着血迹，椰树下的沙地上还留有大椰蟹爬过的痕迹。

案件似乎很明了：当青年在睡觉时，一只大椰蟹爬上椰树，用自己的大剪刀剪断了椰柄，使椰子掉下来正好砸在睡觉的青年男子头上。又大又重的椰子从十五六米的高处落下来，打在太阳穴上，人一下子就会被砸死。但聪明的警探老王却认为这是一起谋杀案，你知道为什么吗？

170. 东京度假游

一对夫妇假日去东京城郊区采集春天的野菜。二人游兴大发，采集到不少蒿莱等山野菜。当他们走到一个树林时，发现了一位农妇的尸体，农妇身旁的菜篮子里也有很多山野菜。二人马上报了案。

法医检验尸体时发现其血液里有卵磷脂酶。卵磷脂酶是蛇毒的一种，这种毒液进入人体的血液后，会夺去人的生命。

而且在死者左小腿上发现有两处蛇咬过的牙印，看来，农妇是被蝮蛇咬死的，似乎和谋杀之类没有关系。

可是，吕探长却不同意法医的说法，他只提了一个日常的生活常识，大家便都点头赞同。你知道是什么吗？

171. 神秘的古堡

在印度，一提起塔尔沙漠中那座宏伟而神秘的古堡，人们就不寒而栗。很多年前，凡过路商人和马队夜宿古堡，都一个个送掉了性命，连牲口都不能幸免，到底古堡里的杀人凶手是谁？用的什么凶器？当局调来了全印度最有名气的侦探和警察，但当夜也都死在古堡大厅里。经高明的法医验尸，也很难找到致死的痕迹。警方无奈之下，只好在古堡大门口贴下告示："过往行人一律不准夜间留宿此处。"后来英国著名探险家乔治来到古堡，他一心想探明究竟，探险队员个个荷枪实弹地进入古堡。但不幸的是乔治和他的人马也全部被杀。印度警方继而发出紧急布告：凡能破古堡疑案者，赏金一万卢比。但布告发出后却迟迟无人问津。

几年后的一天，终于来了个白发银须、衣衫褴褛的乞丐，自称彼特利克，他向警方打保票，声称能破此案。警察局局长半信半疑，但又没有别的人前来应征，只得叫来刑侦科长吩咐道："派人盯着这个送死的老家伙，看他搞什么鬼名堂。"刑侦人员发现那个老头买了一个大铁箱、一只猴子和一副渔网，这使经验丰富的警察局局长百思不得其解。

当天晚上，彼特利克驾着马车奔进那座令人望而生畏的神秘古堡，眼前漆黑一片，堡内死一般寂静。他摸进乔治遇害的大厅，先给猴子注射了麻醉药，并将它放进渔网里。然后自己钻进铁箱，牢牢地抓住渔网的网绳。

请问：老乞丐这样做到底是为什么呢？

172. 死亡与鲜花的对比

夏天，某女侦探去郊游，她在河边的草丛里发现了一具尸体。尸体旁边有一个空果汁瓶。

女侦探马上报告了警方。警察赶来，发现死者身边的果汁瓶上有毒。搬动尸体时，下面正好压着一棵月见草，盛开着一朵黄色的小花。

警方验尸后说："死亡时间大约在24小时之前，很可能是昨天下午在这里服毒自杀的。"

女侦探却不同意这个结论。她认为，死者并不是死在此地的，这里不是第一现场。也就是说，尸体是由别人扔在这里的。

请问：女侦探是怎么推断的呢？

173. 请专家来断案

某地，曾发生过一起疑案：一具尸体躺在床上，法医在检查现场时，竟从没有血迹的枕套上验出了血型。开始他们以为是被害者的唾液等分泌物沾在上面造成的，但用抗原体检验后，发现了A型和B型两种抗原，无法确定是A型、B型、AB型血的哪一种，而被害者是O型血。警察们绞尽脑汁，百思不得其解。

一波未平，一波又起。在该地中部，有一次警察在撞伤人的车轮上验出了O、A、B几种血型，这辆肇事车是撞伤人后仓皇地逃窜到山村的小路上，才被警察抓获的。这是怎么一回事？难道这辆车不止一次地出过事故？警方面对前后两个谜，前往警察科学研究所求教，这才找到了答案。

你能猜出问题出在哪儿吗？

174. 游船上的谋杀案

狂风怒号，海浪滔天，台风就像一个喝醉了酒的狂人，在肆意地发着酒疯，把海水搅得天昏地暗。海面上已经看不见任何船只了。渔船都避到港湾里，落下了帆，抛下了锚，等待着台风过去。

这时候，海岸警卫队接到SOS求救信号：有一艘游船被困在大海里，随时有沉没的危险！海岸警卫队立刻派出救生快艇，冒着大风大浪，向出事的海域驶去。天漆黑一团，再加上十几米高的海浪冲撞着快艇，小艇就像一片树叶，一会儿被抛上半空，一会儿又被压到浪底。几小时以后，快艇来到了发出信号的海面上，打开探照灯，四处搜寻着。

忽然，负责观察的水手叫起来："快看！那边有人！"探照灯"唰"地照射过去，在雪亮的光柱下，可以看见有一艘小游船在海面上飘荡，一个男子在用力挥手，旁边还躺着一个人。救生艇赶快靠过去，经过了无数次的努力，终于把他们救了上来。可是，另一个男子已经死了，他的头上有一个大窟窿。

活着的那个男子满头大汗，他擦了一把汗，喘着气说："我叫保罗，已经3天没有喝上淡水了。两天前，我和汤姆驾着小帆船出海去游玩，我们只顾得高兴，来到了离海岸很远的地方，这时候，船出了故障，无法再行驶了，又遇上了台风。船上没有食品和淡水，我们都又饿又渴。今天，汤姆实在忍不住了。到船舷边舀海水喝，脚下一滑，头撞到铁锚上死了。幸亏你们来了，不然我也没命了！"艇长听了他的话，立刻命令士兵："他就是凶手，马上把他监禁起来！"

艇长为什么会怀疑那个男子是凶手呢？

175. 血型辨凶手

这是个十分奇妙的案件。兄弟俩感情破裂，原因是为了争夺家产，见面就像仇人似的。一天，哥哥被发现死在街头，而弟弟此后失踪。

警方在现场侦查，发现了以下一些资料：

死去的哥哥的血型是 A 型，而在他身上还发现另外一些血液，是属于凶手的，为 AB 型。

警方发现死者父亲的血型是 O 型，母亲的血型是 AB 型，但失踪的弟弟血型却不清楚。

凭以上的资料，你认为失踪的弟弟会不会是凶手呢？

176. 双重间谍

一个刺探情报的罗马双重间谍 R，不知被谁杀死了。他临死前，用身上的血写了一个"X"。据分析这个"X"指的是杀死他的人。而杀死他的人是这 3 个间谍（如图所示）中的一个。

A间谍NW12号   L间谍UP3号   B间谍WY7号

你知道是谁吗？

177. 四名嫌疑犯

一天早晨，在单身公寓 3 楼 301 室，好玩麻将的年轻数学教师被杀，是啤酒瓶子击中头部致死的。

在他的房内有一张麻将桌，丢着很多麻将牌，死者死时手里还抓着一张牌，大概是在断气前，想留下凶手的线索而抓住的。

被害人昨晚同朋友玩麻将，一直玩到夜里 10 点左右。这就是说，凶手是等人都走了以后才下手的。

通过调查，警察找到了 4 名嫌疑犯。这 4 人都与被害人住在 3 楼。

他们是：住在 307 号房间的无业游民张某；住在 312 号房间的个体户钱某；住在 314 号房间的汽车司机孙某；住在 320 号房间的外地人陈某。

那么，凶手是谁？

178. 迷乱的时间

星期天傍晚，史密斯先生被人谋杀了。目击者告诉警方，他们在傍晚 5 点 06 分时听到了 3 声枪响，并且看到了凶手的背影，看起来像是一个中年男人。警方经过调查，确定了 3 个嫌疑人。有趣的是，他们都是球队教练，其中 A 先生和 C 先生是足球教练，而 B 先生是橄榄球教练。

这 3 位教练的球队，星期天下午都参加了 3 点整开始的球赛。A 教练的球队是在离死者住所 10 分钟路程的体育场上争夺"法兰西杯"；B 教练的球队是在离史密斯先生家一个小时路程的球场上进行一场友谊赛；而 C 教练的球队是在离凶杀地点 20 分钟路程的体育场上参加冠军争夺赛。据了解，这 3 位教练在比赛结束之前都一直在赛场上指挥比赛，而且 3 场比赛都没有中断过。

在警察局里，3 位教练回答了警长的询问。当警长问他们各自的比赛结果时，A 教练回答说："我们和对手踢成了平局，1 比 1，最后不得不进行点球决胜负，还好我们赢了。"B 教练则叹了口气："我们打输了，比分是 6 比 15。"而 C 教练则满面喜色："3 比 1，我的球队最后夺得了冠军！"

警长听后，朝其中的一位教练冷冷一笑："请你留下来，我们再聊聊好吗？"

经过审问，这位被扣留在警察局里的教练，正是枪杀史密斯先生的罪犯。

你知道他是谁吗？

179. 马戏团的凶案

城里来了一个马戏团，大家都去看他们的表演，其中驯兽师拉特跟老虎的表演最受欢迎，他和女朋友——金发女郎梅丽也很快成了大家都很熟悉的人物了。

这天清晨，马戏团里突然传来一声尖叫，大家闻讯赶去，发现拉特俯卧在干草堆上，后腰上有一大片血迹，一根锐利的冰锥就扎在他的腰上。在他旁边，身着表演服的梅丽正捂着脸低声哭泣。

警察来到了现场。法医检查了拉特的尸体后告诉警官墨菲："死了大约有七八个小时了。也就是说，谋杀发生在半夜。"

墨菲转过身，看了一眼梅丽，说："请节哀。噢，对不起，你袖子上沾的是血迹吗？"

梅丽把她表演服的袖口转过来，只见上面有一道长长的血印。

"咦，"她看了一眼，"这一定是刚才在他身上蹭到的。"

墨菲问道："你知道有谁可能杀他吗？"

"不知道……"她答道，"但也许是赌场里的鲍勃。拉特欠了他一大笔钱。"

于是墨菲找到了鲍勃。鲍勃承认拉特欠了他大约 15000 美元，可同时发誓说他已有两天没见过拉特了。

墨菲很快就抓住了罪犯。你知道这个罪犯是谁吗？

180. 一张秋天的照片

花海公寓环境优美，路的两边是高大的梧桐树，池塘边有婀娜的杨柳，屋前屋后到处是鲜艳的花，还有绿毯子一样的大草坪。到了春天，公寓就像淹没在花的海洋里。夏天来了，吃过晚饭以后，小伙子和姑娘们，拿着录音机，来到大草坪上跳舞唱歌；年轻的爸爸妈妈们，带着活蹦乱跳的孩子，到游泳池去游泳戏水；老人们则摇着扇子，来到树荫下，聊着古老的故事。

村井探长就住在这幢公寓里，不过他常常很晚才回家，看不到这番景象。今天，他忙完了工作，已经是 11 点多了，忽然，报警电话铃响了，有个男子报案，他的妻子被人杀害了！村井探长问他的地址，真是太巧了，他就住在花海公寓 302 室，是村井的邻居。村井探长记得，男子个子不高，夫妻俩的关系似乎不太好，早上出门的时候，还听到他们在吵架。

他马上带着法医，赶到现场。经过检查，女主人是被勒死的，死亡时间是下午2点钟左右。男主人说："最近我和妻子有些小矛盾，吃过午饭以后，我就一个人到公园里去散心，晚饭也没回来吃。刚才回到家里，发现妻子已经……"他伤心地说着。村井探长问："您下午到公园去，有什么证据吗？"男子拿出一张照片说："我心情不好，就特地在梅花鹿的前面，拍了这张照片。"村井探长一看，男子站在一只雄鹿的旁边，鹿角好像高高的树杈，显得那么威风，更加衬托出男子的矮小。

村井探长看着照片说："你就是凶手，快说实话吧！"

村井探长根据什么说男子是凶手呢？

181. 凶手可能是美国人

在旧金山的一家宾馆内，有位客人服毒自杀，名探劳伦接到报案后前往现场调查。

被害者是一位中年绅士，从表面上看，他是因中毒而死。

"这个英国人两天前就住在这里，桌上还留有遗书。"旅馆负责人指着桌上的一封信说。

劳伦小心翼翼地拿起遗书细看，内文是用打字机打出来的，只有签名及日期是用笔写上的。

劳伦凝视着信上的日期——3.15.99，然后像是得到答案似地说："若死者是英国人，则这封遗书肯定是假的。相信这是一宗谋杀案，凶手可能是美国人。"

究竟劳伦凭什么这么说呢？

182. 神父的判断

有一个农夫是基督徒，因为对生活失去信心，总是想自杀，可是他的信仰又不允许他自杀，于是他想伪装成他杀，作为寻死的办法。他在院子里自杀，几个小时后，警察来到现场，发现这个人的太阳穴中了致命的一枪，可是尸体旁边没有任何凶器。在十几米外的羊圈里有一把小型手枪，经鉴定，这就是凶器。羊圈里养着十几只羊，羊圈的门没有打开。死者不可能开枪之后将手枪扔到十几米外的羊圈里，羊也不可能出来将手枪衔进羊圈。警察断定此案属于他杀，可是住在附近的神父却充满了疑惑，因为他知道死者是一个消极的人，总是想自杀。他站在羊圈门处想了一会儿，忽然明白了农夫自杀的方法。经过警察的调查，终于确定农夫属于自杀。

你知道神父是凭什么判断的吗？

183. 大力士之死

剧场里，正在演出一场杂技节目。下个节目就是大力士铁汉的了，舞台监督让人去找铁汉做准备。正在这时，只见演员程华慌慌张张地跑了上来。

"不好了，铁汉死了！"

"在什么地方？"舞台监督和坐在身边的团长都霍地站了起来。

"在装道具的小仓房里。"

团长对舞台监督说："你先安排下一个节目上场，我去后面看看。"

程华说完领着团长等人朝小仓房跑去。

小仓房里，铁汉直挺挺地躺在地上，两只手紧紧地掐着自己的喉咙，脸上布满了痛苦的神色。

团长吩咐大家不要随便进入现场，并命人立即向警察局报案。

几分钟后，黄警长和几个警察赶到了现场，经过仔细勘察，发现现场除了铁汉的脚印外，还有两个人的脚印。然后，他来到团长跟前问道：

"是谁先发现被害人的？"

"是程华。"

"让他来一趟。"团长很快让人把程华叫来了。

"是你发现铁汉被害的吗？"

"是我发现的。"

"你把刚才见到的情况再详细和我说说可以吗？"

"可以。"程华抹了把额头上的汗水，说道，"刚才，台上有个布景架子活动了，我想到小仓房里拿根绳子把它捆绑一下。可是，我刚走到小仓房的门口，就听见里面有动静。我从门缝往里一看，吓得几乎叫出声来。我看见铁汉正在使劲掐他自己的脖子呢。我冲进去使劲掰他的手，可是他力气太大了，怎么也掰不开，我便跑出来喊人。谁知当我把人找来时，他已经死了。"

听完程华的情况介绍，黄警长哈哈大笑起来："程华，我看你还是把真实情况说出来吧！你的同伙是谁？"他厉声喝问。

黄警长是怎样识破程华的谎言的呢？

184. 谁在撒谎

一艘日本货船在航行。船长离开房间5分钟，抽屉里的钱就不见了。船长想，平时只有大副、二副、三副进来，便去找他们。

他问大副："请问，你刚才到我房间去过吗？"大副说："我送报表去，见你不在房间，我就走了。"二副迎面向船长走来，说："我刚才看见你的抽屉开着，正找你报告呢。"船长问三副，三副说："5分钟前我在船尾。"船长问："谁证明？"三副说："没有。我看见我们国家的国旗挂倒了，就爬上去挂正了。"

船长抬头看看国旗，断定三副在说谎，要他把偷的钱交出来。在事实面前，三副只好认罪。船长为什么断定是他偷的钱呢？

185. 新郎之死

清朝的时候，在南方的一个农村里，有一对刚刚结婚的恩爱小夫妻，男的叫李二保，女的叫小凤。7月的一天，李二保下田干活被雨淋了，一病3天，粒米未进，新婚妻子小凤守在他身边心疼得直抹眼泪。

第四天早晨，李二保从床上爬了起来，晃了晃脑袋，感到轻松了许多，他惦记着田里的活儿，便对妻子说："小凤，煮点稀粥，我吃了好下田。"

小凤劝丈夫再养两天，可李二保说什么也不肯。无奈，小凤端来了粥，又炒了一碟鸡蛋。李二保喝了一口粥，看着鸡蛋皱起眉头："油太大，吃不下。"

小凤想了想，忽然说："搅点蜂蜜吧，保证爽胃口！"

她从门前的蜂箱里舀了满满一勺蜂蜜，倒进丈夫的碗里。李二保果然津津有味地吃起来。吃罢饭，李二保就朝田里走去。可是还没走到田头，他就感到腹部一阵剧痛，摔倒在地上。

小凤闻讯赶去时，李二保已经咽气了。

很快，乡邻们就把案件报告了县衙，并说是小凤害死了自己的丈夫，县令于忠立即赶到现场。县令看见小凤哭得泪人似的，十分悲切，不像是她谋害了丈夫的样子。于是问道："今天早晨你丈夫吃的是什么？"

"只吃了碗粥。"

"你吃的什么？""吃的也是粥。"

于忠心想，怪事儿，同吃一样的东西怎会有不同的结果？他又进一步问道："吃的菜也是一样的吗？"

小凤思忖片刻，忽然说道："他拌的是蜂蜜，我吃的是鸡蛋。"

蜂蜜？吃蜂蜜怎能置人于死呢？于忠来回踱步思索着。忽然，他望着山坡怔住了。山坡上虽郁郁葱葱，但各色的鲜花已不如前些时那样繁盛了，只有断肠草花、野百合花、醉鱼草花在盛开。于忠似有所悟，立即下令回府，宣布小凤无罪。

于忠为什么认为小凤是无罪的呢？

186. 卖狗人

大侦探布里克森，在街上溜达时遇上了同乡拉平。拉平牵着一条普通的牧羊犬。为了还赌债，拉平想将此狗高价卖给布里克森。

"老兄，我这条狗的名字叫麦克，它可非同一般啊！"拉平接着绘声绘色地往下说，"在我家的农场旁边，有一条沿着山崖修建的坡度很大的铁路。一天，有块大石头滚到铁轨上，此时远远一列火车飞快冲来。我想爬上山崖发警告信号，可扭伤了脚摔倒在崖下。在这紧急关头，我的宝贝麦克飞奔回家，拽下我晒在铁丝上的红色秋衣叼着它闪电般冲上山崖。那红色秋衣迎风飘扬，就像一面危险信号旗。司机见了立即刹车，这才避免了一场车翻人亡的恶性事故。怎么样，我的宝贝麦克有智有谋，非同一般吧？"

拉平正欲漫天要价，不料话头被大侦探布里克森打断："请另找卖主吧，老弟，不过，你倒很会编故事，将来一定是位大作家！"这显然是讽刺之言。

请问，大侦探为何要讽刺卖狗人拉平呢？

187. 一起恶性肇事逃逸事件

一个寒冷的冬夜，某市下了一场雨夹雪。大约就在这段时间里，近郊发生了一起恶性肇事逃逸事件：某人驾车撞了行人后，快速逃离了现场。这个司机在30分钟后逃回家中，将车停进了自家车库里。尽管如此，目击者还是记下了他的车牌号码。大约一个小时后，巡警来到了他家，一边检查存放在车库里的汽车，一边询问他在案发时不在现场的证明。

"正如你所见，我的车子昨天就放炮了，今天一次也没开出去。所以，逃跑的罪犯不是我，目击者也一定是记错了车号。"疑犯说。

巡警发现车前箱盖上有几处猫爪印儿，还有猫卧睡过的痕迹。

"你府上养猫了吗？"

"没有，这是邻居家的猫，或是野猫吧，经常钻进我家院子来，在车上跳上跳下地淘气。"

"如果是那样，你刚才所说的就是谎言。你可以若无其事地说谎，可猫和汽车都是老实的。"巡警当场揭穿了他的谎言。

你知道巡警为什么说出这番话来吗？

188. 玻璃上的污水

乔治先生是位考古学家，独自住在郊外的别墅里。他每年都有好几个月在外工作，不在家的时候，就委托邻居波尔帮他照看房子。

这一天早晨，乔治远道归来，波尔急忙跑来告诉他，前一天夜里他家被盗了。家里已被翻得乱七八糟，经过清点，发现丢失了几件价值昂贵的古玩和一大笔钱。乔治便请来沃克警长。

沃克警长向波尔了解失窃情况。波尔说："昨天夜里我听见乔治家里有响动，便起来看看出了什么事。我走到别墅窗边，玻璃上结了一层厚厚的冰，什么也看不清。我便朝玻璃上哈了几口热气，这才看清屋里有个男人在翻箱倒柜。我冲进去与他搏斗，但盗贼很狡猾，还是让他给溜走了……"

"够了！"沃克打断了他的话，"你的把戏该收场了！你就是小偷！"

这是怎么回事呢？

189. 水生动物研究所

在大洋某处海底深 40 米的地方，有一个水生动物研究所，专门研究海豚、鲸的生活习性。研究所里有主任高森和 3 个助手：清江、岛根和江山。那里的水压相当于 5 个大气压。

一天，吃过午饭，3 个助手穿上潜水衣，分头到海洋中去工作。下午 1 点 50 分左右，陆地上的武滕来到研究所拜访，一进门，他惊恐地看到高森满身血迹地躺在地上，已经死去。

警察到现场调查，发现高森是被人枪杀的，作案时间在一点左右。据分析，凶手就是这 3 个助手其中之一。可是 3 个助手都说自己在 12 点 40 分左右就离开了研究所。

清江说："我离开后大约游了 15 分钟，来到一艘沉船附近，观察一群海豚。"

岛根说："我同往常一样，到离这里 10 分钟左右路程的海底火山那里去了。回来时在一点左右，看见清江在沉船旁边。"

江山说："我离开研究所后，就游上陆地，到地面时大约 12 点 55 分。当时增川小姐在陆地办公室里，我俩一直聊天。"

听了 3 个助手的话，警察说："你们之中有一个说谎者，他隐瞒了枪杀高森的罪行。"

你能推理出谁是说谎者吗，为什么？

190. 园艺家是个骗子

"我要发财了！"约翰高兴地告诉他的朋友波洛侦探，"我刚认识了一位园艺家。他说只要我肯出 5000 美元，他就卖给我一盆花。这种花叫球茎紫丁香，它可是世界上极其罕见的一年生植物。"

约翰兴致勃勃地说："那位园艺家告诉我，每年这盆植物开花结果之后，我都可以把它的种子拿去出售。由于这种植物十分罕见，肯定能卖出大价钱。"

"省省吧。"波洛打断了他的话，"这个园艺家是个骗子。"

波洛是怎么知道的？

191. 黑珍珠项链

某天夜里，卢班在一个日本人举行的宴会上，盗取了珍贵的黑珍珠项链之后，溜出来回到自己的秘密住所，急忙摘掉化装用的假发和胡须，穿上丝绸长袍坐到书房里的沙发上。他刚刚松了一口气，门铃响了。来人是一个有几分风度的小个子男人，穿着皱皱巴巴的和服。这个日本人刚才在宴会上好像露过面。

"晚上好，卢班君，我叫金田一耕助。"来人自我介绍道。

金田一耕助！卢班熟悉这个日本名探的名字，于是内心警觉起来，但还是做出一副笑脸，热情地把这位不速之客引到书房，在一张桌子旁坐下。桌子上摆着一个插满红色郁金香的花瓶，此时郁金香的所有花瓣都闭合着。

"卢班君，今晚你在哪儿干什么了？"耕助问道。

"我一直待在家里。你到来之前，我一直一个人安静地在书房里看书。你看，就是那本书。"卢班说着指指桌上扣着的那本书。

耕助走过去把书翻了一下，放在桌上，他突然发现花瓶里插着的郁金香不知什么时候花瓣都张开了。他拔出一枝看了看，又把花插进去，然后肯定地说："卢班君，你那套不在作案现场的证明纯属谎言，还是把黑珍珠项链交出来吧。"

耕助是如何识破卢班的谎言的？证据是什么？

192. 富孀报警

独居市郊的富孀贝蒂夫人向警方报案，说在几小时前她在家中遭到抢劫。苏菲探长随即赶到她的寓所，听她叙述案发经过："我在天亮前的 4 点多钟回到家里，直接来到这间卧室，打开灯，从镜子里看到落地窗的窗帘上有个黑影，再回头一看，果真有个人站在窗帘后面，他的影子在月光下清楚地映在窗帘上，我吓得转身想跑，却感到后脑重重挨了一击，昏了过去。"

苏菲探长走到落地窗前，看到窗帘已经拉开，窗外树影婆娑，耀眼的太阳悬在前方上空，他不得不抬起一只手遮住刺眼的阳光。突然，他转身对贝蒂夫人说："根本没人躲在窗帘后面，你还是说实话吧！"

请问：苏菲探长是如何识破贝蒂夫人编造的谎言的？

193. 银店抢劫案

市区的一家银店遭劫。

营业员指控欧文是作案者："银店刚开门，欧文就闯进来了。当时我正背对着门，他用枪抵在我背上，命令我不准转过身来，并叫我把壁橱内的所有银器都递给他。我猜他把银器装进了手提包，他逃出店门时，我看见他提着包。"

警长问："这么说，你一直是背对着罪犯的，他逃出店门时又背对着你，你怎么知道他就是欧文呢？"营业员说："我看见了他的影像。我们的银器总是擦得非常亮，在我递给他一个大水果碗时，我见到了他映在碗上的头像。"

在一旁静听的亨利探长说："你别演戏了，你就是罪犯。"

探长为什么断定营业员是罪犯？

194. 撒谎的肯特

肯特在圣诞之夜请他新结识的摩西小姐到一家饭店共进晚餐。摩西小姐聪明活泼，美丽动人，肯特十分爱慕。两人聊了一阵，肯特发现摩西小姐对自己不大感兴趣，两人不久就离开了旅店。饭后心情沮丧的他在街上闲逛，遇见了名探罗克。

罗克问他为什么心情沮丧，独自一人在街上闲逛。肯特说了宴请摩西小姐的事。罗克问他在餐桌上同摩西小姐谈了些什么，肯特说：
"我向她讲了一个我亲历的惊险故事。那是去
年圣诞节前一天的早上，我和海军上尉海尔
丁一同赶往海军在北极的气象观测站执行一
项特别任务。那是一项光荣的任务，许多人
想去都争取不到的。但可惜的是，我们在执
行任务过程中，遇上了意外情况，海尔丁突
然摔倒了，大腿骨折，情况十分严重。我赶
紧为他包扎骨折部位。10分钟之后，更可怕的事情发生了，我们脚下的冰层开始松动了，我
们开始脱离北极，随着水流向远方的大海漂去。我意识到这时我们已经前途渺茫，随时都有
生命危险。特别是当时天气异常寒冷，滴水成冰，如不马上生火取暖，我们都会被冻死的，
但是火柴用光了。于是我取出一个放大镜，又撕了几张纸片，放在一个铁盒子上，铁盒子里
装了一些其他取暖物。我用放大镜将太阳光聚焦后点燃了纸片，再用点燃了的纸片引燃了其
他取暖物。感谢上帝，火燃烧起来了，拯救了我们的生命。更幸运的是，4小时后我们被一
艘经过的快艇救了起来。人人都说我临危不惧，危急关头采取了自救措施，是个了不起的英雄。"

罗克听后大笑起来："你说谎的本事太差了，摩西小姐没有对你嗤之以鼻，就已经够礼貌
的了。"肯特讲的海上遭遇有什么地方不对吗？

195. 瑞香花朵

格林太太花了很多年时间种植一种名贵的灌木植物——瑞香。这种植物能开出十分美丽
的花朵，而且由于非常耐旱，特别适合在当地种植。自然，这些瑞香也是格林太太最心爱的宝贝。

这天，格林太太准备外出度假一个月。让她头疼的是，她需要有人照料她的花园。最后
她决定请同事卡罗尔小姐帮帮忙。格林太太告诉卡罗尔小姐要特别当心这些名贵的瑞香。

当格林太太度假回来时，她正好看见卡罗尔小姐在花园里，旁边站着许多警察，而那些
名贵的瑞香却不见了。卡罗尔告诉警察，一定是有人偷走了它们，因为头一天晚上她还看到
过这些瑞香。格林太太听到卡罗尔在对警察说，这一个月里，她一直在照料这些植物，每天
都给它们浇水，所以它们显得比原先更美丽了。

格林太太冲进花园，打断了卡罗尔小姐的话。她对警察说："卡罗尔小姐在撒谎！你们要
仔细审问审问她。"

格林太太为什么这么肯定？

196. 今年冬天的第一场雪

这是镇上今年冬天第一次下雪，雪下得很大，地上积雪很深，大约有30厘米左右。就在
当天晚上，镇上那家小银行发生了失窃案，窃贼盗走了银行保险箱里所有的现金。

警察立刻开始调查，发现了一个可疑对象，他是个单身汉，两个星期前刚刚在银行附近
租了一间平房。

第二天一早，警长带着两名警察来到了这个人的住处。这间平房外表看上去很简陋，房
子的屋檐上还挂着几根长长的冰柱。

这个男子打开门出来之后，警长对他进行了询问："昨天晚上你在哪里？"

"我两天前就到外地去了，今天早晨刚刚回来，还不到一个小时。"

警长看了看他的屋子外面，厉声说道："你在撒谎！"

警长为什么会这么说？

197. 骡子下驹

某镇发生了一起凶杀案，警察经过调查发现，一位从事奶酪业的农夫十分可疑。警察要求农夫提供不在场证据，农夫说道："怎么可能是我？那天晚上我一直在家里，我家的骡子生产，折腾了一夜，真倒霉，骡子难产，快要天亮的时候连骡子带驹都死了。"

警察追问："你还养骡子？"

"是啊，我想让它们相互交配生仔，没成功。要是当时有兽医在场就好了，只可惜我没钱，请不起兽医。"

你认为农夫的话可信吗？

198. 古老的壁画

考古学家维尔那教授，正艰难地行走在荒僻的山区里，他的身边，是一个皮肤黝黑的青年。他们背着沉重的器材，拉着旁边的树枝野藤，一步步手脚并用，在陡峭的山崖边小心翼翼地往前摸索。

这天早上，黑皮肤青年找到维尔那教授，神秘地说："昨天傍晚，我的一只羊走丢了，就在山上到处寻找，忽然发现有一个山洞，我就走了进去。借着一点日光，看到洞壁上有很多画，可是看不清楚，洞里阴森森的，可怕极了，我就逃了出来。听说您是研究古代壁画的专家，我可以带您去。"维尔那教授一听，这也许是重大的考古发现啊，就马上答应了。他生怕别人知道以后，把功劳抢了去，就谁也没有告诉，跟着青年出发了。

几天过去了，维尔那教授一直没有回来，黑皮肤青年却来到考古研究所，拿出一张照片说："我在一个山洞里，发现了最古老的壁画，可以卖给你们。"研究所的专家一看，只见照片上是一面山洞的石壁，上面画着古代原始人类的生活场景：几只小鸟停在大树上，大树下面是飞奔的小鹿，有一群矮小的野人，正在追赶一只庞大的恐龙，还有太阳、月亮和星星。专家问："这张照片是哪里来的？"青年说："是一个考古学家拍的，他还说，这是最古老的壁画，很值钱的。"

专家听了，悄悄去报警："我们这里有一个骗子，他还可能谋杀了教授！"警察赶来了，马上对黑皮肤青年进行审问，结果查明了，是黑皮肤青年杀害了教授，还想用教授拍的照片来骗钱。专家为什么会发现黑皮肤青年是个骗子呢？

199. 南美洲的大象

非洲撒哈拉沙漠，是世界上非常著名的沙漠探险地。为了能够征服它，无数的勇士来到这里，进行挑战极限的活动。

一天，负责救助的当地警察布鲁姆和他的助手正在沙漠腹地开车进行巡视，突然，他看见沙漠中躺着两个人，布鲁姆急忙停下车，来到了两个躺着的人跟前。他用手一摸，发现两个人都早已死亡，两个人的背上都挨了数刀。

布鲁姆马上开始检查尸体，从两个人的兜里，布鲁姆发现了这两具尸体的身份：两个人都是美国人，住在纽约，是美国一家沙漠探险俱乐部的会员。

布鲁姆让助手继续清理现场，然后，他便将这两具尸体的资料传到了总部。总部马上通过国际电报，通报给了美国纽约警察局。

纽约警察局对这起案件极为重视，马上成立了专案组，由汉斯担任组长。

经过仔细的调查，汉斯认为死者之一的麦劳斯先生的侄子约翰有重大嫌疑。于是，汉斯便驱车来到了约翰的住所。约翰很友好地接待了汉斯。他把汉斯让进屋里，然后问道："尊敬的汉斯先生，你找我有什么事吗？"

"是的，找你核实一件事。你叔叔麦劳斯先生最近去了哪里？"

"他去了非洲，又去探险了。"约翰回答道。

"我听说你也去了非洲，是陪你叔叔一同去的。"汉斯问道。

"不，我没有去非洲。本来我打算去的，可是，就在我要陪叔叔去非洲的时候，我的几个喜欢旅游的朋友硬要我陪他们一同去南美洲，我只好放弃了非洲，而去了南美洲。"

说到这，约翰从柜子里拿出了一张照片，又继续说道："你看，这是我在南美洲与大象照的合影！"

"够了，亲爱的约翰先生，我看你叔叔的死，就是与你有关。"接着，汉斯指着照片上的大象说了一番话，约翰不得不低下了头，并承认了杀死叔叔的真相。

汉斯讲了什么，约翰就承认了犯罪事实呢？

200. 寓所劫案

一个画家的寓所遭到抢劫，警方立即赶到现场。他们发现大门是开着的，就在他走进大厅时，突然听见从卧室传来阵阵痛苦的呻吟声，进去一看，原来画家负重伤倒在地上。画家忍痛发出微弱的声音："快……地道……"说着右手吃力地指向床底，警方随着他指的方向发现有一块板子，下面可能有地道，大概作案人是从这里逃出去的！但是警方却没有找到这个地道的开关。就在这时，画家又用十分微弱的声音吃力地说道："……开……关……掀……米……勒……"说完就断气了。警察反复地琢磨着"……开……关……掀……米……勒……"这句话，然后环顾了一下四周，发现房间里有一幅米勒的画像，还有一架钢琴。警察立即认定开关设在米勒的画像后面。可是他们将画像掀开后，却没有找到开关。

就在这时候，一位警察灵机一动，找出开关之所在，并沿着地道一路追踪，将罪犯抓获。

请问，你知道地道的开关设在哪里了吗？

201."幽灵"的破绽

皇家大旅馆经理贝克斯刚要下班回家，襄理苏顿匆匆走进他的办公室，向他汇报说："刚才接到警方通知，'旅馆幽灵'已经来到本市，可能住进我们的旅馆，让我们提高警惕。"

贝克斯一惊："这个'幽灵'有什么特征？"

苏顿说："据国际刑警组织掌握的材料，他身高在1.62米到1.68米之间。惯用的伎俩是不付账突然失踪，紧接着旅客发现大量钱财失窃。他还经常化名和化装。"

贝克斯摇摇头说："我们该怎么办？如果窃贼真的住在我们旅馆里的话，你要多加防范。昨天电影明星格兰包了一个大套间，她戴了那么多珠宝，肯定是个目标。大后天早晨还有8位阿拉伯酋长来住宿，你派人日夜监视，千万别出差错。"

"是的，我已经采取了措施。"苏顿说，"我们旅馆有4个单身旅客，身高都在1.62米到1.68米之间。第一个是从以色列来的斯坦纳先生，经营水果生意；第二个是从伦敦来的勃兰克先生，行踪有些诡秘；第三个是从科隆来的企业家比尔曼；第四个是从里斯本来的曼纽尔，身份不明。"

"这么说，其中每个人都有可能是'旅馆幽灵'？"

"可能，但您放心，我一定不让窃贼在这儿得手。"

第三天上午，8位阿拉伯酋长住进了旅馆。苏顿在离前台不远的地方执勤，暗中观察来往旅客。斯坦纳先生从楼上走到大厅，在沙发上坐下，取出放大镜照旧读他从以色列带来的《希伯来日报》。10点，勃兰克和曼纽尔相继离开了旅馆。10点10分，电影明星格兰小姐发现她的手镯、珠宝都不见了。苏顿顿时紧张起来，一边向警察报案，一边在思考谁是窃贼。

这时，他又把眼光落在斯坦纳身上。斯坦纳好像根本不知发生了什么事，仍正襟危坐，聚精会神地借助放大镜看他的报，从左到右一行一行往下移。突然，苏顿眼睛一亮，把斯坦纳请到了保卫部门。

一审讯，果然是斯坦纳作的案。

请问：苏顿是怎样看出斯坦纳伪装的破绽的？

202. 小福尔摩斯

本杰明是一名普通的中学六年级学生。不过，他认为自己是个小福尔摩斯。一天，在路上散步时，他注意到有两个人正在争论着什么，就跑过去看看是怎么回事。本杰明认出这两个人是他的同学杰里米和雅各布。杰里米正在指责雅各布杀死了他最心爱的宠物——蟑螂！雅各布则辩解说："今天早晨，杰里米让我帮他照看一下他的蟑螂，所以我一天都把它带在身边。大约半小时以前，我发现蟑螂好长时间没有动弹了。我拍了拍笼子，它毫无反应，于是我就打电话给杰里米。当时，蟑螂就像现在这个样子。可是，杰里米却说我杀了他的蟑螂。真是好心没好报！"

本杰明看了看背上还带有光泽的蟑螂尸体，想了一会儿，最终断定的确是雅各布杀死了蟑螂。

他是怎么知道的？

203. 谍报员面对定时炸弹

某谍报员正躺在床上看杂志，突然觉得耳边有一种奇怪的声音在响，起初还以为听错了，可总觉得有时针走动的声音。枕头旁的闹表是数字式的，所以不会有声响。突然，一种不祥之兆涌向心头，谍报员顿时不安起来，马上翻身起来查看。

果然不出所料，床下被安放了炸弹，是一颗接在闹表上的定时炸弹。一定是白天谍报员外出不在时，特务潜进来放置的。这是一种常见的老式闹表，定时指针正指着4点30分。现在距离爆炸时间，只剩下5分钟。

闹表和炸弹被用黏合剂固定在地板上，根本拿不下来。闹表和炸弹的线，也被穿在铝带中用黏合剂牢牢粘在地板上，根本无法用钳子取下切断。而且，闹表的后盖也被封住了，真是个不留丝毫空子的老手。

谍报员有些着急了。这间屋子是公寓的5层，不能一个人逃离了事。如果定时炸弹爆炸，会给居民带来很大的惊慌。时间一分一秒地过去，谍报员决定自行拆除，他钻进床下，用指尖轻轻敲动闹表字盘的外壳。外壳是透明塑料而不是玻璃制的，可并非轻易取得下来。万一不小心，会接通电流，就会有提前引爆炸弹的危险。

谍报员思索了一下，突然计上心来。在炸弹即将爆炸的前一分钟，终于拆除了定时装置。你知道谍报员采用的是什么方法吗？

204. 大侦探罗波

这是个蓝色的、明亮的夜晚。

大侦探罗波正驾着一辆小轿车在郊外的大道上飞驰。在明亮的车前大灯的照耀下，他猛然发觉有个男子正匆匆地穿越公路，只得"嘎"地一下急刹住车。

那男子吓得像被施了定身法似地在他的车前站住了。

罗波跳下车关切地问道："您没事吧？"

那人喘着粗气说："我倒没事。可是那边有个人正倒在动物园里，他恐怕已经死了，所以我正急着要去报案。"

"我是侦探罗波，你叫什么名字？"

"查理·泰勒。"

"好，查理，你领我去看看尸体。"

在距公路大约 100 米处，一个身穿门卫制服的男子倒在血泊之中。

罗波仔细验看了一下说："他是背后中弹的，刚死不久。你认识他吗？"

查理说："我不认识。""请你讲讲刚才所看到的情况。""几分钟前，我在路边散步时，一辆小车从我身边擦过，那车开得很慢。后来我看到那车子的尾灯亮了，接着听到一声长颈鹿的嘶鸣，我往鹿圈那边望去，只见一只长颈鹿在圈里转圈狂奔，然后突然倒下。于是，我过去看个究竟，结果被这个人绊了一跤。"

罗波和那人翻过栅栏，跪在受伤的长颈鹿前仔细察看，发现子弹打伤了它的颈部。

查理说："我想可能是这样，凶手第一枪没打中人，却打伤了长颈鹿，于是又开了一枪，才打死了这人。"

罗波说："正是这样，不过有一件事你没讲实话：你并不是跑去报警，而是想逃跑！"

"奇怪！我为什么要逃跑呢？"查理莫名其妙地说，"我又不是凶手。"

罗波一边拿出手铐把查理铐起来，一边说："你是凶手，跟我走吧！"

后来一审查，查理果然是凶手。

可是罗波当时怎么知道他就是凶手呢？

205. 聪明的谍报员

秘密谍报员马克来到夏威夷度假。这天，他在下榻的宾馆洗澡，足足泡了20分钟后，才拔掉澡盆的塞子，看着盆里的水位下降，在排水口处形成漩涡。漂浮在水面上的两根头发在漩涡里好像钟表的两个指针一样，呈顺时针旋转着被吸进下水道里。

从浴室出来，马克边用浴巾擦身，边喝着服务员送来的香槟酒，突然感到一阵头晕，随之就困倦起来。这时他才发觉香槟酒里放了麻醉药，但为时已晚，酒杯掉在地上，他也失去了知觉。不知睡了多长时间，马克猛地清醒过来，发觉自己被换上了睡衣躺在床上。床铺和房间的样子也完全变样了。他从床上跳下地找自己的衣服，也没有找到。

"我这是在哪里呀！"

写字台上放着一张纸，上面写着："我们的一个工作人员在贵国被捕，想用你来交换。现正在交涉之中，不久就会得到答复。望你耐心等待，不准走出房间。吃的、用的房间内一应俱全。"

马克立刻思索起来。最近，本国情报总部的确秘密逮捕了几个外国间谍。其中能与自己对等交换的只有两个人，一个是加拿大的，另一个是新西兰的。那么，自己现在是在加拿大呢，还是在新西兰？

房间和浴室一样都没有窗户，温度及湿度是空调控制的。他甚至无法分辨白天还是黑夜，就像置身于宇宙飞船的密封室里一样。

饭后，马克走进浴室，泡了好长时间，身体都泡得松软了。他拔掉塞子看着水位下降。他见一根头发在打着旋儿呈逆时针旋转着被吸进下水道。他突然想到了在夏威夷宾馆里洗澡的情景，情不自禁地嘀咕道："噢，明白了。"

请问：马克明白自己被监禁在什么地方了吗？证据是什么？

206. 柯南断案

从前，有个十分聪明的孩子叫柯南。一次，他和父亲出门去外地，住在一家旅店里。可到了半夜的时候，有一个强盗手持钢刀闯进了他们的房间，并用刀逼迫柯南和他的父亲交出财物，否则就要对他们行凶。

这时，打更的梆子声由远而近地传来，心虚的强盗就催促假装在找东西的柯南赶快交出财物。可柯南却告诉强盗，如果着急的话就必须允许自己点亮灯盏来找。于是，就在打更的梆子声在房间的门外响起的时候，柯南点亮了灯盏，并把父亲藏在枕头下面的钱交给了强盗。可就在这个时候，门外的更夫却突然大声地发出了"抓强盗"的喊叫声，很快，人们就冲进了房间，抓住了还来不及跑掉的强盗。

你能想到柯南是怎样为走在门外的更夫做出屋里有强盗的暗示的吗？

207. 聪明的珍妮

珍妮姑娘现在浑身颤抖，眼前的那个女人好像是受通缉的维朗尼卡·科特！

这是在湖滨旅馆，珍妮姑娘乘电梯看见一对穿着入时的夫妇时吃了一惊。他俩虽然戴上大号的太阳镜，但那女人的嘴形和步态，让珍妮姑娘想起一部新上映的电影。电影里的那个女人叫维朗妮卡·科特，此刻，她正在被通缉，因为她和一次爆炸事件有牵连，在那次事件中有 3 人丧生。

珍妮姑娘走进自己的房间时，看见那对夫妇走进了隔壁房间。

珍妮想："说不定，她并不是维朗尼卡·科持。假如没弄清事情，就请警察来打扰这对正在海滨好好度假的年轻人，真有点不忍心。不过，如果我能弄清楚他们在说什么，那倒可以给我提供一些线索。"

她贴近墙壁，但只能听到一些分辨不清的微弱声音。她把一个玻璃杯反扣在粉红色的墙纸上，结果仍然听不到什么。

她给服务台挂了个电话。

一会儿，科尔医生带着一个黑色的小提包走了进来。

珍妮向他解释自己的疑虑和打算。那人耸了耸肩说："可能不行吧。"

珍妮说："这种办法也许行。事关重大，还是试试吧。"

她从科尔的提包里取出一个东西，用它贴着隔壁墙壁，想偷听隔壁房间的谈话内容。啊，听清了！他们果真是科特夫妇，正在商量如何赶一趟飞往阿根廷的班机，以便脱离被逮捕的危险。

于是珍妮马上给警察局挂了电话。

当天晚上，电视新闻的头条消息是：科特夫妇在湖滨旅馆被捉拿归案。

你知道，聪明的珍妮从科尔的提包里拿出的是什么东西吗？

208. 衣柜里的女尸

一位富翁晚年得女，将女儿视为掌上明珠。不幸的是，有一天她被人绑架，数日后，附近一幢别墅的户主发现了尸体。

别墅的户主对警方说："我是做船务生意的，经常外出。我妻子和儿子都在国外，这房子大概有两年没人住了。昨天晚上我返港，早上特意回来取一些衣物，没想到在衣柜里发现了这具女尸。"

警方听完户主的话，将衣柜仔细检查了一遍，发现衣柜里放了不少樟脑丸，于是立即逮捕了别墅户主。

你知道其中的原因吗？

209. 罪犯逃向

一天下午，在两名警察的协助下，探长西科尔和助手丹顿小姐于森林公路中段截获了一辆走私微型冲锋枪的卡车。经过一场激烈的搏斗，4名黑社会成员有3名当场被擒获，首犯巴尔肯被丹顿小姐的手枪击中左腿后，逃入密林深处。

西科尔探长立即命令两位地方警察押送被擒的罪犯前往市警署，自己带领丹顿小姐深入密林追捕巴尔肯。

进入密林后，两人沿着血迹仔细搜捕。突然，从不远处传来一声沉闷的猎枪射击声和一阵不规则的动物奔跑声。想必这只动物已经受了伤。果然，当西科尔和丹顿小姐持枪追赶到一块较宽敞的三岔路口时，一行血迹竟变成了两行近似交叉的血迹左右分道而去。显然，逃犯和受伤的动物不在同一道上逃命。

怎么办？哪一行是逃犯的血迹？丹顿小姐看着，有些懊丧起来。但西科尔探长却用一个简单的方法，便鉴别出了逃犯的去向，最终将其擒获。

请问，西科尔探长是怎样鉴别出逃犯的血迹的？

210. 求救信号

一个海滨浴场，阳光明媚，景色怡人，一架游览的小型飞机正在海滨上空飞行着。机上一共有4位游客，都是专门来阿姆斯特丹游玩的。飞机沿着海岸慢慢地飞行着，突然那个一上飞机就对风景不怎么感兴趣的穿白色西装的乘客，拿出一把枪打碎了飞机上的通信系统。然后用枪指着飞行员的脑袋命令道："赶快把飞机飞到前面的那个小岛去！"

吓坏了的飞行员名叫吉米，他知道飞机上遇到了劫匪，心中一阵慌乱，手脚也不禁有些不听使唤了，飞机像法国的巡逻兵飞行表演一样，在空中打着摆子玩着花样。

"蠢货，我不会杀你。只要你按我的指示，降落在那个小岛就是了。快让飞机正常飞行。快点，我可不想让我的子弹因为生气打穿你的脑袋。"白西装乘客用枪敲着飞行员吉米的脑袋说。

"好……好的，只要你不杀我，只要你不杀我。"飞行员吉米结巴地说道。

很快飞机就正常飞行了，眼看着就要着陆了，白西装乘客高兴地对吉米说："朋友，你真是好样的，我不杀你，待会在你的腿上留点纪念就可以了。你看，我的朋友来接我了。我可不想在我的朋友面前展现野蛮的一面。"

果然，小岛附近的海面上，露出一个像鲸似的黑影，划开一条白色的波纹，浮上来一艘潜水艇。小岛上站着荷枪实弹的海军陆战队士兵。

"哈哈，蠢货，放下你的枪吧，睁大你的狗眼，看看是谁的朋友来了。"飞行员吉米大笑着说。

"噢。我明白你小子是怎么干的了。原来你刚才是故意装害怕的。"白西装乘客绝望地叫道。飞机一着陆他就被抓了。

你知道飞行员吉米是如何求救的吗？

211. 判断页码数

警方查获了一家非法地下印刷厂，但非法印刷的一种书已经被罪犯抢先运走了。现场只留下了罪犯匆忙间没有带走的排印书上页码用的全部铅字，共计 2775 个。警长根据这些铅字数码，马上算出了这本非法印制书的总页码。

你知道他是怎样算的吗？

212. 神秘的电文

一天早晨，正在值班的缉私警察小王截获了一份神秘的电报。上面的内容为："朝，货已办妥，火车站交接。"

小王马上就将电报交给了处长。处长接过电报看了一遍，认定是上次交易未成功的毒品走私残余人员再次进行秘密交易的电文。处长立刻进行了部署，决心要把这伙毒贩子一网打尽。

这时，小王拿着电文，一边看，一边有些犯难地说道："处长，我看我们还是不容易抓到这伙毒贩子，你看，这份电文只有接货地址，没有接货的具体时间，我们的破案无从下手呀！"

听到小王的话，另一位警察也接过话头说道："小王说的对，我们的确无从下手，可我们又得破这个案，我看我们只有把全市可能进行毒品交易的地方全都进行秘密监视，哪里有动静就在哪里行动！"

"你说的话更是不可能，我们有多少警员，再说，这不是大海捞针吗？"一位民警说道。

"你们就不要争了！"一直沉默不语的处长开口说话了，"其实这份电文，已经明明白白地告诉了我们交易的时间。"

很快，根据处长的安排，这伙毒贩子全都成了阶下囚。

你知道处长是如何破译这份电文的吗？

213. 破译情报

某军司令部截获一份秘密情报。经过初步破译得知，下月初，敌军的 3 个师团将兵分东西两路再次发动进攻。在东路集结的部队人数为"ETWQ"，从西路进攻的部队人数为"FEFQ"，东西两路总兵力为"AWQQQ"，但到底是多少却无从得知。后来，苦思不得其解的密码竟然被一位数学老师破译了。

你知道数学老师是怎么破译的吗？

214. 暗影

神探博士帮佛瑞德调查的第一个案子是理查德·格林姆先生的案件。格林姆先生说窃贼闯入他家偷走了他夫人价值一万五千美元的项链。

格林姆先生打电话来索赔时，博士正在佛瑞德的办公室里和他讨论一个案子。佛瑞德告诉格林姆先生说自己马上就赶过去。

这是一个下着小雨的午后，周围的景物都充满了神秘感。转眼的功夫，下了几天的细雨竟突然停了下来，天空一片晴朗。佛瑞德和博士来到了一所颇有年头的大宅前，按响了门铃。理查德·格林姆先生亲自为他们打开了门。

"你好，佛瑞德！"格林姆一边打着招呼，一边有些不安地注视着佛瑞德身旁的陌生来客。

"格林姆先生，这位是杰弗里·林恩博士，"佛瑞德介绍道，"他答应来帮我看看你的案子。"

"啊，神探博士，你好，我曾在报纸上看到过你的照片。"格林姆一边说一边同博士握了握手。

"你好，格林姆先生，"博士问道，"听说你家发生了盗窃案？"

"是啊，是今天凌晨3点左右的事，案发时我正在楼上睡觉，突然听到有一些动静，然后就起来向窗外看了看。我没看到什么人，他们肯定是离房子特别近。我只看到了两个人影，然后就听到有辆车发动并开走了。我马上打开灯跑到楼下，这才发现墙上的保险箱已被人打开了。"

"保险箱里有很多钱吗？"博士问。

"不，没多少钱，也就是300美元左右，不过我妻子价值一万五千美元的项链不见了。感谢上帝我给它上了保险，否则损失可就大了。"

"在案发的这段时间里你夫人一直都和你在一起吗？"博士继续问道。

"是的，在一起。不过她一直在睡觉，直到我报警后才起床。"

"我看，问题的真正原因是，你夫人大概是想报失并没有被盗的东西，然后向保险公司申请索赔金吧，对吗？"

"我简直不知道你在说什么！你能证明你的推断吗？"格林姆先生气急败坏地喊道。

"哦，当然可以，你说的两个人影已经证明了一切。"博士冷静地回答。

为什么博士怀疑格林姆先生？

215. 联邦调查局难题

某调查局最近截取到一份恐怖分子发的密函（如右图所示），随即对其进行解密，从古罗马文化联想到古巴比伦文化，再到古埃及的符号，用各种各样的方法和假设都没能解开谜底。一天，一位新来的助手得知此事后，随手拿起这份密函，希望能从中找出一点蛛丝马迹。果然，不到一分钟，新助手就告诉大家：这是一份类似于恶作剧的挑衅书，目的是转移调查局的视线。

你知道这位新来的助手发现了什么秘密吗？

216. 拿破仑的结论

一次战斗结束后，有人报告拿破仑说，军需官坎普收了奥地利人的钱，给几个重要据点的士兵提供的军需用品数量都不对。

"竟然有这样通敌叛国的人！"拿破仑震怒了，他马上命令护卫把坎普带来，他要亲自审问。

"尊敬的统帅，我是被冤枉的！"坎普一把鼻涕一把泪地说："我跟随您5年多了，怎么可能做吃里爬外的事情？我负责分发步枪手和霰弹手的子弹。步枪手用的子弹是1发和10发两种包装的；霰弹手用的子弹是100发和1000发两种包装的。我们有200个火力点，每个火力点都需要配发整整10000发子弹。我给每个火力点都配备了60袋不同包装的子弹，这些子弹的总数刚好是10000发！有些别有用心的人诬陷我，尊敬的统帅，您要辨明真情啊！"

拿破仑听完坎普的叙述，转头对随从说道："如果他真给每个据点都配备了60袋不同包装的子弹，那么他即使没有循私舞弊，至少也不是个合格的军需官。"你知道拿破仑是怎样得出这个结论的吗？

217. 奇怪的钟表并不怪

帆帆的爸爸喜欢收藏一些稀奇古怪的东西。有一次，帆帆进入爸爸的书房，看到桌上的电子时钟显示12点11分。20分钟后，他到爸爸的书房去，却看到时钟显示为11点51分。帆帆觉得很奇怪，40分钟后他又去看了一次钟，发现它这一次显示的是12点51分。这段时间没有人去碰这个时钟，爸爸又是用这个钟在看时间，这究竟是怎么回事呢？

218. 神秘的情报

大侦探波罗一向足智多谋，善于解决各种疑难问题。一次，警察从一个打入贩毒集团内部的警员那里，得到一份极重要的情报，据说上面写下了关键人物及要害事件。但警察局上上下下都看不懂这些莫名其妙的记号，而且又不可能向打入对方内部的警员询问。正当一筹莫展之际，大侦探波罗前来警察局看望他的一个朋友，大家急忙向他请教。波罗稍加思索，便知道了这一重要情报的内容。

你能破译出来吗？

219. 匿藏赃物的小箱子

夜晚，一个身手矫健的黑影趁门卫换岗的机会，溜进了一家民俗博物馆，盗走了大批的珍宝。

侦探阿密斯接受这个任务后，马不停蹄，迅速地把本市所有的珠宝店和古董店都调查了一遍，但一无所获，没有一点儿线索。

无奈，阿密斯找到了大名鼎鼎的探长斯密特向他请教。

"请问，假如你偷了东西，你会藏到珠宝店或者银行的保险箱里吗？"斯密特探长反问起来。

"哦，我当然不会。"阿密斯答道。

斯密特探长说："我说你不必费心了，不要到那些珠光宝气的地方去找，应到那些不起眼的地方走走。"

他们说着话来到了城边的贫民区。阿密斯一脸的疑惑："这里能找到破案的线索吗？"他表现在脸上，但嘴里没有说。这时，有一个瘦弱的青年从身后鬼鬼祟祟地闪了出来。他低声问："先生，要古董吗？价格很便宜。"

"有一点兴趣。"斯密特探长漫不经心，"带我去看一看。"

只见那个青年犹豫一下，斯密特马上补充了一句："我是一个古董收藏家，要是我喜欢的话，我会全部买下来的。"

那人听说是个大客户，就不再犹豫，带着他们走过了一个狭小的胡同，来到一个不大的制箱厂。在这里还有一个青年，在他面前堆满了从 1 ~ 100 编上数字的小箱子。

等在这里的青年和带路人交谈了几句，就取出了笔算了起来，他写道："×××+396 = 824。显然，第一个数字应该是 428，他打开 428 号箱子，取出了一只中世纪的精美金表。忽然，他看见了阿密斯腰间鼓着的像是短枪，吓得立刻把金表砸向阿密斯，转身就跑。阿密斯一躲，再去追也没有追上，就马上返回了。

斯密特探长立刻对带路人进行了审讯。

"我什么也不知道。"带路人看着威严的警察，"我是帮工的，拉一个客户给我 100 美元。"

"还有呢？"斯密特探长追问。

"我只知道东西放在 10 个箱子里，他说过这些箱子都有联系而且都是 400 多号的……"

"联系？"斯密特探长琢磨起来。接着，他发现一个有趣的现象：把 428 这个数字的不同数位换一换位置，就是 824，这就是说，其他的数字也有同样地规律！斯密特探长不用 1 分钟就找到了答案。

斯密特探长是怎样找到答案的呢？

220. 常客人数

某天，警察例行检查，言语十分不客气，于是商店服务小姐在回答"光顾商店的常客人数"时，这样回答："我这里的常客啊，有一半是事业有成的中年男性，另外 1/4 是年轻上班族，1/7 是在校的学生，1/12 是警察，剩下的 4 个则是住在附近的老太太。"

试问，服务小姐所谓的常客究竟有多少人呢？

221. 集中抓捕行动

在一次集中的抓捕行动中，一名刑警紧追一名歹徒，就在刑警将要把罪犯抓捕归案的时候，歹徒跑到了一个正圆形的大湖旁边，跳上岸边唯一的一艘小船拼命地向对岸划过去。刑警不甘心就这样让歹徒逃走，他骑上一辆自行车沿着湖边向对岸追去。现在知道刑警骑车的速度是歹徒划船速度的 2.5 倍。

请想想：在湖里面的歹徒还有逃脱的可能性吗？

222. 鱼是怎么死的

最近，某市附近海域里的鱼突然大量死亡，附近群众反应非常强烈，这引起了市环境部门领导的密切关注。

史密斯和卡尔被上级派来专门调查这件事。

首先，他们走访了在海边居住的村民。村民们向史密斯和卡尔反映，自从半年前，附近建起了原子能发电站，海里的鱼就开始大规模地死亡："我们虽然不知道是什么原因，但可以肯定的是一定与这座可恶的发电站有关！"一位村民愤愤地说道。因为成千上万的鱼死亡，对于海边靠打渔为生的村民们来说实在不是一件小事，史密斯和卡尔一刻也不敢怠慢，马上开始了对原子能发电站的调查。

接待他们的是原子能发电站的站长，他骄傲地向史密斯和卡尔介绍道："现在人们的生活已经越来越依赖原子能发电站了。我们的发电料是铀，二位知道，即使是少量的铀也会产生出大量电能来，而且清洁环保。这可不像用煤炭和石油发电那样，产生大量的浓烟、灰尘和氮化物。要知道，那些氮化物也会施放出放射能，威胁人和动物的生命呢……"

"请问，你们的废弃物都是怎样处理的？"站长还想往下说什么，却被史密斯的话打断了。

"噢，利用原子能发电，废弃物大多有比较强的放射性，我们是不会把它们随意弃置的，而要经过特殊的处理。这可不是开玩笑，不信您来仔细看一看。"说着，他带领史密斯和卡尔把发电站的各个角落都参观了一遍，在确认没有发现问题后，史密斯和卡尔才离开。

"到底是不是这个发电厂的问题呢？"回来的路上，卡尔问史密斯，史密斯没有作声，因为他也不知道问题究竟出在哪里。

两个人无精打采地来到海边，望着海里漂浮着的成片的死鱼陷入了沉思之中。卡尔走到海边，想捞条死鱼察看一下，却发现这里的海水温热，于是卡尔来到一位正在海边补鱼网的老人面前，请教道："老人家，请问，这里的海水原来就是这么热吗？"

"嗯，我们这儿是南部，即使是冬天，海水也不会特别冷，但是最近这儿的海水似乎是比以前热了一点儿，我们也不知道为什么。"老人家说。

"哦，这下我明白了！"卡尔把自己的想法告诉了史密斯，史密斯也认为卡尔说得有道理。于是第二天，两个人又来到了原子能发电站的站长办公室。

这一次，卡尔开门见山地问道："我听说利用原子能发电需要很多水，使用过的水虽然没有污染，但是温度很高，对吗，站长？"

"是又怎么了？"

卡尔马上说出了一番话，这让站长不禁开始瑟瑟发抖，最后终于承认了犯罪事实。

223. 盗墓者的自首

一天，一个被警察追踪多年的盗墓者突然前来自首。他声称他偷来的100块壁画被他的25个手下偷走了。他说，这些人中最少的偷走了1块，最多的偷走了9块。他记不清这25人各自偷了多少块壁画，但可以肯定的是，他们都偷走了单数块壁画，没有人偷走双数块。他为警方提供了25个人的名字，条件是不要责罚他。警察答应了。但是，当天下午，警长就下令将自首的盗墓者抓了起来。

你知道这是为什么吗？

224. 可靠的证据

有一对兄弟在伦敦经营着一家小珠宝店。忽然有一天，一个堂弟从远方来投靠他们，于是这对兄弟就让堂弟到店里帮忙，顺便照顾他，可是心怀叵测的堂弟却计划把平日与他合不来的弟弟杀死，并准备偷走店中的珠宝后逃走。

他和这对兄弟中的弟弟长得几乎一模一样。一天，他假装哥哥的声音，从外面打电话给弟弟，将弟弟骗出去杀了。然后把尸体投入水井之中，并且把弟弟所穿的衣服藏起来，到了半夜，他偷偷地进入珠宝店，把现款、珠宝及弟弟的旅行支票拿走。第二天是礼拜天，珠宝店公休，他就把头发染成与弟弟一样的金黄色，穿上弟弟的衣服带着他的旅行支票，这样的打扮，几乎就是弟弟。

他首先将珠宝放到挖空的书本中，然后以自己为收件人把书寄出去；接着用弟弟的旅行支票，搭船渡过多佛海峡，并且尽量地引人注意。

最后他再以自己本来的面貌回到伦敦。

星期一哥哥来到珠宝店时，发现现款、珠宝被偷而弟弟失踪，大惊失色，连忙报警。

伦敦警察局的科尔警长奉命调查此事。哥哥对他说，弟弟平时生活虽然不太检点，但是珠宝的产权有一半是弟弟的，所以不可能是弟弟偷走了现款。

科尔警长认同他的说法，现场留下的线索虽然对弟弟不利，可是科尔认为弟弟是无辜的，最大的嫌疑犯是堂弟了。

科尔警长在珠宝店中仔细地搜查，最后发现了可靠的证据。

试问：科尔找到了什么证据呢？

225. 报警的数字

这天傍晚，比利夫人在妹妹家里刚住了一天，管家就打电话让她赶快回家。她刚进家门，电话就响了。听筒内传来一个陌生男人的声音："你丈夫比利现在在我们手里。如果你希望他继续活下去，就快准备 40 万美金；你要是去报警，可别怪我们对比利不客气！"比利夫人听罢，险些瘫坐在地上。她思来想去一整夜，觉得还是应该去报警。

波特警长接到电话后，立即驾车来到比利的别墅。首先，他去询问管家。管家说："昨天晚上来了个戴墨镜的客人，他的帽檐压得很低，我没看清他的脸。看样子他和先生很熟，他一进来先生就把他领进了书房。过了 1 小时，我见书房里毫无动静，就推门进去，谁知屋里空无一人，窗子是开着的，我就给夫人打了电话。"

波特走进书房查看，没有发现什么线索。他又看了看窗外，只见泥地上有两行脚印，从窗台下一直延伸到别墅的后门外。看来，绑匪是逼迫比利从后门走出去的，波特转回身又仔细看了看书房，发现书桌的台历上写着一串数字：7891011。波特警长想了想，问比利夫人："你丈夫有个叫加森（JASON）的朋友吗？"她点了点头，波特说："我断定加森就是绑匪。"果然，波特从加森家的地窖里救出了比利，加森因此锒铛入狱。

你知道波特为什么根据那串数字，就断定加森是绑匪吗？

226. 狡猾的罪犯

警长抓住了一个特别狡猾的盗窃犯，把他交给了监狱长。监狱长将盗窃犯关在了监狱中最安全的牢房中，从未有人从这个牢房逃脱过。牢房是一条笔直长廊最里端的全封闭部分，外面有 5 道铁门，它们以不同的频率自动重复开启和关闭：第一道门每隔 1 分 45 秒自动开启和关闭一次；第二道门每隔 1 分 10 秒；第三道门每隔 2 分 55 秒；第四道门每隔 2 分 20 秒；第五道门每隔 35 秒自动开启和关闭一次。在某个时刻，5 道铁门会同时打开，也只有在这时警卫会出现在第五道铁门外，他将通过长廊查看盗窃犯是否在牢房内。如果盗窃犯离开牢房在长廊里待的时间超过 2 分半钟，警报器就会报警，警卫会闻讯赶来。

狡猾的盗窃犯能从牢房中逃脱吗？

227. 巨款仍在

已到暮年的北极探险家巴斯，过着独居生活。一天，他被暗杀在密室中，放在密室壁内保险柜里的 40 万美元被盗走。根据这里特有的防范措施，警方认定罪犯并没有将这笔巨款带出住宅，而是藏在宅内某处，等日后伺机取走，于是当局公告拍卖巴斯的私人财产，警长布里和刑事专家伯纳来到了探险家的庄园。

博物厅里，拥挤的顾客正在注视着死者一生中 5 次去北极探险获得的纪念品——两只北极熊标本、1只企鹅标本、3只大龟标本以及因纽特人的各种服装、器皿和武器。

警长预计罪犯会来，因为拍卖时间只有两天，但他担心警署人员不可能周密地注视到所有纪念品。伯纳说："很关键，罪犯肯定会来取某样东西。"

请问：罪犯会来取什么呢？

228. 救命的闹钟

凯乐是名优秀的特工，他被敌方的情报部门视为眼中钉，曾经遭受到多次暗杀，可他凭着机智勇敢，一次次地躲过了这些危险。这次，S 国情报部门得知凯乐在海边度假，就派出本国最出色的暗杀者列托夫谋杀凯乐。

列托夫没费多少力气就找到了凯乐。跟踪后的第三天，列托夫搬到了凯乐住的酒店，在凯乐房间的对面住了下来，他决定晚上动手。

列托夫在自己的手枪上装好消声器，在傍晚时候，他用万能钥匙打开凯乐的房门，溜进了房间。他看了看表，距离凯乐回来还有大约一个小时的时间，便打开床头灯，搜索房间里的物品。搜索了一会儿，没有发现什么有价值的东西，列托夫把灯关了，静静地等凯乐回来。

15 分钟后，外面传来了凯乐开门的声音。听走路的声音有点立足不稳，像是喝醉了似的。走进走廊的时候，凯乐好像稍微迟疑了一下，接着，列托夫看到一个黑影扑进卧室，他立刻开枪，准确地击中了那个黑影。

正当列托夫以为大功告成的时候，忽然，他又听到一声枪响，然后一阵剧痛让他倒在地上。凯乐打开灯走了过来，微笑着说："对不起，刚才进来的是我的衣服——我一进门就知道有人来过。"

列托夫痛苦地低下头，他大声问道："为什么……为什么你知道有人来过？"

凯乐拿起床头的闹钟晃了晃说道："你很不走运，如果不开灯的话，现在倒下的人就是我了。"你知道凯乐是怎么知道有人来过的吗？

229. 智推车牌号

在一个十字路口，一辆小汽车闯红灯，撞倒了一位过路行人，然后逃跑了。路过的好心人立刻把被撞行人送进了医院。交警闻讯赶来，向路人了解肇事汽车的情况。

一人说，汽车牌号的最后两位数字相同。

另一个人说，牌号的前面两位数字也相同。

第三个人说，那号码是 4 位数，是一个完全平方数。

尽管没有人可以把牌号确切的数字说出来，但聪明的交警很快就根据这些情况，知道了逃跑汽车的牌号。

你知道是多少吗？

230. 森林里的杀人案

密密的原始森林里，布兰特沿着巡逻路线慢慢前进着，他是一名森林警察，他知道，每年到了秋冬季节，森林里变得特别干燥，这时候，最担心的就是发生森林大火。

森林大火可不是闹着玩的，那一棵棵粗大的树木，就好像一支支巨大的蜡烛，猛烈地喷吐着火舌，熊熊的火焰猛烈地燃烧，会把整个天空都烧红了。千年的森林毁掉了，森林里的动物，有的被活活烧死，有的无家可归，多悲惨啊！所以，布兰特睁大了眼睛，透过浓密的枝杈，仔细观察着四周的一切。

忽然，他感到脖子痒痒的，还以为被小虫子叮咬了，伸手一摸，却是几粒松籽，还听到松枝发出"哗哗"的声响。他抬头一看，原来是一只可爱的小松鼠，在剥松果吃呢，小松鼠朝他眨眨小眼睛，大尾巴一甩，调皮地往东面跳去。

布兰特冲小松鼠眨眨眼睛，吹了一声长长的口哨，就在这时候，他看到东面的小路上，好像有一只高跟鞋。

他赶紧跑了过去，确实是一只红色的高跟鞋，不过，它穿在一个姑娘的脚上，姑娘躺在枯黄的叶子堆里，已经死了！她的裙子上有一条粘粘的污垢，亮晶晶的，布兰特知道，那是蜓蚰爬过的痕迹。死者的旁边放着一封遗书，上面写着："我患了不治之症，不愿意再连累家人，就来到这里自杀……"

布兰特刚才还十分愉快的心情，一下子变得很沮丧。他拿起电话，向警察局报案："这里发生了谋杀案！"

姑娘的遗书上明明写着是自杀，布兰特为什么说她是被谋杀的呢？

231. 被托管的白银

一天，县衙门来了一老一小两个人，老的告小的忘恩负义，小的告老的背信弃义。小的叫苏小良，老的名唤周进。

苏小良幼年丧亲，在周进家寄养长大。不久前，苏小良提出另立门户，并向周进索取当年父亲托其保管之银。而周进矢口否认，故互相争吵着来到县衙。

苏小良说："县太爷，父亲死那年，我已有 6 岁，虽年幼但已懂事。我清楚地记得，先父临终之前，取出白银 2500 两交付给周伯父，并当面讲清，1000 两作为我的养育之费，还有 1500 两托伯父代我保管，等我长大以后，给我自谋生计。我今年已 18 岁了，理应自立，故而向周伯父讨取，想不到周伯父竟一口否认，请老爷公断。"

周进马上说："县太爷，我与他父亲情同手足，他父亲临终时只留下一间破屋和一个孤儿，为不负朋友之托，我卖掉破屋为他安葬，并历尽艰辛，将苏小良抚养成人。想不到今天他养育之恩不报，却反咬一口，请县太爷明察。"

苏小良说得头头是道，但无真凭实据；周进的话合情合理，但无旁证可依。这案怎么断？这时，旁边的师爷想了个办法，很快就搞清了事实，做出了正确判断。

师爷想的是什么办法呢？

232. 一张照片引发的秘密

房地产公司董事长的女儿被歹徒绑架，绑匪声称需用一百万来交换，不许报警，否则立即撕票。

董事长急得团团转，一时不知该怎么办才好。恰好他的老友、一位摄影师来看望他。听完董事长的诉苦，他不紧不慢地说道："别慌，等歹徒再来电话的时候，你就说为了证明被他们劫持的确实是你的女儿，请他们先送一张您女儿近日的照片。情况属实，就一切听从他们的安排。"

董事长照他朋友说的去做，收到照片后，立即交给老友。仅凭这张照片，警方一举破案。那么，这张照片与破案有什么联系呢？

233. 翻下悬崖的吉普车

西拉蒙是一名间谍，这一天，他得到一个消息：今天半夜里1点钟左右，S国的情报官，将要驾驶一辆吉普车，带着一份绝密文件，经过5号盘山公路。西拉蒙马上决定，在公路上堵截情报官，抢走绝密文件。

夜深了，公路上几乎没有车辆来往。西拉蒙坐在一辆卡车里，关闭了车灯，隐蔽在路边。他看了看夜光手表，已经半夜1点钟了。

这时候，远处传来汽车马达声，接着，灯光越来越近，他看清楚了，就是那辆吉普车。他立刻打开车灯，发动马达，打算去拦截，谁知道，吉普车"突突突"叫了几声，自己停了下来，情报官跳下车，骂了一句："见鬼了，忘了加油！"

这真是天赐良机啊！西拉蒙一踩油门，卡车冲了过去，又"吱"的一声，在吉普车旁边刹住了。西拉蒙跳下车，拔枪对准情报官。那情报官拿了公文包，撒腿就逃，可是他怎么逃得过子弹呢？西拉蒙"砰砰"两枪，把情报官打死了。

西拉蒙追上去，打开公文包，拿走了绝密文件，然后，把尸体和公文包放进吉普车，又拿出事先准备好的汽油瓶，扔进驾驶室。最后，他把吉普车推下悬崖，"轰"的一声，山谷下面燃起了熊熊大火。

第二天早上，电视新闻里报道："5号公路发生车祸，一辆吉普车翻下悬崖起火，车和驾驶员被烧焦……"西拉蒙放心地笑了。可是他听到电视里又在说："警方根据初步调查，认为这起事故是一个大阴谋……"西拉蒙吓出了一身冷汗，他不明白，警方从哪里发现破绽了呢？

234. 律师的推断

在一个大雪纷飞的寒冷的冬夜，发生了一起谋杀案。一个单身女子被人杀害。警方赶到现场展开调查，发现房间里亮着电灯，空调开得非常足，热得让人直流汗，然而紧闭的窗子却只掩上了半边的窗帘。

警方找到了一个目击者，这个住在附近的年轻人向警方提供了他的证词："晚上11点左右，我刚巧经过这附近，离这里大约有20米左右。我听到里面有人正在跟死者吵架，声音很大。隔着窗户，我看到他是个金发男子，戴着黑边眼镜，还蓄着胡子。"

根据他提供的线索，警方逮捕了一位曾与死者有过密切接触的金发男子，他的所有相貌特征都和目击者所说的一样。

在法庭上，被告的律师询问了目击者："年轻人，案发当时你偶然在窗子旁看到了被告，是吗？"

"是的，因为窗子是透明的，而且那天晚上她的窗帘又是半掩的，所以我才能从20米外清楚地看见他的脸。"

律师转过身，面对法庭说："法官大人，请允许我陈述我的观点：这位年轻人所说的是谎话，他犯了伪证罪。以我的判断，他的谋杀嫌疑最大。他一定是在行凶后，把被害人家里的窗帘拉开后才逃走的，他还给警方提供假口供，企图掩盖自己的罪行。"此话一出，引起现场一片哗然。

结果，警方经过审查，证明了律师的推断是正确的。

你知道律师是怎样推断出来的吗？

235. 一个报案电话

警察局接到一个报案电话，报案的是费林先生，他说他发现朋友伍德先生死在自家的书房里了。

费林先生定了定神，向警察回忆了这段可怕的经历："我当时正在伍德先生家旁边的小路上散步，打算进去看看伍德先生。我注意到他书房的灯开着，就走过去想看看他是不是在那儿。由于窗户玻璃上都是雾气，我就把它们擦干了，然后往里看。结果一眼就看到他已经倒在了地上。我赶紧用力踢开门进去，发现伍德先生已经死了，于是我立刻打电话报了警。"

听完费林先生的话，警察立刻掏出手铐，逮捕了他，罪名是谋杀。

你知道费林先生的话里有什么问题吗？

236. 重大发现

某城市动物园的一只鸵鸟被人杀害了，还被剖了腹。

警方得到报案后，了解到这是一只从非洲进口的鸵鸟，非常受游人喜爱。警方一直弄不明白为什么有人会杀害这样一只鸵鸟。后来一个警察从他家孩子的地理教科书里找到了答案，案子很快就告破了。

你知道他从地理教科书里发现了什么吗？

237. 摩天大楼里的住户

约翰住在一座 36 层高的摩天大楼里，但是我们不清楚他到底住几层。这座楼里有好几部电梯在同时运行，而且每部电梯无论是向上还是向下，每到一层都会停靠。

每天早上，约翰都会准时离开他的家，然后去乘电梯。

约翰说，无论他乘哪部电梯，电梯向上的层数总是向下的 3 倍。

现在你知道约翰到底住在几楼吗？

238. 不在场证明

昨晚下了一场大雪，今早气温降到了零下 5℃。刑警询问某案的嫌疑犯，当问到她有无昨夜 11 点左右不在作案现场的证明时，这个独身女人回答："昨晚 9 点钟左右，我那台旧电视机出了毛病，造成短路停了电。因为我缺乏电的知识，无法自己修理，就吃了片安眠药睡了。今天早晨，就是刚才不到 30 分钟之前，我给电工打了电话，他告诉我只要把大门口的电闸给合上去就会有电了。"

可是，当刑警扫视完整个房间，目光落在水槽里的几条热带鱼时，便识破了她的谎言。

请问：刑警发现了什么？

239. 门口的卷毛狗

一天，梅格雷警官在一所住宅的后门看见一个可疑男子。"你等会儿再走。"梅格雷警官见那人形迹可疑便喊了一声。那人听到喊声，愣了一下，停下了脚步。

"你是不是趁这家里没人，想偷东西？"

"您这是哪儿的话，我就是这家的啊。"那个人答道。正说着，一条毛乎乎的卷毛狗从后门里跑了出来，站在那个人身旁。"您瞧，这是我们家的看家狗。这下您知道我不是嫌疑的人了吧？"他一边摸着狗的脑袋一边说。那条狗还充满敌意地冲着梅格雷警官"汪、汪"直叫。

"嘿！梅丽，别叫了！"

听他一喊，狗立刻就不叫了，马上快步跑到电线杆旁边，跷起后腿撒起尿来。

梅格雷警官感到仿佛受了愚弄，迈腿向前走去，可他刚走几步，好像突然想起了什么，又急转回身不由分说地将那个男子逮捕了，嘴里还嘟囔着："闹了半天，你还是个贼啊。"

那么，梅格雷警官到底是根据什么识破了小偷的诡计呢？

240. 雨后的彩虹

一个炎热的夏天，太阳好像一个大火球，晒得空气都热烘烘的。大街上的人都是脚步匆匆的，人们尽量躲在家里，一边吹着电风扇，一边在责骂着："老天呀，你就发发善心下一场大雨吧，热得受不了啦！"

也许真是老天发了善心，随着一道闪电，只听到"轰隆隆"一声炸响，天上噼里啪啦下起了雷雨。火辣辣的太阳不见了，躲到了乌云后面，豆大的雨点砸在屋顶上、马路上、窗户玻璃上，溅起一朵朵小小的水花，真是好看！过了一会儿，雨停了，空气一下子变得那么凉爽。雨后的天空，出现了一道美丽的彩虹。人们纷纷走出家门，呼吸着新鲜的空气，大街上渐渐热闹起来。

忽然，一家银行的报警器响了，有个蒙面人闯入银行抢劫，银行员工偷偷按响了报警器，抢劫者抢了一点钱，赶紧逃出来，混进了大街上的人群里。警察火速赶到，封锁了现场，并且根据目击者说的外形特征，抓住了3个嫌疑犯，高斯警长当场进行了审问。

第一个嫌疑犯说："当时我在银行对面，听到有人抢银行，才过来看热闹的。"第二个嫌疑犯说："雨停了以后，我站在马路边欣赏彩虹，可是阳光太刺眼了，我看到银行隔壁有一家眼镜店，就准备去买墨镜。"第三个嫌疑犯说："我走过银行的时候，外面下起了雷阵雨，只好在里面躲雨，没想到碰上了抢劫案。"高斯警长做完了笔录，让3个人都签了名，然后对身边的警员说："这3个嫌疑人当中，有一个人在撒谎，暴露了他的罪犯身份，我已经知道谁是真正的罪犯了！"高斯警长说的罪犯是谁呢？

241. 锐眼识画

一天，有人拿来一幅画给一位著名的艺术收藏家看。这是一幅圆桌武士比武的图画，看起来非常古老，有些地方有虫蛀的痕迹。图上画的是四个武士正从自己的剑鞘中拔出剑来准备战斗，其中第一个武士的剑的形状是直的，第二个武士的剑是弯的，第三个武士的剑是波浪形的，第四个武士的剑是螺旋形的。稍稍看了一眼，这位收藏家就立刻断定这幅画是假的。

你知道他是怎么判断的吗？

242. 冰凉的灯泡

一个夏日的傍晚，侦探麦考小姐来到和她约好的朱莉家中吃晚饭。仆人先招呼她在客厅坐下，然后上楼去通报，不到一分钟，二楼突然传来惊叫声，接着，仆人慌张地出现在楼梯口，喊道："不好了，朱莉小姐可能遇害了！"

麦考听罢，立即跑上去与仆人撞开书房的门，书房里没有开灯，月光透过窗户射了进来，书桌上放有一盏吊灯。

仆人对麦考说："我刚才来敲门，没人应答，门从里面反锁着。我从锁孔往里一瞧，灯光下只见小姐趴在桌上一动不动。忽然，房中漆黑一片，我猜一定是凶手关了灯逃跑了。"

麦考用手摸了摸灯泡，发觉灯泡是冰凉的，她迟疑了一下，打开灯，只见朱莉头部被人重击，死在书桌旁。

麦考问仆人："你从锁孔看时，书房的灯泡是亮着的吗？"

仆人回答说："是的。"

"不！你在说谎，凶手就是你！"麦克说着给仆人戴上了手铐。

麦考怎么知道仆人就是凶手呢？

243. 装哑巴

有个秀才名叫蒋勤，他有一匹膘肥体壮、性情凶猛的烈马。那马莫说是人，就连别的马一接近它，也会被踢伤或踢死。因此，蒋勤外出时十分注意，要么将自己的马拴开，要么叫别人的马拴远点。

一天，他来到县城，就把自己的马拴在离店铺较远的一棵树上。正要走开，看见一个富家公子吩咐随从，将马也拴在这棵树上，蒋勤连忙劝阻："客官且慢，我这马性情暴烈，怕有格斗之危。"

那随从狗仗人势，根本不听蒋勤之劝。

蒋勤又转身对主人说："公子明断，我这马性烈，请将马另拴别处。"富家公子一听怒不可遏，厉声说："我定要拴在这里，看你把我怎样！"说罢就走了。

不多时，蒋勤的烈马就将富家公子的马踢死了。富家公子一见大发雷霆，就吩咐随从将蒋勤扭送到县衙。

知县王文敏升堂后，看见原告是本县有名的富家公子苏衙内，知道不好对付，问清原委后，就以验马尸为名宣布退堂。随后王文敏一边派人验马尸，一边派人向蒋勤授意，要他明日到公堂上委屈一下。果然，王文敏非常利索地断了此案，为蒋勤讨回了公道。

王文敏是怎样审案的呢？

244. 破解隐语

警署截获了某走私集团的一份奇怪的情报，上面有 4 句隐语："昼夜不分开，二人一齐来，往街各一半，一直去力在。"

某警员经过研究，破解了隐语的意思，并连夜发动群众集合警员，作了战斗部署，很快破获了这个走私集团。

你能判断出这 4 句隐语的意思吗？

245. 律师的判断

里特气急败坏地来找律师，诉说一件棘手的事情：

"我家有个花匠叫阿根，3 天前他跑到我的办公室，一边点头哈腰，一边傻笑着公然向我索取 10 万美金，他自称在修剪家父书房外的花园时，拾到一份家父丢弃的遗嘱，上面指定我在新西兰的叔叔为全部财产的唯一继承人。这消息对我来说犹如五雷轰顶。父亲和我在11月份的某一天，曾因我未婚妻珍妮的事发生过激烈争吵。父亲反对这门婚事，有可能取消我的继承权。阿根声称他持有这第二份遗嘱。这份遗嘱比他所索取的更有价值。因为这份遗嘱的签署日期是11月30日夜1点。比已生效的遗嘱晚几个小时，所以它将会得到法律的承认。我拒绝了他的敲诈，于是他缠着我讨价还价。先是要5万，后来又降到2万。律师，这该如何处理呢？"

"我说，你应该一毛不拔。"律师说。

你知道律师为什么这样说吗？

246. 蜘蛛告白

一年冬天，拿破仑的法兰西军队排列整齐，开始向荷兰的重镇出发。荷兰的军队打开了所有的水闸，使法兰西军队前进的道路被滔滔大水淹没，拿破仑立即下令军队向后撤退。正在大家感到焦虑的时候，拿破仑看到了一只蜘蛛正在吐丝，拿破仑果断地命令部队停止撤退，就在原地做饭，操练队伍。两天过去后，漫天的洪水并没席卷而来。后来法兰西军队在拿破仑的带领下，将荷兰的重镇攻破了。

你知道是什么使拿破仑改变了撤退的主意，并取得最后的胜利吗？

247. 杀人犯冯弧

唐朝时，卫县有个大恶霸名叫冯弧。他倚仗着姐夫吴起是朝内掌管刑狱的大官，所以一向为非作歹，无恶不作。

有一天，冯弧和县城里一个开饭店的老板下棋，眼看着要输棋，冯弧就开始逼着对方让着他，可店老板说什么也不干，执意要赢冯弧。

冯弧当即容颜大变，怒目圆睁，从腰间掏出一把刀，一下就将店老板刺死在棋桌旁。死者家属连夜告到县衙，要求严惩凶手。

县令张方马上命人将冯弧抓了起来，并连夜起草了一份判处冯弧死刑的案卷，派人以最快速度送到了京城。

掌管刑狱的大官吴起接到案卷打开一看，呈报上来的案子竟然要判自己小舅子的死罪，便马上批道：此案不实，请张县令另议再报。随后，他又悄悄地给张方写了封信，说明冯弧是他小舅子，让他从轻处理，将来一定保举张方晋升高官。

张方接到退回的案卷和说情信后，心中非常气愤。他不愿徇私情，便再次把案卷呈了上去，可几日后，案卷依然被退了回来。张方不气馁，第三次又呈了上去，可同第二次一样，案卷照样被退了回来。

几次上报，几次被退回，张方就猜到了一定是吴起有意在包庇冯弧，如果还如此上报，肯定是还会被退回。他决定想个办法，以达到惩治冯弧的目的。经过几天的冥思苦想，他终于想出了一个办法，使吴起批准将冯弧斩首示众了。

张方想的是什么办法呢？

248. 县令验伤

从前，有一个叫胡昆的恶棍，经常无事生非，打架作恶，连县令也不敢管他。

一天，他又把一个叫柳生的人打了。柳生告到了县衙。恰巧这时前任县令因贪污被革职了，新任县令李南公受理了此案。他查明情况后，派人把胡昆抓到了县衙，重责 40 大板，并罚他给柳生 20 两银子作为赔偿。

胡昆回到家里后，气得几天吃不下饭。他从没受过这个气，发狠心要报仇。

这天，他把心腹申会叫到跟前，商量怎样才能报仇。申会鬼点子很多，只见他的鼠眼转了几转，便想出了一个坏主意。他对胡昆一说，胡昆脸上露出了阴险的笑容。

几天后，胡昆又找茬把柳生打了。这次比上次打得更重，柳生身上青一块，紫一块，痛苦不堪。他被人搀扶着又来到县衙告状。

李南公听柳生哭诉了被打的经过后，不禁大怒，命人立即把胡昆抓来。

不一会儿，胡昆来了，但不是被抓来的，而是被抬来的。只见他哼哼呀呀，在担架上疼得乱滚。

李南公上前一看，不禁一怔。只见胡昆身上的伤比柳生还重，浑身也是青一块，紫一块，几乎没有一块好地方。

这是怎么回事呢？但是李南公沉思了一会儿，终于想出了一个办法。他走到柳生跟前，轻轻摸了摸伤处，又走到胡昆跟前，也轻轻摸了摸伤处，然后说道：

"大胆胡昆，今日作恶不算，还想蒙骗本官，与我再打 40 大板。"

于是，胡昆又挨了 40 大板。打完后，李南公又问道："还不从实招来。"

"我说，我说……"胡昆怕再挨打，只得如实交代了假造伤痕的经过。

原来，南方有一种据柳树，用这种树的叶子涂擦皮肤，皮肤就会出现青红的颜色，特别像殴打的伤痕。若是剥下树皮横放在身上，然后再用火烧热烫烫皮肤，就会出现和棒伤一样的痕迹。这些假造的伤痕和真伤十分相像，就是用水洗都洗不掉。那天，申会给胡昆出的就是这个主意。他们把柳生打伤后，急忙回家用据柳树的叶和皮假造了伤痕。

李南公是怎样检验出胡昆假造伤痕的呢？

249. 冒充的饲养员

星期天，妈妈带聪聪到动物园去玩。聪聪拉着妈妈，一会儿到天鹅湖，看白天鹅玩水；一会儿到猴山，对着猴子扮鬼脸儿；一会儿又到熊猫馆，看大熊猫啃竹笋，玩得可高兴了。

傍晚的时候，动物园就要关门了，聪聪还没有玩够。妈妈说："时间不早了，妈妈也累了，我们回家吧。"聪聪说："你看那头小象多可爱啊，我想和它合个影，带到学校里，让同学们瞧瞧！"妈妈拗不过聪聪，只好答应了。

妈妈把拎包放在身后，蹲下来给聪聪拍照。"喀嚓"一声，照完了，正在这时，一个蒙面人突然蹿出来，抢了妈妈的包就逃。聪聪惊叫起来："妈妈，有人抢包，抓坏人呀！"妈妈和聪聪追上去，可是坏人一眨眼就不见了！

妈妈看见一个警卫走过来，马上向他报案。警卫通过对讲机，通知所有的出口处，立刻停止放人出去，然后派了很多警卫，大家分头进行搜查。

这时候，动物园里只剩下几个游客，其余的都是工作人员，他们正在忙碌着。聪聪拉着妈妈的手，跟在警卫叔叔的后面，一起巡逻检查。聪聪看到有一个清洁工，在熊猫馆里打扫卫生；

有一个饲养员，端了一盆牛肉，投给犀牛吃；还有一个驯兽员，在训练猴子翻跟头。聪聪马上拉住警卫，指着其中一个人，悄悄地说："叔叔，那个人是坏人冒充的！"

警卫把他抓了起来，一审问，果然就是抢包的蒙面人。警卫跷起大拇指夸聪聪："你真是小福尔摩斯啊！"在3个工作人员当中，哪一个是窃贼冒充的呢？

250. 是谁偷了佛珠

从前有一座佛光寺，寺内有座宝塔，塔顶上有一颗闪闪发光的佛珠，寺庙因此而得名。一年中秋节的晚上，老和尚外出化缘，留下两个徒弟看守寺院。

过了半个月，老和尚回来，发现佛珠不见了，便询问两个徒弟。大徒弟说："昨晚我出来上厕所，借着月光，看见师弟爬上宝塔偷走了佛珠。"小徒弟争辩道："我整夜都在禅房里，没出来过。佛珠不是我偷的，我记得自从您走后，佛珠就没发过光。"

老和尚听完两个徒弟的话，立即明白了是谁偷走了佛珠。

你知道是谁吗？

251. 被打翻的鱼缸

探险家沃尔，每到一个地方就会带那个地方的特色鱼回家。他家的客厅里摆放着各种形状的鱼缸，里面养着他从世界各地搜罗回来的鱼，他的家里简直称得上是一个鱼类博物馆了。

一天夜里，沃尔夫妇外出旅行，只留下一个佣人和两个女儿在家，知道了这种情况后，一个卖观赏鱼的家伙偷偷地溜进了沃尔的家。因为他对沃尔家的鱼已经觊觎很久了，所以他一进去首先将室内安装的防盗警报电线割断。

然而，他运气不佳，被起来上厕所的佣人发现，在黑暗中，他们发生了激烈的搏斗，不小心将很大的养热带鱼的鱼缸碰翻掉在地板上摔碎了。就在他将匕首刺进佣人的胸膛之时，他也摔倒在地，慌忙起身爬起来时，突然"啊！"地惨叫一声，全身抽搐当即死亡。

听到打斗声和惨叫声，两个女儿立即拨打电话报警。

警察勘察现场发现，电线被割断了，室内完全是停电状态。鱼缸里的恒温计也停了电，但是盗贼的死因却是触电死亡。

当刑警们迷惑不解之际，接到女儿电话的沃尔也急忙赶了回来，他一看现场，就指着湿漉漉地躺在地上死去的那条长长的奇形怪状的大鱼说："难怪呢，即使没电，盗贼也得被电死。这就叫多行不义必自毙！"你知道这是为什么吗？

252. 藏在水中的银子

唐朝有位商人租了一条船送货到外地做生意。当船在长江行驶的时候，这位商人怕身边的银子失窃，便趁人不注意的时候，把银子藏在货物中间，不料却被船上一位年轻的船夫发现了。当船行了一段路程，停靠在一个码头休息时，商人们都上岸买东西去了，那年轻的船夫便趁人不在，将银子偷出来，又将货物按原样放好。

第二天，船到了目的地。那商人卸货时，发现银子不见了，就在船上翻了几遍，也没找到银子。商人拉着船夫告到县府。县府派人重新对小船进行搜查，也没找到银子。船夫反说商人诬告陷害，要求县府治商人的诬告罪。

案子上告到州刺史那里，刺史阎济美便问商人："小船前一天停靠在什么地方？"商人说出了停泊的码头。阎济美便令差役立即赶到前一天小船停靠的码头，到水中打捞，结果果然捞到一只小箱子，里面全是银子。

经审问才知道，那年轻的船夫经常偷客户的银子。可是阎济美凭什么断定银子在小船前一天停泊处的水里呢？

253. 一瓮马蹄金

唐朝的时候，凤翔有一个叫宋仁的农民，在田里耕地时，挖出了一个小口大肚子的瓮。他好奇地打开盖子一看，里面竟是满满一瓮金光灿灿的马蹄金。

"快来看哪，哥哥！"

宋仁的哥哥宋光听见弟弟的喊声，忙跑了过来。当他看见弟弟挖出了一瓮马蹄金时，惊喜得脸上泛起了红光："太好啦，该咱穷哥俩时来运转了！走，抬回去！"

"这可不行。"宋仁拦住了宋光，说道，"这满满一瓮马蹄金不知是谁家祖先留下的，咱们私自留下，那是要犯罪的。"

"那你说该怎么办呢？"

"我看咱们应该马上抬到县衙去。"

"抬到县衙去？"宋光看着这迷人的马蹄金，真有点舍不得。他眼珠一转，说道，"还是弟弟说得对，是应该给县令送去，反正外财也改变不了咱这穷酸命。不过，我看应该先去个人给县令禀报一声，县令让咱们怎样处理咱们再怎样处理。"

"好，我这就去县衙，哥哥可要看好这瓮啊！"

"放心吧，我一定看好它，你快去快回！"

宋仁快步来到了县衙。县令听说宋家哥俩在地里挖出了一个装着马蹄金的瓮，又是惊奇又是高兴，忙派一个衙役随宋仁去取瓮。

宋仁领衙役来到地头，只见宋光在烈日下汗流浃背地坐在那里看守着瓮。衙役让宋家哥俩用绳子套好，穿根扁担，把瓮抬到了县衙。

县令打开瓮盖一看，果然是满满一瓮马蹄金，高兴地对宋家兄弟说："你们拾金不昧很令人敬佩，本官要呈报都督府，重赏你们！你们先回去吧。"

宋家兄弟二人离开县衙后，县令感到这瓮马蹄金实在太贵重，唯恐库吏大意出错，便命人把瓮暂时抬到了自己的住室。

第二天，县令派人把挖出一瓮马蹄金的事报告了凤翔太守李勉。李勉接到报告，当即派了一个府吏前来验收马蹄金。县令请府吏坐在大堂上，命人从自己的住室里将瓮抬出来，放在堂上当众开验。谁知，瓮一打开，满座皆惊：瓮里面哪还有什么马蹄金，已经变成了满满一瓮土块。府吏顿时心中生疑，铁青着脸问道：

"这里面的马蹄金呢？"

"这……"

"这什么？你好大的胆子，竟敢用土块换走马蹄金，该当何罪？"

"卑职实在是冤枉，昨天那瓮里面明明装的是马蹄金，可不知为什么……"

"简直是一派胡言，如不从实招来，定要报告太守，从重论处。"

县令有口难辩，看着那瓮里的土块，心想，现在说什么也没有用了，纵使有 100 张口，还能把土块说成马蹄金？唉，认了吧！想到这里，县令说道："我招，那马蹄金是被我偷换了。"

"哼，果然如此，马蹄金被你藏到什么地方去了？"府吏鄙夷地盯视着县令。

"藏……藏到了粪堆下面。"

"把粪堆给我扒开！"

府吏一声令下，粪堆被扒开了，可是并没有找到马蹄金。府吏一怒之下，让人把县令绑上押回府里，交给太守李勉亲自来处理。

这天，李勉把幕宾袁滋叫来，征求他对此案的意见，只见袁滋思忖了一会儿，对李勉说道："县令要是真想贪赃，就不会把此事上报给您，现在他承认马蹄金被自己藏起来了，可是找不到马蹄金，这简直不合情理，此案一定另有文章。"

李勉本来对这件事也有怀疑，听袁滋这么一说，觉得很有道理，便让袁滋重新审理此案。

袁滋向县令详细询问了事情发生的经过。当他听说瓮是两个农夫抬来的时候，心里顿时想出了一个主意。一经试验，果然证明这瓮马蹄金是被宋光换走了，于是将宋光抓到公堂，重责了 40 大板。

原来，宋光见宋仁挖出了一瓮马蹄金，便起了贪心。他借让宋仁报告县令的机会，把马蹄金换成了土块，只在瓮口上留下了几锭。县令看见的就是那上面的几锭。可是，县令让宋家兄弟把瓮抬到自己的住室后，宋光又趁人不注意把土块上面的那几锭马蹄金也偷走了。

袁滋是怎样知道马蹄金被宋光偷换走的呢？

254. 巧称黄金的文官

明朝的朱棣皇帝准备在渭河上新建一座坚固美观的石桥。为了解决建桥的经费问题，他派出 10 个使臣，要求他们在 10 天之内每人征收黄金千两。

10 天后，10 个使臣全部按期回朝交差了。黄金都是按皇帝的旨意装箱的：每块黄金重 1 两，每 100 两装成 1 箱，每个使臣上交 10 箱。

谁知，就在使臣们交上黄金的当天夜里，皇帝忽然收到一封密信，说有一个使臣在每块黄金上都偷偷割了一钱，用肉眼看不出来。皇帝读完这封信，非常生气，决心查出贪污黄金的使臣。

第二天上朝，他吩咐内侍取来一杆 10 斤的盘秤，然后对满朝文武官员说："谁能一秤称出是哪个使臣的黄金不足，定有重赏。"说罢命令那 10 个使臣各自站在自己交的 10 箱黄金跟前。

这下子朝廷上的气氛马上紧张起来了，文武官员们你看着我，我看着你，都不说话，皇帝正要大发雷霆，一个年轻文官站了出来，说愿意试一试。皇帝点了点头。只见年轻文官在第一个使臣的箱子里拿了 1 块黄金，又在第二个使臣的箱子里拿了 2 块黄金，第三个拿了 3 块……第十个拿了 10 块，都放到秤盘上，用秤一称，马上指着第 3 个使臣的鼻子报告皇帝说："是这人贪污了黄金！"

这个文官根据什么说第三个使臣贪污了黄金？

255. 谁是房子的主人

有一个叫王松的人刚刚修建了一座房子。一天，突然来了一个过路的陌生人，走得腰酸腿痛，精疲力竭，恳求房主人王松让他借住一宿，歇歇脚。好心的王松看他可怜，很痛快地答应了，并亲自动手把客房收拾了一下，帮助过路人安顿下来。

过了一宿，那人还要求再住两宿，王松又答应了。

一连住了一个多月。那人每天在房前房后走来走去，暗暗数清了房子有几根椽，地上铺了多少块砖，房顶上盖了多少片瓦，甚至连梁用什么木料做的，他都记在心里。

那人仍不声不响地住着，看不出要走的样子。等王松催他离开时，他反咬一口，说："这房子本来是我的，你怎么叫我离开？"

王松气愤难忍，说："我好心待你，你反而恩将仇报！你这个无赖，绝不会得到好报！"

尽管王松肺都要气炸了，可那个人还坚持说房子是他的。

两个人争执不下，一同来到了县衙。

在公堂上，王松说："我修建的房子，他借住了一个多月，就说是他的了。"

那人却说："不对，我敢对天起誓，这是我新建的一座房子，他想赖去。要是这房子是他的，那么，让他说说，这房子有几根椽？地上铺了多少块砖？房顶上盖了多少片瓦？……"

王松被问得一时答不上来。

知县问那个人："你说得上来吗？"

"因为这座房子是我亲手盖的，我会说得一清二楚。"那个人立即把平日记下的数字熟练而又准确地说了出来。

听着那人像背书那样熟练地背下来了，有多年断案经验的知县不禁产生了怀疑。他想："只有想到要用这些数字的人，才会背这么熟。真正的房主人只想到住上新房，不会想到要用这些数字去打官司，所以往往也说不清。不过，要怎样才能把那人的假象揭露出来呢？"

很快，知县就想出了办法。他问了那个人几个问题，顿时就让那个人露了馅儿。

知县问了那个人什么问题呢？

256. 一封奇异的家书

有一个美丽的小镇，住着小商贩黄果木一家。黄果木虽然大字不识一个，可做买卖却十分精明。这年春天，他又告别了妻子秋竹，来到繁华的天津城。

两个月后，黄果木做生意挣了一些钱。一天，他独自一人坐在客房里，双眉紧蹙，脸上布满了愁云。原来，临从家里出来时，他父亲刚刚生病去世，为医治父亲的病，几乎花光了家里的所有积蓄。他知道家里一定等着用钱，应该尽快把这两个月挣的银子送回去。可是眼下正在进行着一笔大买卖，怎能放过这样一个挣钱的机会呢！想到这里，黄果木不禁长叹一声。

"老弟，听说你又发了大财，怎么还唉声叹气呢？"这时一个油头粉面的青年男子走进屋来。

黄果木一看，来人是同街的邻居陈阿六，忙起身让座。陈阿六看看屋内没有外人，便故作神秘地对黄果木说："老弟，我这次来天津也算福分不浅，一共赚了这个数。"说着，伸出了两个手指头。

"挣了 20 两银子？"

"不对，少说了 10 倍！"

"什么？ 200 两银子？"

"对了，其实还能多挣，可我惦念家里的人，明天就要回去了。"说到这里陈阿六看了一眼黄果木那忧伤的面容，又说，"哎，老弟，不往家捎个信吗？"

"噢，对了！"黄果木这才想起要往家里捎银子的事，忙说道，"仁兄，我想托你给家里人捎点银子回去，行吗？"

"这有什么，不必客气，一定给你捎到。"陈阿六答应得很痛快。

黄果木高兴地借来纸墨。陈阿六站在一旁感到很奇怪，心想，这小子斗大的字不识一个，怎么竟写起家书来了。他好奇地伸过脖子一看，差点笑出声来。那哪是什么家书，是一幅奇特的画。黄果木在纸上画了3座高山，并在每座山头上画了一面小旗。陈阿六忽然明白了，这可能是黄果木画给儿子玩的，于是脱口问道：

"这是给儿子画的吧？"

黄果木刚要说什么，却又止住了，拿出30两白银，连同画一起交给了陈阿六。

半个月后，陈阿六带着银子和那张画来到了黄家。黄妻秋竹得知丈夫托陈阿六给自己捎来银子，很是高兴。可是当秋竹看过那幅画后，把陈阿六拽住了，问道："孩子他爹托你捎回来30两银子，你怎么才交给我10两呢？"

"那……那怎么能呢？"陈阿六的脸一下子红到了脖子根，嗫嚅着说道。

秋竹指着画一说，陈阿六羞愧难当，只得交出昧下的那20两白银。

秋竹是怎么知道丈夫给自己捎来了30两银子的呢？

257. 池塘里的倒影

公园里有一个大池塘，里面养了很多鱼。公园的生意不太好，公园经理就想出了一个点子，在池塘的一角，划出了一块水面，专门让人来钓鱼。于是，很多人来到这里钓鱼，公园的门票收入大大增加，经理可高兴了。

俗话说"乐极生悲"，好事有时候也会成了坏事。星期一一大早，公园经理刚来到办公室，就听值班员跑进来，上气不接下气地说："不、不好了，池塘边……打死人了。"经理一听，脑袋"嗡嗡"响，马上往池塘边奔去，同时告诉值班员："赶紧报警！"

池塘边，躺着一个老头，脑袋被砸破了，已经断了气。尸体的旁边，蹲着一个年轻人，哭哭啼啼地说："是我打死了他，不过，我不是故意的，我以为他要打死我……"公园经理听得糊里糊涂，只好让人保护现场，等警察来了再说。

吉米警长很快赶到了，年轻人平静下来，他告诉警长说："我和老人是邻居，又都喜欢钓鱼，经常一起来钓鱼。最近，他丢了一大笔钱，听邻居说，他怀疑是我偷的，果然，他不再约我一起钓鱼了，可是今天一大早，他叫我一起去钓鱼，我还是答应了。刚才钓鱼的时候，我盯着水面上的浮标，忽然看到，水面上有他的倒影，他正举起一块砖头，往我的头上砸下来，我吓得赶紧躲开，抢过砖头砸过去，竟然把他砸死了，警长先生，我这算是正当防卫吧？"

吉米警长对年轻人说："别自作聪明了，你是故意杀他的！"

年轻人的话里有什么漏洞？为什么吉米警长说小伙子是故意杀人？

258. 一道密码算术题

国际数学家大会就要举行了，数学家赫利先生收到请柬，邀请他参加大会，并且演讲他的一篇论文。赫利是一位年轻的数学家，他的研究成果轰动了世界，还被提名参加诺贝尔奖评选呢。

赫利先生并没有骄傲自满，他知道，他的成绩离不开亚森教授。赫利原来是一个穷学生，学习勤奋，对数学有着特别的爱好，可是，他连吃也吃不饱，更没有多余的钱买书了。于是，他天天带着最便宜的面包，待在图书馆里，查阅和抄录资料，一直到图书馆关门。亚森教授在图书馆里发现了他，主动收他做学生。在亚森教授的严格要求下，赫利进步飞快，才取得了今天的成绩。

这天下午，赫利先生带着论文，来到亚森教授家里，想请教授做修改。他按了门铃，却没有人开门，他以为教授在休息，正打算离开，忽然发现门没有关紧，便轻轻推开门，走了进去。房间里空荡荡的没有一个人，桌子上堆着很多书，茶杯里的水还冒着热气，所有的迹象表明，教授不像是外出的样子，赫利想，可能教授去买面包或烟忘了锁门吧？

赫利先生就坐在沙发上，一边看论文，一边耐心地等。10分钟过去了，亚森教授还是没有回来。赫利先生有一些紧张，会不会出事了？他站起来，看了看教授的桌子，偶然发现一个计算器上，留着一道算术题："101×5。"赫利先生感到奇怪，这么简单的算术题，教授还用计算器？他按了一下计算器，液晶显示屏上出现了答数，赫利先生一看，马上明白了，立刻抓起电话报警。

为什么赫利看了答案，就判断出教授出事了呢？

259. 一条黄色工装裤

拉克斯通摩托车大赛是英国最引人注目的比赛。经过几天激烈的预赛，夺魁呼声最高的是开麦基和乔纳费希两支摩托车队。

决赛前夕，整个营区万籁俱寂，只有4个摩托车队的营地里还透出暗淡的灯光。他们是紧挨在一起的格拉迪科队、开麦基队、苏扎基队和在他们上游处、相距200米的乔纳费希队。就在这时，一个黑影蹿进开麦基队的车库里，不一会儿，一声脆亮的金属落地声惊醒了开麦基队的汤姆。他刚要蹑手蹑脚去抓，只见那黑影从通风管爬出，眨眼工夫，黑影直奔河边，等汤姆赶到河边，黑影早就无影无踪了。不过汤姆还是有收获的，在通风管口捡到一块黄色的碎片。

半小时后，警长莫里斯赶到现场。他召集来4个车队的队长，指着碎片对格拉迪科队队长说："这是从你们车队的人穿的工裤上撕下来的，这不会错吧？"格拉迪科队队长点点头，说："这里一定有鬼，前几天我们多余的工装裤全给偷了。"

正说着，从门外走进一个瘦个子，他左手提着各种渔具，右胳膊上挂着一捆湿淋淋的东西，说："有人要我把它交给莫里斯警长。"莫里斯接过来，打开一看，是一条黄色工装裤，裤腿上有一个破洞，与那块碎片正好吻合。

"先生，你是从哪弄来的？"莫里斯问道。

"我是乔纳费希队的杰克，我在靠近我们队营地的河边钓鱼时拾到的。"

"什么时候？"

那人想了想说："15分钟前，我正在甩鱼钩时，忽然看见这东西从开麦基队营地方向漂过来。"

格拉迪科队队长一听，说："明显的栽赃，这是开麦基队惯用的方法！"开麦基队队长气得满脸通红，说："我们疯了？自己给自己拆台？"

莫里斯警长制止了他们的争吵，说："罪犯就在我们中间，我已经发现了他。"说完，犀利的目光直朝他射去。那人无可奈何地低下了头。你知道罪犯是谁吗？

260. 谁是凶手

屋里的女子死于窒息，现场没有目击证人，而且也没有留下什么线索。死者的尸体躺在起居室的沙发上，旁边的咖啡桌上有两个装有半杯柠檬水的杯子和半碗爆米花。神探博士端起杯子仔细查看，闻到两个杯子上分别有香烟味和口红味，杯子里还有些冰块，一碰到杯身就发出清脆的声音。除此之外房间里就再没有其他线索了。博士转过头，对打电话报警的死者男友说："请描述一下案发时的情景。"

"莎娜和我当时正坐在这儿看电视，后来我想起自己还有些事要去办，于是就先走了。等我回来时就发现她已经倒在沙发上了，然后我马上报了警。"死者的男友说道。

"那么你出去了多久？"博士问。

"我至少出去了两个小时。嘿！你这么问是什么意思？难道你怀疑是我杀了她吗？如果是我的话，我怎么会待在这里又打电话报警呢？听着，我离开了至少有两个小时！这段时间内谁都有可能进来过，对了，她以前还有个男朋友，我知道那家伙因为她的分手一直耿耿于怀，你们应该去调查那个家伙！"

"我们当然会调查，不过我看他的证词恐怕会比你的要好得多。"博士答道。

为什么博士怀疑这个男朋友？

261. 飞驰的快艇

神探博士正坐在警察局里听考其亚警官讲述一起案件。

"这是一场游艇事故，一艘小型快艇撞上了一只划艇，所幸划艇上的两位年轻女士没有受伤，只是掉进了水中，受到些惊吓。快艇里的哈里·威克已经有过鲁莽驾驶和酒后驾驶的记录，如果这次罪名成立他肯定要坐牢，当时快艇里还有他的女朋友露露·瑞尔。"

说明案情之后，考其亚警官请博士也来参加审问。向哈里·威克和他的女友露露·瑞尔做过自我介绍后，考其亚警官说道："哈里，恐怕这次你的麻烦大了。"

"嘿，听我说，警官，当时我并没有驾驶这条船！是露露在驾驶！我不想自找麻烦，所以当我开始喝酒时就让她来开了。她平时开得也挺好的，这次只不过是个意外罢了。"哈里连忙给自己辩解。

"露露，"博士说道："你来说说当时的情形。"

"就像哈里讲的，他让我来驾驶，当时我正看着另一个方向，根本没注意到有别的船在前面，等我发现时已经晚了，我急忙踩刹车想转弯绕过去但还是没躲开。"露露回答。

"是吗？我看如果你们两个再不说实话，恐怕你们的麻烦会更大！"博士冷静地说。

为什么博士不相信他们的话？

第四篇

逻辑推理

262. 名画失窃

侦探卡尔正在书房里翻阅案卷，他的助手拿着一份匿名电报走进来。只见电报上面写着："蒙特博物馆有幅世界名画被盗，请速来侦破。"卡尔站起身来，看了看表说："现在是晚上11点，不管是真是假，我们去看看！"说完就出门驾车而去。

博物馆展厅里站着一男一女两个管理员。卡尔说："我是卡尔探长，刚才接到通知，说贵馆有幅世界名画被盗了，请先带我查看一下现场。"检查完毕，卡尔觉得不像是外部偷盗，就让那两名管理员讲讲失窃前后的情况。

女管理员说："7点钟下班时，我们一起锁上大门，然后就各自回家了。几十分钟前，他通知我说有幅名画被盗，我就赶过来了。"男管理员接着说："我回家后想起有本书遗忘在展厅里，就又回来取书，结果发现名画不见了，于是马上给她打了电话。"

卡尔问："你们7点钟关门时画还在吗？""还在。关门前我还给画掸过灰呢。"男管理员答道。卡尔请女管理员讲讲自己的看法，她说："我对发生的这一切都不知道。依我看，肯定是偷画人给你拍的电报，想故意把水搅浑，这种贼喊捉贼的把戏在众多案件中屡见不鲜。"

"你说得对极了，那幅名画就是你偷的！"卡尔探长说完，让助手给女管理员戴上了手铐。

你知道这是为什么吗？

263. 住在房间里的人

1890年，来自法国不同地区的6个满怀希望和抱负的青年，为了各自对艺术的追求来到了巴黎，他们在蒙马特尔一幢楼房的顶层找到了各自的住所，虽然房间没有家具，甚至连窗户都不能打开，但是窗外的风景却非常漂亮。从以下所给的线索中，你能推断出各个房间里居住者的名字、家乡和所从事的职业吗？

现在已知线索是：

（1）有个年轻人来自波尔多，他的房间在烟囱的左边，他不是阿兰·巴雷。

（2）住在2号房间的是个诗人，他的姓由5个字母构成。

（3）思尔闻·恰尔住在5号房间。

（4）那个住在4号房间的年轻人来自里昂，是6个人中最年轻的，他不是塞西尔·丹东。

（5）3号房间住的不是那个画家，而画家不是来自南希。

（6）吉恩·勒布伦是一位小说家，他的小说《宫里人》后来被认为是法国文学的经典，他的房间号是偶数，他左边的邻居不是那个来自卡昂的摄影师。

（7）亨利·家微，第戎的本地人，就住在剧作家的隔壁，那个剧作家写了不止50部剧本，但从来没有上演过。

（8）他们的名字分别是：阿兰·巴雷，塞西尔·丹东，亨利·家微，吉恩·勒布伦，思尔闻·恰尔，卢卡·莫里

（9）他们的家乡分别是：波尔多，卡昂，第戎，里昂，南希，土伦

（10）艺术类型：剧作家，小说家，画家，摄影师，诗人，雕刻家

提示：找出亨利·家微所住的房间号。

264. 美术馆失窃案

一家美术馆发生了失窃案，许多艺术珍品被窃。警方经过周密调查，拘捕了6个嫌疑犯。下面是他们的供词：

阿伦说："窃贼不是布赖恩，不是戴维，也不是埃迪。"

布赖恩说："窃贼不是阿伦，不是查理，也不是埃迪。"

查理说："窃贼不是布赖恩，不是弗雷德，也不是埃迪。"

戴维说："窃贼不是阿伦，不是弗雷德，也不是查理。"

埃迪说："窃贼不是查理，不是戴维，也不是弗雷德。"

弗雷德说："窃贼不是查理，不是戴维，也不是阿伦。"

警察在侦破了案件之后发现，他们中有4个人撒了1次谎，而所有其他的供词都是真的。

请问：你能不能根据上面这些供词，找出谁是窃贼呢？

265. 金表被盗

一家商厦发生了一起盗窃案，一块珍贵的金表被盗。警察根据现场留下的线索，拘捕了4个嫌疑人。他们的供词如下：

埃迪说："我看见金表是布朗偷的！"

布朗说："不是我！金表是查理偷的。"

查理说："布朗在撒谎，他陷害我。"

戴维说："金表是谁偷去了我不知道，反正我没偷。"

经过调查证实，4个人中只有一个人的供词全部是真话，其余的人都说过谎。

请问：究竟谁是小偷？

266. 回到地球

"大不列颠"号航天飞机结束了它的火星之旅，要返回地球。飞机上一共有5个成员，其中包括1位飞行员和4位负责不同实验程序的科学家，他们已经在变速躺椅上做好了返回地球的准备，从以下所给的线索中，你能推断出在各个躺椅上成员的全名和他们的身份吗？

现在已知线索是：

（1）克可机长的名字不是萨姆，坐的是 A 躺椅，他不和其中一位宇航员相邻，这位宇航员不是官员姜根。

（2）E 躺椅上的宇航员是巴石，戴尔上校没占着躺椅 B。

（3）尼克·索乐是"大不列颠"号上年纪最大的成员。

（4）在躺椅 D 上的成员是一个研究火星引力实验的物理学家。

（5）多明克教授，船员中的两位女性之一，是一位化学家，但是从别人和她说话的方式你看不出来她是一位女性。

（6）多克是一位生物学家，但如果飞机上有需要时，她也是飞机上的医疗官，她不是机长克尼森，也不在 A 躺椅上。

（7）他们的名分别是：巴石，多克，尼克，萨姆，姜根

（8）他们的姓分别是：戴尔，多明克，克尼森，克可，索乐

（9）他们的身份分别是：宇航员，生物学家，化学家，物理学家，飞行员

提示：找出尼克的姓。

267. 谁扮演"安妮"

思道布音乐剧团决定在今年上演《安妮》这出戏剧，但要找一个能扮演 10 岁的小安妮的演员。昨晚，导演卢克·夏普让 4 个候选演员作了预演，结果均不令人满意。从以下所给的线索中，你能推断出她们演出的顺序、各自的职业和她们不适合扮演安妮这个角色的理由吗？

现在已知线索是：

（1）图书管理员由于她 1.8 米的身高而与这个角色不符。

（2）艾达·达可不可能饰演安妮，因为她已经怀孕了。

（3）第 2 个参加预演的是个家庭主妇，但她不是蒂娜·贝茨。

（4）第 1 个参加预演的是一个长相丑陋的人，她被导演卢克描述成孤儿小安妮的"错误形象"，她不是太成熟的清洁工。

（5）科拉·珈姆是最后一个参加预演的。

（6）基蒂·凯特是思道布市场一家服装店的助手。

268. 旅馆里的凶案

一天，旅馆里发生了一起谋杀案，一位妙龄女郎被人用水果刀从背后捅死了。

"她名叫梅丽莎，"警察向闻讯赶来的探长梅特雷介绍情况，"她上周才与水手西奥多·道恩完婚，他们在第三大街买了一套小巧的新房作为婚房。"

"有嫌疑对象吗？"

"可能是面包店的查理·巴尼特。梅丽莎曾与巴尼特相好，但最后选择了西奥多。"

"我们去拜访一下巴尼特吧。"探长说完便出了门。可能是不小心，他把一支绿色金笔掉在了旅馆门口。

他们来到了面包店，找到了巴尼特。不过，巴尼特发誓说自己根本就没有离开过面包店，甚至不知道梅丽莎被人杀了。

"好吧，我把你的话记录一下。"梅特雷一边说，一边伸手到上衣袋中去拿笔，"噢，糟糕，我的金笔一定是刚才不小心掉在梅丽莎的房间了。我还得马上去找法医。你不会拒绝帮我去拿回金笔，送到警察局吧！"

巴尼特看上去似乎很犹豫，但他最终还是耸耸肩膀说："好吧。"

当巴尼特将金笔送到警察局时，他立即就被逮捕了。为什么？

269. 四件凶器

一个寒冷的清晨，警方接到目击者报案，有人被发现死在郊外的一棵大树底下。警方在死者身旁发现了4件凶器：一块坚实的石头、一把匕首、一根粗麻绳、一瓶毒药。经过检验，死者前额只有一个被撞击过的伤口，死因是失血过多。

很奇怪，死者头上的伤口没有泥土，也没有被匕首割伤的痕迹。脖子上也没有被麻绳勒过，并且也没有中毒的迹象。

那么，死者究竟死于以上4件凶器中的哪一件呢？

270. 被毒死的伊凡

奥斯特、布莱尔、左拉和伊凡在一家饭店里围坐在一张正方形桌子旁用餐时，伊凡突然中毒身亡。对于警探的讯问，每人各提供了如下的两条供词：

奥斯特：（1）我坐在布莱尔的旁边。

（2）坐在我右侧的不是布莱尔就是左拉。这个人不可能毒死伊凡。

布莱尔：（3）我坐在左拉的旁边。

（4）不是奥斯特就是左拉坐在伊凡的右侧，这个人不可能毒死伊凡。

左拉：（5）我坐在伊凡的对面。

（6）如果我们当中只有一个人撒了谎，那个人就是毒死伊凡的凶手。

警探同为他们服务的侍者进行了交谈之后，如实地告诉他们：

（7）你们当中只有一个人撒了谎。

（8）你们当中的确有一个人毒死了伊凡。

这3人中究竟是谁毒死了伊凡？

271. 皮划艇比赛

今年在玛丽娜海岛举行的"单人皮划艇环游海岛比赛"最后由泰迪熊队获胜。由于此项比赛是接力赛，也就是说在比赛的各个路段是由不同的选手领航的。你能根据所给的线索，在下面填出各个地理站点的名称（1～6号是按照皮划艇经过的时间顺序标出的，即比赛是沿着顺时针方向进行的）、各划艇选手的名字，以及比赛中第一个经过此处的皮划艇名称吗？

现在已知线索是：

（1）6号站点叫青鱼点，海猪号皮划艇并不在此处领航；格兰·霍德率先经过的站点离此处相差的不是2个站点。

（2）派特·罗德尼的皮划艇在波比特站点处于领航位置上，它刚好是城堡首领站点的前一个站点。

（3）在2号站点处领航的皮划艇是改革者号。

（4）由盖尔·费什驾驶亚马逊号皮划艇率先经过的站点离圣·犹大书站点还有3个站点的距离。

（5）去利通号率先经过的那个站点，沿着顺时针方向往下的一站是安迪·布莱克率先经过的那个站点。

（6）科林·德雷克驾驶的皮划艇在5号站点处于领航位置。

（7）五月花号皮划艇是在斯塔克首领站点领航。

（8）魅力露西号率先经过的站点的编号是露西·马龙率先经过的站点的编号的一半，而且它不是海盗首领站点。

（9）站点：波比特站点，城堡首领站点，青鱼站点，圣·犹大书站点，斯塔克首领站点，海盗首领站点

（10）选手：安迪·布莱克，科林·德雷克，盖尔·费什，格兰·霍德，露西·马龙，派特·罗德尼

（11）皮划艇：亚马逊号，改革者号，魅力露西号，五月花号，海猪号，去利通号

提示：首先推断出谁率先经过3号站点。

272. 哪个男人是凶手

4个嫌疑人排成一行，警察将让一位目击者从4人中辨认出凶手。目击者要寻找的男人，长得不高、不白、不瘦，也不漂亮。在这一排人之中：

（1）4个男人每人身旁都至少站着一个高个子。

（2）恰有3个男人每人身旁至少站着一个皮肤白皙的人。

（3）恰有两个男人每人身旁至少站着一个骨瘦如柴的人。

（4）恰有一个男人身旁至少站着一个长相漂亮的人。

在这4个男人中：

（5）第一个皮肤白皙，第二个骨瘦如柴，第三个身高过人，第四个长相漂亮。

（6）没有两个男人具有一个以上的共同特征（即高个儿、白皙、消瘦、漂亮）。

（7）只有一个男人具有两个以上的寻找特征（即不高、不白、不瘦、不漂亮）。此人便是目击者指认的罪犯。

你知道目击者指认的凶手是哪个人吗？

273. 思道布的警报

昨天，思道布警察局接到了来自镇中心4个商店的报警电话，警车立即赶到事发现场。从以下所给出的线索中，你能推断出各个商店的名称、商店类别、它们的地址以及报警的原因吗？

现在已知线索是：

（1）位于国王街的商店是卖纺织品的。

（2）巴克商店的那个电话最后被证实是个假消息，由于商店的某个员工在贮藏室里弄出烟来而被人误以为是火灾。

（3）在格林街的商店不是卖鞋子的，报警的原因是由于它的地下室被水淹了。

（4）格雷格商店不卖五金用品。

（5）牛顿街上的帕夫特商店不是一家书店，被一辆失控的车撞到后，这家书店的一面墙几乎要倒塌了。

274. 迅速破案

一天上午，汤姆和杰米去看望住在郊区别墅的辛普森太太。平常他们要进去都要按门铃，今天的门却是虚掩着的。汤姆和杰米推开门进去，在一楼餐厅里发现了辛普森太太的尸体，看上去，她已经遇害十多天了。她是在用餐的时候遭到突然袭击的，一柄尖刀贯穿胸口，夺去了她的生命。凶手随后洗劫了整幢别墅。

汤姆和杰米伤感地坐在别墅前面的台阶上，送来的报纸堆满了整级台阶，而订阅它的人永远不会再读报了。别墅的台阶下，还放着两瓶早已过期的牛奶，也是辛普森太太定的。聪明的汤姆看到以后，马上就知道凶手是谁了。你知道吗？

275. 继承人

104 岁的伦琴布格·桑利维斯是爱吉迪斯公爵家族成员之一，他最近的病情使人们把目光都聚集在他的继承人身上。但他的继承人，即他的 5 个侄子，却都定居在英国。从以下所给的线索中，你能推断出这 5 位继承人的排行位置、在英国的居住地以及他们现在的职业吗？

现在已知线索是：

（1）施坦布尼的首席消防员和他的堂兄妹一样是继承人身份，但他从不炫耀这个头衔，在家族中他排行奇数位。

（2）盖博旅馆的主人在家族中排行不是第 2 也不是第 5，他的家不在格拉斯哥。

（3）在沃克叟工作的继承人在家族中排行第 4。

（4）跟随家族中另一位继承人贝赛利（他在利物浦的邻居叫他巴时）从事管道工作的是西吉斯穆德斯，他也是继承人之一，他更喜欢人家称他为西蒙王子。

（5）家族中排行第 3 的继承人在他英国的家乡从事出租车司机的工作。

（6）吉可巴士继承人（吉可）在家系中排行第 2。

（7）通常被人家称为帕特里克的帕曲西斯继承人不住在坦布。

276. 家庭凶杀案

家庭中发生凶案是件令人伤心的事情，而如果是自相残杀所引起的，就更令人悲痛。一个四口之家中便发生了这样令人难过的谋杀案。

调查结果是这样的，一对夫妇和他们的一儿一女中，有一个人杀死了另一个人，第三个人是谋杀的目击者，第四个人是从犯。此外，这 4 个人中：

（1）从犯和目击者是异性。

（2）年龄最大者和目击者是异性。

（3）年龄最小者和死者是异性。

（4）从犯比死者年龄大。

（5）父亲年龄最大。

（6）凶手不是年龄最小者。

请问，这家的 4 口人中，谁是凶手？

277. 富豪被杀的真正原因

在一艘行驶在太平洋中的豪华游轮上，一位世界知名的富豪被人刺死在甲板上。警察认定杀人犯就在船上，因为船行驶在大洋上，杀人者根本无法偷偷潜入，并在作案后安全离开。

调查开始了。警察发现，这位富豪性格怪僻，能待在他身边的只有他的侄子和秘书。在进一步调查后，警方断定凶手就是他们两人中的一个，因为其他人都没有单独和富豪接触的机会。

麻烦的是，这两人都有杀人的动机。秘书与富豪早就貌合神离，最近由于富豪用金钱做诱饵，把秘书最喜欢的一个美女弄到了手，秘书更是对他怀恨在心。而富豪的侄子是一个花花公子，由于狂赌滥嫖，已经一贫如洗，所以整日追在富豪后面要钱，心里巴不得叔叔早点死掉，自己好继承遗产。

请问：到底谁是杀人凶手呢？

278. 兜风意外

5 个当地居民在上周不同日子的不同时间驾车时都发生了一些意外。从以下所给的线索中，你能推断出发生在每个人身上的不幸事件具体是什么，以及这些不幸事件发生的具体时间吗？

现在已知线索是：

（1）伊夫林的车胎穿孔比吉恩的灾祸发生的时间晚几个钟头，却是在第二天。

（2）星期五那天，一个粗心的司机在启动车子时把车撞到门柱上。

（3）姆文是在星期二发生意外的，意外发生的时刻比那个司机因超速而被抓的时刻早。

（4）西里尔的不幸发生在下午 3：00。

（5）格兰地的麻烦事发生的时刻比发生在早上 10：00 的祸事要早。

（6）其中一个司机在下午 5：00 要启动车子的时候发现蓄电池没电了。

279. 做贼心虚的约翰

一天，史密斯被人发现死在自己的家中。

警察经过勘查，断定属于谋杀案，于是波特警官打电话通知史密斯的家人。电话打到史密斯夫人的哥哥约翰家时，约翰接起了电话。波特警官说："约翰，我很遗憾地告诉你，你的妹夫被人谋杀了。"

"史密斯死了？他一定是得罪了什么人。波特警官，史密斯的脾气相当不好，两个月前他与我的大妹夫因为打牌输了500美元而发生争吵，上个月又因为金钱问题而与我的二妹夫差点动起手来……"

"约翰，你提供的信息很有价值，我待会将登门问你一些更详细的情况。"放下电话，波特警官对助手说："走，我们去逮捕约翰。"

你知道波特警官凭什么断定约翰是凶手吗？

280. 致命的烧烤

这年的仲夏夜，某电器公司举行烧烤旅行，借此联络员工之间的感情。整晚烧烤，好多人疲态毕露，只有班域仍在继续烧烤，似未有疲态。

此时，同事山姆兴高采烈地携着一只肥兔来，对班域说："给你一份厚礼，是我在山上捉到的，味道应该不错！"

班域是个美食专家，对肉类最为喜爱。一看到眼前这只肥大的白兔，兴奋得立即用尖树枝穿着，烧熟吃了。不料，就在返回公司的途中，班域竟然在旅游大巴上暴毙了。警方验尸报告证实，死者是中毒而死的。

请你们推理一下谁是凶手，班域是如何中毒毙命的呢？

281. 小镇的烦心事

小镇的居民近来遇到了一大堆的烦心事，不但犯罪率居高不下，而且失业率高涨，更糟糕的是，公交公司的工人由于工资太低，正在罢工。一切似乎都乱了套，而让人们觉得雪上加霜的是，一向乐善好施的布莱克夫人竟然被杀害了！警方在现场拘捕了两个嫌疑人——流浪汉菲利普和银行职员托马斯。

菲利普的供词如下："我正在街上溜达，想找点吃的，突然听到一个妇女在尖叫。我跑过拐角，看到布莱克夫人躺在地上。托马斯正站在她身边。他一看见我，立刻拔腿就跑。于是，我就打电话给警察了。"

托马斯则是这样说的："我正在坐公共汽车，准备去我常去的那家俱乐部找几个朋友玩扑克。刚下车，我就听到拐角处有人发出一声尖叫。我冲过去，看到菲利普正在用刀刺布莱克夫人的身体。我本想抓住他，但他却跑了。于是，我就叫了警察。"

根据供词，警方立刻发现了谁是凶手，并逮捕了他。

你知道凶手是谁吗？

282. 聪明的探长

在村子里，苏珊是个很不讨人喜欢的人。所以当她死了的消息传来时，没什么人觉得惊讶。她是在教堂的停车场里被人谋杀的，当时教堂里面正在进行星期天的礼拜活动。警察在她的额头上看到了一个弹孔，子弹很明显是从旁边那座25米高的钟楼顶上射出来的。

当探长梅特雷到达现场时，他的助手已经确定了3个嫌疑人。

首先是惠特尼牧师。苏珊一向喜欢在教堂里炫耀自己，并不断嘲笑他人。很多人为了避免看到她，就不来教堂了。这使得惠特尼牧师非常恼火。

第二个是卡罗尔，苏珊的表妹。苏珊的母亲是卡罗尔的姨妈，她在去世之后给苏珊留了不少钱，所以苏珊一直在卡罗尔面前洋洋得意，卡罗尔因此怀恨在心。

最后一个是老兵维克多。他由于在战争中受伤，眼睛很不好，苏珊却老是讥笑他是个"瞎子"。对此他一直耿耿于怀。

助手汇报完了，梅特雷探长微微一笑："我知道谁是凶手了。"

凶手是谁呢？

283. 下一个出场者

乡村板球队正在比赛，有4位替补选手正坐在替补席上整装待发。从以下给出的线索中，你能说出这4位选手的名字、赛号以及每个人在球队中的位置吗？

现在已知线索是：

（1）6号是万能选手，准备下一个出场，他坐的位置紧靠帕迪右侧。

（2）尼克是乡村队的守门员。

（3）旋转投手的位置不是7号。

（4）图中C位置被乔希占了。

（5）选手A将在艾伦之后出场。

（6）坐在长凳B位置的选手是9号。

（7）姓名：艾伦，乔希，尼克，帕迪

（8）赛号：6，7，8，9

（9）位置：万能，快投，旋转投手，守门员

提示：先找出万能选手坐的位置。

284. 凶手可能是律师

深夜，街上发生了一起谋杀案，死者名叫查尔斯。警方在现场找到了一个律师常用的公文包，接着警方在现场附近拘捕了3个嫌疑人罗伯特、汉森和马修，而且确定这3人中肯定有一人是凶手。

他们3人所做的供词如下：

罗伯特：（1）我不是律师。（2）我没有谋杀查尔斯。

汉森：（3）我是个律师。（4）但是我没有杀害查尔斯。

马修：（5）我不是律师。（6）有一个律师杀了查尔斯。

警方最后发现：

Ⅰ.上述6条供词中只有两条是实话。

Ⅱ.这3个可疑对象中只有一个不是律师。

那么，究竟是谁杀害了查尔斯？

285. 一起就餐

有一天，A、B、C、D4人一起在饭店里就餐。席间D突然跳起来，大叫一声："有人在饭菜中下毒！"刚说完他就倒地毙命。警探当即传讯与他同桌共餐的3个人。在警察局里他们3人都被录了口供。由于每个被审问的人都说了两句真话，一句假话，使案情扑朔迷离，一时难以水落石出。

A说："我没有毒死D。""我是同C坐在一起的。""专职的服务员正在为我们上菜。"

B讲："D坐在我的对面。""现在我们又有了新的服务员。""服务员没有毒死D。"

C说："B没有犯罪。""是服务员毒死D的。""凶手就在我们中间。"

提示：A在说"专职的服务员正在为我们上菜"之前，说了一次谎话。如果你是警长，能否根据这些口供和提示，判断出A、B、C及服务员中谁是凶手吗？

286. 囚室

Ⅰ、Ⅱ、Ⅲ、Ⅳ分别代表了4个囚室，你能依据线索说出被囚禁者以及他或她父亲的名字等细节吗？

现在已知线索是：

（1）在房间Ⅰ里的是国王尤里的孩子。

（2）禁闭阿弗兰国王唯一的孩子的房间，是尤里天的郡主所在房子的逆时针方向上的第一间，后者的房子在沃而夫王子的对面。

（3）禁闭欧高连统治者孩子的房间，是国王西福利亚的孩子所在房间逆时针方向上的第一间。

（4）勇敢的阿姆雷特王子，在美丽的吉尼斯公主所在房间顺时针方向的第一个房间，即马兰格丽亚国王的小孩所在房间逆时针方向的下一间。

（5）卡萨得公主在一位优秀王子的对面，前者的父亲统治的不是卡里得罗。卡里得罗也不是国王恩巴的统治地。

（6）被囚禁者：阿姆雷特王子，沃而夫王子，卡萨得公主，吉尼斯公主

（7）国王：阿弗兰，恩巴，西福利亚，尤里

（8）王国：卡里得罗，尤里天，马兰格丽亚，欧高连

提示：先找出吉尼斯公主的对面是谁的房间。

287. 谎言

格雷手脚麻利地将布兰顿的尸体悬挂在死者租用的小楼的顶楼上。当他想锁门离开时，才发觉锁门要用钥匙，急切中找不到便没有锁门。两小时之后，他驾着车与哈莱金一道回到这幢房子。

"布兰顿近来因离婚心情很不好。"格雷对哈莱金说，"本来我早该来看看他的，可是没人知道他把自己藏到哪儿去了。今天上午他突然打电话给我，说他不想活了，我这才问明了他的住址，我想您跟我一起来也许能开导开导他。他在电话里说他住在德拉维尔街126号一幢白色楼房里，我们大概已经到了。"

哈莱金先走下车子，见大门虚掩着，便推门而入，扭亮电灯。5分钟之后，两人在顶楼

上发现了布兰顿。正当他俩面对悬在梁上的尸体瞠目结舌时,楼下传来"吱"的一声开门声响。哈莱金跟着格雷赶到楼下的后门,只见一个漂亮的小姑娘站在门口。

"我妈妈叫我把这瓶牛奶送给布兰顿先生。"她甜甜地说。

哈莱金接过牛奶,待女孩离去后,立即给警察局打了个电话。警察赶到之后,哈莱金立刻命令他们将谋杀嫌疑犯格雷拘捕候审。

请你快速判断一下,哈莱金为何看出布兰顿死于他杀呢?

288. 足球评论员

作为足球锦标赛报道的一部分,阿尔比恩电视台专门从节目《两个半场比赛》的足球评论员中抽调了几位,这些评论员将分别陪同 4 支英国球队中的一支,现场讲解球队的首场比赛。从以下所给的线索中,请你推断出是什么资历使他们成为足球评论员的? 他们所陪同的球队是哪支以及各球队分别要去哪个国家?

现在已知线索是:

(1)杰克爵士将随北爱尔兰队去国外。

(2)默西塞德郡联合队曾经的经营者将去比利时。

(3)伴随英格兰队的评论员现在挪威,他不是阿里·贝尔。

(4)曾是谢母司队守门员的足球评论员现在在威尔士队;而作为前足球记者的评论员虽然从来没有踢过球,但对足球了如指掌,他伴随的不是苏格兰队。

(5)佩里·奎恩将随一支英国球队去俄罗斯,参加和俄罗斯青年队的比赛,不过他从来没进过球。

289. 他绝不是自杀

探长被人发现在自己办公室内自杀,他所用的是自己的佩枪。到现场调查的探员,在佩枪上发现了探长的指纹。探长平时习惯用右手握枪,自杀时用的也是右手。因此,现场调查的探员推断他是自杀无疑。但探长的好友卡特认为探长性格坚强,不可能自杀。他经过观察、分析后,提出有力证据,证明探长是被人谋杀的。

请细心观察右图,指出卡特提出的证据是什么。

290. 他杀证据

某影坛明星不幸在一次大爆炸中炸瞎了双眼,又毁了容貌。男友觉得让她活着,是在折磨她,遂产生了让她结束生命的想法。于是他委托好友,帮他处理这件事情,但要造成是自杀的假象,好友答应了。

晚上 9 点半,护士查完病房离去。凶手悄悄潜入房内,将女明星抱至窗口,留下她的指纹后,扔了下去。不一会儿,凶手气喘吁吁地跑了回来,说干得非常漂亮,请他不必担心。

第二天,女明星之死见报了。警方确认是他杀,并开始调查。女明星的男友急忙找到委托人,问他昨夜的事发生了什么差错?那人说:"没有啊,我潜入病房时,她面部都缠着绷带,睡得很香,为了制造假象,我特地在窗口上留下她的指纹,制造了自杀的假象,可以说一切做得天衣无缝,警方怎么会判断出是他杀呢?"

现在,你知道破绽出在哪里了吗?

291. 房间之谜

第二次世界大战期间,西班牙保持中立,马德里的一个旅馆经常有战争双方的间谍居住,而在那里,西班牙的一个便衣警官也会监视着他们。以下是 1942 年的某天晚上旅馆第 1 层的房间房客分布情况,你能说出各个房间被间谍占用的情况以及他们都分别为谁工作吗?

现在已知线索是:

（1）英国 M16 特务的房间在加西亚先生的正对面,后者的房间号要比罗布斯先生的房间小 2。

（2）6 号房间的德国 SD 间谍不是罗佩兹。

（3）德国另一家间谍机关阿布威的间谍行动要非常小心,因为房间 2、3、6 的人都认识他。

（4）毛罗斯先生的房间号要比苏联 GRU 间谍的房间大 2。

（5）法国 SDECE 间谍的房间位于鲁宾和美国 OSS 间谍的房间之间,美国 OSS 间谍的房间是三者中房间号最大的。

（6）姓名:戴兹,加西亚,罗佩兹,毛罗斯,罗布斯,鲁宾

（7）间谍机构:阿布威,GRU,M16,OSS,SD,SDECE

提示:先找出 OSS 间谍住的房间。

292. 灭口案

有一天,罪犯 A 为了灭口,把一名了解自己底细的女子杀死,并将她伪装成上吊自杀的样子。

被绳圈勒住脖子的尸体,两只赤脚离地大约有 50 厘米。A 还将化妆台边的凳子放倒在死者的脚下。那是一个外面包有牛皮的圆凳。

这样一来,给人的感觉是那名女子用这个凳子来垫脚而上吊自杀的。

但当尸体被人发现后,公安人员检查了凳子,说:"这绝不是自杀,而是他杀!"

作案时 A 戴手套,所以绝不可能在现场留下指纹。那么,是哪儿露馅儿了?

293. 寄出的信件

根据所给出的线索,你能说出位置 1 ~ 4 上的女士的姓名和她们要寄出的信件的数目吗?

现在已知线索是:

（1）埃德娜和鲍克丝夫人是离邮筒最近的人;前者寄出的信件数比后者少。

（2）邮筒两边的女士寄出的总信件数一样多。

（3）克拉丽斯·弗兰克斯所处位置的编号,比邮筒对面寄出 3 封信的那个女人小。

（4）博比不是斯坦布夫人,她不在 3 号位置。

（5）只有一个女人所处的位置编号和她要寄的信件数是相同的。

（6）名：博比，克拉丽斯，埃德娜，吉马

（7）姓：鲍克丝，弗兰克斯，梅勒，斯坦布

（8）信件数：2，3，4，5

提示：先找出克拉丽斯·弗兰克斯的位置数。

294. 毛毯的破绽

一天，警方接到报案说有人在家中自杀身亡。警方迅速赶到现场，见死者全身盖着毛毯躺在床上，头部中了一枪，手枪滑落在地上。床边的柜子上放着一张纸，上面写着："我挪用公款炒股，负债累累，只有一死了之……"警官走到床边，掀开盖在死者身上的毛毯看了一眼说："又是一起伪造的自杀案。"

请问警官根据什么判断这不是自杀？

295. 是走错房间了吗

夏威夷是一个美丽的地方，每年来这里度假旅游的人络绎不绝。

多里警长今年也来这里度假，他住在海边一家4层楼的宾馆里。这家宾馆3、4两层全是单人间，他住在404房。

这天，游玩了一天的多里草草吃了晚餐便回到房间，他想洗个热水澡，早点休息。正当他走进浴室准备放水时，听到了两声"笃笃"的敲门声，多里以为是敲别人的房门，没有理会。一会儿一位陌生的小伙子推开房门，悄悄地走了进来。原来多里的房门没有锁好。

小伙子看到多里后有些惊慌，但很快反应了过来，彬彬有礼地说："对不起！我走错房间了，我住304。"说着他摊开手中的钥匙让多里看，以证明他没有说谎。多里笑了笑说："没关系，这是常有的事儿。"

小伙子走后，多里马上给宾馆保安部打电话："请立即搜查304房的客人，他正在4楼作案。"保安人员迅速赶到4楼，抓到了正在行窃的那个小伙子，并从他身上和房间里搜出了首饰、皮包、证件、大笔现钞和他自己配制的钥匙。

保安人员不解地问多里："警长先生，您怎么知道他是窃贼？"

你知道这是怎么回事吗？

296. 柜台交易

有两位顾客正在一家化学用品商店买东西。从以下所给的线索中，你能正确地说出售货员和顾客的姓名、顾客各自所买的东西以及找零的数目吗？

现在已知线索是：

（1）杰姬参与的买卖中需要找零 17 便士，而沃茨夫人不是。

（2）朱莉娅是由一个叫蒂娜的售货员接待的，但她不是买洗发水的奥利弗夫人。

（3）图中的 2 号售货员不是莱斯利，而莱斯利不姓里德。

（4）阿尔叟小姐卖出的不是阿司匹林。

（5）2 号售货员给 4 号顾客找零 29 便士。

（6）他们的名分别是：杰姬，朱莉娅，莱斯利，蒂娜

（7）他们的姓分别是：阿尔叟，奥利弗，里德，沃茨

（8）商品：洗发水，阿司匹林

（9）找零：17 便士，29 便士

297. 丽莎在撒谎

"快起床！"玛丽冲进妹妹安妮的房间，"我们要迟到了！"

安妮嘟哝着爬起来，穿上羽绒服，戴上了厚厚的手套，和玛丽一起出了门。她们约好了附近的几个女孩，一起出来铲雪。这几天这里下了好大的雪，把电线杆都压断了。几分钟前，输电线路才刚刚修好。

她们还没到约好的地方，就看到凯西正朝她们挥手，旁边还有好几个女孩，正在唧唧喳喳地说话。

"丽莎在哪？"玛丽问，"她说好要来的。"

"我不知道。"凯西回答道，"我们一个小时前给她家打电话，但没有人接。"

"算了，不等她了，我们开始干吧。"

几个小时之后，大家都坐在玛丽家的客厅里聊天，这时丽莎进来了。

"你上哪儿去了？"玛丽问。

"我一直在家，你们干吗不给我打电话？"丽莎反问道。

"我们打了，但你没接！"凯西说。

"哦，那一定是我在用吹风机吹头发，没有听到电话铃响。"丽莎解释说。

"得了吧！不愿意来就直说，何必撒谎呢？"凯西说。

凯西为什么认定丽莎在撒谎呢？

298. 管家在撒谎

侦探波洛来到了一个自杀案的现场。死者是百万富翁斯诺先生。从现场情况看，他是在自家的阁楼上，用一根带子和一个小凳子上吊而死的。唯一的目击者是斯诺先生的管家。他说："那会儿我正在屋外收拾东西，无意中抬起头突然透过阁楼上的小窗户，看见主人正在踢倒凳

子。我赶紧打电话报了警。"

波洛立刻知道，管家在撒谎。为什么呢?

299. 戴黑帽子的家伙

红石西野镇治安长官的办公室墙上挂着 4 张图片，他们是臭名昭著的黑帽子火车盗窃团伙的成员。从以下所给的线索中，你能说出他们各自的姓名和绰号吗?

现在已知线索是:

（1）赫伯特的图片和"男人"麦克隆水平相邻。

（2）图片 A 是雅各布，而图片 C 上的不是西尔维斯特·加夹德。

（3）姓沃尔夫的男人照片和绰号"小马"的照片水平相邻。

（4）在 D 上的丘吉曼的绰号不是"强盗"。

（5）他们的名分别是：赫伯特，雅各布，马修斯，西尔维斯特

（6）他们的姓分别是：丘吉曼，加夹得，麦克隆，沃尔夫

（7）绰号："强盗"，"男人"，"小马"，"里欧"

提示：先确定图 C 是谁。

300. 不想花钱买个谎言

一天，海尔丁博士认识的英国商人蒂尔福领着一个健壮结实的年轻人走了进来。只见这个年轻人穿着一件平整合体的衣服，虽然很旧，倒还清洁，只是有的地方已磨破了，左脚的鞋子也有了个大洞。

蒂尔福对海尔丁介绍说："来见见肯特先生吧。他发明的强身法宝可以使人很快地强壮有力!"

蒂尔福说完，肯特马上扑在地板上一起一伏地做起俯卧撑来了。然后他又脱光上衣，向海尔丁展示他身上大块大块令人羡慕的肌肉。

蒂尔福继续向海尔丁介绍说："你能相信他在 7 个月里就长了这么一身硬邦邦的肌肉，体重增加了 70 磅么? 这可不是天方夜谭。他发现了一个秘密，一种高蛋白食品配方，如果再加上适当的运动……"

"你们还需要一笔钱来推销这个配方，对吧? "海尔丁沉思着说。

蒂尔福叹了口气说："正是这样。你看看，肯特把他的全部家当都用在试验他的秘密配方上了。瞧，他的外套都是两年前买的，皮鞋也早已不能穿了。而我，说实话，现在也没钱，不然我早就掏钱帮他了。我们只需要 1.5 万英镑，而你会从中发大财的!"

海尔丁摇摇头说："我这辈子还不想花钱买个谎言。"

请问：海尔丁为什么这样说呢?

301. 背影与领结

大街上，一个妇女正在大吵大闹。正巧一位警察经过这里。"发生了什么事? "警察问。

那人哭哭啼啼地对他说："我的钱包被人偷走了。我正在路上走着，突然一个男人从我身后跑过来，撞了我一下，走了。后来，我发现钱包丢了。"

"你看见他的长相和穿戴了吗? "

"我只看到了他的背影，没见到长相。好像是个年轻人，我记得他戴着一个黑色的领结。"

"你说的全是假话！"警察严厉地说。

警察是怎样判断出她在说假话的？

302. 春天到了

某个小村庄的学校里，4个男孩正坐在长椅1，2，3，4的位置上上自然科学课，在这堂课中，每位同学都要把前段时间注意到或做过的事情告诉老师和同学。从以下所给的线索中，你能辨别出这4个人并推断出他们各自在这堂课中所说的事件吗？

现在已知线索是：

（1）从你的方向看过去，那个看到翠鸟的男孩就坐在汤米的右边，他们中间没有间隔。

（2）听到今年第一声布谷鸟叫的是一个姓史密斯的小伙子。

（3）从你的方向看过去，比利坐在埃里克左边的某个位置上，其中普劳曼是埃里克的姓。

（4）图中位置3上坐着亚瑟同学。

（5）位置2的男孩告诉了大家周末他和父亲玩鳟鱼的事，他不姓波特。

（6）他们的名分别是：亚瑟，比利，埃里克，汤米

（7）他们的姓分别是：诺米，普劳曼，波特，史密斯

（8）事件：听到布谷鸟叫，看到山楂开花，看到翠鸟，玩鳟鱼

提示：先找出看到翠鸟的那个人的位置。

303. 教授的凶杀案

半夜，正在熟睡的侦探波洛突然被一阵敲门声惊醒。开门一看，是住在楼下的哈里教授的外甥杰利。他十分不安地对波洛说："今天哈里约我晚上到他家，我路上有事耽搁了，到他家时，我敲了半天门却一直没人应，不知发生了什么事。我不敢一个人进去，想请您跟我一起去看看。"波洛立即穿上外衣，和杰利出了门。

在路上，杰利告诉波洛："最近，我舅舅的一项发明成功了，得了不少奖金，有人很眼红，我担心他会因此出事。"

正说着，他们已到了哈里家门口。波洛推开门，伸手去按墙上的开关，但灯却没有亮。杰利说："里面还有盏灯，我去开。"说着，他独自走进了漆黑的屋子。

不一会儿，灯亮了。这时，他们发现教授浑身是血，躺在离门口一米远的过道上。杰利

轻轻地叫了声："天哪！"赶紧跨过教授的身体，回到波洛身边。

波洛立刻俯身察看，发现教授已经断气了。屋角的保险柜大开着，里面已空无一物。杰利惊恐地说："这会是谁干的呢？"

波洛冷笑了一声，说："别演戏了，杰利先生，凶手就是你！"

你知道波洛是如何断定杰利就是凶手的吗？

304. 一个冷天里的冷玩笑

波洛从他的"甲壳虫"汽车上下来，走过弗朗西斯·威廉姆斯小姐那辆结满了冰的小汽车，走上了那条干净整洁但却满是积雪的车道。白天下了一整天的暴风雪，一个小时前雪才终于停了下来。波洛很小心地沿着结冰的台阶走向房门。这是一幢很小的房子，没有车库，院子也很小。

听到门铃，弗朗西斯打开了门，让他进去。"外面冷极了。"他说。

"是啊！也许你会以为，对于偷东西的贼来说，这天气实在是太冷了。"她回答道。

"告诉我，弗朗西斯，你究竟是怎么失窃的？"波洛问。

"噢，我5分钟之前刚刚回家。一进门，我就发现家里的保险柜被打开了。"她一边说，一边指给他看墙上那个被打开的保险柜。"我立刻冲到电话机旁边，打电话给你。你来得这么快，我非常高兴。"

"啊，在这么寒冷的晚上，我们肯定能够找到一些线索。"波洛笑着说道。

"波洛先生，我刚刚有很多首饰失窃了。我可不认为现在是开玩笑的好时间！"弗朗西斯说。

"对于你的话，我百分之百地表示赞同。所以，你能不能告诉我，为什么要在这么冷的天把我叫来开这么一个玩笑呢，威廉姆斯小姐？"大侦探反问道。

波洛为什么不相信威廉姆斯小姐说的话呢？

305. 小猪储蓄罐

诺斯家的柜子上摆放着5个小猪储蓄罐，他家的5个小孩正努力存钱。从以下所给的线索中，你能描述这几个小猪的详细情况——它们的颜色、名字以及各自的主人吗？

现在已知线索是：

（1）蓝色的小猪不属于杰茜卡，它的主人比大卫大1岁。大卫拥有自己的小猪储蓄罐，大卫的小猪储蓄罐不是红色的，它的位置在蓝色小猪的右边，但相隔不止一只小猪。

（2）紧靠大卫小猪左边的绿色小猪的主人比大卫大2岁。

（3）卡米拉的小猪储蓄罐紧靠红色小猪的左边。卡米拉要比红色小猪的主人年纪大，但她不是5个小孩中最大的。

（4）黄色的小猪不是大卫的，它紧靠杰茜卡的小猪左边，它的主人要比图中B小猪的主人大1岁，但要比大卫小1岁。

（5）本比纯白色小猪的主人小1岁，但比卡蒂大1岁，卡蒂的小猪比本的小猪和白色小猪更靠左。

（6）诺斯先生和夫人一直想让孩子们按年龄大小把他们各自的小猪从左到右排列，但都没有如愿。事实上，如果按他们的方案来看，目前没有一只小猪在它们应该在的位置上。

（7）颜色：蓝，绿，红，白，黄

（8）小孩名字：本，卡米拉，大卫，杰茜卡，卡蒂

（9）小孩年龄：8，9，10，11，12

提示：先找出那个12岁小孩的名字。

306. 诚实国与说谎国

一个岔路口分别通向诚实国和说谎国。诚实国的人永远说实话，说谎国的人永远说谎话。一个游客来到了岔路口，他要去诚实国，但不知道应该走哪条路。这时正好来了两个人，可是，这个游客并不知道他们是诚实国的还是说谎国的。不过，他稍加思索，问了一个巧妙的问题，得到了满意的答案。

请问：你知道这个问题是什么吗？

307. 马蹄匠的工作

马蹄匠布莱克·史密斯还有5个电话要打，都是关于各地马匹的马蹄安装和清理的事情。从以下所给的信息中，你能推断出布莱克何时到达何地，并说出马的名字和工作的内容吗？

现在已知线索是：

（1）布莱克其中的一件工作，但不是第一件事，是给高下马群中的一匹赛马（它不叫佩加索斯）安装赛板。

（2）叫本的那匹马不是要安装普通蹄的马。

（3）布莱克在中午要为一匹马安装运输蹄，这匹马的名字比需要清理蹄钉的马长一些。

（4）布莱克给瓦特门的波比做完活之后，接着为石头桥农场的那匹马做活。而给叫王子的马重装蹄钉的活是在韦伯斯特农场之前完成的。

（5）乾坡不是韦伯斯特农场的马，也不是预约在10：00的那匹。

（6）布莱克预计在11：00到达橡树骑术学校。

308. 胡同里的假案

下午1点钟，两个警察听到胡同里有人喊救命。他们赶到了现场后，看到一个女人正坐在地上，揉着脑袋后面的肿块，过了足有一两分钟，她才能说出话来。

她向警察自我介绍道："我叫玛丽·拉姆齐，在一家珠宝店工作，我正要去银行送前一天的单据。我每天做送单据的工作，老板不让我走这条胡同。今天我感到被人跟踪了，我真太傻了，竟然拐进了这条胡同。有脚步声从后面传过来，我还没有来得及转头看，头上就挨了一下，接着我就倒下了。"玛丽继续说，"抢劫犯没有继续打我，他抓起我的包就跑了。我只从后面看到了他，是一个高个子，穿着蓝牛仔裤，上身穿着深色的开襟汗衫。"

根据她的描述，警察开始全市搜查，很快就扣留了两个外貌符合玛丽描述的人。

"是的，我是在跑。"第一个人斯图·洛根愤愤地说。警方的巡逻车在距出事地点两个街

区的地方找到了他，他一看见警车就想跑。他说："当时我的午休时间快结束了，不想上班迟到，我才跑了起来，我可不想丢掉这份工作。"斯图就在珠宝店隔壁的熟食店工作。

第二个人奥利·奥斯卡是一个沿街拾破烂的。"我本来不穿这件汗衫，"他一边解下他那件被虫蛀了的开襟汗衫，一边说，"你们把我抓来之前，我刚刚从垃圾堆里拾到这件汗衫。"

"这个钱袋是怎么回事？"警察指着从他身上找到的钱袋问。

"这是我从另一个垃圾堆里拾到的，银行后面的垃圾堆里经常可以找到这种东西。你们没有在我身上找到钱吧！"

听了第二个人的回答后，警察突然脑筋一转，马上开车回到玛丽身边，指着她说道："你在撒谎，我看你就是嫌疑犯！"

警察为什么说玛丽是嫌疑犯呢？

309. 农民的商店

根据以下所给的线索，你能说出每个农场商店的店主名字以及所出售的主要蔬菜和肉类吗？

现在已知线索是：

（1）理查德管理希勒尔商店，但他不是以卖猪肉为主。

（2）火鸡和椰菜是其中一家商店的主要商品，但这家店并不是希勒尔商店，也不是布鲁克商店。

（3）康妮不在冷杉商店工作，她也不卖土豆。而且土豆和羊肉不是在同一家商店出售的。

（4）珍的商店有很多豆角，而基思的商店有很多牛肉。

（5）霍尔商店以卖鸵鸟肉著称。

（6）老橡树商店正出售一堆相当不错的卷心菜。

310. 口袋里的金币

凌晨的时候，小镇的街上静悄悄的，空无一人。这天是星期天，又是阴冷的下雨天，大人们不用上班，小孩不用上学，现在都裹在温暖的被子里，呼呼地睡大觉。

老警长海金斯驾驶着警车，在大街上巡逻。密密的雨滴敲打着车窗玻璃，发出"啪啪"的响声。眼前变得很模糊。警长开亮了大灯，缓缓地行驶着。忽然，前面10多米远的地方，有一个黑影从墙角蹿出来，那是谁？海金斯警长踩了一下油门，快速追了过去。

那黑影穿过一条马路，拐进一个角落里。海金斯警长刹住车，打开车门，睁大眼睛一看，原来那是一条野狗，真是虚惊一场！他回到警车里，擦了擦脸上的雨水，自言自语地说："哎呀，年纪大了，眼睛不管用了，该退休啦！"

海金斯警长正要开车离开，忽然看见地上还有一个黑影。会不会看错了？他跳下车跑过去一看，原来是一个老头！经过检查，老头已经死亡，后脑勺上有一个窟窿，血流满地。外衣口袋里，有一枚金币和一张纸币。这时候，旁边有个人影一晃，原来是送奶工吉列。他弯腰一看老人，惊叫起来："哎呀！果然出事了！"警长问："你怎么知道他会出事？"

吉列说："老头有一个坏习惯，喜欢把金币放在口袋里，弄得叮当响，好像很有钱。我警告过他，这会招来坏人抢劫的，刚才我看到他又在把口袋里的金币弄得叮当响……"

海金斯警长打断吉列的话说："你有杀害老人的嫌疑，请上警车吧！"

海金斯警长为什么怀疑吉列杀害了老人呢？

311. 特工间谍

有一条船，载着12个特工人员去执行一项秘密任务。这12个特工人员是特殊挑选出来的，体重相同，互不相识。为了保持船体的平衡，他们分成3组，第一组 A、B、C、D 4 人坐在船头；第二组 E、F、G、H 坐在中间；第三组 I、J、K、L 坐在船尾。一开船，这12个特工中的头儿发现情况有异：船体朝前倾斜。他因此推测，这12个特工中，有一个是冒名顶替的敌方间谍，他的体重同选择的标准体重不一样。他立即和总部联系，他的推测得到了总部刚截获的情报的证实。但问题在于，总部并不能确定这个混入的间谍是谁。特工头儿对此有丰富的经验。他只做了两次测试，就找出了这个冒名顶替者，还确定了其体重比标准是重还是轻。

请问：特工头儿是如何做的？

312. 三个嫌疑犯

法院开庭审理一起盗窃案件，3 个嫌疑犯 A、B、C 被押上法庭。负责审理这个案件的法官是这样想的：肯提供真实情况的不可能是盗窃犯；与此相反，真正的盗窃犯为了掩盖罪行一定会编造口供。因此，他得出了这样的结论：说真话的肯定不是盗窃犯，说假话的肯定就是盗窃犯。审判的结果也证明了法官的这个想法是正确的。

审问开始了。

法官先问 A："你是怎样进行盗窃的？从实招来！"A 叽里咕噜地回答了法官的问题，因为他讲的是某地的方言，法官根本听不懂他讲的是什么意思。法官又问 B 和 C："刚才 A 是怎样回答我的提问的？" B 说："法官大人，A 的意思是说，他不是盗窃犯。" C 说："法官大人，A 刚才已经招供了，他承认自己就是盗窃犯。"

听了 B 和 C 的话之后，这位法官马上断定：B 无罪，C 是盗窃犯。

请问：法官为什么能根据 B 和 C 的回答做出这样的判断？ A 是不是盗窃犯呢？

313. 牛奶送错了

送奶工出去度假了，他的亲戚瓦利早上替他去送奶，结果把某街道中的 1、3、5、7 号人家的牛奶送错了，从以下所给的线索中，你能说出这 4 户人家分别住的是谁、他们本该收到的和实际收到的牛奶瓶数吗？

现在已知线索是：

（1）那天早上布雷特一家定购了4瓶牛奶。

（2）1号人家收到的要比劳莱斯定购的牛奶瓶数少一瓶，劳莱斯一家那天收到的不是2瓶牛奶。

（3）克孜太太那天早上发现门口放着3瓶牛奶，她和汀斯戴尔家中间隔了一户人家，克孜每天要的牛奶比汀斯戴尔家多。

（4）瓦利在5号人家门口只留了一瓶牛奶。

（5）7号人家应该收到2瓶牛奶。

家庭：布雷特，克孜，汀斯戴尔，劳莱斯

提示：先找出劳莱斯一家每天定购的牛奶数。

314. 那个人就是罪犯

一天晚上，一位教犯罪学的女士阿格瑟从学校回家，途中发现一家珠宝店被抢。店员告诉她，抢劫犯是个身穿晚礼服的男子。

阿格瑟一面安排报警，一面查看了店的四周及那一段街道，发现一辆小车停在那里，一个人伏在方向盘上。她走上去，看见那个人确实穿着晚礼服。阿格瑟叩开车门，那个人从车内探出头来。

"我要调查一桩抢劫案"，她说，"警察马上就到。请你告诉我，你在这里干什么？"

那人回答道："我在等我弟弟，我们将去参加一个婚礼。"

阿格瑟说："一个身着晚礼服的人抢劫了一家商店。"

那人气愤地说："那与我无关。假如我抢劫了珠宝店，难道我还会这样的装束，等你来抓我吗！"

阿格瑟说："走，到法庭去辩论吧！"

阿格瑟为什么这样说？

315. 赛马

图中向我们展示了业余赛马骑师的一场点对点比赛，其中一场的照片展示在田径运动会的宣传卡片上。从以下所给出的线索中，你能说出每匹马的名字以及各骑师的姓名吗？

现在已知线索是：

（1）第2名的马名叫艾塞克斯女孩。

（2）海员赛姆不是第4名，它的骑师姓克里福特，但不叫约翰。

（3）蓝色白兰地的骑师，他的姓要比萨利的姓少一个字母。

（4）麦克·阿彻骑的马紧跟在西帕龙的后面，西帕龙不是理查德的马。

（5）马的名字：蓝色白兰地，艾塞克斯女孩，海员赛姆，西帕龙

（6）骑师的名字：埃玛，约翰，麦克，萨利

（7）骑师的姓：阿彻，克里福特，匹高特，理查德

提示：先推算出克里福特的名字。

316. 银行抢劫案

一家银行发生了一起抢劫案，劫匪抢走了保险柜里的几万美元，然后劫持了银行的助理会计斯通先生，坐进小汽车里逃跑了。

不久，警察接到电话，是斯通先生打来的，他说自己已经成功地从劫匪那儿逃跑了。他向警长讲述了自己的经历：

"我刚走进银行，3个蒙面的劫匪就冲了过来，用枪指着我，逼我打开了银行的保险柜。他们把里面的钱洗劫一空之后，还把我拖上汽车，然后就发动汽车向外逃走了。"

"那你是怎么逃出来的呢？"警长问道。

"离开银行之后，一个劫匪就把抢来的钱从银行的钱袋里倒出来，放到一个他们自己准备的包裹里。然后，他们把钱袋扔出了车窗。又过了两个街区，正好碰上了红灯，车子停住了。我瞅准机会，突然打开车门，从车里跳了出来，然后飞快地跑到最近的一所房子里。很幸运，劫匪没有追赶我，他们继续逃跑了。"

"请你领我们沿着刚才劫匪逃跑的路线回到银行去，看看路上有什么线索吧。"

"好的。"斯通先生说完，跟着警长坐进警车，往银行的方向开去。不久他叫了起来："就是这里！钱袋就在这里！"他们停下车，捡起钱袋，然后继续往银行开去。过了几分钟，他们来到了一个红绿灯前。"这就是我逃跑的地方。"斯通先生说。

回到银行后，警长拿出手铐，将斯通先生铐了起来。"别再编造故事了，快告诉我们你是如何勾结劫匪抢银行的吧！"

警长为什么那么肯定斯通先生参与了这起抢劫案？

317. 成名角色

5个国际戏剧艺术专业的学生由于在5部不同的作品中成功地扮演了不同的角色，知名度大大提高。从以下所给的线索中，你能推断出每个人所扮演的角色以及各个作品的题目和类型吗？

现在已知线索是：

（1）其中的一个年轻女性扮演了《格里芬》里的一位踌躇满志的年轻女演员。道恩·埃尔金饰演一位理想主义的医学生。

（2）艾伦·邦庭饰演的不是一位教师，也不会在电影中出现。尼尔·李在一部由4个系列组成的电视短剧《克可曼》中扮演角色。

（3）在13集的电视连续剧中，简·科拜不会出现，这部电视剧中也不会出现法官这个角色。

（4）一部关于一个省级日报记者的电视将一个年轻的演员捧红，他的姓要比《罗米丽》中的演员的姓少一个字母。

（5）《丽夫日》将在西城终极舞台上演。

（6）蒂娜·罗丝是《摩倩穆》中的主角。

（7）他们的姓名分别是：

艾伦·邦庭，道恩·埃尔金，简·科拜，尼尔·李，蒂娜·罗丝

318. 粗心的警察

一天清晨，某商店老板被杀后，一个粗心的警察在死者衣袋里发现了一块高级怀表，然而当时已经停止了运行。无疑，表针所指示的时间是一个非常重要的线索。可是，那警察竟胡乱地把怀表的指针拨弄了几圈。侦探长问他是否记得拨弄前时针所指示的钟点。那个警察报告说："具体时间没有看清楚，但有一点我印象十分深刻，就是在我拨弄表之前，这块表的时针和分针正好重叠在一起，而秒针却停留在表面一个有斑点的地方。"于是，侦探长看了看怀表，发现表面有斑点的地方是 49 秒。他立刻拿出纸和笔计算了一下，很快就确定了案发的确切时间，从而缩小了破案范围。

请问：你知道那块怀表的指针之前究竟停在什么时刻吗？

319. 蒙特港的游艇

在这个美好的季节，蒙特港到处都是大大小小的游艇。从以下关于 5 艘游艇的信息中，你能推断出各游艇的长度、它们所能容纳的人数以及各个游艇主人的身份吗？

现在已知线索是：

（1）迪安·奎是美人鱼号游艇的主人，而游艇曼特是属于一位歌手的。

（2）游艇米斯特拉尔号的主人和雨果·姬根都不是一位职业车手。

（3）比安卡女士号的主人不是雅克·地布鲁克，也不是电影明星。

（4）杰夫·额的游艇有 22.9 米长，它的名字既不是最长的也不是最短的。

（5）汉斯·卡尔王子的游艇名字的字母数，比 33.5 米长的那艘游艇的少一个。

（6）极光号长 30.5 米。工业家的游艇是最长的。

（7）游艇：极光号，比安卡女士号，曼特号，美人鱼号，米斯特拉尔号

320. 凶手就是他

日本一名私家女侦探在泰国调查一起黑帮凶杀案时，在她所住的饭店里被枪杀。附近警长带助手赶到现场，只见女侦探倒在窗下，胸部中了两枪，手里紧握着一支口红。

警长撩起她背后的窗帘一看，在玻璃上留着一行用口红写下的数字：809。他又从女侦探的提包中找出一张卷得很紧的小纸条，纸条上写着："已查到 3 名嫌疑犯，其中一人是凶手。这 3 人是：代号 608 的光，代号 906 的岛，代号 806 的刚。"

警长沉思片刻，指着纸条上的一个人说："凶手就是他！"根据警长的推断，警方很快将凶手缉拿归案。

321. 哪一间房

一日，警探史蒂夫来到某饭店，准备参加朋友的婚礼，就在抵达该饭店的大厅时，他临时获得一个线报：有一对警方已经通缉多时的夫妻，正投宿在该饭店的三楼。为了避免惊动

这对鸳鸯大盗，史蒂夫决定自己捉拿他们。他向饭店的前台工作人员出示了证件，查看了饭店的住宿记录，发现3楼有3间房间有人住。这3间房分别有两男、两女以及一男一女住宿，计算机上显示出的记录是："301——男、男"；"303——女、女"；"305——男、女"。

史蒂夫心想："看来，这对鸳鸯大盗一定是在305间房。"于是，他火速冲到三楼，准备一举捉拿他们。

然而，就在史蒂夫要撞破305号房门时，饭店经理突然出现了。经理把他拉到一旁，悄声对他说："其实，住宿记录已经被人窜改过了！计算机上的显示和房间里住客的身份是完全不符的。"

史蒂夫想了一会儿，只敲了其中的一个房门，听到里面的一声回答，就完全搞清楚三个房间里的人员情况了。

请问：史蒂夫到底敲了哪一间房门呢？

322. 前方修路

正值度假高峰，政府委员会决定将通往景区的必经之路拓宽。以下的图片说明了6辆游客车被堵在施工场地大概40分钟，从所给的线索中，你能说出每辆游客车的司机名字、车的颜色、游客的国籍以及每辆车所载的游客人数吗？

现在已知线索是：

（1）阿帕克斯的汽车紧跟在载芬兰游客的车之后，后者要比黄色那辆少载2人，黄色那辆车载的人数少于52人，在阿帕克斯汽车后面。

（2）没有载俄罗斯游客的蓝色车辆紧靠在贝尔的车之前，前者比后者要至少多2人。

（3）红色汽车紧跟在载有47名游客的汽车之后，紧靠在载有澳大利亚游客的汽车之前。

（4）墨丘利的汽车在载有日本游客的车之后，而且相隔一辆车，后者亦在橘黄色车的后面，并不紧邻。墨丘利的汽车载的游客比这两者都要多，但要比美国游客乘坐的那辆少。

（5）乳白色汽车紧跟在RVT的汽车之后，后者紧跟在意大利游客乘坐的汽车之后。乳白色汽车载的游客比意大利游客多，但要比RVT少至少2人。

（6）肖的车紧靠在俄罗斯游客乘坐的车之前，而且要比后者多载3人，但它不是游客人数最多的车。

（7）F车要比A车多载一人，比E车少载3人，绿色汽车要比D车多不止1人，但要比B车少不止3人。

（8）汽车司机：阿帕克斯，贝尔，克朗，墨丘利，肖，RVT

（9）汽车颜色：蓝，乳白，绿，橘黄，红，黄

（10）游客国籍：澳大利亚，芬兰，意大利，日本，俄罗斯，美国

（11）游客人数：44，45，46，47，49，52

提示：推测出 F 车中的游客人数。

323. 侦探波洛

侦探波洛走进豪华的"东方快车"的包厢，发现里面已经坐着 3 个人。一个是英俊的小伙子查尔斯，他背着一支猎枪，说是要去阿尔卑斯山打猎。另外两个都是美丽的姑娘，她们的名字分别是伊丽莎白和罗丝。波洛很快就看出来，两个姑娘都十分喜欢这位年轻人，而他却似乎拿不定主意去追求哪个女孩。

这天夜里，一件不幸的事情突然发生了。当时，车厢里的人都昏昏欲睡。突然，一声枪响，罗丝倒在了车厢的地板上，原来，一颗子弹击中了她。

大家都被惊醒了。波洛反应最快，在别人都还没有来得及弄明白出了什么事之前，他已经一把将罗丝抱了起来，送进了列车的急救室。过了一会儿，他走了出来，对伊丽莎白和查尔斯说："她没什么大事，只是脚上受了点伤，医生已经给她包扎好了。对了，你们刚才听到什么动静没有？"

伊丽莎白和查尔斯异口同声地说："没有，我睡着了。"

"还有，她穿的鞋被打坏了，得给她送只鞋去。"

伊丽莎白赶紧回到车厢，找出了一只右脚的鞋，向急救室走去。

波洛喊住了她："别去了，还是先告诉我你为什么要故意打伤她吧！"

波洛为什么这样说呢？

324. 明断银元案

商人外出，把一坛封口的银元说成是红枣，托邻居保存。商人外出好几年没回来。一天，邻居打开坛子，把银元拿走了。

听说商人回来了，邻居在坛子里装上红枣，封口后还给商人。商人打开一看，呀，银元变成了红枣，就问："坛子里的银元呢？"邻居不承认，于是两人吵起来，一同去见县官。

县官审问那邻居。邻居说："他把坛子交给我时说的是红枣呀！"县官仔细看了看红枣，把桌子一拍，要这邻居快把银元交出来。这邻居大喊冤枉。县官摆出事实，他才低头认错，乖乖地把一坛子银元还给商人。请问，县官是凭什么判断出来的？

325. 善于针织的母亲们

作为对那斯利浦高中 100 周年纪念庆典的捐赠，各有一个女儿在读的 4 位母亲共同织就了一幅挂毯，这幅挂毯有 4 个主题，每位母亲负责其中的一个。从以下给出的线索中，你能说出每个部分作品的主题，以及相对应的母亲和女儿的名字吗？

现在已知线索是：

（1）没有一位母亲和她女儿的名字有相同的首字母。

（2）描绘艺术类的作品放在梅勒妮的母亲负责的那部分作品的左边。最有可能负责描绘艺术类部分作品的母亲，她的名字在字母表顺序上排在其女儿的前面。

（3）米歇尔负责的那部分作品排在崔纱的母亲的右边某个位置，这两部分都不是关于物理教育方面的。而关于物理教育的那部分作品，它左边是海伦的作品，右边是哈里特的母亲的作品。

（4）莎拉的母亲和索菲都不负责科学技术部分的作品，负责这部分作品的母亲在最右边。

（5）阐述人文学科的作品在梅勒妮的母亲负责部分的左边某个位置；梅勒妮的母亲的作品不跟索菲负责的那部分作品相邻。

（6）主题：物理教育，科学技术，艺术类，人文学科

（7）母亲：海伦，米歇尔，索菲，坦尼娅

（8）女儿：哈里特，梅勒妮，莎拉，崔纱

提示：找出索菲最不可能负责的那个部分以及她女儿的名字。

326. 指挥失误

国家情报局接到通知：一辆时速为 60 千米的火车上装满了炸药准备驶向首都。为阻止这一恐怖活动，国家情报局决定派本杰伦在火车必须通过的长为 500 米的隧道出口处，装上定时炸弹。由于火车通过隧道的时间为 30 秒，于是本杰伦把定时装置设置为 30 秒，只要火车一进隧道，就会触发装置计数，30 秒后炸药自动爆炸。但是当火车呼啸而来进入隧道，高强度炸药在铁轨上准时爆炸后，火车仍然在失去铁轨的路面上继续疯狂前行，最后在树林里停了下来，随之引起了一场大火。

消息传到国家情报局后，上司以指挥失误为由处分了本杰伦，你知道他错在哪个地方吗？

327. 扮演马恩的四个演员

马恩是 20 世纪最伟大的人物之一，最近，不列颠电视台将上演休·马恩的自传，电视台的新闻办公室公布了分别扮演马恩各个时期的 4 个演员的照片。从以下所给出的线索中，你能说出 4 个演员的名字以及所扮演的时期吗？

现在已知线索是：

（1）C 饰演孩童时代的马恩，他不姓曼彻特。

（2）安东尼·李尔王不饰演晚年的马恩，马恩在晚年时期已经成为哲学家。

（3）理查德紧贴在哈姆雷特的左边，哈姆雷特饰演的是那个正谈论他伟大军事理想的马恩。

（4）A 是朱利叶斯。

（5）他们的名分别是：安东尼，约翰，朱利叶斯，理查德

（6）他们的姓分别是：哈姆雷特，李尔王，曼彻特，温特斯

（7）时期：孩童，青少年，士兵，晚年

提示：先定位哈姆雷特。

328. 游击队员送情报

游击队员保武要给队长送情报，他必须经过一座桥，桥的中间有一个岗亭，里面有一名敌人的哨兵负责看守，禁止行人过桥。由于一个人最快也要走 7 分钟才能过完桥，哨兵便每隔 5 分钟出来巡视一次，一见有人过桥，就把人赶回去。

你帮保武想想，怎样才能过桥呢？

329. 牧民的宝石

有一个穷困潦倒的牧民，名叫阿巴尔。有一天，阿巴尔在深山里无意中拾到了一块晶莹剔透的宝石。在回家的路上，他遇到了一个喇嘛，便把自己得到宝石的经历喜滋滋地告诉了这个出家人。

喇嘛听完阿巴尔的介绍，很狡黠地说道："祝福你，年轻的牧民兄弟，我想这一定是佛在帮助你，好让你早日过上幸福的生活。你现在必须把宝石交给我，我把宝石带给你的父母。而你必须马上到庙里去，在那里念一个月的经文，以感谢佛给你的幸福。你要记住，一个月之内可不能回家，否则，宝石就会马上消失！"

阿巴尔闻听，立刻就答应了喇嘛的要求，把宝石交给了喇嘛，并告诉了他自己家的地址，然后来到了一座神庙，在那里念起了经文。

一个月过后，阿巴尔回到了家里，见家中依然如故，依然是破屋破锅，跟从前没有什么两样，便问父母："你们怎么还是这么贫困地生活呢？应该把宝石卖掉，换回钱来，重新造一座帐篷，买一大群奶牛和羊啊！"

老父母惊异地说道："你说什么胡话呢，哪来的宝石呀！"

"难道喇嘛没有将宝石交给你们吗？"

"我们连喇嘛的影子都没有看到过，更别说看到什么宝石啦……"

阿巴尔猜想一定是喇嘛把宝石私吞了。他心中十分气恼，便开始在草原上寻找喇嘛。一个月后，在一个寺院里，他终于找到了那个喇嘛，向喇嘛索要宝石，可喇嘛坚决不承认私藏了宝石，无奈，阿巴尔只得来到皇宫，向可汗告了状，希望可汗能够给他做主。

可汗询问了两人的情况后，问喇嘛："你能证明你没有私吞宝石吗？"

"我能证明！"喇嘛说，"我有 3 个证人！"

"很好，"可汗命令道，"将你的 3 个证人都带上来！"

喇嘛马上把 3 个证人带到大殿内。

可汗把这 3 个证人安排在大殿内的 3 个角落，让他们互相之间离得很远，然后让仆人从外面取回来 5 块泥巴，给每个证人 1 块。给喇嘛 1 块，给阿巴尔 1 块。然后说道："我现在开始数数，从 1 数到 100，在这段时间里，你们都要把泥巴捏成宝石的形状。"

5 个人开始捏宝石，当可汗数完 100 时，检查了每个人手里的泥"宝石"，不禁哈哈大笑道："大胆的喇嘛，还不从实招供侵吞宝石的罪证！"

可汗是如何识破喇嘛的欺骗的呢？

330. 别尔的行程

别尔·来格斯是英国摄政时期最活跃的英雄之一，有一次他去拜访 4 个熟人，并在熟人那里都过了夜。从以下所给的线索中，你能说出别尔的每个熟人的名字和他们各自房子的名字以及相邻两地间的距离吗？

现在已知线索是：

（1）待在温蒂后家里过夜是在去了福卜利会馆之后，接着他需要骑马22英里到达下一个目的地。

（2）考克斯可布是别尔·笑特的房子。

（3）别尔·来格斯去丹得宫骑了25英里，在那过夜之后他接着去拜访别尔·里格林。

（4）最短的马程是去别尔·斯决的房子，它不是斯沃克屋。

（5）距离（英里）：20，22，25，28

（6）房子：考克斯可布，福卜利会馆，斯沃克屋，丹得宫

（7）主人：别尔·里格林，别尔·笑特，别尔·斯决，别尔·温蒂后

提示：先找出丹得宫的主人。

331. 周末选择

杨明语是概率论专业的研究生，他所在的大学靠近市中心的地铁站。

城市的东边有一个游泳中心，城市的西边有一个网球中心。杨明语既爱好游泳，又爱好网球。每逢周末，他总站在地铁站面临着选择：去游泳呢，还是去打网球？最后他决定，如果朝东开的地铁先到，他就去游泳；如果朝西开的地铁先到，他就去打网球。

杨明语在周末到达地铁站的时间完全是任意的、随机的，例如，有时是周六上午9：16，有时是周日下午1：37，等等，没有任何规律；而无论是朝东开的地铁，还是朝西开的地铁，都是每10分钟一班，即运行的时间间隔都是10分钟。因此，杨明语认为，每次他去游泳还是去打网球，概率应该是一样的，正像扔一枚硬币，国徽面朝上和币值面朝上的概率一样。

一年下来，令杨明语百思不得其解的是：用上述方式选择的结果，他去游泳的次数占了90％以上，而去打网球的次数还不到10％！

你能对上述结果做出一个合理的解释吗？

332. 囚犯抓绿豆

5个囚犯分别按1~5号在装有100颗绿豆的麻袋里抓绿豆，规定每人至少抓一颗，而抓得最多和最少的人将被处死，而且，他们之间不能交流，但在抓的时候，可以摸出剩下的豆子数。

组织者讲解游戏规则：

5个囚犯的情况是这样的：

（1）他们都是很聪明的人；

（2）他们的原则是先求保命，再去多杀人；

（3）100 颗不必都分完；

（4）若有重复的情况，则也算最大或最小，一并处死。

最后，谁能活下来？为什么？

333. 糟糕的往日

在中世纪末期，因为不同统治者的糟糕统治，一个小国有一段时期动荡不安。从以下给出的线索中，你能推断出每个国王的绰号、上台执政的年份、在他统治期间发生的重大的国内动乱吗？

现在已知线索是：

（1）于 1532 年加冕的国王在第二年被他的小儿子篡位了。

（2）费迪南德不是那个激怒贵族谋反的人，他在那个绰号"自满的人"之前当上国王。

（3）卢多夫是在 1485 年得到王位的。农奴起义不是发生在 1457 年登基的国王统治期间。

（4）艾伯特是在某个奇数年份当上国王的。

（5）以"愚不可及的人"这一绰号闻名的统治者是在 1501 年继承他父亲的王国的。

（6）迈克尔这个"坏家伙"与统治期间发生宗教战争而使王国动摇的统治者是在同一个世纪执政的。

（7）抗税运动发生在查尔斯国王的统治期间。查尔斯的统治比因绰号"荒唐的人"出名的国王早。

334. 郊外露营跳舞的女孩有几个

有一次，米莉和很多人一起到郊外露营。晚上举行了盛大的篝火晚会，许多人手拉着手，围着篝火跳起了舞。米莉也在这个圆圈中跳舞。圆圈里，每个跳舞的人的两边都是两个性别相同的人。有一个细心的人，发现这个圆圈里有 12 个男孩。

现在请问，正在跳舞的女孩有几个？

335. 五月皇后

考古学家最近在一个小村镇里挖掘出了一张关于五月皇后的名单，在 18 世纪早期，五月皇后连续 7 年被推选出来执政。从以下所给的线索中，你能说出 1721 ~ 1727 年分别推选出的五月皇后的全名是什么、她是谁的女儿吗？

现在已知线索是：

（1）萨金特在教区长女儿之后两年、汉丽特之前两年成为五月皇后。

（2）布莱克是在 1723 年 5 月当选的。

（3）安·特伦特是偶数年份当选的五月皇后，她的父亲不是箍桶匠。

（4）安德鲁是在织工的女儿之前当选为五月皇后的，她不是比阿特丽斯。

（5）铁匠卢克·沃顿的女儿也是其中一位五月皇后，在沃里特之后当选，而且不是在 1725 年当选的。

（6）木匠的女儿苏珊娜是在索亚之前当选的五月皇后。

（7）米尔福德，在箍桶匠的女儿当选之后两年成为五月皇后，她的前任是旅馆主人的女儿，旅馆主人的女儿在玛丽当选的两年之后当选。

（8）教区长的女儿紧接在简之后当选为五月皇后。

（9）他们的名分别是：安，比阿特丽斯，汉丽特，简，玛丽，苏珊娜，沃里特

（10）他们的姓分别是：安德鲁，布莱克，米尔福德，萨金特，索亚，特伦特，沃顿

（11）父亲：铁匠，木匠，箍桶匠，旅馆主人，教区长，茅屋匠，织工

336. 一起枪击事件

一天夜里，某小区发生了一起枪击事件，小区里的人都被吵醒了，只有4个人在醒来的第一时间看了表，他们分别是甲、乙、丙、丁。著名的查尔斯侦探正好住在这个小区的附近，他得知此案发生后，急忙赶到了现场。在侦察了现场之后，他找到了这4个看了表的人，并询问了他们。这4个人对于疑犯何时作案的时间，分别作了如下回答：

甲："我听到枪声是12点零8分。"

乙："不会吧，应该是11点40分。"

丙："我记得是12点15分。"

丁："我的表是11点53分。"

作案的时间如此不一吗？其实，这是因为他们的手表都不准。一个人的手表慢25分钟，另一个人的手表快10分钟，还有一个快3分钟，最后一个慢12分钟。

请问：如何通过这4个不准确的时间来确定准确的作案时间？

337. 车牌号是空的

一辆汽车肇事后逃跑了，警长柳多维克立即赶到了出事地点。

一位见证人说："当时我通过后视镜发现自己车的后面有一辆车突然拐向小路，飞驰而去，就顺手记下了那辆车的车牌号。"柳多维克说："那可能就是肇事的车，我马上叫警察搜捕这辆18UA01号车！"

几小时后，警察局告知柳多维克，见证人提供的车号18UA01是个空号。现在已把近似车号的车都找来了，有18UA81号、18UA10号、10AU81号和18AU01号共4辆车。

柳多维克环顾了所有的车号，然后从四辆车中找出了那辆肇事车。请问是哪辆？

338. 去往墨西哥的六个枪手

电影导演伊凡构想了一个剧本：关于6个枪手南行去墨西哥的一个村庄和强盗作战的故事。以下的地图标记的是枪手中的组织者伯尼招募各枪手的地方，从所给的线索中，你能说出各个城镇的名字以及被伯尼招募的枪手的名字吗？

现在已知线索是：

（1）其中一个枪手被伯尼保释出狱后，在位置3加入组织，此位置不是一个城市，大家只知道它的一个别名。

（2）伯尼不是在第一站招募墨西哥赌徒胡安·毛利的，后者因被误控谋杀，差点被处以死刑，是伯尼救了他。

（3）凯克特斯市是伯尼南行过程中找到毛利之后的下一站。伯尼招募他的老朋友蒂尼的地方是在马蹄市和他招募前得克萨斯州游民赛姆·贝利那个镇的交界区附近。

（4）伯尼在经过保斯镇之后，在到达赖安加入组织的镇之前经过了梅瑟镇，在保斯镇和梅瑟镇他都没有发现那个神秘的枪手亚利桑那。

（5）里欧·布兰可镇在格林·希腊镇的南边，但不是紧邻的。格林·希腊镇是在前任骑士官受辱后决意加入到伯尼组织的那个城市的南边下一站。

（6）城镇：凯克特斯市，格林·希腊镇，马蹄市，保斯镇，梅瑟镇，里欧·布兰可镇

（7）枪手：亚利桑那，赖安，胡安·毛利，马特·詹姆士，赛姆·贝利，蒂尼

提示：先找出马特·詹姆士加入组织的城镇。

339. 打开保险柜

一个小偷想到某亿万富翁的家中去偷些钱，于是向师傅请教了打开保险柜的方法。师傅告诉他说："在开保险柜之前，首先要转动密码锁里圈的数字盘，只有当里圈的数字与外圈的数字相加，每组数字之和都相同的时候，保险柜的门才会打开。"

在一个漆黑的夜晚，小偷溜进了富翁的家，很快就在地下室找到秘密保险柜。但是，小偷不擅长心算，在转动保险柜密码锁里圈的数字盘时，越算越糊涂，算了半天也没打开保险柜。

保险柜密码锁里圈数字盘上的数字依次是3、7、12、8、10、9、6、5，外圈数字盘上的数字依次是5、3、4、7、8、10、6、1。

现在，请你观察一下这些数字，当外圈的5和内圈的几对在一起时，里外的每组数之和才能都相同呢？

340. 新工作

5个年轻人均在最近几周找到了新工作，他们在同幢大楼的不同楼层工作。从以下所给的线索中，你能找出他们的工作单位、所在楼层以及他们在那里工作的时间吗？

现在已知线索是：

（1）伯纳黛特在邮政服务公司工作，他所住的楼层比那个最近被雇佣的年轻人要低2层。而后者即最近被雇佣的不是爱德华，爱德华所住的楼层要比保险公司经纪人的高2层，保险公司经纪人是在最近2周被招聘的。

（2）假日公司的职员不在第5层。

（3）德克是在4周前就职的。

（4）信贷公司的办公室在大楼9层。

（5）淑娜不是私人侦探所的职员。

（6）3周前就职的女孩在大楼的第7层上班。

341. 肇事车号

一天早晨，在快速车道上发生一起车祸。一名小学生被一辆超速行驶的汽车撞得在空中翻了半圈，司机肇事后马上加速逃走了。

当交通警察来后，扶起那名小学生，却发现他没有受伤，而且他非常清楚地告诉警察肇事车辆的车号是：8619。

警方立即对这辆车展开调查，要逮捕肇事者，却发现这个号码的汽车确实有不在场的证明，肇事车不是这一辆。

你知道肇事后逃走的汽车车号究竟是多少吗？

342. 奇异的钟声

夜半时分，突然，一个黑影窜到了山村的一个小卖店门前。黑影掏出尖刀，轻轻拨开了门闩。

更夫李大伯朦胧中听见外面有动静，忙摸黑爬起来。就在这时，他脑袋上重重地挨了两棍子，"扑通"一声摔倒在地上。

歹徒把这个小卖店洗劫一空，扬长而去。就在歹徒逃离现场的时候，李大伯苏醒过来。他想爬起来，但身子已被歹徒绑在了木椅上；他想喊人，但嘴里被塞上了毛巾。他后悔自己警惕性不高，打更的时候睡觉。可是已经晚了，他连气带疼又昏过去了。

清晨，有人路过这里，看见店门大开，小卖店被盗，急忙报告了乡派出所。

派出所所长老洪和民警小许迅速赶到了案发现场。李大伯的伤不算太重，这时神志已经清醒了许多。老洪对小许说："我去勘察一下现场，你先在这里向李大伯询问一下案发的情况。"

老洪来到营业室，仔细地察看着。可是一无所获，犯罪分子太狡猾了，一个指纹也没有留下，脚印也不知用什么东西清扫掉了。

小许正在屋子里与李大伯谈话。

"案发在什么时候？"

"不知道。"

"您什么时候惊醒的呢？"

"不知道。"

"犯罪分子长得什么样呢？"

"不知道。"

小许见李大伯一问三不知，有些不耐烦地问道："那您都知道些什么呢！"

李大伯满脸通红，不好意思地低下头。

"当当当……"墙上响起了钟声。

听到钟声，李大伯忽然想起了什么，惊呼道："有了，我知道那小子什么时候逃跑的了。"他眯缝起眼睛回忆说："那小子走的时候，可能是怕我报案，把我往椅子上绑。他那么一折腾，把我弄醒了。我虽然什么也没看清，但我听到了钟响。"

"响了几声？"

"4声。"

"太好了！这说明犯罪分子是4点逃离现场的。"

小许高兴地刚要出去喊老洪，却又被李大伯叫住了。

"不对，不是4点钟，而是4声钟响。"

"4 声钟响，不就是 4 点钟吗？"

"那不是连续的，都是隔了一段时间才听了一声。"

"间隔的时间一样长吗？"

"是的。"

"那是几点呢？" 小许忽然想出了个主意，他把墙上的挂钟摘下来，做起了模拟实验。可除了 4 点钟以外，再也找不出间隔时间相同的 4 下钟声。他又问李大伯：

"您记错了吧！"

"没错。"

"你看这钟只能打出间隔的 3 下钟声，那是 12 点 30 分一声，1 点钟一声，1 点 30 一声，再也不能比这多一声了。

"是啊，这是怎么回事呢？" 李大伯也感到莫名其妙，但他还是坚持相信自己没有听错。

这时，老洪进来了。听他们把 4 声钟响的事一说，老洪马上明白了，立即对小许说："我知道犯罪分子是什么时间逃离现场的了。现在我们应该马上查清，所有嫌疑人半夜 12 点钟在干什么？

果然，按此时间排队查人，很快就抓住了犯罪分子。

根据老洪的推断，犯罪分子逃离现场的时间，是在半夜 12 点。那么 4 声钟响又是怎么回事呢？

343. 军官的来历

根据下面的信息，你能猜出每个军官的名字、所属部门以及他们分别来自美国的哪个州吗？

现在已知线索是：

（1）美国水兵军官站在来自爱达荷州的军官的旁边，虽然不挨着陆军中尉阿尔迪丝，但也比离空军轰炸机的飞行员近。

（2）来自美国新墨西哥州的军事警察站在步兵的左边，普迪上尉的右边。

（3）沃德少校不是工兵军官，工兵军官站在来自缅因州的军官哈伦的右边，哈伦不是步兵或空军，而军事警察站在工兵军官和缅因州军官的左边某个位置。

（4）来自乔治亚州的德莱尼不是一名空军，他站在哈伦上尉的右边，来自堪萨斯州的普迪上尉比德莱尼上尉更靠左边。

（5）军官 C 的军衔比美国水兵军官的军衔大。

（6）名字（按等级由低到高的顺序）：陆军中尉阿尔迪丝，德莱尼上尉，哈伦上尉，普迪上尉，沃德少校

（7）部门：空军，工兵，步兵，水兵，军事警察

（8）州：乔治亚州，爱达荷州，堪萨斯州，缅因州，新墨西哥州

提示：先找出空军军官的家乡和他的位置。

344. 怪盗传递信件

一天夜里，有个名叫西夫的怪盗，潜入一个外交官的住宅，在3楼卧室里，偷到一份重要的外交信件。他正要离开房间，突然听到门外有脚步声——外交官回来了。西夫从门那逃走已经不可能了，看来只能跳窗户。

窗下有一条运河，跳下运河就可以脱身。但西夫担心外交信件被弄湿而前功尽弃。踌躇中，他看到自己的同伙在对面大楼窗口等待接应，于是灵机一动，决定先把信件递给同伙，再只身逃走。

西夫钻到窗外，站在窗台上，探身、伸手，可是很遗憾，还差一点儿，够不着对面大楼。手边又没有杆子或棍子之类的工具；对面大楼的窗台很窄，跳过去也没有落脚之处；把信件扔过去，又担心被风刮跑。一时，足智多谋的怪盗西夫竟束手无策。

可是仅仅几分钟之后，西夫就有了办法，什么工具也没有用，就把信件递给了同伙，然后只身跳入运河之中，匆匆离去。

你知道西夫是用什么方法把信件递给同伙的吗？

345. 逻辑题作者

人们常常会猜测是什么样的人才会想出那些复杂又有趣的逻辑问题。从以下所给的线索中，你能推断出每个作者的全名、他们的职业和嗜好吗？

现在已知线索是：

（1）安布罗斯不是英国教会的牧师，他也不姓牛顿。牛顿对板球运动很着迷。

（2）密涅瓦和演说家的业余爱好都不是球类活动。贝琳达·戴维斯不是玩高尔夫的，也不以睡觉来打发时间，虽然有些挑剔的人曾指出她的生活存在某些问题。

（3）休伯特的身高其实很适合于为他所在地区打橄榄球，但是他的爱好却是在他的空余时间里刺绣，他不姓麦克威利。

（4）西奥多是在最高监狱里写逻辑题的，不过不要误解，他是一个监狱长官，并且是在夜班的时候写的。

（5）在一家别致的宾馆工作的厨师喜欢牌类游戏，他桥牌玩得较好，但和别人玩扑克牌却经常输。

（6）逻辑问题迷们应该不会因为牧师姓爱因斯坦而感到惊讶吧。

346. 小错误很致命

阿尔夫警官开车来到一座公寓前。他要找一个名叫安格莉卡的人。开门的正是安格莉卡，她将阿尔夫让进屋说："先生有何贵干？"

"太太，您认识一个叫哈里希的人吗？"

"哈里希？我从未听说过。"

"我刚从拘留所来，他说认识您。"

安格莉卡很镇定地抽了口烟，说道："我真恨不能将你从窗子里扔出去！"

阿尔夫说："哈里希从银行抢走了19万马克，但我们很快就将他抓获了。我们和他长谈

后，他已说出将钱给谁了。"

"我不认识哈里希，对银行抢劫案也不感兴趣！"

"那为什么哈里希会说，他将钱给了你呢？你又将钱藏在什么地方了？"

安格莉卡气得大叫道："我要说多少遍，我根本就不认识什么路德维希·哈里希！"

阿尔夫笑着说道："太太，很遗憾，你刚才犯了个小错误。请跟我们走吧。"

你知道安格莉卡犯了什么错误吗？

347. 一起报案

李警官正在值班时，接到一起报案：在河西区有一户人家被盗了。他赶紧驱车前往。

到了被盗人的家中，他注意到室内陈设整齐，只看见主人被绑在一张椅子上。那位主人看见李警官，惊喜地喊道："快救救我！"李警官给他松了绑，并听他讲述案情："我正在睡午觉，迷糊中看见一个人向我扑来，我拼命地和他搏斗，但终敌不过盗贼，我被他绑了起来。他在我眼皮底下开始东搜西找，把我家的存折、现款、首饰全部卷走，幸亏我把所有财产都上了保险……"

还没等主人说完，李警官便打断他："请你闭上嘴，你这个自欺欺人的家伙，请跟我去警察局。"

你知道这是为什么吗？

348. 失败的降落

伞兵突袭队的降落活动出了些问题，伞兵部队被打散成几个小队，在重重包围之下不得不投降。根据下面的信息，你能否推断出每队的具体信息，包括军官、指挥军士以及每一队的士兵数和拥有的基本武器装备？

现在已知线索是：

（1）卡斯特军士与其军官所带领的一队人数并不是最多，他们拥有伞兵部队的重型机枪，但却没什么用武之地。

（2）帕特军士长是伞兵部队的总指挥，可是他却被困在沟渠里，身边只有1位下士和6个士兵。

（3）加文中尉和杰克逊军士所负责的队要比拥有电台的那个队伍多2个士兵。

（4）布拉德利中尉指挥的队伍被困在C位置的一个旧谷仓内，他们队的士兵人数比李下士所在队伍的士兵人数多，但士兵人数不是4个。

（5）一支队伍被困在E位置的一所荒废的房子里，他们原本要用带着的炸药炸毁一座桥，可惜炸药是假的。

（6）谢尔曼军士和他的队伍被困在克拉克中尉的隐蔽地的东边，他们没有隐藏在D位置，也没有在A位置的小树林内。拥有迫击炮和枪械弹药的军官被困在桥的南面，克拉克中尉所在的队伍比这一队要强大。

（7）由1位军官、1位军士和4个士兵组成，并拥有迫击炮的一队不是格兰特下士所在的队。

（8）军官：帕特军士长，利吉卫上校，布拉德利中尉，克拉克中尉，加文中尉

（9）军士：卡斯特军士，杰克逊军士，谢尔曼军士，格兰特下士，李下士

（10）士兵数：4，6，8，10，12

（11）装备：弹药，炸药，枪械，迫击炮，电台

提示：先找出 E 位置的军士。

349. 又是一次导演案

上午 10 点，某公寓二楼传出"砰"的一声枪响。接着一个持枪的蒙面大汉冲下楼乘车逃跑了。罗波侦探接到报告，立即赶到现场。

只见一个男人倒在地上，额头中了致命的一枪。显然被害者是在开门前，被隔着门的手枪击中的。经公寓管理员辨认，死者不是该房的居住者吉姆，因为吉姆是个最次轻量级职业拳击家，身高只有 1.5 米，而死者身高足有 1.8 米。

由于不清楚死者的身份，只好取他的指纹进行化验。没想到死者竟是前几天从 M 银行里席卷 500 万巨款而逃的通缉犯鲍伯。

罗波侦探来到拳击场找吉姆。吉姆一听鲍伯被杀，面色陡变。他说鲍伯是他中学同学，昨夜突然来他家借宿，不想当了他的替死鬼。

查理斯警长听说"替死鬼"三字，连声诘问："怎么，有人想杀害你？"

吉姆回道："正是！上周拳击比赛，有人威胁我，要我故意输给对手，然后给我 50 万元，不然就要我付出代价，而我拒绝了。他们把鲍伯当成了我……"

没等吉姆说完，罗波侦探说："不要再演戏了，是你导演了这幕凶杀案，目的是想夺取鲍伯从银行盗来的巨款！"

你能猜出罗波侦探是怎样识破吉姆的吗？

350. 航海

在某个阳光灿烂的夏日午后，4 艘游船在某海湾航行，位置如图，从以下所给的线索中，你能说出这 4 艘船的名字、航海员以及帆的颜色吗？

现在已知线索是：

（1）海鸥在马尔科姆掌舵的船东南面，马尔科姆掌舵的船帆是白色的。

（2）燕鸥在图中处于奇数的位置，它的帆是灰蓝色的。

（3）有灰绿色帆的那艘船不是图中的 4 号。

（4）维克多的船处于 3 号位置。

（5）海雀的位置数要比有黄色帆的游船小，但比大卫掌舵的船位置数要大。

（6）埃德蒙的船叫三趾鸥。

（7）船名：海鸥，三趾鸥，海雀，燕鸥

（8）航海员：大卫，埃德蒙，马尔科姆，维克多

（9）帆：灰蓝色，灰绿色，白色，黄色

提示：先找出 4 号位的船名。

351. 臭名昭著的大盗贼

国际刑警组织正在追捕臭名昭著的大盗贼哈里。一天，他们收到报告说哈里正驾车朝码头驶去，他是为了与"东方神秘"号船上的什么人接头的。

于是加尔探长命令加强对船上所有人员和码头周围人员的监视。

根据几天的观察，加尔探长得到如下线索：这条船上有 1 个船主、5 个水手和 1 个厨师。每天早上 9 点，船主盖伦走上甲板，活动筋骨，呼吸新鲜空气，然后又回到甲板下面去。上午 10 点，一个矮胖的厨师走出船舱，骑着自行车上街采购。他每天总是循着相同的路线：先去一家面包店，然后去一家调味品批发商店，再去一家肉店，一家乳品店，一家中国餐馆，最后去报摊购买当日的报纸。在每个地方，他都短暂停留。5 个水手上午在船上工作，下午上街游玩，傍晚喝得醉醺醺，嘴里胡乱哼着小调回船，天天如此。

加尔经过缜密的分析和调查，逮捕了船上的厨师。最后厨师供认：每天他都在一家商店里与哈里接头。

请问：厨师与哈里是在哪家商店接头的？

352. 蓄意谋杀

检察官一走进死者斯塔尔的办公室，卡宾就迎上前说："除了桌子上的电话，我什么也没碰过。我发现这一切后就立即给你打了电话。"

斯塔尔的尸体倒在办公桌后面的地毯上，右手旁边有一支法国造手枪。

"你快说这是怎么回事！"检察官急切地追问。

"斯塔尔叫我到这儿来一下，"卡宾说，"我来到之后他立即破口大骂他的妻子和我关系暧昧。我告诉他一定是他弄错了，但他在火头上已经变得无法自制。突然，他歇斯底里地大叫：'我非杀了你不可！'说着，他拉开办公桌最上面的抽屉，拿出一支手枪对着我就开了枪，幸好没击中。在万分危急之中我不得已只好自卫。这完全是正当防卫。"

检察官将一支铅笔伸进手枪的枪管中，将它从尸体边挑起，然后拉开桌子最上面的抽屉，小心翼翼地将枪放回原处。

当晚，检察官对神探哈莱金说："卡宾是一名私人侦探，他的手枪是经注册备案的。我们在桌子对面的墙上发现了一颗法国造手枪弹头，就是卡宾所说的首先射向他的那颗。那支枪上虽留有斯塔尔的指纹，但他并没有持枪执照，我们无法查出枪的来历。"

"我想你已经可以立案指控卡宾蓄意谋杀了吧？"哈莱金问。

你知道卡宾在哪儿露出了马脚吗？

353. 站岗的士兵

下面的图片展示了几名士兵。根据下面的信息，你能分辨出 1 到 4 号的士兵分别来自哪里以及他们的参军时间吗？

现在已知线索是：

（1）来自大不列颠的密尼布司比 4 号位置上的士兵晚一年参军。

（2）在城墙上 3 号位置的斯堪达隆思比来自伊伯利亚半岛的士兵早参军。

（3）来自高卢的士兵参军很久了，但这个人不是阿格里普斯。

（4）来自罗马的士兵紧挨最晚参军的士兵并在其右边，但比纳斯德卡思靠左。

（5）士兵：密尼布司，纳斯德卡思，斯堪达隆思，阿格里普斯
（6）省：大不列颠，高卢，伊伯利亚半岛，罗马
（7）参军年数：9年，10年，11年，12年
提示：先找出纳斯德卡思所在的位置。

354. 绑票者是谁

一个深秋的夜晚，某董事长的儿子被绑票了，绑架犯索要5万美元的赎金。那家伙在电话里说："我要旧版的百元纸币500张，用普通的包装，在明天上午邮寄，地址是查尔斯顿市伊丽莎白街2号，卡洛收。"接到电话后，这个董事长非常害怕。为了不让孩子的生命受到危害，他只好委托私家侦探菲立普进行调查。因为事关小孩的生命，菲立普也不敢轻举妄动。于是，他打扮成一个推销员，来到了绑架犯所说的地址进行调查，结果却发现城名虽然是真的，但是地址和人名却是虚构的。难道绑架犯不想得到赎金吗？这当然是不可能的。忽然，菲立普灵机一动，明白了绑架犯的真实面目。第二天，他就成功地抓获绑架犯，并成功救出了被绑架的小孩。

菲立普明白了什么？

355. 悬赏启事

罗蒙德医生的一块祖传怀表丢失了。他吩咐司机路里在当地报纸的广告栏里登了一则寻找怀表的启事。这会儿，罗蒙德正拿着报纸仔细看着启事。

启事登在中缝。标题：找到怀表者有赏。全文如下："怀表属祖传遗物，悬赏250美元，有消息望告知，登广告者LMD361信箱。"

路里正在花园里干活，这时，门铃响了，开门一看，外面站着一位绅士。他恭敬地说道："我叫亨利。我是为那则怀表启事来的。怀表是你的吗？"

罗蒙德想不到这则启事还真管用。他激动地抓住亨利的手说："是的，就是这块表。真是太感谢你了。你是在哪儿捡到的？"

亨利说："这表不是捡到的，是我在车站看见一个小孩在兜售，就用5美元买了下来。今天，我从报纸上看了广告，马上就赶来了……"

罗蒙德还没等亨利说完，便和路里将他扭送到了警察局。

试问：亨利在什么地方露出了破绽？

356. 新英格兰贵族

有5个人是英格兰开拓者的后代。从以下给出的线索中，你能准确说出这5个人的姓名、居住地以及他们的职业吗？

现在已知线索是：

（1）亚历山大和住在马萨诸塞州的古德里都不从事法律方面的工作。

（2）马文不住在康涅狄格州，他也不姓皮格利，皮格利不是警官。

（3）建筑师姓温土，他的名字在字母表中排在那个住在缅因州的人之后。

（4）本尼迪克特的家乡和另外一个州的首字母相同，本尼迪克特不是法官。

（5）银行家是新汉普郡的居民。

（6）杰斐逊是一所大学的助教。

（7）佛蒙特州不是那个叫斯泰丽思的人居住的州。

（8）州：康涅狄格州，缅因州，马萨诸塞州，新汉普郡，佛蒙特州

（9）名：亚历山大，本尼迪克特，埃尔默，杰斐逊，马文

（10）姓：古德里，皮格利，朴历夫，斯泰丽思，温土

357. 逃犯与真凶

一场混乱的枪战之后，某医生的诊所进来了一个陌生人。他对医生说："我刚才穿过大街时突然听到枪声，只见两个警察在追一个凶手，我也加入了追捕。但是在你诊所后面的那条死巷里遭到那个家伙的伏击，两名警察被打死，我也受伤了。"

医生从他背部取出一粒弹头，并把自己的衬衫给他换上，然后又将他的右臂用绷带吊在胸前。

这时，警长和地方议员跑了进来。议员朝陌生人喊："就是他！"警长拔枪对准了陌生人。陌生人忙说："我是帮你们追捕凶手的。"议员说："你背部中弹，说明你就是凶手！"

在一旁目睹一切的亨利探长对警长说："是谁，一目了然。"

你能说出个中究竟吗？

358. 墙上的假手印

某公寓发生了一起杀人案。一个独身女性在3楼的房间里被刀刺死。卧室的墙壁上清晰地印着一个沾满鲜血的手印，可能是凶手逃跑时不留神将沾满鲜血的右手按到了墙壁上。"5个手指的指纹都很清晰，这就是有力的证据。"负责此案的探长说道。

当他用放大镜观察手印时，一个站在走廊口，嘴里叼着大烟斗，弯腰驼背的老头儿在那里嘿嘿地笑着。

"探长先生，那手指印是假的，是罪犯为了蒙骗警察，故意弄了个假手印，沾上被害人的血，像盖图章一样按到墙上后逃走的。请不要上当啊。"老人好像知道实情似地说道。探长吃惊地反问道："你怎么知道手印是假的呢？"

"你如果认为我在说谎，你可以亲自把右手的手掌往墙上按个手印试试看。"刑警一试，果然不错。请问：这位老人究竟是根据什么看破了墙上的假手印呢？

359. 退休的警察们

汤姆的叔叔在迪克萨克福马警察队工作了 30 年，终于在 1994 年退休了。上个月，他把汤姆带到了一个聚会，并且把汤姆介绍给了其他 5 位刚刚退休的警察，他们和汤姆的叔叔有过合作，但都因为各种各样的原因没能像汤姆的叔叔那样工作 30 年后退休。

从下面的信息中，你能找出每个人提前退休的原因、退休时间以及他们后来所从事的工作吗？

现在已知线索是：

（1）其中一人因为有心脏病而提前离开了警察队，退休后成了一名专业摄影师，他比麦克·诺曼早退休 4 年。

（2）还有一位退休后开了一家名为"牧羊狗和狗"的酒馆，并营业至今。患有溃疡病的切克·贝克比他早几年离开了警察队。

（3）乔·哈里斯不是那个因为在一次车祸后严重受伤而被迫退休的人。

（4）退休后成了一名出租车司机的那个人，在罗福特·肯特离开警察队后的第 4 年也离开了。

（5）在 1976 年，其中一位在追捕一个夜贼时从屋顶上跌落下来，之后他不得不退休，退休后的职业不是出租车司机。

（6）思考特·罗斯现在靠替人驯狗来维持生计，在他退休后，有一名警察因在抓捕犯人时被嫌疑犯刺伤而残废，并不得不因此离开了警察队。

（7）有一个人是在 1980 年离开的萨克福马警察队，目前他在一个修车场做机修工。

360. 牙科诊所

伊大林·威廉斯医生在郊区的一幢大楼里开了家牙科诊所。

"多萝西·胡佛小姐昨天下午 3 点多钟来到威廉斯诊所镶牙。"巡警温特斯说，"就在医生给她的牙印模时，门轻轻地被推开了，一只戴着手套的手伸进来，手中握着手枪。

"威廉斯医生当时正背对着门，所以只听两声枪响。胡佛小姐被打死了。在案件发生一个小时后，我们找到了嫌疑犯。

"开电梯的工人说，他在听到枪声之前的几分钟，把一个神色慌张的人送到 15 楼，那个地方正是牙科诊所。据电梯工描述，我们认为那个人正是假释犯伯顿，他因受雇杀人未遂入狱。"

警长哈利问："把伯顿那家伙抓来了吗？"

"已经抓来了。"温特斯答道，"是在他的住所抓到的。"

哈利提审了伯顿，开头就问："你听说过威廉斯这个人的名字吗？"

"我没听说过。你们问这干什么？"

哈利佯装一笑："不为什么，只是两小时前，有位名叫多萝西·胡佛的小姐在他那里遇上了点麻烦，倒在血泊中。"

"这关我什么事？整个下午我一直在家睡觉！"伯顿回道。

"可有人却看见一个长得像你的人在枪响前到15楼去了！"哈利紧逼了一下，目光似剑。

"不是我，"伯顿大叫，"我长得像很多人。"他接着又说，"从监狱假释出来我从未去过他的牙科诊所。至于威廉斯，我敢打赌这个老头从来没见过我。他要敢乱咬我，我跟他拼命！"

哈利厉声道："伯顿，你露马脚了，准备上断头台吧！"

你能猜出罪犯的申辩中何处露了马脚吗？

361. 豪华轿车

果酱大亨威尔弗雷德·约翰的5个儿子都开着新款的豪华轿车，但他们的车牌不约而同都是老式的。因为他们的车牌都是印着家族之姓的私人车牌（像威尔弗雷德的劳斯莱斯车牌为A1JAR）。从以下所给的线索中，你能推断出他们各自的车牌号、制造商以及车的颜色吗？

现在已知线索是：

（1）埃弗拉德·约翰的车牌和那辆江格车的车牌首字母相同，两辆车的车牌号是T453JAR和T564JAR。

（2）安东尼·约翰开着一辆兰吉·罗拉。

（3）默西迪丝不是蓝色的，它的车牌号不是W786JAR。

（4）那辆黑色车的车牌号是R342JAR。

（5）伯纳黛特·约翰的车牌号的每个数字比那辆红色的法拉利车牌号均要大1，法拉利的主人的名字要比他最小的兄弟的名字长。

（6）克利福德·约翰的车是白色的，但不是那辆车牌号为W675JAR的卡迪拉克。

（7）名：安东尼，伯纳黛特，克利福德，迪尼斯，埃弗拉德

362. 自杀的餐馆老板

这是普普通通的一天。波洛正在街上闲逛，突然听到一声枪响。他连忙向枪响的地方跑去，发现是附近的一家餐馆。他跑进餐馆，看到餐馆老板血流满面地倒在地上，额头上有一个弹孔，人已经死了。桌子上放着一把手枪，手枪上面有一张便条，是餐馆老板写的，说他对生活失去了信心，所以选择自杀。

警察赶来之后，判断说这很明显是自杀，因为这家餐馆十分不景气，马上就要倒闭了。而且，那张便条上的字也很像餐馆老板的笔迹。

波洛却不这么认为。你知道他的理由是什么吗？

363. 保密的措施不保密

无赖雪特打听到海滨别墅有一幢房子的主人去瑞士度假，要到月底才能回来，便起了邪念。他找到懒鬼华莱，两人决定去碰碰运气。

两天后的一个夜晚，气温降到了摄氏零下5度，雪特和华莱潜入了别墅，撬开前门，走进屋里。他们发现冰箱里摆满食物，当即拿出两只肥鸭放在桌子上让冰溶化。几个小时过去了，平安无事。雪特点燃了壁炉里的干柴，屋里更暖和了。他们一边坐在桌边，转动着烤得焦黄、散发着诱人香味的肥鸭，一边把电视打开，将音量调得很低，看电视里的综艺节目。突然，门铃响了，两人吓得跳起来，面面相觑，不知所措。门外进来了两个巡逻警察，站在他们面前，嗅嗅烤鸭的香味，晃晃两副叮当作响的手铐。

请你判断一下：他们究竟在什么地方露出了马脚？

364. 罗马遗迹

博物馆的展品中有 20 世纪 60 年代发现的 4 个罗马墓碑。根据下面的线索，你能找出 A、B、C、D 四块墓碑上每块墓碑的细节，包括墓碑主人的名字、职业以及去世的时间吗？

现在已知线索是：

（1）墓碑 C 的主人是一位物理学家，卢修斯·厄巴纳斯在他去世之后的 12 年也去世了。

（2）墓碑 A 的墓主人不是酒商泰特斯·乔缪尔斯。

（3）D 是朱尼厄斯·瓦瑞斯的墓碑。

（4）马库斯·费迪尔斯在公元 84 年去世。

（5）那名职业拳击手在他的最后一场拳击赛中被杀，当时是公元 96 年。

（6）在公元 60 年去世的不是古罗马 13 军团的百人队长。

（7）名字：朱尼厄斯·瓦瑞斯，卢修斯·厄巴纳斯，马库斯·费迪尔斯，泰特斯·乔缪尔斯

（8）职业：百人队长，职业拳击手，物理学家，酒商

（9）去世时间：公元 60 年，公元 72 年，公元 84 年，公元 96 年

提示：先找出物理学家的名字。

365. 一起盗窃案

某博物馆发生了一起盗窃案，丢失了大批十八世纪中期的文物，其中包括一批纯银的古董。近期，常有人在古玩市场暗中交易这批文物。李侦探乔装成古董收藏家去古玩市场寻找有关线索。他在一家店铺发现了这批古董中的一部分，他就询问店主："嗨！先生，我想看看那件纯银烛台，大约值多少钱？"店主神秘地低声说道："老兄，这可是珍品，是近期博物馆丢失的那批十八世纪文物中的一部分。"说着，店主拿过来一个闪亮的纯银烛台。

李侦探看了看，微笑着说道："老兄，我可以告你以诈骗罪敛财！"店主听了，大惊失色。李侦探是怎么识破他的？

366. 军队成员

下图展示了 1644 年克伦威尔·奥利弗领导的 "护国军" 中的 4 名成员，根据下面的线索，你能填出每名成员的姓名、兵种以及各自所穿制服的颜色吗？

现在已知线索是：

（1）伊齐基尔·费希尔所穿制服为灰色，不过上面布满了灰尘和泥浆，他紧挨在鼓手的右边。

（2）一名配枪士兵穿着又破又脏的棕色制服，他和末底改·诺森之间隔着一个士兵。

（3）1号士兵是个步兵，他不是法国人，而是英国人。

（4）4号士兵是所罗门·特普林。

（5）吉迪安·海力克所穿的上衣不是蓝色。

（6）名字：伊齐基尔·费希尔，吉迪安·海力克，末底改·诺森，所罗门·特普林

（7）兵种：鼓手，炮手，步兵，配枪士兵

（8）制服颜色：蓝色，棕色，灰色，红色

提示：先找出伊齐基尔的位置。

367. 雪地上的脚印

在一个严冬的早晨，积雪厚达30厘米，罪犯在自己家中杀人后，穿过一片空地，将尸体扛到邻居一所正在建造中的空房内，转移了杀人现场。然后他顺原路返回家，拨通了报警电话，装作若无其事的样子说发现有人被害了。

警探赶到后，查看了那个人往返现场时留在地上的脚印，便厉声呵斥说："你在说谎，凶手就是你！"

你知道警探是怎么判断的吗？

368. 凶手的破绽

古时候，苏州有个商人名叫张庆，他经常外出做生意。这一天晚上，他雇好了船夫，约定第二天在城外寒山寺上船出行。

第二天清晨天还没亮，张庆便带着很多银子离家去了寒山寺。太阳出来以后，张庆的妻子听到有人慌忙地拍门喊道："张大嫂，张大嫂，快开门！"张妻开门后，来的正是船夫，他开口便问："大嫂，张老板在哪里？他怎么还不上船啊？"

张妻赶紧随船夫来到寒山寺一探究竟，只见小船停在河边，张庆却失踪了。张妻到县衙去报案，县令听了她的诉说之后，便断定杀害张庆的人是船夫。

你知道这是为什么吗？

369. 上班迟到了

在这周的工作日，5个好友某个晚上出去参加了一个聚会，结果，第二天大家睡过头了，他们每个人都迟到了。从以下所给的线索中，你能说出这5个人的名字、他们各自的工作以及分别迟到多长时间吗？

现在已知线索是：

（1）迈克尔·奇坡不是邮递员。

（2）赛得曼上班迟到了50分钟。

（3）鲁宾比那个过桥收费站工作人员迟到的时间还要多10分钟，后者姓的字母是偶数位的。

（4）砖匠要比克拉克迟到的时间多10分钟。

（5）教师迪罗要比斯朗博斯稍微早一些。

（6）兰格是一个计算机程序员。

（7）思欧刚好迟到了半小时。

（8）名：克拉克，迪罗，迈克尔，鲁宾，思欧

（9）姓：奇坡，兰格，耐品，赛得曼，斯朗博斯

370. 店员的智慧

一天下午，一家珠宝专卖店里来了一对夫妇。丈夫身穿高贵的西服，手上拿着一个不锈钢保温杯，夫人身穿时髦的长风衣，两人看上去都很阔气。

这时，丈夫礼貌地告诉店员，今天是他们的结婚纪念日，所以打算替夫人挑选一些首饰，店员热情地为他们介绍了各种款式和最近优惠的几个品种后，那对夫妻商量了一下，决定先试戴看看。

接着他们出示了贵宾卡，这是极少数顾客才持有的卡，标志着顾客的地位和诚信。于是，店员为他们提供了单独的试戴间，根据他们的要求将珠宝送进去给他们试戴。

这对夫妇在店里待了整整一个下午，几乎试过了一半的珠宝，最后，他们决定购买一套项链和一对手镯。

就在收银员准备为他们结账时，一个店员忽然注意到站在丈夫身后的夫人好像很紧张，捧着不锈钢保温杯的手在微微颤抖。丈夫笑着解释说，夫人神经方面有点病症，大夫嘱咐每隔半小时必须吃一次药，所以才会随身带着杯子。他出示了口袋里的药物，又打开了杯子给店员看，杯子里是满满的一杯咖啡。

夫人向店员微笑着表示歉意，同时喝了一口咖啡，证明这里面确定只是咖啡而已。店员有些迷惑，她总觉得什么地方有点不对劲。可具体又说不出哪里有问题，这对夫妻持有贵宾卡，要对他们进行搜查是不可能的。何况楼上负责接待的店员没有发现珠宝被盗，要求检查更是毫无道理。

这时丈夫取出一片药递给夫人，夫人则接过药片，喝下一口咖啡。接着，丈夫拿出信用卡，准备付钱。这时，店员忽然想到了什么，她毫不犹豫地报了警。

很快，警察在装咖啡的杯子里找到了4件珠宝，而这些珠宝都是他们用赝品替换下来的。经过调查，警察发现连贵宾卡都是伪造的。大家都对店员的聪明细致赞不绝口。那么，店员是如何看出破绽的呢？

371. 跳崖者的眼镜

警方接到了报案，在海边悬崖下发现一具男尸。

探长桥本立即带上了精干的助手赶赴现场。只见那具男尸趴在悬崖下的碎石上，浑身血迹斑斑，身上穿着一件大衣，一只脚穿着鞋子，另一只脚赤裸着，一副太阳镜架在死者的鼻梁上，旁边的陡峭悬崖足有20多米高。

闻讯赶来的死者亲属说死者最近做生意失败，但他是个坚强的人，而且又不是第一次失败，他这样性格的人是不会选择自杀来逃避的。

助手们仔细地勘察了地形，考察了现场，最后的结论都是一致的，认为这是一宗自杀案件。

桥本觉得不像是自杀，但是他一时半会还拿不出确凿的证据来。于是，他开始仔细地观察尸体及其周围的环境。突然，他大叫一声："这不是自杀案，这是谋杀案！尸体是被人搬运过来放在这里的，然后伪装成他是自杀的假象！"

助手和围观的人们议论纷纷，都怔怔地望着他，究竟探长发现了什么？令他如此肯定地说这并非一宗自杀案呢？

372. 签名售书

在展览中心举办了一个签名售书会，6 位作者（分别位于 1、3、4、6、7、10 号签售点）正在为读者签名。根据下面的线索，你能推断出每名作家的姓名及每个人是签售哪本书吗？

现在已知线索是：

（1）离大卫·爱迪生的书摊最近的是拜伦·布克的书摊，它就在大卫的右边，而其中一位女作家在大卫的左边。

（2）坦尼娅·斯瓦不是在 3 号摊签售，《乘车向导》一书是在 3 号摊的右边签售，而《超级适合》的作者曾经是一名运动员，他的签售摊位在 3 号摊的右边的某个地方。

（3）靠电视节目成名的一位厨师签售《英式烹调术》一书，他紧挨在卡尔·卢瑟的右边，而卡尔又紧挨在拜伦·布克的右边。

（4）《城市园艺》一书的签售书摊号码与曼迪·诺布尔的书摊号码相差 2，并且曼迪写的不是《超级适合》。

（5）《自己动手做》一书的作者是拜伦·布克。

（6）作者：拜伦·布克（男），大卫·爱迪生（男），卡尔·卢瑟（男），曼迪·诺布尔（女），保罗·帕内尔（男），坦尼娅·斯瓦（女）

（7）著作：《自己动手做》，《英式烹调术》，《乘车向导》，《超级适合》，《业余占星家》，《城市园艺》

提示：先找出 10 号书摊的作者名字。

373. 树叶上的血迹

一天，一家工厂的电话接线员摔死在工厂的电话室楼下，警长接到报案后，立即带领助手赶到了现场。两人到现场一看，只见二层总机值班室的窗户大开，死者显然是从楼上摔下来的，手中还抓着一条湿抹布。二人来到楼上一查，发现电话总机值班室的暗锁和插销都完好无损。两人又来到楼下，只见越来越多的围观者都在窃窃地议论着，一些人还大声地说死者一定是在上面擦洗窗户时不慎失足掉下来摔死的。

难道死者真的是摔死的吗？警长让助手到群众中去调查，自己则开始仔细地勘察现场。

警长先验看了楼上办公室的门，接着又来到楼下，很快，在一楼外阳台上发现了一片树叶，这引起了他的注意。他轻轻地把树叶拿起，仔细地观察，发现树叶上有一小块红点，他判断这个红点一定是血迹。

这时，助手走了过来，向他说道："与死者熟悉的人向我反映，近几日根本没有发现死者情绪有什么反常现象，所以，我想可以排除自杀的可能性。另外，大家还反映说，死者生前作风正派，群众关系非常好，所以，他杀的可能性也是可以排除的。"

"你的调查和分析都有道理，但是，我告诉你，我现在发现了一个非常重要的证据，我认为可以证明死者是被谋杀的。"说完，警长便把那片带有血迹的树叶拿到助手的面前。他让助手看了一下后，便对助手说道："我们现在分头行动，你去调查死者的家庭情况，我去局里对树叶的血迹和死者的血型进行化验，看看它们是否吻合。"

他们马上就开始了行动。仅仅一天工夫，助手的调查结果就出来了：原来死者与丈夫的关系非常不好，她的丈夫一直在找借口来要求与她离婚，可死者始终不同意，所以，她的丈夫极有做案动机。之后，警长的化验结果也出来了，化验证明，树叶上的血迹与死者血迹完全吻合。两项调查一综合，警长果断地让助手将死者的丈夫带到了派出所，经过审问，死者丈夫交代了犯罪事实：那天晚上，他乘死者一人值班之时，悄悄地进入电话室，乘妻子不备，将其杀死，然后伪造了因擦玻璃不慎失足落地而死的现场。可他万万也想不到，尽管他竭力清理了现场，但还是被警长从一片树叶上的血迹发现了证据。

那么警长是如何从树叶上的血迹看出来是谋杀的呢？

374. 被害者

有一个美丽的女孩在河边洗澡，当她洗完后发现放在岸边的衣服被人偷了。关于这件事，受害者、旁观者、目击者和救助者各有说法。她们的说法如果是关于被害者的就是假的，如果是关于其他人的就是真的。请你根据她们的说法判定谁是被害者。

玛亚："凯瑞不是旁观者。"

凯瑞："希尔不是目击者。"

波西："玛亚不是救助者。"

希尔："凯瑞不是目击者。"

375. 英国士兵的孩子们

退役士兵汤米·阿托肯的3个孩子都跟随他们的父亲加入了英国军队，并且都成了军官。从以下所给的线索中，你能说出汤米·阿托肯的3个小孩的出生年份、他们具体在哪种类型的部队服役以及他们现在驻扎的地方吗？

现在已知线索是：

（1）在皇家工程队的阿托肯军官出生于1977年。

（2）皇家炮兵队的大卫·阿托肯要比在奥尔德肖特的兄弟年轻。

（3）詹姆士·阿托肯不在步兵团。

（4）布赖恩现在驻扎在伦敦的一个步兵团里。

376. 受过伤的死者

"死者的右手上个月被打断了，一直不能动弹。我们在他裤子的左兜里面发现了一包香烟，在右兜里面发现了一盒火柴。"

探长听了手下的话说："那他肯定是被杀的。"

你知道这是为什么吗？

377. 庄严的参观

国家遗产协会的成员在上星期的每一天都去了一个有纪念意义的地方，这些地方都有着独特并吸引人的景点，而且他们在每个景点的礼品店买了一样纪念品。根据下面的信息，你能推论出每次参观的具体细节吗？

现在已知线索是：

（1）在星期一的参观中他们买了书签作为纪念品，但购物地点不是保恩斯城堡。同时微型铁路也不是这个城堡的特色。

（2）他们在星期二参观了哈特庄园，星期四参观了儿童农场，这个农场是格兰德住宅的特色。

（3）游玩迷宫后的第三天他们买了一个杯子。

（4）参观了哈福特礼堂后他们买了一支钢笔。

（5）他们买的盘子上没有欧登拜住宅的照片。

（6）披肩是在有服饰展的景点买的。

378. 赌棍、骗子和牧师

普林监狱的看守亨利对警官说："真糟糕！伯金斯下班时留下一张便条，说昨天晚上他逮捕了两个打扮成牧师的流氓，一个是骗子，另一个是赌棍。可是今天早上我上班时，却发现1号、2号、3号单人牢房里关着的都是牧师打扮的人，现在看来，其中一人是真正的牧师，他正好来监狱探望误入歧途的人。可是我实在分不清到底哪个是真正的牧师。"

警官建议道："想法子问问他们，相信真正的牧师总是会讲实话的。"

"可我要是问到的那人正好是个骗子呢？据伯金斯讲，这个骗子是撒谎的老手，他从来不讲真话；而那个赌棍又是专门见风使舵的家伙，他撒不撒谎要看情况对他是否有利。"

警察和亨利一起来到单人牢房门前。

"你是什么人？"警官问关在1号牢房的那个人。

"我是赌棍。"那人答道。

警官又走到2号牢房门前问："关在1号牢房的是个什么人？"

"骗子！"

警官又问3号牢房里的人："你说关在1号牢房的那个是什么人？"

"他是个牧师。"

警官转身对亨利说："事情已经很明显了，你可以释放牧师了……"

请问：警官是怎样判断出哪个牢房里关着牧师的？

379. 狙击手的绰号

刑事局干事历经千辛万苦，总算取得有关 A、B、C、D、E 5 名狙击手的部分情报，再通过仔细分析，旋即理解 B 狙击手的绰号。其资料如下：

（1）大牛的体型比 E 狙击手壮硕。

（2）D 狙击手是白猴、黑狗的前辈。

（3）B 狙击手总是和白猴一起犯案。

（4）小马哥和大牛是 A 狙击手的徒弟。

（5）白猴的枪法远比 A 狙击手、E 狙击手准。

（6）虎爷和小马哥都不曾动过 E 狙击手身边的女人。

请问，B 狙击手的绰号是什么？

380. 得克萨斯州突击队

1872 年，得克萨斯州突击队抓住了一群隐匿在里约·布兰可郡德克萨斯州的逃犯。下面是其中 5 名突击队员的具体信息。你能从中找出每名突击队员的全名、家乡，以及迫使他们放弃成为一名执法官的原因吗？

现在已知线索是：

（1）特迪·舒尔茨是一个德国移民的儿子。有一名突击队员曾经是逃犯，现在仍然在美国被通缉，特迪和海德警官都不是这个人。

（2）来自圣地亚哥的那个人姓海德，埃尔默·弗累斯在没有工作时总是酗酒。

（3）突击队员马修斯并非来自福特·沃氏，他把业余时间和部分工作时间都花在了玩女人上。

（4）突击队员多比出生在位于墨西哥边界的拉雷多，奇克不姓弗累斯。

（5）来自休斯顿的那名突击队员在工作中表现十分出色，但可惜他遇到的囚犯都被他击毙了。

（6）皮特在艾尔·帕索出生长大，乔希不是通缉犯。

381. 谁拿错了谁的伞

赵金、钱银、孙铜、李铁、周锡一起参加会议。由于下雨，他们各自带了一把伞。散会时恰好停电，结果他们都拿错了伞。

赵金拿的伞不是李铁的，也不是钱银的；钱银拿的伞不是李铁的，也不是孙铜的；孙铜拿的伞不是周锡的，也不是钱银的；李铁拿的伞不是孙铜的，也不是周锡的；周锡拿的伞不是李铁的，也不是赵金的。另外，没有两个人相互错拿了对方的伞的情况。

请问：他们 5 人各错拿了谁的伞？

382. 警察队

电视台发布了一条消息：很受欢迎的警察系列剧《警察队》中的 5 名明星将在下个月底举行粉丝见面会。根据下面的线索，你能找出每位演员所扮演角色的名字、加入该部电视剧的时间以及他们在剧中的角色是以什么理由结束演出的。

现在已知线索是：

（1）吉恩杰·马洛警察是警察队中最爱开玩笑的人，他不是在 1998 年 5 月加盟该部电视剧的拍摄。

（2）道恩·塞尔拜在该部电视剧中的首次露面比那位扮演被银行抢劫犯枪杀的演员早一年，后者不是 5 位中最晚加入该部电视剧的演员。

（3）1999 年 3 月 3 日播放的一段片花中首次出镜的那个角色不是由贝利·佩奇所扮演，他将退出第一部的拍摄，转而参演第二部并在其中扮演一名私家侦探。

（4）约翰·维茨所扮演的粗暴狡猾的检察员名为斯耐克·维姆斯。

（5）莫娜·杨在戏中的角色不是芬警察，该角色最后从斯榻·雷恩警察局调到伦敦另一边的尼克警察局。

（6）扮演乌尔夫警官的演员在 1997 年 10 月加入该部电视剧的拍摄。

（7）1998 年 7 月首次出镜的格兰·泰勒扮演的不是坎普恩警察——因为收取当地一位腐败政员的贿赂而被监禁。

383. 手机是谁捡到的

A、B、C、D4 个同学拾到一部手机，交给了老师。可谁都不说是自己拾的。A 说："是 C 拾的。"C 说："A 说的与事实不符。"老师又问 B，B 说："不是我拾的。"D 说："是 A 拾的。"

现在已知他们中间有一人说的是真话。你能判断出谁才是那个拾手机的人吗？

384. 甲的帽子是什么颜色

有 6 顶帽子，其中 3 顶是红色的，2 顶是蓝色的，还有 1 顶是黄色的。甲、乙、丙、丁 4 人闭上眼睛站成一排，甲在最前面，乙其次，丙第三，丁最后。老师给他们每人戴了一顶帽子，他们不知道自己的帽子的颜色，但后面的人可以看到前面人的帽子的颜色。老师先问丁，丁说判断不出自己所戴帽子的颜色。丙听了丁的话，也说不知道自己戴的是什么颜色的帽子。乙想了想，也摇了摇头，不知道头上是顶什么颜色的帽子。听完他们的话，甲笑着说知道自己戴了一顶什么颜色的帽子。你知道甲戴了什么颜色的帽子吗？

385. 沿下游方向

诺福克的洛特河是著名的波罗兹的一部分，4 个勇敢的海员家庭把他们的船停在了几家不同旅店的停泊处。根据下面的信息，你能填出图表中每个家庭的名字、所拥有的船只名，以及所停泊的旅店名吗？

现在已知线索是：

（1）费希尔的船停泊在挪亚方舟处，斯恩费希的停泊处在挪亚方舟处的左边。

（2）帕切尔号停在狗和鸭码头。

（3）C 位置上的旅店叫升起的太阳，停泊在那里的船不属于罗德尼家庭，也不是南尼斯号。

（4）在最右边的船属于凯斯一家。

（5）家庭：德雷克，费希尔，凯斯，罗德尼

（6）船名：罗特斯，南尼斯，帕切尔，斯恩费希

（7）旅店：钓鱼者休息处，狗和鸭，挪亚方舟，升起的太阳

提示：先找出 A 位置上的船的名字。

386. 巧点鸳鸯谱

一天，4 名书生各携带妻子前往衙门戏弄乔太守，8 人分别姓赵、钱、孙、李、周、吴、郑、王。一阵惊堂鼓后，乔太守升堂坐定，命衙役带上众人。

8 人上堂，连忙跪拜："小的们昨夜在一起聚会，喝了一些酒，不知怎的，谁与谁是夫妻也弄不清了，现在特来请老爷明断。"

乔太守说："天下哪有这等怪事，明明是想刁难我，不过本太守就爱断奇案。"

乔太守让每人报了姓氏，又巡视一遍，看到李、钱两人的装束一样，就问李道："结婚之前，在这些人中，你常和谁来往？"

李回答："我常和孙、王在一起玩耍。有时天晚了，我们就睡在王家的一个大炕上。"

乔太守又问赵："你结婚时，这些人中请谁去做客？"

赵答："请了李做客。"

乔太守又问孙："这些人中有你家的亲戚吗？"

孙答："我家的那个（配偶）是吴家那个的表兄。"

乔太守再问吴："听说去年你们夫妻赴京，当时谁为你们饯行？"

吴答："3 家各有一人，郑，王和李家的那个都来给我们饯行。"

问到这里，乔太守哈哈大笑起来，并说道："我知道了！"接着点起鸳鸯谱来。这一次点对了。

那么，谁与谁是夫妻？乔太守又是怎样判定的？

提示：先判别男、女，后判别夫妻关系。

387. 维多利亚歌剧

亚瑟·西伯特和威廉·格列弗写了一系列受欢迎的维多利亚歌剧。以下是对其中 5 部的介绍。从所给的信息中，你能说出作者写这些歌剧的年份、在哪里上演以及剧中的主要人物吗？

现在已知线索是：

（1）《将军》要比主要人物为"格温多林"的歌剧早写 6 年，而《伦敦塔卫兵》中的主要人物为"所罗林长官"。

（2）《法庭官司》比首次在利物浦上演的歌剧晚 3 年写的，布里斯托尔是 1879 年小歌剧公演的城市。

（3）"马库斯先生"是在伦敦首次上演作品中的角色。

（4）《忍耐》的首次上演地点是伯明翰。

（5）《康沃尔的海盗》是 1870 年写的，它不是关于"马里亚纳"的财富的。

（6）"小约西亚"是 1873 年歌剧中的主要人物。

388. 四位古希腊少女

阿尔法、贝塔、伽玛和欧米伽4位古希腊少女正在接受训练,以便将来能当预言家。实际上,她们之中只有一个后来当了预言家,并在特尔斐城谋得一个职位;其余3个人,一个当了职业舞蹈家,一个当了宫廷侍女,另一个当了竖琴演奏家。

一天,她们4个人在练习讲预言。

阿尔法预言:"贝塔无论如何也成不了职业舞蹈家。"

贝塔预言:"伽玛终将成为特尔斐城的预言家。"

伽玛预言:"欧米伽不会成为竖琴演奏家。"

而欧米伽预言她自己将嫁给一个叫阿特克赛克斯的男人。

可是,事实上她们4个人当中,只有一个人的预言是正确的,而正是这个人后来当上了特尔斐城的预言家。

她们4个人各自当了什么? 欧米伽和阿特克赛克斯结婚了吗?

389. 银行保险柜被撬

某银行保险柜被撬,巨额现金和证券失窃。警察局经过侦破,拘捕了3名重大的嫌疑犯:施辛格、赖普顿和安杰士。通过审讯,他们查明了以下的事实:

(1)保险柜是用专门的作案工具撬开的,使用这种工具必须受过专门的训练。

(2)如果施辛格作案,那么安杰士作案。

(3)赖普顿没有受过使用作案工具的专门训练。

(4)罪犯就是这3个人的一个或一伙。

以下的结论,哪个是正确的?

A. 施辛格是罪犯,赖普顿和安杰士情况不明。

B. 施辛格和赖普顿是罪犯,安杰士情况不明。

C. 安杰士是罪犯,施辛格和赖普顿情况不明。

D. 赖普顿是罪犯,施辛格和安杰士情况不明。

E. 施辛格、赖普顿和安杰士都是罪犯。

390. 赫尔墨斯计划

赫尔墨斯计划是关于探索月球暗面(即总是背对地球的那一面)的,此项计划涉及登陆月球的5艘两人座单程赫尔墨斯号航天器。从以下给出的线索中,你能推断出每艘赫尔墨斯号上被选为队长和飞行员的宇航员是谁、要求他们降落的地点是哪里吗?

现在已知线索是:

(1)海军上校雷·塞奇被选为赫尔墨斯号的飞行员。他所在的赫尔墨斯号编号比另一艘大两个数字。后者是一艘由来自空军的"野马"托勒尔少校指挥的赫尔墨斯号飞船。它将着陆在名叫奎特麦斯的环形山旁。

(2)赫尔墨斯1号按照计划将停靠在名为盖洛克

角的环形山旁。

（3）停靠在马文山阴影处的赫尔墨斯号的编号在来自海军的普拉德上校指挥的赫尔墨斯号之后。

（4）来自海军的"博士"李少校被选为赫尔墨斯号的队长，而来自陆军的罗斯科少校担任飞行员。但他们都不在赫尔墨斯1号上。

（5）赫尔墨斯3号将由来自海军的乃尔特中尉指挥，并按计划停在埃特莱茨山。他的飞行员不是来自陆军的尼古奇上校。

（6）来自海军的亚当斯少校不是按照计划会挨在约翰卡特环形山停靠的那艘赫尔墨斯号的飞行员。来自陆军的卡斯特罗上校的队长姓高夫。

391. 仿爱因斯坦题

李、王和赵3个人住在一幢公寓的同一层上。一人的房间居中，与其他两人左右相邻。他们每人都养了一只宠物：不是狗就是猫；每人都只喝一种饮料：不是茶就是咖啡；每人都只采用一种抽烟方式：不是烟斗就是雪茄。

注意下面的条件：

李住在抽雪茄者的隔壁；

王住在养狗者隔壁；

赵住在喝茶者的隔壁；

没有一个抽烟斗者喝茶；

至少有一个养猫者抽烟斗；

至少有一个喝咖啡者住在一个养狗者的隔壁；

任何两人的相同嗜好不超过一种。

请问，谁住的房间居中？

392. 被绑架的失明富家少女

一个双目失明的富家少女在一个炎热的夏日被绑架了。家人交付了赎金之后，她在3天后平安回到家。少女告诉警察，绑架她的好像是一对年轻夫妇，她应该是被关在海边的一间小屋里。她详细地描述了自己的感受："在这间小屋里能听到海浪的声音，也感觉得到潮水的湿味。我好像被关在小屋的阁楼上，双手被捆着。天气非常闷热，不过到了夜晚还是会有一点风吹进来，让我觉得凉快些。"

警察立刻在海边一带进行了彻底的搜查，找到了两间简易的小屋，它们相距不远，只是一间朝南，一间朝北。巧合的是，它们的主人都是一对年轻夫妇。不过这两间屋里都是空荡荡的，被打扫得干干净净，找不出一点其他痕迹。

如果能够确定少女是被关在哪一间小屋，那么自然就可以确定绑架犯了。可是如何才能确定她被关在哪里呢？警方一筹莫展，最后只能去请教名探波洛。

波洛在问明情况以后，立即做出了判断。

这些情况是：

（1）两间小屋的结构几乎完全相同。只是阁楼的小窗一个朝北，一个朝南；

（2）海岸面向海的方向是南面，北面对着丘陵；

（3）少女被关的两天都是晴天，而且一点风也没有。

那么，你知道少女被关在哪一间小屋里吗？

393. 哥哥还是弟弟

两位孪生兄弟——特威德勒兄弟站在一棵树下咧着嘴笑着。爱丽丝对他俩说："要不是你们的绣花衣领不同，恐怕我会分不清哪个是哥哥，哪个是弟弟呢。"

一个兄弟答道："你应当运用逻辑推理的方法。"说罢，他从口袋里掏出一张扑克牌，向爱丽丝扬了扬——一张方块皇后。"你看，这是一张红牌。红牌表明持牌的人讲的是真话，而黑牌表明持牌的人讲的是假话。现在，我兄弟的口袋里也有一张牌：不是红牌就是黑牌。他马上要说话了。如果他的牌是红的，他将要说真话；要是他的牌是黑的，他就要说假话。你的任务就是判断一下，他是特威德勒弟弟呢，还是特威德勒哥哥？"

正在这时，另一位兄弟开腔了："我是特威德勒哥哥，我有一张黑牌。"

请问：他是哥哥还是弟弟？

394. 势单力薄的警察们

4个警察在执行一项镇压示威游行的任务，他们试图用警戒线隔离人群。在行动后期每个人的身体都受到了伤害，那种折磨让他们难以忍受。根据下面的信息，你能分辨出 1 ~ 4 号警官并说出他们所受到的伤害吗？

现在已知线索是：

（1）时刻紧绷的神经使 2 号警官的肩膀都麻木了，这个让他感觉很不舒服。

（2）内卫尔的鼻子痒得厉害，但他不能去抓，因为卡弗的左手紧紧抓着他的右手。

（3）图片上这群势单力薄的警察中，布特比亚瑟更靠左边，艾尔莫特站在格瑞的右面，中间隔了一个位置。

（4）斯图尔特·杜琼和有鸡眼的警官之间隔了一个人。

（5）名：亚瑟，格瑞，内卫尔，斯图尔特

（6）姓：布特，卡弗，艾尔莫特，杜琼

（7）问题：鸡眼，肩膀麻木，发痒的鼻子，肿胀的脚

提示：先找出 4 号警官的姓。

395. 一句话断案

一个冬天，警官波格正在街上巡逻时，突然听到一声枪响，然后看见不远处一个老人靠着房门站着。探长跑过去时，发现老人背部中弹，已经死去。

于是他就问现场仅有的两个目击者刚才正在做什么。第一个说："我看到老人刚要锁门，枪一响，他应声倒地。"第二个人说："我听到枪声后不知道发生了什么，我就赶了过来。"

警官波格听完两个人的话后，立即拘留了其中的一个人，你知道拘留的是哪一个吗？

396. 教授的谜题

教授在一张纸条上写了甲、乙、丙、丁4个人中的一个人的名字，然后握在手里让这4个人猜一猜是谁的名字。

甲说：是丙的名字。

乙说：不是我的名字。

丙说：不是我的名字。

丁说：是甲的名字。

教授听完后又说："只有一个人说对了。其他人都说错了。请再猜一遍。"

这次他们很快就猜出了这张纸条上写的是谁的名字了。

你知道纸条上写的是谁的名字吗？他们又是怎么猜出的呢？

397. 抓巫将军

在17世纪中期，"抓巫将军"马太·霍普金斯主要负责杀死那些被人们认为是巫婆或者巫师的人，其中有3个巫婆来自思托贝瑞附近的乡村。根据下面的信息，你能说出每个巫婆的名字、绰号，以及各自的家乡和具有法力的时间吗？

现在已知线索是：

（1）艾丽丝·诺格斯被称为"诺格斯奶奶"是很自然的事情。

（2）马太·霍普金斯在1647年在盖蒙罕姆抓到了一个女巫并把她送到了法院接受审判。

（3）"蓝鼻子母亲"不是在1648年被确定为女巫，也不是来自里球格特乡村，一生居住在这个乡村的也不是克莱拉·皮奇。

（4）1649年，经抓巫将军证实，"红母鸡"是一个和魔鬼勾结在一起的女巫；从希尔塞德抓到的那名妇女被证实是女巫，随后的第二年伊迪丝·鲁乔也被确认为女巫。

398. 得分列表

当地足球协会最出色的5支球队本赛季大概已经赛了10场（其中一些队要比另外一些队比赛的次数稍多一些），以下信息告诉了我们各队进展的细节。从给出的信息中，你能说出各球队至今为止胜、负、平的场数吗？

现在已知线索是：

（1）汉丁汤队至今已经输了5场，平的场数要比布赛姆队少，布赛姆队本赛季赢的场数不是2场。

（2）已经平了5场只输1场的球队赢的场数大于2。

（3）只赢了1场的球队不是平了4场也不是输了3场的那支球队。

（4）赢了5场的球队平的场数比输了2场的那支要少2场。

（5）白球队踢平3场，而格雷队赢了4场。

（6）目前赢的场数最多的球队只平了1场。

（7）5支球队中的一支名叫思高·菲尔德。

399. 公寓房客

刚刚落成的公寓大楼共有3层，每层仅一套公寓。

最先搬进来的沃伦夫妇住进了顶层的一套房子，莫顿夫妇和刘易斯夫妇则根据抽签的结果，分别住进了下面两层。

莫顿夫妇感到非常满意，他们没有什么怨言。事实上，整幢楼里唯一有意见的是珀西，他希望住在他楼下的吉姆不要总是把电视开得很大声。

除此之外，这3家房客之间的关系一直很融洽。罗杰每天早上下楼路过吉姆的门前时，总要进去坐一会儿，然后两个人一起去上班。到11点时，凯瑟琳总要上楼去和刘易斯夫人一起喝茶。

丢三落四的诺玛觉得住这种公寓非常方便，因为每当她忘了从商店买回什么东西的话，她总可以下楼向多丽丝家去借。

这3对夫妇分别叫什么名字？姓什么？住哪一层？

400. 专业小偷

阿不拉不仅是个专业小偷，更是一名胆大妄为的冒险分子。

有一次，阿不拉到德国旅行，途中意外拾获一张藏宝图。于是，在藏宝图的指引下，他来到了海德堡，并且如愿闯入一个古老而神秘的地窖中。地窖内有两个奇怪的大箱子，以及一张布满灰尘的字条。

字条上面清楚地写道：我生前所掠夺的宝物都放在其中某个箱子里，但我希望将这些宝贝传给真正有智慧的人——换句话说，阁下若开对箱子，自可满载而归，万一开错了，就得跟我一样，永远长眠于地下了。

阿不拉紧接着发现，两个箱子上也分别贴有字条。

甲箱："乙箱的字条属实，而且所有金银财宝都在甲箱内。"

乙箱："甲箱的字条是骗人的，而且所有金银财宝都在甲箱内。"

当下，阿不拉愣在原地，百思不得其解。然而，问题真有那么严重吗？真有想象中那么困难吗？你可否帮阿不拉决定打开哪个箱子呢？

401. 品尝威士忌

最近的一次品酒会上，5位威士忌专家被邀请来品尝5种由单一麦芽酿造而成的酒，每种酒的生产年份不同，且产自苏格兰不同地区。

从以下所给的信息中，你能说出每种威士忌的详细信息以及每位专家所给出的分数吗？

现在已知线索是：

（1）8年陈的威士忌来自苏格兰高地，它不是斯吉夫威士忌，也不是分数最低的酒。

（2）格伦冒不是用斯培斯的麦芽酿成的。因沃那奇是10年陈的。

（3）14年陈的威士忌得了92分，名字中有"格伦"两个字。

（4）布兰克布恩是用伊斯雷岛麦芽酿成的，得分大于 90 分。

（5）来自苏格兰低地的威士忌要比得分最高的那个早 4 年生产。

（6）来自肯泰地区的威士忌得了 83 分。

（7）专家给出的分数：79 分，83 分，85 分，92 分，96 分。

402. 谁是受伤者

卡姆、戈丹、安丁、马扬和兰君都非常喜欢骑马。一天，他们 5 个人结伴到马场骑马。不幸的是，他们当中的一个人因为所骑的马受了惊吓并狂奔起来而受伤。

请你认真分析如下 A—E 各项所说的情况，判断一下：受伤的究竟是谁？

（1）卡姆是单身汉。

（2）受伤者的妻子是马扬妻子的妹妹。

（3）兰君的女儿前几天生病住院了。

（4）戈丹亲眼目睹了整个事故发生的经过，决定以后再也不骑马了。

（5）马扬的妻子没有外甥女，也没有侄女。

403. 穿过通道

在机动车道上的 4 辆汽车正要穿过通道。根据以下线索，你能说出 1～4 号每辆车的驾驶员姓名、车的颜色以及车牌号吗？

现在已知线索是：

（1）黄车的车牌号是 27，它在菲利普所开那辆车的前面。

（2）2 号位置车的车牌号是 15。

（3）曼纽尔的车在 38 号车的后面某个位置，38 号车不在 3 号位置。

（4）汉斯的车紧跟在绿车后面。

（5）红车紧跟在安东尼奥的车后面。

（6）司机：安东尼奥，汉斯，曼纽尔，菲利普

（7）颜色：蓝色，绿色，红色，黄色

（8）车牌号：9，15，27，38

提示：先找出第一辆车司机的名字。

404. 谜语专家的谈话

一位谜语专家最近与一位朋友的谈话。那位朋友指着他家照相簿里的一张照片说："我没有兄弟和姐妹，但是这个男人的父亲是我父亲的儿子。你知道他是谁吗？"

"那还不容易，"专家说，"这个男人就是你的儿子。这是个 19 世纪的古老谜语，人人皆知。"

"好聪明！那么这张照片上的家伙呢？他是我父亲唯一的侄女的唯一的姑母的唯一的兄弟的唯一的儿子。'

专家想了几分钟。"他一定就是你。我明白了，这是许多年前拍摄的一张照片。"

"喂，看一看这张照片上的女孩子。她挺可爱，可不是吗？她是我姑表妹的母亲的兄弟的唯一的孙子的舅舅的唯一的堂兄弟的父亲的唯一的侄女。"

这下子可把专家难住了。你能说出这个女孩子是谁吗？

405. 又是三个嫌疑犯

有一家大型百货商店被人盗窃了一大批财物。警察经过千辛万苦的调查，逮捕了3个重要的嫌疑犯：山姆、汤姆和杰克。经过审问，警察查明了以下事实：

（1）罪犯是带着赃物坐车逃走的。

（2）如果杰克不伙同山姆一起作案的话，他单独一个人是不会去作案的。

（3）汤姆不会开汽车。

（4）可以肯定的是，罪犯就是这3个人中的一个或者一伙。

请问：在这个案件中，山姆有罪吗？为什么？

406. 连续发生的刑事案件

一天深夜，一栋公寓发生了3起案件：一起谋杀案，住在四楼的一名下院议员被人用手枪打死；一起是盗窃案，住在二楼的一名名画收藏家珍藏的6幅16世纪的油画被盗了；一起是强奸案，住在底楼的一名漂亮的芭蕾舞演员被暴徒强奸。

接警之后，警察总部立即派出大批刑警赶到作案现场。根据罪犯在现场留下的指纹、足迹和搏斗的痕迹，警方断定这3起案件是由3名罪犯分头单独作案的（后来证实这一判断是正确的）。

经过几个月的侦查，警方终于搜集到大量的确凿证据，逮捕了A、B、C 3名罪犯。在审讯中，3名罪犯的口供如下：

A供称：

（1）C是杀人犯，他杀掉下院议员纯粹是为了报过去的私仇。

（2）我既然被捕了，当然要编造口供，所以我并不是一个十分老实的人。

（3）B是强奸犯，因为B对漂亮女人有占有欲。

B供称：

（1）A是著名的大盗，我坚信那天晚上盗窃油画的就是他。

（2）A从来不说真话。

（3）C是强奸犯。

C供称：

（1）盗窃案不是B所为。

（2）A是杀人犯。

（3）总之我交代，那天晚上，我确实在这个公寓里作过案。

3名罪犯中，有一个的供词全部是真话，有一个最不老实，他说的全部是假话，另一个人的供词中，既有真话也有假话。

A、B、C分别作了哪件案子，看完口供后刑警亨利已经做出了判断。

你知道刑警亨利是如何判断的吗？

407. 中断的演出

每年夏天，斯多博雷戏剧爱好者协会（SADS）都会在城镇或其附近的露天场地表演莎士比亚的一部著作。但是到目前为止，还没有一部作品能完整地演。从以下给出的线索中，你能推算出最近5年里每年上演的是哪部莎士比亚剧、在哪里演出、是什么原因使演出中断吗？

现在已知线索是：

（1）因电力方面的失误导致所有的舞台灯光

都熄灭而中断表演的那场户外演出之后，SADS 又
打算把《裘力斯·凯撒》推出作露天表演。

（2）《暴风雨》是在 1999 年表演的。

（3）命运多舛的《罗密欧与朱丽叶》的户外
表演，比 SADS 推出的另一部莎翁著作《哈姆雷特》要早。那部莎翁著作是在贝冱维欧公园
上演的，并且只演了一半。

（4）《奥赛罗》的演出因一场突来的浓雾致使演员们互相看不到对方而过早停演。它比
SADS 在国家公园的演出要早。

（5）SADS 在万圣教堂周围的空地上演的户外表演不是在 1998 年。

（6）2000 年特别的千禧年演出因一阵突来的大风吹走了舞台布景而遭到破坏。

（7）因暴雨中断的演出不是在 2001 年举行的，也不是在 2002 年斯多博雷足球爱好者俱
乐部的球场举行的。

（8）有一场戏是在小修道院的草地上演的。

408. 追根溯源

电视明星小森秋子的经纪人打电话给私人侦探吉田，说他正同秋子打着电话，只听她一
声惨叫，随后又有倒地的声音，再怎样呼叫也听不到她的声音了。经纪人请吉田快去秋子的
寓所，他自己也马上去。

吉田赶到秋子的寓所，门没上锁，进门一看，只见客厅的电话机旁边，秋子倒在地上，
背后插着一把刀子，电话筒扔在一边，时时传出微弱的通话断线的声音。一会儿经纪人赶来了，
吉田对他说："我进入房间时已没有其他人，秋子在电话里没向你说谁来了？"经纪人摇摇头。

吉田又问："这个电话是谁先打的？"

经纪人答："是秋子往我那里打的。当时我正在家里看电视。"

吉田再问："在通话当中，你听到她一声惨叫，担心她的安全，于是马上给我打了电话，
对吗？"

经纪人答："是，是这样。"

吉田说："你编造的这一套谎言无非是一个目的——让人们确认你不在被害现场。"

请问：吉田凭什么判断经纪人说谎呢？

409. 最诚实的人

古时候，某国的国王张榜求贤，要选一个诚实的人为他收税。应征者很多，初次见面，
怎么能知道谁是最诚实的人呢？一个谋士对国王说："陛下，等那些应征者来到宫内，您只要
如此这般，就能从中寻觅到最诚实的人。"国王采纳了这个意见。

应征者纷纷来到王宫，谋士要他们一一从一条走廊单独穿过去见国王。

所有应征者都来到国王面前。国王说："来吧，先生们，拉起手来跳个舞。我很想看看你
们诸位中，谁的舞姿最美。"

一听到国王的这个要求，许多应征者顿时傻了眼，呆若木鸡，脸色渐渐由白变红，羞愧难

堪。这时，只有一个人毫无顾忌地跳起了欢快的舞蹈，显得那么轻松自如。

谋士指着那个正在翩翩起舞的人说："陛下，这就是您要找的诚实的人。"

请问：谋士为什么说那个正在跳舞的人是个诚实的人呢？

410. 叠纸牌

4个小朋友分别用不同颜色的纸牌成功地叠出了纸房子，但每个人叠的层数不同。从以下给出的线索中，你能叫出4个人的名字，并说出他们各自所用的纸牌背景颜色和分别叠了几层吗？

现在已知线索是：

（1）使用绿色纸牌的夏洛特，坐在叠到5层的那个朋友对面。

（2）座位2的那个女孩用纸牌叠到4层高。

（3）安吉拉用的不是黑色的纸牌。

（4）在座位3用蓝色纸牌的女孩，她叠的房子没有用红色纸牌的女孩叠的高。

（5）罗斯是最成功的建筑师，在坍塌之前，她叠到第7层。她不是坐在座位4。

（6）名字：安吉拉，夏洛特，罗斯，蒂娜

（7）纸牌颜色：黑，蓝，绿，红

（8）层数：4，5，6，7

提示：首先把罗斯的位子找好。

411. 谁是国际间谍

在一列国际列车的车厢内，有四个不同国籍的旅客A、B、C、D，他们身穿不同颜色的上衣，坐在一张桌子的两边，其中两人靠着窗户，另两人则紧靠过道。现在已经知道，他们中有一个身穿蓝色上衣的旅客是个国际间谍，并且还知道：

（1）英国旅客坐在B先生的左侧；

（2）A先生穿褐色上衣；

（3）穿黑色上衣者坐在德国旅客的右侧；

（4）D先生的对面坐着美国旅客；

（5）俄国旅客身穿红色上衣；

（6）英国旅客把头转向左边，望着窗外。

请问：谁是穿蓝色上衣的间谍？

412. 单身公寓里的爱情

杰克、亨利、怀特和布朗住在一家企业的单身公寓里面，住在对面公寓里的是丽莎、梅森、梅莉和莎娜4位漂亮的小姐——他们各自喜欢着对面公寓的某一个人，同时也被对面公寓的某一个人喜欢着，却一直都没有人能够如愿以偿，因为：

杰克喜欢的女孩所喜欢的男孩爱莎娜；

亨利喜欢的女孩所喜欢的男孩爱梅莉；

布朗喜欢的女孩希望跟怀特交往；

丽莎喜欢的男孩喜欢的不是梅森；

梅森和梅莉喜欢的都不是亨利。

那么，到底是谁喜欢杰克呢？

413. 酒吧老板的新闻

这是关于 5 个乡村酒吧老板的新闻。从以下所给的线索中，你能找出他们所经营的酒吧分别在哪个村以及他们上报的原因吗？

现在已知线索是：

（1）每条新闻都附有一张照片，其中一张照片是关于"格林·曼"酒吧的，它被允许延长营业时间；而另一张照片所展现的是一个以外景闻名的酒吧。

（2）"棒棒糖"酒吧的经营者是来·米德，他在他的啤酒花园拍了一张照片，这张照片不是来自蓝普乌克，蓝普乌克也不是"独角兽"所在的地方。

（3）位于法来乌德的酒吧主人因被抢劫而上报，图中展示的是他在吧台的幸福时光。

（4）罗赛·保特以前经营过铁道旅舍，现在经营着位于博肯浩尔的酒吧。

（5）泰德·塞尔维兹（他其实叫泰得斯，不是本地人，他出生于朗当）刚刚更换了新的酒吧经营许可证。图中展示了他站在酒吧外面的照片。他的酒吧不是位于欧斯道克的"皇后之首"。

（6）佛瑞德·格雷斯的酒吧名字与动物有关。中了彩票的彻丽·白兰地（结婚前称彻丽·品克）并没有在自由言论所报道的民间音乐晚会中出现。这场民间音乐晚会是为当地收容所筹款，并在其中一个乡村的酒吧举行。

（7）"里程碑"是其中一家酒吧的名字，有一家酒吧位于摩歇尔。

414. 失物招领处

多拉、利比、罗布、托马斯和温妮一起来到了失物招领处。最后，他们各自找回了自己丢失的一样东西。待领的东西是两副手套（一红一蓝）、一顶蓝色的帽子、一件带彩色花纹的运动衫和一双黑色的运动鞋。

现在有以下线索：

（1）利比和托马斯找回的东西上面都带有红色；

（2）托马斯和多拉各自找回了一副手套；

（3）温妮是回家时唯一一个手上没有拿着失物的人。

请问：他们各自找到了什么东西？

415. 小偷被偷

有一个职业小偷。一天，他溜到公交车上去作案，先偷了一位时髦小姐的钱包，等她下车后，又接连偷了一位西装革履的男子和一位白发苍苍的老太太的钱包。他兴高采烈地下了车，躲在角落里清点了一下，发现 3 个钱包里总共不过两百元。接着他又惊叫起来，原来与这 3 个钱包放在一起的他自己的钱包不翼而飞了，那里面装着 700 多元呢！他口袋里还有一张纸条，上面写着："让你这该死的小偷尝尝我的厉害，看看你偷到谁头上来了!"

猜猜看，那3个人中，究竟是谁偷了他的钱包呢?

416. 票

4个人正在售票亭前排队买票。从以下给出的线索中，你能叫出4个人的名字，并说出他们各自买的是哪个晚上的票、坐在剧院的哪个位置吗?

现在已知线索是：

（1）要买星期六晚上包厢票的那个人排在珀西瓦尔后面。他看星期六晚上的演出来庆祝一个重要的周年纪念。

（2）马克斯紧排在买剧院花楼票的那个人前面，那张剧院花楼的票不是星期四演出的票。

（3）亨利排在队伍的第3个位子，在演出的上演日期上，他的票比正厅后排座位的票要早。

（4）威洛比买的是星期五晚上的票。

（5）名字：亨利，马克斯，珀西瓦尔，威洛比

（6）时间：星期三，星期四，星期五，星期六

（7）位置：正厅后排座位，包厢，剧院花楼，正厅前排座位

提示：首先叫出排在第4位的人的名字。

417. 案发时间推理

有5个探险者，他们分别叫罗宾汉、维克多、佐伊、格林和斯诺。一天傍晚，5人探险到了一条河的两岸，由于天色已晚，他们便分别在两岸扎营。其中，罗宾汉住在河东，其他4个探险者住在河西。那天晚上，罗宾汉没隔多久就用无线电同其他4个人进行联络，可是到了晚上10：30分以后，就再也没有接到斯诺的应答了。罗宾汉十分担心，在当晚与其他3个人进行了联系。

罗宾汉担心的事情终于发生了。第二天早上，几个探险者发现斯诺已经死了，而且有足够的证据表明他是被人杀死的。证据还表明，杀人凶手是坐独木舟到达斯诺的帐篷的。现在已知的是，案发当晚每个探险者都有使用一艘独木舟的机会。

罗宾汉怀疑是维克多、佐伊或格林杀害了斯诺。然而，在发现了以下一些情况之后，罗

应答者	应答时间
维克多	8:15
佐伊	8:20
格林	8:25
斯诺	9:15
维克多	9:40
佐伊	9:45
格林	9:50
维克多	10:55
佐伊	11:00
格林	11:05

宾汉消除了对其中两人的怀疑：

（1）斯诺是在当天晚上10：30以前被杀害的，遇害地点是他的帐篷，他是被枪击而立刻身亡的。

（2）杀人凶手去斯诺帐篷作案和返回自己的帐篷都是乘坐独木舟。

（3）维克多、佐伊和格林3人的帐篷位置情况是：维克多的帐篷驻扎在斯诺的下游，佐伊驻扎在斯诺的正对岸，格林则驻扎在斯诺帐篷的上游。

（4）这3个人中的任何一个要想乘坐独木舟到斯诺的帐篷去作案，然后又返回自己的帐篷至少需要80分钟的时间。

（5）这条河流的流速十分快。

（6）在案发当晚对罗宾汉发出的无线电呼叫，其他几个人的应答时间见前页表：

请问：在罗宾汉怀疑的这3人中，除了那两个罗宾汉已经打消怀疑的以外，还有谁仍被罗宾汉作为怀疑对象呢？

418. 博尔思岛上的抢劫案

一天，博尔思岛上的法庭开庭审理一起发生在岛上的抢劫案。法庭上的关键人物有3个：被告、原告和被告的辩护律师。

以下断定是可靠的线索：

（1）3人中，有一个是骑士，一个是无赖，一个是外来居民，但不知道每个人的对应身份；

（2）如果被告无罪，那么罪犯是被告的律师或者是原告；

（3）罪犯不是无赖。

在法庭上，3个人分别作了以下的陈述——

被告说："我是无辜的。"

被告的辩护律师说："我的委托人确实是无辜的。"

原告说："他们都在撒谎，被告是罪犯。"

这3个人的陈述确实是再自然不过了。法官经过认真考虑，发觉上述信息还不足以确定谁是罪犯，于是请来了当地有名的大侦探。

了解了全部有关信息后，大侦探决心把此案弄个水落石出，即不但要弄清谁是罪犯，还要弄清谁是骑士，谁是无赖，谁是外来居民。

重新开庭时，大侦探首先问原告："你是这一抢劫案中的罪犯吗？"原告作了回答。大侦探考虑了一会儿，然后问被告："原告是罪犯吗？"被告也做了回答。这时，大侦探对法官说："我已经把事情都弄清楚了。"

想想看：谁是罪犯，谁是骑士、无赖和外来居民？在思考这个案件时，你面临的挑战看来比大侦探更大，因为，你并不知道大侦探向原告和被告提的两个问题的答案，而大侦探知道（"博尔思"岛上的土著居民分为骑士和无赖两部分，骑士只讲真话，无赖只讲假话）。

419. 侦探小说

文森特喜欢侦探小说，他同时是个完美主义者——比如一位作者写了7本侦探小说，不将其收集完整，他是不会甘心的。上个星期，文森特已经完整地收集了5位侦探小说作者的全部作品。从以下给出的线索中，你能得出这5位作者的名字、书中主人公的名字、各自写了几本有关这个侦探的书，以及对应出版社的名字吗？

现在已知线索是：

（1）乔奇·弗赛斯写了10本侦探小说。

（2）帕特里克·纳尔逊写的侦探小说本数比那个有关旧金山反犯罪的系列小说少2本，小说的主人公不是蒂特蒙中尉。

（3）虚构的埃德加·斯多瑞侦探的经历由地球出版社出版，有关他的书的本数比理查德·奎艾内写的要多。

（4）亚当·贝特雷的作品由王冠出版社出版。

（5）标枪出版社出版了史蒂夫·梭罗本写的侦探故事。

（6）红隼出版社出版的侦探系列小说比有关毕尔格出版社出版的乔布林博士的侦探小说多2本。小说里，业余侦探乔布林博士其实是个家庭医生。

（7）现在伦敦工作的尼克·路拜尔是纽约的一个私家侦探，以他为主人公的小说写了18本。

（8）克罗维尔检察员是一个侦探故事中的主人公。

420. 犹豫的冒险家

阿拉丁是一个非常喜欢冒险的人。一次，他走进了一片从未有人走过的森林，却不幸迷路了。这天，他来到了一条岔路，发现那儿有五块彩色的大石头，各自通向一条小路。阿拉丁不知道该选择哪一条路，决定先坐下来休息休息。到了正午，阳光穿过树叶的缝隙照到大石头上，阿拉丁猛然发现，中间那块绿色的大石头上面仿佛写着字。他仔细一看，发现上面写的是："这是五块表里不一的五色石。在每块石头内还各藏有另外一块石头，它的颜色与外面石头的颜色是完全不同的。你必须排出正确的顺序，并走红色宝石所指领的道路，才能回到你的世界。"

另外四块石头上，则各有一个提示：

红宝石：紫宝石旁的石头是蓝宝石。

蓝宝石：绿宝石与紫宝石之间隔着一块石头。

紫宝石：红宝石与蓝宝石不相邻。

黄宝石：黄宝石位于左边第二个位置。

阿拉丁想了半天，也不知道自己应该选择哪一条路，你能帮助他吗？

421. 刑事专家的火眼金睛

刑事专家霍金斯旅行来到纽约，住进一家高级酒店二楼的一套客房。

突然，从走廊传来女人的呼救声。他循声找去，在213房间门前蜷着一个年轻妇女在哭喊着，从开着的门可以看到房间里一个男人倒在安乐椅上。霍金斯对尸体做了简单检查后，确认此人刚死，子弹穿入心脏。

当地警署也派人来了。那个年轻妇女边哭边说："几分钟前，听到有人敲门。我打开门时，门外一个戴面具的人，朝我丈夫开了枪，把枪扔进房间逃跑了。"

霍金斯发现地毯上有一支装着消声器的手枪，左侧两个弹壳相距不远，在死者身后的墙上有一个弹洞。

霍金斯告诉警署人员："把这位太太带回去讯问。"

请你判断一下，霍金斯为什么会对死者的妻子产生怀疑？

422. 回到家乡

今年贝尔弗女子大学的演讲日会有 4 个特殊人物到来。她们年幼时就随父母移居外地，在她们新的家乡中事业有成。从以下所给的线索中，你能说出这 4 个人的全名、她们现在的居住地和职业吗？

现在已知线索是：

（1）安娜现在是一个直升机驾驶员，她的工作一般都是为观光者服务的，偶尔也参加一些紧急情况的救助工作。

（2）詹金斯小姐现居新西兰，她 14 岁时随父母移居那里。

（3）罗宾孙小姐的名字不是乔。

（4）其中一个现在是美国迈阿密的 FBI 成员，她不姓坎贝尔。

（5）现居冰岛的佐伊不姓麦哈尼，是一名助产士，麦哈尼是沙特阿拉伯的一家电视台的播音员。

（6）詹金斯的名字不是路易斯。

423. 斯拜在哪儿

秘密情报部的情报员斯拜来到夏威夷，由于迷恋金发美人，被人用安眠药暗算了。不知睡了多长时间，他一睁眼，不由惊叫一声，环顾四周，和自己睡在一起的金发女郎不见了，身上穿着不熟悉的睡衣。床和房间完全变了样，他立刻跳起来找衣服，但没找到。

"醒了吗？斯拜先生。"屋顶突然响起声音。

天花板上装着麦克风和监视用的电视摄像机。

"请放心，我们会保证你的生命安全，仅仅请你一段时间内一步也不要离开这个房间。"

"这里是什么地方？"

"某个地方。"麦克风里的声音含着冷笑。

"监禁我想干什么？"

"你是位非常重要的贵客。我们的情报人员被捕了，想用你交换。现在正在交涉之中，不久便会有答复了。"

斯拜紧张地思索起来。最近，情报本部秘密逮捕了数名敌方间谍。不过，其中能与自己对等交换的人物只有两名，一名是在加拿大 WQ 机关的间谍，一名是在新西兰秘密基地 NS 机关的间谍。两个强大的间谍组织，都直接接受克格勃的资金援助。

那么，这里是加拿大，还是新西兰呢？

他仔细地观察起居室，角上放着洗脸用具和便器。高高的墙上，只有一个安有铁栅栏的小窗。窗外全钉着板子。天花板上的荧光灯一直亮着，温度由空调调节，分不清白天和黑夜。

斯拜仰身躺在床上，看着模模糊糊的窗子，突然，他一起身，抓起牛奶瓶子，准确地击中天花板上的荧光灯，灯被砸破，室内一片黑暗。在黑暗中，他死死盯着窗上的一点。他刚才观察时，发现从窗上钉着的木板缝隙里，透出一点阳光，由此可以确定不是夜晚。

由于没磁石，不知窗子朝东南西北的哪个方向。

斯拜盯着窗户下的地面。从小洞射进的一束阳光，在地上照出一个小光点，随着时间的推移，他发现光点渐渐从左向右移动，他已经知道这里是哪个国家了。

那么，你知道斯拜从夏威夷被绑架到了加拿大，还是新西兰呢？

424. 赖福尔斯小姐的报复

虽然赖福尔斯小姐没有她哥哥（一个江洋大盗）那么有名，但很多女犯罪分子却也想把各种盗窃罪名推给她，为此她不得不经常澄清。下面是4个已发生的案件，从给出的线索中，你能找出她们分别在哪个城市作案、想推卸给赖福尔斯小姐的罪行和赖福尔斯小姐对她们的报复吗？

现在已知线索是：

（1）内利·派克的活干得跟赖福尔斯小姐一样利落，她想将她大部分的入户盗窃案嫁祸给赖福尔斯小姐。

（2）在拉格斯哥，警方在调查一桩珠宝店抢劫案时，发现了一只抢劫者事后落下的背包上标记有赖福尔斯小姐的名字。那个女人想以此使赖福尔斯小姐背负罪名。但是她不是那个被扔进湖里以示警戒的人。

（3）赖福尔斯小姐被一件持枪抢劫案惹恼了，她把真正犯罪者的名字、地址和如何找出犯罪证据的方法透露给了当地调查此事的警察。

（4）鲁比·斯泰格不是在拉格斯哥的窃贼。某天凌晨，她被带出家并被丢弃在几英里以外的山上，当时她身上还穿着睡衣。她因此受到惊吓，再也不敢为非作歹了。

（5）简·肯奇被认为是伯明翰地下世界的王后。盗窃银行一案不是发生在伦敦，这是一件需要安排有序的挖地道的"工作"，几乎可以跟赖福尔斯小姐的技术相媲美。

（6）艾丽丝·布雷是其中一个抢劫者。

425. 出师不利

在最近的乡村板球比赛中，头3号种子选手都发挥得不甚理想，都因某个问题出局，从以下所给的线索中，你能找出得分记录簿中各人的排名、他们出局的原因以及总共得分的场数吗？

现在已知线索是：

（1）犯规的板球手得分的场数比克里斯少。

（2）史蒂夫得分的场数不是2，他得分要比被判LBW（板球的一种违规方式）的选手要低。

（3）哈里不是1号，因滚球出场，他的得分不是7。

（4）3号的得分不是4。

426. 走哪一条路

"特急！逃犯布莱克曼在森林公园的洋槐酒店露面。火速率刑警两名将该犯逮捕。"

刑警队长里卡尔接到电报，立即带着两名刑警动身了。

几天前，在一个教堂里举行了一个结婚仪式。新娘叫科拉，身材修长，金黄色的长发一直披到背后，非常漂亮。新郎叫布莱克曼，个子比新娘矮，外貌平庸。他原是某市政部门的一个会计师，因贪污被判处3年有期徒刑，正在服刑。布莱克曼和科拉原先是要好的同事，进而产生爱情。在科拉25岁生日那天，布莱克曼获得特殊优待，假释3天，让他同科拉结婚。

新婚之夜，科拉兴奋地宣布，他不用回牢房了。布莱克曼摇摇头说："逃跑的话，肯定会再次被捕的，那样反而要罪上加罪。"

科拉对他的话一笑置之，然后从皮箱里取出3大捆新钞票，得意地说："我们明天就走，先到森林公园的洋槐酒店躲几天，那一带地形复杂，不容易被警方发现，等准备好了假护照，就可以远走高飞了。这些钱，足够我们快快活活过一辈子了。"

就这样，布莱克曼成了逃犯。

森林公园占地30平方千米，地形十分复杂。当刑警队长一行3人来到公园的一个十字路口时，正值深夜。洋槐酒店在哪里？他们打着手电筒寻找路标。糟糕！原来的路标被挖掉了，留下的3块木牌，是孩子们在这里做游戏时设置的。

他们打着电筒辨认木牌上写的字。

第一条路旁边的木牌上写道："此路通向洋槐酒店！"

第二条路旁边的木牌上写道："此路不通向洋槐酒店！"

第三条路旁边的木牌上写道："另外两块木牌，有一块上面写的是真话，另一块上面写的话是不对的。我保证，我上述的话绝对不会错。每一个想去洋槐酒店的人一定要注意，必须动动脑筋才能找到去洋槐酒店的路。"

"真见鬼！这些孩子尽给我们添麻烦！"一个刑警大动肝火。

刑警队长里卡尔却笑了笑："根据孩子们写下的3句话，就可以判断出哪条路是通向洋槐酒店的。嗯，我想明白了……"

请问：要抓住逃犯布莱克曼，刑警队员们应该走哪一条路？为什么？

427. 谁杀害了医生

一名医生在家里被人杀害，抓到了4名嫌疑犯。警方根据目击者的证词得知，在医生死亡那天，只有这4个病人单独去过一次医生的家。

在传讯前，出于各种不同的原因，这4个病人商定，每人向警方作的供词条条都是谎言。下面是每个病人所作的两条供词：

A病人：

（1）我们4个人谁也没有杀害医生。

（2）我离开医生家的时候，他还活着。

B病人：

（3）我是第二个去医生家的。

（4）我到达他家的时候，他已经死了。

C病人：

（5）我是第三个去医生家的。

（6）我离开他家的时候，他还活着。

D病人：

（7）凶手不是在我去医生家之后去的。

（8）我到达医生家的时候，他已经死了。

这4个病人中谁杀害了医生？

428. 谁穿了红色衣服

3个好朋友小红、小绿和小蓝穿着红色、绿色和蓝色的时装走台。

"真奇怪，"小蓝说，"我们的名字是红、绿、蓝，穿的衣服也是红、绿、蓝，可没人穿的衣服和自己的名字相符！"

"真是个巧合！"穿绿色衣服的说。

从她们的谈话中，你能判断出谁穿了红色衣服吗？

429. 完全不同

有些小说家是根据他们的经验来创作的，比如约翰·李·卡勒，在写间谍小说前他曾做过情报部门的工作人员，而有些人则不是，如汤姆·克兰斯就宣称自己从来没有在情报部门工作过，在这个问题上，汤姆就是属于第2种类型的小说家。从以下给出的线索中，你能推断出每个作家的全名、各自最擅长的小说类型和成为小说家之前的工作是什么吗？

现在已知线索是：

（1）约翰写的历史小说大多设定在俄罗斯战争期间。

（2）姓凯勒的小说家以前是一个餐饮老板。姓福斯特的作者创作了一系列政治小说，内容是一位野心勃勃的首席执行官决计不惜一切代价成为首相。

（3）托马斯·罗宾斯是伦敦人。约翰不姓梅尔沃德，他住在诺瑞奇。

（4）迪莉娅的小说不是有关医学领域的。

（5）波林以前曾经营过属于她自己的书店。那位前消防队员写的不是爱情小说。

（6）政治小说的作者从来没有做过消防队员或尸体防腐者。

430. 被偷走的答案

一天，在斯特教授的一节化学课上，他的化学测验的答案被人偷走了。有机会窃取这份答案的，只有甲、乙和丙这3名学生。

（1）这个教室里总共上了5节化学课。

（2）甲只上了其中的两节化学课。

（3）乙只上了其中的3节课。

（4）丙只上了其中的4节课。

（5）斯特教授只讲授了其中的3节课。

（6）这3名学生都只上了两节斯特教授讲授的课。

（7）这3名被怀疑的学生出现在这5节课的每节课上的组合各不相同。

（8）在斯特教授讲授的一节课上，这3名学生中有两名来上课了，另一名没有来。事实证明来上这节课的那两名学生没有偷取答案。

这3名学生中谁偷了答案？

431. 倒霉的日子

今年夏天，在同一个星期里，5个家庭决定去英国海边度假。那个星期的天气每天都很"特别"，每一个家庭都在不同的情况下遭遇了不同的坏天气。从以下给出的线索中，你能说出他们各自去的度假胜地和他们是在哪天遭遇什么样的坏天气吗？

现在已知线索是：

（1）达许伍德家遇到坏天气是在萨斯安德遭遇莫名其妙的毛毛雨之后。

（2）星期二是布赖顿遭受大风袭击的日子。

（3）雷阵雨发生在科尔威海湾的坏天气之前。科尔威海湾不是乌德郝斯家去的那个度假胜地。乌德郝斯家在星期一和星期三享受到美好的晴天。

（4）纳特雷一家有一天差点被暴雨冲走。

（5）布莱克浦在星期四遭遇到坏天气。

（6）普里斯家在斯卡布罗度假，他们经历坏天气是在班尼特家之前。

432. 紧急侦破任务

某侦察股长接到一项紧急侦破任务，要他在代号为A、B、C、D、E、F 6个队员中挑选几个人去侦破一件案子。人选的配备要求，必须满足下列各点：

（1）A、B两人中至少去一个人；

（2）A、D不能一起去；

（3）A、E、F 3人中要派两人去；

（4）B、C两人都去或都不去；

（5）C、D两人中去一人；

（6）若D不去则E也不去。

请问：应该让谁去？为什么？

433. 电视转播赛

现在，来自某支足球队的7位球员进行着一场开心的传球运动。根据下面提供的线索，你能按照正确的顺序推断出参加这场活动的7名球员的姓名吗？

线索：

（1）加里，位于对手所在的半场，接到了奥凯西的传球。

（2）克莱德·约翰逊接到达伦的传球后，又把球传给了马钱特。

（3）史蒂夫位于图中的2号位置。

（4）戴维不是守门员，他把球传给了迈克，迈克不和贝内特位于同一个半场。

（5）彼得接到了格伦的传球，但没有把球传给多诺万。

（6）斯旺是位于图中3号位置的球员的姓。

名字：克莱德、达伦、戴维、加里、迈克、彼得、史蒂夫

姓氏：贝内特、多诺万、格伦、约翰逊、马钱特、奥凯西、斯旺

解题提示：首先推断这场比赛的守门员的名字。

434. 环行线路

一条环行路线连着4个村庄，它的起始点即下图中标1的地方。开车的4位驾驶员分别住在4个村庄里。根据给出的线索，你能叫出每个村庄住的驾驶员的名字，并推算出环线上各村之间的距离吗？

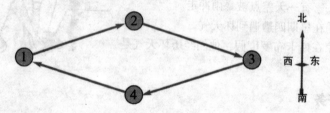

现在已知线索是：

（1）格里斯特里村是最北边的村庄，在环线上它与前面或后面的村庄的距离都不是7千米。

（2）驾驶员德莫特是提姆布利村的住户。提姆布利村不是最东面的村庄。

（3）6千米长的那段路程起始在桑德莱比村，阿诺德不住在那里。

（4）环行车在5千米长的那段路上是朝往西南的方向开的，起始自罗莉住的村庄。

（5）村庄：提姆布利，格里斯特里，桑德莱比，托维尔

（6）驾驶员：阿诺德，德莫特，吉姆，罗莉

（7）距离：4千米，5千米，6千米，7千米

提示：首先要知道罗莉住的村庄名字。

435. 客官挑选船老大

古时候，有一人想过河，他来到河边大声问道："哪位船老大会游泳？"

话音刚落，好几个船老大都围了过来，他们都说："我会游泳，客官坐我的船吧！"

只有一位船老大没有过来，坐船人就走过去问那人："你水性好吗？"

船老大不好意思地说："我不会游泳！"

坐船人高兴地说："那好，我坐你的船！"

你知道这是为什么吗？

436. 七个沾泥巴的孩子

一个教室中有 10 个孩子，其中有 7 个孩子的额头上沾了泥巴。每个孩子都能看到别的孩子额头上是否有泥巴，但无法看到自己的。这时，老师走进教室，他说："你们之中至少有一人额头上有泥巴。"然后，他问："谁知道自己额头上有泥巴？知道的请举手。"他如是连续问了 6 遍，无人举手，当问到第 7 遍的时候，所有额头上有泥巴的孩子都举起了手。

假设所有的孩子都有最佳的逻辑分析能力，那么，他们是如何思考并得出结论的？特别有意思的是，事实上，在老师走进教室之前，每个孩子都已经知道他们之中至少有一个人额头上有泥巴，因此，老师所说的那句话对孩子们提供的信息量似乎等于零，但显然，没有老师这句话，没有一个孩子能得出结论。为什么？

437. 女运动员

5 位年轻的运动员正在伦敦机场等出租车，她们都刚从国外回来。从所给的线索中，你能说出她们的姓名、分别从哪里回来以及都从事什么运动项目吗？

现在已知线索是：

（1）从来没去过东京的凯特·肯德尔紧靠在滑冰者之后，并在刚从洛杉矶飞回来的女士之前。

（2）高尔夫球手紧跟在斯特拉·提兹之后。

（3）射手在图中 3 号位置，羽毛球手紧靠在刚从卡萨布兰卡回来的旅客之前。

（4）台球手在莫娜·洛甫特斯之前，中间隔了不止一个人，刚从东京飞回来的女士排在格丽尼斯·福特之后的某个位置。

（5）黛安娜·埃尔金不是队列中的第一位也不是最后一位。图中 1 号不是刚从罗马回来的，图中 2 号不是从东京回来的。

（6）姓名：黛安娜·埃尔金，格丽尼斯·福特，凯特·肯德尔，莫娜·洛甫特斯，斯特拉·提兹

（7）离开地：布里斯班，卡萨布兰卡，洛杉矶，罗马，东京

（8）运动项目：射击，羽毛球，高尔夫，滑冰，台球

提示：先找出队列最后那位女士最喜爱的运动。

438. 丽丽玩不玩乒乓球

丽丽一直吵着要强强陪她一起打乒乓球。强强被吵得实在受不了，于是想了一个妙计："丽丽，这袋子里放了两个乒乓球。如果你拿到黄色的，我陪你玩，但如果拿到白色的，你就要

放弃了，而且不能再吵我！"

丽丽的眼睛顿时亮了起来，但此时却瞥见转过身的强强放了两个白色乒乓球进去。那么，不论她拿到哪一个都会是白色的。

请问，丽丽是不是玩不成乒乓球了？

439. 聪明的囚徒

古希腊时期，有一批囚徒即将被处死。当时娱乐方式特别少，国王和贵族们经常以杀人当游戏。因为杀的人太多，所以这次国王想换种方式杀了这批囚犯。

有位大臣建议：让他们任意挑选一种死法，就是让囚徒任意说一句话——如果说的是真话，就绞死；如果说的是假话，就砍头。

国王觉得这个建议实在是太好玩了，便采纳了大臣的建议。结果，这批囚徒不是因为说了真话而被绞死，就是因为说了假话而被砍头；或者是因为说了一句不能马上检验是真是假的话，而被看成是说假话砍了头；或者是因为讲不出话来被当成说真话而被绞死。

国王看到囚徒们一个个被处死，很是开心。

在这批囚犯中有一个很聪明的人名叫门拉，他看到国王这样无聊地拿杀人取乐，心里很是不满。于是就想着能用什么办法来争取生存的权利。等轮到他的时候，他说了一句话，使得国王既不能砍他的头，又不能将他绞死，最后众大臣也没想出办法让他死，就只好释放了他。

门拉说了句什么话呢？

440. 一瓶新药

警方抓获了一个犯罪团伙，但在实施抓捕过程中，忙中出错，多抓了一个人。本来只有4个犯罪，结果却抓进来5个人。于是这个无辜被抓的人便大喊冤枉，真正的罪犯见有人喊冤枉，也跟着喊冤。警方一下子陷入了被动局面，怎样才能确定哪一个人是无辜的呢？

警方只好求助犯罪心理学专家海尔博士。海尔博士想了一会儿，说："只要利用罪犯的心理，便可以确定哪一个是无辜的。"

他随手将一瓶水倒进药瓶里，对5个人说："这是国际上最新推出的一种药，有一种奇特疗效，犯罪的人一喝下，保证从表情上就能表现出来，现在请你们每个人喝一瓶。"

这个方法确实很管用，很快他就把无辜的人找了出来。

你知道他是怎样分析的吗？

441. 长长的通道

罗姆郡运河的罗斯顿通道是罗斯顿镇的主要水路，它行经30千米穿越这个开放的国度。以前，每天至少有30艘驳船载着各式各样的货物在闸口经过，但是昨天却只经过了4艘船，其中3艘还是游玩的船只。从以下给出的线索中，你能推断出每艘船通过闸口的时间、船的类型和它的目的地吗？

现在已知线索是：

（1）在下午2：00通过闸口的那艘船是去格林利的小村庄的。

（2）在早上8：00通过的那艘船租给了来自伦敦的利德·罗斯，他们得在下午1：00靠岸。

（3）蒸汽式游艇始建于19世纪晚期，它富有的主人维多利亚经常开着它穿过闸口。

（4）珐尔·雷德在她去科菲尔得的途中经过闸口的时间比叫曼勒德的人早。他们两个人所坐的船都是罗姆郡人的。

（5）工作船正返回它在肯思贺尔特的停泊处，它的工作人员已经在修补它在斯特罗布奇附近堤岸上造成的损伤。

442. 取手提箱

一列列车即将靠站，这个站很小，停车时间很短。因此，旅客们急匆匆地赶着下车去。突然，一位女士急叫道："我的手提箱不见了。"

刚巧，同车厢的大卫侦探听到这位女士的叫声，马上赶过来叫她别急，看看是不是有人拿错了，女士赶紧朝四处张望，果真看到一位男士提的箱子像自己的。于是，她快步冲了上去，抓住那个男士："这是你的手提箱吗？"

男士一怔，马上道歉说："对不起，我拿错了。"于是他把手提箱还给女士，自己朝出口走去。

大卫侦探看到这里，立即追过去说："先生，你下错了车，快回去！"说着，不由分说就把男士拉上了车。然后他叫来警长说："这个男子是个小偷。"警长把男子带到警备车厢，果然从他身上搜出了很多现金、首饰等值钱物品，那男子在事实面前只好坦白招供。

大卫侦探是怎样看出他是个小偷的呢？你看出来了吗？

443. 职业迁徙

电脑技术专家爪乌在最近的 12 年里，曾为 5 个公司工作过，而每换一次工作，他都要搬一次家，所以称之为"职业迁徙"。从以下所给的线索中，你能找出他每次换工作的年份、公司的名字以及他新公司所在的城镇及新家的地址吗？

现在已知线索是：

（1）1985 年，爪乌住在格拉斯哥的金斯利大道，那时他不在查普曼·戴尔公司。

（2）1991 年之后的一段时间，他在福尔柯克工作。

（3）他离开马太克公司之后，就在地恩·克罗兹居住，之后又紧接着在加的夫居住。

（4）他卖了麦诺路的住宅之后就去了伯明翰，为欧洲奎斯特公司工作。

（5）当他为戴特公司工作时住在香农街，戴特公司的基地不在苏格兰。

（6）普雷斯顿的济慈路是他曾经住过的一个

地方。

（7）爪乌曾在阿斯拜克特公司工作。

444. 愤怒的丈夫

马琳在她豪华的别墅里惨遭杀害，名探哈莱金闻讯后马上赶到现场，并迅速检查了红色地毯上的尸体。尸检完毕后，哈莱金对警长说道："她是被手枪柄敲击头部而死的，她至少被敲了四五下。"警长莫纳汉点了点头，表示同意哈莱金的判断，然后他在尸体旁捡起了一把手枪，并小心翼翼地吹去上面的灰尘以便提取指纹。

"我已经给她的丈夫佩奇打了电话。"警长说，"我只说他必须马上赶回家。我讨厌向别人报告噩耗，等一会儿你来告诉他好吗？"

"好吧。"哈莱金答应着。救护车刚刚开走，惊慌失措的丈夫就心急火燎地闯进来了："发生了什么事？马琳在哪里？"

"我不得不遗憾地告诉您，您的妻子在两小时之前被人杀害了。"哈莱金说，"是您的厨子在卧室中发现了尸体并报警的。"

"我在这枪上找不到指纹。"警长用手帕裹着枪走进来对哈莱金说，"看来不得不送技术室处理了。"

佩奇紧盯着裹在手帕中的枪，脸上肌肉抽搐着，显得异常激愤。突然，他激动地抓住警长的手说："如果能找到那个敲死马琳的凶手，我愿出5万美金重酬。"

"省下你的钱吧，"哈莱金冷冰冰地插言道，"凶手我已经找到了！"你知道哈莱金是如何判断出来的吗？

445. 藏在叶子下的古币

布莱克探长接到他的朋友——收藏家凯恩的电话，说有一枚稀有古币要拿到市场拍卖，为了安全起见，请探长陪他一起去。探长下午如约赶到，想不到呈现在眼前的竟是凯恩的尸体。他被钝器击中，死了近半小时。

探长翻转凯恩的尸体，发现上衣翻领上有一枚绿色三叶形的徽章，徽章后面有一样东西闪闪发亮，仔细一看，正是那枚古币，藏在徽章的夹层中。他将古币放回原处，又把尸体脸朝下翻回原状，若有所思地凝视着死者身上外翻出来的衣兜。

当他察看这位独居死者的厨房时，凯恩的侄子汤姆走了进来，见状惊问是怎么回事。探长从碗橱里取出一个茶叶罐，打开盖子让汤姆拿着，自己则边从罐中取茶叶，边说："今早上，你叔叔打电话叫我下午来陪他到市场拍卖一枚古币，很显然，凶手抢在了我的前面。看来凶手是搜遍了尸体，但一无所获，因为你叔叔没有把古币放在衣兜里。"

探长停顿片刻，将一壶水放在炉子上说："你替我把它拿出来吧，它就藏在叶子下面。"汤姆立即放下手中的茶叶罐，离开厨房。过了一会儿，他从叔叔身上找到了古币。

"为什么要谋杀你叔叔？"探长厉声责问汤姆。

请问，探长为什么认定汤姆是凶手呢？

446. 完人之旅

最初，彼得·格莱海德这位冒险者的形象只出现在短篇故事书里，但是自20世纪30年代末起，他的创作者查里斯·里特利斯也创作了一些长篇小说，都是浅显易懂而又非常流行的。

从以下给出的线索中，你能推断出那些邪恶的罪犯是谁、他们出没的地点、所犯的罪行和最后被揭露出来时的身份是什么吗？

现在已知线索是：

（1）在《完人在开罗》里，罪犯以考古学家的身份出现，表面上是在为卡玛西斯四世法老墓作研究。在《完人在纽约》里的罪犯和代号是"王子"的两个人都是走私分子，但是两人公开的身份都不是政治家。

（2）《完人在柏林》里的罪犯叫自己"修道士"，因为他的大本营是城外一座破败的隐修院。彼得·格莱海德后来发现他曾和一个以旅店经营者身份为掩护的罪犯有过密切接触。那件事不是在迈阿密发生的。

（3）不知疲倦的慈善机构工作人员其实是代号"鼓手"的作案老手，但他没有参与毒品走私。代号"鲨鱼"的人和他的同伙主要干的是敲诈勒索的活。

（4）《完人在里斯本》里发生的是伪造案，其罪犯代号为"将军"。而另一伙拐骗团伙的主犯却摇身一变成了警察，他们不是《完人在迈阿密》的主角。

447. 前胸与后背

南宋时，江西一带食盐缺乏。有一天，有位盲人买了半斤盐，正提着往家走，忽然被人猛地从手中夺走了。盲人大喊："捉贼！"听到有人跑去捉贼，盲人便顺声音追去。追不远，就听到四五个人的叫喊声，和两个人的厮打声。

等盲人走进，就听到一人说："你为什么抢人家的盐？"

另一个人说："是你抢了人家的盐，还动手打人！"二人互相指责，又互相谩骂。盲人也无法分辨谁是好人，谁是抢劫犯。

众人正在七嘴八舌的议论时，恰巧湖襄提刑宋慈路过这里，见许多人围观争吵，便令人上前问明情况，宋慈手下有个办事干练的小吏，听后马上说："这事不难，古代有现成的案例，符融就曾经安排两人赛跑，谁跑赢了，谁就是好人。"宋慈看见两人已经互相打得鼻青脸肿，伤痕累累了，说二人赛跑赛不出真实的成绩，便说不行。

小吏忙回答说："大人如果担心负伤后，跑的速度不真实，不如将二人押解回衙，等二人养好伤，再跑也不迟啊。"

宋慈笑了笑说："何必这样麻烦呢？我自有办法。来人，将二人上衣脱掉，查看伤势！"手下人一拥而上，将二人衣服脱掉。只见一人鼻子流血，前衣襟洒满鲜血，胸部被打得青紫一片；另一个人被打得后背发青，还有指甲抓伤的痕迹。宋慈便冲那后背负伤的人说："这个就是抢劫犯，给我捆上带走！"众人一起上前，去绑那后背负伤的人。围观的人都用疑惑的目光看着这位提刑官。后来一审问，果然那人就是抢劫犯。

提刑官是凭什么断定此人就是抢劫犯的呢？

448. 换装

在大不列颠的鼎盛时期，有素养的女士不像现在这样可以在海边游泳，她们只能穿着及膝的浴袍坐在沐浴用的机器上，让机器把她们缓缓降入水中。下图展示的是4个机器，从所给的线索中，你能说出使用机器的4位女士的名字以及她们所穿浴袍的颜色吗？

现在已知线索是：

（1）贝莎的机器紧挨马歇班克斯小姐的机器。

（2）C机器是兰顿斯罗朴小姐的。

（3）卡斯太尔小姐穿着绿白相间的浴袍。

（4）拉福尼亚的机器位于尤菲米娅·坡斯拜尔的机器和穿黄白相间浴袍小姐的机器之间。

（5）使用B机器的女士穿了红白相间的浴袍。

（6）名：贝莎，尤菲米娅，拉福尼亚，维多利亚

（7）姓：卡斯太尔，兰顿斯罗朴，马歇班克斯，坡斯拜尔

（8）浴袍：蓝白相间，绿白相间，黄白相间，红白相间

提示：先找出D机器使用者的名字。

449. 手上的证据

清朝的时候，某县城有一个生意兴隆的客店，人们都叫它兴隆店。这一天，一个算命瞎子来到兴隆店里投宿。

掌柜的把他安排到了一个双人房间，房间里另有一个是做小生意的客人。

"我叫王半仙，最善算命，敢问老弟尊姓？"算命瞎子自报了姓名，热情地要为做小生意的人算一卦。

做小生意的人疲倦地坐起来说："我叫刘仁，今天多赶了点路，实在太累了，明儿个再请老哥指教吧。"刘仁说完，又倒在炕上呼呼睡着了。

第二天，刘仁还要赶路，便早早起来找掌柜的结账。可是他一摸钱袋，空了，顿时急得他连声叫苦。他来时，钱袋里装了5贯钱。那时流通的是铜钱，1000枚铜钱为一贯，5贯钱好大一堆呢。

王半仙被刘仁的叫苦声惊醒了，以长辈的口气教训刘仁说："出门在外要格外小心，哪能这么大意呀！往后多注意就是了。"

就在王半仙说这话的时候，刘仁忽然看见了放在王半仙炕头上的钱袋，心里好生奇怪：我的钱袋瘪了，可他的钱袋鼓了。记得昨天晚上他来时，钱袋里也没装这么多钱哪！这是怎么回事呢？我得问问他。

"大哥，你是不是从我的钱袋里拿钱装进了你的钱袋？"刘仁望着王半仙那凹进去的眼窝问道。

王半仙眼睛不好，但耳朵却灵得很，还没等刘仁把话说完，就生气地站起来："你说这话可要损寿，我一个瞎子能偷你的钱？我一觉睡到现在，是你刚才吵嚷才把我吵醒的！"

"不对，你偷了我的钱。给我没事，若不还我，就拉你到县衙治罪！"刘仁以为这么一吓唬，王半仙准能把钱还他。可谁知王半仙却说："走就走，你血口喷人我还不干呢！"

于是，两个人互相拉扯着来到了县衙。

知县升堂问案，细听了刘仁和王半仙各自的叙述后，摇了摇脑袋说："这案子好办，你们的钱有记号吗？"

刘仁一听急了，忙回答："老爷，钱是用来买东西的。今天进，明天出，哪里会有什么记号呢？"

知县眉头一皱，又问王半仙："你的钱有记号吗？"

王半仙笑笑说："老爷，他的钱没有记号，可我的钱有。咱瞎子挣点钱不易，哪能不多几个心眼儿，让它丢了呢？我每挣几文钱后，便字对字，背对背地将它们穿起来，不信你看，我的钱全都是字对字、背对背用线穿起来的，请老爷明验。"

王半仙说着，把钱袋递了过去。

知县打开钱袋一看，见里面的 7 贯铜钱果真都是字对字、背对背地穿着。他心想，看来一定是刘仁诬告了王半仙。他刚要把钱判给王半仙，忽然看见了王半仙那双干瘪多皱的手，心里顿时明白了。他大声道："王半仙，你偷了刘仁的钱，还想蒙骗本官，伸出手来……"

王半仙听了知县的话，只得低头认了罪。

这个知县是怎样推断，从而认定是王半仙偷的钱呢？

450. 一尊假香炉

一天夜里，在西湖旅馆对面的一所民宅中，侦察员老李坐在窗台前，透过窗帘的缝隙，目不转睛地盯视着西湖旅馆。

一会儿，只见一个瘦高个儿的中年人，鬼鬼祟祟地走到旅馆门前，四处张望了一下，闪身走了进去。

这时，老李猛地推开了窗户，跳出去直奔旅馆大门，小王和其他十几名侦察员也跟了上去。早已埋伏在旅馆里的两个侦察员堵住了旅馆大门，然后把老李他们让进去。

老李带着侦察员迅速来到了 219 号房间。他敲了敲门，见没有人应声，便一脚把门踹开，冲进屋去。

"不许动！都靠墙站着，举起手来。"老李平端着五四式手枪，厉声喝道。

屋子里的七八个人都惊呆了，片刻才明白过来，慢慢地举起了双手。

老李对那个瘦高个儿的中年人说道："郎有财，你盗窃国家文物，勾结不法港商，走私贩私，终究逃脱不了人民的法网。"

小王上去给郎有财戴上了手铐。

"把他们带下去！"老李让侦察员把这些盗窃国家文物、走私贩私的不法分子押出了房间。

随后，老李和小王几个人开始查收赃物，当见到上个月博物馆被盗的那个香炉完好无损地放在这里时，老李他们的脸上都露出了欣慰的笑容。

老李仔细端详着这个香炉。他发现这只香炉做工精细，造型很美，上面还雕着两条盘龙，龙嘴下有一条凸起的长带，上面刻着一行小字：公元前 128 年制造。

"老李，要不要请博物馆的同志鉴定一下？"小王问道。

"好吧，立即派车到博物馆请一位专家来！"小王应声离去。老李又捧过那个香炉仔细端详着。蓦地，他像发现了什么，立即对身旁的一位侦察员说："赶快把小王喊回来，传审郎有财！"

一会儿，小王回来了，郎有财也被带到了老李面前。在老李锐利的目光的逼视下，郎有财只得如实招供。原来，被搜查出来的是一个赝品香炉，而那件真品却被他们转移到了另一个地方。按照他所提供的地点，果然找到了那个真品香炉。

事后，小王找到老李，询问他是根据什么断定那个香炉是伪造的。老李指着那个香炉说："这只香炉，虽然伪造手艺不错，可惜他们太蠢了。"

"蠢在什么地方呢？"小王不解地问。

老李指出的仿造者的愚蠢之处在什么地方呢？

451. 勋章

乔内斯特的宫廷博物馆有一个陈列橱，里面排放着 14～19 世纪中期的前乔内斯特的国王们保留的 4 个骑士团大勋章。从以下给出的线索中，你能填出下图的 4 个勋章分别代表的 4 个勋爵士团的名字、制造大勋章用的金属材料和它上面的绶带的颜色吗？

现在已知线索是：

（1）勋章 C 上悬挂着绿色的绶带。

（2）大勋章 A 是用纯银制作的。

（3）为 14 世纪乔内斯特王位的继承人命名的赖班恩王子勋爵士团的勋章有一个紫色的绶带。

（4）铁拳勋爵士团的勋章，顾名思义是铁制的大勋章，上面烙印着代表性图案：握紧的拳头。展示在有蓝色绶带的勋章旁边。

（5）青铜制的勋章紧靠在由纯金造的勋章的右边，金制勋章不是伊斯特埃尔勋爵士团的代表。

（6）勋爵士团：赖班恩王子，圣爱克赞讷，伊斯特埃尔，铁拳

（7）勋章的材料：青铜，金，铁，银

（8）绶带的颜色：蓝色，绿色，紫色，白色

提示：首先要找出制造勋章 D 的金属材料。

452. 小姑娘筐里的食盐

宋朝的武行德将军镇守洛阳的时候，颁布了盐法，禁止私运食盐，如果谁要是能够抓到偷运食盐的人，国家还有重赏。奇怪的是，盐法颁布后，偷运食盐的人有增无减，经常有人因抓到偷运食盐的人而得到奖赏。其实，有很大一部分人是别有用心的人栽赃陷害的。

有一天，南水村的小姑娘凤妹子背着一小筐青菜去城里卖。

"小妹妹，你叫什么名字啊？"一个女子的声音从后面传来。凤妹子回头一看，是一个年轻的尼姑。

凤妹子不好意思地低下了头。

"来，我帮你抬筐，这样能轻巧一些，反正我也是顺路。"尼姑不容分说，动手帮凤妹子解下了菜筐。

凤妹子不好意思麻烦她，忙说："不用了，我自己能背动，您还是先赶路吧！"

尼姑笑了笑，弯腰抓住了筐把："走吧，客气什么！"

凤妹子一看人家那样热情，感到不好再推脱，只得抬起菜筐。

两个人一路上说说笑笑，不知不觉来到城门跟前。

尼姑放下菜筐，对凤妹子说，"我得先走一步了，有人在城里等着我。"

尼姑走进了城门，凤妹子也背着菜筐要进城去。

"站住，小孩，过来检查检查。"一个满脸大胡子的守城人喝住了凤妹子。

凤妹子心想，我这筐里都是青菜，随你们检查吧。

大胡子伸手在菜筐里翻弄了几下，便拎出一个用手帕包着的小包来："这是什么？你小小

年纪竟敢偷运食盐，随我到官府去吧！"

凤妹子一看布包，不禁大吃一惊："这不是我的！"

大胡子把眼珠子一瞪，恶声恶气地说："不是你的怎么会跑到你的菜筐里呢？"

大胡子不由分说把凤妹子带到了官府，武行德审理了此案。他把手帕包打开，发现包里有二斤多食盐。他刚想问话，忽然飘过来一阵薰香味。他闻了闻，发现是从盐包里飘出来的，难道这盐是香的？他好奇地又闻了闻，这才发现包盐的原来是块香手帕。他看看香手帕，又看看凤妹子，心中疑窦顿生，思忖了一会儿，他恍然大悟，忙问凤妹子："你是一个人从家里来的吗？"

"是的。"

"路上没遇见什么人吗？"

"路上？对了，路上遇见了一个尼姑。"

"那个尼姑长得什么样子？"

于是，凤妹子把尼姑的容貌详细叙述了一遍。

听了凤妹子的描述，武行德心里明白了，这一定是仙女寺的尼姑和守城人互相勾结设下的圈套，企图得到奖赏。于是喊了声："来人，随她去仙女寺和城门口，把那两个恶人给我抓来！"

当天，凤妹子就领人把尼姑和大胡子抓到了官府，经过审问，真相大白。

从此，那些想栽赃陷害别人，企图得到奖赏的人，再也不敢了。

武行德怎样不经审问就肯定了这是一起栽赃陷害案的呢？

453. 被诬陷的偷瓜贼

有个叫王海生的瓜农，侍弄着十几亩西瓜，他的瓜地在路边，经常有过路的人到这里买瓜吃，王海生为人刁钻，总幻想着能有一天发大财。怎样才能发大财呢？靠种瓜卖钱？那是不可能的。于是，他想起了歪门邪道：遇见过路的和老实人，便想方设法敲诈人家的钱财。

有一天，王海生在路边蹲了一天，也没遇见一个可以敲诈的对象。他垂头丧气地回到了瓜棚。不知过了多久，忽然听见瓜棚外面有人说话：

"妈妈，我渴了，要吃瓜。"是一个小姑娘的声音。

"快走吧，前面不远就到家了。"是一个妇人的声音。

"不嘛！我要吃，我要吃……"

"好孩子，别闹妈妈了，你看地里也没有人，把钱给谁呀？"

"放在地上，把钱放在地上。"

这时，王海生正在瓜棚里偷偷地朝路边望着。他看见妇人犹豫不定的样子，心想，白等了一天，这回一定要敲诈她个狠头儿的，他从瓜棚门缝看见那妇女朝这边走了几步，喊道："瓜棚里有人吗？"

王海生没有回答，却依然紧盯着那个妇人。他看见那个妇人从包袱里掏出几个铜钱，蹲下身去，把钱放在一片瓜叶上，然后拧下一个小西瓜。

"住手，原来是你在偷我的瓜呀！走，到官府去！"王海生见时机已到，边喊边蹿出了瓜棚。

妇人看见瓜棚突然蹿出一个男人，吓了一大跳，手拿西瓜愣住了。但很快她便轻声说道："大哥，你别生气，不是因孩子喊渴，我不会这样做的。瞧，我已经把钱给你放在这儿了。"

"就那点钱，也想吃瓜？"王海生瞪了妇人一眼。

"那你要多少钱？"妇人说着又掏出几枚铜币。

"你等着，看看这些瓜值多少钱？"王海生说完，像发了疯似的，弯腰就摘起了西瓜，一会儿，就摘了20多个。

妇人不知王海生要干什么，吓得把女儿紧搂在怀里。

"走吧！和我去见官吧！"王海生喘着粗气说道，"你偷了我这么多的瓜，看你得赔我多少钱？"

"你这是敲诈！"妇人气得声音颤抖着说。

王海生哪管这些，把瓜用筐装上，用牲口驮着，逼着妇人领孩子和他一起来到了县衙。

县令升堂问案，王海生活灵活现地讲述了那个妇女如何偷了他20几个西瓜，自己又如何抓到她的经过。他还说，前些天就已经丢了10多个瓜，一定是这个妇人偷的，要她全部如数赔偿。

听了王海生的诬告，那个妇女很气愤地说："我女儿口渴，我看见瓜地里没人，便摘了个小西瓜，而且还把钱放在瓜叶上，怎么能说是偷瓜呢？"

"人证俱在，你是赖不了的！瞧，这20几个西瓜还不都是你偷偷摘下来的吗？怎么说是只拿了一个？"王海生尽管心虚，但嘴上却很硬。

"黑的变不成白的。我只摘了你一个瓜，绝不会错的。"

他们各说各的理，争执了半天也没有结果。

他们谁说的是实话呢？县令也感到这个案子难断。忽然，他想出一个主意。忙问王海生："这20几个西瓜都是这个妇人偷的吗？"

"老爷，这是小人亲眼所见，没有半句谎话！"

"你什么时候抓住她的呢？"

"她抱着这些瓜刚要走，就被我发现了，于是，我把她带到了这里。"

县令听后大怒，厉声对王海生喝道："你这个坏蛋，竟敢诬陷好人，还不从实招来！"

"小人说的句句是实话啊！"王海生还在狡辩着。

"那好吧，本官就叫你当堂表演一番！"县令说完，用了个小小的办法就让王海生低头认罪了。

这个县令用的什么办法迫使王海生认罪的呢？

454. 过街女士

在一个镇上的5所小学里，小学生穿过拥挤马路时的安全是由他们的"过街女士"来负责的。从以下的信息中，你能推断出哪位"过街女士"在哪一所学校外工作、她们所负责的街道以及每位女士从事这份工作的时间吗？

现在已知线索是：

（1）有一位女士负责这个工作已经4年了，她并不在圣·威妮弗蕾德小学外的马路上工作，圣·威妮弗蕾德小学外面的马路也不是用树名来命名的。

（2）斯多普薇女士是阿贝菲尔德小学的"过街女士"，但她不帮助学生经过风磨房大街；大不列颠路小学外的大街与此小学同名。

（3）科洛斯薇尔女士在这5名女士中是最迟受雇佣的。她的学校外的马路并不称之为"某某街"。

（4）西公园小学的"过街女士"已经工作3年了，希尔大街的"过街女士"已经工作5年了。

（5）夏普德女士不是5人中工作时间最长的。

（6）在栗子大街上的学校是根据圣人命名的，而卡尔女士在山楂巷阻拦车辆。

（7）虹尔特女士不在圣·彼得小学工作。

455. 皇帝与大臣

一个皇帝有20个大臣，每位大臣身边都有一个坏侍卫。虽然每一个大臣都知道其他大臣的侍卫是坏人，但由于他们之间关系不融洽，因此他们都不知道自己的侍卫是否是坏人。

皇上知道此事后，把20个大臣召集在一起，告诉他们，在跟随他们的侍卫中至少有一个坏人，并要求他们如果知道了自己的侍卫是坏人就必须立刻杀了他；如果知道了又不杀的话，那他们自己的脑袋就保不住了，期限为20天。

为此，皇上办了一份早报，如果哪位侍卫被杀了就会刊登在早报上，可19天都平静地过去了。在第20天早晨，仍然没有哪一位大臣杀自己侍卫的消息。请问，接下去的情况将会怎么样呢？

456. 昏庸的皇帝

有一个皇帝把王法当做儿戏。一天，他别出心裁地下了一道圣旨：犯人可以当着他的面摸生死券，摸到"生"字者当场释放，摸到"死"字者立即处死。

当朝宰相是个倚仗权势、无恶不作的酷吏。他为了拔掉眼中钉，便在皇帝面前诬告一位大臣有谋反之心。皇帝听信谗言，立即命禁卫军将那位大臣拘禁，并令其次日摸生死券当场定生死。

宰相随后买通掌管纸券箱的小吏，要他在两张纸券上都写有"死"字。这样一来，那位大臣注定难逃一死。

这一阴谋被一位忠良之臣得知，当夜以探监为名，告知了那位受冤的大臣。

第二天，皇帝临朝，为了制造一种恐怖气氛，特意在生死券箱前架起了油锅，如果摸出的是"死"字，当场就会把那位大臣投入滚烫的油锅中。

在众大臣忐忑不安的眼光中，那位大臣从容不迫地把手伸进纸箱中。

想想看，那位大臣怎样才能免于一死？

457. 修理店的汽车

汽车修理店停着4辆汽车，其中汽油泵旁边有2辆汽车，另外2辆在使用其他设备。从下面所给的线索中，你能说出司机的名字、每辆车的颜色和品牌吗？

现在已知线索是：

（1）当你看着这个平面图时，你会发现那辆灰色美洲豹比哈森的汽车停得更靠右边。

（2）蒂莫西驾驶的汽车不是蓝色的。

（3）阿尔玛的汽车不是宝马，它也不停在 2 个汽油泵的前面。丰田汽车停在了汽油泵的前面，但它不是绿色的。

（4）4 号汽车是深蓝色的，但它不是流浪者牌。

（5）司机：阿尔玛，杰拉尔丁，哈森，蒂莫西

（6）颜色：深蓝色，绿色，灰色，浅蓝色

（7）品牌：宝马，美洲豹，流浪者，丰田

提示：首先推断出 4 号汽车的品牌。

458. 转危为安

古时候，波斯帝国有一位年轻的太子，聪明过人。一次，他率波斯大军与阿拉伯帝国的倭马亚王的军队交战时，不幸兵败被俘。

军士们把他押送到倭马亚王的面前，国王二话没说便下令推出去杀头。太子一听，马上装出一副可怜相，说道："慈悲的国王啊，我渴极了，您让我喝点水再走吧，那我也就死而无憾了。"

国王点点头，随后命令左右给太子递了一碗水。太子接过来却不喝，而是左顾右盼起来。"快喝，看什么！"一名军士厉声喝道。

太子扑通跪在地上，说："我担心，不到这碗水喝完你们就会举刀杀我啊！"

国王一听，不禁大笑起来，心想：堂堂的波斯国太子也不过如此，于是说道："我从来都是说一不二的。你尽管喝好了，我起誓，在你喝完这碗水之前，肯定不会杀你。"

太子一听，迅速做出了一个动作，然后对国王说出了一句话。国王一听，顿时哑口无言，没有杀他。设想一下，面对人头落地的危险情境，波斯王子如何才能转危为安？

459. 巧打德国侵略军

第二次世界大战期间，法国的一个小镇驻扎着德国的一支侵略军。一次，指挥官海格姆上校在他的指挥部宴请各界人士。为了安全，颁发的请柬是两张相同的红票连在一起，两张请柬最多可进 3 人。宾客在进第一道岗时撕去一张，另一张进指挥部时交给门卫；如果有事外出，则发给一张特别通行证，凭此证进出第一道岗哨时只要给哨兵看一下，进指挥部时才收掉。

法国抵抗组织设法搞到了两张请柬，他们用这两张请柬巧妙地安排 3 人进入指挥部，另外十几个游击队员通过第一道岗哨，埋伏在指挥部外，结果里应外合，打击了德国驻军。

你知道游击队是怎么安排的吗？

460. 牛群

在西部开发的日子里，5 群牛从农场被赶到遥远的铁路末端去运送来自东部的货物。从以下所给的线索中，你能找出每个牛群的老板、他的目的地、牛群的数目以及每次运货所需的时间吗？

现在已知线索是：

（1）斯坦·彼定的路途大约要 4 个星期，他的牛群要去往圣奥兰多的牛群小。

（2）里格·布尔有一群牛，共 300 头，他赶牛群的路途不是最短的。路途最短的牛群数量比朗·霍恩带队的牛群的数量少。

（3）波·维恩的牛群不是 400 头，瑞德·布莱德朝科里福斯铁路终点出发。

（4）数目最少的牛群要花 5 个星期的时间到达目的地，他的目的地不是查维丽。

（5）赶一群牛到斯伯林博格要花费 3 个星期的时间。

（6）数目是 500 头的牛群要去往贝克市。

461.《圣经》阅读计划

大约 4 世纪的时候，英国有个名叫亚当斯的惯盗，多年来一直行凶作案，终于被抓，并准备处以极刑。

当时的英国国王是詹姆斯六世，他因钦定《圣经》而闻名。亚当斯抓住了这个机会对狱卒说："听说国王喜欢《圣经》，为表示对国王的忠心，临死前我想读一读《圣经》，请国王允许我把《圣经》读完后再处死我。"

狱卒马上把亚当斯的想法上奏给了国王，国王听了狱卒的上奏后，说："满足他的愿望吧，在他读完《圣经》之前，暂停执行死刑。"得到国王的许可，亚当斯欣喜若狂，他当即写了一份阅读计划交给审判官，并说自己要好好品读《圣经》，直至背下来。审判官顿时醒悟，国王上当了。实际上亚当斯借此让自己免受死刑。

你知道聪明的亚当斯是怎样借机让自己免于死刑的吗？他的阅读计划是什么？

462. 倒霉的 "郝斯彻斯"

"郝斯彻斯"是一家集酒吧和餐饮于一体的店，这是一个很小却非常温馨的地方。但是这一年里，它的员工都非常不幸。在最近 5 个月里已经有 5 个人在一些古怪的事件里受伤。从以下给出的线索中，你能说出是谁在哪个月受伤、他或她在店里的职务和遭遇的事件吗？

现在已知线索是：

（1）"郝斯彻斯"的大堂经理贝蒂·欧文的腿被一条狗咬了一口，虽然这并不十分古怪，但是那是一只老到戴假牙的吉娃娃狗。这件事是发生在高夫·狄尔受伤之后。

（2）西里尔·佩奇是在 4 月末受伤的。那时正是首批度假旅客开始陆续出现的时候。西里尔·佩奇不是出纳员。

（3）一位神经质的女客人觉得黑暗的触手正沿着走廊来到她的房门外，接下来出现的将是罪恶的入侵者，而不是晚上熄灯后重返的工作人员，被她击倒的不是店里的厨师。

（4）清洁工是在 5 月份受伤的，他不是弗瑞德·罗普。弗瑞德·罗普是那个被自行车压倒的人。

（5）7 月份，店里的一位职员在去接待区的路上被一条活的鲱鱼滑倒，狠狠地在地上摔了一跤。

（6）艾里斯·韦尔斯是刚来工作不久的女服务员。

463. 大学生公寓的谋杀案

寂静的夜晚，位于大学城的学生公寓楼群里却喧闹至极，人声鼎沸。

突然，一声枪响划破了夜空，使学生公寓本已嘈杂的混乱局面变得更加热闹。很多学生寻着枪声的方向来到了一间独栋别墅式公寓，只见这座公寓里的二楼卧室里，大学生哈里已倒在了血泊中。

一位学生马上打电话，报告了警察局，探长亨利带着助手立刻来到学生公寓。

亨利经过调查，了解到了这座公寓里共住着4个学生，死者哈里、比尔、桑尼，还有格伦。亨利觉得这3个学生都有嫌疑，便把他们3人隔离开，对他们进行单独的讯问。

亨利先讯问比尔："哈里被枪打中的时候，你在干什么？"

比尔说道："我正在修车，我把一盏灯带到了屋后面车库那里，插上电源打开灯修车。就在这时，房间里传来了枪声，我赶快跑进屋去。"

亨利又开始讯问桑尼："枪响时你在干什么？"

桑尼一瘸一拐地来到亨利面前说道："我把车停在屋后的一个胡同里，往后门走的时候，被地上的电缆线绊倒了。我坐在地上揉着脚腕，大约两分钟后，我听到了枪声，就赶紧站起来。"

亨利开始讯问第三个人格伦："枪响的时候，你在干什么？"格伦说道："当时我在往厨房走，我想到厨房盛一杯冰激凌，这时，我听到后门那里有声音，就向外看了一眼，外面漆黑一片，我就又回到厨房取冰激凌了，几分钟后听到了枪响。"

为了证实他们说的话，亨利开始搜查房子，在厨房的冰箱旁，他找到一杯融化的冰激凌，在后院的地面上，他看到了电线插头已经被扯出了插座，电线连接的灯还悬挂在比尔的汽车已经打开的引擎盖上。

亨利重新回到屋里，指着比尔说道："你说的话，全是谎言，凶手就是你！"

比尔申辩道："我怎么是凶手呢？你搞错了吧！"

亨利当着众人的面，指出了比尔的犯罪事实，比尔当时就哑口无言了。

亨利为什么说比尔是凶手呢？

464. 瓦尼斯城堡

18世纪末的斯顾博格公爵被公认为是一个疯狂的帽商，因为他花了大把的钱造了一个童话般的城堡，尤其是那4扇富丽堂皇的大门给人极大的震撼。从以下所给的线索中，你能说出这4扇门的名字、负责的长官以及守卫它们的护卫队吗？

现在已知线索是：

（1）第四护卫队负责守卫入口，这个入口在剑门的顺时针方向，剑门不是弗尔长官负责的。

（2）A门为第二护卫队守卫。

（3）钻石门的护卫队号要比D门护卫队大1。

（4）铁门在城堡的南方。

（5）哈尔茨长官负责第一护卫队，第一护卫队不看守鹰门。

（6）克恩长官的护卫队号要比苏尔长官的护卫队小1。

（7）门：钻石门，鹰门，铁门，剑门

（8）长官：弗尔，哈尔茨，克恩，苏尔

（9）护卫队：第一，第二，第三，第四

提示：先找出 D 门的名字。

465. 谁安放的录音机

A 公司研究开发出一套新软件，将要应用在空军的战斗机上。这是国家一级保密的项目，国外的情报机关不惜重金，要收买公司的人员，窃取软件的情报。这天下午 1 点钟，在公司的会议室里，举行了新软件的论证会。

会议是在绝对保密的情况下召开的，会议开到一半，有个工程师不小心把笔掉到地上了，他俯下身子去拾，却发现桌子底下有个奇怪的小盒子，拿起来一看，竟然是用来窃听的微型录音机！

总工程师马上宣布会议暂停，并向警方报了警。摩恩探长迅速赶到现场，他先检查了录音机，录音带上开始没有声音，2 分钟以后，听到轻微的关门声，又过了 10 分钟，听到很多人进来的脚步声和说话声。摩恩探长推测，安放录音机的时间，大约是在 12 点 45 分。根据调查，当时有可能进入会议室的，一共是两个人。探长和经理一起，在经理室分别找他们谈话。

首先进来的是女秘书，她说："我 12 点 40 分进会议室，把文件放在桌子上，就马上离开了。"经理看了看她的脚，生气地问："公司规定上班应该穿平跟鞋，你怎么穿高跟鞋？"女秘书红着脸说："今天起床晚了……赶着上班，穿错了。"

接着进来的是男清洁工，他说："我进会议室擦完桌子，就出来了。"探长还没有问话，经理指着他脚上的网球鞋，生气地责问："你怎么也不按规定穿平跟鞋？"清洁工支支吾吾地说："我……中午去打网球，忘了换鞋了……"询问完了，摩恩探长告诉经理："我知道微型录音机是谁放的了。"

你认为谁是放录音机的罪犯呢？

466. 高个子修理工

某县有一阵屡次发生十几个蒙面歹徒抢劫过路司机的案件，当事人稍有反抗，就被歹徒活活打死。

县刑警大队根据县委的命令，由萧队长带着两名刑警乔装打扮，开着一辆"红旗"轿车来到了经常出事的路段侦查情况。

汽车在山道上快速行驶，在一个转弯处，汽车突然失去了控制，萧队长立即紧急刹车，下车后一看，原来两只前胎被路上的铁钉扎破，一点气都没有了。

说时迟，那时快，从两边的丛林中窜出十几个蒙面歹徒，将他们团团围住，一个为首的矮胖子挥着枪厉声喝道："把钱拿出来，不然就打死你们！"

3 人身上的 3000 多元人民币以及手机都被歹徒抢走，只听一声呼哨，这些人又迅速撤走了。

萧队长叫一人看住车，带着另一名刑警来到了附近的一家汽车修理店，他对坐在门口的高个子修理工说："我的汽车轮胎被铁钉扎破了，请跟我前去更换轮胎。"

高个子修理工一声没吭，去里面拿了两只轮胎，跟着萧队长来到出事地点，迅速地换上了好胎。高个子修理工笑着对萧队长说："今天我特别高兴，这两只轮胎免费。"

萧队长也高兴地说："当然要免费了，因为我们的钱都被你们这帮匪徒给抢走了。"说罢就给高个子修理工戴上了手铐。

根据这个罪犯的交代，后来，刑警们又抓获了其他同伙。

你知道萧队长是根据什么抓捕高个子修理工的吗？

467. 博物馆的展品

在 20 世纪初期，苏塞克斯的百里香小镇有一位喜爱考古的乡绅，他把几样在他的土地上发现的东西赠给了附近的一家博物馆。现在摆在展台上的东西是其中的 4 件。从以下给出的线索中，你能推断出每件东西是在哪个世纪制造的、在哪年赠给博物馆的吗？

现在已知线索是：

（1）那件银匙不是产自公元 9 世纪。物品 C 不是在 1936 年赠送给博物馆的。

（2）在 1948 年，乡绅去世的前一年，他将出产于 12 世纪的一件人工制品捐献给博物馆。那位乡绅 89 岁。

（3）物品 B 是一枚银胸针，它不是第一件赠送给博物馆的艺术品。

（4）那把剑紧靠在大概出产于 10 世纪的东西的右边。

（5）银酒杯的制造时间紧靠在 1912 年赠出物的制造时间之前。两者在展示橱上相邻排在一起。

（6）艺术品：银胸针，银匙，银剑，银酒杯

（7）制造日期：9 世纪，10 世纪，11 世纪，12 世纪

（8）赠送日期：1912 年，1929 年，1936 年，1948 年

提示：首先要确定物品 A 的相关问题。

468. 口香糖艺术

"我早就知道有一天桑克会成为一个艺术家的，你们看，今天他终于在这里办了个人展览。"布鲁哈德正在给艾克斯警官介绍。此时神探博士也走进了梅森·贾斯博物馆。他们走进了名为"探索"的主展厅，这里展示了艺术家桑克的口香糖作品。

布鲁哈德说道："我永远也忘不了在巴黎发现他的过程。当时我往后退了两步，正准备看清楚艾菲尔铁塔全貌时，脚下突然踩到了一块口香糖。我的鞋被粘到了人行道上，完全动弹不得。这块口香糖又大又黏，我用双手费了好大工夫才把鞋从路上拽了下来。就在这时我听到背后传来一个声音：'太棒了，先生，能把这块口香糖给我吗？'然后对方又告诉我他是如何搜集口香糖进行艺术创作的。"

布鲁哈德一边滔滔不绝地讲着，一边领着众人在展厅内参观。四周的墙上挂满了用各种颜色的口香糖制成的图画，展厅中央立着十几尊用大团口香糖完成的雕塑作品，每一尊作品都栩栩如生。

展厅里只有两件绘画作品是不属于这次主题展览的，而且也不是用口香糖制成的。这是两幅由加拿大著名艺术家亨利·费利克斯创作的大型油画，非常珍贵。

神探博士注意到在每幅画两侧共有 6 颗螺丝牢固地把画框固定在墙面上。然而尽管桑克的口香糖艺术品也价格不菲，但却没有一幅是用螺丝进行固定的。这让博士想起他的保险调查员朋友佛瑞德曾告诉过他，在梅森·贾斯博物馆里如果看到哪幅作品用螺丝进行固定，那

么那一定是最珍贵的展品了。

就在这个时候展厅的灯突然熄灭了，人群中顿时传来女士们的尖叫声。然后在场的人都听到了3下奇怪的机器的转动声，接着是一片沉寂。又过了一会儿，灯重新亮起，大家赶快环顾四周，发现桑克的展品都原封未动，亨利·费利克斯的一幅作品却已经不见了踪影。

接着每个参观者都被要求留下来进行调查。据博物馆工作人员和其他参观者说，在熄灯期间和熄灯之后任何人都未曾离开过展厅。

艾克斯警官说道："我们发现楼内有两名工人，他们说熄灯的时候他们正在另一个房间。另外两人都有一把电钻，我们当时听到的有可能是电钻发出的声音，小偷一定是用电钻起掉了画框上的螺丝。"

布鲁哈德马上接道："看来这两个家伙中一定有一个是小偷！"他的语气不容置疑。

这时，一直沉默不语的博士说道："只怕未必！"

博士为什么这么说？

469. 被抢的村会计

一天夜里，一个村子里发生了一起抢劫案，村会计大柱去信用社取两万元贷款，回来的路上被劫。大柱被砍伤。

乡派出所所长老赫接到村治保主任老齐的报告，立即和民警小董赶赴现场。案发现场就在前面不远的村口。老齐已经等在那里，老赫凭借手电筒微弱的光亮在地上仔细搜寻着，可是除了有一些杂乱的脚印外，别无所获。

"人呢？"老赫问。

"回村了。"老齐回答说。

"走，进村看看。"3人向村中走去。

他们来到大柱的家里，见大柱闭着眼睛在炕上躺着，头上包着纱布。大柱的爹妈都守在旁边，眼睛里充满了恐惧。

听说派出所来人了，大柱睁开眼睛，吃力地坐起来。

"你能把贷款被抢的经过跟我们讲讲吗？"

"可以。"大柱不知是因为受了惊吓，还是因为什么别的原因，此时脸色苍白，目光游移不定。他沉了口气，缓缓地说道："今天下午，村里派我去信用社提取贷款。当我取出贷款后，一个老同学叫住了我，让我去他家坐一会儿。我们很久没见面了，他非留我吃了晚饭再走。盛情难却，我便没有推辞。我怕身上带着这么多钱出事，吃了饭就离开他家往回赶路。谁知走到离村子不远的地方，有个人从路边蹿了出来，照着我的脑袋就是几刀。他把我打倒在地，抢走了钱，还要抢走我的那顶呢子帽。那帽子是我对象刚给我买的，还没戴几天，我死也没撒手，气得那人又在我手臂上划了一刀，然后跑了。"大柱说完，要把手臂上的纱布解开给么老赫他们看。

"不用看，不用看。"老赫忙止住了大柱，但他的眼睛却又盯住了墙上挂着的那顶呢子帽，"你戴的就是这顶帽子吗？"

"是的，就是这顶帽子。"

老赫没再说什么，和小董、老齐离开了大柱家。路上，小董丧气地说："这案子可真是不好破，现场什么也没留下，被害者又提供不出犯罪分子的任何特征，唉……"

"可我已经知道是谁把贷款抢走了。"老赫似乎漫不经心地说。

"谁？"老齐和小董齐声问道。

"今晚派你们执行一个任务，到时候你们就知道了。"

果然，当天晚上，老齐和小董就把报假案妄图私吞货款的犯罪分子大柱抓到了。

原来，大柱结婚急需钱用，正巧村里派他去取贷款，他便在回来的路上用事先准备好的尖刀砍伤了自己的头部和手臂，假报了抢劫案。那么老赫是怎样识破这个假象的呢？

470. 在碰碰车上

4个年轻的朋友在同一时间坐上了碰碰车，图示的是他们4个在圆形的运动场中央正在掉头的时刻。从以下给出的线索中，你能将1～4号碰碰车上的年轻人全名叫出来并说出碰碰车的颜色吗？

现在已知线索是：

（1）布里格斯坐在蓝色的碰碰车上，他的右手边是刘易斯。

（2）3号碰碰车的颜色是黄色。它上面坐的是个男孩。

（3）达芙妮·艾伦坐的不是红色的碰碰车。

（4）在1号车上的年轻人姓格兰特。

（5）埃莉诺开的是2号碰碰车。

（6）他们的名分别是：达芙妮，大卫，埃莉诺，刘易斯

（7）他们的姓分别是：艾伦，布里格斯，格兰特，鲍威尔

（8）颜色：蓝色，绿色，红色，黄色

提示：首先推断出哪辆车是达芙妮开的。

471. 被偷的古书

福伦警长接到一个电话，对方在电话里气喘吁吁地说："报告警长，我是莱蒙德，我的家刚才……被盗窃了，快、快、来……"福伦警长在这个区工作了很久，对居民的情况都了如指掌。

福伦警长记得，莱蒙德是博物馆研究员，原来住在中央大街，那里是名人生活区，都是别墅群。后来，莱蒙德好像遇到了什么麻烦，经济上有些拮据，就把别墅卖了，搬进了附近的公寓楼，住房条件就差远了。不过，莱蒙德没有结婚，一个人住是绰绰有余了。

福伦警长赶到了莱蒙德的家，看到莱蒙德正等在门口。他们一起走进了楼下的客厅，莱蒙德哭丧着脸说："今天我提早回到家，发现门锁被打开了，推门进去，突然一个人冲了出来，他的手里拿了一本书，我想抓住他，可是他挣脱了我，逃到大街上，穿过马路就不见了，我没追上他，只好在门口电话亭打电话报警。"

福伦警长问："您检查过吗？家里还少了什么东西？"

莱蒙德说："我打完电话后，就守在这里保护现场，还没有进过房间呢！"

福伦警长奇怪地问："一本书值得您这么着急吗？"

莱蒙德说："警长先生，这本书可不是平常的书，它是世界仅存的孤本，价值20多万哪！我把它锁在楼上书房的书橱里，谁知道小偷太狡猾了，竟然带着工具，拆了书橱的门，偷走了这本最值钱的书！"

福伦警长上了楼，果然发现书橱的门锁被拆了下来，他问："这本古书您买了保险了么？"

莱蒙德有些紧张，说："买了……可是……"

福伦警长笑着说："您别演戏了，书是您自己偷了藏起来，想骗保险费吧？"

福伦警长根据什么判断出莱蒙德在撒谎？

472. 甜水和苦水

宋朝时，汴梁城里有两条水巷，一条巷里的水甜，一条巷里的水苦。人们都愿意食用甜水巷里的水，因而甜水巷被管理得很洁净。而苦水巷里的水，人们只用它来洗衣、浇菜。

一天晚上，汴梁城里一处民宅突然失火，风助火势，火借风威，不一会儿便映红了半面夜空。

刚刚上任开封府尹的包公，闻讯立即赶到失火现场，组织百姓们救火。

城里的许多老百姓也都拎着桶，端着盆，从四周赶来救火。人群中，有一个瘦猴子似的人问道："挑甜水还是挑苦水？"

"那还用说，挑苦水呗！"答话的人是一个黑脸汉子。

救火的人们听了瘦猴和黑脸汉子这一问一答，"呼"地朝苦水巷涌去。这下可糟了，苦水巷顿时被人流堵塞了，挑水的人进不去出不来。

包公见状心中一惊，忙把捕快头目叫到跟前，命令他道：

"快去告诉老百姓，就说是我的命令，让他们苦水、甜水一块儿挑！"

"苦水、甜水一块儿挑？"捕快头目疑惑地望着包公。

"快去传令！"包公忽然又想起什么，轻声说道，"你再把刚才那两个一问一答的人给我抓来。"

"抓他们干什么？"捕快头目更加疑惑了。

"还不快去！"包公有些动怒地瞪起了眼睛。

捕快头目只得带领几个捕快去了，他们传达了包公的命令，让老百姓苦水、甜水一起挑。很快，苦水巷的人流疏通了，大火被扑灭了。捕快头目又从救火的人群中把瘦猴和黑脸汉拽了出来，带到了包公面前。

包公厉声问道："大胆放火的贼人，还不知罪吗？"

瘦猴和黑脸汉"扑通"跪在地上，连呼饶命。

再一审问，两个人承认了大火就是他们放的。原来，自从包公当了开封府尹，城里的那些泼皮地赖都不敢胡作非为了，城里的治安大有好转。瘦猴和黑脸汉便串通了几个泼皮地赖，想整治一下包公。他们左思右想，最后想出了一条毒计，放火烧民宅。在这汴梁城真龙天子的眼皮底下闹事，好让皇上动怒，把包公的官罢掉。这样一来，他们在汴梁城里又可以为所欲为了。可是，包公果然名不虚传，断案如神，当即识破了他们的诡计，并把他们抓获正法。

包公怎样推断出瘦猴和黑脸大汉是放火犯的呢？

473. 笔名

"羽毛书"以出版侦探小说闻名。上个月他们就推出了5本由新作者写的侦探小说。这5位作者有以下几个共同点：每个人都有一份成功的事业，都选择其工作所在地区的刑事调查人员作为他（或她）塑造的侦探英雄形象。从以下给出的线索中，你能推断出每位作者的另一个职业是什么、各自的居住地和作品中侦探的名字吗？

现在已知线索是：

（1）其中一位作者是一家酒店老板，但他不居住在苏塞克斯东部地区。埃德蒙·格林不是在威尔士格温内思郡一个小镇工作的兽医。

（2）朱丽叶·李尔家在什罗普郡。

（3）农场经营者斯图亚特·文恩不是创作出贝克探长的那位作者，而创作出贝克探长的那位作者也未从事任何形式如承办酒席等服务行业的工作。

（4）朱丽叶·李尔塑造的英雄，确切地说是女英雄，叫撒切尔警官。思尔文探长的构想者没有经营过酒吧或咖啡店。

（5）现实生活中是位警察的那个作者没有居住在什罗普郡，他塑造的侦探叫法罗斯。

（6）其中一位作者在苏格兰的泰赛德地区从事酒店生意，其名字不叫内文·坡。

474. 消失的花瓶

一大早，佩内洛普夫人就已经在自己巨大的、带有白色柱饰的宅邸门口迎接匆匆赶来的神探博士。博士刚走上门前的台阶，佩内洛普夫人就紧张地说道："博士，我家被盗了！"

当他们走进客厅时，热腾腾的茶已经准备好了，博士呷了一口，不紧不慢地说道："说说整个案件的经过，夫人，到底丢了些什么东西？"

佩内洛普夫人连忙说道："我想他们一定很清楚自己要什么，因为家里唯一丢失的东西是一个古董花瓶。我本来正打算把它卖了，上周刚给古董商打过电话让他们估价。您瞧，我对古董一窍不通，所以才想到请他们帮忙。本来我准备今天下午把花瓶拿过去给他们看，没想到却被贼给偷了。"

"哦？那么您家里都有谁知道花瓶要被卖掉这件事呢？"博士问。

"除了家里人和几个朋友之外，家里的女佣、管家和厨子也知道这件事。"佩内洛普夫人说道。

"那么这些人昨天都在场吗？"博士又问。

"他们都只待了一段时间，现在他们不在这里。"

"等他们来了我要和他们分别谈一谈。"博士说。

女佣希拉里是第一个来上班的，听说花瓶被盗之后她很吃惊，对博士这样说道："听说夫人要把花瓶卖了我还挺高兴。那只不过是件废物而已，真不知道谁会去偷它，顶多也卖不了20美元，根本不值得去偷。"

管家说："我每次经过那个花瓶时都很紧张，总是要小心翼翼的。那东西可值钱了，一看就知道是真正的古董，又有年头又精美。"

厨子听说家里遭窃也很吃惊，说道："啊？他们只偷走了花瓶吗？如果是我的话，我肯定连银制餐具也偷走，对了，房子里还有几幅画也挺珍贵……"他的话还没完，已经被佩内洛普夫人狠狠地瞪了一眼。

"呵呵，是啊，如果是你干的，你肯定会偷的比这要多得多，"博士接过他的话继续说道，"但是我想我恐怕得把希拉里带回去再仔细盘问一下。"

听到博士这样说，佩内洛普夫人吃惊地说道："难道会是希拉里偷的？这实在是太难以令人置信了！"

为什么博士怀疑女佣希拉里？

475. 深深的脚印

下了整整一天的大雪，地上的雪积得厚厚的。到了傍晚的时候，大雪才停止。大田警长刚刚吃过晚饭，就接到报警电话，报警的人是中村教授，他紧张地说："警长先生，我、我的学生贞子……被人杀害了！"警长问："你在哪里？"中村教授说："就在贞子的房间里，学生公寓203房间……"

大田警长驾驶警车，往国立大学赶去。因为路上的积雪很厚，他只能小心翼翼地开车。过了20分钟，他来到学生公寓，敲了敲203房间的门，中村教授马上开了门。大田警长走进去，戴上手套，仔细检查现场。他发现贞子是被人掐死的，已经死亡了一个小时。

中村教授很瘦小，但是说话的声音很响亮。他告诉警长说："贞子是我的学生，今天下课以后，她到办公室来找我，说她有一篇毕业论文，想让我给修改一下。我和她约好，晚上7点钟到我家里来。她说，她宿舍里的同学今天晚上都出去了，让我还是到她宿舍去，我答应了。吃过晚饭，我来到她的宿舍，敲门敲了很久，没有人来开门。我轻轻推了一下，发现门没有锁，进去以后，就看到贞子躺在地上，已经停止了呼吸，我马上报了警。"

大田警长走到门外，发现门口的雪地上，除了他的脚印以外，还有两串脚印，一串是浅浅的女鞋脚印，那是贞子的，还有一串很深很深的脚印，那是教授的皮鞋留下的。那么，凶手的脚印又在哪里呢？大田警长看了看瘦小的教授，马上明白凶手是谁了。

你认为凶手的脚印到底在哪里呢？

476. 知名人士的房子

在戴夫·斯诺主持的一个很受欢迎的电视节目里，观众在伊洛德·卢德曼的带领下参观没有被告知姓名的知名人士的房子，然后请观众猜那位屋主到底是谁。这个星期已经播出5集这样的节目。从以下给出的信息中，你能推断出每位名人住的房屋样式、观众猜错的次数和每次节目里无意中泄露的有关屋主秘密的线索吗？

现在已知线索是：

（1）猜错3次后确定的名人不是利维·韦尔斯，也不是沃伦·埃斯赫姆。观众猜沃伦·埃斯赫姆时，不是猜错4次得出的，也不是因为古董或纪念品这一泄密线索得出的结论。纪念品不在公寓里。

（2）公寓不是利维·韦尔斯的家。猜错公寓主人的次数比猜前教区牧师住宅主人的次数少。

（3）观众猜米莉·奈尔时猜错次数比因明显的唱

片收集泄密而被猜出的名人多 2 次。最快被猜出的那家的泄密原因不是收集的唱片。

（4）前教区牧师住宅里的家庭健身房是确定屋主的线索之一。观众猜错了 5 次才明白过来排屋属于谁。

（5）观众猜洛娜·古德普兰斯猜得最慢。

（6）观众猜乡村小别墅的主人科拉·帕利斯猜得最快。

（7）收集的唱片在大而空荡的房屋。

477. 谁杀了叔叔

迪伍德是一位远近闻名的总裁，他的名下拥有着几个大公司和一笔数额巨大的存款。遗憾的是，迪伍德无儿无女。眼看着自己的年龄越来越大，迪伍德经过深思熟虑后，决定把自己的财产全部留给自己的两个侄儿阿萨和塞西尔以及侄女波比。

这天上午，迪伍德召来了律师，当着 3 个孩子的面，郑重地签署了一份财产继承文件。3个孩子眼看着叔叔的签字就要变成了事实，都显得异常兴奋。

可是，当天的下午就出事了，律师正在迪伍德的书房里整理文件时，突然听到了迪伍德的一声惨叫，把一向稳成持重的律师吓了一跳，他飞快地跑下楼去。

在二楼很少有人走的后楼梯的上面，迎面撞见了阿萨。见律师跑来，阿萨便结结巴巴地说道："声音是从一楼传来的。"

律师快速走下了狭窄的楼梯，一不小心，脸上撞上了一张蜘蛛网。

他用手捋了一下蜘蛛网，便来到了一楼的厨房。在门口，他往里一瞧：地板明显是刚刚擦过，显得很洁净光亮，立在一旁的餐具柜却是非常地乱。迪伍德就躺在地板上，身上插着一把刀。凭直觉，迪伍德已经死亡。

聪明的律师马上招呼保姆，要她保护好现场，同时报警。与此同时，他又透过厨房与后花园的连接门上的窗户向花园里看了看，他看到外面泥地上有脚印向厨房走来。不一会儿，两个警察走了进来，开始一一讯问。

塞西尔说："肯定有人从后门闯了进来，我一直坐在主楼梯旁的前客厅，没看到有任何人进来！"

"我也是！"波比指着自己鞋上的泥巴说，"我一直在厨房后面的花园里散步，什么也没看见。"

"好了，你们不用解释了，我已经知道谁是凶手了，他就是塞西尔！"律师郑重地说道。律师为什么说塞西尔是凶手呢？

478. 圣诞节

汉克是一家大公司财务主管哈奇的助手。一天中午，汉克同往常一样准时走进了位于 19楼的哈奇的办公室。当他推门进去一看，哈奇正吊在屋内的房梁上。他急忙去摘绳子，发现哈奇已经死亡多时。

汉克马上跑到秘书办公室，通知秘书埃米莉小姐，告诉他哈奇出事了。

埃米莉听完，立刻拿起电话："格兰杰先生，我是埃米莉，你能到 19 楼来一下吗？出事了！"她放下电话，自言自语地说道："这可真是太可怕了，还有两天就到圣诞节了，怎么能出这种事呢！"

一会儿，总经理格兰杰来到了哈奇的办公室，见自己的下属上吊自杀了，不禁十分悲伤，他马上让赶到现场的公司人员清理现场，同时，让秘书埃米莉通知哈奇的家人，并马上报案。

一直忙到下午5点，埃米莉提醒格兰杰："格兰杰先生，楼上还有一个圣诞聚会呢，是你已经安排好了的！"

格兰杰恍然大悟说道："对对对，我差点忘了20楼还有一个聚会呢！"

带着一身疲惫，格兰杰来到20楼，推开了他的私人会议室门，房间里此时已有一些员工等在那里了，房间的角落里有一棵圣诞树，树下放着花花绿绿的礼物。因为出了事，屋里的气氛有些沉闷。为了缓和一下气氛，格兰杰开始为大伙分发礼物。从秘书到副总经理，全公司每个人都收到了一份礼物。

聚会很快就结束了，大家一个挨着一个地走出了会议室。汉克是最后一个走出会议室的，他狐疑地看了一眼圣诞树下空空的地板，心中疑窦丛生。猛然间，他眼前一亮："哈奇决不是自杀！"

他马上下楼找到了警察，把自己的判断说了出来。警察根据他的判断，很快抓到了凶手。汉克是如何发现凶手的呢？

479. 腼腆的获奖者

在农业展览会上，4位养羊的农场主被分配到编号为1~4的圈栏，来让他们展示各自的羊群。从以下给出的线索中，你能推断出各农场主分配到的圈栏的编号、农场的名称和得到的名次吗？

现在已知线索是：

（1）来自格兰其牧场的人获得的名次比克罗普获得的名次高1名。克罗普位于1号围栏。

（2）第2名农场主被分到了4号圈栏。它们不是来自布鲁克菲尔得牧场。

（3）2号圈栏的羊来自高原牧场，它们得到的名次比普劳曼得的要高。

（4）此次比赛，提艾泽尔是第3名的农场主。

（5）农场主：克罗普，普劳曼，提艾泽尔，海吉斯

（6）农场：高原牧场，格兰其牧场，曼普格鲁牧场，布鲁克菲尔得牧场

提示：首先要知道第1名的名字。

480. 自杀还是谋杀

夏日的一个夜晚，百万富翁威尔森在他的书房里死了。只见他右手握着手枪，一颗子弹击中头部，人倒在地毯上。桌上摆着一台电扇和一份遗书。遗书说因丧偶后难耐孤独而自杀，赶去天堂和妻子重逢了。从现场以及遗书来看，威尔森显然是自杀的。大家都知道威尔森很爱他的妻子，妻子生前几乎与他寸步不离，他们夫妻俩每天早上都要去公园散步、打羽毛球，是一对恩爱情侣。一年前威尔森的妻子遭遇车祸意外死亡，这给威尔森带来了巨大的精神折磨。他经常独自一人去妻子墓前表达哀思，喃喃自语。

警官克鲁斯赶到现场进行调查。他在现场看到，电风扇的线已经从墙壁的插座上拔出，

被压在威尔森的尸体下。"是威尔森从椅子上翻倒时碰脱的？"克鲁斯心里滋生了一个假设。为慎重起见，他将电线从威尔森的尸体下抽出，将插头插入墙壁上的插座里，电风扇的开关是开着的，所以电扇又转动了起来。电风扇产生的强烈气流把桌子上威尔森的遗书吹到了地上。克鲁斯警官弯腰捡拾起地上的遗书，心里已经有谱了："这不是自杀，是他杀！凶手在谋杀威尔森后，将仿造的遗书放到桌面上，然后逃离了现场。"

你知道警官克鲁斯为何如此判断吗？

481. 收藏古书

杰克是一个古书的爱好者和收藏者。在近期的拍卖会上，他对其中的 5 本拍卖书非常感兴趣，从以下所给的信息中，你能说出它们的拍卖号、书名、出版时间以及吸引杰克的独特之处吗？

现在已知线索是：

（1）小说《多顿公园》的这个版本包含了所有的注释，它的拍卖号是个奇数。1860 年《大卫·科波菲尔》不是 5 号，也不是曾经是著名的收藏书的一部分。

（2）《哲学演说》是 21 号拍卖物，它不是 1780 年出版的，1780 年出版的书要比《伦敦历史》的拍卖号数字大。

（3）《马敦随笔》不是 16 号，1832 年出版的书不是 5 号和 8 号。

（4）8 号拍卖书是让人非常想得到的第一版发行书。

（5）13 号是 1804 年出版的书。

（6）1910 年出版的书有作者的签名。

482. 古堡凶杀案

立昂先生是位百万富翁，最近他买下了一座古堡，将它改造成古色古香的酒店，吸引了不少游客。但酒店经常发生神秘的自杀事件。神探亨特和助手乔装打扮以后，住进了酒店，决心查明真相。

立昂热情地接待了他们，将他们安排在第五层的 508 房间。当 3 人来到第 5 层时，亨特看见房间旁边有一扇大铁门，便问立昂这里是什么。立昂说："想参观吗？请帮我拉一下。"两人一起用力才打开了沉重的铁门。铁门内是一个漆黑的无底洞。立昂笑着介绍说："这洞是 500 年前用来处死犯人的，最近有些客人也跳进这洞自杀了。"3 人退了出来，关上铁门，进了 508 房间。亨特悄声嘱咐助手要注意立昂，看来他不像好人。

晚上，他俩和衣躺在床上。半夜时分，门外突然传来一声惨叫，亨特一个箭步冲出房间，只见那扇铁门大开。一会儿陆续来了不少游客，大家议论纷纷。这时，立昂从自己的卧房走了出来，他难过地说："306 房的客人想不开，跳下去自杀了！"

亨特的助手打断他的话："住口！这是谋杀，你就是凶手！这门一个人根本拉不开，他怎么会打开铁门跳下去自杀呢？""那你凭什么怀疑是我杀了他呢？"狡猾的立昂反问道。

神探亨特掏出证件亮明身份，并对大家说了一番话，立昂像泄了气的皮球一样瘫坐在地上。你知道神探说了些什么吗？

483. 心理学家之死

心理学家青木，是一所大学里很有发展潜力的学者，他为了学问发誓终身不结婚。所以很多去他家里作客的人都会发现，他的家里除了一位负责他的生活起居的女佣之外，就是书籍和手稿了。

在心理学系建立 30 周年的大好日子，大家都忙碌着为即将开始的庆祝活动做准备。学校领导、系领导等都已经讲话完毕，就是不见要代表老师发言的青木。校长立即派人到青木家里去找他，却发现青木已死在了家中。

警察接到报案后，立即赶到现场。探长亚当斯对女佣进行了传讯。

女佣哭泣着对亚当斯说道："大约两小时前，青木先生叫我给他一杯加冰威士忌，然后又叫我准备水给他洗澡。他还说洗澡后要睡一会儿，叫我在两小时后叫醒他，因为他还要去参加系里的庆祝活动。但是我敲了多次门，他都没有反应，所以我就打开他的睡房门，那时他已经口吐白沫倒卧在地上了。"

接着，亚当斯开始检查青木喝过的酒杯，发现青木所饮的酒杯内，除了冰块外，还有安眠药。

从表面上看青木好像是自杀而死，但亚当斯认为这是一宗谋杀案，凶手就是女佣。

亚当斯为什么认为女佣是凶手呢？

484. 服务窗口

下面的图向我们展示了一个繁忙的城市邮政局，分别有 4 位顾客在 4 个服务窗口前办理业务。从下述的线索中，你能说出今天在各个窗口上班的职员的名字、每个顾客的名字以及每位顾客办理的业务吗？

现在已知线索是：

（1）艾莉斯正在提取她的养老金。

（2）某人正在办理公路收费执照，而亨利就站在此人左边第 2 个窗口处。亨利不在亚当的窗口前办理业务。

（3）路易斯在 3 号窗口处工作。

（4）4 号窗口前的顾客不是玛格丽特，此处的顾客正在购买一本邮票集锦。

（5）某人正在寄一封挂号信，大卫就在此人的右边一个窗口工作。

（6）职员：亚当，大卫，路易斯，迈根

（7）顾客：艾莉斯，丹尼尔，亨利，玛格丽特

（8）业务：邮票集锦，养老金，挂号信，公路收费执照

提示：从办理公路收费执照处的窗口开始推断。

485. 谁在点火

一天夜晚，武彦三郎接到姐姐打来的电话，说有要紧的事情让他马上到她家里去。

原来他姐姐碰到一件棘手事情。她的朋友川崎文子今晚有事住在她家里，可是这位朋友睡觉前洗澡时，突然心脏病发作，死在浴缸里。武彦三郎的姐姐不敢通知警察局，怕警察怀疑是她杀了川崎文子而引起麻烦，因此求武彦三郎把川崎文子送回她住的单身别墅的浴室里，就像在那里死的一样。

武彦三郎和他的姐姐到达川崎文子家是清晨4点半左右，四周还很黑，房子又坐落在林中，是独门独户，所以武彦三郎将车藏到车库后将尸体抬入房中，并未被任何人发觉。他们将死者的衣服脱下，换上平时穿的衣服，让她坐在书房的写字台前，伪装成在其看书时心脏麻痹发作猝死。

"她是前天白天死的，所以要关上房里的灯。"姐姐连细节都注意到了。

"这个煤油炉怎么办？将火点着吗？"武彦三郎看到屋子里有一个小煤油炉后问姐姐道。

"是啊，她是个怕冷的人，这里好像又没有暖气，所以还是将火点着好。"武彦三郎又将火点着了。

两个人将屋子里的灯关掉，让窗帘就那么开着，然后悄悄离开房子。事情干得干净利落，连指纹也没有留下，这样也就没有留下尸体是从别处搬来的任何证据。

当天下午3点左右，川崎文子的尸体被别墅管理员定时巡视时发现了。他很快报告了警察局。法医检查后说："死因是心脏病，自然死亡。"

正在现场调查原因的宫原警官忙问："是什么时候死亡的？"

法医说："更详细的情况需要解剖尸体才能断定，不过大约死了不到两天的时间。"

宫原警官看了半天煤油炉内红红的火苗，突然注意到了什么。

"要是这样的话，即便是心脏麻痹导致的自然死亡，也并非死在这个房间，一定是在别的地方死的，想必是什么人将尸体搬到这儿，伪装成是在这个房间里死的。否则只有相信尸体可以点火了。"宫原警官马上就看穿了事情的真相。

是什么让宫原警官发现了真相呢？

486. 鼠屎之谜

一天，三国时期的东吴皇帝孙亮带领十几个侍臣来到吴宫西苑避暑。孙亮高兴地来到一片果树前。各种果树上硕果累累，黄澄澄的杏，毛绒绒的桃，还有"望"一下就能止渴的青梅。

"给我摘几个青梅来。"孙亮对侍臣说道。

一个老太监听见孙亮要吃青梅，忙跑过去摘了几个，洗净后捧到孙亮的面前。

孙亮咬了一口青梅，酸得他直皱眉头，急忙又吐了出来："太酸了！这东西可实在吃不得！"

"万岁爷！"老太监殷勤地说道，"那青梅确实很酸，但是弄点蜂蜜来蘸着吃，就好多了，而且味道一定很美。您不妨尝尝，小的这就给您取蜜去！"

"快去吧！"

老太监捧着一个银碗来到了御用仓库，对管库的官吏说，万岁爷要吃青梅蘸蜂蜜。库吏听后，急忙打开仓门，搬出一个蜜桶，倒出了满满一碗蜂蜜，让老太监送回去。

老太监把蜜碗捧到了孙亮的面前。可是，当孙亮打开碗盖，刚要拿青梅蘸蜜时，却发现蜂蜜上面沾着一粒老鼠屎。这还了得！孙亮顿时大怒，厉声责问道：

"这老鼠屎是怎么回事？"

老太监忙上前回禀道："启奏万岁，这蜜里的老鼠屎一定是库吏失职，管理不善所致，请万岁爷从重处罚。"

"你立即去把库吏给我传来！"

"遵旨！"很快，老太监便把库吏带到了孙亮面前。

孙亮怒气冲冲地对库吏说："你知罪吗？看看这蜜碗里是什么？"

库吏看见皇帝发怒，本已经吓跑了半个魂，再一看蜜里竟然有一粒老鼠屎，剩下的半个魂也吓没了，一个劲儿地磕头："小人有罪，该死，该死！"

孙亮冷冷地看着库吏说："我命你掌管皇宫内库，这是对你最大的信任。可你却不能尽职尽责，蜜桶里竟掉进了老鼠屎，该当何罪？"

"陛下，冤枉啊！"库吏急忙喊道，"那蜜桶从来都是盖着的呀！"

"还敢强词夺理。我问你，既然蜜桶一直盖着，那么，里面掉进了鼠屎怎么解释？"

"这……"库吏一时怔住了，但想了想又说道，"小人不敢撒谎，请陛下派人检查就是了。"

孙亮一想也对，何不派人把蜜桶取来当场查验一下，便说道："把蜜桶立即给我取来！"

老太监听说，转身就要走，却被孙亮叫了回来："这次让别人去吧！"

两个小太监立即去仓库，将蜜桶抬来了。

孙亮一看，那蜜桶果然盖得很严，老鼠屎根本不会掉进去。孙亮心里有底了，问库吏："你在这宫里有仇人吗？"

"没有。"库吏说完，忽然想起来什么，说道，"有一个人曾经向我要过东西，我没给，他会不会记恨我呢？"

"谁？"

"就是他！"库吏指着老太监说，"前几天，这位公公向我要一领席，我没给。"

"原来是这么回事！"孙亮恼怒地对老太监说，"就为这区区小事，便陷害他人，还不知罪！"

"万岁爷！"老太监急忙喊道，"库吏是在说谎，您可不能相信他那一面之词啊！"

"是谁在说谎我会弄清的。"很快，孙亮根据那粒老鼠屎弄清楚了真相。

原来，老太监朝库吏要席子不成，便怀恨在心，想找机会报复一下。正巧，孙亮命他去取蜂蜜，他便趁机在蜜碗里放进一粒老鼠屎，妄图诬陷库吏，将其治罪。

孙亮怎样断定是老太监把老鼠屎放进蜜碗的呢？

487. 谁是真正的贼

前秦的时候，符融担任了冀州的刺史。这一天傍晚，他刚刚批阅完一堆文件，突然门外人声鼎沸，一阵喧哗。

一会儿，几个衙役带进来了一帮人。一位领头的衙役向符融报告道："启禀大人，刚才有个老婆婆在路上被贼抢劫，等贼一跑，这位老婆婆就开始大喊捉贼。有一个过路的人闻声追了过去，把一个人给抓住了。可这个人就是不承认自己是贼，却说追他的过路人是贼。由于天色已晚，老婆婆的眼力又不好，她也分不清谁是好人谁是坏人。现在众人便把这两个人都抓了送到衙门里，请大人定夺。"

听完衙役的介绍，符融看了看大堂里的一帮人，问道：

"谁是过路人呢？"

"我是。"一个穿着蓝色衣褂的人往前站了一步回答道。

"那我来问你，你追的那个人是谁呀？"

"是他。"这个人一指身旁的一个穿着对襟黑色小褂的人说道，"就是他。他就是抢老婆婆的贼！"

符融看了看那个人，问道："是你抢了老婆婆吗？"

"大人哪，冤枉呀，我才是好人呀！"

"这么说，他指控你是指控错了！"符融将信将疑地又问道。

"就是错了！"

"你说你是好人，他说他是好人。我现在为了检验你们俩谁说的话是真的，所以，我现在命令你们两个立刻从府衙门口一起向凤阳门跑，看你们谁能跑第一。"

两个人不知符融是什么意思，便来到了门口，向凤阳门跑去。

一会儿，两个人在衙役的带领下回到了大堂。一名衙役上前奏道："大人，这位穿对襟黑色小褂的人是后跑到凤阳门的。"

"他就是真正的贼，立刻给我拿下！"符融一拍惊堂木大声喝道。

"大……大……人！我跑得慢，怎么就是贼了？"

符融当场说出了一番话，这个人便老老实实地认了罪。

488. 首姆斯和惠特森

在100多年前，有一位私人侦探叫做霍洛克·首姆斯，他经常会被邀请去侦破一些复杂的案件。这些都被他忠实的助手惠特森先生记录下来。下面的问题围绕着其中的5个案件，它们发生于5个连续的年份中。从所给的线索中，你能说出惠特森先生给每个案件所起的名字，并推断出首姆斯先生解决每个案件所需要的时间以及引领他最后解决问题的关键线索吗？

现在已知线索是：

（1）在惠特森的记载中，"幻影掷刀者案"发生于另一个案件之后，那个案件是首姆斯以洗衣房的账单为线索，花费4天时间解决的。

（2）"布林克斯顿扼杀案"是首姆斯根据马蹄印最后破案的。此次调查持续时间不是4周。

（3）"王冠宝石案"在首姆斯调查此案之后的第3周得到顺利的解决。

（4）首姆斯解决"波斯外交官案件"不是在1899年。

（5）1900年首姆斯根据一颗纽扣侦破了一桩案件。

（6）1901年，一位内阁部长邀请首姆斯侦察"假冒的印度王公案"，该案件的关键线索不是结婚证书。

（7）1898年，首姆斯花费整整6周时间侦破了一桩案件。

489. 公主的珍宝

唐朝的时候，女皇武则天赏赐给太平公主许多珍宝，装满了两个食盒，价值几千两黄金。公主便吩咐下人把珍宝藏在公主府的仓库里。可任何人也没有想到，到年底却发现珍宝全被盗贼偷走了。公主马上报告给武则天，女皇大怒，立刻召见洛州长史："3天之内捉不到盗贼，就问你死罪！"长史吓坏了，立刻召来下属的两县主管捕盗的官员说："两天之内抓不到贼，你就活不成了！"两县主管捕盗的官员领命回县后，马上向手下负责捕盗的吏卒说："一天之内必须抓到贼，如抓不到，先把你们杀了！"吏卒们害怕极了，可是又拿不出办法破案。

正巧，这天他们在大路上遇到湖州知府的师爷苏无名，因为一向知道他很有本领，就一齐邀请他到县府。县尉听说苏无名来了，连忙向他请教抓贼的办法。

苏无名说："我请求和您一起去宫中面见陛下，到那时候再说吧。"县尉答应了他的要求，他们马上进宫。苏无名对武则天说："请不要限定日期，把两县负责缉捕盗贼的吏卒，全交给我调遣。两月之内，保证可以为陛下抓住这些盗贼。"武则天早就知道苏无名办案有一套，就答应了。

苏无名知道吏卒们抓贼的事缓到下月再办也不迟，便让吏卒们先回家去各办各的事。大家都疑惑地回去了。到了寒食节那天，苏无名把吏卒们都召集起来，吩咐说："你们分别在各门守候。凡是见到有一伙十几个胡人，穿着孝服出城，往北邙山去的，就跟上，看他们干什么，然后赶快来向我报告。"

吏卒们分头守候在各门，果然发现有这样一群人出城，就跟在后面观察。当看清他们的活动后，立即赶回城里报告苏无名说："胡人到一座新坟前祭奠，虽然哭泣，却不悲伤。撤下祭品后，就围着坟堆边走边看，还不时相对而笑。"苏无名听了，指使吏卒们把那群胡人全抓起来，挖开那座坟，把棺材劈开，一看，里边果然装的全是各种珍宝。

武则天听到破案的消息后，不禁大喜，立刻赏赐苏无名许多金银、绢帛，还给加官两级。苏无名是怎样破这个案子的呢？

490. 莫斯科 "摩尔"

现在的莫斯科摩尔是一种鸡尾酒的名字。图中所示是4位年轻女性（均为高级密探）于1960年在前苏联首都莫斯科KGB俱乐部聚会的情形，她们被称为"摩尔"，是英国Z特务部门在苏联的卧底。从以下所给的线索中，你能找出她们在莫斯科用的名字、她们的真名以及她们的编号吗？

现在已知线索是：

（1）在莫斯科被称为伊丽娜·雷茨克沃的人在克斯汀·麦克莫斯的左边某个位置，她俩都不是Z12密探。

（2）密探Z4在图中位于她的两个同伴之间。

（3）帕姬·罗宾逊位于图中D位置，她的编号要比C位置上的数字小。

（4）圣布里奇特·凯丽在莫斯科的名字叫路得米勒·恩格罗拉，在叶丽娜·幼娜娃的右边某个位置。

（5）曼范伊·碧温的编号不是Z7。

（6）他们的俄罗斯名字分别是：伊丽娜·雷茨克沃，路得米勒·恩格罗拉，马里那·克兹拉娃，叶丽娜·幼娜娃

（7）她们的真名分别是：圣布里奇特·凯丽，克斯汀·麦克莫斯，曼范伊·碧温，帕姬·罗宾逊

（8）密探编号：Z4，Z7，Z9，Z12

491. 品尝红薯的滋味

宋朝时，靠山村只有两户农民，一户姓李，一户姓王，他们和睦相处，分耕一块地，过着太平日子。

忽然有这么一天，两家因为地界发生了争执。原来，今年他们的地里都栽种的是红薯，以致分不清地界了。

"我记得，日头正午时，树梢的影子正指在地界上。"姓李的站在树影旁气呼呼地说。

"这我倒没留意。可是，去年我种的是玉米，你种的是烟。这玉米茬子在玉米地里才能有，你总还能认出这是玉米茬吧？"姓王的毫不示弱地把玉米茬子摔到了姓李的脚下，讥讽地反问道。

"这不足为凭。你瞧，我也可以从那边的地里找出烟茬来。"姓李的说完，几步跨过去，弯腰在地里扒拉了一阵，果然找到了一个烟茬。

"你不要撕破脸皮忘记旧情！"

"你也不要忘恩负义坑害朋友！"

就这样，李家和王家的矛盾越闹越大，最后一同来到了官府找清正廉明、断案如神的包公评理。

公堂上，包公审理了此案。经过询问，包公发现，李家和王家都拿不出关于地界的可靠证据。怎样才能把这个民事案子处理得公平呢？包公考虑了片刻问道："过去你们为何能够分清地界呢？"

姓李的和姓王的几乎同时答道："我们过去从没种过同样的东西。"

"没种过同样的东西？"听了这话，包公眼睛一亮，问姓李的，"去年你地里种的是什么？"

"我去年种的是烟。"

包公又转向姓王的问道："去年你地里栽的是何物？"

"我栽的是玉米。"

"噢，这就好办了。"包公立即让他们带路，说要亲自去地里判明地界。

姓李的和姓王的莫名其妙地跟包公来到了地头。包公让人从李王两家有争议的5条垄里各挖出一个红薯放在垄头，然后说："你们依照顺序把这5个红薯分别洗净尝一尝，自然就清楚了，我希望你们今后还要互相谅解，友情为重！"

包公说完，打马回府了。姓李的和姓王的按照包公的话一做，果然分出了地界，从此两家言归于好了。这到底是怎么回事呢？

492. 不认识的窝主

商父是宋朝时期临城县的县令，一向以刚直不阿、善断奇案著称。

一天，商父派人抓住了一个叫黑风的大盗，这个大盗自知性命难保，想临死前治一治商父，与其作一次智力较量。于是，他便想出了一个十分阴险的主意。

县衙里有个叫秦鬼的狱吏，此人非常贪婪凶狠。他经常收礼受贿，哪个犯人家属若不送好处给他，他便对哪个犯人拳脚相加。这天，秦鬼来到大盗黑风的牢中，黑风忙凑上去对秦鬼说道："我活不了几天了。临死前想送你点东西，就怕你不敢要。"

"啥东西？快说吧。"秦鬼一听大盗要送东西，眼珠子瞪得溜圆。

"这财宝不在我身边，会有人给你送来。"

"谁？你倒是快说！"

"别急嘛，事情是这样的，"黑风瞅瞅外面没人，说道，"这财宝都在那些富户人家里，我前些日子想盗没盗成。你只要给我开一个这些富户的名单，我就叫他们把财宝给你送来。"

秦鬼越听越糊涂，又问道："这是真的？"

黑风看秦鬼那贪婪的样子，心里直发笑，但脸上却装出一本正经的样子，说："老爷再问案的时候，我就把名单上的富户都供出来，说他们都替我窝藏过赃物。到那个时候，老爷会把他们都抓到这里，审问时，他们都不会认罪。这样，他们就会被押到这个监牢里，由你来看管。你想，他们这些富户家里有的是钱，一定会纷纷给你送礼，请你给予照顾的。"

"太妙了，"秦鬼乐得手舞足蹈，咧开大嘴笑了。他很快开了个名单，递给黑风说道，"事成之后，少不了你的好处，我要亲自买些好酒好肉来犒劳你。"

"小弟理当效力，日后还望哥哥多多照顾。"黑风目送秦鬼走后，禁不住乐出声来。

几天后，商父开始审理黑风盗案。商父发现，黑风并不惧怕，似乎早想到了自己的必定结局。商父盯视着黑风问道：

"你是什么地方的人？"

"流落江湖，四海为家。"

"叫什么名字？"

"没有大名，人称恶鬼黑风。"

"犯了什么罪？"

"盗窃。"

"盗了多少财宝？"

"数不尽，查不清。"

"赃物都被你藏到什么地方了？"

"都藏在我的那些窝主家里。"

"他们是谁？"

"李廷、刘功、王璐……"黑风像背口诀似的一口气念出了七八个名字。

商父舒了口气，心想，今天这个案子审得实在痛快。他命秦鬼把黑风押下去后，心头忽然飘过一丝疑云：这黑风是个有名的大盗，怎么这么容易就交代了实情，其中一定有诈。

怎么办呢？月光下，商父独自一人在庭院里思忖着。终于，他想出了一个主意，立即叫来值班的捕快，命令他们连夜把黑风供出的那些人全部抓来。

第二天清晨，捕快们把那些"窝主"带到大堂上，这时，商父也早早起床来到大堂上。商父没有审问这些"窝主"，却让他们跪在大堂上等候。不一会儿，黑风被带到了大堂上。商父指着这些"窝主"，只问了黑风几句话，黑风便被迫说出了事情的真相。于是，商父便把那些"窝主"释放了，将秦鬼重打 40 大板，革去职务，又把黑风斩首示众。

商父是怎样迫使黑风说出实情的呢？

493. 运货车

有 4 位司机在一家运输公司工作，如图所示：该公司的停车场通往一条环形马路，该环形马路又发出 4 条直行马路。从下面所给的线索中，你能将停车场中标号 1～4 的运货车与 4 位司机名字逐一匹配出来吗？并指出那天早晨出发时他们是按照何种顺序离开停车场的，同时推断出每位司机是选择 A～D 中哪条马路来行驶的吗？

现在已知线索是：

（1）汤米在1号运货车司机启程之后出发。在2号运货车司机亚瑟之前驶离出口，并离开环形马路。

（2）第3个离开停车场的运货车到达环形马路后，它朝着马路C的方向行驶。

（3）当天早上，罗斯是第2个离开停车场的。

（4）4号货车行驶的是马路D。

司机：亚瑟，盖瑞，罗斯，汤米

提示：首先推断出汤米的运货车号。

494. 巧断家产

宋真宗的时候，一天，有两个人气哼哼地来到了县衙打官司。县令见来人是皇亲贵戚的后裔，自然不敢怠慢，忙让到了上面坐下，微笑着躬身问道：

"两位公子来敝衙有何吩咐？"

"找你断个官司。"两个人同声说道。

听说他们要断官司，县令十分高兴。心想，这可是个往上爬的好机会啊！如果帮他们出了气，传到皇上耳朵里，还能没有我的好处？想到这儿，县令故意挺直了腰说道：

"是谁这么大的胆子，敢在公子头上动土，看我……"

"不对，我是和他打官司！"两个人同时说。

"你们两个人打官司？"县令一时怔住了。

"正是这样。"两个人接着把事情的经过说了一遍。

原来，他们是兄弟二人，父亲不久前得病去世，留下了一笔家产。兄弟二人分家时，老大说老二分的财产多，老二说老大分的财产多，他们争执不休，互不相让，没办法就来找县令评理。

县令听说是这么回事，刚才的高兴劲儿全没了，哪还敢断这个官司呢？他忙对兄弟两个说道："如果是你们和小百姓打官司，不管如何，我都保你们打赢。可这是你们皇亲家族之间的事儿，下官可就不敢妄断了。我看你们……"

兄弟二人看到县令处理不了这个官司，便又来到了州府。谁知州官也不敢受理。于是，他们又找到了开封府、御史台，但也都不敢过问。最后，他们只得找到真宗皇帝裁决。

真宗听了兄弟二人的述说后，感到也很难处理，便劝说道："同根兄弟应和睦相处，怎能为了一点家产就反目呢？我看你们还是都谦让一点为好。"

"不行，不行！"兄弟二人连皇帝的劝说也听不进去，依然要争个是非高低。怎么办呢？忽然，真宗想起了宰相张齐贤，忙宣他进宫。张齐贤是个很有办法的人，曾为真宗处理过很多疑难的事情。当他来到这里，听真宗把事情一讲，便松了口气说："此乃小事一桩，分家不均，兄弟争财，好断，万岁爷，不出3天，我定让他们皆大欢喜，一同高高兴兴地来见您。"

真宗听了张齐贤的话，摇了摇头，不相信地说："这官司不大，断得公平也并不难，可若是皆大欢喜，怕是办不到的。你想，向老大要一点给老二，老二是高兴了可老大肯定生气，反之，老大高兴了，老二又要生气。所以，难办哪！"

"万岁爷，您若不信，待我裁断之后，您再亲自问他们满意不满意。"说完，张齐贤领兄弟二人退出皇宫，来到了宰相府。

张齐贤让兄弟二人分别坐定后，问道："据我所知，你们二人都认为对方分得的财产比自己的多，所以要打官司，是不是？"

"正是这样，他确实比我的多。"兄弟二人几乎同时应道。

"千真万确吗？"

"千真万确！"

"那好，我按你们说的断了，可谁也不许反悔啊？"

"决不反悔！"

张齐贤命人拿来纸墨，又十分认真地对兄弟二人说："如果你们不反悔的话，我一定能断得公平，请你们签字画押吧！"

于是，哥哥在一张纸上写道："弟弟的财产比我的多！"然后，在下面签上了自己的名字。弟弟也在另一张纸上写道："哥哥的财产比我的多！"照样在下面签上名字。

然后，张齐贤一只手举着一张纸说道："你们都把自己的意见和要求写在这上面了，现在该本相来断决了……"

听了张齐贤的断决，两个人都哑口无言。第二天，张齐贤又把兄弟二人领到真宗面前。真宗一问，两个人果然都说"满意"。

张齐贤是怎样断决的呢？

495. 品牌代言人

5位知名女性刚刚分别签下利润可观的广告合同，成为不同品牌的代言人。从以下所给的信息中，你能说出她们的职业、即将为哪个制造商代言以及所要代言的产品吗？

现在已知线索是：

（1）卡罗尔·布和阿丽娜系列产品的制造商签了合同。和玛丽·纳什签了合同的不是普拉丝制造商，也不是丽晶制造商。

（2）范·格雷兹将为一个针织品类产品做广告，她不是电视主持人。

（3）电视主持人不代言化妆品和摩托滑行车，也没有和普拉丝制造商签约。为罗蕾莱化妆品代言的不是那位电影演员。

（4）流行歌手休·雷得曼将为一种软饮料产品做广告，但她不为丽晶系列做广告，丽晶的产品不是肥皂。

（5）网球选手将为阿尔泰公司的产品做广告。

（6）简·耐特不演电影，她是出演电视肥皂剧《河岸之路》的明星，在剧中她扮演富有魅力的财政咨询师普鲁·登特。

496. 井中的丈夫

明朝的时候，南阳有个县官，名字叫吴兴极。他在破案的时候，善于动脑子，一些很细微的地方，别人往往不注意，他却能经过分析，巧妙地查出真相，人们都叫他"吴神探"。

有一天，一个妇人来到县府，双腿"扑通"跪下，大哭着说："3天前，我的丈夫到城里去卖西瓜，说好当天就回来的，可是一直等到天黑了，也没有回家。我就到处去找，跑断了腿，哭干了眼泪，还是没有找到。今天一早，听人说在村口的水井里面，浮着一具尸体，我赶过去一看，正是我的丈夫！请老爷帮我做主，抓住凶手啊！"

吴神探安慰了妇人几句，然后和妇人乘上马车，一起来到村口现场。他探头往井里看了看，只看见一具尸体，已经高度腐烂，散发出恶心的臭味。他掩着鼻子，皱了皱眉头，然后回头对妇人说："你也别哭了，先回家休息吧，本官自有办法，明天早上之前，一定查出凶手！"等到妇人走了以后，吴神探立刻下令，让手下人到村里，通知妇人和她丈夫的兄弟姐妹，还有他们的街坊邻居，明天一早到井边集中。

第二天一早，村里的人都来了，他们都很奇怪，不知道大清早的，叫他们来有什么事？吴神探让他们排好队，一个一个分别来到井边，辨认井底的尸体。可是，尸体已经高度腐烂，他们当然都看不清楚是谁了。于是，吴神探马上判断出，谁才是真正的凶手。你能猜出是谁吗？

497. 没人在家

这周没有牛奶或报纸送到彭姆布雷庭院来，而且每家每户都关着灯，因为6个公寓的居住者都因不同的原因离开了家。从以下给出的线索中，你能确定图中是谁住在哪个公寓里、因什么原因而不在家的吗？

现在已知线索是：

（1）同一楼层相邻的两户户主的性别没有一个是相同的。

（2）在女儿手术后陪着女儿的那个人住在近期要住院的人的左边。

（3）两个楼层之间有很好的隔音效果，但是隔壁房间则不尽如人意。当戴克斯先生的超强音乐打扰到他邻居格蕾小姐时，她还是非常和善的，而她现在去了新西兰。里弗斯夫人右手边的邻居去度假了。

（4）6号楼里住着一位女士。

（5）沃特斯小姐右边的隔壁邻居去商业旅行了，而她跟布洛克先生则隔了个楼层。

（6）伯恩斯先生不在家的理由跟工作没有关联，他也没有跟女儿在一起。格蕾小姐没有参加商业会谈。

（7）居住者：布洛克先生，伯恩斯先生，戴克斯先生，格蕾小姐，里弗斯夫人，沃特斯小姐

（8）原因：住院，在新西兰，谈生意，商业旅行，度假，陪女儿

提示：首先要知道6家住户的性别，然后推断出6号公寓的住户是谁。

第五篇

事实演绎

498. 邮票藏在哪里

一个小偷去参观国际邮票展览会，以极其高超的手段顺手牵羊偷走了展会上最珍贵的一枚邮票。这一过程恰巧被一名参观者发现了，他随即跟踪小偷到其居住的旅社，记下了房间号，并立即报了案。

时值盛夏，几分钟后，警察大汗淋漓地赶到旅社，立即展开现场搜查。但是他们发现小偷住的那间单人房里除了一架呼呼开着的电扇外，只有一张床、一个圆桌和一个小柜子。捉贼拿赃，只有见到邮票才能定罪。

据店主说，自从小偷进来后，没有任何人进入这个房间，也没有见到小偷踏出房间半步，这显然排除了转移赃物的可能。警察再次进屋查找，终于把邮票找到了。

邮票到底藏在哪里？你知道吗？

499. 珠宝店被抢劫

大艾尔和小乔刚刚抢劫了一家珠宝店，但是警察马上开始抓捕他们。他们在逃跑时经过一片废弃的砾石场。他们停了下来，把装着珠宝的袋子扔进了砾石场的流沙中，并记住了袋子落下的地点。为了确保袋子藏得更安全，他们还在袋子落下的地方撒了一层干沙。20秒钟后，他们已经看不到袋子了，干沙已经和下面的湿沙混合在一起了。后来警察逮捕了他们，但不久之后因为缺少证据又把他们释放了。第二天，大艾尔逃走了，小乔死了。

当时的情况是这样的：

（1）他们中的任何人都没有告诉过警察到哪里去找珠宝。

（2）没有动物、鸟或人偷走了珠宝。

（3）珠宝已经不在原先的地方了。

（4）大艾尔没有怀疑小乔会拿走珠宝。小乔也没有怀疑大艾尔会拿走珠宝。

（5）他们记住了藏珠宝的确切地点。

500. 被偷的世界名画

马格热衷于收藏世界名画。前不久，他收集到荷兰画家柯南的一幅肖像画。他的朋友——画家力柯也对此画爱不释手。力柯笑嘻嘻地对马格说道："你不怕被人偷去吗？"

"我已经买了保险。"马格说。

几天后的一个晚上，马格的另一位朋友探长戈迪从马格家门口经过。突然，他发现一辆小车悄悄开到马格家的后门，一个穿戴整齐的人匆匆从屋里走出来，塞给司机一个长筒形的东西。接着小车迅速开走了。

前后不到一分钟的交接，看来是预先有所安排的。

"不好。"戈迪探长暗叫一声，快步来到门口，刚敲了一下门，马格就在里面应声，随后管家打开了门。

戈迪上楼后看到马格站在散乱的床边，右脚插在裤腿里，左脚还在外面。

"我听见外面有响声，正要穿上衣服出去看看。"马格有点惊慌，问道，"发生了什么事？"

"你家可能失窃了。"

马格大吃一惊，马上穿好裤子，光着脚跟戈迪冲下楼。

"啊，真的失窃了，那幅柯南的名画被偷走了。"马格万分沮丧，"我要把它找回来。"

戈迪望着这位朋友，说道："别装了，画是你自己拿出去的。"

戈迪探长说这话的依据是什么？

501. 首饰店被盗

一家首饰店被盗了，警方得到可靠情报，罪犯还在市里，并且将于当日下午5点乘飞机逃走。于是，公安人员与机场人员严密地检查着每一位旅客的随身携带物品。

这时，航班最后一个乘客接受了检查，奇怪的是，这个乘客除了随手带的笼子里有几条蛇和几只作为蛇食的青蛙以外，再没有其他东西。

"看来，得到的情报有误。"刑警队长自言自语地说。

实际上，罪犯就是最后一个乘客。你能猜出他将珠宝藏到哪儿了吗？

502. 价值连城的大钻石

大富翁维特常常向人炫耀他那颗价值连城的大钻石，因此吸引了不少朋友到他家来参观。

为了安全、美观起见，他特意把钻石放在一个很大的窄口玻璃瓶内。玻璃瓶本身重30多千克，普通人想搬走也不是一件容易的事，何况维特又在放钻石的房间周围装上了防盗警报，只要有人移动玻璃瓶，警报系统就会发出叫声。

有一天晚上，维特从外面回来，走进放钻石的房间一看，大吃一惊，玻璃瓶仍在，那颗钻石竟然不翼而飞了！维特急忙报了警。

经警探调查得知，维特外出后，曾有3个人先后进入过这间房子。一个是负责清洁地毯的工人，一个是管家，一个是守卫。这3人之中，谁能够不移动玻璃瓶，而把那颗钻石偷走呢？

503. 仓库被盗之谜

古董商伯德的仓库里放有10只装有珍贵古董的箱子。当他天亮查看仓库时，发现少了1只箱子，于是立即报了警。他对警长说，仓库的钥匙只有他一人有，而且整天贴身挂在脖子上，不可能有人动过。警长现场查看，发现仓库是个封闭式的小屋，只在屋顶上开了个小天窗，窗上安装着拇指粗的铁栅栏。虽然铁栅栏已少了两根，但上面织满了蜘蛛网，说明不会有人从这里钻进来。

警长大惑不解，找到刑事专家帮忙分析案情。刑事专家问："除了伯德本人，还有谁知道仓库里有古董箱子？"警长说："有个叫卡特的，是伯德的外甥，因为嗜赌，早已被伯德赶出去了。但是蜘蛛网没破，他也钻不进来呀！"刑事专家说："如果确实没有第三人知道仓库内藏有古董箱，那么，这箱古董就是卡特偷的。"后来，侦破的结果证实了他的推断。

请你推理一下，卡特是怎样进入仓库的？

504. 一定是桩凶杀案

一天，一位满脸愁云的少女来到私人侦探段五郎的办事处，对段五郎说，在上周二的晚上，她姐姐在家中被煤气熏死了。奇怪的是，姐姐的房间不仅窗户关得严严的，连房门上的缝隙也贴上了封条。刑警调查认定：别人是不可能从门外面把封条贴在里面的，这些封条只有她自己才能贴，所以认定她姐姐是自杀。可她了解姐姐的性格，认为姐姐决不会轻生。这一定是桩凶杀案。

听了少女的陈述，段五郎试探地问道："谁有可能是嫌疑犯呢？"

"冈本，他和姐姐住在一个公寓里，出事那天他也在自己的房间里，可他说他什么也不知道。那肯定是谎言！"

于是，段五郎和少女一起来到那幢公寓。这是一幢旧楼，门和门框之间已出现了一条小缝隙。在出事的房门上，还保留这些封条。段五郎四下里一瞧，便向公寓管理人员询问案发当夜的情况。

管理人员回忆道："那天深夜，我记得听到一种很低的电动机声音，像是洗衣机或者是吸尘器发出的声音。"

段五郎眉头一皱，说："冈本的房间在哪里？"管理人员引着段五郎走到冈本的房门前。打开房门，段五郎一眼就看到放在房间过道上的红色吸尘器。他转身对少女说："小姐，你说得对，你姐姐确实是被人杀害的，凶手就是冈本！"

请你判断一下，段五郎是怎样识破冈本的真面目的呢？

505. 时间观念很强的银行经理

鲁克伯是家大银行的经理，他的时间观念很强，身上总带着一只手表和一只怀表，常常在对时间。

那天，有人在鲁克伯家和他谈话，家里只有他和侄子两人。夜深了，在客人即将告辞时，他把侄子叫上二楼。据他侄子说，是伯父忘了打开窗子，让他把窗子上下各打开1英寸。

然后，客人和他侄子一起离开了。喝了一会儿酒，他侄子向客人借了一把猎枪，两人一同回到鲁克伯家，但门锁着，进不去。他侄子很生气，用手中的枪朝空中打了一枪，大叫道："伯父，你就在楼梯上摔死算了！"

当晚，他侄子就住在客人家。

第二天发现，鲁克伯果然摔死在楼梯上。楼梯上的地板有不平的痕迹，显然是因此而掉下来摔死的。尸体的右手拿着怀表，那表快了1小时；手表摔坏了，指着12点，正是他侄子叫喊他的时候。难道诅咒能成为现实吗？当然不会。

请问：鲁克伯到底是怎么摔死的呢？

506. 巧留鞋印

詹姆斯、汤姆和理查德3人都是一家公司的门卫。一天，詹姆斯兴高采烈地告诉另外两人，他买彩票中了头奖，奖金高达10万美元。这下子引起了理查德的贪念。他处心积虑，想夺取这笔财富。乘汤姆在值班，理查德潜入詹姆斯家里，把他杀死，窃走了10万美元。

第二天早上，詹姆斯的尸体被发现了，现场留有多个鞋印。根据现场证据显示，警方逮捕了汤姆。因为汤姆的脚有点跛，所以鞋底磨损的情形有些特别，留下的鞋印也与众不同；而这与凶案现场留下的鞋印完全吻合。而且，汤姆的鞋底也沾有现场的泥土。于是，警方逮捕了汤姆，控告他谋杀。

"这双鞋子是我3个月前与理查德一起购买的，我每天都穿着它上班。案发当天，我独自一人在公司值班室睡觉，没有离开半步。所以没有其他证人。"汤姆无奈地说。

"你这双鞋也放在值班室吗？"警察问道。"是的。我每天晚上都把鞋放在值班室里，所以不可能被人偷去。"

那么，理查德究竟用了什么诡计，在现场留下了与汤姆相同的鞋印呢？

507. 不在现场

某夜，一名男子被杀害在家中。案发后，警方传讯了一名嫌疑犯。但该犯却矢口否认杀人。他说："案发时，我正在家中给老朋友打电话，我家离凶杀现场很远，怎么能一边行凶，一边打电话呢？"

警方向嫌疑犯的老朋友调查。他证明在案发时间内确实接到过嫌疑犯的电话，并从电话中听到了建筑工地上工人们打桩的声音。原来在嫌疑犯住所附近，刚好有一个地段在进行打桩工程，声音从早晨持续到夜晚。

警方实地勘查后，证明证人没有作假证。

老练的摩里斯探长看完全部案卷后，建议警方逮捕了这个嫌疑犯，因为他的确是个杀人犯。请问：罪犯是用什么方法制造了不在现场的假象呢？

508. 在劫难逃

B先生临终之时，立下遗嘱，把全部财产留给妻子B夫人。和这位富孀共同生活的还有她的养女麦吉。

麦吉是一位典型的时髦女郎，社交极广，很能挥霍，养母管束很严，使她经常手头拮据，所以她总是盼望养母早点死去，自己可以合法地继承巨额财产。可是，B夫人的身体非常健康。终于有一天，急不可待的麦吉在汤里放了砒霜。幸亏医生发现及时，B夫人才算保住了一条性命。

B夫人康复后，为了维护家族的声誉，决定不起诉麦吉。为防止麦吉再次加害，她彻底改造了二楼的卧室，在窗户上安装了铁栏杆，门上的锁也重新换过。一日三餐都不让仆人做，她亲自从超市买来罐头，在卧室新增设的厨房里做饭，所有的餐具也不许任何人触动，连饮水都只喝瓶装矿泉水。每星期都请保健医生来检查身体。就连医生也只准许测量一下脉搏和体温，打针、吃药都一概自理。

尽管防范得如此严密，B夫人仍然在劫难逃，不到半年光景就死于非命。经解剖发现，是由于无色无味的微量毒素长期侵入体内，最终积蓄在体内的毒素剂量达到了致死的程度。请你推理一下，究竟是谁采用什么方法，把这位防范备至的B夫人毒死的呢？

509. 奇怪的密室杀人案

一天，在伦敦市发生了一起奇怪的密室杀人案。在一间空房里发现了一具少年的尸体，他是被绳子勒死的。这个少年几天前遭绑架，被罪犯勒索了10万美元赎金后下落不明。

少年是在一间存放杂物的储存室内被勒死的。可奇怪的是，门从里面反锁着，而且墙板上有无数个铁制的钉帽。一切都表明，这间房子是纯粹的密室，大概是罪犯为了不让别人发现而故意选择了这个密室的。

那么，这样一来，勒死少年后，罪犯又是从什么地方、怎样离开房间的呢？

负责调查这个案件的刑警很小心地进入这个房间后，用铁锤和拔钉器起开墙上的壁板，很快就发现了罪犯的诡计。

试问：罪犯是怎样逃离这间密室的呢？

510. 被害人溺水死亡

星期天早晨，G 湖水面上漂浮着一具垂钓者的尸体。看上去像是乘租用的小船垂钓时船翻溺水而死的。死亡时间是星期六下午 5 点钟左右。

警方认为这起死亡事件是单纯的意外事故，但亨利侦探调查后认定是他杀案。而凶手竟是死者一个在某大学附属医院任药剂师的朋友，因为他欠死者很大一大笔债。

可是，罪犯有不在现场的证明。星期六他租用另一条小船在 G 湖和被害人一起钓鱼，下午 3 点钟左右与被害人分手，一个人乘坐 G 车站 15 点 40 分发的电车回到 K 市自己的家里。列车到达 K 市车站是 18 点 30 分。这期间罪犯一直坐在列车上，并有列车员的确切证词，亨利侦探还是揭穿了他巧妙作案的手段。

请你推理一下，罪犯用了什么手段使被害人溺水而死的呢？

511. 同事间的生死较量

艾伦和布伦特是同事，但二人因为升职的事，暗中互相较劲，并相互拆台，但表面上，他们两人很亲热。

一天，艾伦邀请布伦特到家中作客。布伦特来到艾伦家，先和艾伦及艾伦的家人玩了几圈麻将。后来，艾伦端来了水果请布伦特吃。布伦特顺手拿起了一个大苹果，但感觉太大，艾伦说我们一人一半，布伦特同意了。

但刚吃完苹果，布伦特便捂着肚子喊起痛来，不一会儿竟停止了呼吸，这可把艾伦全家吓坏了。警察赶来时，也犯了愁。"因为死因虽然是中了氯化钾毒而死，但布伦特是自己随意拿的苹果，而且艾伦也和他同吃了一个苹果，这怎么也不可能是艾伦害死的。"警察拿着水果刀思索着。但其实正是艾伦下毒杀死了布伦特，你能猜到是怎么回事吗？

512. 离奇死因

富翁被杀死在正在装修的别墅里。

侦探和警长正站在死亡现场。这是别墅二楼富翁的房间里，楼下是他侄子的房间。

警长挠挠不多的几根头发："侦探，你怎么看这个案件？太不可思议了！"

侦探一言不发，仔细地看着现场。

富翁的尸体就仰躺在床上，背部有个伤口，警察在里边找到一颗来福枪的子弹。伤口周围的皮肤有裂痕和灼伤的痕迹，看来应该是近距离的枪伤造成的。床上有一个枪洞，一直通向楼下。

侦探来到一楼富翁侄子的房间，天花板上也有一个洞，洞口同样有烧灼的痕迹，估计凶手是贴着天花板开的枪。洞口也正对着死者侄子的床。但是凶手如何确定死者在床上的位置的呢？而且死者的侄子说自己前一天晚上（估计的案发时间）喝醉了在朋友家睡的，一夜未归，有朋友可以作证。

警长叫来了别墅的管家，他证明死者的侄子确实出去也没看见他回来过。死者的家仆证明说别墅的所有钥匙只有管家和富翁本人有，别人没有钥匙是进不了门的。

侦探沉思着又回到案发现场，死者的尸体已经被送去化验。这时他突然发现死者睡觉的地方竟然留下一个跟尸体轮廓相同的印记。印记里的床单明显变黑了。

他猛然回头看看外边，窗外就是工地。

侦探的眼睛从许多的大型机器上一一扫过，嘴角也露出了笑容。证据和凶手都找到了。

请问凶手是谁，他所用的方法是什么？

513. 酒店谋杀案

酒店客房之内，发现一具尸体，死者在反锁的房间内被杀，死因是左眼被毒针刺伤致死。但事后警方经过多方调查，发现门锁并未被破坏，而当案发时，窗门也都是关着的。

现场没有发现毒针之类的凶器，所以可以排除死者是死于自杀的可能。

后来，警方了解到死者大约三十几岁，名叫李卫，是一名职业记者。

试问：凶手是怎样杀害记者的呢？

514. 主谋

星期三的早上，邓先生被发现死在家里。他是在和张先生通电话时被自己养的狗咬死的。最近，因邓先生外出，这只狗曾委托张先生代为照顾。

于是，张先生成为嫌犯，但无确凿证据；因为邓先生被狗咬死时，张先生在5千米以外的家里。即使他在照顾狗期间将狗训练成咬人的工具，也不可能在5千米之外发号施令，指挥狗咬人。

因此，一般人都推断是狗兽性突发，将邓先生咬死的。

但负责这件案子的探长却有不同见解，而且断定主谋就是张先生。

那么，探长凭什么断定张先生就是主谋呢？

515. 聪明的伽利略

伽利略有个爱女叫玛丽娅，在离伽利略住处不远的圣·玛塔侬修道院当修女。伽利略常去看望女儿。

有一天，玛丽娅给伽利略写了一封信。信中写道："昨天早晨，修女索菲娅躺在高高的钟楼凉台上死去了。她的右眼被一根很细的约五厘米长的毒针刺破。这根带血的毒针就落在尸体旁边。有人说，她是自己把毒针拔出后死去的。钟楼下面的大门是上了栓的。这大概是索菲娅怕大风把门吹开，在自己进去之后关上的。因此，凶犯绝不可能潜入钟楼。凉台在钟楼的第四层，朝南方向，离地面约有15米。下面是条河，离对岸40米。昨晚的风很大，凶犯想从对岸把毒针射来，而且正好射中索菲娅的眼睛，是根本不可能的。院长认为索菲娅的死是自杀。可是，极端虔诚的索菲娅，能违背教规用这样奇特的方法自杀吗？"

伽利略看完信，就去修道院看望女儿。

"就是那钟楼。看见凉台了吗？"在修道院的后院，玛丽娅指着钟楼上的凉台说。

钟楼的台阶毕竟太陡，伽利略上不去，就在下面对凉台的高度和到对岸的距离进行了目测，并断定凶犯不可能从河那边把毒针射过来。

"听人说，她对您的地动说很感兴趣，还偷偷地读了您那本已成为禁书的《天文学对话》。院长要是发现，很可能把她赶出院门。可是她非常好学，又很勇敢。那天晚上，肯定是上钟楼眺望星星和月亮去了。"

"有没有他杀的可能？也就是说有人对她恨之入骨，想置她于死地的可能？"

"索菲娅家里很有钱。她有个同父异母的弟弟。今年春天，她父亲去世了。索菲娅准备把她应分得的遗产，全部捐献给修道院。可是，那个异母兄弟反对她这样做，还威胁说，要是索菲娅敢这样做，就提出诉讼，剥夺她的继承权。事情发生的前一天，她弟弟送来一个小包裹，可能是很重要或者很贵重的东西。

今天，在整理她房间的时候，那个小包裹却不见了。会不会是凶犯为了偷这个小包裹，而把她杀死了？"

伽利略朝着钟楼下流过的河水，喃喃自语道："如果把那条河的河底疏浚一下，或许能在那里找到一架望远镜。"

第二天早晨，玛丽娅急匆匆地回到自己家中，对伽利略说道："父亲，找到了。是这个吧？"说着，取出一架约有 47 厘米长的望远镜。"这是看门人潜入河底找到的，准是索菲娅的弟弟送来的，因为以前我从未见到她有过望远镜。可是，这和杀人有什么关系呢？"

伽利略马上告诉了女儿他自己的推理，后来，事实证明，这位伟大的科学家完全正确。

你能猜出伽利略是怎么推理的吗？

516. 训练猴子做杀手

艾伦为了杀死合伙做生意的小李，他精心谋划了很久，找到了一个自认为万无一失的办法。他计划在自己家里一间屋子的工作台上固定安装好一支猎枪，枪口对准门口，并驯化一只猴子守候在猎枪扳机处，当有人开门进来时就扣动扳机，给人一种猴子恶作剧杀人的假象。他对猴子进行了长期的训练，当然训练时不用实弹，他假装成要杀的小李充当靶子。经过长期多次强化训练，猴子百分之百地掌握了如何扣动扳机的要领。

这一天，艾伦邀请包括小李在内的众多朋友聚会。他找了适当的借口，让小李去装有猎枪的房间取点东西。小李毫不怀疑地去了房间，但很快又回来了。艾伦大惊失色，心想一定是猴子在偷懒。他气冲冲地走到那个房间，可刚一进去，就听见一声清脆的枪声，艾伦应声倒地而亡。

为什么小李进去而没有被杀死？

517. 漂泊的救生筏上

游览用的小型直升机载着一个乘客在海上飞行时，遇到了空中陷阱，还没来得及发出求救信号就坠到了海里。幸好，靠机翼的浮力，飞机没有马上下沉，所以飞行员和乘客才得到机会吹起救生橡皮筏转移到了上面。

海面上风平浪静。橡皮筏是 4 人用的，所以两人用绰绰有余。筏上有 5 罐紧急用的罐头食品，其中两罐是果汁，以此来代替饮用水。

"如果这样漂上两三天，大概会有搜索飞机来救助的，无需担心。"飞行员劝乘客放心。

可是，半个月后，一艘国际货轮发现这个救生筏时，飞行员和乘客都已经死了。飞行员是被匕首刺死的，而乘客不知为什么用左手的一个手指抠住鼓起的空气管俯在筏上饿死了。船上还有一把带血的匕首和 4 个空罐头盒，另一个罐头没动过。

"这两个人是为抢夺最后的一盒罐头而用匕首互相残杀的吧？"

"如果是这样，活着的凶手为什么不吃罐头而被活活饿死呢？"

货轮上的船员们都感到不可思议。

请你推理一下，漂泊的救生筏上到底发生了什么事？

518. 特工情报员遇害

深夜，一个特工情报员在一条可容两辆车行驶的公路上行走。

他准备步行到公路的某个联络点 A 递交一份秘密情报，深夜的公路静悄悄的。突然，情报员见到前面一辆车，开着亮灯，在路中急速行驶，向着自己冲来，两盏车头灯的强光，耀眼非常。

对方来势汹汹，但情报员十分镇静，他在路中心走着，等到迎面而来的车差不多到达眼前时，才突然向路边一跳，企图避过对方。

但是，只听见一声巨响，已经跳到路边的情报员，突然被车子撞倒，到底是什么原因呢？

519. 空姐被杀

一天晚上，住在某旅馆里的一位空姐被人枪杀。

凶手是从 30 米外对面的屋顶用无声手枪射中她的。

窗户是关着的，窗子上有一个弹洞。从这一迹象看，凶手只开了一枪。但奇怪的是，被害者的胸部和腿部都中弹了——大腿被子弹射穿，胸部也留有子弹。这样看来，凶手好像开了两枪。如果凶手开了两枪，那么另一颗子弹是从哪里射入被害者的房间的呢？这颗子弹又在哪里呢？

大家无法回答，于是去请教大胡子探长，他肯定地回答："中了一枪。"

大胡子探长为什么这样说呢？

520. 融化的巧克力

美国总统罗斯福曾当过私人侦探。有个夜晚，罗斯福接到考古学博士卡恩打来的电话："罗斯福先生，不好了，古代玛雅文明的黄金假面被盗了。"

两小时后，博士的秘书驾车来到罗斯福家。秘书一边开车，一边向罗斯福讲述：被盗的黄金假面，是从墨西哥的尤卡坦半岛古代玛雅金字塔里发掘出来的，现为亿万富翁卫斯理所有，卡恩博士是为了研究才将它借来的。汽车在路上足足用了一个半小时才到达卡恩博士的研究所，这时已是深夜 11 点了。

秘书请罗斯福在客厅稍事休息，自己上二楼研究室去请博士。罗斯福刚要坐下，就听到楼上传来惊叫声："哎呀，不得了啦！博士自杀了！"

罗斯福大吃一惊，飞快地奔上二楼，只见天花板下的铁管上拴着一根绳子，博士的头颈套在里面，用来垫脚的椅子摔倒在脚下。室内除了写字台、书橱等研究用具外，还有一张铺着电热毯的简易木床，别无其他陈设。

"他大概是感到黄金假面被盗，责任重大才自杀的吧？"秘书说道，脸色吓得苍白。

罗斯福摸了摸死者的面颊和手，发现尸体还很热。他感到奇怪：室内相当冷，怎么死者的体温与生前几乎完全一样？这样的体温，表明人死后还没超过一小时。

罗斯福把博士的工作服口袋检查了一下，发现仅有半块没吃完的锡纸包着的巧克力，但已经融化了。他拿着它，思忖了片刻，然后指着秘书说："杀人犯就是你！你在开车来接我之前，先将博士杀死，然后再把他伪装成上吊自杀。由此看来，盗窃黄金假面的也是你。"

罗斯福是怎么知道秘书就是凶手的？秘书又是如何杀害博士的呢？

521. 一宗杀人案件

在一幢别墅里面，发生了一宗杀人案件。死者是一位富有的商人。

警方到达现场进行调查时，发现屋外栽有矮树，凶手已经逃走，于是便向周围的人进行调查。

一位在凶案发生时经过现场的男子，向警方提供了以下的线索：他经过现场，由屋外的磨砂玻璃向窗内观望时，见到有一阵阵的香烟由磨砂玻璃处显现，似乎一个人在内吸烟，但他并未看清楚凶手的真正面目。

警方经过调查，发现凶案发生时，有两个可疑的人物进入了屋内，一个是4尺9寸高的阿伦，一个则是身高6尺的米高。但两人之中，只有一个是凶手。

请你运用自己的推理能力，确定谁是杀人凶手。

522. 子弹会拐弯吗

一位被警方押送的罪犯趁警察去列车长那要求掉换座位时，偷偷地跑掉了。他藏在车头靠近机车的位置，正暗自庆幸时，没有想到他已被派来杀人灭口的杀手盯上。

列车在要经过一段坡度很大，且弯度也很大的地段时，列车播音员提醒广大旅客要注意。当列车顺利经过时，这名罪犯却已经被枪杀而死。经警方调查，杀手是在列车车尾处射击的，而罪犯却在车头，世界上还没有射程这么远，而且子弹会拐弯的枪吧？

你知道这是怎么回事吗？

523. 富家女遇难

亨利应一位富家独生女之邀，和她的堂姐以及堂姐的未婚夫——一个外科医生，4人一起到郊外的别墅野餐。

小巧轻盈的富家女，双亲都已去世，由她继承了巨额家产。到达别墅后，他们在庭院的草地上野餐。

他们带了3个大篮子，内中装满食物。吃饱后，篮子就收到别墅中。

亨利在与堂姐谈天时，富家女和外科医生一起进了别墅。好久也不见他们出来。堂姐进屋察看，发现里面空无一人。当亨利也想进屋时，外科医生从另一边的树林里出来了。他一身泥巴，说刚才在摘野草莓。亨利问他富家女在哪里，他说在屋里。然而当他们3人进屋去时，却无论如何也找不到富家女，而且门窗都是从里面锁住的。亨利找来找去，只是在走廊上捡到一块防水布片。3人失望地将别墅收拾整齐，把大篮子放回车上，离开了。

后来警察又进行了仔细的检查，只在浴室里看到了一点血迹。

富家女到哪里去了呢？她被谋杀了吗？尸体呢？凶手又是谁呢？

524. 阳台上的枪杀案

星期天清晨，体操运动员伊里杰夫很早就起床了：他住在体育公寓的6楼，有一个很大的阳台，阳台的一角放着训练器械。他来到阳台上，一会儿压压腿，一会儿弯弯腰，一会儿双手倒立，一会儿引体向上……对面阳台上，有个小朋友看得直叫好，可是喝彩声刚落，"砰"的一声枪响，伊里杰夫就倒在阳台上，不动弹了。小朋友吓得蒙住了眼睛，大声喊："爸爸，爸爸，对面的叔叔被打死啦！"

麦克奎尔探长接到报案，直奔现场。他检查了尸体，发现子弹是从背后射进去、从小腹穿出来的，有一颗弹头嵌在阳台的地板上，和死者的伤口完全吻合。探长挖出弹头，发现这是小口径步枪子弹头，是专门用于射击比赛的。

探长又作了进一步的调查，得知在这幢公寓的二楼，住着一位射击运动员，人称"神枪手"，就对他进行询问。"神枪手"生气地说："探长先生，你不应该怀疑我，因为我听说子弹是从他后背进去，下腹部出来的，凶手显然是从上面往下射击，我在二楼是没有办法射中他的啊！"

探长问了射击运动员的邻居，证明他早上确实没有出门。

那么凶手究竟是谁呢？

麦克奎尔探长很快就有了答案。

从现场情况分析，你认为麦克奎尔探长会说谁是凶手呢？

525. 第二枪

大楼的一间公寓里突然传出枪声，管理员赶忙过去查看，可是房门锁着，打不开。他正准备破门而入时，里面又传出枪声，子弹穿过门，差一点打中管理员。

管理员胆战心惊地打开门，看到一个男子右手握枪，伏在桌上，已经死了。

警方验尸后发现，死者头部有一个很大的弹孔，现场留有遗书，证实这是一起自杀。

可是，头部中弹会立即死亡，死者怎么有可能再开第二枪呢？

那么，究竟是谁开的第二枪？

526. 死在阿尔卑斯山

在阿尔卑斯山顶的一间小木屋里，人们发现了一具尸体。法医解剖尸体后发现，其死亡时间在当日下午2点至2点30分之间。

死者名叫乔，他是和另外三人一同来登山的，而且这段时间没有其他人爬上过山顶。显然，这3个人中必定有一个是凶手。

不过，在面对警方的调查时，这3个人却都宣称他们当时不在山顶，而是在山脚下的旅馆里。杰森说，他在正午时离开小屋，沿着山路下山，5点多才到达旅馆。这是一段很难走的道路，最快的纪录是4小时40分，杰森花了5小时20分，也算是相当快的了。罗伯特说，他和约翰在1点30分一同离开山顶，走了半个小时后来到一条岔路，罗伯特自己就用随身带的雪橇往下滑，4点整到达旅馆。而约翰则说，他本来也打算滑雪下去，不料他放在半山腰的滑板不见了，他只好走下山去。由于他在上一次登山中弄伤了腿，所以走得很慢，到达旅馆时已经8点多了。

他们说的话似乎都很合理。那么，究竟谁是凶手呢？为什么？

527. 杀人的毒蝎

清朝的时候，某县城里有个叫李原的小商贩。他家里有年迈的老母和漂亮贤惠的妻子。这年夏天，李原出门做生意发了财，高高兴兴地回到了家中。为了犒劳丈夫，妻子秀花杀鸡备酒，全家人围坐在葡萄架下共进晚餐。

酒足饭饱后，秀花看见丈夫连日劳累，眼窝深陷，便心疼地催他早点歇息，谁知李原刚躺下不久，就翻滚着直喊肚子疼，不一会儿便气绝身亡了。

秀花扑在丈夫的身上，哭得死去活来。

当即有人把案子报到县衙。县令带人来到李家检验了尸体，认定李原中毒而死。县令冷冷地询问了晚上吃饭时的情况，便认定是秀花趁丈夫不在家的时候与人私通，等丈夫回来时便投毒害命。于是，秀花被押到了县衙。县令升堂审案。

"你与何人私通？"

"小女乃良家女子，不曾与任何人私通！"

"那你是如何害死李原的呢？"

"我与李原恩恩爱爱，怎么能下此毒手呢？"

"我看不用严刑你是不会招的，来人，大刑侍候！"

于是，秀花被按在大堂上，打得皮开肉绽。

她实在受刑不过，只得含冤喊道："我招，我招！"

县令松了口气，又问道："你与何人私通？"

"与李原的堂弟李朋私通。"

"你是如何害死李原的？"

"我在酒中下了砒霜。"

县令又派人把李朋抓来，也严刑逼供，使李朋也被屈打成招。

不久，秀花和李朋便被定了死罪。直到被押到刑场上时，秀花才悔恨万分，想到不仅自己要含冤归赴黄泉，而且还连累了无辜的李朋。就在行刑前，她不顾一切地口呼"冤枉！"然而，她和李朋还是被砍了头。

他们死后，亲朋好友纷纷递状上告，为他们鸣冤叫屈。

有一天，一个清瘦的老头儿来到李原家。

老头儿讨了口水喝，向李原的母亲问道："你们家的事儿传遍了咱这小小的县城，可有个问题我总没明白，不知当问不当问？"

"请说吧！人都死了，哪还有什么可瞒人的事啊！"

"那天，你们3个人一起吃的饭，为什么唯独你儿子死了呢？"

"这事儿我也感到奇怪。儿子死后，我也不想活了。当听人说是媳妇在酒里下毒药后，我就把剩下的半瓶酒喝了，可是却没死！"

老头儿想了想，又问道："那天你们吃的是什么饭？"

"白米饭！"

"菜呢？"

"有鸡……"老太婆忽然想起来，"对了，是鸡，只有我儿子吃了鸡。"

"为什么？"

那天正巧是我和媳妇的忌口日，我们只吃了点素菜，整个一只鸡都让我儿子吃了。

"噢……"老头儿似乎明白了什么，告辞而去。

不一会儿，老头儿换了装再次来到了李家。

原来，他是巡抚寇安。他接到百姓的诉状后，便来到李家微服私访。

"拿上来！"冠安让人端上来一个热气腾腾的大盘子，上面是一只肥嫩的清蒸鸡。

盘子被放到了葡萄架下，立时香气扑鼻，美味四溢。

寇安在一旁静静地坐着，周围的人不知他究竟要干什么？

忽然，葡萄架上飘下了一缕不易被肉眼察觉的细丝，直落到盛鸡的盘子里。寇安这时才站起身来，用筷子撕下一块鸡肉，扔到了地上。李家那条看门狗猛扑上来，把鸡肉吃掉了，不一会儿就倒地毙命了。

"糊涂昏官，误民命矣！"寇安十分痛心而不安地说道。

显然，寇安已经查明秀花是含冤而死的，并知道了李原的死因。

请问：李原究竟是怎么死的？

528. 土耳其浴室

有一家土耳其浴室，自从开业以来，有 4 个人成了那里的常客，他们每星期四中午都会到这里来。戴维是一位音乐家，他总是随身带着一个 CD 播放机听音乐。杰克是一位银行家，他总是带着一个保温杯，里面装着他最爱喝的饮料。吉姆和约翰都是律师，平时喜欢随身带本平装书。

有一天，在雾气腾腾的浴室里，人们发现约翰死了，一道深深的伤口贯穿他的心脏。当时浴室里只有这 4 位常客。警方询问在场的其他 3 个人，他们都说自己没有看清楚究竟发生了什么。警方对浴室进行了彻底的搜查，现场也没有发现任何凶器。

那么，这究竟是怎么回事？约翰是被谁杀害的呢？

529. 邮政局长被害案

退休的邮政局长汤逊，有每天早晨运动的习惯。这天早上，他在公园晨练时，被人袭击毙命。

警方的调查显示，这是一宗劫杀案，汤逊是被凶手用硬物击中后脑，受重伤致死的。凶手还从他身上掠去了所有的财物。

警方的调查又显示，是一个凶手单独作的案。

在一连串的详细侦查之后，警方发现了 3 个人有可能是凶犯：

A. 麦根，他当日曾牵着狗在公园出现；

B. 卡登夫人，她当日曾在公园织毛衣；

C. 画家查理，他当日曾在公园写生。

警方相信，凶手是利用自己身边的工具袭击汤逊的。

现在，凭你的推理，你认为谁是凶手呢？他用了什么当凶器呢？

530. 无孔不入的特工暗杀

某国一重要人物前往某个海岛避难。他的行踪及住处受到严密的保护，以防特工人员暗杀。

但这位重要人物最终还是没有逃过特工的暗杀。据说被暗杀的当天，只有两位常来的来访者：一个是修理电扇、电话和电视的维修工；另一个是每隔一天就来给这位重要人物看牙的牙医。他俩都经过严格的搜查，没有发现携带任何凶器进入房间。

死者头部有一个弹孔，正是这颗子弹让这位重要人物丢掉性命。而更奇怪的是门也反锁着。看来，只有这两位嫌疑最大。

你能猜到是谁杀了重要人物吗？

531. 保险诈骗案

徐某是某民营企业的董事长，由于经营不善，企业濒临破产。徐某一连失踪多日，后来有人在郊外的别墅中发现他的尸体，喉咙被利器割断。

警方在调查中了解到，徐某死前购买了一份巨额意外险，按照合同规定，若徐某意外死亡，其妻子将获得一百万元的赔偿。

由此，警方初步推断这是一起保险诈骗案，认为徐某是为了让妻子获得巨额赔付，自杀身亡而伪装成他杀的。然而，如果是自杀，屋内应该留有刀片之类的利器，而且应该就在死者周围。可是经过3遍搜查，始终没有找到任何利器。

最后，有一位细心的警察在窗户旁发现了一片鸟的羽毛，于是大家恍然大悟。

你知道这其中的玄机吗？

532. 可笑的小偷

明代安吉州有个富户，很讲迷信，给儿子办喜事，新房里3天不熄灯烛。

到了第三天，突然有个陌生人从新房的床底下爬出来，蹿出门去，可他刚跑到院子里就被抓住送到官府。在公堂上，这人说自己是个医生，新娘有妇科病，平日都是自己给她治疗，她出嫁以前央求自己跟到婆家去以便时常换药。今天换药时发现病情变化，带来的药不顶用了，忙朝外跑，想去置办些新药。县官当然不信，可问起新娘家中的情况来，此人竟然对答如流，毫无差错。县官派人去问新娘，新娘则说根本没有此事。

第二天，两个轿夫把一顶花轿抬上公堂，轿里坐着个新娘子。县官叫来那人，叫他和新娘对证，只见他走到轿门口，朝新娘瞅了一眼，气愤地喊道："你再三要求我跟随你治病，为什么翻脸不认人！"县官大笑，接着一声断喝："把这个撒谎的贼抓起来！"

原来此人是个小偷，趁客人盈门之际钻到新房藏进床底，打算趁天黑以后偷东西，可是灯火通明不能下手，第三天饿得难受才往外跑。至于新娘家的情况，是他这两夜在床底下听新婚夫妇的私房话听到的。

请你判断一下，县官是怎样识破小偷真面目的呢？

533. 不早不晚，正好七点

早晨，当埃里森探长赶到凶杀案现场时，屋里的挂钟正"当当"地响了七下。探长下意识地抬腕看了看自己的手表，不早不晚，正好7点。已在现场调查取证的一位侦探报告说："经过仔细检查，没有发现其他证据与线索，除了这盘磁带。它是最重要的证据，显示受害人被杀的时间是昨天晚上10点零6分。"

原来，侦探们接到报案赶到案发现场后，在一台收录机中发现了一盘未被取走的磁带。侦探们倒带听了一下录音，立刻就发现了这一重要线索。

"噢，那么准确？"埃里森探长随口问了一句。

"磁带中录的是昨晚曼联和阿森纳两支英超球队的比赛实况。就在曼联球员攻入制胜的第三个进球的时候，磁带中突然响起了枪声，一共是两声，接着就是一阵呻吟声。经与负责昨晚电视转播的电视台确认，当时的时间是10点零6分。"

"如果事情果然是这样的话，这是第二现场。"埃里森探长示意再听一下录音带。

"不会吧？我们听了好几遍了。"

请问：你知道埃里森探长为什么这么肯定吗？

534. 拿走了一颗珍珠

侦探威尔正在互联网上冲浪，这时他的信箱里突然收到了一封紧急求救信。写信的是他的朋友百万富翁福斯特。

"威尔，我需要你的帮助。你知道，我有一个非常名贵的卢米埃尔首饰盒。这是著名的工艺大师卢米埃尔的杰作，在他去世之前，他总共只完成了 4 个这样的首饰盒。很幸运，我得到了其中的一个。我在首饰盒里放的是一串珍珠项圈，上面有整整 100 颗珍珠。我总是把锁首饰盒的金钥匙挂在脖子上。

昨天我举办了一场宴会，其间把首饰盒拿出来给大家欣赏，因为它本身就是一件珍宝。然后，有人想看看这个小小的首饰盒里面放的项圈。于是我拿出钥匙准备开盒子。令我惊讶的是，首饰盒上的金锁居然被弄坏了，好像有人想强行打开它一样！我的金钥匙不管用了，所以我只能把金锁撬开。项圈还在盒子里面，我松了一口气。不过你知道，我是个疑心很重的人，所以我又数了数项圈上面的珍珠。奇怪的是，只有 99 颗！我数了两遍，都是这样。那个窃贼一定是设法打开了首饰盒，同时还弄坏了那把很值钱的金锁，可是却只拿走了一颗珍珠，然后又把它锁上了。你说奇怪不奇怪？威尔，请帮帮我。我该怎么做呢？"

威尔读完了信，上网查了查关于卢米埃尔首饰盒的信息，并在一张纸上记下了 3 个名字。然后，他开车去了福斯特的别墅，向福斯特要了一份参加宴会的客人名单，与他自己的名单对了对。上面有一个名字是相同的。

威尔对福斯特说："我认为这个人就是窃贼！"

威尔是怎么知道的？他手上的那份名单是什么？窃贼为什么只拿走了一颗珍珠？

535. 究竟发生了什么

侦探波洛接到了朋友杜弗斯打来的电话，杜弗斯对他说："你一定得过来帮帮我，我刚才被一个窃贼打得人事不知。"

波洛踩着厚厚的积雪，来到杜弗斯的家里。杜弗斯正躲在一把宽大的沙发椅里。"好了，告诉我到底发生了什么。"

"你知道，我的谷仓已经空了好些年了。可是刚才，我突然听到谷仓那里不时地传来一阵阵的声音，好像有人在敲打谷仓的门似的。我走出去，想看看是不是有人在那儿，顺便检查了一下门上的锁。一切看起来都很正常。可是当我往回走的时候，我被窃贼在头上敲了一下，倒在了地上。一醒过来，我就赶紧给你打电话。"

波洛往窗外望去，在漫天飞雪之中，他清楚地看到了谷仓门口杜弗斯刚才留下的痕迹。"根本没有什么窃贼，杜弗斯。让我告诉你究竟发生了什么。"

那么，究竟发生了什么呢？

536. 赃物藏在何处

在打击贩毒分子的活动中，警方歼灭了一个犯罪团伙，在罪犯的口袋中，警方搜到一张纸条，上写："× 日下午 3 点，货在 × 区云杉树顶。"警方迅速赶到现场查看，发现这棵树并不高，而且货物明显不在树顶。于是，他们重新认真推敲那句话的意思，最后终于在正确的位置将货物取出。你知道正确位置是哪里吗？

x日下午3点，货在x区云杉树顶

537. 吞蛋送命

王忠准备生吞 10 枚鸡蛋。他这样表演，是因和朋友打赌引起的，可惜他不知道其中一个朋友赵三对他有谋害之心。

王忠打开第一枚鸡蛋，仰起头猛吞下去，接着又吞下两枚，赢得了全场的掌声。第四枚鸡蛋被一口吞下时，只见王忠脸色一变，吐了一口鲜血，话也说不出来了。在场的人大惊，忙把他送进医院。警官接手调查此案，查到鸡蛋是赵三提供的，里面藏有钢针，于是逮捕了他。

你知道赵三是如何把钢针放入鸡蛋的吗？

538. 寻找凶器

在女子大学体育馆的浴室里，一女大学生被害，死时全身一丝不挂，好像是被细绳一类的东西勒死的。然而，现场只有一条短毛巾，没有发现绳子一类的东西。案发时，还有另一名女生一同在浴室洗澡，故她被视为嫌疑人。然而，这名女生是光着身子从浴室跑出来的，当时在门外的同班同学可以证明。

刑警在现场没有发现可能用作凶器的绳子，觉得不可思议。无意中，他注意到了什么。"原来如此。"刑警马上找到了凶器。

你知道凶器在哪儿吗？

539. 凶器消失了

在女性专用的蒸汽浴室里，一个高级俱乐部的女招待被杀。死者一丝不挂，被刺中了腹部。从其伤口判断，凶器很可能是短刀一类的东西，可浴室里除了一个空暖水瓶外，根本找不到其他看似凶器的刀具。

因为案发时还有一名女招待同在浴室里，所以被怀疑为凶手。但是当时在门外的按摩师清楚地看到，此人未带任何东西一丝不挂地从浴室出来，而且直到 15 分钟后尸体被发现，再没有任何人出入浴室。

试问，凶手究竟用的是什么凶器，又藏在什么地方呢？

540. 宰相的女儿

有一个古印度王子叫杜尔达马那。有一天，他约了 3 个朋友一起去外地游玩。

这 3 个青年分别是婆罗门的儿子、木匠的儿子和商人的儿子。

他们 4 个人来到了海边，正好赶上海上起了大风浪，4 个人眼见有一艘渔船正在风浪中起起伏伏，很是危险，便下海救起了这艘渔船。为了答谢他们，渔船的主人便送给他们每人一颗珍珠。

4 个人得到了珍珠，十分高兴，便放心地交给商人的儿子保管，然后一起回家。

商人的儿子走着走着，突然起了歹念，偷偷地把 4 颗珍珠缝在了大腿内侧的裤子里。

第二天大家赶路时，商人的儿子有意落在后面。过了好久他突然叫道："强盗！"前面 3 个朋友立即往回跑，问："发生了什么事？"商人的儿子说："我落在后面多时。刚才我到路边小便时，两个强盗抢走了 4 颗珍珠！"3 个朋友不相信，说："你这个骗子，一定是玩了花样！"他们一路上争论不休，终于到了爱拉瓦古城。

爱拉瓦古城宰相名叫布西沙拉。布西沙拉是一位著名侦探，任何疑难案件，只要诉讼双方说出事情经过，他就能找到公正的解决办法。

3 个受骗的旅伴就向布西沙拉宰相告状。布西沙拉沉思良久，下令士兵搜查这 4 个人，结果一无所获。宰相第一次碰到这么棘手的案子。他束手无策，吩咐把 4 个人安置好后就回家了。

宰相有个小女儿，叫贾雅什丽，生得非常漂亮。她看到父亲心事重重，就问出了什么事。父亲告诉了她。小女儿听了，说："父亲，不要难过，我有办法解决。你明天审问他们时，叫他们每人走进一个房间，以后的事由我来解决。"

父亲半信半疑，说："女儿，连我也难以解决的事，你能解决？"女儿说："父亲，别那么说。各人有各人的特长。有的事我知道，您不一定知道。父亲，您不必担心，您把这几个外国人交给我，我一定会探出他们的内心秘密，帮您破这个案！"

果然，如贾雅什丽所说，很快她就破了案。

贾雅什丽是如何破案的呢？

541. 犯罪手法

一个法国大怪盗，名叫鲁彭。他身体轻巧，又会变身术，容貌声音可随机应变。后来，他当了侦探。一次，一个罪犯进行犯罪活动，鲁彭为破案，就给罪犯家里打了个电话。尽管当时罪犯还未能离开现场，接电话的却是罪犯本人。这可把鲁彭弄糊涂了，他当时想了很久也不知罪犯使用了什么手段，伪造了"不在现场的假象"。

后来他一下子就猜出了罪犯使用的是什么手法。你能猜出来吗？

542. 不翼而飞的赎金

某银行董事长的儿子被绑架，歹徒索要 20 万美元的赎金。

歹徒打电话给受害者的家属说："把钱放在手提箱里，在今晚 9 点放到火车站 22 号寄物箱内。寄物箱的钥匙在旁边公用电话亭的架子下面，用胶布黏着。把手提箱放入寄物箱之后，再将钥匙放回原处。"

儿子性命攸关，董事长答应了歹徒的要求，但他还是叫人秘密地报了警。

董事长把 20 万美元装进手提箱，于晚上 9 点钟赶到火车站。在寄物箱附近，已有警察在秘密监视。

董事长找到钥匙，把手提箱放入 22 号寄物箱，锁上箱子，将钥匙放回原处后，便驱车离开了。

电话亭附近也有警察监视。可是一直到天亮，歹徒始终没有露面。

第二天中午，董事长接到歹徒的电话说："20万美元已经收到，你的儿子今天就能回家。"

警察接报后马上打开22号寄物箱。手提箱仍在，但20万美元已经没有了。

请问：歹徒究竟是怎样把钱取走的呢？

543. 凶器是什么

杰克经过深思熟虑想出了一个报复吉利的办法。

"还下着雨……今晚就是个好机会。"

夜深后，杰克爬上吉利家正后方的建筑物顶上。没过多久，随着"咣"的一声巨响，吉利的小木屋就倒塌了。

第二天早上，吉利从昏迷中醒过来。

虽然侥幸逃过一死，可是吉利已经浑身是伤，而且还得了感冒，浑身疼痛。吉利报了警，把事情从头到尾跟警察说了一遍。

"昨天晚上，不知是谁从高处扔了什么东西下来把房顶砸烂了……"

"可是，我们没有找到任何的证据。如果有什么东西砸下来的话总该有碎片吧。"

警察摇着头做出无奈的表情。

"请你们一定快点抓住罪犯，好吗？"

"我们当然会尽力的，可是这件案子一点头绪也没有……"

吉利伤心得眼泪都要流下来了，可警察不置可否地回答后就回去了。

突然，吉利想到了杰克："对了，肯定是杰克干的。我一定要把那个讨厌的家伙送进监狱……"

杰克到底是用了什么方法才没有留下证据呢？

544. 引爆

一天，市区内发生了一宗爆炸事件。一位外出归来的音乐家回到住所不久，屋里突然发生爆炸，音乐家当场被炸死。

侦探勘查现场时发现，窗户玻璃碎片里还掺杂着一些薄薄的玻璃碎片，分析可能是乐谱架旁边桌上一个装着火药的玻璃杯发生了爆炸。奇怪的是室内并没有火源，也找不到定时引爆装置的碎片。如果不是定时炸弹，为什么定时引爆得那么准确呢？真不可思议！

就在这时，侦探获得了一个线索：发生爆炸前，音乐家正在用小号练习吹奏高音曲调。

侦探从这个小小的线索中，立即识破了罪犯的手段。

你知道罪犯是如何引爆炸药的吗？

545. 手枪队护送宝马

一位欧洲富人不惜重金从亚洲买了一匹日行千里的宝马。为了把马安全运送到家，他专门请了一支手枪队护送这匹马。手枪队和马被安置在火车的同一节车厢上，可是在开往欧洲的路上时，马却被盗了。

据说这支大约10人的手枪队一直和马寸步不离，也不是手枪队监守自盗，这究竟是怎么回事呢？

546. 女窃贼

女窃贼成田久子越狱逃跑了，女看守辛吉慌慌张张地向她的上司银次警长报告了这一惊人的消息。银次警长赶到 104 号女监一看，牢门敞开着，打开的铁锁掉落在水泥地上，锁上还插着一把用旧铁片锉成的钥匙。显然，女窃贼成田久子就是用这把钥匙打开铁锁逃跑的。

银次警长记得很清楚，昨天他把成田久子送入女监时，曾经指令女看守辛吉脱去成田久子的衣服进行了认真的检查。事后辛吉向他报告说，她就连成田久子的内衣都仔细地检查过了，没有发现任何夹带之物。再说，女窃贼事先并不知道将她关押在女监 104 号，她不可能事先准备好这间牢房的钥匙。那么，这把铁片锉成的钥匙是哪里来的呢？

"在你值班期间，有人和成田久子接触过吗？"银次警长厉声问女看守辛吉。

"没有……啊不，有过的，但他并未和成田久子直接碰面呀！"辛吉结结巴巴地说。

"那人是谁，他来干什么？"

"啊，是这样的。"辛吉回忆说，"昨晚，长寿庵的和尚伸助来找我，说成田久子是庵里的女施主，曾经出钱维修过长寿庵。现在她犯罪了，他送碗面条来给她充饥。我把面条捞起来细细地检查了一番，没有发现碗里有其他东西，就亲自送给成田久子吃了，空碗也是我拿回来交还给伸助的。伸助根本没有和成田久子见面，他也不可能给她钥匙。可是……等我上完厕所回来，只几分钟光景，该死的女窃贼就打开铁锁逃跑了。"辛吉显得非常难过。

"这是你的疏忽。"银次警长严肃地说，"你对那碗面条检查不严格。就是那个好色的伸助和尚，在你的眼皮底下把仿制的牢房钥匙送给了他的情妇成田久子，让她打开牢房的门逃跑了，你难道还不明白吗？"

"我……"辛吉并没有明白银次警长的意思。

请问：伸助和尚是怎样把仿制的牢房钥匙送给成田久子的？

547. 失踪的赎金

百万富翁贝克的独生子突然失踪了。这天，贝克收到一封恐吓信："如果你还想见到你的儿子，就把 100 万美元赎金装进手提包，明晚 12 点，让你的司机在万圣公园的雕像旁边挖一个坑埋进去，后天中午你的儿子就可以回家了。"

贝克心急如焚，立即报告了警方。警方立即派警察埋伏在万圣公园暗中监视。

夜深了，公园里漆黑一片，公园门口有警方把守，雕像附近也隐蔽了好几个警察。

司机带着装有 100 万美元的手提包来了。他按绑匪的要求，在黑暗中挖了一个很深的坑，把手提包放进去埋好，然后空着手走了。警察们紧紧盯着雕像附近的一切动静。

可是，直到第二天中午，还是不见任何人来取钱，贝克的儿子却平安地回到了家。

警方不知绑匪在耍什么花招，决定挖开埋钱的坑，手提包还在，可是打开一看，100 万美元不翼而飞。警方日夜监视着那个坑，司机也确实把手提包放进坑中埋好，那 100 万美元到哪去了呢？

请你想想：赎金会在哪里？绑匪又是谁？

548. 寡妇之死

住在犹太人聚居区的一位年轻寡妇，有一天被发现死在自己寓所的卧房内。推断死亡时间为前一天晚 10 点左右，致死原因是氢酸钾中毒。

死者没留下遗书，但是由反锁的门与防盗链、扣紧的门窗来推断，警方一致认为是服毒自杀。

但是该区神父却怀疑警方的推断。因为死者是虔诚的犹太教徒，而犹太教是反对自杀的，认为自杀是亵渎神旨，有违神意，而且听说她最近还有再婚的打算呢！

根据资料，前一夜死者的小叔曾拜访过她。警方指出："此人 7 点左右来，在 9 点以前就离开了，走的时候死者还亲自送他离去，这是管理员亲眼目睹的。"

神父忽然想起死者有服用安眠药的习惯，于是向警方道："死者的小叔就是凶手！因为如果死者是自杀的，现场必有盛毒容器。"

接着，神父就把凶手杀人的计谋有条不紊地说了出来。

你知道是什么计谋吗？

549. 被偷得彻底的别墅

小北的家在城市近郊，那是一幢别墅式的住宅，房子外面有一个大花园，附近没有邻居。秋天的时候，小北的夫人带孩子去外婆家，只有小北一人在家，他每天都在公司吃过晚饭再回家。

一天晚上，当小北回到家时不禁大吃一惊：只见大门敞开，家里的一切都没有了。包括钢琴、电视机、录像机，就连桌子和椅子这些家具也全不见了，整个屋子空空如也。

这显然是被盗，但是令人不可思议的是窃贼怎么会这么大胆，大白天居然把小北家偷得这么彻底呢？并且，据说在窃贼们偷盗的时候，有两个巡逻警察还站在旁边看了一会儿热闹。这到底是怎么回事？

550. 酬金有诈

星期天，某公司经理查理斯正在公园的林荫小道上散步。

忽然，一个年轻漂亮的女子与他打招呼。

查理斯问道："小姐，您是哪一位？"

那女子冷冷地说道："我是一个刺客！"

查理斯的脸色一下子变得煞白，脱口而出："啊，你是那个小子派来的吗？"并苦求饶命。那女子说："请别误会，我不会杀你的，我是来帮助你的。刚才你说的那个小子，是不是 H 公司的经理？"

"是，是，在商业上，他是我最大的敌人，我巴不得他早点死掉！"

那女子用商量的口气说道："这件事就交给我办吧！我要让他不留痕迹地无声无息地死掉。至于采取什么办法，你最好别问了。"

"好！事成之后，重金酬谢！"

3 个月后，查理斯听说 H 公司的经理因心脏病突发，治疗无效去世了。随后，在一个星期天的早晨，还是在那条林荫道上，查理斯再次碰到那位女子，他如数付了酬金，那女子迈着轻盈的步子走了。

那个女子用什么办法使 H 公司的经理死掉，却没被警察发现，从而得到一笔数量可观的酬金呢？

551. 工人偷运橡胶事件

在一家提炼橡胶的工厂，经常发生工人偷运橡胶倒卖的事件。工厂的负责人为了防止橡胶被偷运，特意雇用了保安人员，对下班出厂的车辆、工人进行严格检查。

这一天，保安部接到举报，说今天有人要偷运橡胶出厂。保安人员立即行动起来，对来往行人、车辆都十分认真地进行排查。这时，一辆满载胶桶的货车准备驶出工厂大门，保安人员检查时，发现车上装的只是一些空胶桶，里面并没有装橡胶，就准予货车驶出工厂。过了一会儿，举报人又打来电话，说："刚才出去的那辆车已把橡胶偷运出厂了。"说完就挂掉了电话。保安人员十分不解，他们对货车进行了全面检查，橡胶被藏在了什么地方呢？你能想得到吗？

552. 同样的剧情不同的结论

一个深夜，江文驾车正在峭壁险峻的海岸线车道上兜风，当到了一个急转弯处时，突然前方出现了急驶而来的汽车灯光。

那辆车灯的车速与江文的车速相同，离得越来越近。这条路只有对开两辆车那么宽，江文向左打轮时，对方似乎也同样在向右打轮。车灯从正面直射过来，江文心想，如果这样下去会迎面撞在一起，但为时已晚，已经没有躲闪的余地了。

江文不由得闭上眼睛，一狠心向右猛打方向盘，就在这一刹那间，他的车子撞断护栏，冲下悬崖掉进大海，幸好江文迅速钻出车子浮在海面上，才捡了一条命。

这起交通事故实际上是江文的情敌王力一手策划的。可奇怪的是，江文错打了方向盘时，对面一辆车也没有，现场连对面会车的轮胎痕迹都没留下。

你知道王力用的是什么手段吗？

553. 吃人的老虎

玛莉美丽热情，是动物园的驯兽师，负责训练狮子和老虎等猛兽。这些平时非常凶猛的猛兽，一看到玛莉就变得温顺听话。在玛莉的调教下，老虎和狮子学会了钻火圈、滚球等节目，成了动物园的大明星！

每次动物园举办表演，最后一个压场节目都是由玛莉和老虎来表演：老虎张开血口，玛莉把头伸进老虎嘴里。

这天，正是动物园举办表演的日子，游客们从四面八方赶来，观看玛莉的驯兽表演。老虎和狮子在玛莉的指挥下既机敏又驯服，让观众们发出啧啧的赞叹。

终于，最后一个节目来了，玛莉要像往常一样把头伸进老虎嘴里去，观众的心都提到了嗓子眼，玛莉却一点也不慌——她和老虎已经配合了不知道多少次，是不可能有危险的。

在玛莉的指挥下，老虎顺从地张开了大口，玛莉优雅地给全场观众鞠了一躬，然后返身弯腰，把头伸到老虎嘴里，观众席上发出了潮水般的掌声。

就在玛莉准备把头抽出来的一刹那，老虎嘴角上翘，做出了微笑一般的表情。接着，老虎将嘴一合拢，玛莉顿时倒在血泊之中！

观众们顿时惊呆了，老虎好像也受惊了，它不停地用舌头舔她的脸。其他驯兽师飞快冲上去把玛莉救出来，但玛莉因为颈部血管破裂，失血过多，已经死了。

动物园园长无论如何也不能相信这样可怕的事实，最有天赋的驯兽师玛莉竟然被自己驯养多年的老虎咬死！这是完全不可能的！

他强烈要求警方调查，可是警方说事情已经非常清楚，玛莉被老虎咬死，全场观众都亲眼目睹，这有什么好调查的呢？无奈之下，动物园园长找到了布莱尔侦探，请他来解决这个离奇的事件。

布莱尔静静听完了事情的经过，问道："当天老虎喂饱了吗？老虎的情绪很差吗？"园长肯定地答复道："老虎在表演前绝对喂饱了，情绪也非常好！何况就算饿着肚子或者心情很糟，它也不会袭击玛莉。它和玛莉有很深的感情。"

"这就奇怪了。"布莱尔继续问道，"那么，还有什么其他特别的事情吗？"

"倒是有一件事情。"园长说，"不知道重要不重要。有观众告诉我，老虎在合上嘴以前，露出了微笑一般的表情。"

"微笑？真是莫名其妙！"布莱尔琢磨着。可是，老虎为什么合上嘴前笑一笑呢？忽然，他想到了什么，大声说道："我明白了，玛莉是被人害死的，这个凶手真是太聪明了！""是吗？"园长连忙问道，"那么凶手到底是谁呢？"

布莱尔胸有成竹地答道："很可能就是玛莉的发型师！"

为什么布莱尔能根据老虎的微笑推测出凶手呢？

554. 警犬也会有失误

一个初秋的夜晚，监狱中有个囚犯越狱了。他用监狱厨房里烧火的木棒当高跷，跨过高耸的围墙，成功地逃出了监狱，接着穿过围墙边的空地，逃进了满是树林的山丘。不过，由于正好下雨，被雨打湿的地面上留下了清楚的脚印。狱警带着警犬沿着脚印进行追踪。警犬仔细嗅过囚犯的足迹之后，一直循此足迹前进，直到进入树林。但追到途中，警犬不知为什么突然停下了脚步，左顾右盼，一步也不前进了。

逃犯并没有换穿别的鞋子继续逃亡，他脚上穿的始终是同一双鞋。

请问：他是如何骗过嗅觉灵敏的警犬的呢？

555. 古屋幽灵

这是一座南北战争时代留下的古屋，据说曾出现过幽灵。买下这座古屋的人想将屋子整修一番，便雇来了工人。工人们刚刚走进前厅，突然出现一个全身冒着火焰、身高2米以上的幽灵，手持匕首，似乎要扑过来。工人们吓得拔腿就跑。

事情传出去以后，有些曾经进入过这座屋子的人提供了一些线索。他们说，这座屋子已建造了几十年。当时的主人据说在屋内藏了大量的珠宝。后来主人死了，珠宝究竟藏在哪里，没有人知道。曾进去过的人只知道，这所屋子的墙上装了许多大镜子。

不信邪的道格斯教授决心解开这个谜。他在漆黑的客厅里等幽灵出现。果然，像以前一样，幽灵手持匕首在火光中出现了。道格斯教授盯着幽灵细看，好像看到一个穿着宽大衣服的高个子男人。再仔细看，道格斯教授突然明白了，他猛地抓起身边的一把椅子朝前砸去。

"乒啷啷……"只听见一阵玻璃破碎的声音，幽灵随即不见了。

道格斯教授从屋里出来，马上与警方联系。警察包围了古屋……不久,事情便真相大白了。

你能想象出这幽灵究竟是怎么回事吗？

556. 瞬间逃窜的匪徒

一天深夜，某大厦 21 楼的保险柜被人炸开，一笔巨款随之失踪。由于这家大厦装有直通警署的警报系统，所以警察的巡逻车不到 1 分钟就到达了犯罪现场。

警察到达现场后，发现这座大厦正在停电，一片漆黑。警察找到了大厦的管理员，他声称，由于电箱的保险丝被烧断了，这才导致停电。警察守在大厦的出入口，又来到 21 楼失窃现场，发现案犯已经逃走。但是，大厦是封闭式的，根本没有其他出口供案犯逃跑。警方又经过实验，证明普通人由 21 楼跑到楼下，至少也需要两分钟。但警车在一分钟内即到达了现场，案犯是用什么办法逃走的呢？

最后经过调查，警方发现管理员是匪徒的同谋人。

那么请问，为什么案犯能在 1 分钟内逃出大厦呢？

557. 凶手的作案手段

一天早晨，侦探在自家附近的公园里散步时，发现空地中央处仰面躺着一个年轻女子。人已经死了，其左胸上插着一把细长的没有把手的日本刀，大概她被刺中后没走几步便气绝身亡了。

刚刚下过雨，地面仍湿漉漉的。可是，令人感到奇怪的是，以尸体为中心半径 25 米的范围内，只留有被害人高跟皮鞋的鞋印，却不见凶手的足迹。而且四处又找不到刀鞘，既不能认为是被害人自己拿着一把没有把手的日本刀刺进自己的胸膛自杀，也不能认为是凶手把刀拴在 25 米长的竹竿或木棒一端行刺的。如果拿那么长的棒子，被害人会及时发现逃脱的。

那么，凶手究竟是用什么手段行刺的呢？这个案子就连老谋深算的侦探也思考了良久。当他注意到日本刀没有把手时才恍然大悟，进而识破了凶手巧妙的作案手段。

请你也当一次侦探，把这个案子推理一下。

558. 狡诈的走私犯

霍普是个国际走私犯，每年从加勒比海沿岸偷运东西，从未落网。

根据海关侦查，6 个月前他曾在海关露面，开一辆新出厂的黑色高级蓝鸟敞篷车，海关人员彻底搜查了汽车，发现他的 3 只行李箱都有伪装的夹层，3 个夹层都分别藏有一个瓶子：一个装着砾岩层标本，另一个装着少量牡蛎壳，第三个装的则是玻璃屑。人们不明白他为什么挖空心思藏这些东西。更奇怪的是，他每月两次定期开着高级轿车经过海关，海关人员因抓不到证据，每次都不得不放他过去。

迷惑不解的海关总长找名探洛里帮助分析，洛里看着"砾岩层、牡蛎壳、玻璃屑"深思着。"这些东西有什么意义？"总长心急地问，"他到底在走私什么东西？"洛里点燃烟斗，沉思良久，恍然大悟，笑着说："这个老滑头，你把他拘留起来好了。"

霍普到底在走私什么东西？

559. 蠢管理员

一个炎热的夏天，当夜总会的侍者上班的时候，听到顶楼传来了呼叫声。他跑到顶楼，发现管理员的腰部被绑了一根绳子，整个人被吊在了顶梁上。

管理员对侍者说："快把我放下来，然后报警，我们被抢了！"

警察来了之后，管理员把事情的经过说了一遍："昨晚夜总会停止营业之后，进来了两个强盗，把钱全抢走了。然后他们把我带到顶楼，用绳子将我吊在了顶梁上。"

警察对管理员的话深信不疑，因为顶楼空无一人，而且那里也没有垫脚之物，他无法把自己吊在这么高的梁上。一部大概是被这伙盗贼用过的梯子是放在门外的。

然而，没过多久，管理员还是因盗窃罪被警方抓了起来。

请你想象一下，在没有任何人帮助的情况下，管理员是如何把自己吊在半空中的？

560. 罪犯的阴谋

夕阳西下，广阔的原野上阿尔法策马而行，奔往 A 城。途中的一株枯树上，捆绑着一个死去的牧马人。牧马人的嘴被堵着，脖子用 3 根牛皮条捆住，显然是由于脖子被勒住后窒息而死的。阿尔法解开绳子，把尸体放在马上，运到 A 城的警局。经检验，警官推断死亡时间是当日下午 4 点钟左右。第二天，警官逮捕了一名嫌疑犯。但是，经过调查，这个人从昨天中午到死尸被发现这段时间一直在 A 城，有人证明他一步也没离开 A 城。因为有人证明他不在场，所以，尽管他嫌疑很大，也不得不释放。警官十分为难。"警官先生，所谓罪犯不在现场是一个骗局。"阿尔法三言两语，便使得真相大白。

罪犯使用什么手段制造了骗局？提示：罪犯是单独犯罪，没有同案犯。

561. 毒蜂与录音机

星期天的下午，警方接到报案，一位日本商人死在自家院子里一棵大树下的椅子上，地上丢着两个空啤酒罐和一些日文报纸。

警察立即赶到现场。报案的是这里的管家，他指着尸体对警察说："主人当时正在凉爽的树荫下一边喝着啤酒，一边看报纸，不巧被毒蜂蜇了。你瞧，他胸部还有被毒蜂蜇过的痕迹哩。"

所谓毒蜂是非洲的一种蜜蜂，它的产蜜量要高出普通蜜蜂的 3 倍，但它的毒性很大，一旦被这种蜜蜂蜇了，再强壮的人也会死掉，所以它被称为杀人蜂。

"就算是被毒蜂蜇了，从他没来得及逃进屋里的状况看，大概是喝了啤酒醉醺醺地昏睡过去了。这附近有毒蜂窝吗？"当警察对周围一带调查了一番之后，发现一家邻居的空院子里有一棵大洋槐树，树上有个很大的毒蜂窝，挂在树叶遮掩的树枝上。

当时已经是夕阳西下的时候，毒蜂都钻进了蜂窝里。警察轻手轻脚地走到跟前一看，发现在另一个树枝上挂着一架日本制的微型录音机。

"这种地方，谁会把录音机丢在这儿？"警察取下录音机，把磁带倒回后一放，是盘音乐带。警察听了一会儿，突然想到了什么，马上断定说："这个日本商人不是在院子午睡时偶然被毒蜂蜇死的，这是巧妙地利用毒蜂作案的杀人案。"说完，他又把录音机依旧放回原处，并隐藏在院子里的树丛中耐心监视着。夜里 9 点多，闪出一个身影接近洋槐树，要取下录音机。

"喂！不许动，你因杀人嫌疑被逮捕了。"警察迅速跳出来追上欲逃跑的罪犯并将其抓获。原来这个罪犯是被害人的手下，因贪污贷款行为将败露而作案杀人。

可是，尽管如此，这位警官为什么只听了一会儿音乐，就能果断地识破罪犯的诡计呢？

562. 金发美女与敲诈犯

大富翁鲁尔在酒吧邂逅了一位金发美女，这位美女不仅长得性感，而且还十分开放。跳了几支舞，鲁尔就把她带回了寓所，二人匆匆地冲了澡，就迫不及待地在床上狂欢起来。正当二人兴致未尽之时，电话铃突然响起来，鲁尔极不耐烦地拿起电话。电话那头传出来一个阴沉的男中音："你好快活呀！你刚才的一切声音都被我录下来了，如果你不想让你太太知道的话，就往我的银行卡上存两万美金。"

鲁尔大惊，电话那头的确传来了他和金发美女狂欢时发出的声音。鲁尔很是不解，因为自己的房间有高科技的探测仪，任何窃听器都不可能安装在屋内，况且房间的隔音效果非常好，那么这个敲诈的人是如何录下声音的？

563. 雪后脚印

一处悬崖峭壁，屹立在惊涛骇浪的海岸上。大雪纷飞，不一会儿，山顶上就积满了白茫茫的一层白雪。大雪过后，在积雪中清清楚楚地留下了一串脚印，由远处的村庄走到了绝壁跟前……

再也找不到别的脚印了，是不是村里有人跳海自杀了？

经过调查了解，得知并没有人跳海自杀。请想想，这可能是怎么回事呢？

564. 影星之死

参加完电影节后，青年影星麦克尔便来到了好友史密斯和他的太太为他准备的家庭宴会。

当他一走进客厅，亲朋好友纷纷过来向他表示祝贺，他们频频举杯，尽管麦克尔每次只喝一点点，但还是觉得有点头重脚轻了。

已经注意麦克尔多时的史密斯拍了下手，用叉子叉上一个沾了调味汁的大虾走上前去："麦克尔，今晚我们为你准备的家庭宴会还满意吗？来，别光顾着喝酒，吃一只大虾吧。"他脚步踉跄，一个趔趄，手中晃动着的叉子就把虾上的黑红的调味汁溅了麦克尔一领带，雪白领带立即污迹斑斑。

"哎呀，对不起，真对不起。"史密斯抱歉地说。

"不，没什么，一条领带算不了什么……"麦克尔毫不介意，取出手帕欲将上面的污迹擦掉。

这时，史密斯夫人走了过来，说："用手帕擦会留下痕迹的，洗手间里有洗洁剂，我去给你洗洗。"

"不用了，夫人，没关系，我自己去洗，夫人还是去应酬其他客人吧。"因有史密斯在场，麦克尔客气一番，然后迅速朝洗手间走去。洗洁剂就在洗手间的架子上放着，他将液体倒在领带上擦拭污迹，擦掉后立即回到宴会席上，边喝着威士忌，边与人谈笑风生。突然，他身子晃了一晃便倒下了，威士忌的杯子也从手中滑到地上摔碎了。

宴会厅里举座哗然。急救车立即赶来，将麦克尔送往医院，但为时已晚。死因诊断为酒精中毒。

这时，警察来到了医院，调查了详情后，又来到史密斯家里，经过一番查验，认定史密斯夫妇是杀人凶手。

请问：凶手是如何杀人的呢？

565. 中毒

一天，亨利探长应友人之邀去一家小酒店饮酒。突然，隔壁桌上的一位老板呻吟着呕吐起来，两位保镖立即拔出匕首，对准与老板同座的一位商人。

亨利探长一问，才知道双方刚谈成一笔生意，共同喝酒庆贺，谁知老板竟中毒了。那位商人举着双手，吓得不知所措。

探长走上前，摸了摸温酒的锡壶，又打开盖子，看见黄酒表面浮着一层黑膜，就说："果然是中毒了！"

这时，中毒的老板摇晃着身子说："探长，救救我！他身上一定带着解毒药！搜出来……"探长笑着说："错了，他身上没带解毒药！这酒是你做东请客的，他怎么有办法投毒呢？"

大家很吃惊，到底酒里有没有毒？

566. 巧用厕所

莫斯是一个高智商犯罪分子，他曾用电子计算机偷窃某国一家银行几十亿美元，甚至窃取某国的国防机密。当然，他最终被警方抓获，并被法院处以终身监禁，关押在某国看守和保安系统最先进的监狱里。

监狱里面给他安排了一间单人牢房，里面条件很好，有看书的地方、睡觉的地方，还有一间独立的厕所。莫斯在这里表现也很好，从不违反规定。

可是令人费解的是两年后的一天晚上，他竟然悄无声息失踪了，准确地讲是他越狱逃跑了。

狱警在他的床底下找到了一条通往监狱外长达20米的地道。根据警方测算，挖一条如此长的地道，要挖出的土达7吨，可警方连一捧土都没找到，难道他把土吃了不成？

狱警马上请来了著名侦探洛斯。洛斯来到监狱后，经过仔细勘察，找到了莫斯越狱的证据。洛斯找到的证据是什么呢？

567. 不可能发生的事

在风景如画的海滨沙滩上，有人发现了一具完整的女尸，死者身高大约在1.8米左右。尸体被装在一只布袋里，布袋四周绑有32个铁饼，相当笨重。看上去，凶手在杀死女人之后，企图将尸体沉入大海。没想到，沉重的布袋依然被冲上了沙滩，结果尸体被发现了。

经过调查，警方找到了几个嫌疑犯：一个是身材矮小、瘦削的出租车司机，一个是身材高大的流氓，还有一个则是孔武有力的壮汉。

警方依法进行了搜查，结果在那辆出租车里发现了死者留下的血迹。原来，这个司机看到死者的钱包里有很多现金，见财起意，就杀死了她，并弃尸大海。

但是，一个瘦小的歹徒，怎么能够把这具绑着这么多铁饼的尸体，拉过沙滩再抛入大海呢？

568. 硬币透露了案情

在学生宿舍楼的正门外，一具尸体背朝上倒在地上，背部垂直射进一支羽箭，从头朝门、脚朝大道的姿势看，显然死在外出归来正要开门的时候。经查询，死者名叫吉姆。警长卡特翻动了一下尸体，发现尸体下面有3枚100元的硬币；在死者衣兜的钱夹里，有不少10元和100元的硬币。

卡特问宿舍楼管理员："这幢楼里有多少学生居住？"

管理员说："现在是暑假期间，学生们大都回家了，只剩下吉姆和布朗两人。他俩都是射箭选手，听说下周要进行比赛。"他抬头指着对着正门的二楼房间介绍说："那就是布朗的房间。不过，今天晚饭后布朗一直没有从二楼下来过。"

卡特来到布朗的房间里，叫醒了他。布朗吃惊地说："你们怀疑我吗？请别开玩笑。吉姆是正要开门的时候，背后中箭死的！就算我想杀死他，但我从窗口里也只能看到他的头顶，无法射到他的背部啊！"

卡特走到窗口，探身望了望，便转身取出3枚100元的硬币，对布朗说："这是你的吧，也许上面还有你的指纹哩。"

布朗一看，结结巴巴地说："可能是我傍晚回来，不小心从兜里掉出来的。"

卡特说："不，是你用它为吉姆设下了陷阱！"

请问：住在二楼的布朗究竟是怎样谋害吉姆的呢？

569. 盗窃犯

夏日的早晨，一家大型超市的出纳上班时发现保险箱被撬了，共失窃了价值25万元的财物。警方在箱体上发现了罪犯留下的指纹，并确定作案时间是凌晨2至4点。经过调查，给超市送货的食品公司货车司机的指纹与现场作案指纹相符。

警方传讯了司机，可司机却说这段时间他正在家中拍摄牵牛花开花的过程，并拿出了拍摄照片。审讯陷入僵局。

迷惘的刑警来到植物研究所，请教了专家，证实牵牛花确实是在夏日早晨开放。而且经对比，确认拍摄的照片就是司机家中的盆花。这就怪了，指纹是不可能相同的。

那么司机究竟是不是盗窃犯呢？如果是，那他又是采取什么办法分身的呢？

570. 遗书上的签名

杰克是一个职业杀手，这一次，他受雇谋杀一位百万富翁。雇主要求杰克在杀死富翁后，把现场伪装成自杀的模样。他还给杰克准备好了一张纸，上面有富翁的亲笔签名，好让杰克在杀死富翁之后，伪造出一份遗书。

深夜，杰克潜入富翁的家，开枪打死了他。然后，杰克把手枪塞在富翁的右手，把那张纸塞进了屋里的打字机，伪造了一份遗书，然后满意地离开了。在整个过程中，他一直带着橡胶手套，因此不担心有指纹留下。

第二天，清洁女工发现了富翁的尸体，立刻报了案。警方在现场勘查后，判定这是一宗谋杀案。警方认为，虽然遗书上的签名确实是富翁的亲笔签名，但上面的文字却并非他本人所打。

请问：警方是怎么知道这一点的呢？

571. 结婚纪念日

69岁的批发商奥利弗，十分喜欢25岁的酒吧女老板多丽丝，并娶她为妻子。奥利弗是个亿万富翁，在好几个国家都有产业。前妻刚死不久，他精神受到巨大伤害，便准备把家族庞大的产业交给前妻生的两个儿子打理，自己和年轻漂亮的多丽丝过几年轻松快乐的日子。但多丽丝早就有自己的意中人，她之所以和男友分手而同意和奥利弗结婚，并不仅仅是为了和他过几年快乐日子，而是盯上了他那庞大的产业。因为她知道，一旦奥利弗去世，她将会以妻子的身份继承一大笔财产。多丽丝无时无刻不盼望这一天早日到来。

这一天终于如愿以偿地来了。那是奥利弗和多丽丝结婚两周年的日子，他们俩喝酒庆祝了他们的结婚纪念日，然后二人一起到屋外散步。后来奥利弗回屋洗澡时，死在自己家中的浴室内。多丽丝惊慌失措地打电话告诉了奥利弗的儿子，要他们赶快回来。奥利弗的儿子赶来后认为父亲死得蹊跷，便向警方报了案。警方根据调查结果，推断其为意外死亡，死因是心脏麻痹：因为死者具备心脏麻痹而死的一切症状。而且，奥利弗在死前曾饮过白酒，进入热气腾腾的浴室中，酒精发挥了作用，引起心脏麻痹导致死亡是理所当然的事。

但奥利弗的儿子仍不相信警方的结论，于是他们请来了有名的侦探大卫先生，大卫先生仔细检查后认为这是一起巧妙的谋杀案。经大卫侦探调查，凶手正是多丽丝。同时，根据解剖，发现死者胃内除了酒精之外，还残留有安眠药的成分。多丽丝到底是以何种手段杀害了死者，又伪造出意外死亡的情景呢？

572. 滑雪场的凶案

在某著名滑雪场，一架登山升降车正缓缓向山上移动着。

这时，坐在里面的一位女游客突然发出一声尖叫，从登山升降车里掉下去摔死了。警察查看了死者身上的伤，发现女游客是被尖锐的器物刺进胸口后，摔入山谷而死的。但是，现场却没有发现任何凶器。

据了解，当时在女游客的升降车前后并没有人坐，只有在靠近其升降车较前位置坐着一位中年男子，可是这位男子坐的位置离女游客有七八米远。他怎么可能杀死女游客呢？

你能猜出来吗？

573. 勤快的表弟

神探博士正在和卢警官谈论近期发生的一系列谋杀案。受害人都是附近高中或大学的女生，很明显她们都是和凶手偶识或是被凶手绑架的。她们都是被凶手带到某地然后用刀刺死，尸体则被抛弃到远离市区僻静的小路旁。

由于神探博士非常喜欢探索各种案情，喜欢拼凑各种线索并寻找最终答案，因此案情越棘手，对博士来说就越刺激。但是这一次血腥的连环谋杀案所带来的挑战已不再是种简单的乐趣。

凶手正在把这场"游戏"变得越发惊心动魄，而博士和他的同事则必须抢在凶手实施下一次谋杀之前赢得这场"游戏"。

关于这起案件一个令人颇为尴尬的情况是，卢警官的表弟恰恰是本案的嫌疑犯。

"我真不敢相信他们竟把我的表弟列为谋杀案嫌疑犯。"卢警官对博士说道。

根据最后一位受害人朋友的目击证词，卢警官的表弟十分像凶手，而且他的黑色敞蓬车也符合另一位受害人朋友的描述。

"我的表弟只不过是个普通的年轻人，"卢警官说道，"他喜欢跟女孩子泡在一起，也喜欢酷车。虽然有点儿不合群，但现在19岁的年轻人不都是这样嘛。"

"这可不好说啊，"博士说道，"其实人们在很多方面都会犯错误。我们肯定会抓住凶手的，如果你表弟是清白的，那也不难证明。他的证词是怎样的？"

"没错，问题就在这里，"卢警官接着说，"我曾经出城一段时间，这时我表弟帮我照顾房子。他照顾得很仔细，甚至连地下室的水泥地板都帮我给重新粉刷了一遍。现在看上去焕然一新。我觉得他做事很负责任。"

"哦？那么是你要他清理地下室的吗？"博士问道。

"不，没有，我们只是告诉他把房子里弄乱的地方打扫一下就行了。他可真是个好孩子。"警官说道。

"卢警官，我想去你家看看你的房子，"博士突然说道，"还有，我想你最好先做好最坏的打算。"

神探博士在怀疑什么？

574. 警察破案

这件案子发生在夏天的晚上。

渔民 A、B 坐在远离村子的河堤上，一面乘凉一面闲聊，可能因为天气闷热的缘故，蚊子特别多，咬得人心里直发烦。两个人谈着谈着突然大吵起来。

A 一气之下，拿了块石头击中 B 的头部，没想到一失手就把 B 打死了。

A 虽然非常后悔，但为了逃避罪责，还是匆忙用草将 B 的尸体盖住后逃离了现场。当然他在逃走前，没忘记把自己的脚印和指纹都抹掉。

第二天，尸体被人发现后，警方对现场进行调查，虽然谁也没想到 A 和 B 吵架，但警方还是一下子就捉住了 A。事实上，警方是根据 A 的血液破案的。

你知道警察为什么能破案吗？

575. 打破的水晶

波洛侦探的助手报告说："迈克被杀死了，凶手就是他的仆人，但是一直没有找到凶手用的凶器。而地上的水晶碎片是凶手离开现场时不小心打破的。"

波洛说："不，他是故意打碎的。"

你知道凶手为什么这么做吗？

576. 没有消失的指纹

躲在远离 S 国的一家五星级宾馆的大床上，约翰深深地舒了一口气，心中暗暗得意：哼，让那些愚蠢的警察尽情地找我去吧！除了那处指纹以外，我什么也没有留下。他们从今往后再也别想见到长有那个指纹的手了，因为……

原来，约翰就是前几天震惊世界的"S 国国宝盗窃案"作案团伙成员之一。他们合伙窃取了收藏在 S 国国家博物馆中价值连城的宝物——黄金神像之后，约翰为了独吞赃物，干掉了其他同伙，独自带着珍宝来到国外，想等风声过了再将宝物卖出。那样的话，自己就会得到一大笔钱，足够后半辈子吃香喝辣的了。

本来计划得挺完美，可是作案时，约翰不小心把一处指纹留在了现场。警方勘察现场的时候找到了这个线索，于是通过国际刑警组织，在世界各国寻找与现场指纹吻合的人。走投无路的约翰灵机一动，想出了变换指纹这一招，于是，他出高价在黑市上找到一位医生，从自己的小腿上割下一些皮肤，移植到了自己割掉指纹的手指上。

看着自己刚刚做过手术的手指，躺在床上的约翰满意地闭上了眼睛，梦想着即将实现的荣华富贵，嘴角不禁露出了一丝坏笑。

可是不知道为什么，不久之后，当约翰就要取得永久居住在 C 国的护照时，国际刑警组织找上门来了。约翰看到警察出示的逮捕证，顿时瘫软在地。他怎么也不明白，自己的计划那样完美，行动那样谨慎，就连唯一留下的证据也被自己销毁了，可是警察到底是怎样找到自己的呢？

577. 为何指控她

大律师奥尔森先生在自己的办公室里被人谋杀了。警察赶到现场，发现奥尔森的尸体躺在椅子上，他是被人从椅子后面用一根毒刺刺中心脏而死的。现场一片狼藉，但似乎没有少什么东西。在奥尔森先生的办公桌上有几张纸，上面沾了几滴咖啡。奥尔森先生并不喝咖啡，办公室里也没有任何装咖啡的东西。地板上扔着一双手套。奥尔森先生手上带的手表也摔坏了，上面显示的时间是3点50分。

奥尔森先生的秘书玛丽哭得十分伤心。她告诉警察，今天下午奥尔森先生总共有3个约会，分别是和科尔顿先生（2点30分）、路易斯小姐（3点）和约瑟夫先生（3点30分）。玛丽说，只有约瑟夫先生要了一杯咖啡，是装在一个纸杯里的。

警察在玛丽的废纸篓里找到了这个装咖啡的纸杯。玛丽说，约瑟夫端着咖啡杯进了奥尔森先生的办公室，出来的时候把杯子留在了她的桌子上，她顺手把它扔进了废纸篓。

警察对毒刺和纸杯进行了检查，发现毒刺上面没有任何指纹，而纸杯上则留有约瑟夫的指纹。

警察传讯了玛丽，指控她谋杀了奥尔森。这是为什么呢？

578. 谁把花踩坏了

一个晴朗而干燥的下午，尼娜看见邻居本特先生站在他的花圃里，不住地摇头。

"有人弄坏了我所有的花，"本特说，"我刚用水管给它们浇过水。可就在我出去把水管放起来的时候，有人溜了进来，把所有的花都踩坏了。"

"谁会做这种事情？"尼娜问。

本特叹了口气："我想是个喜欢恶作剧的人。"

"我现在要去超市买东西。也许过一会我能帮您找出究竟是谁干的。"尼娜告诉本特。

她出了门，看到3个小女孩正在玩跳房子游戏。她很感兴趣，就停下来看她们跳。

琳达跳得十分小心，因为她左脚凉鞋的带子断了。

凯蒂跳得很慢，而且看上去很疲倦。她穿着一双紫色的运动鞋，像是已经快穿坏了。

跳得最快的萨拉穿着一双白色的跑鞋，鞋底上沾满了泥。她跳得那么快，好像脚都没有踩在地上一样。

"你想来玩一会吗？"凯蒂问尼娜，"我正好想休息一会儿。"

"不了，我要去买东西。"尼娜回答说，然后准备走了。就在这时，她突然醒悟过来，她已经知道谁踩坏了本特先生的花了。

尼娜是怎么发现的呢？

579. 摆摊算命

一位盲相士在街边摆摊算命。

这天一位富绅来看相，相士听了富绅的生辰八字，再为他摸骨，之后忽然脸色大变。

他压低了嗓音告诉富绅："太可怕了，我认为你将会被谋杀。"

"一个穿风衣的男人，会在你背后开枪，看来你劫数难逃了。"盲相士说。

富绅不屑一顾，连相金都没留下就走了。

第二天，富绅在街上被人从背部开枪击毙，警方追捕时犯人坠楼身亡，他身穿风衣，手里拿着枪。

情形和盲相士所说几乎一模一样，相士为何算得如此准确呢？

你能猜出其中缘由吗？

580. 完全不对的车子

两名武装歹徒冲进一家银行，抢了钱后，立即乘一辆福特车逃跑了。

一个银行职员记下了车子的号码。一刻钟后，布伦茨警长就带着助手赶到了现场。正在谈论案情时，他们突然发现了要找的那辆福特车。

警官克勒姆叫了起来："这不可能，车子的牌号、颜色、车号都对。"

他们迅速将车拦下。车中是一位年轻男子，名叫西格马尔。布伦茨警长对西格马尔进行了审问。虽然怀疑他跟这一起银行抢劫案有关，由于他有不在现场的证据，只好将他放了。

事后调查，歹徒从那家银行抢走 75000 马克新钞票。

没过几天，又发生了一起银行抢劫案。案发不久，西格马尔违章行驶，被警察罚了 10 马克。两天后，警方逮捕了他，理由是与银行抢劫案有关。

"这不可能，"西格马尔说，"我有不在现场的证据！"

布伦茨警长说道："但你是主谋。你找了两个朋友，弄了一辆完全相同的车。每次抢劫银行，你就将警方的注意力吸引到自己身上来，他们就趁机跑了。但是，这次你犯了个小小的错误，终于露了马脚！"

你能判断出西格马尔失误在何处吗？

581. 开具火葬证明

一天晚上，有个 50 来岁的男人，走进派出所，脸呈悲伤神情，眼含痛苦泪水，以低沉而颤抖的声音向正在值班的警察申报妻子死亡，同时递上了医院的死亡证，要求给开具证明，以便将尸体运往火葬场火化。

警察朝来人投去审视的一瞥，探测到一种异常的迹象，于是决定查个水落石出，就找个借口让来人先回去，立即向值班长报告。

在医院里，警察看到死者安详地躺在那里，并无异常迹象，口中也无异味。病历证实死者确有心脏病史，医生认为可能是正常死亡。而死者的姐姐经警察耐心开导，讲出了自己的疑惑。于是警察进行了尸检，果然，在死者的胃里发现了山奈。

请问：警察从哪里发现了疑点？

582. 奸细是怎么找出来的

在抗日战争时期，有一个侦察员奉命到桃花岛侦察敌情，与一个渔夫打扮、左手拿着一顶斗笠、斗笠上写有一个"王"字的人接头。

侦察员准时到达岛上，只见码头上站着一个模样与渔夫相似的人，斗笠上的"王"字笔迹也完全相同。

侦察员很是高兴，很想快步走上去接头，但他又突然止步。因为他想起临走前上级对他的嘱咐："一个侦察员必须处处冷静、沉着、仔细，千万不能冒然行动……"

于是他又观察了一遍，终于在斗笠上发现了疑点，并断定这个人是敌人派来的奸细。

请问：侦察员发现了什么疑点？

583. 能说话的尸体

东汉的时候，有个县城里正在举行庙会，大街上人山人海，商人卖东西的叫卖声，大人寻找走失的小孩的叫喊声，还有牛马鸡鸭的叫声，闹成了一片，真是太热闹了。

有个叫周纡的县官，带着几个随从，穿着便服也来逛集市。他站在一个画摊前，正拿着一幅画慢慢欣赏，忽然，听到西边有人惊叫："不好啦！有人被杀啦！"人们一听，都往那边奔过去。周纡心头一震，马上放下画卷，跟着人们跑过去。

在县城的西门边上，躺着一具男尸，围观的人里三层外三层，大家纷纷议论说："刚才我进城门的时候，怎么没有看到他啊？"也有人说："你们就别瞎议论了，快去报官吧！"周纡大声说："别去报了，本县已经来了。"人们看见县官来了，就让开了一条路。

周纡挤进去一看，那尸体穿得破破烂烂，好像是个乞丐，脑袋上有一个大窟窿，血迹已经干了。周纡高声说："诸位请肃静，本官要亲自审问尸体，查出凶手！"

众人大吃一惊：难道尸体会开口说话？大家都停止了议论，看县官怎么审问，周纡朝尸体大喝一声："是谁把你害了，快从实招来！"然后凑近尸体耳朵，好像在和尸体说悄悄话呢。

过了一会儿，周纡大声宣布："尸体已经告诉本官真相了！"他叫来守城门的士兵，问他："刚才有谁运过稻草进城？赶快把他抓起来！"

周纡为什么能"听"到尸体说出真相呢？

584. 一根白色的细毛

欧州某国家博物馆展出了一顶中世纪的皇冠。皇冠上的特大钻石引起了众多参观者的兴趣，博物馆视这顶皇冠为重点保护对象，严加看护。可人算不如天算，皇冠上的宝石还是被盗了。

博物馆的警卫向前来调查此事的国家安全专家报告：报警器没有响，皇冠展橱和馆内所有的门窗都完好无缺。

安全专家巴特见皇冠展橱是个精致而坚固的透明罩，在它的基部交接处有一个对位孔，窄小得只能容一只小老鼠通过。忽然，他眼睛一亮——展橱的边沿有一根白色的细毛。

第二天，他让助手在报纸上刊登一则消息："盗窃皇冠钻石的罪犯现已被捕，正在审讯中。"同时登出了罪犯的相片。

半个月后，他以化名在报上登出一则启事："本人因不慎将一块瑞士高级金表滑落至25层楼的下水道中，如有高手能不损坏建筑而把表取出来，本人将以金表价值的一半作为酬谢。"

几天后，助手向他汇报："有一个医生模样的人，说他训练了一只灵巧的小白鼠，可以担此重任。"巴特高兴地叫道："好！马上逮捕他！他就是盗窃钻石的罪犯。"

巴特是如何让罪犯自投罗网的呢？

585. 谁是花瓶的主人

侦探哈里好不容易有几天空闲，就到乡下去散散心，顺便看看多年没见过面的亲戚。可万万没想到，他刚刚一到就遇到了麻烦。村里有两个汉子打成了一团，这个衣服撕了个大口子，那个脸上划了一道两寸长的血印子。哈里朝他们大喊一声："住手，不然我把你们都带走！"两个汉子这才松开手，喘着粗气，恶狠狠地看着对方。

这时已经围了几十个人看热闹，都想看看哈里怎么断这个案子。哈里找个地方坐好，对其中一个年纪稍大的说："有什么事，你先说，但一定要说实话。"

"是!"那个汉子点点头说,"我叫马丁,他是我的兄弟叫马代。我们俩一个父亲,但不是一个母亲,不管怎么说还是亲兄弟……"

哈里一听,挥挥手叫他先住口,对马代说:"还是你说吧,记住,说实话。"

马代的表达能力比他哥哥强多了,几句话就把事情说清楚了。原来去年他家翻修房子,有一些贵重的东西放到马丁家了,等他修好了房子,往回拿东西时,却少了一件,是一个中世纪的玻璃花瓶,一件很值钱的古董。

马代刚刚说完,马丁就喊了起来:"他胡说,是有这么一件古董,可那是我的,他早就看上了,几次想买,我都没答应……"

马代气得脸都白了:"你可真是无赖,那明明是我的嘛!"

说着话,两个人又要动手。哈里大声嚷道:"不许动手,把那个该死的花瓶拿来,让我好好看看!"

马丁答应一声去了。

工夫不大,马丁回来了,双手捧着那只花瓶。哈里仔细地看了看,让他俩人说说特征,结果都说得八九不离十。哈里生气了,把那个花瓶举起来说:"你们虽然不是一个母亲所生,但也是亲兄弟,怎么能为了一个破花瓶伤了手足之情?让我摔了它吧!"说完就往地上摔去。在场的人全吓了一跳,谁也没想到哈里会这样做。

哈里的手却没有松开,花瓶还在他的手里,人们这才松了一口气。哈里把花瓶给马代说:"东西是你的,拿回去吧!"

你知道哈里是怎样确定花瓶的主人的吗?

586. 会抓贼的盲人

摩恩探长有个好朋友,是一位著名的钢琴家,曾经在钢琴比赛中得了很多大奖。更加令人钦佩的是,他还是一个盲人,也许是眼睛看不见的缘故,他的耳朵却非常灵敏,人们都说他是"金耳朵"。

有一次,有个富商举办宴会,摩恩探长和钢琴家都参加了。富商请钢琴家表演一段曲子,钢琴家坐到钢琴前,弹起了欢快的圆舞曲,人们跳起了舞。忽然,乐曲停止了,钢琴家说:"你的钢琴有个琴键音不准。"

富商尴尬地笑了,只好播放唱片。大家又开始跳舞,就在这时候,房间里的灯全部熄灭了,周围一片漆黑,紧接着,楼上传来"扑通"一声,好像什么东西翻倒了。富商惊叫起来:"楼上的书房里有贼!"人们也惊叫起来。摩恩探长大声说:"请安静!"大家静了下来,只听到时钟"滴答滴答"的声音。

盲人平时就不用眼睛看东西,没有灯光对钢琴家来说毫无影响。他让探长搀着,悄悄地来到二楼书房门口,轻轻推开房门,里面一片漆黑,什么都看不见,小偷躲在哪里呢?钢琴家听了一会儿,凑近探长的耳朵,小声地说:"你摸着我的食指,那就是坏人躲藏的方向。"探长点点头,便朝那个方向扑过去,只听"哎哟"一声,有一个人应声倒下了。

富商点着蜡烛来了,看到落地大座钟的前面,躺着一个男子,正捂着腹部呻吟着,银箱里的钱撒了一地。

钢琴家实际上是靠"金耳朵",听出了坏人躲在哪儿的。那么,现场有什么迹象,能让钢琴家"听"出坏人的位置呢?

587. 电话密码

某国正在缉拿一伙在逃的走私犯。

一天,保安处的查理来到黑塔旅馆。他发现这旅馆老板家的朋友们正是被通缉的那伙坏蛋。由于这些人不知道查理的真正身份,就没有注意他。为了抓住这伙家伙,查理决定用电话通知保安处。机智的查理假装在和女友通电话:"亲爱的琼,您好!我是查理,昨晚不舒服,不能陪你去酒吧,现在好些了,全亏黑塔旅馆老板上次送的药。亲爱的,不要和目标生气,我们会永远在一起的。请你原谅我的失约,我们不是很快就要结婚了吗?今晚赶来你家时再道歉!亲爱的,再见!"

那些家伙听了查理这番情话大笑起来。可是10分钟后,保安处的警员们因为这个电话,突然出现在黑塔旅馆,将走私犯全部捉住了。

你知道查理在打电话时,做了什么手脚吗?

588. 奇异的案情

某国有个古董商,一天晚上接待了一位新结识的朋友。新朋友叫史密斯,是个古董鉴赏家。寒暄了一阵,古董商很得意地把新近得到的几件高价古玩给史密斯看。史密斯啧啧称赞。看完后,古董商把它们放回一间小房间,加了锁,并让一只大狼狗守在门口。

这天晚上,史密斯住在古董商家。

半夜,史密斯偷了那几件古玩,被那古董商发觉,两人打了起来。谁知,那条大狼狗不咬贼,反把主人咬伤了。史密斯乘机带着古玩逃跑了。

古董商连忙打电话给警察局报案。

一会儿,一位警长和两名警察来到现场。财产保险公司也派来了人。如果确实是失盗,保险公司将按照规定,赔给付过财产保险金的古董商一笔钱。

根据现场来看,确如古董商所说,他的高价古玩被抢。

但问题是,他怎么会被自己的狼狗咬伤呢?连古董商自己也无法解释清楚。

保险公司的人说:"这是不合情理的事,从来没有训练有素的狼狗会不咬小偷咬主人的。此案令人难以置信,本公司不能赔款。"

警长注视着那件被撕得粉碎的睡衣,又见那狼狗还围着睡衣团团转,眼睛顿时发亮。他问:"古董商先生,请你仔细看看,这件睡衣究竟是不是您的?"

古董商捡起那件破睡衣,仔细看了一会,忽然叫道:"啊!不!这件睡衣不是我的。我的那件睡衣在两袖上还绣着小花,是我小女儿绣着玩的。"

警长突然说:"啊,我明白了,我丝毫不怀疑这个案件的真实性。"

后来,那位"古董鉴赏家"史密斯终于被捕,原来他是个专门盗卖古董的老贼。

你知道警长是怎么推理的吗?

589. 笔记本电脑不见了

丽莎和琼约了3个男同学——约翰、乔和迈克尔,一起结伴去山上玩。不巧,天下起了丝丝小雨,这使他们原本打算住帐篷的计划泡汤了。于是,他们在外面吃完晚饭,于8点半住进了一家小旅馆。他们分别住在面对面的两个房间里。旅馆的服务员告诉他们,根据这里的规定,晚上9点以后所有的房间必须熄灯,所以他们动作得快一点。丽莎在梳洗过之后,拿出了她最喜欢看的一本书，还有她的笔记本电脑。熄灯之后，她把书放在笔记本电脑上，进入了梦乡。第二天早上醒来时，她发现笔记本电脑不见了！她冲到琼的床边，摇晃她的手，想把她喊起来。令她大吃一惊的是，琼的手上居然有血迹！琼告诉丽莎，昨天晚上约翰不小心用裁纸刀把她划伤了。这时，门口传来了敲门声，3个男孩走了进来。丽莎告诉他们自己的笔记本电脑丢了。可是，乔却转换了话题：

"你们俩谁看过《侦探的猫》这本最新的小说？迈克尔刚才正在跟我讲这个故事。"

"哦，是的，这个故事写得真好。我昨晚一个晚上就把它读完了。"迈克尔对女孩们说。

丽莎突然喊了起来："嘿，我知道你拿了我的笔记本电脑！快把它还给我！"

谁拿了丽莎的笔记本电脑？

590. 聪明的化妆师

一个小伙子冒充送电报的，挤进了电影制片厂大化妆师的家。他从腰间抽出一把匕首，说："如果你老老实实听我的，就不伤你半根毫毛，只要施展一下你的手艺就行了。要一下手艺，不会缩短你的寿命吧？"

这位大化妆师的化妆术很高明。墙上挂着的几张电影明星的剧照，就是经过她化妆后拍摄的，可算得上是艺术佳品。瞧，那个40岁的男演员，经过她那双灵巧的手一化妆，就变成了一位20多岁的"奶油小生"；旁边的那一位，本来是眉清目秀的姑娘，现在却成了白发苍苍的老妪。另外，还有一张男扮女装的演员剧照，不管从哪个角度看，都看不出半点破绽。

现在，那个小伙子凶恶地说："我进监狱已经将近半年了。监狱的生活真叫人难受。今天，我逃了出来，可不愿意再回到那鬼地方去了，我要你为我把脸化妆一下！"

大化妆师朝他手里的匕首瞥了一眼，顺从地说："那么，你准备化妆成什么模样呢？有了，把你化妆成一个女人，行吗？"

"不行！脸变成女人，以后一切不大方便。还是想个法子，把我的脸变个样子就行了。"

"那好办，把你变成一个面带凶相的中年人，行吗？"

"行啊！"

她忙碌地替逃犯化起妆来。

一会儿镜子里映出了一张肤色黝黑、目光凶狠的中年男子的脸。"怎么样，这模样满意了吗？"

"不错，连我自己都认不出来了。"

"好，现在你该走了吧！"

逃犯把女化妆师捆了起来，又拿一块毛巾塞住了她的嘴，然后带着一张变形的脸，推开门走了。

过了片刻，一群警察来到大化妆师的家，替她松绑："多亏您帮忙，我们才能把这个家伙捉拿归案。您受苦了！"

化妆师说："我也在祈祷，希望尽快把逃犯缉拿归案。不过，那个家伙无论如何也不知道自己怎么会被抓住的。"

你知道罪犯怎么这么快会被抓住吗？

591. 姑娘的手枪

一天深夜，一位年轻的姑娘在僻静的公路上骑自行车独行。突然，黑暗中闪出5个人影，拦住去路。几个歹徒上前，要抢姑娘的手表和钱。

姑娘借口取钱，从包内"嗖"地拔出一支手枪，把歹徒惊呆了。可是，歹徒发现姑娘手中的枪不是真的，于是向姑娘扑去。就在这紧要关头，"假"手枪竟发出"噗"的声响，一个歹徒倒下了。

另一个歹徒拔腿想逃，又被一枪击倒。还有3个歹徒不敢再逃，乖乖就擒。姑娘完全脱险了，可是她伤了两条人命，这怎么办呢？其实，把歹徒送到派出所后不久，被击倒的两个歹徒又活过来了。

请问：这究竟是怎么回事呢？

592. 跟踪谜团

私人侦探艾诺独自经营着一家小小的事务所，生意十分兴隆。这天，事务所里来了一个戴着墨镜的男子。他对艾诺说："我想请你对一个人进行跟踪，严密监视她的一举一动，而且千万不能让她察觉。"

"那很容易！跟踪这事儿，我干过不止一两回了，哪一回也没出过岔子。请问要跟踪多久呢？"

"一个星期就行！到时我将来这儿取报告。"

说完，那个男人掏出厚厚一叠纸币交给了艾诺，然后又取出一张少女的照片，放在那叠纸币上。

第二天，艾诺立即开始了跟踪活动。他在那少女家的附近暗中监视。没过多久，就看到照片上的那个少女从家中出来。不过，看上去她家并不豪华，少女本人也不算个美女。为什么要不惜花费重金对她进行跟踪呢？艾诺感到这事有点蹊跷。

看样子，这个少女是个喜欢旅游的人。她并未察觉到有人跟踪，径直走到火车站，买了一张车票。少女在一个小站下了车，来到山上一家小旅店住了下来，看样子是来游览高原风光的。她一天到晚总是出去写生，从不和任何人交往。

艾诺巧妙地隐蔽跟踪，躲在远处，用望远镜监视着她。可是三四天过去了，他根本没有发现少女的行动有丝毫可疑之处。她既不像间谍，也不像是来寻找什么宝藏的，为什么要监视跟踪她呢？艾诺十分纳闷。

一周时间就这样过去了，那个少女仍然没有什么异常的举动。虽说跟踪就要结束了，可艾诺还是按捺不住自己的好奇心。他装着若无其事的样子走到少女身旁，搭讪着说："您这次旅行好像很悠闲呀！"

少女微笑着答道："是呀，我是一个学生，本来没钱这么尽兴地游玩。多亏一位好心人的帮助，我才得以享受旅游的乐趣！"

"这是怎么回事？"

"啊，事情是这样的。有一天，我在茶馆里碰见了一个戴墨镜的男子，他好像很热心，主动提出给我一笔钱做旅行费用，让我选择自己喜欢的地方去走走。真是个好心人！他什么要求也没跟我提，只是要了我的一张照片，说不定是用来做广告什么的，所以才肯……"

"戴墨镜？"艾诺若有所思，"莫非就是我的那位主顾？不过，很难想象在当今这个尔虞我诈的社会中，竟有这种乐善好施的人。"艾诺带着满腹狐疑，回到离开了一周的事务所。

"啊！"一回到事务所，艾诺立刻就明白了事情的缘由……

你知道是怎么回事吗？

593. 惯犯被擒

一个抢劫惯犯正用万能钥匙打开一个房间的房门，房里传出一个女郎的声音："请稍候。"紧接着，她提高嗓音问了一声："谁？"

一会儿，门开了一条缝，惯犯随即用力推开房门，一闪身挤进房间，用背顶着门。女郎一见，惊恐地叫道："你想干什么？快出去，不然我要叫警察了。"

惯犯欺负女郎力弱，扑上去扼住她的脖子。女郎拼命挣扎，一脚踢倒了身旁的小桌，桌上的电话机掉在了床上。不大工夫，女郎被扼得昏死过去。

惯犯见状，忙拿过她的手提包，从里面翻出 50 万日元，随后他拿着包里的钥匙去打开衣柜的抽屉。突然，房门打开了，冲进来两个警察，惯犯束手就擒。

请问：是谁发出了报警信号呢？

594. 目击者的疑惑

小景从自家的窗户缝里目击到邻居家发生的一起凶杀案。

因为凶手通过窗户向外窥视了好几次，所以小景清楚地记住了他的长相。小景在向来调查的刑警描述时说凶手是一个细长脸的男人，而后去自首的罪犯却是圆脸，并非细长脸。

难道小景看到的不是凶手吗？这里面有着什么样的玄机？

595. 令人瞠目结舌的真相

1882 年 5 月 4 日早晨，巴西护卫舰"阿拉古阿里"号上的水手像往常一样，用吊桶提上来一桶海水，以便测量水温。忽然发现桶里浮着一只密封的瓶子。船长吩咐打碎它——瓶里掉出一页由《圣经》中撕下的纸。只见上面用英文在空白处不太整齐地写道："帆船'西·希罗'号上发生哗变，船长死亡，大副被抛出船舷。发难者强迫我（二副）将船驶向亚马孙河口，航速 3～5 节，请救援！"

船长取出罗意商船协会登记簿一查，知道确有"西·希罗"这样一艘英国船，排水量为 460 吨。它建于 1866 年，归赫耳港管。于是船长命令立即追踪。

两小时后护卫舰追上了叛船，并很快地控制了它，叛变者被缴了械，并戴上了镣铐。同时军需官在货舱里找到了拒绝与叛军合作的二副赫杰尔和其他两名水手。

二副奇怪地问道："请问你们是怎么得知我船蒙难的？叛变是今天早晨才发生的，我们认为一切都完了……"

"我们是收到了您的求救信才赶来的！"船长回答说。

"求救信？我们之中谁也没有寄过呀！"

船长拿出求救信给二副看。二副说："这不是我的笔迹，而且叛变者一刻不停地监视着我。"

这一来，船长如坠雾中。结果，当"西·希罗"号全体船员被遣返英国后，在法庭上才揭开了令人瞠目结舌的真相。你知道这是怎么回事吗？

596. 是"梦"吗

唐先生坐上了发往北京的特快列车，他找到卧铺，发现车上的人极少，他就闲逛到相邻的卧铺。那里有一个美女，两人很快就聊了起来。

午餐时，唐先生去吃饭，有一个年轻人和他搭讪，并给了他一瓶白酒，两人喝了起来。喝完后，唐先生回到卧铺，就一头倒下睡着了。等他昏昏沉沉地从睡梦中醒来时，发觉自己的卧铺还是他一个人，隔壁那个卧铺中的美女却倒在血泊里，正当他要报警时，却被一硬物击中了后脑，晕了过去。

等他再次醒来时，发现列车仍在行进，而自己还在自己的卧铺里。他马上跳起，去车长室报案。

当车长和唐先生来到邻室时，开门的却是一位老年男人，卧铺整齐，并说从上车就一直是他一个人，没有看见什么女人。

唐先生百思不得其解，并且看了一眼表，更吃了一惊，因为这趟车正常应该是凌晨两点到北京站，现在已经是3点半了，怎么晚了这么长的时间？这一切到底是怎么回事呢？

597. 终日不安的罪犯

张某犯有盗窃罪，总怕他的同伙去自首，所以终日不安。他妻子劝他去自首，他非但不肯，反而毒打妻子。他父亲也劝他去自首，他吹胡子瞪眼地大骂父亲，就是不肯去自首。

后来，他为了逃避罪责就写了一封信给他的同伙，妄想同他订立攻守同盟。白天他不敢出去寄信，于是就在晚上出去寄。可是，当他寄出信后第二天就被捉拿归案了。是同伙告发他了吗？没有。

你知道这是怎么回事吗？

598. 婚礼灾难

文森和苏菲在海港的教堂里举行了结婚仪式，然后顺路去码头，准备启程到国外度蜜月。这是闪电般的结婚，所以仪式上只有神父一个人在场，连旅行护照也是苏菲的旧姓，将就着用了。

码头上停泊着国际观光客轮，马上就要起航了。两人一上舷梯，两名身穿制服的二等水手正等在那里，微笑着接待了苏菲。丈夫文森似乎乘过几次这艘观光船，对船内的情况相当熟。他分开混杂的乘客，领着苏菲来到一间写着"B13号"的客舱。两人终于安顿下来。

"苏菲，要是有什么贵重物品，还是寄存在司务长那儿安全。"

"拿着这2万美元，这是我的全部财产。"苏菲把这笔巨款交给丈夫，请他送到司务长那里保存。

可是，左等右等也不见丈夫回来。汽笛响了，船已驶出码头。苏菲到甲板上寻找丈夫，可怎么也找不见。她想也许是走岔了，就又返回来，却在船内迷了路，怎么也找不到B13号客舱。她不知所措，只好向路过的侍者打听。

"B13 号室？没有这间不吉利号码的客舱呀。"侍者脸上显出诧异的神色答道。

"可我丈夫的确是以文森夫妇的名字预定的 B13 号客舱啊。我们刚刚把行李放在了那间客舱。"苏菲说。

她请侍者帮她查一下乘客登记簿，但房间预约手续是用苏菲的旧姓办的，是"B16 号"，而且，不知什么时候，有人已把她一个人的行李搬到了那间客舱。登记簿上并没有文森的名字。

更使苏菲吃惊的是，司务长说，没有人向他寄存过 2 万美元。

"我的丈夫到底跑到哪儿去了……"苏菲感到事情很不好。

正在这时，有两个有些眼熟的二等水手路过这里，他们就是上船时在舷梯上笑脸迎接过她的船员。苏菲想，大概他们会记得自己丈夫的事，就向他们询问。但船员的回答使苏菲更绝望。

"您是快开船时最后上船的乘客，所以我们印象很深。当时没别的乘客，我发誓只有您一个乘客。"船员回答说，看上去不像是在说谎。苏菲开始怀疑是否自己脑子出现了问题。

苏菲一直等到晚上，也不见丈夫的踪影。他竟然神不知鬼不觉地消失了。一夜没合眼的苏菲，第二天早晨被一个什么人用电话叫到甲板上，差一点被推到海里去。

你知道苏菲的丈夫文森到底是怎么失踪的吗？

599. 行李箱被窃案

在英国南方铁路沿线几个大城市的火车站上，某年 5 月份接连发生了几起旅客存放衣物的行李箱被窃案。这些案件在 6 个城市相继发生，表明窃案是由一个盗窃集团干的。他们的作案手段很狡猾，既不用暴力，也不用撬锁，而是先通过手续租用几个行李箱，待复制好行李箱的钥匙后归还行李箱寄存处。当不明真相的旅客再次租用这些箱子后，他们就窥测时机，及时下手。

然而，这一切终于没有逃脱警察的眼睛，罪犯们在作案路线上露了马脚，根据他们的作案规律推断，下一个作案时间约在 10 月初，作案地点是伦敦。因此，警方根据他们的作案手段，张网以待。从 10 月 4 日起，4 位记忆力极强的警察，化装成便衣，轮流守候在伦敦火车站附近，对行李寄存处实行 24 小时监视。第二天，发生两起寄存行李箱被窃案。10 月 7 日，警方决定收网。一位在几天内多次出现在行李寄存处的男子，在从 52 号行李箱里取出一个沉甸甸的箱子时，当即被带到了铁路警察所。

"你们凭什么抓我？我要去法院告你们！"这位男子非常恼火。

"先生，请冷静些。请你报出箱子里装的是什么东西。"

这位男子毫不迟疑地一口气报出一大串物品，经核实，与箱内的实物完全相符。

两位警察面面相觑。

"我们要搜一下你的身，先生。"

这位男子大声抗议。警察不管他怎样抗议，还是从他身上找到了犯罪的证据。

请问：犯罪的证据是什么呢？

600. 被淹死的人

一天，鲁尼探长要去看望住在海边豪宅的好友克拉克。路上，他给克拉克打了电话，告诉他大约半个小时后到。

半小时后，鲁尼准时到达，可在客厅里等了5分钟，还不见克拉克出现。这时仆人特里说："老爷进去洗澡已经半个多小时了，会不会……"鲁尼探长撞开浴室门，发现克拉克已经死在浴缸里。从初步检查的结果来看，他是溺水死的，死亡时间大概在半小时前。

警察赶到后做了进一步分析，发现克拉克的肺部有大量海水，而没有淡水残留。同时，整个下午只有仆人特里一个人在家，没有其他人来过。

鲁尼第一个反应就抓住特里，说他是凶手。特里拼命地否认他没有作案时间："鲁尼探长打电话来的时候主人还在接电话，从那时到现在只有30多分钟，可是从这里到海边却要一个小时！我就是坐飞机也来不及。"但鲁尼却一口咬定是特里干的。你认为鲁尼的理由是什么呢？

601. 教授之死

杜宾教授发明了一种新药，轰动了医药学界，很快成了名人。这一天。摩恩探长接到一个电话，对方焦急地说："我是杜宾教授……"探长说："我知道您的大名，有什么事？"教授显得很慌张，语无伦次地说了半天，探长才明白，原来他的办公室被小偷光顾了！

探长来到教授的办公室，只见文件柜的抽屉开着，纸片撕了一地，房间里很暖和，椅子后面的火炉上，水壶在"咕嘟咕嘟"冒着热气。教授和他的秘书趴在地板上整理着，不知道是太紧张，还是屋里太热了，教授光光的头上都是汗水。

见到摩恩探长，教授站起来说："我回到办公室，看到文件柜被打开了，资料撒了一地，有一份新药的机密资料不见了。"

探长说："我看，小偷是冲着机密资料来的，你觉得有谁值得怀疑吗？"教授想说什么，又止住了，秘书提起火炉上的水壶，给教授和探长沏了杯咖啡，就离开了，教授等他走了以后，悄悄地说："我有些怀疑他。"探长说："我去跟秘书聊聊，也许能问出点什么。"

探长来到隔壁的秘书办公室，问了很多问题，秘书都一一作了回答，没有什么不正常，忽然，隔壁传来一声沉闷的声音，他和秘书跑过去一看，教授倒在椅子旁，捂着胸口抽搐着，接着就停止了呼吸。

法医检查以后，发现教授的后颈上，有一根细细的毒针，针的尾部连着一只软木塞。可是，凶手是怎么进到房间里的呢？探长看了看现场，很快做出结论：是秘书盗窃了机密资料，受到教授的怀疑，就谋杀了教授。

秘书一直和探长在一起，摩恩探长为什么说他谋杀了教授。

602. 谁是抢劫者

赵先生向警方报案说，他昨日下午在西区别墅花园被击晕，事后发觉屋内被搜掠过，并丢失了财物。

据赵先生的回忆，情形是这样的：

当天下午，他坐在花园内的长椅上休息。忽然，他感觉到背后有人，于是转过头去看，却只看见一团类似人的物体，后被人重重击晕。

赵先生将晕倒之际，意识到地上的黑影有1.9米之高。

刚巧警方在附近进行反偷渡活动，抓住了一个 11 岁的男童，怀疑是非法偷渡者，搜查时在他身上发现了赵先生的财物。但击晕赵先生的不大可能是一个身高仅 1.2 米的男童。

试问：抢劫者是谁？

603. 大摇大摆的小偷

深夜，某小偷入室行窃。他大摇大摆开了灯，坐到办公桌前，打开抽屉，但没翻动里面的东西就关好；接着他又打开了文件柜，拿出了几份重要文件，再把文件柜关好；他还打开了保险柜，取出了大笔的钞票，然后小心地关好。

小偷在出门之前，把所有用手摸过的地方都用手绢擦了一遍。临出门时，他又将墙上的电灯开关也擦了一遍。最后，用腿把门带上。

"除非有人取文件或打开保险柜，否则没人知道我来过吧！"小偷得意地想。

可是，第二天，第一个进房间的人就发现了昨晚这里有人来过。

你知道问题出在哪里吗？

604. 同案犯的罪证

明朝时，有一天，被通缉多日的盗窃头目王和尚被追踪他的捕快抓住了。捕快在初审王和尚的时候，他供出了他的同伙李强、李福兄弟俩，于是，捕快又把李家兄弟抓捕归案。

几天后，知县王阳明正式升堂审理此案。捕快先把王和尚带上大堂，还未等王阳明问话，王和尚一进大堂内就跪在地上先开了口："大人哪，小人有话要说，有道是一人做事一人当，所有盗窃的事都是我一人所为，与李强、李福他们没有任何关系，你们抓错了人，他俩是无辜的。"

"什么，他俩是无辜的，我来问你，李强、李福是不是你招供出来的？"知县王阳明惊诧地问道。

"大人哪，那是我害怕捕快打我，说了假话，他们俩真是冤枉的。"王和尚狡辩道。

王阳明见王和尚当庭翻了供，心里不禁一惊，心想，如果王和尚拒不承认李强、李福是同伙，自己还真治不了他们兄弟俩的罪，再说，这李强、李福到底是不是王和尚的同案犯呢？现在也没有直接证据。

正在他踌躇之时，一个差人走了进来，递给他一封公函，王阳明拆信一看，是知府给他发来的一封信，信上声称李强、李福很可能不是王和尚的同案犯，是被王和尚冤枉的。要谨慎详查，不要诬陷了好人。

王阳明读完信，抬起头看了一眼堂下的王和尚，又瞧瞧手中的信函，不禁犯了难。一会儿，他来到后堂，叫来负责看押的狱差，询问这几天在看押期间，有没有人来探监。狱差告诉他，李家兄弟的亲眷来探过监，而且还与王和尚接触过。

"哦，李家兄弟的亲眷来过。"王阳明一下高兴起来，他在屋里踱了几步，突然眼前一亮，想出了一个主意，他叫来一个亲信差人，在他的耳旁说了一番话，然后差人便急匆匆地出去了。王阳明又叫来第二个差人，让他把堂上的 3 个犯人先带到另一间屋里去。

之后王阳明重新回到大堂上，继续审案，他"啪"地一拍惊堂木。"把 3 个犯人带上来！"话音刚落，王和尚、李强、李福 3 个人便被差人带了进来。

3 个案犯刚刚站到大堂中央，一个差人便快步跑了进来："启禀知县大人，知府的差人又送公函来了，叫你去门口迎接。"

王阳明不敢怠慢，抬腿就与差人走出大厅，去迎接知府的差人去了。

这时大堂上只剩下了王和尚、李强、李福3人，王和尚东望望，西望望，见没有旁人，便对李强、李福说："二位兄弟，你们放心，我已翻了供，他们没有证据就一定会放你们出去。"

"王大哥，你也放心，我们家答应给你的好处，一定会兑现的。再说，我们家已经给知府送了好处费，知府也一定会给这个县官施加压力的。"

3个人正交头接耳窃窃私语时，王阳明走了回来，只见他一到公案边便大声说道："李强、李福、王和尚，你们知罪吗？"

"我们没罪！"李强、李福双双说道。

"好，我叫你们自己来认罪！"说完，王阳明叫了一个人出来，3个人一看顿时傻了眼，只好认了罪。王阳明叫出来的是什么人呢？

605. 果汁杯底下的纸条

州立大学的学生宿舍里，发生了一起抢劫案，有个蒙面人拿着枪闯进宿舍，抢走了学生们的钱包。那天约翰正巧晚回来，走到门口听到里面有陌生人的声音，就赶紧躲到一边。这时候，罪犯从宿舍里冲出来，因为慌张，在楼梯上跌了一跤，蒙面的黑布掉了下来，罪犯迅速爬起来，奔下楼梯逃走了。约翰躲在楼梯边的暗角里，看到了罪犯的相貌。警察赶来以后，调查了一些情况，但是没能查出罪犯。

大学旁边有一家小咖啡馆，每天要开到很晚才关门。这一天，约翰做完作业，来到咖啡馆，要了一杯热咖啡，坐下来慢慢喝着。忽然，他看见一个剃平头的男子，坐在靠门口的位置，也在喝咖啡。他心头猛地一震：就是他！就是那个抢劫犯！约翰想去报警，又怕罪犯跑了。自己去抓吧，那罪犯身强体壮，肯定不是他的对手，怎么办呢？

就在这时候，店里走进来一个警察，看到平头男子旁边的座位空着，就坐了下来，对服务员说："来一杯果汁！"约翰想喊警察，又怕罪犯听见了会逃跑。他想了想，站起身来，向服务台走去，轻轻对服务员说了几句。

过了一会儿，服务员给警察端上果汁，微笑着说："请您慢用！"警察喝了起来，到快要喝完的时候，警察忽然放下杯子，一把扭住平头男子的手，大声说："你这个抢劫犯，这次跑不掉了！"

约翰对服务员说了些什么，使警察知道平头男子就是罪犯呢？

606. 强盗后背的蜡烛油

宋朝时，京城汴梁有一个富裕的大户叫王知军。金兵入侵中原后，他和许多富户一样，带着家眷和许多财宝迁居到了当时的新金县，寄居在一个大寺院里。

一天晚上，王知军送走了几个朋友后，便歇息去了。因为刚才与那几个朋友喝了点酒，他睡得很死。

忽然，一伙强盗闯进了寺院。他们手持砍刀、短剑，把寺院里的人都捆绑起来。

"王知军到哪儿去了？"一个脸蒙黑布的大汉问道。

被捆绑的人谁也没吭声。

蒙面大汉把利刀横在一个小姑娘的脖子上，恶狠狠地说："不说出王知军在哪里，我就杀了你！"

话音未落，人群里走出来一个漂亮的姑娘说道："我领你们去找！"

人们一看，十分惊讶，走出来的姑娘竟是王家的丫鬟小红。她聪明秀丽，是王知军最喜欢的丫头。她怎么会出卖主人呢？

这时，只听小红对那些强盗说："各位大爷，我猜想我家老爷与你们没冤没仇吧？如果你们为了钱财而来，我会帮助你们，因为老爷家的所有钥匙都在我身上。怎么样？跟我去拿财宝吧！"

蒙面大汉一听高兴极了，忙给小红松了绑。他盯着小红说道："你不要骗我们，不然，我要你的脑袋！"

王知军的财宝都堆放在西耳房里。小红点燃一支蜡烛，领着强盗们来到了这里。

"我给你们照亮，你们自己开门。"小红把钥匙递给蒙面大汉，自己则举着蜡烛在后面替他照亮。门锁打开了，强盗们蜂拥而入。

"这个箱子里是玉器，那个箱子里是珍珠……"小红依次介绍着。强盗们高兴极了，一个个贪婪地往自己的布包里塞着。

小红像生怕强盗不识货，一会儿跑到这个跟前，告诉他哪串珍珠最值钱；一会儿又跑到那个跟前，帮助他找出最名贵的玉器。待每个人的布包都装得鼓鼓的，强盗们便高兴地逃走了。

第二天一大早，小红才把王知军叫醒，报告了昨天晚上财宝被抢之事。

王知军听说自己的财宝全部被强盗抢走，几乎昏了过去。小红急忙扶住了主人："老爷，您先别着急。"

"不急？说得倒轻巧，那可是我祖辈的全部心血啊！"王知军推开小红，气冲冲地问道，"我平日待你不薄，你为什么把我的财宝全部拱手送给强盗呢？"

小红并不惊慌，轻声说道："老爷，您是愿意保住自己的脑袋，还是愿意留下那些财宝呢？"

"这话怎么讲？"

"那些强盗是为了抢劫财宝而来，如果不给他们，他们就会杀死您。您若连性命都没有了，还要财宝干什么呀！"

听了小红的话，王知军感到在理。可又一想，金兵入侵，自己一家躲在这里度日，全凭这些财宝，现在，家产一点都没有了，今后的日子可怎么过啊？他绝望地长叹一声，瘫坐在地上。

小红看见主人那愁苦的样子，不慌不忙地说："其实，那些财宝很快就能找回来。"

"别做梦了！"王知军摇摇头，根本不信。

可是，当小红附在主人的耳边悄悄说了几句话后，王知军也笑了。

果然，当天县衙就捉住了强盗，并派人把被抢劫的财宝全部送回了寺院。

小红到底向主人说了些什么？县衙又是根据什么破的案呢？

607. 生豆子和熟豆子

王恺是平原县的县令，一天，有个贩麦的商人，来到衙门告状，说夜里路过一个村子的寺庙前时，被一伙人抢劫了，但由于天黑，并没有看清楚盗贼是什么模样，有多少人。

王恺听完贩麦商人的报案后，并没有马上去抓盗贼。他想如果官府去抓盗贼，由于没有确凿证据，不仅抓不到盗贼，反而容易打草惊蛇；即使抓到强盗，找到了麦子，但这种麦子是很普通的粮食，几乎家家都有，强盗要抵赖说这不是赃物也难验证。于是王恺叫贩麦的商人先回家去等候消息，不要操之过急。

过了几天，又有一个贩豆子的商人晚上走过那个寺庙，结果，豆贩子也遭了抢。王恺就命一个士兵化了装，到寺庙去买豆子。士兵说要检验豆子的好坏，要和尚把所有装着豆子的袋子都打开。士兵一袋一袋地认真检验，找了好一会儿，才挑选到了几袋满意的豆子。随后，士兵就逮捕了这个卖豆子的和尚，把他押解回县衙。到县衙后，这和尚没有抵赖，交代了全部罪行。

从这以后，当地的盗贼们躲的躲、逃的逃，再也不敢作案了。

王恺是用什么方法抓获盗贼的呢？

608. 马戏团谋杀案

"这个案子可真是奇怪，"朗绍警官对神探博士说道，"原本是一目了然的案件，我们在现场捉到了嫌疑犯，也掌握了犯罪动机，但怎么查也查不到他的犯罪工具。"

"是吗？把整个经过跟我说说看。"博士说。

"马戏团有个表演秋千的演员被杀了，嫌疑犯是马戏团的小丑，原因是表演驯象的女演员移情别恋。很明显她甩了小丑，然后爱上了那个荡秋千的家伙。出于嫉妒，小丑躲在马戏团的卡车后用枪射杀了自己的情敌。"

"你刚才说小丑是当场被抓到的？"博士问。

"对，当时有人看到他在卖气球，几分钟后枪声就响了。有人向车后望去，发现小丑就站在尸体旁。死者是被小口径手枪射杀的，可能是一把短筒手枪，但我们找遍了现场也没找到那把枪！目击者称当时小丑手里什么都没有，我们当场对其进行搜查也一无所获。我们还派出警犬搜索，甚至对整个卡车也进行了搜索，但就是找不到那把枪。我看他根本不可能清理作案工具，因此不得不把他放了。"

博士想了想，提出了自己的看法："也许当你们赶到现场时，那把枪离你们并不远，只是你们没有注意而已。"

博士为什么这么说？

609. 可疑的盗窃案

大卫正在让神探博士检查家里发生盗窃案的现场，可以看到窗户上有明显的被撬开的痕迹，虽然玻璃没有碎，但窗户已被某种撬具破坏。"我想我们还是到外面走走，看看有没有什么发现。"博士建议道。

大卫领着博士走出后门，在被撬开的窗户外仔细搜索起来。突然博士发现了一把很大的螺丝刀，很明显是用来打开窗户的工具。

"哦，那是我的螺丝刀，"大卫一边说，一边把螺丝刀接了过来，"我得把它放回到楼下的储藏室。"

大卫随后带博士回到屋内，告诉他丢失了哪些东西。

"损失的财物包括我妻子的珠宝，家里的电视、音响，还有一些其他的东西，总价值大概有五万多美元。不过幸好我都上了保险。"

"大卫先生，地下室有没有什么东西被盗？"博士问道。

"幸好没有，我有很多宝贵的工具存放在那里，看起来窃贼好像没去地下室。他好像目标明确，直奔那些昂贵的珠宝而来。"大卫回答。

"不过我认为他，不，应该说是你，会选择那些投过保险的财物。对吗，大卫先生？"

为什么博士怀疑大卫？

610. 恐怖分子

神探博士很讨厌跟在校车后面开车，尤其是当有很多小孩子需要不停上下车时更是如此。不过今天看起来前面的校车并没有多少人要上下车，所以尽管有些着急，但博士并不太介意。他在思索着刚才警长打来的电话，警长说最近有两个小国要来这里召开一次秘密会议，讨论两国之间长久以来悬而未决的边界争端问题，而且据说此次双方很有可能会达成协议。但现在的问题是，其中一个国家有伙恐怖分子已扬言要破坏即将召开的会议。

会议准备在王府酒店举行，警长希望博士能为两国大使的安保工作提出一些建议，博士不但提出了自己的想法，还答应会亲自赶来助警长一臂之力。

这时，前方出现了一排铁轨，校车减档降速慢慢驶过，博士也跟着减速通过铁轨，然后又重新加速行驶。走了一段路之后，博士发现校车在前方自己要转弯的路口也转了个弯，这下子博士还是死死地被校车堵在了后面。

这时，博士好像突然明白了什么，他马上抓起车载电话拨通了警察局："我是杰弗里博士，请告诉警长，我想我已经找到了他说的恐怖分子。"

博士为什么这么说？

611. 替罪羊

神探博士已经准备收拾自己的行李了，过完在贝弗利山庄的最后一天，他正迫不及待地想要回家。就在这时，佛瑞德突然进来向他报告了一起新的案件。

"我们刚得到消息，在我们公司办理了人寿保险的贝蒂·菲恩女士突然死亡。"佛瑞德接着说道："看起来似乎是她的好友在她的公寓内将她谋杀的。"

"她曾和她的这位朋友发生过搏斗吗？"博士问。

"警方说他们没有发现任何搏斗的痕迹，也没有任何杀人的动机。这让我感到很迷惑。"佛瑞德回答道。

"那么谁是保险单的受益人呢？"

"死者的丈夫，但是案发当时他已离开了公寓。"

博士接着问道："她是怎么死的？"

"中毒而亡。"

博士听完后从椅子上站起来说："我们去和她的这位朋友谈谈。"

他们来到这位名叫玛丽的嫌疑犯的家，她被指控谋杀了自己的朋友，现在正保释在家。

两人向玛丽做了自我介绍之后，开始向她询问一些问题。虽然看上去十分紧张，但玛丽还是答应了他们的请求。她请他们进屋，然后开始了下面的对话。

"我真的不知道她是怎么中毒的，我只知道不是我干的。"玛丽说。

"请说一下当时发生的情况。"博士安慰道。

"当时贝蒂，她丈夫米奇，还有我在他们家里。米奇去厨房给我们弄了些饮料，当他做好饮料时，他先尝了一口贝蒂杯内的饮料，然后才把杯子递给她。后来贝蒂抱怨说她的杯子里放的冰块太多，米奇又尝了一口，然后笑着说他去买些啤酒回来。米奇离开了大约有10到15分钟左右，然后我就看到贝蒂歪倒在地板上。我怎么也叫不醒她，于是就叫了急救车，急救车刚走米奇就回来了。我觉得是米奇毒死了她，但却找不到证据，尤其是我看见他尝过贝蒂杯子里的饮料。由于我是贝蒂死前唯一和她待在一起的人，因此警察就把我逮捕了。但我真的没干过，我甚至愿意接受测谎仪的测试！"

"我也觉得你会通过测谎仪，但至于这个米奇恐怕就不好说了。我知道他是怎么下的毒。"博士听完后很有信心地说。

请问米奇是怎样下的毒？

612. 谎言

克鲁克先生穿着睡衣，光着脚就出来开门了，他请神探博士进屋后，两人相互做了自我介绍，然后克鲁克先生就开始讲述家里被窃的经过了。

"小偷肯定是从这扇窗户进来的，您看，窗户很明显是从外面被打破的，碎玻璃在房间中央撒的到处都是。"克鲁克先生气愤地说。

博士看到窗户已被砸碎，玻璃在房间里撒得到处都是，电话也掉到了地上，在一片碎玻璃片中央孤伶伶地立着，不过话筒倒是稳稳地挂在上面。

"克鲁克先生，当玻璃被打碎时你在什么地方？"博士问。

"我在睡觉，一定是窗户被打破的声音吵醒了我，不过我并没有马上起来查看究竟，因为我当时并不清楚是怎么回事。我还以为是门外垃圾箱里的猫或狗在吵闹，直到今天早上我起床看到这里一片狼籍才明白有贼闯入，然后我马上就报了警。"

"你是用这部电话报的警吗？"博士又问。

"没错，就是这部电话，因为它是最近的电话。"克鲁克先生说。

"哦？是吗？难怪电话被撞翻后话筒还在上面。可是如果是这样的话恐怕有件事你是无法自圆其说的。"博士微笑着说。

请问是什么事？

613. 一副银牙签

一天，陈达与酒店老板赵富贵撕扯着来到县衙告状。

陈达先起诉道："小民陈达，以卖布为生。前天赵富贵到我处取走两匹细布，说好今日付钱，谁知今日我来收账，他竟矢口说不曾拿过我的布匹。小民的生意薄本小利，经不得讹骗，求老爷为小民做主。"

赵富贵反唇相驳，两人在黄知县面前各执一词，互相拆责。

黄知县喝住了他们。待问过两人详细情节后，掷下捕签，大声对陈达道："大胆刁民，自己卖布亏了本，竟敢诬告他人，讹诈银两。你告赵富贵骗你布匹，契据何在？证人可有？分明视本公堂如儿戏，将刁民陈达押下，听候发落！"

说罢，黄知县走下公堂，来到赵富贵面前，和声地对赵富贵说："赵老板受惊了，刁民陈达素不安分，本县一瞧便知其非善良之辈，此番定重责不贷。"黄知县与赵富贵攀谈起来，言语间甚是投机。

这时，黄知县见赵富贵胸前露出一副银牙签，便道："本官早有心打造一副牙签，终因无此物样，难以如愿，今借赵老板此牙签仿造一副，你看可以吗？"赵富贵忙说："老爷见外了，请随意仿制打造。"结果，黄知县就靠这一副银牙签，便破了此案。

黄知县是怎样破案的呢？

第六篇

心理剖析

614. 商队

从前，有一支商队，每人带着一袋金子，他们穿过一片森林时，忽然有一个商人大声叫了起来："不好了，有人把我的一袋金子偷走了。"

同行的几个人都说没有拿。这时，有位老人骑着一匹白马走过来，那个商人请求老人帮他找回金子。

老人说道："你看到我的这匹白马了吗？它能帮你找出偷金子的贼，偷金子的人只要一拉它的尾巴，它就会叫。"说着，老人就下了马，将马牵进帐篷里。

这几个人分别进去拉了马尾巴，但马都没有叫。接着，老人又嗅了嗅每个人的手。当他把第5个人的手凑近自己面前时，说："你就是偷金贼！"

这个人马上跪下来说："请饶恕我吧！是我偷了他的金子，就藏在一棵大树旁边的洞里。"

你知道老人根据什么断定第5个人就是偷金子的贼吗？

615. 等鱼上钩

一日，张生投店住宿。半夜，有人用他的刀杀了店主，作案之后又把刀插回原鞘。张生并未察觉，次日清晨就离开了客栈。天亮后，店里人见主人被害，把张生追回，查看佩刀，只见鲜血淋漓。张生瞠目结舌，无法辩白，被送到官府，重刑之下，只好招认店主是自己杀的。

主审官觉得有些可疑，便下令把当夜在店中的15岁以上的人都集中起来，然后又把他们放了，只留下一个老妇人。每天如此，不久，罪犯便自投罗网。

试问，这是什么道理呢？

616. 间谍

二战期间，各国间谍机构活动频繁，都希望在情报方面战胜对手，以利于在整个战争中获取主动。同时，反间谍机构也在积极活动。一次，盟军反间谍机关收审了一位自称是比利时北部的"流浪汉"，他的言谈举止使人怀疑，眼神也不像是农民特有的。由此，法国反间谍军官吉姆斯认定他是德国间谍，可是他没有更有力的证据。吉姆斯决定打开这个缺口。

审讯开始了。吉姆斯提出的第一个问题是："会数数吗？"这个问题很简单，"流浪汉"用法语流利地数数，没有露出一丝破绽，甚至在说德语的人最容易说漏嘴的地方，他也能说得很熟练。于是，他被押回小屋去了。

过了一会，哨兵用德语大声喊："着火了！""流浪汉"仍然无动于衷，仿佛真听不懂德语，照样睡他的觉。后来，吉姆斯又找来一位农民，和"流浪汉"谈论起庄稼的事，他谈得居然也颇在行，有的地方甚至比这位农民更懂行。看来吉姆斯凭外观判断的第一印象是不能成立的了。然而，这正是吉姆斯的高明之处。

第二天，"流浪汉"在被押进审讯室的时候，显得更加沉着、平静。吉姆斯似乎非常认真地审阅完一份文件，并在上面签字之后，抬起头突然说："好啦，我满意了，你可以走了，你自由了。"

"流浪汉"长长地松了口气，像放下一个沉重的包袱。他仰起脸，愉快地呼吸着自由的空气，兴奋之情溢于言表。

吉姆斯由此断定"流浪汉"是德国间谍。为什么？

617. 找到窃贼

美国 GH 公司的经理金斯先生从巴黎返回旧金山，他从机场直接回到公司，刚刚走进办公室，女秘书就跟进来说她女儿今天生日，特来请假回家。金斯掏出钱夹，从里面抽出 20 美元，让她给女儿买件生日礼物表示祝贺，顺手将钱夹放在桌上，然后打了几个电话，处理了这几天积压的工作，其间办公室里来人不断。金斯处理完工作回到家时，发现自己的钱包遗忘在办公室了。他急忙返回公司，这时离下班还有 10 分钟，全体员工仍在工作，金斯先生推开办公室的门，钱包还放在桌上，但里面 1.9 万美元和各种证件不翼而飞了。

金斯先生赶紧给他的好友劳思探长打电话，请他来帮助找回丢失的钱物。不一会儿，劳思赶到公司，说有办法找到窃贼。他将所有的员工召集起来，说："今天你们的老板将钱包放在办公桌上，钱包里的钱和证件被人偷走了，遗憾的是窃贼不知道这是金斯先生设下的一个圈套，他想借此考察公司职员的忠诚。现在已经知道这个窃贼是谁了。"金斯接过话说："我请劳思探长来，不仅要这个贼当众出丑，而且让大家明白法律对盗窃罪的严厉惩处。"话音刚落，场内一片喧哗。

劳思探长又说道："现在我给每人发一根草棍，只有一根稍长一些，金斯先生已暗示我把这根草棍发给那个窃贼，你们互相比比草棍的长短，就知道谁是窃贼了。"

不一会儿，果真找出了窃贼，并从他的柜子中搜出了丢失的钱和证件。

劳思是怎样找到窃贼的？

618. 聪明的警长

海滨的一幢房子发生了盗窃案。警方接报后，立即赶往现场调查，并在附近拘捕了两个可疑人物。面对警长的询问，第一个人掏出了他的护照，声称自己是一个游客，与盗窃案毫无关联。而第二个人则不停地用手指比划出各种手势，嘴里还发出呀呀声，表明自己是个聋哑人。警察局的所有警察都不懂手语，无法进一步询问。正在不知所措时，警长对两个嫌疑犯说了一句话，他们都不约而同地站起身来。这时，警长立即知道谁是小偷了。

警长究竟说了一句什么话呢？

619. 多出的金币

一天，西班牙的穷苦樵夫提斯到山上去砍柴，准备用砍来的柴去换钱买面包给他的几个孩子充饥。在路上，他捡到了一个口袋，里面有 100 个金币。提斯一边高兴地数着钱，脑子里一边盘算，展现在自己面前的是一个富裕、幸福的前景。但接着他又想到钱袋一定是有主人的，他对自己的想法感到羞愧。于是他把钱袋藏了起来，便到山里砍柴去了。

可是，直到晚上他从山上砍下的柴也没卖掉，樵夫和他的全家只好挨饿。

第二天早上，钱袋失主的名字便在大街上传了开来，按照那时风行的做法，把钱袋交还给他的人将能得到 20 个金币的赏金。

失主是一个佛罗伦萨的商人，好心的提斯来到他面前说："这是你的钱袋吗？"

商人接过了钱袋，却不想给提斯酬金，他仔细地查看了钱袋，数了数金币，很生气地说："我的好人，这钱袋是我的，但钱已缺少了，我的钱袋里有 130 个金币，但现在只有 100 个了，毫无疑问，那 30 个是你偷去了。我要去控告你，要求惩罚你这个小偷。"

"上帝是公正的，"提斯说，"他知道我说的是实话。"

两个人就来到当地的一个法官那儿。法官对提斯说："请你把事情的经过如实地向我陈述一番。"

"老爷。我去砍柴的路上捡到了这个钱袋，里面的金币只有 100 个。"

"你难道没有想到过有了这些钱，你可以生活得很幸福吗？"

"我家里有妻子和 6 个孩子，他们等着我砍柴换钱买面包回家。老爷，您原谅我吧！在这种情况下，我是想过要用这些金币的，但后来我就考虑到钱是有主人的，他比我更有权力用这些钱。于是，我把这钱藏了起来，我没有回家，而是径直去山上干活了。"

"你把捡到钱的事告诉你妻子了吗？"

"我怕她贪心，所以没告诉她。"

"口袋里的东西，你肯定一点都没拿吗？"

"老爷，我肯定一点都没拿。"

"你有什么说的？"法官又问商人。

"老爷，这人说的全是捏造。我钱袋里原先有 130 个金币，只有他会拿走那缺少的 30 个金币。"

见二人争执不下，法官脑筋一转，想出了一个主意，商人立刻便承认了钱袋里是 100 个金币。

你知道法官想了什么主意破了案吗？

620. 斗米斤鸡

于成龙是清康熙时候的著名廉吏，一向以"勤于政务，爱民如子"著称。有一天，于成龙刚刚吃罢早饭，一米店老板拉着一位种田人前来打官司。事件起因是：种田人上街卖柴时，不小心踩死了米店老板的一只小鸡，米店老板硬要他赔 900 钱。种田人不服，米店老板便把种田人拉到了于成龙的府衙。

于成龙升堂，众衙役站在公堂两旁。于成龙问："是谁击鼓鸣冤要告状啊？"那种田人何曾见过这种场面，吓得一句话也不敢说。那米店老板是城里人，见过世面，他说："这个乡下人进城卖柴。路过我家门口，踩死我家的一只鸡。我的鸡是良种鸡，只要喂几个月就能长到 9 斤重，按现在的鸡价，1 斤是 100 钱，9 斤刚好 900 钱，请大人判他赔我 900 钱。"

于成龙一听，笑了笑说："好，我就判农夫赔你 900 钱。"

农夫听了，大声喊冤说："我卖 10 担柴还没有 900 钱呢！"米店老板连称青天，可于成龙又说了一句话，农夫不再喊冤，米店老板却连喊倒霉。

你知道他说了什么吗？

621. 选择几率

小王在街上遇到一个小赌局。那个摆赌局的人面前放着3个小茶碗。他对小王说："我要把一个玻璃球放在其中一个小碗中，然后你猜测它可能在哪个茶碗中。如果你猜对了，我就给你10元钱，如果你猜错了，就要给我5元钱。"小王同意了，他玩了一会儿，输了一些钱后，这时他计算了一下，发现自己猜对的几率只有三分之一，所以他不想玩了。这时那个摆赌局的人说："这样吧，我们现在开始用新的方式赌，在你选择一个茶碗后，我会翻开另外一个空碗，这样，有玻璃球的碗肯定在剩下的两个碗中，你猜对的几率就大了一些。"小王认为这样他赢的几率就大多了，于是他继续赌下去，可怜的小王很快就输光了。

你知道这是怎么回事吗？

622. 使用伪钞的家伙

凌晨1时45分，比尔旅馆夜班服务员克罗伯在核对抽屉里的现金时，发现了一张面额为100马克的钞票是伪钞。半小时后，探长霍尔赶到了这家旅馆。

"你是否记得是谁把这张100马克给你的？哪怕一点印象也好。"探长问。

"我没留心。"克罗伯说，"我值班时，只有3个旅客付过钱，他们都没有离开旅馆。"

探长眼睛一亮，说道："你说的是真的？"

"决不会错！我今晚收到731马克现金，其中14马克是卖晚报、明信片等物品收进的，其余的现金都收自3位旅客。考纳先生给了我一张100马克和24马克的零票；鲍克斯先生给我两张100马克加19马克的零票；施特劳斯先生给我3张100马克以及74马克的零票。"

探长的手指在桌面上轻轻弹着："你能肯定他们都是付给你100马克票面的钞票？"

克罗伯肯定地答道："请放心，凡涉及钱，我的记忆力特别好。"

"那好吧，我想我已找到了我要找的人。"探长霍尔说。

请你根据题意判断一下，谁是使用伪钞的家伙？

623. 没能力做证人

汤姆作为一件伤害案的证人，被传到加州某市地方法院出庭候讯。他的证词将给被告带来很大的不利，但在作证前，还照例得接受被告辩护律师的一番盘诘，法官和陪审团将根据盘诘的结果，来裁定他是否具备作为公诉方面证人的资格。

被告律师问："汤姆先生，有些人由于看多了侦探小说，便养成了推理的习惯，往往就凭着自己的臆想，来对周围发生的事情进行推测。不知道你是否也有这样的习惯？"

汤姆回答："我从来不看侦探小说，也没有你说的那种习惯，我一向都是依照事实来说话的。"

律师又问："你已经51岁了。在这样的年纪上，记忆力是否已经有点衰退了？"

汤姆回答："我的记忆力并没有丝毫衰退。二三十年前的事情，我依然记得很清楚，就像昨天刚发生过的那样。"

"那么，你有抽烟的嗜好吗？"

"有。但抽得并不多。"

"抽过骆驼牌吗？"

"过去抽，最近不抽了。"

"那么，你能告诉我：骆驼牌烟盒上面印的那个牵骆驼的人的头上是不是裹着头巾？"

汤姆微蹙起眉头，思索了片刻，在自己的记忆中搜索着问题的答案。他的记忆告诉他骆驼被称为"沙漠之舟"，是居住在中东的阿拉伯民族的主要交通和运输工具，牵骆驼的当然是阿拉伯人，谁都知道阿拉伯人的服装特色是……想到这里，汤姆毫不犹豫地回答："那牵骆驼的人当然是裹着头巾的。"

"是吗？"律师脸上现出狡黠的微笑。他从衣袋里掏出一包骆驼牌香烟，高擎着走到陪审员席前面。

这一举动使汤姆处于不利地位，按照美国的法律和司法惯例，汤姆立即被陪审团裁决为"没有能力提供有效证词的人"，否定了他作为公诉方面证人的资格。

请你想一想，一包香烟如何起了这么大的作用呢？

624. 无冤无仇

一天晚上，建筑商波恩在家中独自饮酒。突然，一个杀手从窗户跳了进来，对波恩说："波恩！我受人之托，今天要杀了你！"说着从怀里掏出手枪，用颤抖的手扣着扳机。波恩却若无其事地说："朋友，咱俩无冤无仇，是谁请你杀我的？"

"这个你不必知道。"

"好！我出3倍的价钱买我的命如何？"

杀手一听有3倍的出价，立刻露出了贪婪的目光。波恩见状，便取了另一只酒杯，斟上了酒，对杀手说："要不要来干一杯？哦！喝酒不会影响你的技术吧？"杀手接过酒杯喝了下去，但手依然紧扣扳机。波恩接过杀手的酒杯，走到保险柜旁，说："钱在保险柜中，我现在就给你拿。"杀手用枪顶住波恩的后脑勺说："不许耍花招，否则让你脑袋搬家。"

波恩打开保险柜，取出一个厚厚的信封放在桌上，趁对方不注意，迅速将保险柜钥匙和酒杯放进保险柜中，锁上了保险柜。这样一来保险柜就打不开了。杀手发现那个厚信封里装的不是现钞，正要发火，波恩转过身来，笑着说："先生，现在你不敢杀我了，因为保险柜中锁着你留下的重要证据。"杀手见事已至此，只得落荒而逃。

保险柜中锁着的是什么证据呢？

625. 一颗散落的珍珠

一大早，朗波侦探急匆匆赶到一处公寓，因为该公寓的主人报案说，昨天公寓里有小偷光顾，失窃了不少珠宝。

在公寓里，朗波侦探发现地毯被吸尘器清扫过。朗波侦探仔细检查，突然发现地毯的边上有一颗散落的珍珠，也许是小偷未注意遗落到地毯上的。于是他故意将一些纸片撕碎撒的满地都是，遮盖住了珍珠，然后让助手找来了这家的管家。出示证件后朗波问道："你昨晚在什么地方？"

"我在自己的房间里睡觉，一直没有出来。"管家回答。

"昨晚公寓里进了小偷，你知道吗？"朗波侦探问。

"我也是刚刚起床时才知道的，丢了什么东西吗？"管家说。

"这正是我要问你的呢？你不知道吗？"朗波侦探反问道。

管家说："探长先生，我真的不知道，这一地碎纸片是怎么回事？"

"可能是罪犯乱翻东西时弄的。"朗波说，"对不起，请打扫一下。如果发现有什么东西被盗了的话，请告诉我。"

"好的。"管家拿出吸尘器，马上开始清扫，吸尘器很快装满了碎纸片，吸力弱下来了。"我去倒垃圾。"管家拉着吸尘器进了厨房，然后又出来继续清扫。

"厨房里有什么异常吗？"朗波侦探不经意地问。

"什么也没发现。"管家回答道。

"是吗？"朗波侦探两眼直视管家，"那么，罪犯就是你喽！"

管家惊得倒吸了一口气，但马上又镇静下来。他关掉吸尘器的开关，马达声立刻停了下来："你凭什么说我是罪犯？"

"珍珠就是证据。你把盗走的宝石和珍珠藏到哪儿去了？老实告诉我。"

管家一脸沮丧地承认是自己干的。为什么朗波侦探认定管家就是罪犯呢？

626. 杨树叶作证

一天，有一胖一瘦两个年轻人来见法官。

胖子抢先开口说道："法官大人，这个人借我的金子不还，请大人为我做主。"

瘦子忙跑到胖子的前面，嘻笑着说道："法官大人，别听他胡说八道，我根本不认识他，怎么能赖他的金子呢？"

法官听了两个人的话。先问瘦子："你到底借过人家的金子没有？"

瘦子答道："我朝天起誓，决不敢在此蒙骗大人！"

法官又转过身来问胖子："你说他借了你的金子，有证人吗？"

胖子挠了挠头，丧气地说："当时只有我们两个人在场，没有证人啊！"

听了这话，瘦子暗自发笑。

法官发现瘦子那得意的微笑里似乎隐藏着什么。心想，这里面一定有鬼。他思忖片刻，又问胖子：

"你是在什么地方把金子交给他的呢？"

"在镇子东面的一棵大杨树下。"胖子答道。

"好，你马上再去一趟，到杨树下拾两片落叶来，我要把它们当做证人，它们一定会告诉我真情的。"

"用树叶当证人？天大的笑话！"胖子心里疑惑，不肯前去。

"你愣着干什么？还不快去！"法官不高兴地瞪了胖子一眼。

胖子心想，事到如今去就去吧，兴许他还能有点什么高招呢！胖子朝镇子东面跑去。

胖子走后，法官又对瘦子说道："你先在这里等会儿，等他回来，我再处理你们的案子。"说完，法官审理别的案子去了。

过了约有半个小时，法官又审理完了一个案子，突然抬起头来问道：

"都半个小时了，他怎么还不回来？"

"我估计，这时候他还没走到那棵树下呢！"瘦子脱口回答说。

又审完了一个案子，法官又转过身来问瘦子："都一个半小时了，这回他该往回走了吧？"

"是的，法官大人，他很快就能够回到您的面前。"

瘦子话音刚落，胖子就满头大汗地跑回来了。他把两片枯黄的树叶递给法官，哭丧着脸说道：

"法官大人，树叶拿来了，可是它能为我作证吗？"

"能，可爱的年轻人，现在它已经为你作证了。"

"作证了？"

"对，现在我来宣判，"法官轻蔑地看了瘦子一眼，讥讽地说道，"年轻人，说实话吧，难道还想赖人家的金子吗？"

谎言被揭穿，瘦子无可奈何地低下了头，羞愧地把金子还给了胖子。

法官是根据什么断清这件没有证人的争讼案呢？

627. "赌城"拉斯维加斯

有一天，一家赌场的老板邀请几个朋友来自己的赌场玩几把。那天晚上风雪交加，每个人都把钱放在自己面前的桌子上，这时灯突然灭了。当灯重新亮起来的时候，所有的钱都已经不翼而飞了。

为了把丢失的钱找回来，主人拿出了一把生锈的茶壶，上面绘有美丽的金鱼图案。他让大家排成队，在他关灯之后依次触摸这把茶壶。他说，当偷钱的人摸茶壶的时候，茶壶就会叫。当大家都摸过茶壶之后，它并没有叫。这时，主人开了灯，让大家都摊开双手。在看了每双手之后，他找出了偷钱的人。

他怎么知道是谁偷了钱呢？

628. 奇怪的拳头

西瓜成熟了。彦一家的西瓜经常被偷。彦一想惩治这些偷瓜贼，于是扎了一个很大的稻草人，插在瓜地里。

看见的人都笑起来："稻草人是防止鸟来吃稻谷的。偷瓜的人不是鸟，稻草人能吓走他们吗？"

偷瓜贼听说这件事后，特地到瓜地里去看了一下，果然是一个稻草人，威武地站在那里。他们心里直乐，觉得彦一这孩子不够聪明。

到了晚上，偷瓜贼又结伙来偷彦一家的西瓜了。为了保险，他们先到瓜棚里去探望了一下，看见床上有个人正在里面蒙着床单睡大觉，于是就肆无忌惮地去偷瓜了。

他们走过稻草人的身边，还互相打趣道："彦一这个孩子太蠢，竟然想用稻草人来吓我们。"

偷瓜贼正议论着时，忽然，其中一个人头上挨了一拳，他还以为是同伙与他闹着玩呢，正要责问时，那个同伙头上也挨了一拳头，两人争吵起来。跟在后面的几个人赶着来劝架，谁知他们的脑袋上也都挨了拳头。他们互相猜疑，乱作一团。

你知道这是怎么回事吗？

629. 开庭审理

琼斯被控告在一个月前杀害了约瑟夫。警察和检察方面的调查结果，从犯罪动机、作案条件到人证、物证都对他极为不利。虽然至今警察还没有找到被害者的尸体，但公诉方面认为已经有足够的证据能把琼斯定为一级谋杀罪。

琼斯请来一位著名律师为他辩护。在大量的人证和物证面前，律师感到捉襟见肘，无以为辞。但他毕竟是个足智多谋的行家，他急中生智，把辩护内容转换到了另一个角度上，从容不迫地说道："毫无疑问，从这些证词听起来，我的委托人似乎确实是犯下了谋杀罪。可是，迄今为止，还没有发现约瑟夫先生的尸体。当然，也可以作这样的推测，便是凶手使用了巧妙的方法把被害者的尸体藏匿在一个十分隐蔽的地方或是毁尸灭迹了，但我想在这里问一问大家，要是事实证明那位约瑟夫先生现在还活着，甚至出现在法庭上的话，那么大家是否还会认为我的委托人是杀害约瑟夫先生的凶手？"

陪审席和旁听席上发出了笑声，似乎在讥讽这位远近驰名的大律师竟会提出这么一个缺乏法律常识的问题来。法官看着律师说道："请你说吧，你想要表达的是什么意思？"

"我所要表达的就是这个意思。"律师边说边走出法庭和旁听席之间的矮栏，快步走到陪审席旁边的那扇侧门前面，用整座厅里都能听清的声音说道："现在，就请大家看吧！"说着，一下拉开了那扇门……

所有的陪审员和旁听者的目光都转向那侧门，但被拉开的门里空空如也，没有任何东西，当然更不见那位约瑟夫……

律师轻轻地关上侧门，走回律师席中，慢条斯理地说道："请大家别以为刚才的那个举动是对法庭和公众的戏弄。我只想向大家证明一个事实，便是即使公诉方面提出了许多所谓的'证据'，但迄今为止，在这个法庭上，人们的目光都转向了那道门。这说明了大家都在期望着约瑟夫先生在那里出现，从而也证明在每个人的内心深处，对约瑟夫先生到底是否已经不在人间是存在着怀疑的……"

说到这里，他顿了片刻，把语音提高了些，"所以，我要大声疾呼：在座的这12位公正而又明智的陪审员，难道凭着这些连你们自己也存在着疑虑的'证据'，就裁定我的委托人是'杀害'约瑟夫先生的凶手吗？"

霎时间，法庭上议论纷纷，不少旁听者交头接耳，新闻记者竞相打电话给自己报馆的主笔报告审判情况，预言律师的绝妙辩护有可能使被告获得开释。

但是，最后审判结果却是判被告琼斯有罪。

请问：这是什么道理呢？

630. 孤独费

法庭上，中年妇女琼斯太太正在和丈夫闹离婚，理由是她的丈夫有了"外遇"。

琼斯太太一边哭着，一边向法官控诉说："我20岁嫁给他以后，他曾向我发誓，再不和那鬼东西来往了。可是，结婚一星期不到，他便偷偷摸摸到运动场上约会去了。我警告他，可他听不进去。我忍气吞声地过了20年，如今，他已50多岁了，可还迷恋那个鬼东西。近来，他们的约会越来越多，已发展到无论白天黑夜，他都去运动场上与那可恶的'第三者'见面。"

法官问道："琼斯太太，你能告诉法庭，与你丈夫约会的'第三者'是谁吗？"

琼斯太太爽快地说："当然，'她'就是臭名远扬、家喻户晓的足球。"

法官对琼斯太太的控告词哭笑不得，只是劝说道："足球非人，你只能控告生产足球的厂家。"

谁知，琼斯太太真的向法庭控告起一年生产20万只足球的宇宙足球厂。更出乎人们意料的是，琼斯太太在法庭上居然大获全胜，宇宙足球厂赔偿了琼斯太太孤独费10万英镑。

请问：这是什么道理呢？

631. 化学家的声明

著名化学家威廉研制出了很多化学产品，并因此成了百万富翁。在伦敦市一条繁华的大街上，他购置了一套豪华公寓。威廉不仅钻研化学，还对收藏世界名画和文物颇感兴趣，他几乎花了自己一半的收入，购买了许多名画放在客厅里。

一天夜里，有个小偷钻进屋里行窃。他偷了几件文物，经过客厅时顺手摘下了挂在那儿的一幅名画并卷起来，打算从原路逃走。突然餐桌上放的一瓶高档名酒将他吸引住了。

原来这小偷是酒鬼，平常就嗜酒如命，这会儿他一看到有这么好的酒，不管三七二十一，迫不及待地拧开酒瓶，扬起脖子喝起来。

他刚喝了一半。突然听到门外有响声，大概是仆人听见有什么响动前来查看了。小偷一慌，忙放下酒瓶，赶紧逃走了。

第二天一早，威廉发现家中的几件文物和名画不见了，就连忙报了警。警察局派吉姆警长赶来，组织破案。吉姆在屋里转了一圈，见罪犯没有留下什么痕迹，只有一股酒味。吉姆看到了餐桌上开着的酒瓶并询问了威廉，他断定盗贼喝了几口酒，便心生一计，他要让这罪犯投案自首。

请问：他想的是什么办法呢？

632. 谁是匪首

"砰——"的一声枪响，打破了边境清晨的宁静，在国境线边上的小村寨里，男女老少奔跑着，惊叫着："土匪来啦！快逃命啊！"

这个边境线旁的小村寨，交通非常不方便，村民的生活很艰苦，最让人恐怖的是边境线的对面，有一帮土匪经常来村里抢劫，吃饱喝足了，临走的时候还要带走鸡鸭鹅羊，谁敢反抗，就会遭到毒打甚至枪杀。等到边防警察局接到报警，要走很长的山路才能赶到，这时候土匪已经逃走了。

为了把土匪一网打尽，克莱尔探长带领部下，忍受着寒冷和虫咬，埋伏在附近的山洞里。整整半个月过去了，土匪没有一点儿动静。有的警员说："也许土匪知道我们埋伏了，不会来了吧？"探长说："马上要到圣诞节了，土匪一定会来抢东西，好回去过节的！"

果然，就在圣诞节早上，土匪又来了。边防警察迅速出击消灭了几个土匪，其余的都乖乖举手投降了。克莱尔探长早就听说，这帮土匪的头目心狠手辣，杀害了不少人，得先把他揪出来。他来到俘虏群前，看到土匪们都穿着一样的军服，谁是土匪头子呢？

克莱尔探长问："谁是带队的？"土匪们都低着头，一声不吭。探长知道，土匪头子一定混在当中，所以土匪们都怕他，不敢说话。克莱尔探长想了一想，突然大声问了一句话，话音刚落，他就知道谁是土匪头子了。

聪明的克莱尔探长问了一句什么话呢？

633. 列车上的广播

一个珍奇珠宝展在国外某城市博物馆举行。展览的第二天夜里，两颗分别重 65 克拉和 78 克拉的"孔雀蓝"宝石被盗走。这两颗宝石可是稀世珍宝，如果被偷运出国，那造成的损失将难以估量。

天未亮，警方便接到报案，探长托尼马上派出两名侦探赶往一个半小时后就要发车的

303次国际列车。他自己则带了一名助手来到现场。经过初步勘察，他们发现盗贼是从博物馆的屋顶进入馆内的，并且用早已配好的钥匙打开了展厅的门，然后剪断报警器的电线，将宝石从有机玻璃柜中盗走。看来盗贼是早有预谋的。

托尼探长留下助手配合馆内保安继续对现场作进一步勘察，自己迅速开车来到了火车站。他和已经上车的两名侦探联系上。那两名侦探正分别从车头和车尾逐节车厢寻找嫌疑犯。

托尼探长从中间一节车厢上了车。忽然，车厢内一阵骚动，两名乘警正分开人群朝9号软卧车厢走去。托尼探长紧跟了过去，当他们来到第三间包厢时，透过半敞开的门，一眼就看见靠窗口处蜷缩着一位中年男子。令人恐怖的是他两眼圆睁，嘴角还有一丝血迹，已经死了。经检查他是被人用毒药枪杀死的，随身携带的行李已不翼而飞。

乘警告诉托尼探长，报案者是与死者相邻车厢的一位乘客。据他说是因误入死者车厢才发现这起凶杀案的。托尼探长猜测死者就是昨晚偷走宝石的盗贼之一，他在作案后很有可能又被另一伙盗贼跟踪，上车后被杀死在车厢内，随后行李和宝石一道被劫。

托尼探长推断杀人劫宝者还在车上，他当即向一位乘警小声交代了几句。这时，两名侦探已来到这节车厢，托尼探长立即给他俩安排了任务。

列车上的广播忽然响了："各位乘客请注意！各位乘客请注意！9号车厢有一位乘客突发重病，生命垂危，车上如有医生请速去协助抢救……"顿时，有不少人向9号车厢涌来。化装成"医生"的一位侦探堵在门口，他向前来要求参与抢救的人说道："病人刚刚苏醒过来，他正向乘警述说发病经过呢！"话音刚落，人群中有一位乘客迅速转身回到了自己的座位上。当那人刚从行李架上取下一只皮箱时，托尼探长和一名乘警便出现在他身后。

"先生，请跟我们到乘警室去一下！"那人浑身一颤，皮箱猛然从手上滑落，正砸在他脚上，疼得他大叫不止。

"把皮箱捡起来，跟我们走一趟！"乘警和托尼探长将那人夹在中间，把他带到了乘警室。没等托尼探长要他打开皮箱，那人便如实地交代了他杀人窃宝的犯罪经过。

请问：托尼探长如何断定那人就是劫宝杀人犯呢？

634. 装哑取证

一列火车在一望无际的原野上疾驶。车厢里，探长琼斯拿着一本小说在打发着寂寞的旅途。忽然，一个金发碧眼的女人从他座席边上走过，撞了他一下。见他的小说掉在了地上，那女人忙伏下身，将小说拾起，递给琼斯说："对不起，先生。"按理说，琼斯本应回答一句，然而他却怔住了：这女人怎么这么面熟，好像在什么地方见过。就在他犹豫的一瞬间，那女人冲他打了个飞吻，转身朝前面的车厢走去。

在哪里见过她呢？琼斯苦思苦索着，以往接触过的女人一个一个在她头脑里闪过。忽然，他想起了什么：难道是她？

琼斯装作若无其事的样子离开座席，也朝前面的车厢走去。他要去找那个女人。可是他失望了，前面的五节车厢都查看过了，没有发现那个女人。可是，当他走回到自己乘坐的那节车厢，刚推开厕所门进去，门就被关上了。琼斯定神一看，暗吃一惊，那金发女人正站在自己的面前！

"喜欢我？"金发女人笑笑说。

琼斯耸耸肩，摇摇头。

"不喜欢？可是不管你是否喜欢我。总得拿钱来，不然我就出去喊人，说你要非礼我！"

金发女人手握门扶手，碧眼紧盯着琼斯那毫无表情的面孔。

琼斯在紧张地思考着，怎样才能抓住这个女诈骗犯呢？说没有钱，她会要我腕上的金表；掏枪抓捕她，她会说我威逼无辜，而且又没有证据……

"你是个哑巴？快说，到底给不给钱？"金发女人眼里露出凶狠而贪婪的目光。

忽然，琼斯想出了个妙计。很快，那个女诈骗犯乖乖地跟着琼斯走出了厕所。当天，在警察局里，女诈骗犯供认了自己连续多次诈骗作案的犯罪事实。

琼斯用的是什么妙计擒获那个女诈骗犯的呢？

635. 设宴抓贼

西汉宣帝在位时，京都长安城里小偷多得惊人。

一天，汉宣帝召见了长安的行政长官张敞，让他在一个月内把城里的小偷全部抓光。张敞派出许多差役抓小偷，可是，抓了半个月，也没有抓到几个。怎么才能把小偷抓光呢？张敞整日愁眉不展，冥思苦索。最后，他决定自己化装侦察，顺藤摸瓜，然后再争取一网打尽。

这一天，他又化装来到了繁华的大街上，注意观察街上的行人，天将中午的时候，一个40多岁的中年人引起了他的注意。这个人衣着打扮像个书生，可两只眼睛却贼溜溜地乱转。在他的身后还跟着一个身强力壮的汉子，汉子手里提着两只布口袋。

中年人走到一家丝绸店前，店老板马上笑脸迎出来，并让人捧来两匹丝绸，装进了壮汉的布口袋里。中年人又来到一家食品店前，店主人也殷勤地跑出来，挨着样地给拣了一大堆吃的，倒进了壮汉的另一只布口袋里。中年人和壮汉又走到几家店铺门前，也都如此。

张敞觉得这事儿很怪，头脑中出现了一个个问号：为什么这些店铺的老板如此恭维这个中年人呢？为什么中年人买东西不给钱？这个人是干什么的呢？

为了把事情弄明白，张敞立即让人跟踪那个中年人，自己则来到了丝绸店。他找到店老板问道："刚才到你这儿来的那个人是干什么的？"

店老板以为张敞是个平民百姓，便不在意地说道："你不是本地人吧？不然怎么连那个人都不认识呢！那是这长安城里的头儿！"

"什么头儿？皇上老子不才是头儿吗？"张敞虽已猜着七八分，却又故作不知道地问。

店老板不耐烦地答道："你这个人真是什么都不知道，皇上老子那是一国之君，是国家的头儿，而他是小偷的头儿。"

"小偷还有头儿？"

"那可不，那可不是个好对付的主儿，你要是恭维他，他和他的那些喽啰们就不偷你；你要是不给他好处，他和他的喽啰们用不了一个晚上，就能把你的货物偷光。"

"是吗，那人有那么大的本事？"

"可不，你要是在这儿做买卖，也千万不要招惹他。"

"多谢先生的指教！"

张敞说完离开了丝绸店。他刚走不远，就看见一个差役朝自己走来。那差役走到近前轻声说道："大人，我们已经在一间房子里将那个可疑人抓获了。"

张敞听后，也压低声音对差役说道："好，你领我去见那人。"

张敞跟着差役来到了一间摆设豪华的房子里。小偷的头儿听说抓住自己的人是长安最高行政长官张敞，知道抵赖也没有用，便如实招认了。

抓住小偷的头儿并不是张敞的目的，因为宣帝是让他把城里的小偷全部抓获。下一步该怎么办呢？张敞屈指算来，离宣帝给的期限仅有 3 天了。忽然，他想出了一个把城里的小偷全部抓住的办法，便对小偷的头儿说道：

"你是愿意被砍头呢？还是愿意戴罪立功？"

小偷头儿当然不愿意被砍头，忙说："我愿意戴罪立功！"

"那好，只要你帮我把你手下的那些小偷都抓来，我就饶你一命。"

"那可不好办！大人，你别看偷东西的时候他们都听我的，要是抓他们，可就……"

"这不用你操心，我自有办法。"张敞又对小偷头儿耳语几句，小偷头儿连连点头称是。

第二天晚上，张敞果然把长安城里的小偷儿全部抓获了。

张敞是通过什么办法把小偷全部抓获的呢？

636. 县令买马

晋朝的时候，县令罗际刚刚上任就传令，让全县的百姓都来有冤申冤，有案说案。

一天，一个老汉颤颤巍巍地前来报案："大人，我的马昨夜被偷了！"

罗际见老汉急得满头大汗，便同情地问道："你的马长得啥模样？"

老汉叹息着回答道："大人呀，都怪我马虎，才让偷马贼钻了空子。那可是一匹好马呀，4 岁口，个大脊宽，四蹄雪白，身上红得像火炭一样，跑得可快呢。"

罗际听了点了点头，又问道："你晚上听到什么动静没有？"老汉略一思索，说道："大人，我好像在半夜的时候，听到有一群马叫了一阵，听声音像是马贩子赶着马从我住的村子里经过。"

罗际听老汉说完，安慰老汉说："老人家，你先回去吧，等马寻到了，我再请你领回去。"

老汉见罗际说得平平淡淡，有些满腹狐疑地离开了县衙。

第二天，罗际叫人在城门口贴出了一个布告，布告的内容立刻在全城传开了。很快，有一个马贩子探头探脑地牵着一匹马来到了县衙门前，县令罗际见眼前这匹马和老汉说的那匹马非常相像，便把老汉叫了出来进行相认。

那马一见到老汉，顿时两蹄腾起，鬃毛竖立，挣开马贩子手中的缰绳，跑到老汉跟前，亲热地舔老汉的手。老汉高兴地说道："就是这匹马，这就是我丢的那匹马！"

罗际见状，大声叫道："大胆马贩子，竟敢偷盗老汉的马，来人，立刻给我拿下！"

马贩子大惊失色，知道自己中了罗际的计。

罗际用了什么计策，使马贩子自己原形毕露了呢？

637. 母亲与儿子

南北朝时期，有一个叫李易的商人，带着几十匹绢去岐州做生意。时值冬季，太阳早早就落山了。可是李易赶路心切，摸黑继续前行，想赶到岐州再歇息。当他来到一片树林时，突然从林子里蹿出了一个骑马横刀的强盗。那强盗大声喝道："把东西留给大爷让你过去，不然的话，立刻让你刀下见鬼。"

李易吓得跪在地上，口呼饶命。

"还不快将东西放下！"强盗用刀背轻拍了一下李易的屁股。

李易小心地从地上爬起来，放下了绢。

强盗迅速把几十匹绢捆在马背上，骑马跑进了树林中。

李易听见马蹄声远去，方才敢抬起头来。正巧这时，官府几个骑马巡逻的士兵路过这里，忙问李易发生了什么事。

李易惊魂未定地说："小人出门做生意来到此地，不想被强盗抢了。"

听说有人被抢，为首的一个小头目忙说："快指出强盗逃走的方向，我们这就去追。"

李易嗫嚅着说："小人吓得一直趴在地上，没看见强盗朝哪里逃了？"

小头目气得骂道："笨蛋！还不快随我们去报案。"

刺史杨津是个很会断案的人。只要是报到他这里的案子，很少有不破的。他让李易把案发经过述说一遍后，问道：

"天黑看不清强盗的模样，又没敢看他逃走的方向，但他穿什么衣，骑什么马，年纪有多大，你总还能知道一些吧？"

李易低头回忆了一下，说："那强盗很年轻，身穿青衣青裤，骑着一匹黑马，那马四蹄踏雪。"

杨津让李易暂且回家听候消息，自己回到书房。杨津想，李易被强盗抢劫后，很快就遇见了骑马巡逻的士兵，案发地离城里仅有十里，说明从李易被抢到报案时间不长。如果强盗是岐州城里的人，他必定不敢带着赃物直接回家。假如强盗现在没回家的话，只要找到强盗家里的人，就不难抓住强盗了。可是，怎样才能找到强盗的家里人呢？忽然，杨津想出了一个主意，立即叫来衙役，命令他们照计行事。

衙役走后，杨津在堂上单等强盗的家人到来。果然，过一会儿，强盗的母亲就来到了大堂。杨津又从强盗母亲的嘴里得知强盗叫王虎，经常到城东 40 里外的韩家庄其姐夫家去玩。于是，杨津派人去捉。王虎正与其姐夫猜拳喝酒，几十匹绢也放在屋里。王虎当即被捉到州衙，经审问，他全部招供。

杨津是用什么办法，让强盗的母亲自动来到州衙的呢？

638. 两张诬告状纸

唐高祖临政的时候，一天早朝，有一个叫乔仁的大臣出班禀奏控告岐州刺史李靖谋反。

乔仁递上一纸状词，列举了李靖 7 条罪状。

高祖拿过乔仁递上来的状词，心中又惊讶又疑惑。他想："我对李靖一直是十分信任的，他怎么能反叛呢？"想到这里，他又展开了乔仁递上的状纸，把状词一条一条地看了一遍，然后问乔仁：

"你告李靖谋反，事情属实吗？"

"千真万确。您若不信，可以派人去查！"

"如果调查结果相反呢？"

"臣甘愿被反坐处罪！"

高祖看见乔仁表现出一副忠心耿耿的样子，心中的疑惑完全被愤恨所代替了。他铁青着脸，思忖着应该派谁去调查。

经过周密的思考之后，决定派正直忠厚的梁光去调查此事。

第二天上朝，高祖当众受命梁光为钦差大臣，专程去岐州调查李靖谋反之事。

这时，梁光提出了一个请求，让高祖派乔仁一同前往。

乔仁一听，不禁慌了神。可他又转念一想，这样也好，路上可试着对梁光施以贿赂，还许能把他争取过来呢！

高祖应允了梁光的请求。于是，梁光和乔仁当即赶往岐州。

梁光很熟悉乔仁奸刁阴险的为人。他虽然对李靖的情况不很了解，但已推测到乔仁所告李靖的7条罪状,可能都是无中生有。他十分痛恨乔仁这样的奸臣,又不免替李靖担心。一路上,梁光表面上与乔仁谈得很投机,心里却一直在琢磨着怎样才能查明此案。

当离开京城,走到第7个驿站时,梁光想到了一个好主意,他卸下行李,慌慌张张地找到乔仁说:

"乔兄,不好了,你写的那张状纸被管理行李的人弄丢了,这如何是好呢?"

"这有什么,重写一张就是了。"

乔仁不知是计,很快重写了一张。这时,梁光厉声对乔仁说道:"你捏造事实,陷害忠良,还不与我回京城伏罪!"

听了这话,乔仁才知中了梁光的计谋,后悔不已。

回到京城,高祖听完梁光述说了事情的经过,命令把乔仁按诬告陷害罪杀了。

梁光根据什么断定乔仁诬告李靖的呢?

639. 盖字识盗

唐朝河阳县城里有个很大的粮仓,粮仓里储存着几十万担官粮。

一天,一个黄脸皮的中年人来到粮仓,把一个叫吕元的管粮人叫到了僻静处,轻声对他说道:

"有人要买粮食,咱们搭伙再干一次!"

"现在可不比从前了,新调来的那个库官冯忱可厉害了,又精细得很,一点儿荤腥都不沾。"

"那有什么可怕的,大不了犯事都推到他身上。"

"能行吗?"

"行!只要你听我的。"

"黄脸皮"附在吕元的耳朵上嘀咕了几句,吕元露出两排大黄牙笑了。

原来,"黄脸皮"和吕元想出了一个十分阴险的计策。他们先假造了冯忱批示的卖粮信,又由"黄脸皮"拿着假信买走了几千担粮食。

半个月后,冯忱发现粮食被人盗买,气得浑身发抖,他拿着那封假造的买粮信说:"盗买了粮食不算,还来诬陷本官。"他决定冒着受冤丢官的危险,把盗买粮食的人查出来。

冯忱到官府报了案。可他并不知道,这时吕元已恶人先告状,把一纸状词递到了官府。

县尉张族受理了此案。他问冯忱道:

"你说那封信不是你写的,可是实话?"

"下官办事清白,我写不出那种信!"

"可那信上的字很像你写的!"

"是这样。我也不明白这是怎么回事?"

张族边问边观察着冯忱脸上的表情变化。他发现冯忱神态自然,不像是在说假话,便又问道:"盗买粮食的人把那封信交给谁了?"

"是吕元经手的。"

"吕元?"张族思忖了一下,对一名差役说道:"去把吕元传来。"

不一会儿,吕元被传来了。

张族问道:"吕元,这封信是一个什么样的人交给你的?"

吕元眨了眨眼睛,回答说:"大人,这个人远在天边,近在眼前,就是冯大人。"

"什么?你说什么?"冯忱愣住了,转而愤怒地瞪着吕元骂道,"你这个混蛋,怎么敢血口喷人！"

"住口！"张族止住了冯忧，又问吕元，"你写的状词可是实情？"

"请大人放心，绝无半句戏言，我敢用脑袋担保。"吕元提高嗓门喊道。

冯忧站在一旁十分气愤，心想，都说张族办事公平，今日却为何偏听偏信？

这时，张族拿过一张纸，盖住两头，只留中间一个字，问道："吕元，你仔细看看，这是你写的字吗？"

吕元看了看，答道："大人，这字不是我写的！"

张族又拿出一张纸，照样盖住两头，只留中间的一个字问道："吕元，你再看看这个字是不是你写的？"

吕元又看了看，故作镇静地答道："大人，这字才是我写的呢？"

张族听了吕元的回答，朗声大笑："你中计了。"说着，把那两张纸放在了吕元的面前。吕元看后面如土色，只得低头认罪。

张族立即派人把"黄脸皮"也抓获归案了。

张族是怎样推断，又先后拿出两张什么纸？才迫使吕元认罪的呢？

640. 被赖掉的钱

唐朝咸通年间，一天，有一高一矮两个人来到淮阴县打官司。高个子叫陈石，矮个子叫林兴，两个人争着向县令告状。

"都别吵，一个一个说。"知县一拍惊堂木，喝住了他们。县令对陈石说："你先说吧！"

陈石抹了把额头上的汗珠，说："大人，我和林兴隔条河住着，平时常有来往。大前年，我家失火，急等用钱，便把一块肥田典当给了他，得典当金 800 贯。当时我们说好，3 年后按原价赎回。现在，3 年到期了，昨天，我去赎地时，因为 800 贯钱很重，我便分几次送去。可是，当我把最后 100 贯钱送到他家时，他赖账了，不肯把典当地契退还给我。无奈，小人只好来请大人做主。"

"把收据拿来给我看！"

陈石后悔地说："我以为我与他很熟，平日关系又好，便没要收据。"

"该你说了！"知县又对林兴说。

林兴满脸怒气地说："大人，陈石是在胡说八道，血口喷人。我虽没有万贯家财，但在这一带却也算个富户了，哪能赖他 800 贯钱呢？"

"你可有证人？"

"没有。"

"胡闹！你们既无证据，又无证人，来这里找本官干什么？还不都与我滚下堂去，不然各打你们 30 大板。"衙役把陈石和林兴赶出了衙门。

二人出来后，林兴暗自发笑，陈石却伤心地失声痛哭。这时，有一老翁路过此处，向陈石问明缘由后，告诉他说：

"江阴知县赵和善断疑案，不妨找他去试一试。"

"江阴与咱这里不属一个州县，就怕赵和不肯管。"

"唉，死马当成活马医，这事儿还兴许能成呢？"

事到如今，也只有这么办了。陈石因打官司内心焦急，第二天，便奔江阴县而去。五六日后，他来到了江阴县，叩见了知县赵和。

赵和虽然有超人的智慧,但听了陈石的叙述后,还是摇头说道:"我是江阴的小官,你是淮阴的百姓,我管不着你的事,叫我怎么替你断案啊?"

"大人,我迢迢百里来此,就因为听人家说您能为民做主,断案如神。您若不管,我……"

赵和看见陈石绝望的样子,缓了口气说道:"既然如此,本官就与你断一断这个案子吧!只是你先不要回去,可能过几天要你当堂对质。"

"谢大人!"陈石破涕为笑,磕了个响头走了。

怎样才能断明这个案子呢?赵和很快想出了一个绝妙的主意。他给淮阴知县写了一封公文,不但让他派人把林兴押到了江阴,还使林兴自动交代了赖掉陈石800贯钱的事实。

赵和在公文上写了什么?又是怎样使林兴自动交代实情的呢?

641. 祖传妙药

有一年的中秋节,大明徽州府城出外经商的人都纷纷赶回家乡,准备与家人团聚共度中秋。知府冯祥也是喜气洋洋,在府内张灯结彩,欲与家人好好过上一个喜庆团圆的良宵佳节。

就在这时,知府的差衙丁小山急急忙忙地来到府衙:"报告老爷,城门外有一人被杀,现在尚未断气。"

冯祥连忙跟着丁小山来到现场。只见一个商人打扮的人横卧在当街,胸前插着一把刀。虽未断气,但已奄奄一息,紧闭双眼,不能言语。在一边的背囊空空如也,明显是被洗劫过了。从上述情况来看,冯祥判定这个商人一定也是急着回家过中秋节的,不料被人打了劫。尽管还未死亡,却也未留下任何有说服力的证据,冯祥眼瞅着躺在地上的被害人,不禁也有些束手无策。

这时,围观的人越来越多,差衙丁小山害怕妨碍知府大人判案,要将众人驱散,就在丁小山驱散众人的时候,冯祥眼前一亮,计上心头,他忙制止丁小山,并说道:"让大家看好了,我还有事要向众人相求呢!"接着,他高声对围观的百姓说道:"这个商人还未断气,尚有救活的可能,谁能救活此人,本府定有重赏!"

重赏之下必有勇夫,有两个人先后来为商人诊治,但终因商人伤势太重,他们都无能为力,只好摇着头退出人群。接着,又来了几个人上前医治,也都束手无策。

这时,冯祥便当众说了几句话,留下丁小山然后就离开了。待他刚走,一个中年人便来到了商人面前,只见他俯下身来察看着商人的伤情,一会儿工夫,他趁人不备,突然将手掌轻轻地按住了商人的喉咙,就在这千钧一发之际,丁小山一把抓住了这个人的手腕,使他不能用力往下按,并大声说道:"你这个强盗,还不束手就擒!"

丁小山的话音刚落,冯祥便来到了这个人面前,手捻胡须说道:"好你个图财害命的家伙,本府只略施小计,就将你抓了现形,你现在还有什么话说?"

冯祥说了一句什么话,就让凶手立刻现形了呢?

642. 寻找嫁妆

明朝的时候,有一户姓李的富人家,养了一个宝贝女儿。女儿渐渐长大了,到了出嫁的年龄,夫妻俩托媒婆为女儿找了一个婆家,也是一户富裕人家。他们想,我们是有钱人家,女儿出嫁的时候,嫁妆一定要显出派头,不能让婆家笑话。

女儿出嫁前的那天晚上,他们连夜准备嫁妆,一箱箱的名贵衣服、一条条的绸缎被子,多得数也数不清。屋子里装不下了,就堆放在院子里,准备第二天再装上彩车。谁知道第二天一大早，他们发现有一个箱子空了，放在里面的衣服都不见了，那都是女儿上花轿前要穿的呀！他们问了仆人，可都说没有拿过，四下里寻找，也不见衣服的踪影。李家只好到县府报案，并且请求马上抓到盗贼，不影响女儿晚上的婚礼。

县官听了案情，为难地说："县城里有这么多的人，要是一家一户查起来，得好几天啊！"这时，有个叫刘炎泽的州官，正好到县里来视察，听说了这件事以后，对李家夫妻俩说："今天日落之前，我保证让盗贼自投罗网！"他先让文书写了一张公告，公告上写着："城里某户人家失窃一箱衣服，为捕拿盗贼，明天上午各户居民务必等在家里，等候官兵前来搜查后，方可离开。"然后，他吩咐手下人马上到处张贴，最后，他又对守城门的官兵关照了几句。

这天日落之前，在县城门口，那几个偷衣服的盗贼，真的自投罗网了。守门官兵在他们的身上，搜出了很多女人的衣服，都是被偷的嫁妆。

刘炎泽是怎样让盗贼自投罗网的呢？

643. 失而复得的官印

康熙初年的时候，蓝溪县新任知县黄敬刚上任两个月，就发现官印丢失了，不禁大吃一惊。他不敢声张，私下召来师爷毕矮商量。毕矮分析说："这人偷去官印，也没有什么用处，可是你却落下一个丢印的罪名，我想偷印的人无非是想让你丢掉官职，因此可以断定偷印是报复你。你有没有什么仇人啊？"

黄敬想了想，说："我刚来此地，也没有什么仇人啊？要说得罪人，我上任不足两个月，会得罪谁呢？只有胡狱吏，他贪赃枉法，曾经被我责罚过。只有他有偷印的可能，可又没有什么凭据，也不好办啊。"

毕矮沉思了一会儿，附耳给黄敬出了个主意。黄敬听后，不禁拍案叫绝。

这天晚上，胡狱吏正在县衙做事，突然后院起火。黄敬立即当着众下属的面，把封好的官印盒交给胡狱吏拿回家保管，自己立即转身指挥救火。

第二天，胡狱吏当着众官的面把官印盒还给县令。黄县令打开一看，官印在里面，于是当着众衙役的面，表彰胡狱吏保护官印有功，发了赏钱。

那胡狱吏为什么盗了官印又偷偷还回来呢？

644. 不识字的狗

明朝的宁王年轻时是个花花公子，经常牵着只脖子上挂着块写有"御赐"两字牌子的丹顶鹤，在南昌满街闲逛。

有一天，那只丹顶鹤自个儿踱出门来，被一条狗咬死了。宁王暴跳如雷："我这丹顶鹤是皇上赏的，脖子上挂着御赐金牌，谁家野狗竟敢欺君犯上。"当即命令家奴把狗的主人捆起来，送交南昌知府，要给他的丹顶鹤抵命。

当时的南昌知府名叫祝瀚，对宁王的胡作非为很是不满。听说宁王府的管家前来转达宁王的"旨意"，又好气又好笑，对管家说："你写个诉状来，本府自当审理。"

宁王府管家递上诉状，祝瀚看过，从签筒中拔出令签，命令衙役捉拿凶犯到案。管家忙说："不劳贵差，人已抓到堂下。"

祝瀚故作惊讶，说："这诉状上明明写着肇事凶犯乃是一条狗，本府今日要大堂审狗，抓人来干什么？"

宁王府管家气急败坏地说："那狗不通人言，岂能大堂审问？"

祝瀚见管家既狗仗人势,又说的有点道理,便想了个办法,就把这个案子轻松地判了。请问,祝瀚是如何断案的?

645. 贪财的瞎子

明朝时,有一个瞎子,靠给人算命骗钱。他戴着一副墨镜,扛着招揽生意的幌子,上面写着"替人算命,为你免灾",然后走街穿巷,到处骗钱。那时候的人都很讲迷信,碰到考状元、生孩子、造房子等,都来求他算命。那个瞎子十分贪心,他故意装神弄鬼吓唬人,骗了很多的钱。

有一天,算命瞎子要到一个小镇去。那小镇隔着一条河,去那里要经过一座独木桥。他摸索着走上了独木桥,那桥很陡很窄,又有些年月了,走上去摇摇晃晃的,瞎子害怕得脚都抖了。正在这时候,有个农夫赶集回来,肩上搭了一块新买的红布,也走到了桥上。他看到前面有个盲人,就好心地说:"你眼睛不方便,我背你过去吧。"算命瞎子一听,赶紧伏在农夫的背上。

农夫背着瞎子走着,瞎子摸到了那匹布,心中马上起了坏念头。他偷偷地把布撕了一个口子,等到过了桥,农夫放下瞎子,瞎子竟然拿了布就要走。农夫责问他:"我好心背你过河,你怎么能拿我的布呢?"瞎子却一口咬定,说布是他新买的。

县官审理了这个案子,他问农夫和算命瞎子:"你们都说布是自己的,有什么证据呢?"算命瞎子赶紧抢着说:"我有证据,我在拿布的时候,不小心撕了一个口子,请老爷明察!"县官一看,布上面果然有个口子,便说:"这么漂亮的一块白布,撕坏了真是可惜啊!"算命的马上说:"是呀。为了买这块白布,花了我很多银子呢!"他的话音刚落,县官便知道,他就是骗子。

为什么听了算命瞎子的话,县官就知道他是骗子呢?

646. 以牙还牙的办法

法国历史上有个知名人物罗伯斯庇尔,一次他为了陷害政治上的敌手,竟诬称敌手在发给士兵的酒中放了毒。为了取得"鉴定"的"依据",他把酒交给当时著名的化学家特洛化验,并答应以重金酬谢。可是,化学家特洛拒绝金钱的引诱,在化验后明确宣布酒中无毒。

罗伯斯庇尔令他修改结果,特洛不但拒不接受,反而想出一个办法,使罗伯斯庇尔当众出丑,暴露了他陷害人的真面目。

请问:特洛想的是什么办法呢?

647. 智破伪证

赫梅尔有一次出庭为一家保险公司辩护。

案情是这样的:原告参加了这家保险公司的人身保险。他的肩膀被掉下来的广告牌砸伤了,而且伤得很重,手臂抬不起来,于是他向保险公司提出了巨额的赔偿请求。保险公司凭着多年的从业经验,怀疑原告诈保,于是拒绝巨额赔偿,双方因此闹到法庭。保险公司请来了赫梅尔作辩护律师。

赫梅尔仔细分析了案情,又从多方面对原告进行了观察,很快就看出原告所说的伤势有假。开庭时,赫梅尔以一种关心的口吻问原告:"为了证明你的伤势,请你给陪审员们看看,你的手臂现在能举多高？"原告慢慢将手臂举到齐肩高时就痛苦不堪,不能再举了。接着赫梅尔又问了一个问题让原告的伪证不攻自破。

那么你知道赫梅尔是怎样让原告的伪证不攻自破的吗？

648. 引诱

战国时期,齐、楚、燕、韩、赵、魏等六国在一个名叫苏秦的人的游说下,联合起来,共同抗秦。六国国王都很信任苏秦,都封他为本国的宰相。

有一天,苏秦告别燕王,来到了齐国。齐王亲自出迎,并把他安置在一个守卫严密、风景秀丽的花园中。齐王几乎每天都要来花园中与苏秦商量军机大事。这一天,苏秦送走了齐王,吃过晚饭,独自一人来到后花园散步。他刚走过小桥,来到望月亭坐下,忽然从亭边一株桃树后面蹿出一个蒙面刺客,舞剑向他刺来。苏秦大惊失色,一面高呼救命,一面抓起身边的一根木棒企图抵挡。那刺客剑法纯熟,平时从不习武的苏秦哪是对手。只两三下,苏秦便被刺客一剑刺中,翻倒在地。刺客见状,便翻墙逃走了。等到守卫花园的兵士们赶来时,苏秦已奄奄一息了。

兵士们急忙把苏秦被刺的消息报知了齐王。齐王当即赶到花园,看望苏秦。

苏秦吃力地睁开眼睛,对齐王说:"大王,臣死无憾,只是不能再帮助大王完成抗秦大业了……"

齐王忙安慰他说:"本王要为你树碑立传,永示后代！"

"那样万万不可。"

"为什么？"

"我只有一个要求……"

"快说,不论什么事,本王都替你去办！"

"我要大王捉住刺客,替微臣报仇！"

"可是刺客已经逃走了。"

"我有一个办法可让他自投罗网。"

苏秦说出了自己的主意,齐王大吃一惊,刚要再问,苏秦脑袋一歪,咽下了最后一口气。

第二天,齐王亲自实施了苏秦的计划,果然很快就有一个人来到齐王的面前,神气十足地对齐王说道:

"启禀大王,是我见苏秦到齐国怀有二心,所以除掉了他。"

"这么说,是你刺死苏秦的了？"

"正是小人为民除奸。"

"好,那就请你把刺杀苏秦的经过讲给本王听听。"

刺客一听十分高兴,一口气儿把那天晚上刺杀苏秦的经过述说了一遍。齐王听刺客说的和苏秦临死前说的情况一样,便认定了此人是刺客无疑,于是高声喝道:

"来人哪,还不快与我绑了！"

"啊！大人……"刺客惊慌得叫喊起来。

齐王说道:"苏秦不愧为天下名士,足智多谋。是他临死时给本王出的主意,这才抓住了你这真正的奸佞之徒！推出去,给我斩了,用他的头来祭奠爱臣苏秦的亡灵！"

刽子手立即将刺客斩首示众。

人们看见刺客伏法了,更加佩服苏秦的智谋。

那么，苏秦临死时给齐王出了什么主意，才使刺客自投罗网呢？

649. 巧还耕牛

唐朝时，一向断案如神的张允济被派到武阳县做县令。

一天，有个青年来到县衙前击鼓报案。衙役将这个青年人带到县令大堂。

张允济见堂下是一个朴实憨厚的农民，便问道："你要状告何事何人呢？"

"小人要告我的岳母。"

"你把告状的理由说给本官听听。"

"小人名叫张生，以养牛种地为生。我的岳母曾向我借过一头公牛，一头母牛，帮着犁地。前些时候，这头母牛生下了几头小牛，我就去要回，可我的岳母就是不还，并说牛是她的，从来没有向我借过牛。"

张允济听了，问张生："当初你岳母找你借牛时，可曾写有字据？"

"没有！"张生答道。

"没有字据！"张允济有些为难地重复了一句，他看了看眼前的这个青年，忽然心生一计。

他让衙役蒙住张生的眼睛，又对其进行了化装。然后五花大绑地押着张生来到他的岳母家。张生的岳母见来了不少人，便迎了出来，张允济走上前去，只几句话，张生的岳母便说道："这些都是我女婿的牛，我正准备还他呢！"

张允济说了什么，使张生的岳母乖乖地还了张生的牛呢？

650. 藏人的木桶

宋朝仁宗在位时，河南洛阳城外有户姓李的人家。因发生水灾，生活无计，李家弟兄俩便把破衣裳、旧棉被装进一只木桶里，两人抬着到外地谋生去了。

李家弟兄俩在外面苦干了几年，挣了60两银子，还买了许多衣服，他们把银子裹进衣服里，然后装在木桶中，用盖子盖严，准备抬着回家去。

这天，弟兄俩走到天长县，天已经黑了，他们便住进天长县城一家客栈。到了半夜，弟弟忽然肚子疼，哥哥就背着他到处找郎中。

天亮时，弟兄俩赶回客栈，想拿些银子付郎中医药费。不料，木桶被人翻过，藏在衣服里的60两银子不见了。这间客房，只有店老板和老板娘来过，不是他们偷的，还会有谁？可店老板和老板娘说这弟兄俩存心敲诈。双方争论不休，就来到县衙打官司。

当时，包拯任天长县县令。他叫人把那木桶抬到后院。他围着大木桶转了转，然后附在一个当差的耳边说了几句话，又回到了大堂上。

包拯对店老板和老板娘说："依我看，是他们诬赖你夫妇二人，现在将那只大木桶判给你们，快到后院去抬吧！"

一会儿，店老板和老板娘又被衙役押了回来，包拯责罚了那对贪心的夫妇，把银子还给了弟兄俩。请问，包拯是怎样找到证据的呢？

651. 一口大铁锅

有一天早上，包拯在衙门里正在批阅案卷，忽然听到外面有人在争吵，一个尖尖的嗓音在叫："我没有偷锅，快放我走！"另一个沙哑的嗓音说："你偷没偷锅，请包大人审问就知道了！"

包拯放下笔，起身来到门口，看到两个男子拉扯在一起。一个高个儿提着一口大铁锅，另外一个人是残疾人，少了一只胳膊，脚一瘸一瘸的。高个儿说："小人是卖铁锅的小商人，在院子里放了很多铁锅，最近发现铁锅老是被偷走，昨天夜里我就一宿没睡，等着抓小偷。半夜里，看到这个家伙来偷锅，就把他抓住了，还请老爷发落！"

还没等包拯发问，那独臂跛子喊道："冤枉哪！我半夜起来上茅房，他却一把抓住我，说我偷了他家的什么铁锅，我缺手断脚的一个残疾人，这么大的一口铁锅，怎么背得动呀？分明是他诬陷小人，还请老爷明察啊！"

包拯听了他的话，点点头说："你说得很有道理，分明是商人诬告你，所以本官决定，把这口大铁锅奖励给你！"

商人一听，气呼呼地说："老百姓都说包大人公正廉明，谁知道……"他还没说完呢，独臂跛子早已等不及了，兴奋地背起铁锅，飞快地奔了出去。还没等他跨出门槛呢，包拯就大喝一声："偷锅的窃贼，你往哪里走！"

包拯为什么先说偷锅贼是被诬告的，后来又说他是窃贼呢？

652. 被割掉舌头的耕牛

在天长县的一个山清水秀的村子里，住着一个叫李大柱的青年农民。他身强力壮，又很勤劳，日子过得越来越好，不但添了一头肥壮的耕牛，而且还翻盖了草房。

在李大柱家的前面，住着一户姓金的农民，主人金兆来是村里有名的酒鬼。一年到头打下来的那点粮食，都被他卖钱买酒喝了。家里老婆孩子五六张嘴，只能吃草根，吞树皮，东讨西要。秋收的时候，当他看见李大柱把成车的粮食拉回家里时，心里既羡慕又嫉妒。

眼下正是春耕时节，农民们都下地了。唯有金兆来不肯下地，独自一人在屋里喝着闷酒。他想：我和李大柱前后院住着，凭什么他比我富有。不行，得想个法子治治他。他寻思了好一会儿，终于想出了个办法。

当天晚上，金兆来蹑手蹑脚地来到了李大柱家的牛棚前，抓起一把青草伸到了耕牛的嘴边。耕牛以为是主人来喂自己，便伸出舌头去卷草。这时，金兆来手起刀落，耕牛的舌头被割掉。耕牛疼得直叫，金兆来急忙逃窜了。

李大柱一觉醒来，听见屋外耕牛一直叫唤，忙出去察看。来到牛棚，吃惊地发现耕牛满嘴是血，再一细看，耕牛的舌头被割掉了一半。

第二天，他气呼呼地来到了县衙告状。县令包公听了李大柱的述说后，对他说："这好办，你只要回去把耕牛杀了，我就能知道是谁割掉了耕牛的舌头。"

"把耕牛杀了？"李大柱听了包公的话，不禁瞪大了眼睛惊愕地问道。

"对，要杀死吃肉，而且要让村里的人都知道，但不要说是我的主意。"包公说完就退堂了。

李大柱虽然没弄明白包公为什么非要自己杀死耕牛，但还是按包公说的去做了。当天，他就把耕牛杀了，并邀乡亲们来吃牛肉。

第二天，那个割掉耕牛舌头的人果然自动来到了县衙，被包公当堂抓获。这个人正是金兆来。包公是怎么把金兆来捉住的呢？

653. 招兵抗倭

明朝嘉靖年间的一天清晨，淮安知府范贾正在公堂上批阅公文，忽然听见门外的大鼓"咚咚"直响，便命衙役出门去传击鼓之人。

告状者是一对老年夫妇，说他们的儿子大牛几天前外出置办彩礼时，突然失踪，生死不明，恳请府衙派人出外去寻找。

范贾向老夫妇问了一些情况之后，立即排除了几种可能，大牛与未婚妻秀英是乡邻，自小青梅竹马，是不会逃婚出走的；大牛力大如牛，更不会被人轻易劫走。很有可能是大牛路遇了强盗，而强盗见他携带购买彩礼的银子，便见钱眼开，将其杀死。所以当务之急，应该首先找到大牛。

范贾从老夫妇的口中得知，从大牛的村子到府城，途中有一个大水塘叫五里河。于是，他带着衙役来到这里，让衙役们下水打捞。果然如他所判断的那样，衙役们在水塘中捞出了一具年轻男尸，后背还有一处刀伤。范贾让老夫妇辨认，二人一眼认出死者就是他们的儿子大牛。

范贾查看了大牛的刀伤后得出结论，死者被杀的时间不会超过 3 天，他绕着大水塘走了一个来回后，心中便有了破案的计策。

于是，他向在场的所有人说了一番话，大家也都纷纷认可他说的话。之后，他在大水塘边支起了几案，办起了公。当天下午，范贾让人贴出了一个告示：因近期倭寇时常骚扰本地，为了保卫地方，防止倭寇再来烧杀抢掠，现拟招募乡勇 100 名，每名乡勇将得银元 100 两。因淮安周围此时不断地遭到倭寇的侵扰，所以告示贴出后，大水塘边很快就聚集了大量的报名者。

范贾见来了这么多的应征者，十分高兴，禁不住一个一个召见，并亲加勉励。突然，范贾在一个反穿棉袄的汉子面前停住了脚步，两眼紧紧盯住他的眼睛。那汉子被范贾看得不知所措，马上局促不安地低下了头。范贾厉声问道："你为什么反穿棉袄？"

那汉子一时无以答对，怔了一下说道："我因要赶来应征，不经意地就穿反了棉袄！"

范贾让衙役将那汉子的棉袄脱下，发现棉袄的正面沾有不少的血迹，便问道："你这血迹是怎么留下的？"

汉子闪烁其词地回答道："我也遇到了倭寇，与他们拼杀，便留下了血迹。"

"胡说！"范贾揭穿说，"倭寇 3 个月前曾来到我们淮安地区滋事，已被官府肃清，近日根本就没有倭寇犯境，你身上的血迹，明明是新沾上的。"

那汉子知道自己已无可反驳，只得承认了是自己杀害了大牛。

那么，范贾在查看了大牛的尸体后，当众说了什么话，使得大家纷纷认同，并传到了凶手的耳朵里呢？

654. 大牢与小牢

崇祯皇帝在位的时候，山西一带盗匪猖獗，一股股强盗结成了多个帮派，他们拦路抢劫，杀人越货，把个好端端的山西搅扰得天翻地覆，民不聊生。

为了打击匪患，还老百姓安居乐业的太平日子，太原知府组织了一支强悍的队伍，向各路土匪强盗展开了猛烈的进攻，终于一股民愤极大的强盗被活捉了。

太原知府十分高兴，准备公开审理这伙强盗，可是本以为好审的案子，却偏偏碰上了钉子。这伙强盗不仅组织严密，而且有不怕死的帮规，任凭知府如何审理，他们就是不招供，甚至向知府叫板，说他们无罪。

眼看着没有定罪的线索和直接证据，太原知府不禁急得一筹莫展，手足无措。

这时，一位足智多谋的师爷向知府献了一计。知府听罢，不禁连连称好。

很快，知府升上大堂，命令衙役把强盗们一个一个地单独带到堂上进行审问，然后把其中的几个人带进大牢对面的小牢里，其余的人押进大牢里。这样带进小牢里的强盗马上又被单独提审，而提审之后，衙役们就会给他们送去酒肉。与此同时，关进大牢里的那些强盗吃的都是粗茶淡饭。这样进行了两天后，知府开始提审大牢里的强盗，在审问时，非常郑重地告诉他们已经有人揭发了他们的强盗行径。

很快，大牢里的强盗就主动地交代了罪行，这伙强盗的所有罪恶便全部暴露了出来，使知府顺利地破了案。

这位师爷献的是什么计策呢？

655. 兄弟打官司

清朝的时候，安徽张家庄住着兄弟两人，哥哥叫张震，弟弟叫张元。兄弟俩租种几亩薄田，勉强糊口。

有一年，遇上旱灾，田里颗粒无收。在生活无着落的情况下，张震就东借西借凑些本钱，到汉口一带做起了生意。

说来也怪，张震做生意的运气特别好，过不了几年，就赚了许多钱。张震寄钱回家，买地造房，添置家产，并且供养其弟张元读书成人。

多年以后，张震已是一把年纪的人了。他打算不再做买卖，回家乡去安度晚年。谁知张震刚回到家门口，其弟张元竟翻脸不认人，喝令家人将他赶了出去。

这下可把张震气得眼睛都直了。去告状吧，田园契约都在张元手上，自己肯定要吃亏；不告吧，这些年来，明明是自己一个人在外面东奔西跑，省吃俭用，好不容易才积攒下这笔家产，今天竟不明不白地被弟弟一人霸占了去，岂能甘心？

左思右想，张震心中不平，就去找县令百文敏。

百文敏下令将张元带到衙门。张元一上大堂就咬定说："家中财产全是我一手置办，不信，契约字据可以作证。"说完，从口袋里摸出一大把字据来。

百文敏看张震一副老实巴交的样子，不像存心诬告，再看张元有根有据，道理充足。但是，张元年纪毕竟不大，又是读书人，谅他也不懂生财之道。不过，证据不足，难以定案，他只好吩咐退堂。

但是，过了几天，百文敏便想了一个办法，把这个案件断了。

你知道他想的是什么办法吗？

656. 谁害死了老太太

北京城里有一户人家，丈夫是一个商人，长年在外地做生意，妻子留在家里，既要养育年幼的儿子，又要服侍年老的婆婆。她对婆婆特别孝顺，婆婆逢人就说："我真是福气，有这么一个好媳妇。"

商人有一个妹妹，人又懒又馋，心眼还特别坏。看到母亲这么喜欢嫂嫂，心里非常嫉妒，就想着法子，准备趁哥哥不在家的时候陷害嫂嫂。有一天晚上，小姑来到嫂嫂家，看见嫂嫂在忙着照顾母亲，炉灶上煮着什么。她揭开锅盖，看到里面煮着红枣莲心汤，心想："哼！这么好吃的东西，也不叫我来吃，我要你吃下去送命！"她偷偷跑回自己的屋子，拿了一包老鼠药，放进锅里。

谁知道嫂嫂煮的红枣莲心汤，是给母亲喝的。母亲喝了以后，立刻口吐鲜血，从床上滚到地上死了。小姑看见闯了大祸，就一口咬定是嫂子故意毒死了母亲，连夜报告县官，把嫂嫂抓了起来。

县官先审问嫂嫂："你为什么要毒死婆婆？"嫂嫂伤心地大喊冤枉，小姑却在一边编造了很多假话，说嫂嫂早就想害死母亲了，要求县官判她死刑，为母亲偿命。县官说："今天已经很晚了，本官也累了，你们先在附近的小庙里睡一晚，明天早上再审吧。"他又叫来了手下人，一五一十交代了几句。

小庙里阴森恐怖，姑嫂俩硬着头皮在此睡了一夜。第二天一早，县官还没有审问呢，手下人就告诉县官："小姑已经自己招供了，是她想毒死嫂嫂，却把母亲给毒死了！"

县官想了一个办法，让凶手自己承认真相，他用的是什么妙计呢？

657. "神钟"识盗

陈述古刚到蒲城县做县令不久，就发生一起盗窃案，失主家里的几件贵重东西被偷走了。衙役们抓了一批嫌疑犯，但一连审问了几次，均毫无结果。这使陈述古有些犯难，怎样才能把真正的盗贼抓出来呢？

深夜里，陈述古难以入睡，坐在灯下翻阅有关材料，苦苦地思索。这时，寺庙里的钟声传来，这悠扬的钟声使他想出了一个破案的巧妙办法。

隔了几天，陈述古向官员们说："最近在县南边的灵山寺里发现了一口'神钟'，能辨别盗贼，而且非常灵验。"随后派人将那口"神钟"运到蒲城，低低地悬挂在衙门后面的阁楼里，让人焚香点烛，供上果品祭拜。

这事很快传到嫌疑犯的耳中，他们不知"神钟"怎样辨盗贼，都产生了莫名的惊慌。

这一天，陈述古吩咐把嫌疑犯带进阁楼。他带领官员们在"神钟"面前恭恭敬敬地摆上供品，烧香叩头。然后对嫌疑犯们说："这口钟很灵验，没偷东西的人摸它，不会发出声音；偷过东西的人只要手一碰到它，就会发出嗡嗡的声响。你们现在都不承认自己偷了东西，我只好请'神钟'来辨别了。"

说完，陈述古让他们退出阁楼，叫狱吏把"神钟"用帷帐围起来。过了一会儿，陈述古亲自监视，把嫌疑犯逐个带进黑乎乎的帷帐里，让他们伸手去摸钟，摸过后，都挤在阁楼的一个黑暗角落里。

十几个人都摸过了，"神钟"竟没有发出一点声音。陈述古叫嫌疑犯一个个走出阁楼，说："把你们的手伸出来。"他们先是一愣，接着毫不在意地把手伸到面前。陈述古逐个检查，然后指着其中一人说："偷东西的就是你！"经过审问，那人果然就是盗贼。陈述古是怎样破案的呢？

658. 良师益友

宗涛是个好学上进的青年。近一时期，为了准备考托福出国深造，每晚都要到外语学院进修英文。这天，他照例匆匆吃罢晚饭背上书包去赶公共汽车。

可能是周末的缘故，站台上候车的人很多，而公共汽车又偏偏不来。宗涛不停地向来车方向眺望，一只手还经常去摸他的书包。书包里除了必要的资料和文具外，还有他未婚妻小姜送给他的一份珍贵礼物。他把这份礼物称之为自己的"良师益友"，所以生怕它丢了。

公共汽车终于来了，站台上显示出一派紧张忙乱的景象。乘客们挤着上车。胡宗涛虽然年轻敏捷，但他没有加入拥挤的队伍，而是帮助维持秩序。

他每天都乘这路公共汽车，和售票员小姐相当熟悉。售票员微笑着向他道谢，他也笑着点点头，就向靠窗的地方移动。当他找到一个立足之处时，全身已汗涔涔了。

这时他又下意识地去摸他的书包，发觉他的"良师益友"不见了，他顿时觉察到可能在挤上车时被人窃走了。他焦急万分，但仍镇静地想着如何来找到窃贼。

公共汽车开动了，售票员也下意识地看了一下手腕上的表，她正为公共汽车晚点而焦急。宗涛突然灵机一动，对售票员说："这班车晚点将近15分钟，可能会造成线路混乱。"

售票员显得更加焦急的样子，回答说："不是晚15分钟，而是误了近20分钟的时间。"

宗涛安慰说："可能你的手表快了。我每天去进修，总带着一只小闹钟放在包里，定在6点钟响铃，以提醒我不要误了时间，不信它很快就要响了。"

就在宗涛与售票员对完话之后，宗涛马上就指着一个乘客说道："是你偷了我的心爱之物！"在一个又一个事实面前，小偷终于承认了！

宗涛是如何在很短的时间里抓到了小偷的呢？

659. 没装胶卷的相机

仲夏的一天，阳光明媚，风和日丽，鹅鼻川风景区游人如云，一派热闹的景象。摄影师薛剑依着石炮台的矮墙，眺望着长江，欣赏着眼前这一派壮观秀丽的绝妙景色。他拿起放在石凳上的摄影包，打开包盖，准备拿出他的心爱的宾得相机，好拍照片。可他打开包盖，顿时惊呆了：他的宾得相机不翼而飞了。

他立即抬眼朝四周望去，发现不远处有一个穿T恤衫的男子，正在向人群中挤去，手里好像拎着一台宾得照相机。

薛剑马上快步如飞的追上了那个人，从后面一把拉住了那人的衣裳。那人被拉停住了脚步，返身责问薛剑："你拉着我的衣裳干什么？"

薛剑指着他手上的照相机说："我刚才丢了一台这样的照相机。"

"你丢了照相机关我什么事？"那人反唇相讥，"难道只有你一个人买得起照相机吗？"

薛剑向四周一看，拎着同类相机的人很多，但他依稀记得这个男子刚才曾站在他的身边，现在又想挤进人群溜走，凭感觉断定这个人一定是小偷。可现在自己无凭无据，小偷怎肯承认呢？

猛然间，薛剑急中生智，说道："我的照相机里已装上了胶卷。"

那人马上反驳道："这又能说明什么问题呢，谁的相机里不装胶卷呢？"

薛剑听了此话。更加确定了这个人一定是小偷，便抓住话头，问道："请问你在相机里装的是什么牌子的胶卷？"

"金奖柯达！"那人随口答道。

薛剑又问："请问你拍了几张照片？"

那人不耐烦了："我拍了几张关你什么事？你说这相机是你的，你能说出拍了几张吗？"

"我能，"薛剑说，"不过，现在要邀请一个人来验证一下。"

薛剑就请围观的一位戴着"纠察"袖套的工作人员作公证人。

仅仅一会儿工夫，公证人就当众宣布："薛剑是相机的拥有者，这个人是小偷！"

薛剑是如何通过公证人让小偷认罪的呢？

660. 公审大树

有一个商人，在外面做了好多年生意，赚了一大笔钱，放在身边不放心，就带着钱回到老家，当天晚上，他关紧了门窗，拿出钱对妻子说："这是我几年来辛辛苦苦赚下的钱，现在儿子只有 3 岁，咱们先把钱藏着，等将来儿子大了，给儿子盖房子、娶媳妇。"

妻子看到这么多钱，惊喜得嘴巴都合不拢了，"当啷当啷"数起来，商人慌忙说："别弄出声响，让别人知道了不安全！"妻子数好了钱，商人问她："这么一大笔钱，你看藏在哪里好呢？"妻子想了一想说："就埋到后院吧。"等到后半夜，他们来到后院，把钱埋在一棵大树下。

过了几天，商人又要出门了，他想检查一下钱还在不在，谁知刨开土一看，钱袋竟然不见了，就赶紧去县衙报了案。

县官仔细地询问了情况，对他说："钱埋在大树底下，谁拿了钱，大树应该知道啊。明天早上，我要亲自审问大树！"

第二天，县官派人把大树砍倒，运到村口的空地上。村里人听说要审问大树，感到很稀奇，都聚集在空地上看热闹。县官让商人的全家站在大树旁边，然后大声责问："大树啊大树，到底是谁偷了钱，快快招来！"大树当然一声不吭。县官又下令："大树不肯招供，就请众人排成队，在大树前走过去，或许大树会告诉你们什么。"众人就排着长队，一个个走过大树。

忽然，商人的儿子朝一个年轻人喊起来："抱、抱！"县官大喝一声："来人！把这个偷钱的人抓起来！"

为什么县官通过审问大树，能判断出年轻人就是偷钱的人？

661. 收萝卜

新任知县胡海山，刚接过官印就下乡察访民情。一天晚上，他来到城外田野里，突然从一条田埂下跳出一个大汉，将胡知县擒住。

胡知县厉声喝道："大胆毛贼，居然偷抢到本县身上。"

大汉将胡知县紧紧抓住："贼喊捉贼，分明是你黑夜来此偷窃，不意被我守候在此，当场捉住，还有何话可说！"

远远跟着胡知县的县衙公差闻讯赶来，喝住大汉。那大汉见自己误将知县当贼擒拿，慌忙磕头谢罪。原来他在附近田里种了两亩萝卜，正想收下上街出卖时，发觉萝卜已被人偷走大半，他气怒交加，就守在田埂下，想捉拿贼人。未料想竟捉住了本县县官。

大汉十分伤心地说："我萝卜被偷断了生计，如今又冒犯了大人，甘愿进监服役，尚能勉强温饱。"

胡知县说："你且放心，本县一定想办法抓住贼人，追回你的萝卜。"说罢回转县衙，派人去告诉本城最大的酱园老板，托他高价收购数万斤萝卜。

酱园老板不敢怠慢，四处张贴收萝卜的告示。一时间，四面八方闻风而动，肩挑车载的萝卜源源不断地涌向酱园。

一天，来了两个送萝卜的人，正在过秤付款的两个伙计只与这两个送萝卜的人说了几句话，就将他俩带到了知县面前，经过审问，证实了这两个人就是偷萝卜的贼。

胡知县是如何破案的呢？

662. 受冤枉的木匠

有个财主生病死了，给 3 个儿子留下了一笔钱和县城里的一家钱庄。钱庄是赚大钱的地方，三兄弟都争着要当老板，最后决定，三兄弟轮流当老板。可是都去县城的话，那笔钱放在哪里呢？

老三说："村里的王木匠是老实人，就委托他保管吧。"两个哥哥都同意，可是又怕老三和王木匠勾结，私下里把钱拿走，就和王木匠写下了字据："三兄弟必须同时在场，才能把钱交还。"

三兄弟一起经营钱庄，整天你防着我，我欺骗你，生意怎么做得好呢？没有多久钱庄就倒闭了，他们只好回家，打算把钱取出来分了。老三说："现在去取钱，王木匠肯定要收保管费，我倒有个办法，明天早上赶集的时候，我们当着众人的面，给他行礼致谢，他就不好意思开口收费了，下午我们再一起去取钱。"两个哥哥都觉得是好主意。

这天晚上，老三去见王木匠，说："我们三兄弟一起来取钱的话，人多眼杂不安全，所以明天早上赶集的时候，我们来向你鞠躬，这就暗示三兄弟一致同意，由我做代表来取钱。"王木匠不知道其中有鬼，就同意了。

第二天早上，三兄弟恭恭敬敬给王木匠鞠躬行礼。中午，老三就拿到了钱，逃到外乡去了。

下午，两个哥哥找不到老三，就来找王木匠，这才知道上当了，他们找不到老三，就向县官报案，诬告王木匠勾结老三骗钱，还拿出字据，要王木匠赔钱。王木匠好心却没有好报，大喊冤枉。

聪明的县官看了字据，竟然对王木匠说："老三没有拿走钱，钱还在你那里！"

县官为什么说钱还在王木匠那里呢？

663. 谁是抢劫者

在海滨的一座城市里，半夜时分，风平浪静，万籁俱寂。只有那一排排整齐的街灯，哨兵似地挺立在路旁，默默地洒下柔和的光辉。

女工王芳下夜班后骑着自行车回家。和她结伴而行的工友一个个拐进黑暗幽静的胡同，只有她的自行车仍在空荡荡的马路上沙沙地响着。

突然，一个人从黑影里蹿出来，拦住了王芳的去路，就在王芳吓得手足无措的时候，那人一下子捋走了她的手表，转身向一条小巷跑去。这时，王芳才蓦地醒悟过来，大声喊叫："抓坏人！抓坏蛋！"

这时，一个刚刚下班的小伙子正赶到她面前，便毫不犹豫地拔腿向着王芳指示的方向追去。

王芳尖利的喊声，打破了夜的宁静，惊动了正在值勤的公安战士徐明和赵维平，他俩立即赶到王芳面前，简单地问明情况，也向着那条小巷跑去。

徐明和赵维平赶到小巷深处，只见两个青年扭打在一起，嘴里互相责骂着，一只手表在墙角处发出微弱的光亮。

徐明和赵维平互相递了个眼神，把打架的两个人制止住，问他俩为什么要打架。没想到，两个人互相指责说："他抢了人家的手表，我跑来把他抓住！"口气都很强硬。

年轻的赵维平厉声进行盘问。他想从他俩的说话、表情、动作上看出点破绽。可是，两个人的年龄、穿戴，甚至说话的腔调、满不在乎的神态都很相仿，不同的是一个是方脸，稍胖；一个是长脸，略瘦。分不出哪个是拦路抢劫的坏蛋，哪个是见义勇为的好人。

"走！跟我来！"赵维平命令着，徐明掏出干净的手帕，把手表用手帕裹着捡起来，跟在后面。

4个人一块儿来到王芳面前。赵维平是想叫王芳辨认辨认，分出谁是抢劫者。可是，当时王芳只是紧张害怕，没有看清抢劫者的面孔。看来，只好把他们带到公安局去审理了。

这时，一直没有出声的徐明，把手表交还给王芳，用一种老于世故、息事宁人的口气说：

"表找到就行了，没事了，你们都回家吧。"

这样处理，显然出乎在场人的意料。

王芳接过手表，迟迟疑疑地不想立即离开。

赵维平用一种不解与不满的眼光看着徐明。

"你们就这样处理问题？这样还出来值勤，有什么用！"那个胖脸的青年突然用手点着徐明和赵维平的鼻子愤怒地说。

就在这时，徐明眼疾手快，冷不防把站在一旁一直默不作声的那个瘦脸青年摔倒了，随即把他押到公安局。经过审讯、调查，果然他就是那个拦路抢劫的人。

徐明的这一手，是赵维平没想到的。他怀着敬佩的心情问徐明当时是怎样做出判断的。

664. 跟踪狂

普瑞西·鲍尔是高中拉拉队里最漂亮的女生，也是神探博士的儿子小杰弗里的好朋友。这一天他们俩在学校储物间的走廊里碰到了一起，普瑞西看上去好像心事重重的样子。

"你怎么了，普瑞西？"小杰弗里问道。

"是我的阿姨露西，"普瑞西说道，"有人在跟踪她。"

"她以前不是也有人跟踪吗？对于像你阿姨这样的影星这太正常了，所以她才要请保镖的嘛。"小杰弗里安慰道。

"你说的对，但这次的情况却让她感到很害怕。她的保镖和警察都没能抓住那个家伙。这让她非常担心。"普瑞西说道，"她昨天深夜还见到了那个人。那人好像知道保镖什么时候在，什么时候不在。这次他甚至跑到了我阿姨家，透过窗户向里面看！"

"如果是这样就比较严重了。那你阿姨怎么能确定对方是同一个人呢？"小杰弗里问。

"问题就在这里，"普瑞西说，"我想我已经知道了是谁干的！"

"你是怎么知道的？"小杰弗里锁上自己的储物柜，等着她继续说下去。

"她知道对方是同一个人是因为那人的车灯与众不同。"普瑞西说，"她听到窗户那里有动静，就打开了房间的灯，然后看到对方的背影迅速地消失在黑暗中。过了一会儿，她听到了一声关车门的声音，几秒钟后又看到一辆车的尾灯在远处的路上亮了起来。由于那时车已经开出了很远，因此可以断定对方一定是先开车离开，然后才打开车灯。"

"那么你的结论是什么？"

"车灯，"普瑞西说道，"她曾见过那辆车的车灯。是那种很大、圆形的红色车灯，上方还各有一个小一点儿的圆形车灯。这下你能猜到是谁了吧！"

"你是说约翰？"小杰弗里答道，"他可有一阵子没来学校了，不过他的年级比我们高。我想他是在用上课时间打工，以支付他那辆定制的五九年款改装福特汽车。也许我们应该去查一下他的储物柜。"

"我知道他的储物柜在哪儿，"普瑞西说道，"就在女生储物间的旁边。他总喜欢站在那里，看着穿着体操服的女生们从他面前走过。"

两人很快就找到了约翰的储物柜，因为储物柜的门上用口香糖粘了两个字母 J·B·，正是他的名字的字首缩写。另外，门上还贴了一张海盗旗标志的贴纸。

"我们怎么把它打开呢？"普瑞西问道。

"很简单。"

小杰弗里走上前去，从口袋里掏出了一样工具，只见三两下之后门锁就被打开了。

"好了，我们来看看里面都有些什么。"小杰弗里一边说一边向储物柜里望去。

"是一本数学书。"

"这可实在是出人意料。"普瑞西说道。

小杰弗里伸出一只手指在书面上划了一下，然后把手指给普瑞西看，只见上面粘了一层灰尘。两人都咯咯笑了起来。然后小杰弗里又从里面拿出了 3 样东西。其中有一本卷起来的电影杂志，封面上正是普瑞西的阿姨露西的照片；另外还有一把长长的，带黑把儿的弹簧折刀和一个小灯泡。

"看起来这可是重要的证据。"小杰弗里说。

"这说明他脑子里一直计划着跟踪露西阿姨。"普瑞西答道。

"我指的不是这个意思，"小杰弗里说："我想很多高中生都会有露西阿姨的照片。"

"那你是说……"

"没错，"小杰弗里接着说道，"我是说灯泡！"

小杰弗里想说的是什么？

665. 心理学家的理论

有一位著名的心理学家兼精神病医生，他能够运用精神分析学说破案。

一天，维也纳警察局的警长请布利尔去聊天，正巧遇到一起案件。

情况是这样的：

5 天前，郊外一户人家的漂亮女人被杀，现场没有凶手遗失的东西，只是在大门口拣到一支才吸了一两口的香烟。

现在，有两个人值得怀疑：一个是被害者的情人，音乐学校的学生。死者生前常常将此人带回家中。最近，被害人与他常发生争吵。另一嫌疑犯是那一地区的缝纫机推销员。此人曾花言巧语引诱死者，但遭拒绝。这两人都有杀人嫌疑，但都缺少有力证据。

布利尔警长正准备做唇纹比对。

这位心理学家说："即使不用这样，也可判明谁是杀人犯！"

那么，凶犯是谁呢？

第七篇

综合分析

666. 失窃的宝石

侦探波洛接到了朋友安德鲁打来的电话："请您务必来一趟，帮我找到那颗失窃的宝石！"

波洛来到安德鲁的家，被带到了一间密室。波洛扫了一眼，发现这间密室是圆形的，没有任何墙角。门左边有一个男仆，旁边是一张饮料桌，上面有 5 个加了冰的酒杯和两个瓶子。房间中央是一张小桌子，上面有一个空的首饰盒，宝石肯定原本就装在盒子里。门右边是史密斯夫人，她站在一幅雷诺阿的名画前面。然后是穆勒先生，他站在一幅毕加索的画前面。穆勒先生旁边是拉特先生，他正在看一幅伦勃朗的画。主人安德鲁就站在拉特身旁。房间里再没有其他任何东西了。

"波洛先生，"安德鲁先生说道，"我邀请了一些客人来看我的收藏品。一开始，我给他们看的是我好不容易才收集到的一颗名贵宝石，它原本就放在这个盒子里。后来，他们对我挂在墙上的画产生了兴趣，就站起来各自欣赏。

"他们现在的位置就是我发现宝石丢失的时候所站的位置。您看得出来，我们都背对着宝石。由于大家都沉浸在这些画中，没有人注意到别人的行动。可我一转过身，就发现宝石不见了。"

"安德鲁先生，那个男仆当时在干什么呢？"波洛问道。

"当时我叫他给客人们准备点喝的。他正在调酒，我听到他在往杯子里放冰块。我搜过他的身，他身上没有宝石。至于这些客人，我可不能搜他们的身，他们都是我的朋友。不过他们都没有离开过这个房间。"

波洛扫视了一下整个房间。房间里非常整洁，根本看不出有什么地方能够把宝石藏起来。他沉思了一阵，突然眼睛一亮，因为他知道该到什么地方去找宝石了。

你知道宝石藏在什么地方吗？

667. 一家乐器商店被盗

星期六晚上，一家乐器商店被盗。盗贼是砸碎了商店一扇门上的玻璃窗后钻进店内的。他撬开 3 个钱箱，盗走了 1225 克朗，又从陈列橱窗里拿了一只价值 14000 克朗的喇叭，放在普通喇叭盒里偷走了。

警方对现场进行了仔细调查，断定窃案是对乐器商店非常熟悉的人所为。警方把怀疑对象限在汉森、莱格和海德里3个少年学徒身上，并认定他们3人中肯定有一个是罪犯。

3个少年被带到警官索伦森先生面前，看到桌子上放着3支笔和3张纸。索伦森对他们说："我请你们来，是想请你们与我合作，帮我查出罪犯。现在请你们写一篇短文，你们先假设自己是窃贼，然后设法破门进入商店，偷些什么东西，采取什么措施来掩盖罪迹。好，开始吧，30分钟后我收卷。"

半小时后，索伦森让他们停笔，并朗读自己的短文。

汉森极不情愿地读着："星期六早晨，我对乐器店进行了仔细观察，发觉后院是最理想的下手地方。到了晚上，我打碎了一扇边门的玻璃窗，爬了进去。我先找钱，然后从橱窗里拿了一个很值钱的喇叭，轻手轻脚地溜出了商店。"

轮到莱格了，他念道："我先用金钢刀在橱窗上剖了个大洞，这样别人就不会想到是我干的。我也不会去撬3个钱箱，因为这会发出响声。我会去拿喇叭，把它装进盒子里，藏在大衣下面，这样就不会引起人们的注意。"

海德里最后说："深夜，我在暗处撬开商店的边门，戴着手套偷抽斗里的钱，偷橱窗里的喇叭。我要用这钱买一副有毛衬里的真皮手套，等人们忘记这桩盗窃案后，我再出售这只珍贵的喇叭。"

索伦森听完后，指着其中一个说："小家伙，告诉我，你为什么要干这种坏事？"

那个少年顿时惊恐万状。

这个少年是谁？索伦森凭什么识破了他？

668. 船长遇害

早上9点左右，亨利侦探和助手来到海边散步，看见一艘小帆船倾斜在沙滩上，此时是退潮的时候，亨利感到有些不对劲，于是和助手走近帆船，对着船舱大声喊了几声，没有人回答。亨利于是沿着放锚的绳子爬到甲板上，从甲板的楼梯口往阴暗的船室一看，呈现在眼前的是一位躺在血泊中的船长。

亨利仔细查看，只见这位船长的手中紧握着一份被撕破的旧航海图，上面血迹斑斑。他躺卧的床头上，还竖着一根已经熄灭的蜡烛，蜡烛的上端呈水平状态。也许船长是在点燃蜡烛看航海图时被杀害的，凶手杀死船长后就吹熄了蜡烛，夺去航海图才逃跑的。

"这艘船大约是昨天中午停泊在此处的，船舱里白天也是非常阴暗的，所以，即使在白天看航海图也需要点蜡烛，船长被害的时间并不一定是晚上，可是船长到底何时遭到毒手的呢？"

助手一边随亨利查看现场，一边自言自语。

"船长被害的时间，在昨晚9点左右。"亨利说。

你知道亨利是根据什么做出如此判断的吗？

669. 替罪的瞎子

一天，一位瞎眼的中年男子来到县衙自首，说他因生气不慎失手打死了年老的父亲，要求胡县令给他治罪。胡县令听罢，便带领衙役一同去现场勘察。

到了瞎子家，只见一位白发老翁面朝黄土，倒在血泊中。胡县令验尸时，发现死者后脑勺有3处伤口，这些伤痕有规则地分开排列着，那老翁自然是招架不住来自3个不同部位的致命袭击。胡县令看到这一切，对瞎子说："你杀了人，是要抵罪的，你这一去可再也别想回来了。家里还有什么人？叫他来和你诀别！"

瞎子脸色阴沉，过了一会儿，才低声说："家里还有一个儿子。"胡县令便派人传唤他儿子来。

儿子来了，畏畏缩缩地站在瞎眼父亲身旁，一会儿看父亲，一会儿看众人，又不时瞟着倒在血泊中的祖父，双手不停地绞在一起。此时，胡县令大声说道："你们父子有什么话快说吧，今天可是最后的机会了。"

听罢这话，儿子抓住父亲的手，低头呜咽起来。父亲也哭着对儿子说："儿啊，以后可要好好做人。只要你今后好好过日子，父亲此去也没有什么牵挂了。不要想念我，我眼睛瞎了，也不值得想念。"说罢，瞎子就扭过脸去。那儿子神色凄然又慌乱。胡县令喝令儿子退下。

过了一会儿，胡县令又叫瞎子退下，传那儿子上来。胡县令铁青着脸，高声喝道："刚才你父亲把一切都招认了，是你打死了你祖父，还想让你父亲来抵罪。你知道该当何罪吗？还不快招供！"那儿子"扑通"一声跪倒在地，哆嗦着说："我确实打死了祖父，但我父亲去投案完全是他自己的主意，这跟我不相干，请大人饶命！"说完连连磕头。

原来他家共有4口人，他还有位叔叔，那老翁由于大儿子是瞎子，所以常常偏袒小儿子。这孙子就记恨在心。有一天，趁祖父一人在家的时候，孙子抱起石头砸死了祖父。父亲回来后得知此事，不禁吓坏了，为了保住这条根，就想出了这么个替罪的主意。

胡县令是凭什么知道儿子是杀人凶手的呢？

670. 画家被杀

"我把来访的两个客人带进会客室时，他已经死了。"死者的妻子说。

死者是一个知名的画家，死因是被子弹击中头部。当时，他的左手握着一支手枪，外表看来，好像死于自杀。

查克斯探长展开调查，询问有关的人物。来访的两个客人，一个叫道明。他是死者妻子的旧恋人，3年前去巴黎，两天前才回来。另外一个叫小田，他也是画家，本来和死者并不认识，这几天一再到死者家中拜访死者，他说死者剽窃了他的作品，故前来追究。

两个人都和死者有仇。不过，死者也不是没有自杀的动机。死者的妻子曾对警方表示，两个月前，死者生病后左手麻木，不能再拿画笔，这使他十分沮丧。

最后，查克斯探长确定两人之中有一个一定是凶手。

谁是凶手呢？

671. 森林公园深处的凶情

在森林公园的深处发现一辆高级的敞篷车，车上有少量树叶，一个老板模样的人死在车里。警方迅速封锁了现场。

"发现了什么线索？"警长问。

"法医估计已死亡两天。没有发现他杀的迹象，死者手边有氰化钾小瓶，所以初步认定是自杀。"

"有没有发现第三者的脚印？"

"没有。地面上落满了树叶，看不到什么脚印。"

"请大家再仔细搜查现场，排除自杀的主观印象。这不是自杀，而是他杀后移尸到这里的。估计罪犯离开不到一小时，他一定会留下马脚的。"大家又投入仔细搜查，果然发现了许多线索，追踪之下，当天便抓获了杀人犯。

请问：警长为什么认定不是自杀而且罪犯没有走远呢？

672. 证言的破绽

在一辆列车上，500万元待销毁的旧纸币被抢劫一空。案发时间是半夜2点左右。负责押运的安全员托尼头被打破，脸被划伤。经验丰富的唐纳警官奉命登上了列车。在案发的第四节8号包厢里，除发现两支吸了一半的香烟外，再没有其他任何可疑迹象。

唐纳询问案发时的情况，托尼说："我从登上列车就没跨出包厢的门，饭和水都是列车员送来的。后半夜2点左右，忽然有两个人闯了进来，他们一高一矮，戴着面具，只露出眼睛。他们手上戴着手套，没等我开口，那个高个子就一拳把我打倒在地，用枪抵住我，将我打昏。等我醒来时，发现钱箱不见了。我立刻高声大喊，向列车长报了警。"

唐纳听完之后，拿起那两个烟头问道："这是你抽的吗？"

"不，是他们抽的。他俩进来时每人嘴里叼着一支香烟。"

"很好！这两个烟头会给捉拿案犯提供有力证据。"唐纳说完又问道："那么你脸上的划伤是怎么回事？"托尼答道："这是高个子强盗打我时他手上的戒指划破的。"

唐纳听完，立刻将托尼抓了起来，并说出了原因，托尼只得乖乖地低下头。

唐纳认定托尼就是劫匪的依据是什么？

673. 嫌疑犯答话

在东北的一个小镇，一条小河从东向西流过。一个月圆之夜，一桩谋杀案打破了小镇的平静。法医推算出案件应该发生在晚上9点左右，并且很快找到了嫌疑犯，刑警立即对他进行审问。

"昨晚9点左右你在哪儿？"

"在河边与我的女朋友聊天。"

"你坐在哪边河岸？"

"在南岸。昨夜是满月，河面上映出的月亮真好看！"

"你说谎！这么说，罪犯就是你。"

请问：刑警的根据是什么？

674. 考卷里的错误

琼斯在警察学院当学员。他以《贩毒犯》为题写了一份案例。内容如下：

某日中午，太阳当空照，在湖上留下长长的树影。马捷和沙多把一艘预先准备好的小船推进了湖。他们顺着潮流漂向湖心，这个湖是两个毗邻国家的界湖，由地下涌泉补充水源，不会干涸。马捷和沙多多次利用这个界湖干着走私的勾当。

他们在湖心钓鱼，不时能钓到一些海鳟，然后把内脏挖出，装进袋里。夜幕降临，四周一片漆黑，两人把小船快速划到对岸，与接应人碰头，然后一起把小船拖上岸，朝天翻起，船底装着一个不漏水的罐子。他们把小包毒品放在里面。他们干得相当顺利，午夜刚过10分钟，便开始往回划，在离开平时藏船处以北半公里的地方靠岸。两人将100包毒品取出平分。5分钟后，一支海关巡逻队在午夜时分发现这只船时，没有引起丝毫怀疑。但当他俩回到镇上时，撞上了巡逻的警察，马捷和沙多被缉拿归案了。

哈莱金探长看完后，大笑着说："这张考卷里错误百出，琼斯应该留一级才对。"

你能发现这张考卷里有多少处错误？请至少找出3处。

675. 空的保险柜

富翁西蒙斯不堪年迈久病的折磨，4天前服安眠药死去，生前他给刑事专家约瑟夫和侄儿索尼留下两封短信。

他的房间只有一把钥匙，在索尼手中。他留给索尼的信中，要求侄儿必须在他死后要等待4天，才能进入他的卧室，打开藏在他肖像后的保险柜，并说柜中放着10万美元，一半赠给母校，一半留给索尼。

现在，按照死者信上交代的，索尼邀请约瑟夫一起进入叔叔的房间。约瑟夫看到壁炉的正方挂着肖像，炉台上放着一盆绿色植物，宽大的叶片个个倾向墙壁，触及肖像。索尼移开花盆，约瑟夫叫他打开保险柜。

当索尼对暗码时，约瑟夫朝窗子走去。窗子正对着肖像，明媚的阳光穿过窗子直射到肖像上。窗子在里边锁着。忽听索尼一声惊叫："是空的！"

"是空的。"约瑟夫说，"你叔叔生前把钱寄给我了。他想考验考验你，看你是否等得了4天，你竟然没经受住这场考验。"

请问：约瑟夫看出了什么破绽？

676. 露出马脚的高级骗子

8月中旬一个炎热的夜晚，在一家"汽车旅馆"里，正在被警方追捕的高级骗子塞克和他的3个助手聚在一起，商讨抢劫亨利与哈罗父子的公司的事。亨利与哈罗父子的公司是市内西区一家最高级的珠宝店，防范非常严密，有一套最先进的电子报警系统，雇佣了一名私人侦探，通过闭路电视，日夜监视6个柜台，只要稍有一点风吹草动，可以马上按动电钮，自动封闭公司所有的出入门。

因此，塞克警告同伙，在行动的整个过程中，不准脱掉手套，不准直呼同伙的姓名，动作必须迅速，一分钟也不能延误。

第二天早晨6时整，化装成警官查理的塞克和3个助手来到珠宝店，找到公司的私人侦探莫里斯，向他通报道："根据情报，在11点整，一伙歹徒要来抢劫贵公司。我们准备当场将其抓获。"

然后，他指指电话机，说："我想给苏格兰场打个电话，问问有什么新消息。莫里斯先生，您能给我接通电话吗？"

莫里斯点点头。警方电话交换台很快接通了。"请接……"话还没说完，塞克从莫里斯手里接过话筒，"是的，我是查理。嗯嗯……我们就在这儿，如果有什么消息，请立即通知我们。我在公司的监视中心。噢，明白了。"

待他挂上电话，莫里斯忙问："查理先生，他们有多少人？"

"我们也不太清楚。"塞克答道，"我们只知道可能作案的时间。不过，不必担心，半小时前，警察已经包围了这幢大楼。3名歹徒一踏进大门，大门外面的马路都将被封锁，他们一离开公司，我们就行动。"

莫里斯若有所思地看了塞克一眼，走到隔壁房间打了一个电话。不一会儿，警察驱车赶到，逮捕了塞克和 3 个助手。

他们在哪儿露出了马脚？

677. 伪造的照片

这是一张用闪光灯拍摄的惊心动魄的照片：照片上是一个正在划火柴的小姑娘，蜡烛旁摆着许多漂亮的圣诞礼物。小姑娘的后面是一个美丽的少妇，面对照相机，正从窗外飞身下落。照片下有这样一段说明："这张惊人的照片由巴菲尔于 8 月 24 日晚上 9 时 30 分摄于布鲁克林摄影室。当巴菲尔先生按下快门时，莫纳太太正从 6 楼的平台上跳下。这幅以她在空中坠落作背景的惊人之作被《现代家庭》杂志选为圣诞期刊的封面。据说莫纳太太体重几十磅，当晚因时速高达 40 英里的风暴袭击而失足坠下楼去，当即摔死在人行道上。"

现在，这张被题为《投入死亡》的照片出现在摄影佳作巡回展上。业余摄影家、大侦探凯恩在参观时，很快被吸引住了。这时，凯恩身后来了几位官员，其中一位手中拿着一条蓝绶带。当他们正要把这代表最高奖赏的蓝绶带钉在《投入死亡》这张照片上时，凯恩讥笑说："你们为什么要给这幅伪造的作品以最高奖赏呢？"

"什么？这是伪造的作品？"官员惊讶地问。

你知道凯恩为什么说这张照片是伪造的作品吗？

678. 一宗奇案

被告的罪名是抢劫杀人，但是在审讯中，他却口口声声说自己是清白的，而证人却一口咬定他目睹被告犯了罪。

证人的证词是这样的：7 月 20 日晚上 10 时，我站在一个大树后面，亲眼看见被告在离大树西边 30 米处的草堆旁作案，因为当时月光正照在嫌疑人脸上，所以我看得非常明白，就是他。听起来证人的话无懈可击，但林肯却根据这一证词判定证人犯了诬告罪，而将被告无罪释放了。

你能说出林肯做出这样判决的科学根据吗？

679. 飞来的爹

北宋的时候，有个叫曲宁的人。他父亲是个老员外，不久前死去了。

这一天，曲宁刚刚吃过早饭，就看见门外走进来一个老汉。那老汉拉住曲宁的手，泪如泉涌，哭诉道：

"宁儿呵，咱们骨肉亲人到底相聚了！"

这是怎么回事？曲宁顿时怔住了。难道老父的亡灵又回来了？他揉了揉眼睛，看清了站在面前的这个老人自己过去并不认识，忙问道："老人家，您认错人了吧？"

"这怎么会呢？不要叫我老人家，我是你亲爹呀！"老汉一副诚恳的样子。

"亲爹？我爹不久前刚刚过世，您……"曲宁越发糊涂了。

"唉——"老汉长叹一声，娓娓地讲述了下面一段话："你爹我原本是个云游四方的郎中。30 多年前的一天，你母亲生下了你，可正巧那时我在外行医。你母亲生下你后不幸得了重病。咱家平时积蓄很少，为了治病，又为了能让你活下去，你母亲只好把你卖到了曲员外家。等我行医回来时，你已经被曲家抱走了，我当时想去曲家把你赎回来。可想到他家财大势大，闹不好人财两空，再一想，曲家是因为没有儿子才把你买去的，也亏待不了你，所以就作罢了。后来，你母亲想你，不知偷偷去看你多少次，现在，咱们骨肉能相聚了，可你母亲在两年前已去世了……"

说到这里，老汉已泪流满面，曲宁也失声痛哭起来。片刻，他抹去泪水，忙把老汉搀进上房，让家人备酒备菜。

曲宁的妻子听说后，让人暗地把曲宁叫了出来。

她对曲宁说："这事太突然了，千万别闹出笑话来呀！你没问过他有什么凭证吗？"

曲宁听妻子说得有理，又回到上房问老汉："老人家，您有什么凭证，能证明您是我亲爹呢？"

老汉一听这话，生气地说："想不到我等了这么多年，就等来了你这么一句话！既然这样，咱们还是一刀两断吧！但是，我是不是你的亲爹，还是应该让你知道的。"说着，老汉从怀里掏出了一本药书，递到曲宁眼前："这上面的字是我那年回来时写的，你自己去看吧！"曲宁接过药书，果然见书的后面清清楚楚地写着两行小字："我妻经中间人刘三将亲生儿卖给曲诚老员外。×年×月×日。"

曲宁把药书上的字给妻子看后，妻子还是不信，她说："你不妨把药书拿给县太爷程颢去鉴别一下，他若说是真的，为妻也就信了。"

没有办法，曲宁只得把药书拿到了县衙。

程颢看了看药书，又看了看曲宁，问道："你今年少说也有30几岁了吧？"

"是的，小人今年37岁。"

"我记得曲老员外过世的时候高寿73，对吗？"

"正是。"

程颢笑了："这么简单的事情，还用来问我吗？"

曲宁不知所以，疑惑地望着程颢。

"去你家的那个人是个骗子，根本就不是你的亲爹。"

"那他为什么来行骗呢？"

"很快就会清楚的。"程颢说完，派两名捕快立即去曲家把老汉押到公堂。一审，这个老汉果真是一个盗贼。他想冒充曲宁的亲爹大窃曲家！

程颢是如何破了这个案子的呢？

680. 新学期的风波

新学期开始了。因为很久没见面了，同学们还没进教室，就开始聊起天来，主要的话题是大家在假期中买到了什么好东西。

琼斯说："我买了最新的手机，全美国可只有30只噢！"

约翰不服气地说："那有什么，我这只高级多功能手表可是这种型号的最后一只！"

玛丽则插嘴说："别得意，你们的东西迟早都会被淘汰。可我的999纯金项链，才是可以永存的最有价值的护身符！"

在他们旁边，一位准备要去学校教务处办理转学手续的同学理查德，听了好生羡慕。还有一位每天都会来学校散步、拄着拐杖的老爷爷，正好经过这儿也听见了这些对话。

忽然，上课铃响了，大家都回到自己的座位上，教室外边没人了。老师凯瑟琳进来点完了名，确定大家都在自己的位子上后，大家又开始聊起天来。玛丽、约翰、琼斯3个人，非常骄傲地把刚刚所说的东西拿出来炫耀。

接着，凯瑟琳要带同学们去上体育课。大家把书包留在了教室，一些贵重的东西也都没带走。当大伙儿到了操场时，凯瑟琳突然想起钥匙忘在了教室，于是赶忙跑回教室拿。过了一会儿，凯瑟琳慌慌张张地跑回来说："我刚刚看到一个人影从教室旁的围墙跳了出去，觉得有问题，就冲上前去追他，结果还是被他溜了。教室有被人动过的迹象，请同学们回去检查一下。"

大家回到教室，发现第一排到第六排的书包都掉在地上！大家检查完后，发现第一排到第六排的大多数同学的钱包或饰品之类的都没被偷，可是同样坐在前6排的琼斯、约翰的手机和多功能手表却不翼而飞了。由此可见，小偷应该是为他们攀比的那3件东西而来的。

玛丽松了一口气说："好险！我刚好坐在第7排第一位，幸好小偷还来不及光顾我的座位，不然下一个可能就是我了！"

综合以上的描述，你推断，小偷可能是谁？

681. 抢劫出租车的强盗

在一个秋天的午夜，竹内刑警正在空无一人的街区走着，突然，从小胡同里冲出一个男人，差点和他撞了个满怀。

竹内刑警赶紧往旁边一闪，那男人拿的手提包撞在竹内腰上后掉在地上。那男人立即拾起皮包，像兔子一般的逃跑了。由于天黑，竹内刑警没看清那人的面孔，只有个粗略印象：戴着太阳镜，下巴留着胡子。竹内刑警想追上去询问，可那人跑得太快，转眼间已冲进前面150米远的一幢楼房里。

这时，小胡同里又传来急促的脚步声，一个男人气喘吁吁地跑来。他一见竹内刑警，便粗声粗气地问道："刚才那家伙，跑到哪里去了？"

"那里。"竹内刑警用手一指，那男人立即准备追过去。

"你等等，我是警察，究竟发生了什么事？"说着，竹内拿出证件。

"警察先生，太好了，请您马上抓住那家伙，他是抢劫出租车的强盗。他打伤我的头部，抢走营业款后逃跑了。"出租汽车司机抚摸着后脑，似乎伤处很痛。

于是，竹内刑警和司机一起来到罪犯逃入的那幢建筑。

一楼仓库的百叶窗关着，旁边有楼梯。顺楼梯上到二楼，是两个并排的房门。这里再无其他路可走。进了门，犹如老鼠钻进笼子一般，罪犯肯定躲进了其中的一扇门内。

第一个门的门牌上写着西蒙。为了慎重起见，竹内刑警在敲门前又问了一次司机："如果看到罪犯的脸，能一下认准吗？"

"不太有把握，只能肯定他戴着太阳镜，留着胡子，拿着手提包。没想到会在车上遭抢劫，因此没认真观察相貌……"司机口气不太坚定。

竹内敲了敲门。不久，门开了，露出一个年轻男人的面孔。

司机盯着对方的脸看过后说："下巴没留胡子，不像是这个人。"他不太自信。

竹内刑警拿出警察证件说："是西蒙先生吧？今晚你一直待在屋里吗？"

"是啊，几小时前就开始听立体声唱机。"

"一点儿声音也没听见吗。"

"我戴着耳机听的，到底有什么事？"西蒙诧异地反问道。

"刚才有个抢劫犯逃进这座楼房，我们正在追寻他。"

"那么，你说我是抢劫犯吗？真是愚蠢透顶。"

"没断定就是你。可是为了慎重，请让我们进屋看看。"竹内径直闯入房间。

这是单间房，15平方米大的居室里放着立体声唱机，上面接着耳机。竹内刑警戴上耳机听了听，耳机里响着交响曲。

"啊，是这个手提包。"司机在房间角上一眼就看到手提包，他立刻打开一看，里面装着脏毛衣、罐装啤酒、快餐面和文件书籍等等。

"这是昨天朋友忘在这里的，喝一罐吧。"西蒙说着，取出一罐啤酒，拉开盖子。刚一开，啤酒泡沫立刻喷涌出来，溅到他脸上。

"啊呀……"他不免怪叫一声，慌忙用手帕擦脸。

司机看着他的狼狈样儿笑了起来。可是，他又见立体声唱机上放着太阳镜，便拿起太阳镜强迫给西蒙戴上："你戴上看看。"

司机盯着看了一会儿，似乎有些遗憾："我觉得有点像，不过，下巴没留胡子，不敢肯定。"

"怀疑人应该有个分寸，我从几个小时前，就在听贝多芬的音乐。"西蒙气愤地摘下太阳镜说："在这儿怀疑我，不如去调查一下隔壁的男人。真是莫名其妙。"

"隔壁房间住的什么人？"

"一个叫罗宾的穷画家。"

"几分钟前，你听到上楼梯的声音吗？"

"完全没听见，我戴着耳机。"西蒙答道。

竹内刑警和司机暂时出了房间，来到隔壁。敲过门后等了一会儿，门才打开。一个穿着睡衣的男人睡眼惺忪，揉着眼睛出来了。

"哎呀！他也没留胡子，真是怪事。"司机看清对方相貌后非常失望。

"到底有什么事？深更半夜的……"罗宾没好气地说。

竹内刑警给他看过警察证件后，问道："你什么时候睡觉的？"

"现在几点钟？"

"午夜一点多。"

"那么大概是四个小时之前，有什么事？"

"寻找抢劫犯，请让我进屋查看一下。"

"别开玩笑，把人从熟睡中叫醒，说是什么抢劫犯。这是怎么回事？有搜查证吗？"

"那就没办法了，跟我一起去警察署拿吗？"竹内刑警虚张声势。

"那就请便吧。"罗宾勉勉强强让两人进了房间。

这里同样是单间，到处摆着画架和画布，连插足之地都没有。司机在床下发现手提包，他打开一看，里面装着画具和几厅罐装果汁。

在这里，竹内刑警也打开壁柜进行了检查，里面没藏人。

罗宾冷冷看着两人搜查，酸不溜秋地说："托福，睡意全消失了。"说完，打开罐装果汁喝起来。

在厨房桌上的碟子里，放着两片切开的苹果，已削过皮，果芯已取出。

竹内刑警发现这个苹果没有变色，便问道："这苹果是什么时候吃的？"

"睡觉前呀。"

"那样苹果会变成茶色。实际上，为了伪装逃回家的时间，赶紧削了苹果皮吧？"

"如果怀疑，你可以自己尝尝嘛。"罗宾生气地答道。

为了谨慎，竹内刑警切下一刀，尝了尝，是优质苹果。

"刑警先生，现在不是悠闲品尝苹果的时候，罪犯确实跑进这所建筑里来了吗？"司机焦急地问。

"绝对没错，我看得非常清楚。"

"那么这屋和隔壁的男人，哪个是罪犯呢？我完全不清楚。要说某人是罪犯，却没有决定性的证据……"

"不，有确凿证据。"竹内刑警斩钉截铁地说。司机吃了一惊。

"啊，刑警先生已经知道谁是罪犯了？"

"当然知道，罪犯坐你的车时，下巴留的胡子是伪装的。"竹内刑警答道。

那么，抢劫出租汽车的强盗是西蒙，还是罗宾呢？证据是什么？

682. 一株植物

九月的一个早晨，斯凯岛上参加"海盗之行"的9名游客登上了"走运"号机帆船。9名游客，五男四女。4名女游客都已五十开外。在5名男游客中，亨利26岁，是伦敦一家药店的老板；49岁的摩尔是开杂货铺的，业余摄影爱好者，左腿微跛；考克斯莱是一位出租车司机，50岁；匹克尔和莱斯特都是63岁的老头，早已退休。他们此行的目的是效仿海盗，乘机帆船，顺着海盗的踪迹，穿梭于赫布里奇群岛和各岛屿之间，最后到达摩勒岛——300年前海盗的巢穴。

下午4点30分，船靠岸了。9名游客登上了一条被人踩出来的小路，两旁是灌木丛和长得齐人高的杂草。

"看呀——亨利先生，真想不到在这荒岛上竟然还长这种植物。"女游客海蒂拔起一捧像杂草样的植物给亨利看。

"这是什么植物？"亨利问。

"你不认识它？"

亨利摇摇头。

"这是麦冬，一种药草，可制作壮阳剂。"海蒂介绍道。

不知不觉绕过一堆土丘，一座颓败的古堡赫然耸立在游客面前。

"女士们，先生们，这就是海盗曾住过的古堡，现在是4点55分，海盗幽灵将接待你们15分钟，与你们合影留念，请你们准备好相机。"船长吉力尔介绍完后，便让游客走进古堡，自己却和4位工作人员来到离古堡50米的一幢木屋里，坐在桌前喝酒。

5点零2分，船长和伙伴们刚要离开，突然见屋外有个人影一闪，待他们跑出屋去，已不见踪影。船长明白，这绝不会是幽灵，肯定是"走运"号上的一名游客在偷听他们的谈话。他们在屋外四周搜寻了一会儿，没有发现什么，便匆匆回到了古堡。时间是5点10分。此时，9名游客已准时集合在一起等他们了。

5点23分，他们回到"走运"号上，等待着开船返航，却发现发动机进油管被人割断了。船长明白，一定有人搞鬼，而此人就在9名游客当中。

请问：嫌疑犯究竟是谁呢？

683. 一张借条

一天，"铁判官"柳清审理完一桩偷窃案刚要退堂，一个商人前来告状。

柳清仔细打量来人，见是个白面黑须、衣冠整齐的中年人，便问："你有何事？"

"回禀大老爷，小人孙贵，在城南关开布店。去年，开木匠铺的邻居张乾因手头拮据，曾到本店借钱，说好半年还清。我今天找他讨取，不想张乾拒不承认，望大老爷明断，替小人追回银两。"

"你借给他多少银两？"

"300两银子。"

"借据可带来？"

"在这儿。"孙贵从怀里掏出一纸呈上。

柳清接过一看，见借据写得明明白白，而且还有两个中间人的签名。柳清抬头问："中间人金平和龙六成可在？"

"我把他们请来了，现在门外。"

柳清唤过差人："传证人和木匠铺的张乾到案。"

不一会儿，3个人都被带到堂上。

柳清问："张乾，你向孙贵借钱，可有此事？"

张乾说："绝无此事！"

"这张借据上的签名可是你所写？"柳清朝他举起那张借据。

张乾道："根本就无借贷之事，我哪会签名？"

"来人，纸笔伺候，命你写上自己的姓名。"柳清说。

张乾写好自己的名字呈上。柳清将借据拿起一对，两个签名分毫不差。柳清心想：莫非借据是真的？他这么痛快写字签名，岂不等于在证实自己犯罪吗？

忽然，柳清想出了一个办法，立刻就破了案。请问，他想出了什么办法？

684. 谁的旱烟管

李文德和柳吉生是居住在黄河岸边某县的邻居，一天，他们为了一根旱烟管争吵到县衙。柳吉生说："这烟管是我花重金购买的，是我心爱之物。"

李文德说："这烟管是我父亲留下的，我们已经用了20多年了。"

县令李绍听完他们的陈述后，叫衙役将这烟管呈上来。烟管有一尺多长，杆是木质的，烟杆的上端刻有"癸未仲夏"4字，烟斗和烟嘴都是铜的，烟斗的磨损不大，烟斗和烟嘴上没有什么污秽，擦得很光亮。

看完后，他问李、柳二人："这烟管值多少钱？你们为何吵闹不休？"

柳吉生说："这烟管是我花5两纹银买的，虽不是很好看，却是我心爱之物。现今仍值5两银子。"

李文德说："这烟管其本身不值3钱银两，但是我父亲留下的，已使用了20多年，烟杆用有毒的黄藤做成，用这管烟袋装烟可以克毒，正是这样，就算10两银子也不止。昨天柳吉生来我家抽烟拿走了，今日我向他讨还，他却说是用5两银子买的。"

李知县听完他们的申述后，心想：今年是庚戌年，"癸未仲夏"至今也有20多年了。

他想到这儿，连忙拿起这烟管对堂下李、柳两人说："这烟管确实不错，制作精细，取材黄藤。根据你们两人所述，都无证据，这叫我断给谁都不公平。现在本县就按你们二人所述的价格之和15两纹银买下。但你们都喜爱这烟管，今天本县就让你们在堂上各抽3袋烟，抽完后，你们各取一半银子回去。"

两人抽完烟后，李知县即断定柳吉生是强拿别人烟管的人。请问，这是什么道理呢？

685. 寻找放哨的人

在一个极冷的一月的夜晚，格里利巡警刚巡视到市里一家商店的门口时，一只猫突然从他身旁蹿过，进了一个胡同。格里利注意看那只猫时，发现柯林斯珠宝店橱窗里有手电筒的光线闪过。

格里利立即请求支援，一辆警车随后赶到。3个警官都拔出手枪，封锁了商店的前后门。但为时已晚，盗贼已经逃跑了。警官们发现展橱已被打开了一半，这就说明，有人报信给盗贼了。

"他们一定有放哨的。"格里利说。几秒钟后，他的判断得到了证实。警官们在珠宝店的地板上发现一部步话机，看来是盗贼丢掉的。"快！"格里利说，"刚才我看到有3个人在外面游荡，其中一定有那个放哨的……"

警察们迅速行动，搜查了10个街区，逮捕了3个在街上闲逛的人，格里利还能记住他们的样子。

"我正在等公交车。"第一个人拄着白手杖，戴着墨镜说道，"我是一个盲人，在柯林斯珠宝店隔壁做会计工作，今晚我工作到很晚，听到街上有动静，但我看不见。"

第二个人是一个妇女，她在夜晚的寒风中颤抖着对警官说道："我的车坏了。我走出来找地方修车，你们可以检查我的车，现在还是坏的。"

第三个人是一个无家可归的酒鬼，他手中拿着喝了一半的威士忌酒瓶，瓶中的酒已经有部分结冰了。"我正想着自己的事情。"他含糊不清地说，"想找一个暖和的地方睡觉。"

"一个盲人，一个陷入困境的开车的人，一个酒鬼。"格里利对他的同事们低声说，"我知道是谁在替盗贼放哨了。就是那个酒鬼。"

格里利为什么说酒鬼是放哨的呢？

686. 巧辨方头锨

宋朝时的一天，瓜农蔡小二挑着两筐西瓜到集上去卖，邻村的几个瓜农也来这里卖瓜。

"甜瓜，甜瓜，吃一口甜掉牙！"邻村那几个人伸长脖子喊着，人们只是看看他们的瓜，就转身来到了蔡小二的瓜摊前。

人们看见蔡小二不用挑，随手拿起瓜切开，个个都是红沙瓤的。

"尝尝，没关系。"蔡小二笑眯眯地让人们品尝自己种的西瓜。

"好瓜，真是好瓜！"一个老汉拿起一块西瓜，咬了一口，连声称赞道。

不一会儿，蔡小二的两筐西瓜就卖光了。他刚要走，却被邻村那几个卖瓜的叫住了。

"喂，听着，从今往后再也不许你到这里来卖瓜了，不然……"邻村一个长得黑胖的瓜农说道。

"为什么？"蔡小二转过身来，气愤地问道。

黑胖子凶狠地斜了蔡小二一眼说："什么也不为，就为了我这瓜！"

蔡小二一看，黑胖子筐里的瓜还是满满的，一个也没卖出去。天下哪有这个理呀，这地方只许你卖瓜，不准别人卖。这小子也太霸道了，非治治他不可。想到这儿，他对黑胖子说："不行，明天我还来这里卖瓜！"

听了这话，黑胖子胡子都气得竖起来了："那好，咱们走着瞧！"

蔡小二回到家里，趁着天没黑，很快把两亩地的瓜数了一遍，已经有256个瓜熟了。他心想，这回好了，他黑胖子来偷一个西瓜我也知道，然后再告他去。

就在这天晚上，蔡小二的瓜地里果然出事了，不是丢了西瓜，而是有人把二亩地的西瓜秧全从根上砍断了。当蔡小二看见地里的一片惨景时，眼睛都直了，半天才明白过来，坐在地头失声痛哭起来。

乡亲们闻讯都赶来安慰他。

"这是谁干的，真缺德！"

"真是的，眼看到手的银子全完了！"

"哭有什么用，还是去告状吧！"

"对，听说胡县令很善断案，不妨找他试试！"

蔡小二听着大家的议论，心里也在思忖着：这瓜田被毁的事，没有一个人看见，就是报与胡县令，怕是也难断清。可是他又一想，事情已经到了这一步，不如去碰碰运气，没准胡县令真有办法呢！于是蔡小二当天就赶到县衙报了案。

胡县令果然办事认真，他问蔡小二："平日谁与你有仇？"

"没有啊！"

"你再想想，尤其是种瓜的人？"

蔡小二拍拍脑门儿，忽然想起昨天卖瓜的情形，便一五一十地对胡县令说了。

胡县令思索了一会儿，便让蔡小二领他来到了瓜地。

听说胡县令亲自来到瓜地断案，老百姓都纷纷前来观看。

只见胡县令在瓜地里东扒扒，西看看，不一会儿，从地里走出来，命令衙役："把附近所有瓜农使用的方头锹都找来。"

衙役们领命而去，很快就把附近几十家瓜农的方头锹都收来了。胡县令又让把这些方头锹每个间隔一步排列起来，然后命令道：

"凡是方头锹的主人，都站在自己锹的后面。"

很快，每个方头锹的后面都站了一个人。他们都是瓜农，那个黑胖子瓜农也站在队列中。胡县令果然手段高明，很快把黑胖子从队列中揪了出来。在事实面前，黑胖子只得如实招供，是他嫉妒蔡小二，怕自己的瓜卖不出去，才趁夜晚毁坏了蔡小二的瓜园。

胡县令是怎样巧断这起毁瓜案的呢？

687. 到底是谁

神探博士来到一家家具店，他的朋友瑞贝卡警官正在商店后面的办公室里和经理交谈。只见经理手拿毛巾，紧紧捂着自己左耳上方后脑勺上的伤口。还有两个人坐在经理后面的小桌两侧，手里各自拿着笔在纸上拼命地写着什么东西。两个人的动作几乎如出一辙，都是低头不语，专心致志，看上去很滑稽，就像是彼此在镜子里的倒影一样。

经过瑞贝卡警官的解释，博士很快就明白了这两个人为什么在写东西了。

"博士，这位是家具店的经理，他说案发时他正在店内照顾生意，背对着后面的办公室，突然有人从后面把他击倒然后进行了抢劫。由于只有他一个人在店里，而且确信别人无法悄悄溜进来，因此他怀疑是自己的两个助理经理中的某个人干的，因为只有他们有可能来过办公室。他们都有钥匙，都可能有机会从后门进来。因此我让他们把案发当时他们在哪里，在干什么都详细地写下来。现在还是你来问问他们吧。"

"瑞贝卡警官，我觉得没必要再问了。看起来你已经侦破了这起案件，我现在就可以告诉你是谁干的了。"博士说道。

博士是如何快速破案的？

688. 林中奇案

神探博士和埃利奥特侦探这会儿看上去就像是来自边疆的一对兄弟。他们俩都高高瘦瘦的，身穿鹿皮装，站在树林里的一块空地上进行抛斧头的比赛。

埃利奥特，留着一头黑色的卷发和浓密的胡子，看起来更像弟弟。除了头上那顶大卫式的，后面拖着条纹尾巴的浣熊皮帽之外，只见他从上到下皮衣皮裤皮靴一应俱全。而身旁神探博士的鹿皮夹克则是另一番特色，当林风吹过时，他袖子上的流苏会随风飘动；而当他垂下手臂抛出斧头时，快速旋转的斧头就会像飞机的螺旋桨一样发出呼呼的声音。

众人的目光都紧紧盯着从博士手中飞出的斧头，只见那斧头在空中划出一条曲线，然后"砰"地一声，稳稳地扎在几码之外画在一棵大树上的靶心。

"平局！"小杰弗里大声喊道。

小杰弗里和他的双胞胎姐妹，弗洛拉和弗洛娜，此时正和众人站在背对比赛场的一块安全区域内，津津有味地欣赏着爸爸和埃利奥特叔叔进行抛斧头比赛。而举行比赛的这个地方则是离神探博士长大的城镇10英里之外的一个大型露营区，这里正在庆祝克里斯边疆开拓日。

这时只听裁判喊道："每人再抛一次，决胜局！"

埃利奥特先上，他左手挥舞着斧头大步走到比赛位置，手臂低放，瞄了瞄远处的靶子，然后奋力一投，斧头呼啸而去，砰地一下，和上一掷一样，斧头正中靶心。

接下来轮到博士出场，他走到投掷点，信心十足地把斧头投了出去。就在此时树林里突然传来了一阵警笛声。

大家都转头望去，只见几辆警车和一辆急救车开到了旁边的帐篷边上，车刚停稳就有几个警察跳了下来。这时大家又想起博士的比赛结果，回头一看，却惊奇地发现他的斧头竟劈开了埃利奥特那把斧头的手柄，也正中靶心。

"哈哈，你可真是我们的神射手罗宾汉啊。"埃利奥特大笑道。

玩笑归玩笑，看到警察的突然出现，大家还是预感到营区里发生什么案件。果然，对面传来消息说在不远处的一个帐篷里有人被凶手用刀刺伤，嫌疑犯已被警方抓获。

瑞贝卡警官向大家说明了嫌疑犯的情况。有两个男子在此地宿营钓鱼，准备一起度周末。当他们被带到警车前时，可以看到两人的皮带上都挂着空空的刀鞘。

"我们没收了他们的刀具，准备拿到实验室进行化验。"瑞贝卡警官说道。

"这么说在案发现场没有发现凶器是吗？"埃利奥特问道。

"没有，不过从受害人的伤口可以判断是刀伤。"警官补充道。

这时，另一位嫌疑犯也被带了过来，嫌疑犯的妻子则跟在后面不停地大声抗议着："我丈夫根本就没有带刀！"

"这人身上没有发现刀。"一位警官抓着嫌疑犯的手臂说道。

嫌疑犯的妻子说道："我们只是来这里钓几天鱼，每年过节的时候我们都会来这儿吃鱼，看节目。"

瑞贝卡警官转头看看博士和埃利奥特侦探，然后对他们说："看起来嫌疑犯应该是那两个带刀的家伙中的一个，看来只有实验室的化验结果可以告诉我们真正的凶手是谁了。"

"我看不见得。"埃利奥特侦探反驳道。

"我看没有凶器的人才最可疑。"博士也发表了同样的看法。

"什么？这怎么可能？"瑞贝卡警官惊呼道。

博士和埃利奥特到底在说什么？

689. 波森家的盗窃案

埃利奥特侦探对各种奇怪汽车都情有独钟。除了摩托车，他还喜欢开着老爷车或改装车四处溜达。他也喜欢参加游行活动。实际上，埃利奥特每年都开着自己的老爷车参加国庆节游行，每逢此时他都格外高兴。而且每次参加游行时，他都会带上小杰弗里和杰弗里的双胞胎姐妹弗洛拉和弗洛娜跟他一起去。他们喜欢向游行路线两侧人群中的孩子们扔糖果。

现在，小杰弗里、弗洛拉和弗洛娜3人正坐在杰弗里家的门前，焦急地等待着埃利奥特叔叔开车来接他们去参加今年的游行活动。

"我真想赶快看到埃利奥特叔叔的车。"小杰弗里说。

"他每年都换辆新车，是吗？"弗洛拉问。

"你是说不同的车吧。"弗洛娜为姐姐做了个小小的纠正。

"对，他的车每次都是又旧又奇怪的。"

"不过至少看起来像新的。"

正当小杰弗里准备为她俩介绍埃利奥特每年参加游行的古怪车型时，3人突然听到了一声刺耳的轮胎摩擦声，接着就看到一辆黑色老爷车已冲到他们跟前停了下来。当它发动时整个车就像着了火一样，一股黑烟顺着车轮滚滚而起，在引擎罩和挡泥板之间还画上了明亮的火焰图案。

"哇，是辆49年水星汽车！"小杰弗里惊讶地喊道。

"没错！"埃利奥特推开车门朝孩子们说道："上来吧！"

孩子们兴高采烈地钻进车内，只见车轮又发出一阵刺耳的声音，急驰而去，只留下一股黑烟在空气中飘散。

"看起来你的轮胎撑不了多久了。"小杰弗里笑着对埃利奥特叔叔说。

"是啊，"埃利奥特说道，"再说我也不想被开罚单。"

说完，他把车速降到了规定速度限制之下，好像是在为刚才顽皮的行为表示道歉。

"我是个警察，警察可不能让别人开罚单。"他又笑着补充道。

由于车子的突然启动和突然减速，大家都身不由己地前俯后仰，弗洛拉讥讽道："哦？我们这么快就到游行队伍了吗？"

"可是我并没有看到人群啊！"妹妹弗洛娜也跟着起哄。

"也许我们一撒糖果人群就出现了！"小杰弗里接着说。然后他伸手从两腿之间的糖果袋里抓了一把糖向车窗外撒去。看到这一幕，大家都咯咯地笑了起来。

很快，汽车就开到了真正的游行队伍中，大家开始向路两边的人群招手，并把糖果撒向窗外的小孩子们，只见他们都一窝蜂地跑过去争抢，场面非常热闹。

就在这时，小杰弗里突然看到有人正气喘吁吁地追着埃利奥特的老爷车一路跑来，那人穿着深蓝色的警服，仔细再一看，原来竟是波森警官。

"埃利奥特侦探！埃利奥特侦探！"波森一边追一边喊。

"怎么了？"埃利奥特也不停车，对窗外的助手问道："你干吗一路跑过来？"

"是这么回事，"波森喘了口粗气继续说道，"我的车被人偷了！"

"被偷了？"

"对，被偷了。"

"在哪儿被偷的？"

"在我家车库里，"波森一边说，一边努力用手抓住了车窗，好使自己能跟上警长的车。

看到波森可怜的样子，小杰弗里觉得真是忍俊不禁。一边是埃利奥特叔叔不慌不忙地开着车从人群中开过，一副镇定从容的样子；另一边则是跑得上气不接下气的波森，一脸惊慌，六神无主。

只听波森又接着说道："还不止这些，他们还偷了我的钱夹。"

"你的钱夹也不见了？"埃利奥特仍是不紧不慢地问。

波森停顿了一下，缓了缓气息，继续说道："对，钱夹也不见了。"

"他们从哪儿偷走你的钱夹的？"

"从我裤袋里。"波森气喘吁吁地说着，明显已经快跑不动了。

"从你裤袋里偷走的？"埃利奥特一边问，一边向窗外人群中的熟人挥手打着招呼。

波森也向前方机械地挥了挥手，尽管他连头都没抬，对侦探说："对，是从我裤袋里偷走的。"

"他们进了我的房间，"波森喘着气，几乎已经没有力气说完整句话了，"偷了我的钱夹，然后趁我睡觉的时候开走了我的车。"

"他们是怎么进入你家的？"

"我也不知道。"

"是破门而入吗？"

"不，不是。"

"那么你睡觉之前曾去过什么地方呢？"

"我们去了一家餐馆，庆祝我的生日。"

"啊！"埃利奥特警官好像明白了整个案情。

在一旁听了半天的小杰弗里也发出了同样的一声："啊！"

可怜的波森眉毛一抬，这才发现小杰弗里也在后排坐着，但他已经没有力气再追问他的那声"啊！"是什么意思了。

"有两个问题：在餐馆时是否有人帮你停过车？"小杰弗里问道，"你有没有把钥匙给过停车服务员？"

"啊！"终于，波森也啊了一声，像是突然想起了什么。

看到他的样子，小杰弗里笑了。

接着波森又说道："不对啊，我又没给他我家的钥匙。那个服务员不可能复制我家的钥匙，然后悄悄溜进来。因为我是把车钥匙从钥匙串上摘下来给他的，他并没有拿到我家的钥匙。"

"那他就没有其他方法进入你家了吗？"小杰弗里反问道。

"他是从车库进去的。"埃利奥特警官说道。

"但是他又是怎么进到我家车库的呢？"波森喃喃地问道。

停车服务员是怎样进入波森家的？

690. 杀手阿龙

检查完尸体，比科嘉警官面色凝重地说道："我肯定这是起谋杀！"就好像别人看不出来似的。难道说别人会傻到认为躺在城市公园树林深处，心脏中了3枪的这个受害人还能是偶然死亡不成？

这时，一旁的埃利奥特侦探正捋着自己的小胡子，绕着犯罪现场来回踱着步子，眼睛则在地面上扫来扫去。猛一看，还真不清楚他是在寻找线索还是在沉思。

波森警官站在一旁，紧张地望着埃利奥特侦探，抓了抓头说道："嗯……"好像他已经有了什么头绪。

旁边的勒琴警官抢着说道："他一定是被什么人枪杀的。"

"我们目前都有什么线索？"波森警官问道。

"我们已发现一名嫌疑犯。这名死者叫多尼·迪莫斯基，附近的人都叫他多尼·迪姆。他是警方的一名线人。看起来是有些家伙不喜欢他向警方泄露消息所以才杀他灭口。他们请了一位叫阿龙的杀手来解决这件事情。从作案手法上看的确很像阿龙的风格，警方此前也曾怀疑阿龙做过其他几件类似的杀人案，但却一直没能指控他。在此前的几个案子中警方掌握了一些线索，但最后却发现这些线索不是自相矛盾就是难以结合起来分析案情。这次也不知道线索是否有用。我们在路边找到了3发9毫米子弹弹壳，他用的是一把自动手枪，作案后留下了弹壳。"

"如果我们找到那把枪，就能和弹壳上的击痕进行比对。"比科嘉警官说。

勒琴警官接着说道："我们推断的案情经过是这样的，多尼·迪姆当时正从这里走过，有人从背后出现，他刚一转身，就被那人用枪击中。"勒琴警官指着对着尸体的小山坡活灵活现地描述着，就仿佛他当时也在场一样。

"弹壳？"埃利奥特侦探问道。

"对，就是在我们的左侧发现的。"勒琴警官指了指小路和一棵大树之间的狭窄处说道。

埃利奥特弯下腰，在树旁的地上拣起了一个三明治包装袋，然后对着阳光仔细地端详起来。

"你在找什么呢？"勒琴警官问。

"面包屑。"埃利奥特侦探说。

"怎么，饿了吗？"波森警官不解地问道。

"当然不是，"埃利奥特回答道，"面包屑才不是我的目标。"

埃利奥特侦探在想什么？

691. 带血的合欢树叶

唐朝的时候，镇守河阳的大将李光弼奉皇上的命令，从驻地赶往京都长安。为了一路上的方便，他没有带随从，也没有穿官衣，只是一人一马，穿着便装上路了。

这一天，李光弼正往前疾驰着，头顶上乌云密布，眼看着一场大暴雨就要下来。他停住了快马，四处打量，想找个地方躲躲雨。

远远地，李光弼看见有一个小客栈，正想策马赶过去，可是已经来不及了，大雨哗哗地落下，李光弼只好冒着雨赶到了客栈。

　　李光弼将马拴在院子里的马桩上，便推门进了客栈。他一边抖落身上的雨水，一边观察着客栈里面，发现屋里有4个人也是浑身湿淋淋的，正围在一起烤火，见到李光弼进屋都纷纷同他打招呼，李光弼便很友好地回着话，同时，让店老板做了几个小菜，也凑到火盆旁一边烤着火一边自斟自饮。

　　喝了几口，李光弼突然看见从店堂当中的楼梯上走下来一个中年男子，瓮声瓮气地要老板做些饭菜送到楼上去。李光弼见他穿得干干净净，心想这个人一定是留宿在这个小客栈已有多日，便没有多琢磨。

　　大雨来得快去得也快，李光弼一壶酒刚刚喝完，外面的大雨就停了，众人便都纷纷起身准备上路。

　　这时，第一个走出去的人突然发现，有一个陌生男子被人杀死在后院了，大家便纷纷跑过去观看，李光弼也紧随在众人当中。到了后院，大家一瞧，只见有一个满脸胡子的男人，仰面躺在后院的一棵合欢树下，身上插着一把刀。

　　李光弼见此情景，当即亮明了身份，并开始查验现场：他发现由于刚刚的大雨，死者的血迹已经基本被冲掉了。他又检查了死者的身上，发现死者身上的财物已经被洗劫一空，于是，他向众人说道："我估计这是一起抢劫案！"

　　李光弼让现场所有人都不要离开，继续查验现场，希望能发现一些破案的线索，可他搜寻了半天，没有发现任何有价值的东西，不禁让他有些灰心。

　　李光弼在院里踱来踱去，目光也四处寻觅着，突然，他把目光停在了那棵合欢树上。他紧走几步，来到合欢树跟前，仔细地检查着。此时，在雨后明媚的阳光下，合欢树上几片带血的叶子立刻吸引了他的注意。

　　他眼睛一转，心里有了主意，便悄悄地叫过来店老板，轻声地问道："下雨前，你的店里住着几个人呀？"

　　店老板说道："就住着楼上的一个人，而且他已住了好几天了！"

　　"好吧！我告诉你，"说着，他又把周围的那些人也叫了过来，"我现在郑重宣布：行凶抢劫者就是楼上的那个中年男子！"

　　随后，李光弼便带着大家来到二楼，先将那个男子按住，然后开始搜查，仅仅一会儿工夫就在他的客房里搜出几个带有血迹的元宝和一些古玩。

　　大家纷纷赞叹李光弼断案如神，并请教他是如何发现凶手的。

　　李光弼便向众人讲述了他断案的根据。你能猜到吗？

692. 馆长之死

　　思考特博物馆是一家私人博物馆，坐落在最繁华的商业区，紧邻一座天主教堂。博物馆主人花了巨大的心血，收藏了许多价值连城的古董，其中最珍贵的是一副埃及法老面具。

　　这副面具来自埃及图坦卡蒙王的寝陵，用黄金手工锻造而成，表面贴满了珍珠宝石，用来做眼睛的两块蓝宝石更是难得一见的珍品。当考古学家打开图坦卡蒙王陵，从木乃伊上揭下这个美轮美奂的面具时，所有人都被它的精美深深折服。后来，几经流传，面具被思考特博物馆的创始人约翰·思考特先生用重金买下，从此成为思考特私人博物馆的镇馆之宝。博物馆的历届主人都对它十分珍爱，现任主人约瑟夫·思考特先生甚至都不舍得把面具陈列出来给观众参观，而是把它锁在自己办公室里，没有人的时候静静把玩。

　　这天下午6点，已经是博物馆关闭的时间，所有游客都已经离开，保安也完成了例行的安全检查，却还不见约瑟夫馆长出现。这可有点不寻常，一般来说，每天闭馆前约瑟夫馆长都会亲自做一遍安全检查的，保安负责人戴尔敲了敲馆长办公室的门，里面没有任何反应，他觉得有点不对，立刻破门而入，却看到约瑟夫馆长倒在血泊之中！一把匕首准确地刺入他的心脏。而办公室保险箱的柜门敞开着，图坦卡蒙王面具和其他珍贵文物都已经不翼而飞。

戴尔还注意到，在馆长办公桌上，一支雪茄烟还没有燃尽，散发出来的袅袅青烟将办公室桌上的望远镜笼罩在一片氤氲中。

连警察都难以想象，在保卫森严的博物馆里，竟然会发生这样的凶案！根据桌子上还没燃尽的雪茄可以看出，约瑟夫先生死亡的时间大约是下午5点。他们经过仔细调查，发现当天下午来拜访过约瑟夫馆长的只有收藏家凯德尔先生，但是他在下午1点就离开了博物馆。并且，下午5点的时候他正在出席一个慈善募捐活动，有完美的不在场的证明。

负责侦破工作的警察拜尔感到十分棘手。约瑟夫先生喜欢打高尔M夫球，身体十分健壮。如果凶手是从窗子外面跳进来的，那么约瑟夫先生一定会大声呼救，并且和凶手展开搏斗。但是一切都在悄无声息的情况下发生，匕首插进心脏，说明凶手是在很近的地方作案，而唯一有可能接触过约瑟夫的凯德尔又不在场，这起神秘的凶杀案里，究竟谁是真正的凶手？拜尔走到窗口，看到了旁边天主教堂的尖顶在夕阳下拉出长长的影子，又回头看看桌子上的地球仪、望远镜和古董，忽然明白了凶手是如何成功作案的。

这到底是怎么回事？

答　案

第一篇　科学推断

1. 谁盗走了项链

盗窃项链的是 B 先生。

因为林德看到他的手指呈现出蓝黑色。约翰将珍宝盒用湿的封条封上，糨糊是含有淀粉的，当 B 的手指接触到封条时，碘酒与封条糨糊中的淀粉发生了化学反应，原来黄色的手指就会呈现蓝黑色。

2. 巧找钻石

人热的时候会出汗，汗水里面带有很多盐分。钻石很可能是这些游客里某个人用手偷走的，因此会在他的手上留下一些浸钻石的溶液。当这个窃贼在高温的房间时，他手上的汗就会变成绿色。

3. 钻石藏在哪儿

普通的冰块应该浮在水面上，冰块里藏有钻石肯定要沉入杯底，因为它的密度比水大。吉川侦探看到梅姑杯子里只有两块冰块浮在水面上，另外两块则沉到了杯底，推测里面一定藏有钻石。

4. 克娄巴特拉的眼泪

钻石被烧成了灰，保险柜里的那一小堆灰就是"克娄巴特拉的眼泪"。钻石是地球上最坚硬的物质，其成分是纯晶体的碳。但是如果温度超过 850℃ 就会燃烧。氧气切割机的火焰温度高达 2000℃，所以用如此高温的切割机去切割小小的保险柜的门时，保险柜中的钻石便燃烧了。

5. 小偷是怎样逃跑的

警卫忘记了钻石是世界上最坚硬的物品，小偷只要用钻石就可以划开玻璃，轻松逃走。

6. 自杀与他杀

老人是利用了干冰的特性。他确实是用那个纸制包装箱作为上吊的垫脚物的。不过，在箱子里放了一块干冰。干冰非常坚硬，可以当凳子用。同时，由于气化作用，当尸体被发现时，干冰已消失得无影无踪了，而箱子又不会湿。干冰气化过程中产生的二氧化碳，则被换气扇抽到了室外。

7. 凶手是自己

汽油燃烧后的产物是有毒气体一氧化碳。由于小李在发动机运转并开启空调的情况下使门窗紧闭，发动机排出的一氧化碳在车内越积越多，死神也随之悄悄地降临到了他和女友的头上了。

8. 两个猎人的仇杀

不是。一氧化碳是一种无色、无味的气体，进入人体后能迅速"剥夺"氧气和血红蛋白结合的能力，使全身的细胞都出现缺氧的中毒状况。内维尔在屋子里长时间地烧炭炉取暖，产生了大量一氧化碳。由于天气寒冷，门窗紧闭，屋子里空气不流通，结果高浓度的一氧化碳使他中毒死亡。

9. 恐怖枪击事件

糖尿病患者是凶手。由于紧张，他大量出汗，枪柄上留下了好多汗水，而糖尿病人的汗水里含有大量糖分，所以吸引了蚂蚁的到来。

10. 飞机上的遗书

飞机在高空飞行途中，机舱内高压而机舱外低压，如果突然打开舱门，会产生巨大的向外的吸力，放在座椅上的遗书肯定会被吸出机外，不可能还留在座椅上，显然是驾驶员说了谎。

11. 天上的凶手

张县令告诉大家：王勇一定是在下雨的时候，跑到田边的大树下避雨了。此时大树是这田地里空旷环境当中的最高物，所以当打雷的时候，闪电击中大树，那么，在大树下避雨的王勇就会被雷击中，从而导致死亡。

12. 你在说谎

影子不可能在窗口。刘某说"窗口有个影子高举着木棍"，这就是谎言。因为桌上台灯的位置是在被害人与窗口之间，不可能把站在被害人背后的凶手的影子照在窗子上。

13. 影子与谎言

房中只有一盏电灯，一个人只有一个影子，不能够同时出现在两侧的隔屏上。如果两侧的隔屏上同时出现一个人的影子，就可以断定当时中间房子里是两个人或两个人以上。

14. 柯南的解释

这个地方冬天非常冷。由于下雨落雪，使坑里积了水，到夜晚就结成冰。白天，这坑里南面的冰因受太阳的照射，又融化成水，而北面由于没有太阳照射，仍结着冰。这样，北面的水结成冰，而南面的冰又融化成水，沉重的球面便渐渐地出现倾斜，从而非常缓慢地向南移动。其正面的十字架，必然也会渐渐地被隐埋起来。这种物理现象，就是男爵的墓石之所以移动的原因。

15. 刑期有误吗

氨基比林药片和牙签是秘密传递情报的工具。氨基比林药片用水冲开后，便成了一种无色的"墨水"。用牙签蘸着，写在纸上，看不见字迹。但是用特殊的方法处理后，纸上的字就能清楚地显示出来。

16. 财会室起火案

走电失火决不能用水灭火，只能用喷射四氯化碳或二氧化碳的灭火器灭火。会计说自己是用水把火扑灭的，又肯定说火灾系走电引起，这显然违反常规。

17. 奇怪的来信

之所以会发生这种怪事，是因为那个男人的汽车出现了汽封现象：有一部分汽油被汽化了，阻碍了油箱里燃料的正常运行。只有在冷却足够长时间后，发动机才会恢复正常。当那个男人开车去商店时，由于香草冰淇淋是商店里最受欢迎的冰淇淋，所以被摆在最外面的位置，一下子就能拿到，这时汽车就因为没有足够的冷却时间而发动不起来。而其他的冰淇淋则在商店里面，需要花更多时间去挑选和付账，从而使得汽车刚好可以顺利发动。

18. 铁路公司诉讼案

因为兜风的铺位是与列车前进方向一致的，列车在倒车的情况下急刹车，该铺位的乘客只会被墙板挡住而不会被惯性抛出。

19. 圣彼得堡的雪花

舞厅里温度很高，空气中充满了人和食物所散发出来的水蒸气。圣彼得堡地处寒带，室外十分寒冷。打开窗户后室内空气突然遇冷，水蒸气就凝结成雪花，而蜡烛燃烧后形成的灰尘正好就是水蒸气凝结时所需要的凝结核。

20. 幽灵的声音

洛奇不愧是大侦探，他说得很对，男子和其他人都没错，男子确实听到了两声巨响，其他人则只听到一声爆炸。这并不是什么幽灵在作祟，而是因为水传播声波的速度要快于空气，是空气的5倍。男子仰泳的时候耳朵是埋在水里的，他首先听到了由水传过来的爆炸声，当他抬头察看的时候，耳朵离开海水，又听到了空气传导过来的爆炸声。由于心情紧张和水传导的失真，男子把第一次爆炸的声音误认为是幽灵发出的怒号。

21. 北极探险的险情

他是被冻死的。因纽特人造房子都是用冰块垒墙的。探险家把火烧得太旺，结果把冰墙融化了。

22. 萨斯城的绑架案

多利警长是通过汽艇后面水波纹的大小情况来判断的，汽艇开得越快，其接触水的面积就会越小，引起的波纹就会越小。由于警察的汽艇比罪犯的开得快，所以警察汽艇后面的波纹就比罪犯汽艇后面的波纹小。多利警官在关键时候利用波纹的科学知识将罪犯的汽艇分辨出来了。

23. 谷底逃生

借助水的浮力。

一个人先攀上软梯，另一个人待水齐到颈部时开始攀升。攀升速度与水涨的速度相等，使水的高度始终在人的颈部。借助水的浮力，软梯就可以负担两个人的重量了。

24. 火车站谋杀案

火车进站的时候，由于车速很快，所以会在火车周围形成强大的低气压，但是这样的气压不会将人向后吹倒，反而会把穿宽大衣服的人吸过去。因此，贵妇显然在说谎。而且她送父亲到曼彻斯特治病，竟然没有携带任何行李，这更让人怀疑她早有预谋，治病只是个幌子而已。

25. 寻找赃物

当波拿巴探长发现福斯已经转移了赃物时，立即想起他当初曾惊慌地朝晒谷场投去一瞥，那里肯定是他转移铁箱的地方，在那里埋铁箱比磨房更为安全，谁也不会注意到人来人往的地方。可是晒谷场这么大，要全部挖掘实在是太难了。

干的泥土地，渗水一定很快。但是如果下面有只铁箱，渗水的速度就会比其他地方慢，它上边的泥土积了水，颜色肯定与其他地方不同，这就是波拿巴探长很快找到赃物正确地点的方法。

26. 沉入水中的棉花

王探长把棉花放在水里，一般的棉花上面有油脂，会漂浮在水面上，而医药用的棉花经过脱脂加工，会大量吸收水，沉到水底下去。他看到棉花沉到水里，就知道犯罪嫌疑人就是药店老板。

27. 失踪的弹头

凶手用盐块做成的气枪子弹，射入死者心脏后，盐块逐渐溶化，就找不到了。

28. 纵火者的谎言

水比油要重，因此如果油着火的时候用水去浇，反而达不到灭火的效果，而在着火的时候迅速倒上一桶油，正在着火的油会因为缺氧而停止燃烧。德雅丽说倒上油导致整个厨房都着火显然是在说谎，她很有可能就是纵火犯。

29. 作案的电话

嫌疑犯可以先在老人的电话机上安放一个能使电话线短路的装置。然后，他让老人吃下安眠药，等老人入睡以后，他就打开煤气灶的开关，让煤气跑出来，他则去了那家饭店。

当他估计老人房间里已充满煤气时，就在饭店里打电话到老人家。这时电话机中有电流通过，遇到电话线短路，就溅出火花，引起煤气爆炸。

30. 泄密的秘书

清洁工鲍比是H公司的经济间谍，他让昂奈先生跌成骨折，又把玻璃酒杯放在桌子上，酒杯好像放大镜，把很小的文字放大了，鲍比离得很远也能看清楚。

31. 飞机机翼上的炸弹

既然气压炸弹会在海拔2000米以下爆炸，那么只需选择海拔2000米以上的高原着陆就可以了。比如墨西哥城，海拔高达2300米，飞机选择在那里降落是安全的，而不需要采用另外的防护措施。

32. 谁是纵火犯

纵火的是画家，他把猫关在密闭的房子里，只给了猫很少的食物。饿得没办法的猫就去抓书架上的金鱼缸，鱼缸落了下来，洒出来的水正好浇在生石灰上，生石灰遇水发生化学反应，产生强热变成熟石灰，然后熟石灰的热能燃着了书架上的书籍和席子。

33. 变软的黄金

由于纯黄金很软，又具有黏性，所以能随意加工成各种形状，甚至可以加工成 0.0001 毫米薄的金箔。利用这种特征，还可以将金块加工成壁纸一样厚度，装饰到墙壁上，以便隐藏。

盗贼就是利用了这点，用黄金制作车身，再涂上涂料，所以刑警们就不会注意到了。

34. 被热水浸泡的体温计

戈拉医生出诊的时候，口袋里带着体温计，体温计经过热水浸泡，水银柱升到 40℃，但不会再降下来，可是马路上的气温很低，说明尸体有可疑的地方。

35. 重要证据

波特吐在格林家门口的口香糖，上面有波特的齿型和唾液。

36. 鞋印的证明

天晴的时候，阳光直接照射到土壤，在让泥土变干的同时，也会让留在泥土上的鞋印收缩，一双 40 码的鞋印，大约会收缩半码。

因此，如果鞋印模型和吉恩的鞋子完全吻合的话，只能说明吉恩是清白的，凶手应该穿比 40 码大半码的鞋子。

37. 牡蛎黄的证明

矢村在百科全书当中查到，牡蛎是一种雌雄同体的生物，也就是说牡蛎这种生物存在着两种生殖功能，它会因时间的不同，来改变自己的性别，由此，矢村便断定了谷村手中拿着牡蛎黄就是在指证杀害自己的凶手是经常男扮女装的小林山夫。

38. 月亮的倒影

在北半球，月亮和太阳一样在天空的南部东升西落。嫌疑人如果坐在东西流向的河流南岸，那么他就是面朝北面，如此他就不可能看到河水中有月亮的倒影。

39. 不能捧起的黄磷

黄磷脱水就会自燃，根本不能用手去捧，这是每个磷肥厂职工都知道的科学常识。刘兴国作为该厂的职工却用双手去捧黄磷，这是十分可疑的。

40. 起火的玻璃房

玻璃凹槽在盛满了水的时候，就变成了一面凸透镜。太阳光通过这一排凸透镜聚焦到干草上，便引起了大火。

第二篇　经验解读

41. 谁盗走了古币

盗走古币的是哲尼克，因为知道钥匙所在地的只有戴维德三兄弟和他，三兄弟住在一起，只有他在作案后才需要把凡是留有指纹的地方擦抹干净。

42. 钻石大盗的计谋

詹妮弗使了一个调包计。她把珠宝藏在休斯敦夫人的衣箱内，因为她断定警方不会想到去检查受害人的衣物。等到列车靠站后，全部行李都堆放在月台上，詹妮弗便用事先准备好的一只一模一样的衣箱调换了休斯敦夫人的衣箱，于是珠宝便到了她的手里。

43. 一枚珍贵的硬币

前厅里有内线电话，可布赖尔不用，反倒用投币电话跟房间里的妻子通话，这十分可疑，不符合一个人的正常逻辑思维。因为丢失的是硬币，所以布赖尔的行为引起了警察的怀疑。当警察打开投币电话的匣子时，发现里面正好有那枚刚刚被窃的珍贵的硬币。

44. 衣架上的大衣

朱莉·贝克尔说自己是第一批来到的客人，她也声称从未出去过。但当她出去取大衣时，探长发现她的大衣却在衣架的顶端，而如果真是第一批客人，她的大衣应该在衣架的最里端。

事实是，当大厅入口没有人在时，朱莉悄悄穿上了大衣，偷走花瓶，跑到外面把花瓶藏到了一个空的树洞里。当发现花瓶不见时，朱莉已经回到房间了。

45. 移花接木

警察看到蜡烛后产生了怀疑，再加上停电，蜡烛一直没有熄灭。假如晶晶是在自己屋里被杀，过了 23 个小时，蜡烛早就燃尽了，一定是有人夜里把尸体弄来，走时忘了吹灭蜡烛。

46. 一桩奇特的凶杀案

凶手是死者的弟弟。死者上身赤裸，未穿上衣服就开了门，说明凶手和他一定十分熟悉。如果是学生家长的话，出于礼貌，死者一定会穿好上衣，不会赤裸上身就去开门。

47. 珍邮藏在哪儿

人们邮信一般贴普通邮票，很少有贴纪念邮票的。老王见大信封上贴的是一张大大的纪念邮票，故而怀疑那枚丢失的邮票就藏在纪念邮票的下面。

48. 博物馆里的盗窃犯

外面正下着雨，其他人的雨伞都是湿的，而盗窃犯的雨伞却是干的，说明他不是当天从外面进来的。

49. 小汽艇上的凶案

内森·柯恩因涉嫌犯罪而被拘捕。因为在狂风巨浪中，要写出清晰的蝇头小字是不可能办到的。

50. 四个高中生去野炊

凶手是汤姆。因为下雨之后的木柴本来就是湿的，不会因为掉在地上才变湿。所以，他在说谎。

51. 大厦失火

在案发后1小时，不可能会收到信件。这个时候，唯有真正的凶手才知道王小姐是被刺杀的。李先生过早地亮出这封信，恰好透露出自己是真凶的消息。

52. 失窃的海洛因

罪犯是实习医生。

被盗的药瓶只贴有海洛因化学式的标签。一看到这个化学式就知道它是海洛因的人，只能是实习医生。

53. 谁是投毒凶手

凶手一定要用什么东西把毒液带来，而此时盛毒的容器还没有被扔掉。因此只要查看一下同桌的另两个人所带的物品，便可知道谁是凶手了，只有乙的金笔可以装毒液。原来，凶手为了隐藏，把毒液藏在了金笔的软囊中，趁着停电，把毒液注入了受害者的杯中。

54. 案发时间

后来出现的那个男子是凶手。在停电期间，没有人会关上台灯的开关，因为为了确定电力恢复的时间。现在台灯关着，而应急灯开着，显然是被人故意布置成死者在停电期间被杀的假象，但弄巧成拙，露出了破绽。

55. 女儿的致命约会

凶手应该是电报局的职员。因为仙蒂的母亲曾说，那男子约她女儿昨晚18时30分，在他公司楼下的公园见面。只有电报局的职员，才会习惯用这种时间表示法，一般人只会说6点半在某地见面。

56. 台风过后

由于当晚台风过境，死者的棒球帽不可能遗留在案发现场。

57. 谋杀案

珍珠项链暗示和尚。和尚总是戴着珠串，而算命的是不戴的。

58. 冒牌的声音

县令在多年断案中总结出一条经验，即自刎而死的人，执刀的手应软，死后一二日内手肘可弯曲。可是，检验田丰尸体，其左右手都僵直而不能弯曲，极不合逻辑，由此便断定田丰是别人杀死的。

59. 不是自杀

一支挥发性强的油性笔如果没有套上笔套放了三天，里面的墨水早就已经干了，是不可能写出字来的，但这支笔仍可以流畅书写，证明它放在这里的时间不长。因此，自杀还是他杀也就一目了然了。

60. 杀妻的男人

如果是开枪自杀，死者手上、袖口都会粘上火药微粒，石蜡凝固以后可以检验出是否有火药微粒残留物。

61. 教练的谎言

跳水运动员的职业病是眼角膜损伤较严重，视力较差，即使戴眼镜也无济于事。教练是退役跳水运动员，故不可能在深夜看见50米远的人右眼睑处的疤痕，所以他在说谎。

62. 抢钱的破绽

如果真是歹徒抢钱，是不会把钱一捆一捆地拿出来，给出纳员留下一个空包的。

63. 金网球俱乐部的一夜

人的视力不可能在黑糊糊的夜晚，看清100米以外卡车上的车牌号码。霍克探长一下子就抓住了这一破绽，识破了这个人的谎言。

64. 被杀的女乐手

洛克探长断定苏姗并不像邦德说的那样打算参加演出，因为一个大提琴手不可能穿紧身的裙子演出。

65. 停电时的误杀

如果停了4天电，那么冰箱里的冰块早就化成水了。

66. 雪夜目击

当时下着大雪，目击者的车在外面整整停了两个半小时，目击者上车前并没有把车窗上的雪擦掉，所以他不可能看见那人摔下来。

67. 楼梯上的凶案

管理员知道妮可是盲人，她从不乘电梯，每天都是走楼梯的，突然停电对她没有丝毫影响。倒是那男子整日乘电梯，突然停电，对他才会有影响。

68. 投机商人

仆人说他从油画镜框的玻璃上看见了强盗的长相，这就是破绽所在。油画从来不用玻璃镶框，而是用木框或者专用的画框装饰。

69. 听力差的冒领者

听力不好，能从别人的口型上辨别出其谈话内容，但是却绝不能从广播里的声音中辨别出广播的内容。

70. 一位孤独的老人

刑警是根据鸟笼的情形而判断的。既然死者是爱鸟协会的会长，在自杀前他肯定会把小鸟放出去。因为这些小鸟没有人喂养，一定也是死路一条。这位爱鸟的老人绝对不可能带着小鸟一起自杀。

71. 谎言的破绽

谎言再圆满也会有疏漏，通过严密推理，人们可以看穿诸多骗局。老罗的谎言也不例外，且不说一个人的一天不可能安排得这么满满当当，况且下下星期五是两星期后的事。通常人们是不会提前那么多天就预订好葬礼日期的（除了国葬一类的大型葬礼以外）。

72. 有人杀害了我的丈夫

伯顿夫人的话是有很大的破绽的：

因为史留斯一进伯顿夫人的家，觉得很暖和，以致脱下外套，摘掉帽子、手套和围巾，而那天室外很冷，寒风呼啸。如果按伯顿夫人的说法，那扇窗打开了至少已有45分钟，那么房间里的温度应该是很低的。这一点足以说明那扇窗刚打开不久。所以，史留斯先生不相信伯顿夫人的话。

73. 梅丽莎在撒谎

巧克力在28℃以上就会变软，而当时气温高达34℃，梅丽莎的巧克力却是硬邦邦的，这说明她刚从有空调的地方出来，不是等了好久来接人的。

74. 对话

门铃使用的是干电池，与停电无关。

75. 游乐园的父子

过山车都没有引擎。一条特殊的传送带会把过山车带到顶端，而重力会让过山车一路向下滑到底。所以，儿子在撒谎。

76. 警长的反问

当时气温是-5℃，任何一个人从1500米外的湖边跑到旅馆最快也要5分钟，那个人衣服上的水早该结冰了。可见他是在害死朋友后，回到旅馆附近在身上洒了一些水，妄图蒙混过关。

77. 消声器坏了

洛克的身高和他妻子相差悬殊。如果上午是他妻子开的车，那么她一定会调整驾驶座的位置，以适合自己的身高。可是，洛克却能够舒舒服服地坐在驾驶座上，这证明最后一个开车的不是他妻子。

78. 过继

知县李铁桥将那个孩子断给老妇人是欲擒故纵，他知道如此不公的判决，老妇人一定不服，甚至觉得冤屈。果然如他所料，老妇人听到不公的判决后便说了"不孝之子……"那句话。于是李铁桥马上便问道："你说这个儿子对你不孝，你能列举事实吗？"老妇人立刻便说出了很多件侄儿不孝之事。李铁桥于是当众对其父李富友说到："父母控告儿不孝，儿子犯了十恶大罪应当处死。"李富友闻听儿子要被处死，连连求情。李铁桥便说道："现在只有一个办法，就是不让他做婶子的儿子，就可以不以不孝重罪来处死。"李富友只得照办，老妇人便顺利地不要这个儿子了。

79. 沙漠归来

青年声称他昨天刚刚刮去长了几个月的络腮胡子，但他面孔黝黑、下巴呈古铜色。如果他真的在阳光下待了数月而未刮胡子，那长胡子的地方就应显得白净些。

80. 戴墨镜的杀手

当时小李和小冯正在吃火锅，如果有人带着墨镜进入热气腾腾的室内，镜片上会蒙上一层雾气，根本无法看清屋里的人。

81. 雨中的帐篷

阿尔在撒谎。阿尔说他们早上就支起了帐篷，可当时还没下雨,帐篷里的地面却是湿的，显然帐篷是雨后支起的。说明他就是凶手。

82. 政府办公室被盗

农夫在撒谎。只有野鸭才会孵蛋，家养的鸭子经过长期的人工选育已经退化，是不会孵蛋的。

83. 报案的秘书

卧室里铺了厚厚的土耳其驼毛地毯，村井探长走路的时候，听不出脚步声，可是女秘书却说，从话筒里听到凶手的脚步声，说明她是在撒谎。

84. 火炉上的烤肉

这个人既然说自己迷了路，没有来过这里，却能够知道碳块已经凉到把手伸进去不会烫伤的程度，这不是自己犯了逻辑错误吗！显然他就是凶手。

85. 一条大红的龙虾

龙虾只有煮熟了以后才会变成红色，老板怎么会把已经煮熟的龙虾再煮一次呢，显然这个人在说谎。

86. 警员与警长

医生将病人抬上救护车时，必须是先进头，后进身体。歹徒做的正好相反，所以被警长识破了。

87. 被窃的手提包

如果女招待员端着热牛奶进屋时下巴让人打了一拳，那杯牛奶早就洒了。可是哈尔根看见那杯里的牛奶还是满满的，这不合常理，便断定女招待员一定说了谎，由此破了案。

88. 识破伪证

人在划小船的时候，船行驶的方向和划船人的面部方向是相反的。所以向着桥下急速划来的那个男人，是背向着桥身的，他不可能看见桥上发生的事情。

89. 超车的规定

世界上有少数国家规定，车辆左侧通行，右侧超车，日本就是这种规定。所以斯蒂尔听克里夫人说那辆客货两用车从她的左侧超车，便知道她在说谎，于是，揭穿了她的骗局。

90. 六头被打死的斗牛

　　葡萄牙的斗牛开场仪式一般是在复活节的第二天举行，而复活节又总是在 4 月，从来不在 3 月。另外，里斯本的斗牛并不溅血，因为葡萄牙的法律明文规定，在斗牛中禁止将牛杀死。

91. 古代的瓷瓶

　　女佣说他亲眼所见，每张日元的面值都是一万元。如果是真的，那么 1000 万日元就有 1000 张纸币，皮夹里怎么能放得下？这显然是谎言。

92. 雨夜的报案

　　报案人从河里游上来，衣服全部湿透了，火柴肯定划不着了，说明他是在撒谎，是他自己杀了人，再假装报案，想蒙混过关。

93. 一片沉寂

　　如果确如哈利所说是在看电视时突然停电，同时发生了谋杀案，那么当电闸合上后，电灯亮了，电视也应有节目，寓所里不会是"一片沉寂"。

94. 藏珠宝的罐头

　　女警官拿来一块木板，搁置一定坡度，将 12 只罐头并列在木板上滚动，发现其中一只滚得较慢，即是珠宝罐头。

95. 谁是劫匪

　　两个男子的身材既然相差悬殊，手腕粗细自然也会有明显的分别。只要仔细观察一下表带上的洞孔痕迹，便会清楚地知道手表的主人是谁了。

96. 第一感觉

　　约翰是男性的名字。律师和会计师都是女性，邮差是这屋里唯一的男性。

97. 指纹

　　指纹留在了门铃上。

98. 老地质队员遇难

　　公安人员看帐篷支在一棵大树下，就断定此地不是案发第一现场。因为被害人是有经验的老地质队员，他不可能在野外将帐篷支在大树下，如果天气骤变，会有遭雷击的危险。

99. 大毒枭

　　世界球星中有英国人、德国人、巴西人、意大利人，怎么会如此凑巧，只用英文签名呢？理由只有一个，就是大毒枭只懂英文，他弄虚作假。

100. 枪击案

　　杯口的红色，也就是唇印，一般修女是不会涂口红的。

101. 如何接头

　　百货公司的女职员就是另一犯罪集团的接头人，广播只是掩饰而已，其实他们在交谈中已经互通了信息。

102. 可疑旅客

从曼谷有直达北京的航班，没有必要绕这么个大圈子。即使是旅游，哪有一天之内飞经那么多地方的？另外，作长途旅行，行李却非常简单，违背常理。

103. 集邮家

霍金斯意识到杀人凶器正是从集邮家桌上不翼而飞的放大镜，而放大镜是检视集邮品必不可少的工具。

104. 目击证人

地上的油漆痕迹告诉乔博士，海德走到路中间时，看到了凶杀情景，于是他跑进工具间将自己反锁在里面。工具屋里的挂锁和半路至工具屋的油漆痕迹变成椭圆形，并且间隔拉大都是证明。

105. 遗书是伪造的

如果仰面朝上用圆珠笔写字的话，在信笺上写不了几行字，圆珠笔就不出油墨了。

106. 发难名探

烛液全部流向门的一侧说明，如果门真的如沃夫丽尔太太所述敞开那么久，烛液就不会如此逆着风口向一边流。

107. 桅杆上的白布

白布和旗子一样，没有风绝对不可能飘起来，人们当然也就无法看清楚上面的字。鲍里金正是在这个问题上露出了马脚。

108. 金砖的所有者

法官裁决金砖应归那头驴子所有。两位淘金者都不可能背着那块金砖走出10码开外，因为那块金砖的重量超过了300磅。

109. 谁是新娘

结婚戒指戴在左手是美国的风格，戴在右手是丹麦的风俗。大维让她俩弹琴，一是看她们的琴技；二是为看清她俩如何戴结婚戒指的。

110. 被害的妻子

警察给自己买了一张往返票，但没有给他的妻子买。售票员认为这很奇怪。当警方调查此事时，警察只得承认杀害了妻子。

111. 软件专家的电脑

屏幕上显示的虽然是一份遗书，但电脑的电源没插电，也就是说电脑用的是内存电池，而这种电池最长的工作时间为10个小时。既然死亡时间是两天前，那么电脑早该停止工作，也就不可能把遗书显示出来了。

112. 报案破绽

狗不叫就是证据。如果真的有强盗潜入，受过严格训练的狼狗就会大声吼叫。然而，西边邻居家老头只听到了汽车的声音，这说明凶手是狼狗熟悉的人，也就是狗的主人清水。

113. 消夏的游客

服务员的建议是：把该人带到美容院剃成光头，三七开式的分界线就会明显地暴露出来。因为盛夏在海滨住了半月以上，分界处的头皮和面部一样会受到日光的强烈照射，头发剃光后，光头上就会出现一条深色的分界线。

114. 珠宝商度假

（3）今天早晨。

因为在现场所留下的脚印，既然很清楚地呈现出小偷鞋底上的条状花纹，那么可见这是在下过霜后才踩上去的。

如果小偷是在昨天早上或是昨天半夜潜入的话，所留下的脚印必定会因霜的关系而弄得有些模糊才对。

115. 二战中的间谍

警方忽略了那几封信上的邮票。因为这些邮票都是稀有邮票，每枚价值都在数千英镑以上。

116. 聪明的警官

根据马桶的坐垫来判断。由于男性不用坐垫来小便，如果坐垫被翻在上面，那么极有可能是玛琳的男性情人下的毒手。

117. 半夜敲门

韦尔曼警官是维特的朋友之一，所以他知道，维特没有哥哥。当维特得知门外是韦尔曼警官时，便故意说她哥哥也问他好，他就明白是怎么回事了。

118. 机智脱险

伊凡诺维奇用闪光灯向A国中年特工的眼睛闪了一下，使对方暂时失明，趁此瞬间迅速逃离会场。

119. 间谍被擒

史密夫先将冰箱移至窗户前，再将冰箱门开开关关，利用冰箱内闪烁的灯光来发出求救信号。

120. 巧过立交桥

罗尔警长马上打开轮胎的气门，放掉了些气，让轮胎瘪一点儿，卡车就降低了高度，能穿过立交桥了。

121. 钞票藏在哪里

"假装往邮筒中投信"，说明邮筒就在附近。那么窃贼事先准备好若干个信封，上面写好自己的地址，然后贴好邮票，他从精品屋里出来后，就直接将这些纸币分装在信封里，寄给自己。

122. 监视的妙方法

原来那4人站在4个屋角，一人可远远监视两个出口，到疲倦时，由另4人顶替。故当查理进行突袭行动的时候，4名警探已躲藏起来休息，故未能参与行动，到双方对抗时才醒来，拘捕了通缉犯及黑社会头目。

123. 用驴找鞍

张坚叫两个差役去专门看管驴子，并告诉差役不得给驴子喂料，经过一天一宿之后，驴子被饿得直叫，第二天傍晚，张坚命令差役将驴子放开，随它任意走动，几个差役跟在驴子的后面。驴子又饿又渴，便径直跑到这几天饲养它的那一家去。差役跟着进去，一搜查，便找到了驴鞍子。

124. 交换情报

这两个间谍利用了浴室里的镜子。淋浴的时候，镜子上笼罩了一层雾气，可以写字，等雾气散去时，字迹就不见了，从而可以掩盖一切证据。

125. 伪证据

目击者说他看见劫匪从户外穿过救生门进了大楼，这是不可能的，因为救生门是在发生紧急情况下的出口，平常是锁着的，只有在情况紧急时才能从里面打开。由于找到了这个破绽，警察申请了搜查证，搜查了这个目击者的汽车，找到了被抢走的钱包。

126. 职员的话

因为职员在说谎，如果小偷从外面撞碎玻璃进来的话，室内的玻璃碎片一定会因被窗帘挡住而散落在窗下，而不会散落一地。所以极有可能是职员监守自盗。

127. 数茄子

当年轻人查完茄子数后，李亨便叫衙役到菜农的地里去数摘掉茄子后留下的蒂把，结果，摘掉茄子留下的蒂把与年轻人数的茄子数正相符。证明年轻人是偷了菜农的茄子。

128. 伪造的现场

如果绑架确实发生，那条由床上用品组合成的带子是承受不了绑架者和莎丽两个人的重量的。在这种情况下，他们会把床拽离墙壁，就像报童顺着带子下滑时出现的情况一样。

129. 被冤枉的狗

如果狗咬伤莫亚太太，她的裤子不可能完好无缺。

130. 审问石头

包公对人们解释说："你们瞧男孩的手上满是油，他数过的钱上也一定沾满了油。这个人扔到盆里1枚铜钱，水面上立即漂起一层油花。所以，他的铜钱就是趁着小男孩儿睡觉的时候偷来的！我审石头，只不过是要大家围拢过来而已。"

131. 墙外树下

死者脚底板的伤痕是从脚趾到脚跟，是纵向的，若他真是爬树时从树上摔下来的，那么脚底板不会有纵向的伤痕。因为爬树时要用双脚夹住树干，脚底受伤也只能是横向的。

132. 候选的小提琴手

小提琴手在临演出前几分钟，都要调试好琴弦，马里雷从琴盒里拿出小提琴就能演奏，说明他事先知道今天肯定要演出，证明他有谋杀格德的嫌疑。

133. 谁是抢劫杀人犯

犯罪嫌疑人就是胡文兵。他说9点到了南昌，实际上由于暴雨，公路被淹没，车辆被堵，他根本到不了南昌。即使到了南昌市，由于突发龙卷风和大暴雨，他也不可能去各处游玩，可见他说的是假话。他是在作案后再乘车去南昌的。

134. 凶手的逃跑方向

凶手是从右边这条路逃跑的。因为通常骑自行车的人，身体的重量大多在后轮上，所以在平坦的路上或下坡时，前轮的痕迹浅，后轮的痕迹深。在上坡或是快速骑车时，由于骑车人必须朝前弯着腰，使重心落在车把上，前轮和后轮的痕迹就大致相同了，而右边的痕迹正是这样，所以凶手是从右边逃走的。至于左边的痕迹，其实是其他人骑车下坡时的痕迹，不是凶手留下的。

135. 无辜还是敲诈

乘警赶到海顿先生的包厢，发现海顿先生正在悠闲自得地抽着雪茄，雪茄上留着一段长长的烟灰。乘警据此断定：在三四分钟前，海顿先生是在抽雪茄，而并不是像那女人说的那样，把她强行拉进包厢，企图强奸她。

136. 便利店劫案

那个戴着两块表跑掉的人看起来似乎有些傻，但怀疑他并没有具体的证据。而骑自行车的人则有更大嫌疑。他说自己在作骑车游，但却少了一样很重要的工具——气筒！最大的可能是，作案时他有车停在附近。

137. 钢结构房间

这是一把耶鲁锁（即撞锁，此锁的门内部分没有锁洞）。佛瑞德只要转动一下门插销就可以打开门出去了。

138. 球杆风波

波森警官注意到两个侄子中有一个是左撇子，因此无法使用一般高尔夫球手使用的球杆。而米西尔侦探还发现另一个侄子个头太矮，也不可能使用专门为大高个儿尼尔定制的球杆。

139. 停车场命案

斯巴德先生有一辆全新的、豪华的房车，因此车上极有可能使用的是遥控开锁装置而不是钥匙开锁装置。而且一般这种车辆都配备有防盗器，可以发出报警信号吓跑匪徒。另外，这种车也很可能安装了车载电话系统，使人可以立即求救。因此斯巴德的话根本让人难以置信。最大的可能是他也参与了对自己的合伙人的抢劫行动。

140. 女扮男装的修女

麦克马克发现玛丽修女说话咽唾沫时，脖子上的硬领子一跳一跳的，他立刻推测出玛丽修女实际上是一个男人装扮的。跳动的领子表明这个人脖子上有喉结，因为男人才有突出的喉结。穆摩就是被这个假扮成修女的男人杀死的。

141. 刷门廊的人

弗鲁姆声称整个上午都在外面刷门廊，然而他的牛仔裤却很干净。这是不符合常识的。对这个异常现象的解释只能是，弗鲁姆在干活的时候杀死了皮特，当弗鲁姆快刷完门廊的时候，进屋换了一身衣服，又出来干完了活儿。为什么他要换衣服呢？因为他原来的衣服上溅满了皮特的血。

142. 一碗油炒豆

刘伯温让差人围起了两个布幔，是让刘瘦子和吕胖子在里面大便，因为他知道豆瓣在胃里短时间是不会粉碎的，必然有豆瓣出现在大便里。所以，当差人告诉刘伯温，吕胖子的大便里有豆瓣，刘瘦子没有时，吕胖子知道自己已现了原形。

143. 字迹的证明

殷云霁让所有衙门里的当差者全都来到他的大堂，对他们说道："本县令因公务忙不过来，想让你们帮助抄写文章，现在你们每个人都把自己的名字写在一张纸上呈上来，我好看看谁的字写得好，同时，我又可以记住你们的名字。"当每人写了字呈上来后，殷云霁拿着匿名信一一核对，发现姚明写的字与匿名信上的字相同，便认定姚明就是杀人凶手。

144. 两碗寿面

婆婆和媳妇吃完面后，都感到腹中一阵难受，竟当场把吃进去的东西通通吐了出来。两旁衙役走过去一看，只见婆婆吐出来的是些鱼肉面条，而媳妇吐出来的是些青菜萝卜面条。

原来，许老爷在两碗寿面里放进了呕吐药。自然，谁是谁非，一下就都非常清楚了。

145. 李良审鹅

过了一会儿，鹅在白布上拉屎了。凡是有生活常识的人都知道，乡下的鹅吃稻谷，拉出的屎是绿的，而城里的鹅吃米，屎是黄的。因此，只要看白布上的鹅屎的颜色，就知道谁是鹅的主人了。

146. 换刀擒凶

屠夫们走后，刘崇龟让人用盗贼在姑娘家留下的那把杀人屠刀，换走了摆放在操场上的一把屠刀。

第二天,屠夫们按前一天的编号站在了自己的屠刀面前。这时,有一个屠夫对刘崇龟说:"大人，这把屠刀不是我的，是赵四的。"刘崇龟让人逮捕了赵四，一审问，那天晚上杀死姑娘的果然是他。

147. 真假布店伙计

从年轻人生疏的卷布动作就可以看出，他不是布店伙计。

148. 深夜的恐吓信

案发刚过3小时，邦迪不可能在深夜收到这封邮局送来的信，显然信是早就准备好的。

149. 伪造的契约

一般的契约都是先把文字写好，然后再盖印。而这份契约却是字写在印鉴上，所以章频推断，一定是孙延世先偷了王刚的印盖上，然后再写上字的。经审，事实果然如此。

150. 吃青菜的牛

种过地养过牛的人都知道黄牛爱舐吃尿水，而水牛却爱吃干净的东西，所以黄牛闻过的青菜留有臊臭味儿，水牛是不吃的。那天，县令走到粪坑旁，就联想到水牛爱吃干净的东西，它不愿意吃满嘴臊臭的黄牛闻过的东西。因此，他便认定偷吃青菜的可能是那头水牛。晚上派人去抓，果然如此。

151. 变速车

泰德说自己的山地车已经买了几年了，但却不知道爬陡坡时要调到低速，所以他在撒谎。

152. 加油站劫案

服务员说劫匪是10点钟之后来加油的，但5点以后油泵已关闭，需要预先付费才能加油。

153. 后院有贼

戴尔先生能在锄草机的巨大噪音下听到有人撬锁，能越过8英尺高的篱笆墙看到并描述窃贼的样子，这分明是在撒谎。

154. 快餐店

只有买外带餐时快餐店才提供餐袋，而在店内用餐时只提供餐盘而没有餐袋。所以泰特在撒谎。

155. 皮艇谋杀案

他说自己在掌舵，因为丹不会操纵皮艇。然后丹落水而他并不知情，直到自己回头时才发现。如果他在掌舵，那么他一定坐在船尾，因此可能是他从后面击打丹的头部并亲眼看到他落水的。

156. 花店劫案

她说自己被锁进车内。这是在撒谎，因为车门永远都是可以从里面打开的。

第三篇　知识应用

157. 珍贵艺术品

约翰就是窃贼。因为他用擦拭红茶的手帕擦去了他留在镜框上的指纹，而红茶一般都加糖来喝，所以招来了苍蝇。

158. 价值连城的邮票被盗

《圣经》的第47页与第48页是同一张纸，简恩是不可能把邮票藏在这两页之间的。

159. 神秘的盗贼

防盗玻璃整体是难以毁坏的，但如果玻璃上有个小小的缺陷，用锤在那里一击，防盗玻璃就会破碎。知道这个破绽的人，只有设计制造防盗玻璃柜的那个人。

160. 拿破仑智救仆人

秘书利用毛玻璃的特性，看清楚了失主的一举一动，偷走了10枚金币。毛玻璃不光滑的一面只要加点水或唾沫，使玻璃上面的细微的凹凸变成水平，就能清楚地看到失主在房中所做的一切。而在左边的房间毛玻璃的一面是光滑的，就不可能做到这样。

161. 飞来的小偷

山田吉木说："有些鸟儿，如喜鹊、松鸡等，它们喜欢闪闪发光的东西，有时候会把这些东西衔回窝里，我根据这点才怀疑是喜鹊干的。"

162. 被杀的猫头鹰

法布尔望着警长疑惑的脸，笑道："我在采集昆虫标本时，常常发现大树底下有小鸟和老鼠的骨头，抬头一看便会发现猫头鹰的巢穴。猫头鹰抓住小鸟或老鼠后是整个吞食的，然后把消化不了的骨头吐出来。"

停顿了一会儿，法布尔又说道："格罗得在食饵肉中夹上3枚古钱喂了猫头鹰，猫头鹰是整吞的。第二天早晨，猫头鹰吐出不消化的古钱，格罗得将它们藏起来，然后再杀了猫头鹰，并剖腹检查，好证明自己的清白。"

163. 珠宝店里的表

盗窃犯动过的表区别于橱柜里其他表的唯一特征是它的指针在走动。别的表，即使假日前有人看过，上过弦，这时也早该停了。因为珠宝店停业放假3天。

164. 埃默里夫人的宝石

埃默里夫人想到了这个窃贼一定是个色盲，因为他当时没有只偷绿宝石，而是把所有的宝石全偷走，就是想让他的同伙从这堆宝石里挑走那颗绿宝石，所以，埃默里夫人一下子就判断出了那个穿着一只褐色袜子和一只蓝色袜子的克劳斯是色盲，也就是行窃者。

165. 英格兰的旗舰

根据线索2，V一定在C1，C2，D1或D2中的一个格子内。因为它不是重复的，所以不可能在C2（线索5），而那个线索也排除了包含有一个元音的D2。D3内是个A（线索4），那么线索2排除了V在D1内，排除法得出它在C1内。这样根据线索2，A1内有个R，而C3内是C。线索1和4排除了在D2内的元音（线索5）是A，也不是O（线索7），因此只能是I。根据线索6，G在C排，但G只有一个，不在C2内（线索5），只能在C4内。这样B4内的元音（线索5）不是O（线索7），而是另一个A。线索7排除了O在A或D排的可能，而已经找到位置的字母除掉了B1，B3或C2，以及B4，C1，C3和C4，只剩下B2包含O，而一个T在C2内（线索7）。这样根据线索5，第二个T在A4内。根据线索7，Y在A3内。

我们还需找到两个 R 的位置，但都不在 D4 内（线索 4），线索 1 也排除了 B1 和 A2，只剩下 B3 和 D1。L 不是在 D4 内，也不是在 A2 内（线索 3），因此在 B1 内。线索 1 排除了剩下的 A 在 D4 的可能，得出 F 在 D4，而 A 在 A2。

于是可知答案为：

R	A	Y	T
L	O	R	A
V	T	C	G
R	I	A	F

166. 头像是怎么来的

波达德的头像是由两个科学家合作而成的。第一个科学家是物理人体学家克莱德·斯诺，他根据遗骨推断出这是一个白种女人，身高大约 5 英尺，年纪在 30 到 40 岁之间。第二个科学家是贝蒂·帕特·加特利夫，他用卡规、尺子、放大镜和雕塑用具，根据一定的比例，用泥塑把波达德的头像复原了出来。头像栩栩如生，无怪芬林吓得要死。头像恢复术，这是一门破案科学，在和犯罪分子的斗争中，起着重大作用。

167. "死人河"

如果一个人在水下通过一条 6 英尺长、口径为 1 英寸的胶管呼吸，他将很快窒息，因为这根又长又细的胶管根本不可能把外面的氧气导进来。胶管里的气体全是尼克自己呼出的气体，里面基本上都是二氧化碳。因为没有氧气，尼克在水下根本无法呼吸，自然会窒息而死。这样简单的医学常识，托马斯当然懂得。所以，尼克是被他用这种巧妙的方式谋杀的。

168. 警犬的鼻子

凶手逃到牧羊的山坡上时，踩了满脚的羊粪。因为羊粪的气味很大，消除了凶手鞋子原有的气味。所以，再训练有素的优秀警犬也毫无办法。而凶手则乘此逃之夭夭。

169. 是巧合还是谋杀

这是伪装的现场。因为椰蟹是生长在海岛上的一种陆生寄居蟹。它有一种习性：白天钻进海岸的洞穴内，几乎不出来；晚上才出来活动。既然青年的死是在白天午后，因此绝不会是椰蟹剪掉椰子砸死的。

170. 东京度假游

这极有可能是一起谋杀案。因为采春天的山野菜是旧历的正月，还是冬季。而在日本温带气候下生活的蛇类，此时正在冬眠，冬眠的蝮蛇怎么会咬人呢？

171. 神秘的古堡

午夜，只见一团黑影从古堡顶部飞下来，向猴子猛扑过去，只听苏醒过来的猴子一声惨叫，彼特利克迅速收紧了渔网，古堡内又静了下来，彼特利克在铁箱里安安稳稳地睡了一觉。次日早晨，他从古堡里胜利走出，被欢呼的人群团团围住。他指着渔网说："凶手就在里面，它就是这种奇特的红蝙蝠，长着像钢针一样锋利的嘴，夜间出来觅食，乘人畜不备，瞬间能将尖嘴插入人和动物的大脑，吮吸脑汁，可立即致人死命。由于红蝙蝠具有这种杀人绝招，所以难以在死者尸体上找到伤处。

当局正要论功行赏，老人拿出了证件。原来这位"乞丐"正是英国剑桥大学著名生物学教授汤恩·维尔特。他观察古堡研究红蝙蝠已经二十多年，这才一举破获神秘古堡的百年疑案。

172. 死亡与鲜花的对比

因为尸体下面的月见草开着花。月见草只有在晚上才开花，如果死者真的是昨天下午在这里自杀，那么压在尸体下面的月见草就不应该是盛开的。这表明，尸体是昨天晚上被人扔在这里的。放个有毒的果汁瓶，只是为了迷惑人而已。

173. 请专家来断案

植物也有血型。尽管植物没有红色的血液，但也有确定血型的物质。那躺在床上的尸体枕着用荞麦皮装制的枕头，由于荞麦中有 A 抗原和 B 抗原，所以枕头上验出了血型。而在车祸一案中，轮胎碾过山村小路上的植物，能够确定植物血型的物质就粘在轮胎上了。

174. 游船上的谋杀案

两天没有喝水的人，是不可能满头大汗的，说明那个男子在撒谎。实际上是他为了独吞淡水，把汤姆杀害了。

175. 血型辨凶手

凶手不是弟弟。

AB 型和 O 型血液的人结婚，子女不会有 AB 型血。

176. 双重间谍

双重间谍 R 出身罗马在题中被特别强调出来。

一提到"出身罗马"，就要想到 X 不仅只是一个字母，还是一个罗马数字 10。由此 3 人编号推测 R 肯定是要写大于等于 10 的数字，但没写完就断了气。XII 是 12 号，所以杀死 R 的人肯定是 A 间谍。

177. 四名嫌疑犯

根据数学教师的特点去找答案。凶手是住在 314 号房间的汽车司机孙某。

被害人手里握着的麻将牌，与圆周率"π"谐音。圆周率是 3.14159……，一般按 3.14 计算，暗示凶手是住 314 号房间的人。

178. 迷乱的时间

一场橄榄球赛需要 90 分钟，还不包括比赛时的中间休息时间，再加上 60 分钟的路程时间，所以 B 教练在下午 5 点 20 分之前是不可能到达史密斯先生家的。而足球比赛全场比赛时间是 90 分钟，即使加上中间休息 15 分钟，这两位教练也完全有可能在案发之前到达史密斯先生家。

我们再继续分析下去：A 教练的球队参加的是锦标赛，当他们与对手踢成平局时，还得进行 30 分钟的加时赛，最后再进行点球决胜负。即使忽略点球比赛时间，至少也要进行 135 分钟的比赛，再加上 10 分钟的路程时间，他肯定不可能在下午 5 点 05 分前到达史密斯家。

所以，只有 C 教练才有可能杀死史密斯先生，因为比赛时间 90 分钟，中间休息 15 分钟和路程 20 分钟，这样，他可以在下午 5 点 05 分，即在枪响之前一分钟到达史密斯先生的家。

179. 马戏团的凶案

罪犯就是梅丽。她自称血迹是"刚才在他身上蹭到的"，可那时拉特已死了七八个小时，他的血已经干了，不可能蹭到她的袖子上。

180. 一张秋天的照片

梅花鹿的角在夏天的时候还没有长大，只有到了秋天或者冬天，才能长得像树杈一样。男子杀害了妻子，用以前的照片欺骗探长，以造成下午不在现场的假象。

181. 凶手可能是美国人

劳伦是看了信上的日期后，才推断凶手可能是美国人的。因为英国人写时间是先写日期，再写月份。但美式写法则刚好相反，是先写月份，再写日期。

182. 神父的判断

农夫在手枪的柄上拴了羊爱吃的草编的绳子，于是那十几只羊就可以边吃边将手枪拉进羊圈。

183. 大力士之死

不管一个人的力气有多大，也不能把自己掐死。因为，当一个人把自己掐昏后，手就会自然地松开了，用不了多久，他还会缓过气来的。

184. 谁在撒谎

日本国旗正倒都一样，可见三副在说谎，所以船长断定是他偷了钱。

185. 新郎之死

于忠发现山坡上正在开放的断肠草花、野百合花、醉鱼草花都是些花粉有毒的花草。他由此联想到，很可能因为这个时候放蜂，无毒花源短缺，蜜蜂饥不择食，便采集了有毒的花粉，所以酿出的蜜也就有毒了。

186. 卖狗人

因为所有的狗都是色盲，所以，牧羊犬麦克不可能知道信号旗或秋衣是红色的。

187. 一起恶性肇事逃逸事件

凶手作案后快速开车回家，这样发动机就会产生很大的热量，猫喜欢在暖和的地方睡觉，车前箱盖上便是最好的选择。由此可以断定凶手所谓的"我的车子昨天就放炮了，今天一次也没开出去"是谎言。

188. 玻璃上的污水

寒冷的天气里，室内温暖，冰霜都是结在室内玻璃上，户外玻璃上是不会结厚厚的冰的，可见波尔在编谎话。

189. 水生动物研究所

江山是说谎者，也是枪杀高森的凶手。因为研究所在水下 40 米的地方，大约有 5 个大气压，要想从这样的深度游向地面，必须在中途休息好几次，使身体逐渐适应压力的改变。15 分钟是游不回地面的。

190. 园艺家是个骗子

一年生植物的寿命只有一年，它的全部生命现象（发芽、生长、开花、结果、死亡）都会在一年内出现并结束，所以它绝对不可能年年开花结果。

191. 黑珍珠项链

郁金香花瓣一到夜间就合上，灯光照射十五六分钟后就会自然张开。耕助进来时花瓣是闭合的，而现在张开了，这说明书房在他进来之前一直是黑着的，而卢班不会在黑暗中读书。

192. 富孀报警

在落地窗前，探长看到早晨的太阳悬在窗前上空，因而得知落地窗面朝东方，贝蒂夫人在天亮前 4 点钟，看到落地窗后面有个人影，这是不可能的。

193. 银店抢劫案

依据在银碗中见到的影像，营业员不可能认定罪犯是谁，因为碗中反射出来的影像是个倒影。

194. 撒谎的肯特

在圣诞节前一天，肯特是无法利用太阳光在北极圈内生火的。因为从当年 10 月到大约第二年 3 月期间，北极圈里是没有阳光的。

195. 瑞香花朵

瑞香是一种只需要很少水的植物，如果水浇得太多，它就会死。卡罗尔小姐告诉警察自己每天给它们浇水，而且它们变得更美丽了，她肯定是在撒谎。

196. 今年冬天的第一场雪

警长是从屋檐上挂着的冰柱推断出来的。昨天夜里才下雪，第二天早上屋檐上就有了冰柱，说明夜里有人在屋里使用过电暖炉之类的东西取暖，导致屋内屋外温差很大，所以屋檐上结了冰柱。这个人既然是单身，所以昨天夜里他一定在家。他说两天前就出门到外地去，完全是在撒谎。

197. 骡子下驹

农夫纯粹是在撒谎，骡子根本不可能下驹。

198. 古老的壁画

恐龙绝迹几百万年以后，才有人类出现，壁画上却有原始人追杀恐龙的画面，教授看了应该知道壁画是假的，不可能说这是最古老的壁画，暴露了青年在撒谎。

199. 南美洲的大象

世界上亚洲有大象，非洲有大象，而南美洲却没有大象。

200. 寓所劫案

画家临死前说的"……开……关……掀……米……勒……"并不是指掀开米勒的画像，而是指掀开钢琴盖，按键上的两个音符"3""6"（米为3，勒为6）。按下这两个键后，地道的门自然就打开了。

201. "幽灵"的破绽

斯坦纳在看《希伯来日报》。希伯来文和阿拉伯文一样，是从右向左书写的，而他的放大镜却是从左到右一行一行地往下移，从而露出其伪装的破绽。

202. 小福尔摩斯

如果看到过蟑螂的尸体，就应该注意到，蟑螂在自然死亡时是肚皮朝上的。可是，本杰明看到的蟑螂的尸体却是背朝上的。可惜雅各布懂得的昆虫学知识太少，结果被本杰明看出了破绽。

203. 谍报员面对定时炸弹

让表停下就可以了。谍报员用打火机将闹表字盘的外壳烧化，再用速干胶从洞中伸进去将表针固定住。只要表针不动，无论什么时候也到不了4点半，炸弹也就不会引爆。

204. 大侦探罗波

那个人说他听到长颈鹿的嘶鸣后才被尸体绊了一跤。但是，实际上所有的长颈鹿都是哑巴，它们根本不会发出嘶鸣。他如果不是凶手，就不会编造假话。

205. 聪明的谍报员

马克被监禁在新西兰。因为在北半球的夏威夷宾馆里，拔下澡盆的塞子，水是呈顺时针方向旋转流进下水道的。而在这个禁闭室，水是呈逆时针方向流下去的。所以，马克弄清了当地是位于南半球的新西兰。

206. 柯南断案

柯南特意选在更夫走到屋子外的时候点亮了灯盏，这样一来强盗拿着刀的影子就很清楚地映在了窗户上，这就给更夫提供了一个最好的暗示，所以更夫知道了屋子里有强盗。

207. 聪明的珍妮

珍妮从科尔的提包里拿出的是听诊器，因为科尔是医生，自然随身带着听诊器。正是由于借助了听诊器，珍妮才听清了隔壁房间的谈话内容。

208. 衣柜里的女尸

樟脑丸易挥发，但衣柜里还有没有挥发完的樟脑丸，而户主却说屋里已经有两年没人住了，显然是在撒谎。

209. 罪犯逃向

这是一个简单的常识：人体血液中盐的含量远远超过动物血液中盐的含量。西科尔只要用他敏感的舌尖品味一下两行血迹的味道，即可迅速判断逃犯的方向。

210. 求救信号

飞行员吉米假装害怕，借着手忙脚乱的假象在空中按照三角形的路线飞行，如果飞三角形，就是航空求救信号。基地雷达就会发现，并马上派出救生机紧急前往进行搜索。当飞机在飞行中通信系统出现故障时，就采用这种飞行方法求助。

211. 判断页码数

警长的算法是：开始9页每页用一个数字铅字，计9个；此后的90页每页用两个铅字，共计180个；再往后的900页百位数字的页码每页用3个铅字，共2700个。

因此推断出：这本书若是999页，就要用铅字：9+180 + 2700 = 2889（个）。

但它只用了2775个字，因此书的页数在100～999之间。从第100页算起共需铅字2775-189 = 2586（个）；因每页用3个字，所以，2586÷3 = 862（页），再加上前边的99页，这本书共有961页。

212. 神秘的电文

处长告诉大家，"朝"不是某个人的名字，而是表示日期。这在中国古代汉语里是常见的。如果把"朝"字拆开则是"十月十日，"又有早晨之意，所以处长判断，接货时间应为"10月10日早晨"。

213. 破译情报

E=7, W=4, F=6, T=2, Q=0, 东路兵力是7240，西路兵力是6760，总兵力是14000。

细心分析，可以发现只能是Q+Q=Q，而且Q＋Q=2Q，故Q=0。

同样，只能是W+F=10，T+E+1=10，E+F+1=10+W。

所以有三个式子：

（1）W+F=10

（2）T+E=9

（3）E+F=9+W

推出2W=E+1，所以E是单数。

另外E+F＞9，E＞F，所以推算出E=9是错误的，E=7是正确的。

214. 暗影

格林姆先生说在下雨的夜晚看到有人影在离房子很近的地方走动。即使有影子，他也无法从楼上看到对着房子的人影，因为房子会挡住光线，使其无法在相反的方向投射影子。

215. 联邦调查局难题

这位新助手将密函水平端起来，闭上一只眼睛，斜看着图形，就会发现有"HELLO！"的字样。

216. 拿破仑的结论

1、10、100、1000 四个数字，无论哪个都是 9 的倍数加 1，所以他们除以 9 都余 1。因此，这 60 袋子弹无论如何组合，合计的数量一定是这样计算出来的:(9 的倍数 +1) + (9 的倍数 +1) + (9 的倍数 +1) ……=9 的倍数 +60。而 10000－60=9940,9940 除以 9 余 4，除不尽，因此子弹不可能正好是 10000 发。所以这个军需官不是循私舞弊，就是个糊涂蛋。

217. 奇怪的钟表并不怪

这是一个镜像电子时钟，需要通过镜子映照才能看到真实的时间。事实上，数字都是反过来的，即 12 点 11 分是 11 点 51 分、11 点 51 分是 12 点 11 分、12 点 51 分正好也是 12 点 51 分。

218. 神秘的情报

把这些记号倒过来，即可用英文读出:"西克柯是老板，他出售石油。"(Shigeo is boss he sells oi1)

如:

即:

219. 匿藏赃物的小箱子

斯密特探长根据带路人提供的每个箱子都有联系，而且都是 400 多号的情况，发现了其中的内在规律:两数之和的十位上的数字与第一个加数的十位上的数字相同，这就要求个位上的数字相加一定要向十位进 1,1 与第二个加数 396 十位上的 9 相加得整数 10 向百位进 1,所以两数之和的百位上的数字一定是 8,而它的十位上的数字从 0 ~ 9 都符合条件，因此，藏有赃物的另外 9 个箱子的号码是:408、418、438、448、458、468、478、488 和 498。

220. 常客人数

168 人。

假设常客的人数为"x"，可列出以下公式：

x=x/2+x/4+x/7+x/12+4

x=168

221. 集中抓捕行动

歹徒如果聪明，可以先把船划到湖心，看准刑警的位置，再立刻从湖心向刑警正对的对岸划。这样他只划一个半径长，刑警要跑半个圆周长，即半径的 3.14 倍，而刑警的速度是歹徒的 2.5 倍，这样歹徒就能在刑警到达之前先上岸跑掉。

222. 鱼是怎么死的

卡尔说道："所有的生物都依靠氧气生存，鱼也不例外，只不过它们利用的是海水中含有的氧气气泡罢了。如果水温升高，水中的气泡就会上升到水面而破裂消失，氧气大量减少，鱼自然就会大量地死亡了。所以，我认为你的发电站用过的热水没有冷却，就直接排放到海里，直接导致了鱼的死亡。"

223. 盗墓者的自首

假如 100 这个数可以分成 25 个单数的话，那么就是说奇数个单数的和等于 100，即等于双数了，而这显然是不可能的。

因此，100 块壁画分给 25 个人，每个人都不分到双数是不可能的。显然，自首的盗墓者说了谎话。

224. 可靠的证据

堂弟的指纹。人们的外貌可以相似，但指纹绝不会雷同。

225. 报警的数字

比利留下的这串数字指代了 7、8、9、10、11 这 5 个月份英文单词的词头：J-A-S-O-N，这说明绑匪是 JASON（加森）。

226. 狡猾的罪犯

设 35 秒为一个时间单位。5 道门两次开启的时间分别是 3、2、5、4、1 个时间单位，所以 5 道门同时开启的时间间隔是 60 个时间单位，即 1、2、3、4 和 5 的最小公倍数。盗窃犯穿过 5 道门的时间最多只允许有 4 个时间单位（2 分 20 秒），否则会惊动警报器。只有在一种情况下盗窃犯才有可能逃脱，就是从第一道门开启算起，按顺序每两道相邻的门之间开启的间隔是 1 个时间单位。在警卫相邻两次出现的时间间隔内，即 0 和 60 个时间单位之间，5 道门按顺序间隔 1 个时间单位连续开启的情况只在第 33、34、35、36、37 个时间单位内会出现，它们分别是 3、2、5、4 和 1 的倍数。所以，盗窃犯只要在警卫离开的第 33 个时间单位后穿过第一道门，以后每个时间单位穿过一道门，就能在第 37 个时间单位时逃脱。

227. 巨款仍在

伯纳注意到在纪念品中有一件鱼目混珠的物品，即那个企鹅标本，它是罪犯留下的而不是老探险家的，因为企鹅仅生活在南极。

228. 救命的闹钟

细心观察是最重要的，有时甚至能够挽救自己的生命！

闹钟一般都在指针上涂有荧火粉，方便晚上醒来的时候察看时间。如果长期不用的话，荧光会非常暗淡，甚至看不到，而刚刚被台灯光线照射过的荧光则非常明亮，所以凯乐一进门，看到荧光很明亮，就知道有人来过了。

229. 智推车牌号

设肇事汽车的牌号是 x，这个 x 的前两位数字是 a，后两位数字是 b，则：

x=1100a+11b=11（100a+b）(1)

由于 x 是个完全平方数，因此 x 中必含有因数 121，也就是说（100a+b）能被 11 整除。

可以将（100a+b）变形得：

100a+b=99a+（a+b）(2)

因此（a+b）也是 11 的倍数。

又因为 b 是从 0 到 9 的整数，a 是从 1 到 9 的整数，所以 $1 \leq a+b \leq 18$

结合（a+b）是 11 的倍数，所以 a+b=11。

将 a+b=11 代入（2）式，再将结果代入（1）式中得：

x=11（99a+11）=121（9a+1）

为了使 x 是完全平方数，上式中的（9a+1）也必须是完全平方数。

又因为 x 是完全平方数，它的末尾数字 b 只可能是 0、1、4、5、6、9，而由于 a+b=11，$a \leq 9$，所以 $b \leq 2$。由此可以推出，b 只能是 4、5、6、9，相应的 a 只能是 7、6、5、2。当 a 是 2、5、6 时，（9a+1）的值分别是 19、46、55，都是不完全平方数。当 a=7 时，9a+1=63+1=64=8^2，是完全平方数。

所以车牌号是 7744。

230. 森林里的杀人案

姑娘裙子上蜒蚰爬过的痕迹，引起了他的注意。蜒蚰生活在很潮湿的地方，而森林里很干燥，不可能会有蜒蚰，说明姑娘被杀害后，在潮湿的地方放了一段时间后，才被凶手转移到这里来，伪造成自杀的假象。

231. 被托管的白银

县令惊堂木一拍，大喝一声："周进，我看你一脸奸相，一定是你见苏小良软弱可欺，想贪吞这笔钱财。看来你是不打不招，来呀，给我打！"

左右衙役一拥而上，把个周进老头吓得瑟瑟发抖，未打几下，已呻吟不已，跪在一边的苏小良见了大声叫起来："大老爷，别打了，是我忘恩负义，空口无凭说他勒索钱财……"

县令一听，大发雷霆："好呀，你小子无事生非，戏弄本官！来呀，换打苏小良，给我重重地打！"

差役们按倒苏小良，棍棒齐下。此时，周进在一旁痛哭起来："大老爷，别打了，都是我的错,大老爷息怒。苏小良的父亲临终时确留有白银,我想苏小良当初年幼,又无凭据,存心贪吞这笔钱财。刚才我在挨打之时,苏小良自愿承担诬告之罪,我受良心谴责。他有情,我岂能无义,确实是我不对啊!"

232. 一张照片引发的秘密

这位摄影师有着丰富的摄影经验,他断定歹徒给董事长女儿拍照的时候,歹徒的相貌一定会映在她的眼球中。拿到照片后,他运用先进的显影技术,将照片放大,直到能清晰地看出歹徒的相貌。这样警方就可以抓获歹徒。

233. 翻下悬崖的吉普车

烧毁的吉普车上,油箱的指针正指在零的位置,表明吉普车在推下谷底之前,油箱里已经没有油了,不可能引起大火,暴露了翻车是人为制造的假象。

234. 律师的推断

因为当时大雪纷飞,天寒地冻,而室内的空调又开得很足,温度很高,窗玻璃上一定会有很多蒸汽,应该是模糊的,所以不可能从20米外清楚地看见室内人的模样。

235. 一个报案电话

雾气是在窗户里面才有的,而不是外面。费林先生不可能在外面把雾气擦掉看到伍德先生的尸体。

236. 重大发现

因为教科书里说非洲盛产钻石,于是他断定是有人用鸵鸟来运钻石,于是很快就锁定了作案的人群。

237. 摩天大楼里的住户

因为"电梯向上的层数总是向下的3倍",所以,电梯向上和向下的层数之比为3∶1。那向上的层数就是27层,向下的层数就是9层。因此,约翰应该是住在27楼,电梯从1楼升到27楼,共27层;电梯从36楼下到28楼,共9层。

238. 不在场证明

刑警看到水槽里的热带鱼正欢快地游动,便识破了这个女人的谎言。因为在下大雪的夜里,若果真停了一夜的电,那么水槽里的自控温度调节器自然也会断电,到清晨时,水槽里的水就会变凉,热带鱼也就会冻死了。

239. 门口的卷毛狗

梅格雷警官看到那条狗跷起后腿撒尿,便立刻识破了那个男子的谎言。

因为只有公狗才跷起后腿撒尿,而母狗撒尿时是不跷腿的,然而,那个男子却用"梅丽"这种女性的称谓叫那条公狗。如果他真是这家的主人,是不会不知道自己家所养的狗的性别的。所以,他就不会用女性称谓去喊公狗。

由于这条狗长得毛乎乎的,小偷从外表上根本看不出它的性别,便随口胡乱用了女性的名字叫它。

240. 雨后的彩虹

是第二个，因为彩虹的位置总是和太阳相反的，看彩虹的时候，是不可能看到太阳的。

241. 锐眼识画

中古时期的绘画都是基于现实的，这幅画中第三个武士的剑根本拔不出鞘来，所以是伪造的。

242. 冰凉的灯泡

证据就是那只冰凉的灯泡。因为仆人说从锁孔中窥看时电灯突然关闭，而他们两人破门而入不超过两分钟，加上夏季气温较高，灯泡应该还是热的才对。

243. 装哑巴

次日升堂，王文敏一拍惊堂木，要蒋勤从实招来，蒋勤一言不发。

王文敏又说："此人是个哑巴，本县不好审理。退堂！"

苏衙内上前说道："大人且慢，此人并非哑巴，昨天我家奴去拴马时，他亲口说了话。"

王文敏问家奴："他昨天说什么话？"

家奴说："我去拴马时他对我说，他的马很凶，要我把马拴到别处去，免得踢坏了我家公子的马。"

王文敏又问："此话当真？"

苏衙内说："一点不假，我亲耳听见。"

王文敏一听，哈哈大笑道："此案已经了结，蒋勤已将他的马性烈的情形讲明。你们不听，硬要拴在一起，只能自食其果。"说罢退堂了。

苏衙内理屈词穷，只好作罢。

244. 破解隐语

4句隐语的意思是"明天行动"。

昼指日，夜指月，即"明"字。

"二人"合成"天"字，往的一半"彳"和街的一半"亍"合成"行"字，"一直去"是"云"和"力"合成"动"字。

245. 律师的判断

阿根是伪造遗嘱进行讹诈。遗嘱不可能签署于11月30日夜1点，因为11月只有30天。

246. 蜘蛛告白

蜘蛛吐丝是寒潮来临的信号，这时，法兰西的军队就不用害怕荷兰的水闸放水了，因为水都结成冰了。

247. 杀人犯冯弧

张方重新写了一个案卷，在案卷上写道："杀人犯马瓜，无故将人杀死，现呈报斩首示众，特报请审批。"第四次派人送到京城。吴起接到案卷，展开一看，见说的是杀人犯马瓜，不是冯弧，就挥笔批了"同意处斩"4个字。待批文回来后，张方便在"马"字旁添了两点，"瓜"字旁加了"弓"字，变成了"杀人犯冯弧"。这样，张方巧妙地用了汉字的拆字法，使这个不可一世的大恶霸终于伏法了。

248. 县令验伤

因为殴打致伤，血液聚集，所以伤处发硬；而伪装的伤痕则和好的肌肤一样，是松软的。李南公就是根据这个常识验明真伤还是假伤的。

249. 冒充的饲养员

饲养员是窃贼冒充的，因为犀牛是食草动物，不吃牛肉。

250. 是谁偷了佛珠

是大徒弟偷走了佛珠。老和尚是中秋之夜离开的，半个月后回来，应是农历初一，晚上没有月亮，哪儿来的月光呢？

251. 被打翻的鱼缸

在黑暗中，当佣人与盗贼搏斗时，将大鱼缸碰翻掉在地板上摔碎。电鳗便爬到地板上，而且碰到了盗贼的身体使其触电死亡。

电鳗属于硬骨类电鳗科的淡水鱼。生存于亚马孙河及奥里诺科河流域，长成后，身长可达 2 米。尾部两侧各有两处发电器官。电压可高达 650～850 伏。如果碰到它会受到强电流的打击。连猛兽也会被电死，更何况是人呢？

252. 藏在水中的银子

刺史认为：船夫要盗窃银子，必然是趁船停泊休息，大家都上岸去买东西的时候；既然船上没有，那么银子就只能藏在水中。船夫想等官府检查后，再偷偷返回去取赃物。

253. 一瓮马蹄金

袁滋让人把大瓮里的土块取出来，一数共有 250 块。他又让人去府库支取了一些金子，找来一个银匠，按土块大小铸成 250 块金锭，再用秤称其重量。还没称上一半，就已经有300 多斤。按此推算，若全部称完，少说也有六七百斤。袁滋心里明白了：这么重的瓮两个人怎么能够抬动呢？这瓮里的金子在抬到县衙之前肯定已经被人偷换了，而且很可能就是那两个抬瓮人。于是袁滋先找到了宋仁，听了宋仁的叙述，便知道可能是宋光偷换了马蹄金。把宋光抓来一审，果真如此。

254. 巧称黄金的文官

原来，年轻文官在 10 个使臣的箱子里依次取了 1、2、3、4、5、6、7、8、9、10 块黄金，只要称一下缺了几钱，就可以查出是哪个使臣贪污了黄金。年轻文官称黄金时发现少了 3 钱，便断定贪污黄金的是第三个使臣了。

255. 谁是房子的主人

知县问道："你能把房子说得如此详细，看来你是一个很有心机的人。不过，我想问你房子的地基是用什么石头砌的？是青石还是红石？"露在地上的东西，那人记得清；可埋在地下的，他可就不知道了。于是，他故作镇静地答道："是青石砌的地基。"知县又问："房柱子底下有什么？"那人答道："没有什么。"知县转身问王松。王松说道："我的房子的地基是红石砌的。房子的东南角低洼潮湿，修建时，我在那边的柱子底下垫了 3 块方石。"

知县叫人一验，果然如王松所说。骗子也就露了马脚。

256. 一封奇异的家书

秋竹把画递到陈阿六的面前，指着画上的三座山说："三山（三）得九！"又指着山上的三面小旗说："三旗（七）二十一！你是读过书的人，加一加看吧！"

257. 池塘里的倒影

池塘的水是平面的，钓鱼时是看不到身后人的倒影的，说明小伙子在撒谎。

258. 一道密码算术题

101×5=505，"505"在计算器液晶显示屏上，就像紧急求救信号"SOS"，教授用这样办法表示自己被绑架了。

259. 一条黄色工装裤

罪犯是杰克。他们的营地处在开麦基队营地的上游，在乔纳费希队营地河边钓鱼的杰克却说工装裤是从开麦基队营地方向漂过来的。扔在河里的东西哪有逆水漂流的道理？

260. 谁是凶手

他说自己在报警之前有两个多小时不在现场，但杯子里的冰块却还没融化，因此是在说谎。

261. 飞驰的快艇

快艇是靠节流杆来启动和停止的，没有脚刹。因此露露可能根本没开过船。

第四篇　逻辑推理

262. 名画失窃

卡尔探长只字未提匿名电报之事，女管理员却自己先说了出来，可以断定是她自己偷了画，又拍了电报。

263. 住在房间里的人

思尔闻·恰尔住在5号房间（线索3），从里昂来的人在4号房间（线索4），2号房间的诗人是阿兰·巴雷或者卢卡·莫里（线索2）。从诗人的房间号所知，来自第戎的亨利·家微不可能在1号房间，也不在6号房间（线索7），那么只能在3号房间。从线索7中知道，剧作家在4号房间，因此他来自里昂。现在我们知道了2号和4号房间人的职业，从线索6中知道，小说家吉恩·勒布伦只能住在6号房间。通过排除法可知来自卡昂的摄影师不在2，3，4，6房间（线索6），也不可能在5号房间，因此他或她只能在1号房间。画家不在3号房间（线索5），因此只能在5号房间，那么3号房间的亨利·家微一定是雕刻家。现在我们知道1号或者3号房间人的家乡。从线索1中可以知道，来自波尔多的年轻人一定是2号房间的诗人。我们已经知道了4个人的家乡，而5号房间的画家不是来自南希（线索5），只能来自土伦，剩下南希是吉恩·勒布伦的家乡，他是6号房间的小说家。4号房间来自里昂的剧作家不是塞西尔·丹东（线索4），塞西尔·丹东也不是2号房间的诗人（线索2），那么她只能是1号房间的来自卡昂的摄影师。最后，从线索1中得知，住在2号房间的来自波尔多的诗人不是阿兰·巴雷，那么只能是卢卡·莫里，阿兰·巴雷只能是4号房间的来自里昂的剧作家。

因此得出答案：

1号房间，塞西尔·丹东，卡昂，摄影师。

2号房间，卢卡·莫里，波尔多，诗人。

3号房间，亨利·家微，第戎，雕刻家。

4号房间，阿兰·巴雷，里昂，剧作家。

5号房间，思尔闻·恰尔，土伦，画家。

6号房间，吉恩·勒布伦，南希，小说家。

264. 美术馆失窃案

窃贼是查理。因为只有查理被4个人提到过，由于所有供词中只有4个是假的，因此窃贼就是查理。

265. 金表被盗

戴维是小偷。我们可以发现，埃迪的供词和布朗的供词的前一半完全对立，布朗的供词的后一半和查理的供词完全对立，因此，这4句话中必定有两句是真的。由于最多只有一个人的供词是真的，所以布朗的话一定是半真半假，而戴维的供词就肯定是假的，因此，他就是小偷。

266. 回到地球

巴石在E躺椅上(线索2),尼克的姓是索乐(线索3)。克可在A躺椅上,他不是萨姆(线索1),线索6告诉我们克可不是多克,那么克可肯定就是姜根而不可能是宇航员（线索1）;躺椅D上的是物理学家（线索4），化学家姓多明克（线索5），生物学家的名字是多克（线索6），因此姜根·克可肯定是飞行员。现在，我们知道了一些姓或名或职业的搭配关系，因此，多克是生物学家，但不是克尼森（线索6），则肯定是戴尔。我们知道她（是的，多克·戴尔是第2位女性，虽然没办法找出来）不在躺椅A，D，E上，线索2能排除躺椅B，因此她必定在躺椅C上。现在我们知道3个躺椅占有者的职业。线索1告诉我们，宇航员不在躺椅B上，那么他只能是E上的巴石。通过排除法，躺椅B被多明克占了，她是化学家。另外，我们把姓和职业与名搭配，可以推得多明克只能是萨姆。通过排除法，尼克·索乐只能是躺椅D上的物理学家，而克尼森是E上的巴石。

因此得出答案：

躺椅A，姜根·克可，飞行员。

躺椅B，萨姆·多明克，化学家。

躺椅C，多克·戴尔，生物学家。

躺椅D，尼克·索乐，物理学家

躺椅E，巴石·克尼森，宇航员。

267. 谁扮演"安妮"

第2个预演的是家庭主妇（线索3）。因被描述成"错误形象"而淘汰的女士是第1个预演的,她不是清洁工(线索4),也不是图书管理员,图书管理员因太高而不符合要求(线索1),因此她只能是服装店的助手基蒂·凯特(线索6)。第2个预演的家庭主妇不是蒂娜·贝茨(线索3),也非科拉·珈姆,因为她是第4个预演的(线索5),那么她只可能是艾达·达可,她不是因为太成熟而被淘汰的(线索2),通过排除法,她只能是怀孕了,太成熟的只能是清洁工。现在,从线索中知道图书管理员是第3个预演的,所以她不是科拉·珈姆,只能是蒂娜·贝茨,剩下第4个预演的肯定是科拉·珈姆,太成熟的清洁工。

因此得出答案:

第1个,基蒂·凯特,服装店助手,错误形象。

第2个,艾达·达可,家庭主妇,怀孕。

第3个,蒂娜·贝茨,图书管理员,太高。

第4个,科拉·珈姆,清洁工,太成熟。

268. 旅馆里的凶案

虽然巴尼特声称他不知道梅丽莎被谋杀之事,但他却从杀人现场拿回了金笔。如果他是无辜的,他就应该到第三大街梅丽莎的新居去寻找金笔。

269. 四件凶器

这4个选择中只有一件是真正置人于死地的凶器,可以用"排他法"解决。首先,死者没有被勒过的痕迹,又不是窒息而死,那么绳子可以排除。死者没有中毒,所以那瓶毒药也可排除。由于"撞击"是致命之处,石头的嫌疑自然最大,可是死者伤口上没有泥土,所以石头应该可以排除。剩下来是匕首,因为死者身上没有刀伤,所以最后可以肯定的是,凶手是用匕首的柄部撞击死者的,匕首是"真正"的凶器。

270. 被毒死的伊凡

4人在饭店的坐法如图所示:

因此,说谎的是左拉,他杀了伊凡。

271. 皮划艇比赛

我们知道改革者号在2号站点处领航(线索3),安迪·布莱克不在3号站点处领航(线索5),而且从线索1可以排除格兰·霍德在3号站点处领航,线索8也可以排除露西·马龙在3号站点处领航。科林·德雷克在5号站点处领航(线索6),6号站点叫青鱼站点(线索1)。线索4可以排除亚马逊号的盖尔·费什在3号站点处领航,所以3号站点的领航者必然是派特·罗德尼。同时可知,3号站点是波比特点(线索2)。我们知道2号站点是由改革者号领航的,2号不是波比特站点,也不是城堡首领站点或者青鱼站点,它也不可能是斯塔克首领站点,在斯塔克首领站点处领航的是五月花号(线索7)。我们知道科林·德雷克的皮划艇在5号站点处领航,所以圣·犹大书站点不可能是2号站点(线索4),用排除法可以知道,2号是海盗首领站点。因此圣·犹大书站点不可能是5号站点(线索4),

用排除法可知圣·犹大书站点只可能是1号站点，剩下5号站点是斯塔克首领站点，此处由五月花号领航。所以，盖尔·费什的亚马逊号必然在4号站点处领航，即城堡首领站点。我们知道露西·马龙不在4号站点处领航，她也不在海盗首领站点领航（线索8），所以，她必然从在青鱼站点处领航，即6号站点（线索8），所以魅力露西号是从3号站点处领航的，即波比特站点。海猪号皮划艇不在青鱼站点处领航（线索1），用排除法可以知道在青鱼站点处领航的必然是去利通号。剩下海猪号在圣·犹大书站点领航，它由安迪·布莱克驾驶（线索5），格兰·霍德驾驶改革者号在2号海盗首领站点处领航。

因此得出答案：

1号，圣·犹大书站点，安迪·布莱克，海猪号。

2号，海盗首领站点，格兰·霍德，改革者号。

3号，波比特站点，派特·罗德尼，魅力露西号。

4号，城堡首领站点，盖尔·费什，亚马逊号。

5号，斯塔克首领站点，科林·德雷克，五月花号。

6号，青鱼站点，露西·马龙，去利通号。

272. 哪个男人是凶手

目击者指认第一个男人是凶手。

根据已知条件分析得出完整的特征分布必定是下列情况之一：

A（1）

白皙	消瘦	高个	漂亮
	高个		
	白皙		

A（2）

白皙	消瘦	高个	漂亮
	高个		消瘦
	白皙		

A（3）

白皙	消瘦	高个	漂亮
	高个		高个
	白皙		

B（1）

白皙	消瘦	高个	漂亮
	高个		白皙
	白皙		

B（2）

白皙	消瘦	高个	漂亮
	高个	白皙	白皙

B（3）

白皙	消瘦	高个	漂亮
	高个	白皙	白皙
			消瘦

根据条件（7），可排除 A（1）、A（2）、A（3）和 B（2）和 B（3）。

273. 思道布的警报

纺织品商店在国王街（线索 1），水灾发生在格林街（线索 3），判断出发生车祸的书店不可能在牛顿街（线索 5），则只能在萨克福路。鞋店不在格林街（线索 3），因此只能是牛顿街上的帕夫特（线索 5），而格林街被洪水淹没的商店一定是卖五金用品的，这家店不是格雷格（线索 4），也不是巴克商店，巴克商店发生的是错误警报（线索 2），因此，它只能是林可商店。我们知道萨克福路上的书店的警报不是假的，那么它不可能是巴克（线索 2），只能是格雷格，巴克必定是国王街的纺织品商店（线索 1）。通过排除法，牛顿街上的帕夫特鞋店发生了火灾。

因此得出答案：

巴克，纺织品店，国王街，错误警报。

格雷格，书店，萨克福路，车祸。

林可，五金商店，格林街，水灾。

帕夫特，鞋店，牛顿街，火灾。

274. 迅速破案

凶手是送牛奶的人。因为只有知道辛普森太太已经遇害，他才不再到这里送牛奶，而送报纸的人显然不知道这一点，每天仍然准时把报纸送来。

因此，送报纸的虽然每天都来，却因此被排除了嫌疑。送牛奶的人作案后，显然没有想到这桩凶案在十多天以后才被人发现，他停止送奶的行为恰恰暴露了自己的罪行。

275. 继承人

继承人吉可巴士（吉可）在家系中排行第 2（线索 6），从线索 4 中知道，住在利物浦的贝赛利不排第 1，也非第 5。在沃克叟工作的继承人排行第 4（线索 3），因此贝赛利肯定是第 3，职业是出租车司机（线索 5）。现在，从线索 4 中知道，做管道工作的西吉斯穆德斯一定排行第 4，在沃克叟工作。而消防员住在施坦布尼（线索 1），那么住在格拉斯哥的继承人不是盖博旅馆的主人（线索 1），则一定是清洁工，而旅店主人必定住在坦布。因旅店主人排行不是第 2 和第 5（线索 2），那么肯定是第 1。因此他不可能是帕曲西斯（线索 7），只能是麦特斯，剩下帕曲西斯排行第 5。现在从线索 1 中可以知道，他必定是施坦布尼的首席消防员，而格拉斯哥的清洁工是排行第 2 的吉可巴士。

因此得出答案：

第 1，麦特斯，坦布，旅馆主人。

第 2，吉可巴士，格拉斯哥，清洁工。

第 3，贝赛利，利物浦，出租车司机。

第 4，西吉斯穆德斯，沃克叟，管道工。

第 5，帕曲西斯，施坦布尼，消防员。

276. 家庭凶杀案

由年龄最小者和死者是异性，可知死者不是年龄最小者。

从犯比死者年龄大，可知从犯是父或母。年龄最大者和目击者是异性，而父亲年龄最大，因此，目击者是女性。从犯和目击者是异性，故从犯是男性因而是父亲。

如果死者是女性，则由年龄最小者和死者是异性，可知年龄最小者是男性并是凶手（因为目击者也是女性），但由条件"凶手不是年龄最小者"，因此，死者是男性即儿子，而年龄最小者是女性，即女儿。同样因为凶手不是年龄最小者，所以，凶手是母亲，女儿是目击者。

277. 富豪被杀的真正原因

杀人凶手是富豪的侄子。因为如果秘书在甲板上杀了人，会把尸体丢入大海，以便消除痕迹，掩护自己。而侄子急于继承遗产，但如果没有富豪的尸体，无法确认死亡，就只能宣布他暂时失踪。这样，侄子在短时间内是无法继承遗产的，所以他把尸体留在了甲板上。

278. 兜风意外

蓄电池没电是下午 5：00 发现的（线索 6），不可能是吉恩的汽车出的事（线索 1），同时线索 1 也告诉我们伊夫林的车胎穿了孔。西里尔的不幸发生在 3：00（线索 4），而线索 3 排除了姆文在下午 5：00 出事的可能，通过排除法，只可能是格兰地的电池没电了。司机把车撞到门柱发生在星期五（线索 2），他不可能是伊夫林和吉恩（线索 1），我们知道他也不是格兰地和姆文，那么他肯定是西里尔。姆文不是因超速被抓住的（线索 3），因此通过排除法，他肯定是压到了栅栏，剩下超速的是吉恩。超速不是发生在下午 3：00 和 5：00，伊夫林发生不幸的最迟时间也只可能是下午 2：00，而线索 1 排除了这个可能性，她也不是在早上 10：00 出事的（线索 3），那么她必定是早上 11：00 出事的，从线索 3 中知道，姆文肯定是在早上 10：00 压倒了栅栏，剩下的只有伊夫林在下午 2：00 出事。线索 5 告诉我们格兰地在星期一蓄电池没电，而从线索 1 中知道，吉恩肯定是星期三出事的，则伊夫林必定是在星期四出的事。

因此得出答案：

西里尔，星期五，撞到门柱，下午 3：00。

伊夫林，星期四，车胎穿孔，下午 2：00。

格兰地，星期一，蓄电池没电，下午 5：00。

吉恩，星期三，超速，上午 11：00。

姆文，星期二，压倒栅栏，上午 10：00。

279. 做贼心虚的约翰

约翰有 3 个妹夫，但他却能准确地说出死者的名字是史密斯，显而易见他是凶手。

280. 致命的烧烤

山姆妒忌班域的才能,故早已有谋杀他的计划。当他得知班域爱吃肉类后,便买只白兔,喂食有毒的蔬菜和果实。白兔免疫力强,即使吃了有毒的东西,对身体并无影响。把兔喂肥之后,借着公司举行烧烤旅行的机会,山姆才带着兔子出现,班域见到白兔,自然垂涎三尺,所以将兔子烤来吃。兔子体内的毒素侵入班域身体,使其中毒死亡。

281. 小镇的烦心事

凶手是托马斯。公交公司的工人正在罢工,他不可能坐公共汽车去俱乐部。

282. 聪明的探长

首先,老兵维克多不可能是凶手。他的眼睛很不好,不可能在25米远的地方开枪打中苏珊的额头。

其次,凶手也不可能是惠特尼牧师。当时教堂里正在做礼拜,牧师肯定在那里。

所以,杀死苏珊的肯定是卡罗尔。

283. 下一个出场者

B位置上的是9号选手(线索6)。万能选手6号不可能在A位置上(线索1),而C位置上的选手是乔希(线索4),线索1提示位置D上的不可能是万能选手,那么万能选手一定是C位置上的乔希。现在,从线索1中可以知道,帕迪一定是位置B上的9号选手。我们现在已经知道A不是乔希,也不是帕迪,线索5排除了艾伦,那么他只可能是尼克,他是乡村队的守门员(线索2),最后剩下艾伦在D位置上。现在,从线索5中知道,艾伦一定是7号,尼克则是8号。而艾伦一定不是旋转投手(线索3),那么他一定是快投,剩下旋转投手是帕迪。

因此得出答案:

选手A,尼克,8号,守门员。
选手B,帕迪,9号,旋转投手。
选手C,乔希,6号,万能。
选手D,艾伦,7号,快投。

284. 凶手可能是律师

显然,供词(2)和(4)中至少有一条是真话。如果(2)和(4)都是真话,那就是马修杀了查尔斯。这样,根据I,(5)和(6)都是假话。但如果是马修杀了查尔斯,(5)和(6)就不可能都是假话。因此,马修并没有杀害查尔斯。

于是,(2)和(4)中只有一条是真话。

根据II,(1)、(3)和(5)中不可能只有一条是真话。而根据I,现在(1)、(3)和(5)中至多只能有一条是真话。因此(1)、(3)和(5)都是假话,而(6)是真话。

由于(6)是真话,所以的确有一个律师杀了查尔斯。还由于根据前面的推理,马修没有杀害查尔斯;(3)是假话,即汉森不是律师;(1)是假话,即罗伯特是律师。从而,(4)是真话,(2)是假话,所以结论就是:罗伯特杀了查尔斯。

285. 一起就餐

C是凶手。

推理:根据提示,因A讲"专职的服务员正在为我们上菜"之前说了一次谎,可以判断"专职的服务员正在为我们上菜"这句话是真话。那么,B的口供中"现在我们又有了新的服务员"是假话,由此断定:另外两句是真话,服务员就不是凶手了。再看C的口供中"是服务员毒死D的"是假话,而"B没有犯罪","凶手就在我们中间"是真话,因此B也不是凶手。再回过头来看A的口供,因B说"D坐在我的对面"是真话,所以"我是同C坐在一起的"是假话,"我没有毒死D"是真话,综上所述,A、B与服务员都不是凶手,那么谁是凶手就昭然若揭了。

286. 囚室

卡萨得公主在一位王子的对面(线索5),那么吉尼斯公主一定在另外一位王子的对面,后者不是阿姆雷特王子(线索4),那么一定是沃而夫王子。从线索4中知道,按顺时针方向,他们房间分别是卡萨得公主、吉尼斯公主、阿姆雷特王子、沃而夫王子。从线索2中知道,吉尼斯公主的父亲是尤里天的统治者,而沃而夫王子的父亲则统治马兰格丽亚(线索4)。卡萨得公主的父亲不统治卡里得罗(线索5),那么他一定统治欧高连,通过排除法,阿姆雷特王子的父亲必定统治卡里得罗。从线索2中知道,卡萨得公主的父亲一定是阿弗兰国王,而吉尼斯公主的父亲统治尤里天,后者必定是国王西福利亚(线索3)。卡里得罗的阿姆雷特王子的父亲不是国王恩巴(线索5),那么必定是国王尤里,剩下国王恩巴是沃而夫王子的父亲。最后,从线索1中知道,阿姆雷特王子的房间是 I ,那么沃而夫王子则是 II ,卡萨得公主是 III ,而吉尼斯公主在房间 IV 中。

因此得出答案:

I ,阿姆雷特王子,国王尤里,卡里得罗。

II ,沃而夫王子,国王恩巴,马兰格丽亚。

III ,卡萨得公主,国王阿弗兰,欧高连。

IV ,吉尼斯公主,国王西福利亚,尤里天。

287. 谎言

虽然格雷伪造了自杀现场,小心翼翼地编造了他从未到过此地的谎言,但他在顶楼上却知道开门的响声来自后门,这无异于不打自招。

288. 足球评论员

杰克爵士跟随北爱尔兰的球队(线索1),佩里·奎恩将去俄罗斯(线索5),和英格兰队和挪威有关的评论员不是阿里·贝尔(线索3),只能是多·恩蒙。前守门员在威尔士队(线索4),他不去比利时,因为曾经的经营者将去比利时,前守门员也不去俄罗斯(线索5),因此他只能去匈牙利,通过排除法,他是阿里·贝尔,而佩里·奎恩和苏格兰队有关。现在我们知道了3位评议员的目的地,因此去比利时的前经营者必定是杰克爵士,他跟随北爱尔兰队。最后,从线索4中知道,前记者不是和苏格兰队一起的佩里·奎恩,他只能是多·恩蒙,和英格兰队和挪威有关,而佩里·奎恩和苏格兰队及俄罗斯有联系,他一定是前足球先锋。

因此得出答案:

阿里·贝尔，前守门员，威尔士队，匈牙利。

多·恩蒙，前足球记者，英格兰队，挪威。

杰克爵士，前经营者，北爱尔兰队，比利时。

佩里·奎恩，前足球先锋，苏格兰队，俄罗斯。

289. 他绝不是自杀

探长右手持枪，而伤口却在左侧太阳穴。

290. 他杀证据

女明星在医生查房时吃了安眠药，睡着了。睡着的病人是不可能自己去跳窗自杀的。

291. 房间之谜

SD间谍在6号房间（线索2），从线索5中知道，OSS间谍一定在5号房间，而SDECE间谍在3号房间，鲁宾在1号房间。2号房间的间谍不可能来自阿布威（线索3），也不来自M16，而间谍加西亚不在1号房间（线索1），那么他肯定是GRU的间谍。从线索4中知道，毛罗斯先生的房间是4号，罗布斯不可能在3号（线索1），也不可能在2号房间，因为加西亚不在4号房间，所以罗布斯也不可能在6号。罗布斯只能在5号房间，而加西亚在3号，M16的间谍则在4号房间（线索1）。6号房间的SD间谍不是罗布斯（线索2），则肯定是戴兹，剩下罗布斯一定是2号房间的GRU间谍，最后通过排除法，1号房间的鲁宾是阿布威的间谍。

因此得出答案：

1号房间，鲁宾，阿布威。

2号房间，罗佩兹，GRU。

3号房间，加西亚，SDECE。

4号房间，毛罗斯，M16。

5号房间，罗布斯，OSS。

6号房间，戴兹，SD。

292. 灭口案

因为如果那被害的女子是自己踩凳子上吊的，那么凳子上一定会留下她的足迹。

293. 寄出的信件

埃德娜和鲍克丝夫人应为2号或3号（线索1），而克拉丽斯·弗兰克斯肯定不是4号（线索3），只能是1号。寄出3封信件的女人位于图中3或者4的位置（线索3）。线索2告诉我们邮筒两边寄出的信件数量相同，那么它们必将是5封和2封在邮筒一侧，3封和4封在另一侧，所以寄出4封信件的女人必将位于3或者4的位置。但只有一个人的信件数和位置数相同（线索5），结果只可能是4号女人有3封信而3号女人有4封信。从线索5中知道，2号有2封信件要寄，剩下克拉丽斯·弗兰克斯是5封。我们知道埃德娜和鲍克丝夫人位于图中2或者3的位置，因此现在知道埃德娜是2号，有2封信要寄出，而鲍克丝夫人是3号，有4封信，她不是博比（线索4），那么她就是吉马，剩下在4号位置的博比，不是斯坦布夫人（线索4），那么她只可能是梅勒，而斯坦布夫人是埃德娜。

因此得出答案：

位置1，克拉丽斯·弗兰克斯，5封。

位置2，埃德娜·斯坦布，2封。

位置3，吉马·鲍克丝，4封。

位置4，博比·梅勒，3封。

294. 毛毯的破绽

死者是头部中枪，若是自杀，他拿手枪的那只手应该露在毛毯外面，而不是全身盖着毛毯，凶手为死者盖上毛毯时考虑不周，露出了破绽。

295. 是走错房间了吗

小伙子敲门露了馅儿。因为3、4两层全是单人间，任何一个房客走进自己房间时，都不会先敲房门的。

296. 柜台交易

朱莉娅是其中一位顾客（线索2）。29便士是2号售货员给4号顾客的找零（线索5），但是2号不是莱斯利（线索3），也不是杰姬，因为后者参与的交易是17便士的找零（线索1），因此2号肯定是蒂娜，4号是朱莉娅（线索2）。而后者不是买了洗发水的奥利弗夫人（线索2），那么奥利弗夫人肯定是3号。朱莉娅一定买了阿司匹林，她是阿尔叟小姐接待的（线索4），而阿尔叟小姐肯定是蒂娜。通过排除法，17便士的找零必定是1号售货员给3号顾客的，因此通过线索1，朱莉娅肯定是沃茨夫人，而剩下的1号售货员肯定是里德夫人，她也不是莱斯利（线索3），所以她只能是杰姬，最后得出莱斯利姓奥利弗。

因此得出答案：

1号，杰姬·里德，找零17便士。

2号，蒂娜·阿尔叟，找零29便士。

3号，莱斯利·奥利弗，买洗发水。

4号，朱莉娅·沃茨，买阿司匹林。

297. 丽莎在撒谎

丽莎不可能用吹风机吹头发，因为当时停电了。还记得输电线路是什么时候修好的吗？

298. 管家在撒谎

管家抬起头是不可能看见主人踢倒小凳子的。要是能够透过窗玻璃看到地板上的小凳子，那间阁楼的小窗户就得太离谱了。

299. 戴黑帽子的家伙

图片A指的是雅各布（线索2），图片D指的是丘吉曼（线索4）。赫伯特的图片与"男人"麦克隆水平相邻，前者不可能是图片C上的人，而图片C上的也不是西尔维斯特（线索1），那么图片C上的一定是马修斯。我们知道西尔维斯特不是图片A、C和D上的人，那么肯定就是图片B上的人。通过排除法，赫伯特一定是图片D上的人。从线索1中知道，图片C上的一定是马修斯，他就是"男人"麦克隆。通过排除法知道，雅各布的姓就是沃尔夫。因此，从线索3中可以知道，"小马"就是西尔维斯特·加夹得，他是图片B上的人。D上的赫伯特·丘吉曼不是"强盗"，那么他的绰号一定是"里欧"，而"强盗"就是图片A上雅各布·沃尔夫的绰号。

因此得出答案：

图片 A，雅各布·沃尔夫，"强盗"。

图片 B，西尔维斯特·加夹得，"小马"。

图片 C，马修斯·麦克隆，"男人"。

图片 D，赫伯特·丘吉曼，"里欧"。

300. 不想花钱买个谎言

蒂尔福说肯特的外套是"两年前买的"，可现在还很合体，而他的体重却在 7 个月里增加了 70 磅，这是不可能的。

301. 背影与领结

既然她只看到了后身的背影，怎么能看到前身的领结呢。

302. 春天到了

亚瑟在图中位置 3（线索 4），从线索 1 中知道，看到翠鸟的不是位置 1 也不是位置 4 的人。位置 2 的那个小伙子在玩鳟鱼（线索 5），因此，通过排除法，只能是位置 3 号的亚瑟看到了翠鸟。另从线索 1 中知道，汤米在 2 号位置，且是玩鳟鱼的人。通过线索 3 知道，比利肯定在 1 号位置，而埃里克在位置 4。我们现在已经知道 3 个位置上人的姓或者所做的事，那么，听到布谷鸟叫的史密斯（线索 2）肯定是 1 号的比利。剩下埃里克只能是看到山楂开花的人。最后，从线索 5 中知道，汤米不是波特，那么他必定是诺米，剩下波特是看到翠鸟的亚瑟。

因此得出答案：

位置 1，比利·史密斯，听到布谷鸟叫。

位置 2，汤米·诺米，玩鳟鱼。

位置 3，亚瑟·波特，看到翠鸟。

位置 4，埃里克·普劳曼，看到山楂开花。

303. 教授的凶杀案

杰利摸黑进去开灯，而教授的尸体横在门口，他却没有被绊倒，说明他早已知道那里有具尸体。显然，他对波洛说了谎。

304. 一个冷天里的冷玩笑

雪下了一整天，如果威廉姆斯小姐 5 分钟前刚刚回家，她的汽车就不会结冰了，而且车道上也肯定会有汽车轮胎留下的痕迹和她的脚印。因为房子没有车库，她不可能把车停在其他地方。所以，她肯定说了谎。

305. 小猪储蓄罐

12 岁的小孩不可能是大卫（线索 1）、卡米拉（线索 3）、本和卡蒂（线索 5），那么一定是杰茜卡，8 岁小孩的小猪不是蓝色的（线索 1），也不是绿色（线索 2）、黄色（线索 4）或者白色（线索 5）的，那么一定是红色的。小猪 E 不是蓝色（线索 1）、绿色（线索 2）、黄色（线索 4）或者红色的（线索 6），那么一定是白色的。大卫的小猪储蓄罐不是红色的（线索 1），也不是蓝色（线索 1）、绿色（线索 2）或者黄色的（线索 4），那么白色的小猪 E

就是大卫的。红色小猪的主人 8 岁，不是卡米拉（线索 3），或者本（线索 5），那肯定是卡蒂，那么本今年 9 岁，而白色小猪的主人大卫今年 10 岁（线索 5），通过排除法知道，卡米拉今年 11 岁。杰茜卡的小猪不是蓝色（线索 1），或者黄色的（线索 4），那么一定是绿色的小猪 D（线索 2），而 C 一定是黄色的（线索 4），A 不是卡蒂的红色小猪（线索 3），那么只能是蓝色的，而红色的只能是小猪 B。因此 A 是卡米拉的（线索 3），而通过排除法知道，C 是本的小猪。

因此得出答案：

位置 A，蓝色，卡米拉，11。

位置 B，红色，卡蒂，8。

位置 C，黄色，本，9。

位置 D，绿色，杰茜卡，12。

位置 E，白色，大卫，10。

306. 诚实国与说谎国

问题是"你的国家在哪里？"因为无论问的是哪一国的人，他的回答肯定都指向诚实国。

307. 马蹄匠的工作

布莱克预计在 11:00 到达骑术学校（线索 6），9:00 的预约不在韦伯斯特农场（线索 4），也不是给高下马群的赛马安装赛板（线索 1），也非在石头桥农场（线索 4），那一定是去看瓦特门的波比。10:00 是去石头桥农场（线索 4）。在中午要为一匹马安装运输蹄（线索 3），所以下午 2:00 为高下马群的赛马安装赛板。通过排除法，12:00 的工作只能是在韦伯斯特农场，而 11:00 在重装王子蹄钉（线索 4）。乾坡不是他 10:00 的工作，也不是中午在韦伯斯特农场的工作（线索 4），因此只能是给高下马群的赛马安装赛板。我们知道运输蹄不是给乾坡和本的，而它的名字要比需要被清理蹄钉的那匹马的名字长一些（线索 3），所以安装运输蹄的那匹马肯定是佩加索斯。而本必定是石头桥农场的马，预约在 10:00。本不是那匹要安装普通蹄的马（线索 2），它需要清理蹄钉，剩下波比是需要安装普通蹄的马。

因此得出答案：

上午 9:00，瓦特门，波比，安装普通蹄。

上午 10:00，石头桥农场，本，清理蹄钉。

上午 11:00，骑术学校，王子，重装蹄钉。

中午 12:00，韦伯斯特农场，佩加索斯，安装运输蹄。

下午 2:00，高下马群，乾坡，安装赛板。

308. 胡同里的假案

玛丽说她只从后面看到了抢劫的人，却明确说出嫌疑人穿着开襟汗衫。这种汗衫的扣子是在前面的，从后面看是无法判断出来的，显然玛丽在撒谎。

309. 农民的商店

霍尔商店卖驼鸟肉（线索 5），老橡树商店出售卷心菜（线索 6），而卖火鸡和椰菜的商店不是希勒尔也非布鲁克商店（线索 2），那么它只能是冷杉商店。在冷杉商店工作的不是康妮（线索 3），也不是希勒尔商店的理查德（线索 1），也非卖豆角的珍（线索 4）和卖牛肉的基思（线索 4），所以只能是吉尔。我们知道理查德的商店不卖火鸡和牛肉，也不卖驼鸟肉。希勒尔商店不卖猪肉（线索 1），因此理查德一定在卖羊肉的商店。羊肉和土豆不在同一个地方出售（线索 3），那么理查德和希勒尔商店肯定出售甜玉米。康妮不卖土豆（线索 3），所以她必定在老橡树商店卖卷心菜。通过排除法，土豆在基思的商店、且和牛肉一起出售，而基思一定在布鲁克商店。另外，在霍尔商店工作的只能是珍，卖豆角和驼鸟肉，而康妮在老橡树商店工作，卖猪肉和卷心菜。

因此得出答案：

康妮，老橡树商店，猪肉和卷心菜。

珍，霍尔商店，驼鸟肉和豆角。

吉尔，冷杉商店，火鸡和椰菜。

基思，布鲁克商店，牛肉和土豆。

理查德，希勒尔商店，羊肉和甜玉米。

310. 口袋里的金币

老人的口袋里只有一枚金币，不会发出叮当的响声，说明吉列在撒谎。

311. 特工间谍

间谍显然在前排 A、B、C、D 或后排 I、J、K、L 8 人中，否则，船体不会前倾。

第一次测试：

分别交换前排 A、B、C 3 人和中排 E、F、G 3 人的位置，再交换前排 D 和后排 L 的位置，然后观察船体的倾斜情况。

船体的倾斜有且只有以下 3 种情况：

（1）船体由朝前倾斜变为朝后倾斜。这说明间谍在 D 和 L 两人中。

（2）船体由朝前倾斜变为保持平衡。这说明间谍在 A、B、C 3 人中。

（3）船体继续朝前倾斜。这说明间谍在 I、J、K 3 人中。

第二次测试：

分 3 种情况：

（1）如果间谍在 D 和 L 两人中，则不妨令 D 和中排的 H 交换位置。这时如果船体保持朝后倾斜，说明间谍是 L，他的体重比标准较轻；如果船体变为平衡，说明间谍是 D，他的体重比标准较重；如果船体变为朝前倾斜，说明间谍是 L，他的体重较重。

（2）如果间谍在 A、B、C 3 人中，则不妨令 B 和前排的 E 交换位置，C 和后排的 I 交换位置。这时如果船体继续保持平衡，说明间谍是 A；如果船体变为朝前倾斜，说明间谍是 B，如果朝后倾斜，说明间谍是 C。因为 A、B、C 3 人原来都在前排。因此，3 人中任何一人如果是间谍，其体重一定较重。

（3）如果间谍在 I、J、K 3 人中，则不妨令 J 和中排的 A 交换位置，K 和前排的 E 交换位置。如果船体保持朝前倾斜，说明 I 是间谍；如果船体变为平衡，说明 J 是间谍；如果船体变为朝后倾斜，说明间谍是 K。因为 I、J 和 K 3 人原来都在后排。因此，3 人中任何一人如果是间谍，其体重一定较轻。

312. 三个嫌疑犯

如果 A 是盗窃犯，那么 A 是说假话的，这样他必然说自己"不是盗窃犯"；

如果A不是盗窃犯，那么A是说真话的，这样他也必然说自己"不是盗窃犯"。

在这种情况下，B如实地转述了A的话，所以B说的是真话，因而他不是盗窃犯。C有意错误地转述了A的话，所以C说的是假话，因而C是盗窃犯。

313. 牛奶送错了

瓦利在5号只留了一瓶牛奶（线索4），从线索2中知道，1号收到的是2或者3瓶，而劳来斯本来应该收到的是3或者4瓶（线索2）。那天布雷特一家期望得到4瓶（线索1），劳莱斯本来应该收到3瓶，而1号当天收到了2瓶（线索2）。那么收到了3瓶的克孜太太（线索3）应该住在3号或7号，汀斯戴尔一家也应该住在3号或7号（线索3）。克孜订的不止1瓶（线索3），我们知道她的也不是3或者4瓶，那么肯定是2瓶，因此她住在7号（线索5），汀斯戴尔一家住在3号，从线索3中知道，他们订了1瓶牛奶，通过排除法，那天他们收到的是4瓶牛奶。从线索2中知道，瓦利在劳莱斯家放的不是2瓶，因此他们不住在1号，那么肯定住在5号，那天收到了1瓶。剩下布雷特一家住在1号，本来订了4瓶实际上只收到了2瓶。

因此得出答案：

1号，布雷特，定购4瓶，收到2瓶。

3号，汀斯戴尔，定购1瓶，收到4瓶。

5号，劳莱斯，定购3瓶，收到1瓶。

7号，克孜，定购2瓶，收到3瓶。

314. 那个人就是罪犯

阿格瑟确定那人是罪犯，因为他知道失窃的是珠宝店，而阿格瑟一直未向那人提过这一点。

315. 赛马

麦克的姓是阿彻（线索4），而克里福特不是约翰，他的马是海员赛姆（线索2），他不可能是萨利（线索3），那么他就是埃玛。艾塞克斯女孩是第2名（线索1），第4名的马不是海员赛姆（线索2），不是西帕龙（线索4），则一定是蓝色白兰地。他的骑师不是理查德，理查德骑的也不是西帕龙（线索3），我们已经知道了海员赛姆的骑师，那么理查德的马一定是艾塞克斯女孩。麦克·阿彻不可能是第1名的马的骑师（线索4），而西帕龙不是第2，他也不在第3名的马（线索4），所以他肯定是第4名马匹的骑师，他的马是蓝色白兰地。

因此，从线索4中知道，西帕龙是第3名，通过排除法，海员赛姆是第1名。从线索3中知道，萨利姓匹高特，则她的马一定是第3名的西帕龙。最后，剩下第2名的马就是艾塞克斯女孩，骑师是约翰·理查德。

因此得出答案：

第1名，海员赛姆，埃玛·克里福特。

第2名，艾塞克斯女孩，约翰·理查德。

第3名，西帕龙，萨利·匹高特。

第4名，蓝色白兰地，麦克·阿彻。

316. 银行抢劫案

按照斯通先生的叙述，他们在回银行的路上，不应该先看到钱袋，再来到他逃走的地方，因为钱袋是在斯通先生逃走之前扔掉的。所以，斯通先生说的是假话，他肯定参与了这起抢劫案。

317. 成名角色

尼尔·李出现在电视短剧中（线索2），在电视连续剧中扮演记者的人的姓含3或者4个字母（线索4），那她一定是蒂娜·罗丝，是《摩倩穆》中的主角（线索6）。而道恩·埃尔金饰演的是医学生（线索1），那么在《格里芬》里扮演年轻演员的（线索1）肯定是简·科拜。艾伦·邦庭饰演的不是一位老师（线索2），则肯定是法官，而尼尔·李扮演的是教师。艾伦·邦庭不演电影（线索2），也没有出现在电视连续剧中（线索3），因此他一定出现在舞台剧《丽夫日》中（线索5）。《罗米丽》中的演员的姓包含5个字母（线索4），则肯定是道恩·埃尔金。而尼尔·李一定饰演《克可曼》中的角色。最后，因为简·科拜不在电视连续剧中（线索3），那么《格里芬》一定是一部电影，通过排除法可以得出，出演电视戏剧《罗米丽》的肯定是道恩·埃尔金。

因此得出答案：

艾伦·邦庭，法官，《丽夫日》，舞台剧。

道恩·埃尔金，医学生，《罗米丽》，电视戏剧。

简·科拜，女演员，《格里芬》，电影。

尼尔·李，教师，《克可曼》，电视短剧。

蒂娜·罗丝，记者，《摩倩穆》，电视连续剧。

318. 粗心的警察

怀表指针停在4时21分49秒。

我们可以观察到，在12个小时内，时针与分针有11次重合的机会。时针的速度又是分针的十二分之一。因此，继上一次重合之后，每隔1小时5分27又8/11秒，时针和分针才能再度重合一次。

耐心地计算，午夜零点以后两针重合的时间应该是：（1）1时5分27又3/11秒，（2）2时10分54又6/11秒，（3）3时16分21又9/11秒，（4）4时21分49又1/11秒。因此，怀表指针停的位置不外乎以上4种情况，而那个粗心的警察看到秒针停在有斑点的地方正好是49秒处，因此之前怀表指针停在4时21分49秒。

319. 蒙特港的游艇

汉斯·卡尔王子的游艇名字包含5个或者6个字母（线索5），由于歌手拥有游艇曼特（线索1），那么汉斯·卡尔王子一定拥有30.5米长的游艇极光号（线索6）。杰夫·额的游艇有22.9米长，它的名字不是最短也不是最长的（线索4）。我们知道它不是极光号，也不是迪安·奎的美人鱼号（线索1），那么它必定是米斯特拉尔号。比安卡女士号不属于雅克·地布鲁克（线索3），因此它一定是雨果的。剩下曼特是属于雅克·地布鲁克的。比安卡女士号不属于电影明星（线索3），也不属于职业车手（线索2），那么它一定是属于工业家的长42.7米的游艇（线索6）。我们知道33.5米长的游艇名字中包含7个字母（线索5），它肯定是美人鱼号。剩下曼特长38.1米，另外，因米斯特拉尔不属于职业车手（线索2），那么它只能是电影明星的，剩下美人鱼号是职业车手迪安·奎的游艇。

因此得出答案：

极光号，30.5米，汉斯·卡尔，王子。

比安卡女士号，42.7米，雨果·姬根，工业家。

曼特号，38.1米，雅克·地布鲁克，歌手

美人鱼号，33.5米，迪安·奎，职业车手。

米斯特拉尔号，22.9米，杰夫·额，电影明星。

320. 凶手就是他

凶手是代号608的光，因为女侦探当时是背着手写下的608，数字排列发生了变化，正反顺序也颠倒过来，608就是809。

321. 哪一间房

史蒂夫敲了305房间，因为经理说计算机标示和房间的住客身份完全不符合，表示305房间里一定是两女或者两男；如果敲了305房间，听出了声音是男或女，就可知道305房间里是两男或两女。

假设305房间里是两男，则原本的301房间里一定是两女，而303房间里则是一男一女。

而另一种可能性是，305房间里是两女，则原本的303房间里一定是两男，301房间里则为一男一女。

322. 前方修路

从线索7中知道，F车不可能载有44，45，47，49和52个旅客，那么它一定载46个人，而从同一条线索中知道，A车载有45个旅客，E车有49个。A不是阿帕克斯开的（线索1），也不是贝尔（线索2）、墨丘利（线索4）和RVT（线索5）开的，因为没有载42个人的车，因此也不可能是肖开的（线索6），那么一定是克朗。A不是黄色的（线索1），因为没有载43人的车（线索2和7），因此也非绿色，也不是红色（线索3）或者乳白色的（线索5），那么A一定是橘黄色的。从线索7中知道，B车载有52个旅客，它不是绿色的，而D不是载47人，那么一定是44人。剩下汽车C载有47人。因此D是红色的，而澳大利亚游客在车E中（线索3）。我们知道B不是绿色的，也不是黄色的（线索1），或者乳白色（线索5），那么一定是蓝色的，而C是属于贝尔的（线索2）。车F载有46个游客，不是肖的（线索6），也不是RVT（线索5）和阿帕克斯的（线索1），那么一定是墨丘利的。从线索4中知道，红色车内的游客来自日本，现在从线索5中知道，乳白色的车不是E和F，那么肯定是C，蓝色的车是属于RVT的，橘黄色的车载了来自意大利的游客。阿帕克斯的汽车一定是D（线索1），那么乳白色的C车上游客肯定来自芬兰，而黄的那辆就是E。通过排除法，绿色那辆就是F。RVT的蓝色B车载的游客不是来自俄罗斯（线索2），那么一定来自美国，俄罗斯游客在墨丘利的F车中。另外，黄色的E车则是属于肖的。

因此得出答案：

A车，克朗，橘黄色，意大利，45人。

B车，RVT，蓝色，美国，52人。

C车，贝尔，乳白色，芬兰，47人。

D车，阿帕克斯，红色，日本，44人。

E 车，肖，黄色，澳大利亚，49 人。

F 车，墨丘利，绿色，俄罗斯，46 人。

323. 侦探波洛

很简单，波洛并没有指明罗丝的哪只脚受了伤，伊丽莎白却已经知道她伤了右脚，证明她看到罗丝被打伤，可她却撒谎说睡着了。原来，她是为了除去情敌，才故意用猎枪打伤罗丝的。

324. 明断银元案

经过几年，红枣早该霉烂。而坛子里的红枣显然是邻居换进去的完好的枣。

325. 善于针织的母亲们

梅勒妮母亲的作品不可能是 A（线索 2），也不是在索菲的旁边（线索 5），而索菲的作品不是 D（线索 4），所以，梅勒妮母亲的作品不是 B，而是 C 或 D。而索菲的可能是 A 或 B。索菲的女儿不是莎拉（线索 1），当然也不可能是梅勒妮，因为哈里特母亲的作品一定是 C 或 D（线索 3），所以也不可能是哈里特，因此索菲的女儿是崔纱。米歇尔不是梅勒妮的母亲（线索 1），她的女儿是哈里特，剩下梅勒妮是坦尼娅的女儿。D 部分的主题不是艺术（线索 2），不是物理教育（线索 3），也不是人文学科（线索 5），所以一定是科学技术。我们知道描述艺术类的那部分不可能是 A 作品，所以一定是 B 或 C 其中一个；而且另一个是描述物理教育的；因此 A 是有关人文学科的。关于艺术类的那部分作品不可能是坦尼娅负责的，也不是哈里特的母亲米歇尔的（线索 2），所以必定是海伦或索菲的，因此它不可能是 C 作品。所以 C 是梅勒妮的母亲米歇尔的工作，它是有关物理教育方面的。因此，海伦的是 B 部分（线索 3），索菲的是 A 部分，D 部分是米歇尔的工作。

因此得出答案：

A 部分，人文学科，索菲，崔纱。

B 部分，艺术类，海伦，莎拉。

C 部分，物理教育，坦尼娅，梅勒妮。

D 部分，科学技术，米歇尔，哈里特。

326. 指挥失误

本杰伦的失误在于没有考虑到火车本身的长度。30 秒是火车头进入隧道到驶出隧道的时间，但是车身还在隧道中，火车实际完全驶出隧道的时间会超过 30 秒。所以，炸药爆炸的时候只炸断了铁轨，对火车本身并没有造成太大影响。

327. 扮演马恩的四个演员

朱利叶斯是人物 A（线索 4），而哈姆雷特紧靠在理查德的右边（线索 3），不可能是人物 A 或者 B，他将饰演士兵（线索 3），他不可能是人物 C，因为人物 C 扮演孩童时代的马恩（线索 1），那么他必将是人物 D，理查德是扮演儿童时期的 C。我们现在知道 3 个人的名或者姓，因此安东尼·李尔王（线索 2）一定是 B。通过排除法，哈姆雷特肯定是约翰。安东尼·李尔王不扮演哲学家（线索 2），因此他肯定扮演青少年，而朱利叶斯扮演的是哲学家。最后，通过线索 1 知道，理查德不是曼彻特，他只能是温特斯，剩下曼彻特就是朱利叶斯，即人物 A。

因此得出答案：

人物 A，朱利叶斯·曼彻特，晚年。

人物 B，安东尼·李尔王，青少年。

人物 C，理查德·温特斯，孩童。

人物 D，约翰·哈姆雷特，士兵。

328. 游击队员送情报

保武在哨兵刚进岗亭时就开始走，走了 4 分钟时就已经过了岗亭，然后转身慢慢往回走（来时方向），当哨兵出来见到他时就命令他往回走（要去的方向），这样他就可以过桥了。

329. 牧民的宝石

可汗让在场的 5 个人每人捏一个泥宝石，因为是阿巴尔捡到的宝石，他必然能够捏成正确的形状，而喇嘛私吞了宝石，也一定能够捏成正确的形状，但是 3 个证人没有见过宝石，必然捏不出正确的形状，所以说明这 3 个证人是喇嘛找来的，就意味着喇嘛是骗子。

330. 别尔的行程

到别尔·斯决住所的距离是 20 英里（线索 4）。距离有 25 英里的丹得宫不是别尔·里格林的（线索 3），在考克斯可布住的是别尔·笑特（线索 2），那么丹得宫一定是别尔·温蒂后的房子。我们知道别尔·斯决的住所不是丹得宫或者考克斯可布，也不是斯沃克屋（线索 4）。那么只能是福卜利会馆。剩下别尔·里格林是斯沃克屋的主人。但它不是房子 4（线索 4），而福卜利会馆也不是房子 4（线索 1），丹得宫也不是（线索 3），那么考克斯可布一定是房子 4。从线索 1 和 3 中知道，丹得宫是房子 2，福卜利会馆是房子 1，剩下别尔·里格林的沃克屋是房子 3。从相同线索中知道，别尔·来格斯从福卜利会馆到丹得宫骑了 25 英里，接着又骑了 22 英里去了斯沃克屋。我们知道，最短的行程是 20 英里到别尔·斯决的房子，那么最长的距离就是到考克斯可布的 28 英里。

因此得出答案：

房子 1，20 英里到福卜利会馆，别尔·斯决。

房子 2，25 英里到丹得宫，别尔·温蒂后。

房子 3，22 英里到斯沃克屋，别尔·里格林。

房子 4，28 英里到考克斯可布，别尔·笑特。

331. 周末选择

对本题的一个合理的解释是：向东的地铁和向西的地铁到达该地铁站的时间间隔是 1 分钟。也就是说，向东的地铁到达后，间隔 1 分钟向西的地铁到达，再间隔 9 分钟后另一班向东的地铁到达，等等。这样，当然东去的可能性是 90%。

杨明语产生迷惑的原因是，他只注意到同向的地铁到站的时间间隔是相同的，而没有注意到相向而开的两辆地铁到站的时间间隔是不同的。

332. 囚犯抓绿豆

（1）假设第一个人抓的绿豆多于 20 颗，则第二个人只需比第一个人少抓一颗，这样剩下的绿豆少于 60 颗，分给 3 个人，必然有一个人的绿豆少于 20 颗，则第二个人的绿豆处于中间，不会被处死。第三个人会选择前面两个人的平均数，此时平均数不是整数，大于 20 舍去余数，和第二个人的一样，不会被处死。第四个人会选择前面三个人的平均数，此时平均数不是整数，大于 20 舍去余数，和第二个人的一样，不会被处死。第五个人会选择前面四个人的平均数，但平均数大于 20 时，此时剩下的绿豆少于 20 颗，他和第一个人将被处死。

（2）假设第一个人抓的绿豆少于 20 颗，则第二个人只需比第一个人多抓一颗，这样剩下的绿豆多于 60 颗，分给 3 个人，由于绿豆不必全部分完，不一定有一个人的绿豆多于 20 颗，则第二个人可能被处死。第三个人会选择前面两个人的平均数，此时平均数不是整数，小于 20 进一位，和第二个人的一样。第四个人会选择前面三个人的平均数，此时平均数不是整数，小于 20 进一位，和第二个人的一样。第五个人会选择前面四个人的平均数，此时平均数不是整数，小于 20 进一位，和第二个人的一样。由第四条"若有重复的情况，则也算最大或最小，一并处死"，可是既然是一起死，为什么要这么抓呢？由第二条"他们的原则是先求保命，再去多杀人"，如果他不这样抓，别人选择最好的方法，那么被处死的将会是自己。如果他这样抓，即使别人选择最好的方法，也是一起死，符合先保命、再多杀人的原则。

（3）假设第一个人抓的绿豆等于 20 颗，此时演变为 4 个人抓 80 颗绿豆的情况，如果第二个人抓的绿豆多于 20 颗，演变为（1）的情况，即第二个人相当于第一个人；如果第二个人抓的绿豆少于 20 颗，演变为（2）的情况，即第二个人相当于第一个人；如果第二个人抓的绿豆等于 20 颗，演变为（3）的情况，即第二个人相当于第一个人。

由此可见，当第一个人选择抓的绿豆多于或少于 20 颗，都会被处死，所以他一定会选择抓 20 颗；第二个人也是这样想的，以此类推。

所以结论是：5 个人都抓 20 颗，一并处死。

333. 糟糕的往日

卢多夫在 1485 年上台（线索 3），抗税运动发生在查尔斯王统治之下（线索 7）。被儿子在 1532 年篡位的国王（线索 1）不可能是费迪南德（线索 2），或在奇数年上台的艾伯特（线索 4），所以一定是在 1532 年登基的迈克尔这个"坏家伙"（线索 6）。因此，宗教战争发生在 1501 年上台的国王统治期间。那个国王被称为"愚不可及的人"（线索 5）。费迪南德不可能是在 1501 年登基的（线索 2），所以，综上所述，艾伯特是在 1501 年登基的，在历史上以"愚不可及的人"这一绰号闻名。现在我们已经将 3 个统治者和动乱配对。所以，没有激怒贵族造反的费迪南德（线索 2），一定是农奴起义时的统治者。而卢多夫是那个经历贵族造反的国王。线索 3 告诉我们费迪南德不是那个在 1457 年加冕的人。所以他是在 1394 年加冕的。查尔斯是那个在 1457 年加冕的统治者。由线索 7 得出，是被称为"荒唐的人"的卢多夫在 1485 年加冕。最后根据线索 2，查尔斯是那个"自满的人"，而费迪南德绰号为"秃头"。

因此得出答案：

艾伯特，"愚不可及的人"，1501 年，宗教战争。

查尔斯，"自满的人"，1457 年，抗税运动。

费迪南德，"秃头"，1394 年，农奴起义。

迈克尔，"坏家伙"，1532 年，儿子篡位。

卢多夫，"荒唐的人"，1485 年，贵族谋反。

334. 郊外露营跳舞的女孩有几个

根据题意，与米莉相邻的人既可以是两个女孩，也可以是两个男孩。如果与她相邻的人是两个女孩的话，那么米莉也必定是她们的邻居。既然这两个女孩的邻居之一是米莉，是个女孩，那她们另一个邻居也必然是个女孩。这样的话，整个圆圈就都是女孩了。所以，与米莉相邻的两个人一定是男孩，这两个男孩又都与米莉和另一个女孩相邻。所以，圆圈就是在这个交替的模式下继续的，所以女孩的人数与男孩的人数应该是相同的，也是12个。

335. 五月皇后

布莱克在1723年5月当选（线索2），安·特伦特是在偶数年份当选的（线索3）。1721年当选的皇后不姓萨金特（线索1），也不是沃顿，沃顿的父亲是铁匠（线索5），她也不是索亚（线索6），也非米尔福德（线索7），因此只能是安德鲁。从线索4中知道，织工的女儿是在1722年当选的。教区长的女儿不是在1723年之后当选的，但是她也不是在1722年当选的。而布莱克在1723入选，线索1也能排除教区长的女儿在1721年入选。因此，知道教区长的女儿就是布莱克，即1723年的皇后。从线索1中知道，萨金特是1725年当选的，而汉丽特是1727年的皇后。我们已经知道1721年的五月皇后安德鲁的父亲不是织工、教区长和铁匠，也不是箍桶匠（线索7），因为布莱克是在1723年当选的，所以安德鲁的父亲也不是旅馆主人（线索7）和茅屋匠（线索8），通过排除法，他只能是木匠，而安德鲁就是苏珊娜（线索6）。线索6告诉我们索亚是1722年当选的。箍桶匠的姓不是特伦特（线索3），也非米尔福德（线索7），我们知道他也不姓安德鲁、布莱克、索亚、沃顿，因此只可能是萨金特。从线索7中知道，汉丽特的姓不是米尔福德，她的父亲不是旅店主人（线索7），也不是铁匠，所以只能是茅屋匠。线索5告诉我们，铁匠的女儿不是1726年的五月皇后，通过排除法，她应该是在1724年当选的，而沃里特是教区长布莱克的女儿，她在1723年当选（线索5），剩下旅馆主人的女儿是1726年当选的，通过排除法，可以知道她就是安·特伦特。现在从线索7可以知道玛丽就是沃顿，1724年的皇后。织工的女儿不是比阿特丽斯（线索4），则肯定是简，最后剩下比阿特丽斯就姓萨金特，她是箍桶匠的女儿。

因此得出答案：

1721年，苏珊娜·安德鲁，木匠。

1722年，简·索亚，织工。

1723年，沃里特·布莱克，教区长。

1724年，玛丽·沃顿，铁匠。

1725年，比阿特丽斯·萨金特，箍桶匠。

1726年，安·特伦特，旅馆主人。

1727年，汉丽特·米尔福德，茅屋匠。

336. 一起枪击事件

作案时间是12时5分。这道题看似复杂，其实正确的计算方法是很简单的：从最快的丙的手表（12时15分）中减去最快的时间（10分钟）就行了；或者将最慢的乙的手表（11时40分）加上最慢的时间（25分钟）也可以。

337. 车牌号是空的

10AU81号是肇事车。理由是见证人从自己汽车的后视镜中看到并记下的车号恰好是相反的，左右位置颠倒了。

338. 去往墨西哥的六个枪手

胡安·毛利被招募的地点不是位置3（线索1）、1（线索2）或者6（线索3）。他是在凯克特斯市的北边一站被招募的（线索3），后者不是图中3号位置（线索1），那么他被招募地一定不是2，只能是4号或者5号位置，因此凯克特斯市是图中5或者6号位置。马特·詹姆士是在某个市被招募的（线索5），从同一条线索中知道，格林·希腊镇不是6号，6号是最后一站，那么马特·詹姆士不可能在5或6号加入，必定是在马蹄市镇。位置1不是里欧·布兰可镇和格林·希腊镇（线索5），赖安不是在3加入的（线索1），因此位置1也不是保斯镇和梅瑟镇（线索4），那么一定是马蹄镇，从线索中知道，格林·希腊镇就是2号。现在知道位置3不是里欧·布兰可镇（线索5）或者梅瑟镇（线索4），则一定是保斯镇，而从线索4中知道，梅瑟镇一定在4号位置，而赖安是在5号位置加入的。因此胡安·毛利是在4号位置加入的，而凯克特斯市则是位置5（线索3）。通过排除法，6号位置就是里欧·布兰可镇。现在知道，3号保斯镇招募的不是赛姆·贝利（线索1）或者亚利桑那（线索4），那么一定是蒂尼。因他是在赛姆·贝利加入后的更往南位置加入的（线索3），后者不是在6号位置加入的，那么一定是在2号，最后，里欧·布兰可镇一定在图中6号位置，即亚利桑加入的地点。

因此得出答案：

位置1，马蹄市，马特·詹姆士。

位置2，格林·希腊镇，赛姆·贝利。

位置3，保斯镇，蒂尼。

位置4，梅瑟镇，胡安·毛利。

位置5，凯克特斯市，赖安。

位置6，里欧·布兰可镇，亚利桑那。

339. 打开保险柜

里圈的数字是8。其实，要想打开保险柜，并不需要将里外圈的数字全部对上，只要将外圈最小的数与内圈最大的数对上就可以了。这样，里外圈每组数字相加都会是13。

340. 新工作

从线索1中知道，爱德华不是刚来才1周的人，另外也告诉我们他也不是保险公司2周前新招聘的员工。第7层的新员工是3周前来的女孩（线索6），而德克是在4周前就职的（线索3），因此爱德华肯定是5周前来的新员工。信贷公司在第9层（线索4），爱德华不可能在3层和11层工作（线索1），我们知道女孩在7层工作，根据线索1和6可以推出保险公司2周前新聘的员工不在7层，从线索1中知道，爱德华不可能在第9层，也不可能在第5层，那么只能在第3层。线索1告诉我们伯纳黛特在邮政服务公司工作，而线索2排除了爱德华在假日公司的可能性，同时爱德华所在的楼层说明他也不可能在信贷公司和保险公司上班，那么他肯定在私人侦探所工作。淑娜不可能在第3层的保险公司上班（线索5），德克也不可能，而伯纳黛特和爱德华的公司我们已经知道，因此在保险公司工作的只能是朱莉。伯纳黛特的邮政服务公司不在 11 层（线索 1），也不在第 3 层、第 5 和第 9 层，那么她肯定是在第 7 层的女孩，是 3 周前被招聘的。通过排除法，剩下 1 周前新来的只能是淑娜，从线索 1 中知道，她在 9 层的信贷公司上班。最后，剩下德克是假日公司的新员工，在大楼的 11 层工作。

因此得出答案：

伯纳黛特，邮政服务公司，7 层，3 周。

德克，假日公司，11 层，4 周。

爱德华，私人侦探所，5 层，5 周。

朱莉，保险公司，3 层，2 周。

淑娜，信贷公司，9 层，1 周。

341. 肇事车号

肇事车号是 6198，因为被撞的小学生在飞起来翻了半圈时看到的车号是倒着的。

342. 奇异的钟声

李大伯醒来时，听到的第 1 声钟声是 12 点钟的最后一声，第 2 声是 12 点 30 分，第 3 声是 1 点，第 4 声是 1 点 30 分。

343. 军官的来历

已知军官 C 不是陆军中尉阿尔迪丝或水兵（线索 5）。根据线索 1，如果水兵是 A 或 B，陆军中尉阿尔迪丝就是 D，空军军官是 E；如果水兵是 D 或 E，那么陆军中尉阿尔迪丝是 B，空军军官是 A，这样得出空军军官一定是 A 或 E。而他的家乡不是爱达荷州（线索 1）、新墨西哥州（线索 2）或缅因州（线索 3），也不是乔治亚州（线索 4），那么一定是堪萨斯州。由此知道他不是军官 E（线索 4），而是军官 A。同时得出水兵是 D 或 E，陆军中尉阿尔迪丝是 B。水兵不是普迪上尉（线索 2）或沃德少校（线索 5），因此他是德莱尼上尉或哈伦上尉，这样得出军官 C 一定是沃德少校（线索 5）。因为陆军中尉阿尔迪丝就是军官 B，所以他不是步兵（线索 2）或工兵（线索 3），而是军事警察。军官 C 沃德少校不是工兵（线索 3），而是步兵。那么普迪上尉就是军官 A。而来自美国新墨西哥州的是军官 B，即陆军中尉阿尔迪丝（线索 2）。军官 E 不是哈伦上尉（线索 4），而是德莱尼上尉，通过排除法，哈伦上尉就是军官 D。因此来自乔治亚州的是军官 E（线索 4）。因为步兵梅吉尔·沃德不是来自缅因州（线索 3），由此得出缅因州是军官 D 的家乡。现在可以知道军官 E 是工兵（线索 3）。最后通过排除法，水兵是军官 D 哈伦上尉，而梅吉尔·沃德来自爱达荷州。

因此得出答案：

军官 A，普迪上尉，空军，堪萨斯州。

军官 B，陆军中尉阿尔迪丝，军事警察，新墨西哥州。

军官 C，沃德少校，步兵，爱达荷州。

军官 D，哈伦上尉，水兵，缅因州。

军官 E，德莱尼上尉，工兵，乔治亚州。

344. 怪盗传递信件

原来，西夫在危急之中，摆脱了以往人们总是用手去传递信件的思维定式，他爬出窗口，脱了鞋，用手拉着窗框，把信件夹在脚趾上伸出去；他的同伙也如法炮制，用脚趾传递信件。因为脚比手长，所以他们成功了。

345. 逻辑题作者

牛顿的爱好是板球（线索1），他或她不是安布罗斯（线索1），也不是贝琳达·戴维斯（线索2），也不是休伯特，因为休伯特的爱好是刺绣（线索3），也非密涅瓦（线索2），因此他只能是西奥多，一个监狱长官（线索4）。贝琳达和密涅瓦都不玩高尔夫（线索2），那么玩高尔夫肯定是安布罗斯的爱好。喜爱睡觉的不是贝琳达·戴维斯（线索2），那么只能是密涅瓦，通过排除法，贝琳达的爱好一定是牌类游戏，因此她就是厨师（线索5）。演说家不是密涅瓦（线索2），而安布罗斯的爱好是高尔夫（线索2），那么演说家必定是休伯特。安布罗斯不是牧师（线索1），那么他一定是酿酒人，剩下密涅瓦是牧师，他姓爱因斯坦（线索6）。休伯特的姓不是麦克威利（线索3），那么只能是所罗门，而麦克威利则是安布罗斯的姓，一个酿酒人。

因此得出答案：

安布罗斯·麦克威利，退休的酿酒人，高尔夫。

贝琳达·戴维斯，厨师，牌类游戏。

休伯特·所罗门，演说家，刺绣。

密涅瓦·爱因斯坦，牧师，睡觉。

西奥多·牛顿，监狱长官，板球。

346. 小错误很致命

安格莉卡一再声称她不认识哈里希，但她却知道哈里希的全名是路德维希·哈里希，很显然，她是认识此人的。

347. 一起报案

因为这家主人是伪装被盗。如果他与盗贼进行了搏斗，屋内就会混乱不堪，而事实上很整齐。而且他还被绑着，那么报警的人是谁呢？由此可推断，主人是伪装被盗，其目的是为了获取保险赔偿金。

348. 失败的降落

由于E位置上带着炸药的（线索5）是位军士，但不是带着枪械的卡斯特（线索1），也不是谢尔曼（线索6），那他一定是杰克逊，并且他的长官是加文中尉（线索3）。有4个士兵的一队拥有迫击炮（线索7）。有12个士兵的队伍没有枪械（线索1）、电台（线索3）或弹药（线索6），那么他们必定是在E位置上拥有炸药的那一队。现在根据线索3，有10个士兵的队伍拥有电台。因为布拉德利中尉在C位置上结束（线索4），谢尔曼军士不在A、B或D位置（线索6），而是和他一起被困在谷仓里，所以克拉克中尉在B位置上（线索6）。他不可能在拥有迫击炮和4个士兵的那支队伍（线索6），那支队伍的军官也不是布拉德利中尉（线索4）或帕特军士长（线索2），由此得出这一队的军官一定是利吉卫上校。由于帕特军士和他的6个士兵不在A位置的小树林里（线索2和6），而是被困在D位置上的沟渠里，所以剩下的利吉卫上校在A位置。他的军士不是卡斯特军士（线索1）或格兰特下士（线索7），所以一定是李下士。布拉德利中尉的士兵数不是8个（线索4），所以一定是10个，并带着电台。由线索6可以知道，克拉克中尉带着8个士兵，而帕特军士长带着6个士兵并且拥有弹药，克拉克中尉带着的枪械最没用，他那只队伍的军士是卡斯特军士（线索1），因此格兰特下士和帕特军士长都在D位置上。

因此得出答案：

A位置，利吉卫上校，李下士，4个，迫击炮。
B位置，克拉克中尉，卡斯特军士，8个，重型机枪。
C位置，布拉德利中尉，谢尔曼军士，10个，电台。
D位置，帕特军士长，格兰特下士，6个，弹药。
E位置，加文中尉，杰克逊军士，12个，炸药。

349. 又是一次导演案

被杀的通缉犯鲍伯是个身高1.8米的大个子，而吉姆只有1.5米。显然，凶手了解鲍伯的身高，才能隔着门一枪击中他的额头。

350. 航海

图中3号游艇是维克多的（线索4），从线索1中知道，海鸥不可能是游艇4，有灰蓝色船帆的燕鸥也不是游艇4（线索2）。线索5排除了海雀是4号的可能性，因此4号游艇只能是埃德蒙的三趾鸥（线索6）。游艇1不是海鸥也不是海雀（线索1），那么它一定是燕鸥。我们知道燕鸥的主人不是埃德蒙，也不是拥有白色帆游艇的马尔科姆（线索5），那么只能是大卫，而剩下马尔科姆是游艇2的主人。从线索1中知道，游艇3是海鸥，而剩下游艇2是海雀。三趾鸥的帆不是灰绿色的（线索1），那么肯定是黄色的，剩下海鸥是灰绿色的帆。

因此得出答案：

游艇1，燕鸥，大卫，灰蓝色。
游艇2，海雀，马尔科姆，白色。
游艇3，海鸥，维克多，灰绿色。
游艇4，三趾鸥，埃德蒙，黄色。

351. 臭名昭著的大盗贼

厨师和哈里是在调味品批发商店接头的。厨师每天都上街采购食品，但他完全没有必要每天采购调味品。即使每天采购调味品，也不必去调味品批发商店。批发商店是大批量供货的，而船上仅有7人就餐，无此必要。

352. 蓄意谋杀

卡宾声称他除了电话什么也没碰过，并且说斯塔尔冲动地拉开抽屉，拿出手枪抢先向他射击。但是，即使是一个最稳重细致的人，在这种情形之下也不会先关上抽屉再开枪，可抽屉却是关着的。

353. 站岗的士兵

根据线索4，纳斯德卡思在城墙上的3或4号位置，但3号位置上的是斯堪达隆思（线索2），因此纳斯德卡思一定在4号位置上。由于已经参军12年的人不是来自大不列颠的密尼布司（线索1），也不是来自伊伯利亚半岛（线索2），而来自高卢的士兵已经参军10年（线索3），因此通过排除法得出他是罗马市民。因为他不在4号位置（线索4），线索1

还说明来自大不列颠密尼布司的那个人的参军年数不是 11 年，而且我们知道也不是 10 年或 12 年，所以他是最晚参军的，已经参军 9 年。剩下来自伊伯利亚半岛的士兵的参军年数是 11 年，根据线索 2 知道，3 号位置上的斯堪达隆思来自罗马，并且他已经参军 12 年。由线索 4 得到最晚参军的密尼布司在 2 号位置，因此 1 号位置上的就是阿格里普斯。线索 3 告诉我们他不是来自高卢，那么来自高卢的是纳斯德卡思，最后剩下阿格里普斯是来自伊伯利亚半岛的已经参军 11 年的士兵。

因此得出答案：

1 号，阿格里普斯，伊伯利亚半岛，11 年。

2 号，密尼布司，大不列颠，9 年。

3 号，斯堪达隆思，罗马，12 年。

4 号，纳斯德卡思，高卢，10 年。

354. 绑票者是谁

问题出在地址上。既然大地址是真的，小地址是假的，而绑架犯不可能不想得到赎金，那么说明这个绑架犯必然是十分熟悉当地邮寄地址的人，最大的怀疑对象自然就落在了赎金寄达地点邮局的邮差身上，因为除了他以外，没有人能够收到，而且也不会引起怀疑。虽然办理邮包业务的负责人也有可能拿到赎金，但问题是无法确定某董事长在哪一个邮局投寄赎金，所以能够收到的人只有收件当地的邮差。因此，绑架犯的真实身份就是当地的邮差。

355. 悬赏启事

因为司机路里并没有把罗蒙德医生的住址写进启事中，启事里只有邮政信箱的号码。如果亨利光看启事的话，他是不可能知道当事人的住址的。

356. 新英格兰贵族

马萨诸塞州的古德里不从事法律方面的工作（线索 1），银行家住在新汉普郡（线索 5），温土是建筑家的姓（线索 3），那么古德里就是大学的助教，他姓杰斐逊（线索 6）。现在再看线索 4，本尼迪克特一定来自缅因州，建筑家温土一定是埃尔默（线索 3）。亚历山大不从事法律方面的工作（线索 1），那么他一定是来自新汉普郡的银行家。现在我们已经知道了 3 个人的职业和名字的搭配，而本尼迪克特不是法官（线索 4），则肯定是警官，剩下马文是法官。马文不在康涅狄格州（线索 2），那他一定来自佛蒙特州，而康涅狄格州则是埃尔默·温土的家乡。从线索 2 中知道，皮格利不是警官，则一定同银行家亚历山大是一个人，最后剩下本尼迪克特，毫无疑问肯定是警官。

因此得出答案：

亚历山大·皮格利，新汉普郡，银行家。

本尼迪克特·斯泰丽思，缅因州，警官。

埃尔默·温土，康涅狄格州，建筑师。

杰斐逊·古德里，马萨诸塞州，大学助教。

马文·朴历夫，佛蒙特州，法官。

357. 逃犯与真凶

议员是真正的凶手。他进诊所时，陌生人已经换上了干净的衣服，并且吊着手臂，他不应该知道陌生人是背部中弹。

358. 墙上的假手印

老人看到 5 个指头的指纹全部是正面紧紧地贴在墙上才觉得可疑的。因为手指贴到墙上时，拇指的指纹不应全贴在墙上。

359. 退休的警察们

由于 1984 年退休的不是罗福特·肯特（线索 4）或驯狗员思考特·罗斯（线索 6），再根据线索 2 得到受溃疡病困扰的切克·贝克也不是在 1984 年退休。机修工在 1980 年退休（线索 7）。根据线索 1，其中一个人因为有心脏病而离开警察队，后来成为一名摄影师，麦克·诺曼在他退休后 4 年才离开，故他不是在 1984 年退休，由此可以得出乔·哈里斯在 1984 年退休。由于从屋顶跌落的人是在 1976 年退休（线索 5）。乔·哈里斯不是因车祸而退休（线索 3），我们知道他也没有溃疡（线索 2），而线索 1 又排除了他有心脏病，那么他一定是被刀刺伤。患有心脏病的人不是切克·贝克或乔·哈里斯，线索 1 排除了麦克·诺曼，而根据他后来的职业也可以排除思考特·罗斯，那只能是罗福特·肯特。根据线索 1 和 4，那个出租车司机是麦克·诺曼。我们现在已经知道其中三个人退休后的工作，切克·贝克不是酒馆老板（线索 2），因此他是 1980 年退休的机修工，酒馆老板是在 1984 年被刺伤而退休的乔·哈里斯（线索 2）。从屋顶跌落并在 1976 年退休的不是出租车司机麦克·诺曼（线索 5），故推断他是驯狗员思考特·罗斯，剩下麦克·诺曼是车祸的受害者，最后根据线索 1 知道他在 1972 年退休，而摄影师罗福特·肯特在 1968 年退休。

因此得出答案：

切克·贝克，溃疡，1980 年，机修工。

乔·哈里斯，被刀刺伤，1984 年，酒馆老板。

罗福特·肯特，心脏病，1968 年，摄影师。

麦克·诺曼，车祸，1972 年，出租车司机。

思考特·罗斯，从屋顶跌落，1976 年，驯狗员。

360. 牙科诊所

罪犯声称自己从未听说过威廉斯，却又知道他是牙科诊所的男性医师，还知道是个老头。哈利由此断定电梯工说的那人就是曾受雇杀人的伯顿，他又在重操旧业。

361. 豪华轿车

那辆红色的法拉利车不是伯纳黛特的（线索 5），也不是迪尼斯的（线索 5）。安东尼开兰吉·罗拉（线索 2），而克利福德的车是白色的（线索 6），因此红色的法拉利肯定是埃弗拉德的。卡迪拉克的车牌号是 W675JAR（线索 6），从线索 1 中知道，埃弗拉德的法拉利和那辆江格的车牌是 T453JAR 或者 T564JAR。因此，W786JAR 不是法拉利、江格和卡迪拉克的车牌号，也不是默西迪丝的（线索 3），而只能是兰吉·罗拉的车牌号，是安东尼所开的车。那辆黑色车的车牌号是 R342JAR（线索 4），而克利福德的白色汽车不是车牌是 W675JAR 的卡迪拉克（线索 6），那么它的车牌肯定是 T 开头的，一定就是江格车（线索 1）。通过排除法知道，那辆黑色车牌是 R342JAR 的车一定是默西迪丝。安东尼的兰吉·罗拉不是蓝色的（线索3），那么肯定是绿色的，而卡迪拉克一定是蓝色的。伯纳黛特的汽车车牌号上的每个数字比埃弗拉德的法拉利车牌号均要大1（线索5），后者不是 T453JAR，因为如果后者是 T453JAR，那么 T564JAR 就是江格的车牌号（线索1），那么伯纳黛特汽车的车牌号就不可能有了，所以埃弗拉德的法拉利车牌号一定是 T564JAR，而从线索5中知道，伯纳黛特汽车是那辆车牌号为 W675JAR 的蓝色卡迪拉克。剩下迪尼斯的汽车是车牌为 R342JAR 的黑色默西迪丝。最后，知道克利福德的江格车号为 T453JAR。

因此得出答案：

安东尼，W786JAR，兰吉·罗拉，绿色。

伯纳黛特，W675JAR，卡迪拉克，蓝色。

克利福德，T453JAR，江格，白色。

迪尼斯，R342JAR，默西迪丝，黑色。

埃弗拉德，T564JAR，法拉利，红色。

362. 自杀的餐馆老板

如果餐馆老板开枪自杀，他不可能有时间把枪和便条放在桌子上。而且，要是便条是他预先写好的话，它应该在手枪的下面而不是上面。

363. 保密的措施不保密

因为雪特点燃了壁炉里的干柴，烟囱必然冒烟，屋里没人，而烟囱冒烟，一定会引起巡逻警察的注意。

364. 罗马遗迹

刻在墓碑 C 上的物理学家不是卢修斯·厄巴纳斯（线索1），也不是刻在墓碑 D 上的朱尼厄斯·瓦瑞斯（线索3）；泰特斯·乔缪尔斯是个酒商（线索2），因此物理学家一定是在公元84年去世的马库斯·费迪尔斯（线索4）。这样根据线索1，卢修斯·厄巴纳斯在公元96年去世，并且推断出他是个职业拳击手（线索5）。现在排除法得出朱尼厄斯·瓦瑞斯是百人队长。他不在公元60年去世（线索6），而是在公元72年，通过排除法，泰特斯·乔缪尔斯是在公元60年去世，但他的名字不是刻在 A 上（线索2），而是在 B 上，A 是职业拳击手卢修斯·厄巴纳斯的墓碑。

因此得出答案：

墓碑 A，卢修斯·厄巴纳斯，职业拳击手，公元96年。

墓碑 B，泰特斯·乔缪尔斯，酒商，公元60年。

墓碑 C，马库斯·费迪尔斯，物理学家，公元84年。

墓碑 D，朱尼厄斯·瓦瑞斯，百人队长，公元72年。

365. 一起盗窃案

如果这个纯银的烛台确实是十八世纪的文物，那么它不应该是"闪亮的'，而应该生了锈。

366. 军队成员

已知4号士兵是所罗门·特普林（线索4），根据线索1，穿着灰色外衣的伊齐基尔·费希尔一定是2号或3号士兵，鼓手是1号或2号士兵。但1号是个步兵（线索3），因此鼓手是2号，伊齐基尔·费希尔是3号。现在我们已经知道一个士兵的兵种及另一个士兵的上衣颜色，可以推断出穿棕色上衣的配枪士兵（线索2）是4号士兵。然后通过排除法，穿灰色制服的伊齐基尔·费希尔是个炮手，根据线索2，2号鼓手必定是末底改·诺森，剩下1号步兵是吉迪安·海力克。他的上衣不是蓝色的（线索5），那就是红色，而2号鼓手末底改·诺森的制服是蓝色的。

因此得出答案：

1号，吉迪安·海力克，步兵，红色。

2号，末底改·诺森，鼓手，蓝色。

3号，伊齐基尔·费希尔，炮手，灰色。

4号，所罗门·特普林，配枪士兵，棕色。

367. 雪地上的脚印

往返的脚印不同。扛着尸体时重量大，所以留在雪地上的脚印就比较深，而返回时是空手而归，脚印浅，所以断定报案者就是凶手。

368. 凶手的破绽

按常理，如果张庆没去上船，船夫应该直接喊："张老板，你怎么还没上船啊？"

只有在船夫知道张庆不在家的时候，他敲门时才会直接喊："大嫂，张老板在哪里？他怎么还不上船啊？"可见应该是船夫见财起意，把张庆杀害了。

369. 上班迟到了

赛得曼迟到了50分钟（线索2），从线索3中知道，鲁宾不可能迟到了1个小时，而克拉克（线索4）和老师迪罗（线索5）均不可能迟到了1个小时，而思欧刚好迟到了半小时（线索7），那么只能是迈克尔·奇坡迟到了1小时。他不是邮递员（线索1），我们也知道他不是老师，而计算机程序员是兰格（线索6）。线索3排除了迈克尔·奇坡是收费站工作人员的可能性，收费站工作人员不可能迟到了1小时，因此，迈克尔·奇坡一定是砖匠。从线索4中知道，克拉克肯定是赛得曼，他迟到了50分钟。现在我们已经知道老师迪罗不是奇坡、兰格和赛得曼，也不是斯朗博斯（线索5），那么他一定是耐品。我们知道，收费站工作人员不是兰格和奇坡，那么从线索3中知道，他的姓肯定是斯朗博斯。他不是鲁宾（线索3），则他一定是思欧，迟到了30分钟，剩下鲁宾就是兰格，计算机程序员，从线索3中可以知道，他迟到了40分钟。通过排除法，克拉克·赛得曼一定是邮递员，而老师迪罗·耐品，则是迟到了20分钟的人。

因此得出答案：

克拉克·赛得曼，邮递员，50分钟。

迪罗·耐品，教师，20分钟。

迈克尔·奇坡，砖匠，1小时。

鲁宾·兰格，计算机程序员，40分钟。

思欧·斯朗博斯，收费人员，30分钟。

370. 店员的智慧

找到自相矛盾的地方，是逻辑推理的重要步骤。丈夫说夫人患病，每隔半小时必须吃一次药，为了证明，两人还在店员面前表演了一次吃药过程。

可是，两人在店里已经待了整整一下午，如果半小时需要吃一次药的话，至少吃了五六次药，可咖啡杯还是满满的，这说明下面一定有东西。

371. 跳崖者的眼镜

探长凭着仔细入微的观察，发现尸体的鼻梁上架着一副太阳镜。假如是自杀的话，由悬崖上跳下来的时候，眼镜应该会摔掉，不可能还端端正正地架在鼻梁上，这极不合逻辑。

372. 签名售书

10号书摊上的作者不是大卫·爱迪生（线索1）、坦尼娅·斯瓦（线索2）、卡尔·卢瑟或拜伦·布克（线索3），也不是曼迪·诺布尔（线索4），因此一定是保罗·帕内尔。大卫·爱迪生的书摊在拜伦·布克及女作家的书摊之间（线索1），那他不可能在7号书摊。而拜伦·布克的书摊也不是7号（线索3），由此得出大卫·爱迪生不在6号书摊。3号书摊上的作者不是坦尼娅·斯瓦（线索2），也不是曼迪·诺布尔（线索4），大卫·爱迪生不在4号，那他一定在3号，而4号是拜伦·布克（线索1和3）。我们从线索1中知道，1号摊上是个女作者，她不是坦尼娅·斯瓦（线索2），可以得出她是曼迪·诺布尔。现在根据线索3，卡尔·卢瑟在6号摊，排除法得出坦尼娅·斯瓦在7号摊。根据线索3，坦尼娅·斯瓦的书是《英式烹调术》，而线索4告诉我们，《城市园艺》是3号摊的大卫·爱迪生所写。由线索2可以得出，《乘车向导》是10号摊的保罗·帕内尔所写，《自己动手做》这本书的作者是4号摊的拜伦·布克签售的。曼迪·诺布尔的书不是《超级适合》（线索4），而是《业余占星家》，剩下6号摊上卡尔·卢瑟签售的是《超级适合》。

因此得出答案：

1号，曼迪·诺布尔，《业余占星家》。

3号，大卫·爱迪生，《城市园艺》。

4号，拜伦·布克，《自己动手做》。

6号，卡尔·卢瑟，《超级适合》。

7号，坦尼娅·斯瓦，《英式烹调术》。

10号，保罗·帕内尔，《乘车向导》。

373. 树叶上的血迹

一楼外窗台上树叶上的血迹，说明死者在掉到地面上以前已经负伤或死亡，是在从二楼下坠的过程中，血滴洒下的，因此是他杀。如果是不慎失足坠到地面上以后出血的，那么血迹就不会落到上面的窗台上了。

374. 被害者

假设玛亚是受害者，那么波西的话虽然是对受害者说的却又是真的。所以，玛亚不可能是受害者。

假设凯瑞是受害者，那么玛亚和希尔的话虽然是对被害者说的却又是真的。所以，凯瑞不可能是受害者。

假设希尔是受害者，那么凯瑞的话是对受害者说的却又是真的。所以，希尔不可能是受害者。

综上可知，波西就是受害者。

375. 英国士兵的孩子们

在皇家工程队的阿托肯军官出生于1977年（线索1），而在皇家炮兵队的大卫·阿托肯，他要比在奥尔德肖特的兄弟年轻（线索2），那么他一定是1978年出生的，而年纪最大的兄弟一定在步兵团，他不是詹姆士（线索3），因此他肯定是在伦敦的布赖恩（线索4）。现在，通过排除法知道，在工程队的一定是詹姆士。从线索2中知道，大卫不在奥尔德肖特，那么他一定在柯彻斯特，而他在皇家工程队的兄弟肯定在奥尔德肖特。

因此得出答案：

布赖恩，1976年，步兵团，伦敦。

大卫，1978年，炮兵队，柯彻斯特。

詹姆士，1977年，工程队，奥尔德肖特。

376. 受过伤的死者

一个右手不能动弹的人是不会把东西放在右边的兜里面的，除非是有人给他放进去的。

377. 庄严的参观

因为在星期四参观的儿童农场在两处住宅中一处内（线索2），并且披肩是在有服装展的景点买的（线索6），因此哈福特礼堂的景点一定是迷宫，他们在那里买了钢笔（线索4）。星期一他们买了书签（线索1），因此那天参观的一定不是举办了服装展或者是有迷宫的景点，也不是有微型铁路的景点（线索1）。儿童农场是星期四参观的一部分，因此星期一参观的一定是古老汽车展。哈特庄园是在星期二参观的（线索2）。那里的主要景点不是迷宫（线索3），因此杯子不是在星期四买的（线索3），也就不是在儿童农场买的，而是在有微型铁路的建筑里买的。那天不是星期一或星期二（线索3），星期一的参观包括古老汽车展，杯子不可能在星期三买的。儿童农场是星期四的参观部分，那么得出杯子是在星期五买的。因此星期三他们在哈福特礼堂买钢笔并参观迷宫（线索3），剩下星期二的参观地点是哈特庄园，他们在那里买了披肩并参观了服装展。通过排除法，他们在儿童农场买了盘子，那是一套住宅，但不是欧登拜住宅（线索5），而是格兰德雷住宅。书签不是在保恩斯城堡里买的（线索1），那么它是星期一参观欧登拜住宅的纪念品，剩下保恩斯城堡拥有微型铁路，他们在那里买了杯子留作纪念。

因此得出答案：

星期一，欧登拜住宅，书签，古老汽车展。

星期二，哈特庄园，披肩，服装展。

星期三，哈福特礼堂，钢笔，迷宫。

星期四，格兰德雷住宅，盘子，儿童农场。

星期五，保恩斯城堡，杯子，微型铁路。

378. 赌棍、骗子和牧师

1号牢房是骗子，2号牢房是牧师，3号牢房是赌棍。

警官首先从1号牢房的人的回答中推知：1号牢房的人肯定不是牧师。如果他是牧师，那么他是说真话的，应该回答："我是牧师。"既然1号牢房的人不是牧师，就可以推出3号牢房的人是说假话，因此他肯定不是牧师。1号和3号牢房的人都不是牧师，所以真正的牧师是2号牢房的人。而牧师是说真话的，所以1号牢房是骗子，3号牢房是赌棍。

379. 狙击手的绰号

大牛。

分析：从（1）、（5）、（6）情报得知，E狙击手就是未提及绰号的某人，换言之，从A狙击手到D狙击手都不是此人。根据上述这个关键和（4）、（5）情报作推敲，我们可以知道：A狙击手就是"虎爷"。再从这个关键和（2）情报推敲，我们知道：D狙击手是"小马哥"。然后，根据这个关键和（3）情报推敲，我们知道，C狙击手是"白猴"。知道A、C、D狙击手的绰号后，剩下的B狙击手就是"大牛"。

380. 得克萨斯州突击队

多比来自拉雷多（线索4），马修斯不是来自圣地亚哥（线索2）或福特·沃氏（线索3），并且他的缺点是玩女人（线索3），也不是不留活口的那名突击队员（线索5），因此他一定来自艾尔·帕索，并且他的名字是皮特（线索6）。来自圣地亚哥的人不姓多比（线索4），那么就姓海德。我们知道他不是喜欢玩女人的人，不是酒鬼或不能引进囚犯的那个人，也不是通缉犯（线索1），因此他一定是个赌徒。特迪·舒尔茨不是赌徒或通缉犯（线索1），所以他是那个击毙囚犯的人，并且来自休斯顿。通过排除法，弗累斯来自福特·沃氏。乔希不是通缉犯（线索6），而是赌徒海德。最后，由于奇克不姓弗累斯（线索4），而是来自拉雷多的多比，所以排除法得出，他就是那个通缉犯。剩下酒鬼埃尔默是来自福特·沃氏的弗累斯。

因此得出答案：

奇克·多比，拉雷多，通缉犯。

埃尔默·弗累斯，福特·沃氏，酒鬼。

乔希·海德，圣地亚哥，赌徒。

皮特·马修斯，艾尔·帕索，玩女人。

特迪·舒尔茨，休斯顿，击毙囚犯。

381. 谁拿错了谁的伞

赵金拿了周锡的伞，钱银拿了赵金的伞，孙铜拿的李铁的伞，周锡拿了孙铜的伞，李铁拿了钱银的伞。

382. 警察队

已知格兰·泰勒在1998年7月加入（线索7）。1999年3月加入并扮演要辞职角色的演员不是贝利·佩奇（线索3），也不是扮演要被调走的莫娜·杨（线索5）。根据线索2，他不是道恩·塞尔拜，由此得出他是扮演检察员维姆斯的约翰·维茨（线索4）。我们知道扮演被枪杀的演员不在1999年3月加入，而线索2排除了1999年8月，根据同一个线索，他（她）一定是在1998年加入，而道恩·塞尔拜在1997年10月加入。然后根据线索6，道恩扮演的是乌尔夫。而我们知道她不是被调走或枪杀或辞职，坎普恩警察被监禁(线索7)，因此斯格特·乌尔夫将退休。我们现在已经知道3个角色离开的原因，而1998年7月加入的格兰·泰勒扮演的角色没有被监禁（线索7），那么她一定被枪杀。排除法得出，贝利·佩奇扮演了被监禁的坎普恩警察。莫娜·杨的角色不是芬警察（线索5），而是马洛警察。因此她不是在1998年5月加入（线索1），而是在1999年8月，剩下贝利·佩奇的加入时间是1998年5月。最后排除法得出，芬警察就是格兰·泰勒扮演的被枪杀的角色。

因此得出答案：

贝利·佩奇，坎普恩警察，1998年5月，被监禁。

道恩·塞尔拜，乌尔夫警官，1997年10月，退休。

格兰·泰勒，芬警察，1998年7月，被枪杀。

约翰·维茨，维姆斯检察员，1999年3月，辞职。

莫娜·杨，马洛警察，1999年8月，被调走。

383. 手机是谁捡到的

因为已知这四人中只有一人说的是真话，所以可推理如下：假如A说的是真话，那么B说的也是真话，与条件不符，排除了C拾的可能性。同理，D说的不是真话，故手机也不是A拾的。这就只剩下C和D了。假如是B拾的，则C与B说的都是实话，也与条件不符。由此可见，手机一定是B拾的。这样，只有C说的是真话。

384. 甲的帽子是什么颜色

甲、乙、丙3人戴的帽子的颜色有下面6种可能：红红红、红红蓝、红红黄、红蓝黄、红蓝蓝、蓝蓝黄。站在最后的丁说不出自己戴了什么颜色的帽子，说明前面3人肯定不是蓝蓝黄，否则他可以推出自己戴的是红帽子。丙前面两人戴的帽子的颜色可能是：红蓝、红黄、红红、蓝黄、蓝蓝。但他也说不出自己戴的帽子的颜色，所以前面两人不可能是蓝蓝、蓝黄。因为如果是蓝蓝、蓝黄，丙就能推出自己戴的是红色的帽子。根据上面的推理，甲、乙的帽子的颜色只能是红蓝、红黄、红红，如果甲的帽子的颜色是蓝或黄，乙一定能推出自己的帽子是红色的。因为乙没有推出自己的帽子的颜色，所以甲的帽子一定是红色的。

385. 沿下游方向

由于C位置上的旅店名是升起的太阳（线索3），D位置上的船属于凯斯家庭（线索4），因此根据线索1，停泊在挪亚方舟处的费希尔家庭的船在B位置上，而斯恩费希船在A位置上。我们知道停在狗和鸭码头的帕切尔号（线索2）不在A、B或C位置上，所以它一定属于D位置上的凯斯家庭。现在通过排除法，A位置上的旅店是钓鱼者休息处。罗德尼家庭的船不是停靠在升起的太阳处（线索3），而是在A位置上的钓鱼者休息处，并且是斯恩费希号，剩下停在C位置上的升起的太阳处的船属于德雷克家庭，但不是南尼斯号（线索3），而是罗特斯号，费希尔家庭的船南尼斯停在B位置上的挪亚方舟处。

因此得出答案：

位置A，罗德尼，斯恩费希，钓鱼者休息处。

位置B，费希尔，南尼斯，挪亚方舟。

位置C，德雷克，罗特斯，升起的太阳。

位置D，凯斯，帕切尔，狗和鸭客栈。

386. 巧点鸳鸯谱

吴与钱是夫妻；郑与孙是夫妻；赵与王是夫妻；周与李是夫妻。乔太守是这样判定的：

首先确定性别。先采用联言推理把钱、李、孙、王联系在一起，再采用假言推理断定她们是女的。推理的依据是：

（1）李与钱的装束一样。

（2）李、孙、王住在一起。

（3）孙的"那个是吴家那个的表兄（男的）"。

孙的爱人既然是男的，那么孙就是女的。既然孙是女的，那么根据（1）、（2），钱、李、王也是女的。

其次确定夫妻关系。主要采用选言推理。

（1）先确定吴的妻子是谁？

A. 吴氏夫妻赴京，王、李家的那个去钱行。因此，王和李不是吴的妻子。

B. 孙的"那个是吴家那个的表兄"，因此，孙也不是吴的妻子。

C. 排除王、李、孙，钱只能是吴的妻子。

（2）郑的妻子又是谁？

A. 确定钱后还有孙、李、王。

B. 吴氏夫妻赴京，饯行的是郑，王和李家的那个。既然三家各有一人，那么王和李不是郑的妻子。

C. 排除王和李，只能孙是郑的妻子。

（3）赵的妻子又是谁？

A. 只剩下李、王二人。

B. 赵结婚时，李做客，因而不是李。

C. 赵的妻子是王。

（4）最后，剩下李，只能是周的妻子。

387. 维多利亚歌剧

"小约西亚"是1873年歌剧中的主要人物（线索6），而以所罗林长官为主要人物的《伦敦塔卫兵》（线索1）和包含人物"格温多林"的作品要比《将军》迟写，在1870年写的《康沃尔的海盗》和马里亚纳无关（线索5），它的主人公肯定是"马库斯"，首次上演是在伦敦（线索3）。《法庭官司》要比首次在利物浦上演的小歌剧晚3年写（线索2），因此不可能是在1873年或1879年写的。布里斯托尔是1879年写的小歌剧公演的城市（线索2），而《法庭官司》不是在1882年写的，那么肯定是1885年写的，而在利物浦首次上演的小歌剧写在1882年。《忍耐》的首次上演在伯明翰（线索4），它不可能在1879或者1882年写，那么一定是1873年写的，主人公是"小约西亚"的歌剧。主人公是"格温多林"的歌剧不是《将军》（线索1），那么一定是1885年写的《法庭官司》，而通过排除法，《将军》中的主人公一定是马里亚纳。从线索1中知道，它就是1879写的首次在布里斯托尔公演的歌剧。通过排除法知道，写在1882年的首次在利物浦上演的歌剧肯定是《伦敦塔卫兵》，主人公是所罗林长官，剩下曼彻斯特是《法庭官司》首演的城市。

因此得出答案：

1870年，《康沃尔的海盗》，伦敦，马库斯先生。

1873 年,《忍耐》,伯明翰,小约西亚。

1879 年,《将军》,布里斯托尔,马里亚纳。

1882 年,《伦敦塔卫兵》,利物浦,所罗林长官。

1885 年,《法庭官司》,曼彻斯特,格温多林。

388. 四位古希腊少女

预言家是 4 位少女中的一个。

如果贝塔的预言正确,那么伽玛将成为特尔斐城的预言家。这样,伽玛的预言也是正确的。结果就将有两个预言家。这是不符合题设条件的。因此,贝塔的预言是错的,她后来没有当上预言家。

因为贝塔的预言是错的,所以伽玛后来也没有当上预言家。伽玛的预言也是错的。伽玛曾经预言:"欧米伽不会成为竖琴演奏家。"既然这个预言是错的,那么欧米伽日后将成为竖琴演奏家,而不是预言家。

排除了贝塔、伽玛、欧米伽,只能推出预言家是阿尔法。

因为欧米伽的预言是错的,所以后来她没有与名叫阿特克赛克斯的男人结婚。

389. 银行保险柜被撬

C。

从条件(1)和条件(3),可知赖普顿是否参与作案的情况不明;再结合条件(4),可知不管赖普顿是否参与作案,施辛格和安杰士至少有一人参与了作案;从条件(2)"如果施辛格作案,那么安杰士作案",可知如果安杰士不作案,那么施辛格也不作案,那就没有人参与作案了,这与条件(4)相矛盾,所以,安杰士必须作案。至于施辛格是否参与作案,从所给的条件中无法作出明确的判断。

390. 赫尔墨斯计划

乃尔特中尉将指挥赫尔墨斯 3 号(线索 5),去奎特麦斯,由托勒尔少校指挥的那一队不是赫尔墨斯 4 号或 5 号(线索 1),而赫尔墨斯 1 号是要停靠在盖洛克角的(线索 2),所以托勒尔少校指挥的飞船是赫尔墨斯 2 号。结合线索 1 得出,雷·塞奇上校是赫尔墨斯 4 号的飞行员。李少校和罗斯科少校不可能是赫尔墨斯 1 号的成员(线索 4),他们其中一个人或两个人的名字排除了是赫尔墨斯 2 号、3 号或 4 号的可能性,所以他们所乘飞行器是赫尔墨斯 5 号。因此,普拉德上校可能是赫尔墨斯 1 号或 4 号的指挥官。赫尔墨斯 2 号是要停靠在奎特麦斯环形山旁的,因此线索 3 排除赫尔墨斯 1 号是普拉德上校的船的可能性,他指挥的是赫尔墨斯 4 号。再根据线索 3,马文山一定是赫尔墨斯 5 号的降落地点。综上所述,赫尔墨斯 1 号的指挥官是高夫中校(线索 6),赫尔墨斯 3 号的飞行员不是尼古奇上校(线索 5),所以一定是亚当斯少校。而尼古奇上校是托勒尔少校在赫尔墨斯 2 号的飞行员。现在根据线索 6,约翰卡特环形山旁不是赫尔墨斯 3 号的停靠点,那是赫尔墨斯 4 号的,赫尔墨斯 3 号将停靠在埃特莱茨山附近。

因此得出答案:

赫尔墨斯 1 号,高夫中校,卡斯特罗上校,盖洛克角。

赫尔墨斯 2 号,托勒尔少校,尼古奇上校,奎特麦斯。

赫尔墨斯 3 号,乃尔特中尉,亚当斯少校,埃特莱茨山。

赫尔墨斯 4 号，普拉德上校，雷·塞奇上校，约翰卡特。

赫尔墨斯 5 号，李少校，罗斯科少校，马文山。

391. 仿爱因斯坦题

这道题可先判定哪些嗜好组合可以符合这 3 人的情况，然后判定哪一个组合与住在中间的人相符合。根据题中的条件，每个人的嗜好组合必是下列的组合之一。

1. 咖啡，狗，雪茄

2. 咖啡，猫，烟斗

3. 茶，狗，烟斗

4. 茶，猫，雪茄

5. 咖啡，狗，烟斗

6. 咖啡，猫，雪茄

7. 茶，狗，雪茄

8. 茶，猫，烟斗

根据"没有一个抽烟斗者喝茶"可以排除上面的 3、8；

根据"至少有一个养猫者抽烟斗"，2 是某个人的嗜好组合；

根据"任何两人的相同嗜好不超过一种'，5 与 6 可以排除；4 和 7 不可能分别是某两人的嗜好组合；因此，1 必定是某人的嗜好组合。

根据这一条件，还可以排除 7，于是余下的 4 必定是某人的嗜好组合。

再根据"李住在抽雪茄者的隔壁；王住在养狗者隔壁；赵住在喝茶者的隔壁"这 3 个条件，住房居中的人符合下列情况之一：

A. 抽烟斗而又养狗；

B. 抽烟斗而又喝茶；

C. 养狗而又喝茶。

既然这 3 人的嗜好组合分别是 1、2、4，那么住房居中者的嗜好组合必定是 1 或 4，如下所示：

2—1—42—4—1

再根据"至少有一个喝咖啡者住在一个养狗者的隔壁"，4 不可能是住房居中者的组合，最后根据"赵住在喝茶者的隔壁"，所以判定赵的住房居中。

392. 被绑架的失明富家少女

少女被关在窗户朝北，即面对丘陵的那间屋子里。这从少女所说的"夜晚还是会有一点风吹进来"这句话可以得到证实。在海岸上，一到夜晚，陆地上的气温要比海面的温度容易冷却，这种凉的空气就从丘陵向海上流动，所以从朝北的小窗口吹来阵阵清风。反之，白天由于陆地很快变热，风就改从海上吹来，而在早晚气温相同的时候，海岸上就处于无风状态了。

393. 哥哥还是弟弟

因为这个人持黑牌，所以他说的是假话。他自称是特威德勒哥哥，所以他应该是特威德勒弟弟。

394. 势单力薄的警察们

由于2号警官的肩膀麻木（线索1），线索4说明斯图尔特·杜琼不是4号警官。线索2也排除了卡弗在4号位置的可能，并且线索3排除了布特，因此通过排除法，4号警官一定是艾尔莫特。这样根据线索3，格瑞在2号位置，并且遭受肩膀麻木的痛苦。1号警官不是鼻子发痒的内卫尔（线索2），也不是亚瑟（线索3），而是斯图尔特·杜琼。这样根据线索4，3号警官受鸡眼折磨。我们知道他不是格瑞、内卫尔或斯图尔特，那么必定是亚瑟，剩下4号警官是鼻子发痒的内卫尔·艾尔莫特。通过排除法，斯图尔特·杜琼一定受肿胀的脚的折磨。亚瑟就是卡弗（线索2），剩下格瑞就是布特。

因此得出答案：

1号，斯图尔特·杜琼，肿胀的脚。

2号，格瑞·布特，肩膀麻木。

3号，亚瑟·卡弗，鸡眼。

4号，内卫尔·艾尔莫特，发痒的鼻子。

395. 一句话断案

被拘留的是第一个人，因为他准确地知道被害的老人是在锁门而不是开房门。由此可推断出这个人一直在窥视老人，否则他根本不会知道老人是在开门还是在锁门。

396. 教授的谜题

仔细分析第一次猜的结果，就会发现甲的判断和丙的判断是矛盾的，他们中必然有一真一假。如果甲的判断是真，那么乙的判断也真，这样就与老师所说的"只有一个人说对了"相矛盾。所以，甲的判断必假，这样丙的判断是真，其余三个人的判断就都是假的了。乙的判断与事实相反，所以纸条上就一定写的是乙的名字。

397. 抓巫将军

"红母鸡"在1649年被宣判（线索4），在1648年被认为是女巫的不是"蓝鼻子母亲"（线索3），因此她一定是"诺格斯奶奶"，并且真名是艾丽丝·诺格斯（线索1）。通过排除法，"蓝鼻子母亲"在1647年被宣判为女巫，而她来自盖蒙罕姆（线索2）。那么伊迪丝·鲁乔不是在1648年被宣判（线索4），而是在1649年，她的绰号是"红母鸡"。可以得出艾丽丝·诺格斯住在希尔塞德（线索4）。克莱拉·皮奇不是来自里球格特乡村（线索3），所以必定来自盖蒙罕姆，并且她是在1647年被宣判的"蓝鼻子母亲"；排除法得出伊迪丝·鲁乔住在里球格特。

因此得出答案：

克莱拉·皮奇，"蓝鼻子母亲"，盖蒙罕姆，1647年。

艾丽丝·诺格斯，"诺格斯奶奶"，希尔塞德，1648年。

伊迪丝·鲁乔，"红母鸡"，里球格特，1649年。

398. 得分列表

赢6场的球队只平了1场（线索6）。平了5场的球队赢的场数不是1场和2场（线索2），也不是5场（线索4），因此只能是4场，所以它就是格雷队（线索5），它只输了1场（线索2）。输了2场的球队平的场数是3或者4场，赢了5场的球队平的场数是1或者2场（线索4）。赢了6场的球队只平了1场，那么赢了5场的球队肯定平了2场，而输了2场的队必定平了4场，后者赢的场数不是1场（线索3），那么它肯定赢了2场。通过排除法，踢平3场的白球队（线索5）只赢了1场，它输的场数不是3场（线索3），则必定输了6场。布赛姆队赢的不是2场（线索1），因此打平的不可能是4场，而它们打平的场次要比汉丁汤队多（线索1），所以不会是平了1场，因此肯定是平了2场，赢了5场。而汉丁汤队平了1场（线索1），输了5场（线索1），赢了6场。通过排除法，赢了2场的是思高·菲尔德队，而布赛姆队则平了2场，输了3场。

因此得出答案：

布赛姆队，胜5平2负3。

格雷队，胜4平5负1。

汉丁汤队，胜6平1负5。

思高·菲尔德队，胜2平4负2。

白球队，胜1平3负6。

399. 公寓房客

3家房客的名、姓和所住的楼层如下：

罗杰·沃伦和诺玛·沃伦夫妇住在顶层；

珀西·刘易斯和多丽丝·刘易斯夫妇住在二层；

吉姆·莫顿和凯瑟琳·莫顿夫妇住在一层。

分析：首先可以确定，沃伦夫妇住在顶层，

其次，珀西住在吉姆的上一层，罗杰住在吉姆楼上，

因此可知罗杰在顶层，二层是珀西，一层是吉姆。

既然沃伦夫妇住顶层，而刘易斯夫人住在凯瑟琳楼上，那么凯瑟琳住一层，刘易斯夫妇住在二层，住在一层的则是莫顿夫妇。

诺玛住在多丽丝楼上，而且已知住在一层的夫人是凯瑟琳，那么诺玛住顶层，多丽丝住二层。

400. 专业小偷

金银财宝藏在乙箱内。推理步骤如下：

（1）如果甲箱的字条属实，那么"乙箱的字条属实，而且所有金银财宝都在甲箱内"的两个陈述也都是真的。

（2）若乙箱的字条属实，那么"甲箱的字条是骗人的，而且所有金银财宝都在甲箱内"的前一个陈述，也就是"甲箱的字条是骗人的"这个陈述显然违反了之前的假设，所以不能成立。

（3）由此可进一步推论，甲箱的字条是假的，即其中至少有一个陈述并不属实（可能是前面的句子，也可能是后面的句子）。若"乙箱的字条是骗人的"，则表示甲箱的字条是真的，但这个理论又已经被证明不成立了。因此，所有的金银财宝一定都藏在乙箱内！

401. 品尝威士忌

14年陈的威士忌得了92分，名字中含有"格伦"两个字（线索3），因此布兰克布恩，即伊斯雷岛麦芽酿成的、得分大于90分的（线索4）一定是96分。肯泰地区的威士忌得

了 83 分（线索 6），而 8 年陈的来自苏格兰高地的威士忌得分不是 79（线索 1），则一定是 85 分。因沃那奇的威士忌是 10 年陈的（线索 2），因此苏格兰低地的威士忌不是 14 年陈的（线索 5），得分不是 92 分，那么必定是 79 分。我们现在已经知道苏格兰低地的酒不是 8 年也不是 10 年陈的（线索 5），因为 8 年陈的得分是 85 分，它也不是 12 年陈的（线索 5），14 年陈的威士忌得了 92 分，那么苏格兰低地的酒一定是 16 年陈。得分 96 的伊斯雷岛麦芽酿成的威士忌一定是 12 年陈的（线索 5）。通过排除法，肯泰地区得 83 分的酒就是 10 年陈的因沃那奇。同样再次通过排除法，斯培斯的酒肯定得了 92 分。而它就是名字中有"格伦"的，但它不是格伦冒（线索 2），因此它只能是格伦奥特。斯吉夫威士忌不是来自苏格兰高地（线索 1）的酒，那么来自苏格兰高地的肯定就是 8 年陈的格伦冒，剩下斯吉夫威士忌来自苏格兰低地，得分是 79 分。

因此得出答案：

8 年，格伦冒，苏格兰高地，85 分。

10 年，因沃那奇，肯泰，83 分。

12 年，布兰克布恩，伊斯雷岛，96 分。

14 年，格伦奥特，斯培斯，92 分。

16 年，斯吉夫，苏格兰低地，79 分。

402. 谁是受伤者

安丁是受伤者。

（1）和（2）提供的信息表明卡姆是单身，而受伤者是有妻子的，所以卡姆没有受伤。根据（4），戈丹目睹了整个事故发生的经过，所以戈丹没有受伤。根据（2），马扬的妻子不是受伤者的妻子，所以受伤者不是马扬。根据（2）（3）（5），马扬的妻子是受伤者的妻子的姐姐，而她没有外甥女，也没有侄女，说明受伤者没有女儿，而兰君有女儿，因此受伤者不是兰君。所以，安丁是那位不幸的受伤者。

403. 穿过通道

由于最前面一辆车的司机不是菲利普（线索 1）和曼纽尔（线索 3），并且也不是汉斯（线索 4），因此一定是安东尼奥。这样根据线索 5，红车在 2 号位置上，那么它的数字是 15（线索 2）。第 4 个位置上的车不是车牌号为 27 的黄车（线索 1），它的车牌号也不是 38（线索 3），排除法得出它的车牌号是 9。我们知道它不是红色或黄色，也不是绿色（线索 4），那只能是蓝色。剩下车牌号 38 的车是绿色的，但绿车不在 3 号位置（线索 3），因此它是领先的安东尼奥的车，剩下 3 号车是带数字 27 的黄车。线索 4 现在告诉我们汉斯是 2 号红车的司机，线索 1 说明菲利普是 4 号蓝车的司机，剩下曼纽尔是 3 号黄车的司机。

因此得出答案：

1 号位置，安东尼奥，绿色，38。

2 号位置，汉斯，红色，15。

3 号位置，曼纽尔，黄色，27。

4 号位置，菲利普，蓝色，9。

404. 谜语专家的谈话

这个人的妻子。注意最后那句话里有很多可以相互抵消的说法。因此，姑表妹的母亲就是姑姑，姑姑的兄弟就是父亲（前面我们已经知道，这个人的父亲只有一个姐妹）。父亲的唯一的孙子就是儿子，而儿子的舅舅就是妻子的兄弟，他唯一的堂兄弟也就是妻子的堂兄弟，妻子的堂兄弟的父亲就是妻子的叔伯，妻子的叔伯的唯一的侄女就是妻子本人。

405. 又是三个嫌疑犯

这个案件中，我们可以肯定的是山姆是有罪的。其推理过程如下：

首先我们假定汤姆无罪，那么罪犯或者是山姆或者是杰克，假如山姆就是罪犯，那他当然是有罪了；假如杰克是罪犯，那他在这种情况下只能是和山姆一起作案的，因为他如果不伙同山姆一起无法自己单独作案。因此，在汤姆无罪的情况下山姆也是有罪的。

如果我们假设汤姆有罪，那他也一定要伙同一个人去作案，原因在于他不会开汽车。这时，可能的情况只有两种：汤姆要么伙同山姆，要么伙同杰克。假设他伙同山姆，那么山姆当然就有罪；如果伙同杰克，那么山姆还是有罪，这同样是因为杰克只有伙同山姆才能作案犯罪。由此可见，在各种情况之中，不管汤姆是有罪的还是无罪的，山姆都是有罪的。

406. 连续发生的刑事案件

这个案件可以从分析 A、B、C 三者的口供入手。从 A 的口供入手更好一些。A 说："我既然被捕了，当然要编造口供，所以我并不是一个十分老实的人。"分析这句话，就可以推定 A 的口供有真有假。因为，如果 A 的口供全是真的，那么他就不会说自己编造口供；如果 A 的口供全是假的，那么他就不会说自己不十分老实。

既然 A 的口供有真有假，那么 B 的口供或者是全真的，或者是全假。而 B 说："A 从来不说真话。"由此可见，B 的这句话是假的，这就可判定 B 的话不可能是全真的，而是全假的。既然 B 的话全假，那么 C 的话是全真的。而 C 说 A 是杀掉下院议员的罪犯，B 不是盗窃作案者，所以 B 是强奸犯，而盗窃油画的罪犯只能是 C 本人了。

407. 中断的演出

2002 年的表演在足球场上演（线索 7）。1998 的演出不在贝迩维欧公园（线索 3），不在国家公园（线索 4），也不在教堂周围的空地（线索 5），所以，是在小修道院的草地上演的。因为《暴风雨》是在 1999 年上演的（线索 2），线索 4 排除了国家公园是 2000 年演出地点的可能性，而 2000 年的演出是被一场大风破坏掉的（线索 6），所以线索 4 也排除了国家公园是 2001 年演出地点可能性，因此它是 1999 年《暴风雨》的演出地点。所以，因雾中断的《奥赛罗》是在 1998 年小修道院的草地上演的（线索 4）。2002 年，在足球场的演出不是被雷暴雨打断的（线索 7），同时我们知道也不是受了大风或雾的影响；线索 1 将熄灯的可能性排除在外，所以，2002 年的演出是因大雨中断的。我们已经知道 1998 年和 1999 年的演出分别是《奥赛罗》和《暴风雨》，从线索 3 得知，2000 年的表演不是在贝迩维欧公园；所以贝迩维欧公园是 2001 年的演出地点，剩下 2000 年的演出地点是教堂周围的空地。由线索 3 得出，2000 年的演出一定是《罗密欧与朱丽叶》。2001 年在贝迩维欧公园的表演不是被暴雨打断的（线索 7），所以它是因熄灯停演的，而 1999 年的演出才是因暴雨中断的。现在，由线索 1 可知，2002 年因冰雹中断的演出一定是《裘力斯·凯撒》，剩下 2001 年因灯光熄灭停演的是《哈姆雷特》。

因此得出答案：

1998 年，《奥赛罗》，小修道院的草地，浓雾。

1999 年,《暴风雨》,国家公园,暴雨。

2000 年,《罗密欧与朱丽叶》,教堂周围的空地,大风。

2001 年,《哈姆雷特》,贝边维欧公园,灯光熄灭。

2002 年,《裘力斯·凯撒》,足球场,冰雹。

408. 追根溯源

经纪人说秋子是在和他通电话时被人杀害的,于是他马上用自家的电话向吉田报案,这就暴露了他在说谎。因为通电话时,只要先拨电话的一方不挂上话筒,电话就一直处于通话状态。

409. 最诚实的人

原来,谋士在光线暗淡的走廊里放了好几筐金币,凡是单独穿过走廊拿了金币装在自己衣袋中的人,就不敢跳舞。因为一跳舞,衣袋的金币就会叮当作响。因此,不敢跳舞的人就不是诚实的人。相反,诚实的人在单独过走廊时,不会把金币私自装入腰包,当然就不怕跳舞露馅。

410. 叠纸牌

罗斯的房子达到7层高(线索5),所以她不可能是叠出4层高房子的2号女孩(线索2)。线索4排除了她在3号位置用蓝色纸牌的可能,她也不是在4号位置(线索5),所以,罗斯坐在1号座位。我们已知夏洛特用的纸牌是绿色的(线索1),她不在位置1或3,因为2号女孩叠出4层楼,所以,夏洛特不可能是在4号位置(线索1),她是在位子2,造出了4层楼的房子。因此,由线索1得出,5层楼的房子是由4号女孩建造的。留下用蓝色纸牌造的6层房子在位置3。综上,根据线索4,罗斯用的是红色的纸牌,剩下由黑色纸牌构成的在位置4的5层房子,它不是由安吉拉建造的(线索3),而是蒂娜做的。安吉拉坐在3号位置,持蓝色纸牌。

因此得出答案:

座位1,罗斯,红色,7层楼。

座位2,夏洛特,绿色,4层楼。

座位3,安吉拉,蓝色,6层楼。

座位4,蒂娜,黑色,5层楼。

411. 谁是国际间谍

从线索(1)和(6)可知,英国旅客面向桌子坐在B先生的左侧,窗子在英国旅客的左边,所以英国旅客坐在靠窗一边,而B先生是挨着过道坐的。

从线索(3)"穿黑色上衣者坐在德国旅客的右侧",可推出德国旅客坐在B先生对面靠过道一边。穿黑色上衣的旅客坐在英国旅客对面,也是靠窗坐的。

线索(4)指出"D先生的对面坐着美国旅客"。由于4人中英、德两国籍的旅客的位置已确定,所以他俩对面的旅客绝不可能是D先生,D先生只可能是德国和英国旅客两者中的一个。假定德国旅客是D先生,那么根据线索(4),B先生便是美国人了,于是坐在D先生旁边的穿黑色上衣的便是俄国旅客。根据线索(3),上述推论显然与线索(5)"俄国旅客身穿红色上衣"相矛盾,所以假设不成立,D先生绝不是德国旅客,而是英国旅客。

既然英国旅客对面坐的是美国旅客，那么他旁边坐的B先生便是身穿红色上衣的俄国旅客。

从线索（2）知道，A先生是穿褐色上衣的，他只能是德国旅客。剩下的C先生就是穿黑色上衣的美国人。

从上述推理可知，德国人身穿褐色上衣坐在A座，俄国人身穿红色上衣坐在B座，美国人身穿黑色上衣坐在C座，因此，坐在D座上身穿蓝色上衣的英国人就是间谍。

412. 单身公寓里的爱情

喜欢杰克的人是梅森。

这确实是一道比较复杂的题，我们先把提示画成圆，这样会给我们一些更直观的感觉。我们用顺时针的方向来表示喜欢的对象。

根据题面的叙述，我们可以画出图1，在图中怀特和布朗的位置是可以确定的。但杰克和亨利按照顺时针方向谁先出现还不能确定，通过假设我们会发现当"X"的位置上是杰克时才不会跟题目的叙述相矛盾，这时候就可以画出图2了。

413. 酒吧老板的新闻

来·米德的酒吧是"棒棒糖"（线索2），罗赛·保特的酒吧位于博肯浩尔（线索4），而佛瑞德·格雷斯的酒吧名与动物有关（线索6），位于欧斯道克的"皇后之首"的经营者不是刚更换了新酒吧经营许可证的泰德·塞尔维兹（线索5），因此它的经营者只能是彻丽·白兰地。我们知道"格林·曼"酒吧被允许延长营业时间，它的经营者不是来·米德，也非泰德·塞尔维兹和彻丽·白兰地，也不是佛瑞德·格雷斯（线索1），那么它肯定是罗赛·保特，位于博肯浩尔。我们知道彻丽·白兰地上报纸不是关于延长营业时间或者更换新的营业证，也不是举办一场民间音乐会（线索6），法来乌德的酒吧主人因被抢劫而上报（线索6），因此欧斯道克的彻丽·白兰地一定是因为中了彩票而上报的。法来乌德的新闻排除了3个名字，因图中展示的是他（我们已经知道了那位女性的酒吧）在吧台的照片（线索3），他不可能是来·米德，他的照片是在啤酒花园拍的（线索3），那么他一定是佛瑞德·格雷斯，通过排除法，来·米德一定是因为举办一场民间音乐会而上报的。他的酒吧不位于蓝普乌克（线索2），那么一定在摩歇尔，通过排除法，泰德·塞尔维兹一定经营位于蓝普乌克的酒吧，但不是"独角兽"（线索2），那么一定是"里程碑"，剩下"独角兽"是佛瑞德·格雷斯经营的位于法来乌德的酒吧。

因此得出答案：

彻丽·白兰地，"皇后之首"，欧斯道克，中彩票。

佛瑞德·格雷斯，"独角兽"，法来乌德，遭劫。

来·米德，"棒棒糖"，摩歇尔，举办民间音乐会。

罗赛·保特，"格林·曼"，博肯浩尔，延长营业时间。

泰德·塞尔维兹，"里程碑"，蓝普乌克，更换新证。

414. 失物招领处

根据（1）和（2），托马斯找回的是红色的手套；于是，多拉找回的肯定是蓝色手套，而利比找回的是带花纹的运动衫。再根据（3），温妮找到的是蓝色帽子，戴在了头上。而剩下的黑色运动鞋自然属于罗布。

415. 小偷被偷

时髦小姐。因为如果是另两个人的话，他们应该连那位小姐的钱包一块儿偷走才对，就算他们不全偷，他们也不知究竟哪个钱包是职业小偷的。

416. 票

亨利排在队伍的第3个位子（线索3）。第4个位子排的不是珀西瓦尔（线索1），也不是马克斯（线索2），所以，一是威洛比。威洛比买的是星期五晚上的票（线索4）。星期六晚上定在包厢座位的票不是珀西瓦尔买的（线索1），也不是亨利的（线索3），排除法得知买票的是马克斯。所以，马克斯不可能是排在第1位的（线索1），而是排在第2位，第1位排的是珀西瓦尔。因此据线索2可得，第3位是亨利，买的是剧院花楼的票。但不是星期4的演出（线索2），是星期三的。剩下珀西瓦尔买的是星期四的票，并根据线索3得出，是在正厅后排的座位。所以，威洛比星期五晚上的票是正厅前排的座位。

因此得出答案：

位置1，珀西瓦尔，星期四，正厅后排座位。

位置2，马克斯，星期六，包厢。

位置3，亨利，星期三，剧院花楼。

位置4，威洛比，星期五，正厅前排座位。

417. 案发时间推理

首先我们根据线索（6）可知，那天晚上维克多、佐伊和格林对罗宾汉的无线电呼叫每人都作了3次应答。其中，每个人的第二次应答和第三次应答都相隔75分钟：维克多是9:40到10:55，佐伊是从9:45到11:00，而格林是从9:50到11:05。现在我们根据线索（2）和（4），这3个人都不可能在75分钟内乘独木舟去斯诺的帐篷作案，然后回到自己的帐篷，因为至少都要80分钟。但是，如果仔细观察，就会发现这3个人每个人的第一次应答和第二次应答之间却都相隔85分钟：维克多是从8:15到9:40，佐伊是从8:20到9:45，而格林是从8:25到9:50。因此，如果凶手就是这3人中的一个人，那么作案的时间肯定就在这85分钟之间。

现在根据线索（6），斯诺在9:15对罗宾汉的呼叫做了应答；又根据线索（1），可以知道斯诺中枪之后立即死亡，因此可以肯定的是斯诺的死亡时间是在9:15之后。但是，根据线索（3）、（4）和（5），佐伊从斯诺的帐篷返回自己的帐篷所需的是40分钟，而格林从斯诺的帐篷返回自己的帐篷所需的时间则超过40分钟。由此，如果是佐伊杀死了斯诺，那他至少要在9:05，也就是在他对罗宾汉的第二次呼叫进行应答之前至少40分钟的时候离开斯诺的帐篷；如果是格林杀死了斯诺，那么他就必须在9：10之前，也就是在他对罗宾汉的第二次呼叫进行应答的40分钟之前的某个时刻离开斯诺的帐篷。因此，如果是佐伊或格林杀死了斯诺，那么，斯诺就不可能在9：15对罗宾汉的呼叫进行应答，原因很简单：斯诺是立即死亡的，不能做出应答了。

然而，维克多却可能在8：15对罗宾汉的第一次呼叫做出应答后立即出发去斯诺的帐篷作案。根据线索（3）、（4）和（5），他是在8：55之后的某个时刻，也就是他出发40分钟后的某个时刻到达斯诺的帐篷；紧接着，他在9：15之后的某个时刻杀死了斯诺，并借着流速很快的河水顺流直下，从而能够在9：40之前回到自己的帐篷，正好能够赶上对罗宾汉的第二次呼叫进行应答。

所以，在罗宾汉排除了佐伊和格林枪杀斯诺的可能之后，仍然被作为怀疑对象的便是维克多。

418.博尔思岛上的抢劫案

令A表示被告，B表示被告的辩护律师，C表示原告。

先分析大侦探到达前我们已能得出哪些结论。

首先，A不可能是无赖。因为如果他是无赖的话，他说的就是假话，因而事实上他是罪犯，这和罪犯不是无赖的条件矛盾。因此，A是骑士或外来居民。

可能性1：A是骑士。这样他说的话就是真的，因而他事实上是无辜的。这样B说的话也是真的，因此B是外来居民，C是无赖。由条件可知，罪犯不是无赖，所以B是罪犯。

可能性2：A是外来居民但不是罪犯。这样B的话同样是真的，因此，B是骑士，C是无赖。同样因为罪犯不是无赖，所以B是罪犯。

可能性3：A是外来居民而且是罪犯。这样，C的话是真的，因此C是骑士，B是无赖。

我们可以把上述结论归纳成下表：

	可能性1	可能性2	可能性3
A（被告）	无罪的骑士	无罪的外来居民	有罪的外来居民
B（被告律师）	有罪的外来居民	无罪的骑士	无罪的无赖
C（原告）	无罪的无赖	无罪的无赖	无罪的骑士

再分析大侦探到达后的情况。

当大侦探问原告他是否犯罪的时候，事实上他已知道原告是无罪的（见上表），他提这个问题的目的是要弄清原告是骑士或无赖。如果原告真实地回答"不"，则大侦探立即可以确定上表中"可能性3"是真实情况，因而无须再提问题，即可确定谁是罪犯及3个人的身份。但事实上大侦探又提了第二个问题，这说明原告肯定是无赖，他的回答是"是"。这样就排除了可能性3，只剩下可能性1和可能性2。这时我们已能知道被告律师是罪犯，被告是无罪的，但仍不能区分两人谁是骑士谁是外来居民。这时大侦探问被告原告是否有罪，显然，骑士的回答一定是"不"，而外来居民的回答则可能是"不"，也可能是"是"。因此，如果大侦探得到的回答是"不"，他仍然没法分清两人的身份，但现在他分清了，因此，他得到的答案肯定是"是"，因而，被告是外来居民，被告律师是骑士同时也是罪犯。

总之，可能性2是真实情况：被告是外来居民，原告是无赖，被告律师是骑士并且是罪犯。

419. 侦探小说

与尼克·路拜尔相关的侦探小说有18本（线索7），标枪出版社出版了16本书（线索5），乔奇·弗赛斯写了10本书（线索1），由线索3得出，地球出版社出版的有关埃德加·斯多瑞的系列小说不可能是10或12本，所以是14本，有关埃德加·斯多瑞的写了12本（线索3）。现在我们已知两个著者写的本数和两家出版社出版的本数。由上得出，亚当·贝特雷写的由王冠出版社出版的（线索4）是18本系列的小说，主人公是尼克·路拜尔。而根据线索2，帕特里克·纳尔逊写的不是16本，所以是14本。余下史蒂夫·梭罗本是16本系列侦探小说的作者。由线索6得出，红隼出版社出版本数不是10本，所以应是理查德·奎艾内写的12本。而那10本是由毕尔格出版社出版的，所以主人公一定是乔布林博士（线索6）。根据线索2，有关旧金山的不是蒂特蒙中尉的侦探一定是史蒂夫·梭罗本的16本小说的主人公。所以，史蒂夫·梭罗本塑造的侦探必定是克罗维尔检察员。而蒂特蒙中尉则是红隼出版社出版的理查德·奎艾内写的12本书的主人公。

因此得出答案：

亚当·贝特雷，尼克·路拜尔，18本书，王冠出版社。

乔奇·弗赛斯，乔布林博士，10本书，毕尔格出版社。

帕特里克·纳尔逊，埃德加·斯多瑞，14本书，地球出版社。

理查德·奎艾内，蒂特蒙中尉，12本书，红隼出版社。

史蒂夫·梭罗本，克罗维尔检查员，16本书，标枪出版社。

420. 犹豫的冒险家

首先，根据黄宝石上的话，蓝宝石对应的是黄宝石。其次，根据红宝石的指示，紫宝石应该在红宝石或绿宝石下。可是，紫宝石不可能在红宝石下，否则按照蓝宝石的提示，绿宝石就会在绿宝石下，而这是不正确的。于是，绿宝石下的是紫宝石。再根据紫宝石的提示，可以判断出，紫宝石下的是红宝石，红宝石下的是蓝宝石。这样从左到右，我们可分别列出宝石和宝石的颜色：

外：红、蓝、绿、紫、黄；

内：蓝、黄、紫、红、绿。

421. 刑事专家的火眼金睛

如果真像死者的妻子所讲的那样，歹徒是在门外朝她丈夫开的枪，弹壳就不会落在房间里，也不会落在左侧。因为从自动手枪里飞出的弹壳应该落在射手的右后方几英尺处。

422. 回到家乡

詹金斯小姐现居新西兰（线索2），现居美国的小姐是FBI成员（线索4），那么由于电视台播音员麦哈尼小姐不在冰岛（线索5），则其一定住在沙特阿拉伯。坎贝尔不是美国FBI成员（线索4），那么FBI成员一定是罗宾孙小姐，剩下坎贝尔的名字就是佐伊。而罗宾孙小姐的名字不是乔（线索3），她现在是FBI成员，她不是飞行员安娜（线索1），那么她的名字一定是路易斯。而麦哈尼是电视台播音员，她的名字也不是安娜，那么她就是乔，飞行员安娜就是现居新西兰的詹金斯小姐（线索2）。最后通过排除法，佐伊·坎贝尔就是现居冰岛的助产士。

因此得出答案：

安娜·詹金斯，新西兰，飞行员。

乔·麦哈尼，沙特阿拉伯，电视台播音员。

路易斯·罗宾孙，美国，FBI 成员。

佐伊·坎贝尔，冰岛，助产士。

423. 斯拜在哪

他被囚禁在新西兰。

从窗户板子的缝隙孔射入细小的光线，照在地上的亮点从左向右移动，这就是证据。

在南半球，太阳从右向左运行，试想窗子朝北，便容易理解。在南半球，南面的窗子感受不到阳光。如果是北半球的加拿大，正相反，太阳从左向右运行，所以，照在地上的光点，应该从右往左移动。

424. 赖福尔斯小姐的报复

内利·派克入户盗窃（线索1），拉格斯哥的案件是破窗抢劫（线索2），持枪抢劫案件因赖福尔斯小姐向当地警方告密而告终（线索3），所以，鲁比·斯泰格不是来自拉格斯哥，被丢在山上的她（线索4）干的是盗窃银行案。从线索5得知，鲁比·斯泰格不是在伯明翰作案，那是简·肯奇作案的城市，也不是伦敦，所以她是在曼彻斯特作案。拉格斯哥的破窗抢劫者没有被扔进湖里（线索2），同时我们知道持枪抢劫者被人向警方告密，所以，赖福尔斯小姐一定是偷了破窗抢劫者的赃物，已知来自伯明翰的简·肯奇没有盗窃银行、入户盗窃或破窗抢劫，所以她干的是警方得到告密的持枪抢劫案。最后，艾丽丝·布雷一定是拉格斯哥的破窗抢劫者。而内利·派克是来自伦敦、被扔进湖里的那个人。

因此得出答案：

艾丽丝·布雷，拉格斯哥，破窗抢劫，赃物被偷。

简·肯奇，伯明翰，持枪抢劫，被告密。

内利·派克，伦敦，入户盗窃，被扔进湖里。

鲁比·斯泰格，曼彻斯特，盗窃银行，被丢在山上。

425. 出师不利

哈里滚球了（线索3），而史蒂夫不是LBW（线索2），那么他一定是犯规的，剩下克里斯是LBW。得了7分的不是哈里（线索3），也非史蒂夫（线索1），那么一定是克里斯。史蒂夫得分不是2分（线索2），那么一定是4分，而哈里是2分。史蒂夫不是3号（线索4），也非1号（线索2），那他一定是2号。哈里不是1号（线索3），则肯定是3号，剩下1号就是克里斯。

因此得出答案：

1号，克里斯，LBW，7分。

2号，史蒂夫，犯规，4分。

3号，哈里，滚球，2分。

426. 走哪一条路

刑警队员们应走第三条路。理由是：假设第一条路边木牌上的话是真话，那么第二条路旁边木牌上的话就是假话，这样第一条路与第二条路都通向洋槐酒店。这显然是不可能的。相反，第一条路旁边木牌上的话是假话，那么第二条路旁边木牌上的话就是真话。这样，第一条路和第二条路都不通向洋槐酒店。因此，通向洋槐酒店的只有第三条路。

427. 谁杀害了医生

4个人的话显示，A、C离开时医生已死，B、D到达时医生还活着，所以B、D应该比A、C先去的医生家。由B不是第二个，C不是第三个可以知道，4个人的顺序是B、D、A、C，而从D的第一句话知道他不是凶手，所以凶手是C。

428. 谁穿了红色衣服

根据她们的话，可以得知小蓝穿红色或绿色的衣服。而回答她的人穿着绿色衣服，所以小蓝穿红色衣服。同理，穿蓝色衣服的一定是小绿，而穿绿色衣服的是小红。

429. 完全不同

福斯特写的是历史小说（线索2），她或他不是餐饮老板（线索2），也不是尸体防腐者或消防队员（线索6），所以一定是书店老板，名叫波林（线索5）。医学小说不是出自迪莉娅之手（线索4），也不是出自写爱情小说的约翰之手（线索1），所以必定是由托马斯·罗宾斯写的（线索3）。综上所述，迪莉娅写的是爱情小说。约翰不姓梅尔沃德（线索3），所以，约翰姓凯勒，他以前是一位餐饮老板（线索2），剩下迪莉娅一定姓梅尔沃德。现在已知其中两种书所对应的两种以前的职业，不写爱情小说的前消防队员（线索5），一定是医学小说的作者，即托马斯·罗宾斯。最后得出迪莉娅以前从事的职业是尸体防腐者。

因此得出答案：

迪莉娅·梅尔沃德，爱情小说，尸体防腐者。

约翰·凯勒，历史小说，餐饮老板。

波林·福斯特，政治小说，书店老板。

托马斯·罗宾斯，医学小说，消防队员。

430. 被偷走的答案

乙偷了答案。

分析:共有5节课，其中有3节是斯特教授上的，且每名学生都上了2节斯特教授的课，那么：

甲上了2节斯特教授的课；

乙上了2节斯特教授的课加上另1节课；

丙上了2节斯特教授的课加上另2节课。

丙上的课最多，可以先从丙开始推理，然后推断斯特教授、乙、最后是甲上的课。

第一节：丙、斯特、甲

第二节：丙、斯特、乙、甲

第三节：丙、乙

第四节：丙

第五节：斯特、乙

可见，在第一节斯特教授的课上，甲和丙来上课了，偷答案的是乙。

431. 倒霉的日子

星期四是布莱克浦遭遇坏天气的日子（线索5），大风发生在星期二（线索2）。根据线索1，在萨斯安德发生的莫名其妙的毛毛雨不可能是在星期五，所以，是在星期一或星期三。因此，不可能是乌德郝斯家遭此劫难（线索3），线索1排除了达许伍德家的可能性。线索4则排除了纳特雷家，因为他们遭受的是暴雨，而普里斯家呆在斯卡布罗（线索6），所以，综上所述，是呆在萨斯安德的班尼特家碰上了莫名其妙的毛毛雨。毛毛雨不是在星期一下的（线索6），所以，是在星期三下的。根据线索1，在布莱克浦，达许伍德家在星期四碰上糟糕的天气。现在我们已经得出3个家庭所去的度假地点，所以，乌德郝斯家不是呆在科尔威海湾（线索3），一定是在布赖顿。纳特雷家则在科尔威海湾。他们经历的暴雨不是发生在星期一（线索3），也不是星期二、星期三和星期四，只能是星期五。根据线索3得出，布莱克浦在星期四经历的雷阵雨。乌德郝斯家的坏日子不是星期一（线索3），那是普里斯家的，那天在斯卡布罗持续下着雨。剩下星期二是乌德郝斯家在布赖顿吹到大风。

因此得出答案：

班尼特，萨斯安德，星期三，莫名其妙的毛毛雨。

达许伍德，布莱克浦，星期四，雷阵雨。

纳特雷，科尔威海湾，星期五，暴雨。

普里斯，斯卡布罗，星期一，持续地下雨。

乌德郝斯，布赖顿，星期二，大风。

432. 紧急侦破任务

根据条件（1），可假设3种方案，逐一推算。

a.A去B不去；b.B去A不去；c.A、B都去。

从方案a推算：由条件（3）、（4）知，C、D不能去；但条件（5）要求C、D两人中去1人，说明此路不通。从方案b推算：按条件（4）、（5）、（6），D、E不去，这样就不能满足条件（3）的要求。

从方案c推算：A、B都去。从条件（4）、（5）得知，B去C也去，C去D不去；从条件（6）得知E也不去；根据条件（3），由于E不去，A去了，必定F也去。所以应该让A、B、C、F四人去。

433. 电视转播赛

首先开始这场比赛的守门员不可能是加里（线索1）、克莱德·约翰逊（线索2）、迈克、戴维（线索4）或彼得（线索5）。史蒂夫位于2号位置（线索3），因此运用排除法可知，守门员一定是达伦。根据线索2和3，1号位置的球员是克莱德·约翰逊，2号位置的球员是史蒂夫·马钱特。斯旺位于3号位置（线索6），他的名字不可能是迈克，因为迈克接到了戴维的传球（线索4），也不可能是彼得，因为彼得接到了格伦的传球（线索5），也不可能是加里（线索1）。我们知道他不是克莱德、达伦或史蒂夫，因此运用排除法可知，他的名字一定是戴维。根据线索4，迈克位于4号位置，贝内特的名字是达伦，他是守门员。位于6号位置的是最后一个球员，他不可能是奥凯西（线索1）、格伦（线索5），那他一定是多诺万。根据线索5，彼得不可能位于5号位置，那么一定位于6号位置，他的姓是多诺万。格伦位于5号位置（线索5），运用排除法可知，他的名字是加里。现在根据排除法和线索1可知，迈克位于4号位置，他的姓是奥凯西。

总结如下：

守门员：达伦·贝内特；1号：克莱德·约翰逊；2号：史蒂夫·马钱特；3号：戴维·斯旺；4号：迈克·奥凯西；5号：加里·格伦；6号：彼得·多诺万。

434. 环行线路

德莫特住在提姆布利村（线索2）；村庄2是格里斯特里村，经过它的环线朝东方开（线索1）。5千米长朝南开的路程起始自罗莉住的那个村庄（线索4），所以她不可能住在6千米路段的起始地桑德莱比村（线索3），罗莉是住在托维尔村。7千米路段不是起始自格里斯特里村（线索1），同时已知它不可能起始自桑德莱比村或托维尔村，所以它一定是起始自德莫特家所在的提姆布利村。剩下4千米路段的起始自格里斯特里村。阿诺德不住在桑德莱比村（线索2），所以他住在格里斯特里村。而桑德莱比村是吉姆住的村庄。提姆布利不是村庄3（线索1），所以它是村庄4。因此，罗莉的村庄托维尔，自它开始的环线车朝南开（线索4），一定是村庄3，余下桑德莱比是村庄1，作为整个车程的开始点。

因此得出答案：

村庄1，桑德莱比村，吉姆，6千米。

村庄2，格里斯特里村，阿诺德，4千米。

村庄3，托维尔村，罗莉，5千米。

村庄4，提姆布利村，德莫特，7千米。

435. 客官挑选船老大

原来，坐船人从侧面推理认为，不会游泳的船老大必然会更加小心地划船，坐他的船比较安全。

436. 七个沾泥巴的孩子

如果只有一个孩子额头上有泥巴，则当老师第一遍提问时，他立即就会举手，因为他没有发现任何一个孩子额头上有泥巴，同时他又知道至少有一个孩子额头上有泥巴，因此立即推断出自己额头上有泥巴。

如果有两个孩子额头上有泥巴，则他们都只看到一个孩子头上有泥巴。当老师第一遍提问时，他们都无法确定是否自己额头上有泥巴，但是当第一遍提问结束没有人举手时，他们立即明白自己额头上有泥巴，因为，如果自己额头上没有泥巴，他们所看到的那个额头上有泥巴的孩子在第一遍提问时就会举手，理由如上所述。因此，当老师第二遍提问时，这两个额头上有泥巴的孩子会同时举手。

如果有3个孩子额头上有泥巴，则他们都只看到两个孩子的额头上有泥巴。当老师第一遍和第二遍提问时，他们都无法确定是否自己的额头上有泥巴，但是当第二遍提问结束没有人举手时，他们立即明白自己的额头上有泥巴，因为如果自己的额头上没有泥巴，他们所看到的那两个额头上有泥巴的孩子在第二遍提问时就会举手，理由如上所述。因此，当老师第三遍提问时，这3个额头上有泥巴的孩子会同时举手。

由此我们可得出一般性的结论：如果有n个孩子的额头上有泥巴，则当老师n遍提问后，所有额头上有泥巴的孩子会同时举手。

老师所说的至少有一个孩子的额头上有泥巴是个不可缺少的条件。当有两个孩子的额头上有泥巴时，确实所有的孩子都已经知道至少有一个孩子的额头上有泥巴。但是，如果两个额头上有泥巴的孩子光知道至少有一个孩子的额头上有泥巴，而不知道对方也知道至少有一个孩子额头上有泥巴，他们是不能在两遍提问后举手的。

老师说的话，使得所有的孩子都知道至少有一个孩子的额头上有泥巴。这是本题的一个关键性条件。

437. 女运动员

人物 3 的运动项目是射击（线索 3），人物 5 的项目不是滑冰（线索 1）、羽毛球（线索 3）和台球（线索 4），则一定是高尔夫，那么人物 4 就是斯特拉·提兹（线索 2），她的项目不是滑冰（线索 1）和台球（线索 4），那么一定是羽毛球。人物 5 刚从卡萨布兰卡回来（线索 3），人物 1 不从罗马回来（线索 5），也不是来自洛杉矶（线索 1）和东京（线索 4），那么一定从布里斯班来。人物 2 不是来自洛杉矶（线索 1），也非东京（线索 5），那么一定来自罗马。人物 3 和 4 来自洛杉矶或者东京。如果 4 来自洛杉矶，则从线索 1 中知道凯特·肯德尔就是人物 3，来自东京。但线索 1 告诉我们，凯特·肯德尔不是来自东京，因此 3 一定来自洛杉矶，而 4 来自东京。因此凯特·肯德尔就是人物 2。人物 1 的项目就是滑冰（线索 1），人物 5 不是黛安娜·埃尔金（线索 5），也不是格丽尼斯·福特（线索 4），则一定是莫娜·洛甫特斯。黛安娜·埃尔金也不是人物 1（线索 5），那么她肯定是人物 3，人物 1 就是格丽尼斯·福特。人物 2 凯特·肯德尔的项目是台球。

因此得出答案：

1 号，格丽尼斯·福特，布里斯班，滑冰。

2 号，凯特·肯德尔，罗马，台球。

3 号，黛安娜·埃尔金，洛杉矶，射击。

4 号，斯特拉·提兹，东京，羽毛球。

5 号，莫娜·洛甫特斯，卡萨布兰卡，高尔夫。

438. 丽丽玩不玩乒乓球

当然不是。丽丽从袋子里拿出一个乒乓球之后，立刻藏在身后。强强肯定要求丽丽把它亮出来，而此时丽丽就说："我亮不亮出来都没有关系，只要看看袋子里面留下的是什么颜色的乒乓球就知道我拿的是什么颜色的乒乓球了。"强强当然会无话可说。

439. 聪明的囚徒

门拉说："我要砍头。"

这使国王很为难，如果真的把他的头砍了，而说真话就应该被绞死。如果把他绞死，那么他说的"我要砍头"便成了假话，而说假话是要被砍头的。绞死或者砍头，都没有办法执行国王原来的游戏规则，结果只能将他释放了。

440. 一瓶新药

这只不过是一种普通的心理测试。海尔博士利用了犯人的心理，真正的罪犯不会真把药服下去，而没有犯罪的人却很坦然地把药喝了。

441. 长长的通道

在早上8：00通过闸口的运河小船受雇于伦敦人（线索2），不是珐尔·雷德（线索4），也不可能在下午5：00通过（线索4），珐尔·雷德的目的地是科菲尔得（线索4），她的船不可能下午2：00通过闸口去格林利（线索1），因此一定是在上午11：00通过的。维多利亚号是艘蒸汽式游艇（线索3），所以不是在早上8：00过闸口的，也不可能属于曼勒德的（线索4），所以运河小船受雇于利德·罗斯。已知利德·罗斯的目的地不是科菲尔得，也不是格林利，而是工作船，去的是肯思贺尔特（线索5）。所以，利德·罗斯去的是罗斯顿。综上，是工作船在下午5:00过闸口的，我们知道那不是维多利亚的，所以是曼勒德的。而维多利亚是在下午2：00通过闸口去格林利的。最后，珐尔·雷德坐的是一条可住宿的游艇。

因此得出答案：

珐尔·雷德，上午11：00，可住宿的游艇，科菲尔得。

曼勒德，下午5：00，工作船，肯思贺尔特。

利德·罗斯，早上8：00，运河小船，罗斯顿。

维多利亚，下午2：00，蒸汽式游艇，格林利。

442. 取手提箱

其实，男士并没有下错车，是侦探故意这样说的。如果男士说他拿错了手提箱，照理，他应该赶快回到车厢拿回自己的手提箱，但他却往出口走，显然他是偷手提箱的贼。

443. 职业迁徙

欧洲奎斯特公司在伯明翰（线索4），普雷斯顿的济慈路是他曾经的住址（线索6），他曾经为戴特公司工作时，他住在香农街，而当时不在格拉斯哥和福尔柯克（线索5），则一定在加的夫。他1991年去了福尔柯克（线索2），那么从线索3中知道，马太克不是1985年他住在金斯利大道时工作的公司（线索1），也不是查普曼·戴尔公司（线索1），那么一定是阿斯拜克特公司。通过排除法，它一定在格拉斯哥。当他为欧洲奎斯特公司工作时，他不住麦诺路（线索4），那么一定在地恩·克罗兹，剩下麦诺路是他1991年去福尔柯克住的地方。从线索3中知道，地恩·克罗兹不是1987年和1997年的地址，那么一定是1994年的住址。同样从线索3中知道，他1991年去的是马太克，在1997年时去了加的夫的香农街（线索3）。通过排除法，他在为查普曼·戴尔公司工作时住在普雷斯顿的济慈路，他是在1988年过去的。

因此得出答案：

1985年，阿斯拜克特，格拉斯哥，金斯利大道。

1988年，查普曼·戴尔，普雷斯顿，济慈路。

1991年，马太克，福尔柯克，麦诺路。

1994年，欧洲奎斯特，伯明翰，地恩·克罗兹。

1997年，戴特，加的夫，香农街。

444. 愤怒的丈夫

凶手就是佩奇。假如佩奇是无辜的，他就不可能知道他妻子是被敲死的。他看到了凶器——手枪，本应认为其妻是被枪杀的。

445. 藏在叶子下的古币

汤姆从他叔叔尸体上找金币的事实证明他涉嫌谋杀。假如他是无辜的，探长所说的"金币就藏在叶子下面"，汤姆就会将"叶子"理解为手中的茶叶罐，而不会想到三叶形徽章，立刻去翻他叔叔的尸体。

446. 完人之旅

《完人在开罗》一书有一个考古学家身份的罪犯（线索1），《完人在里斯本》主要讲的是伪造事件（线索4），《完人在纽约》里的犯罪是走私（线索4），所以，不是出现在《完人在迈阿密》一书的警察带领的拐骗团伙（线索4），一定是《完人在柏林》。团伙的头目因此是"修道士"（线索2）。旅馆经营者不是在《完人在迈阿密》或《完人在纽约》一书中（线索2），同时已知另两本书的罪犯已经确定，所以他是在《完人在里斯本》中出现的，他是个伪造者（线索4），我们知道他的代号不是"修道士"，而"王子"是个走私分子（线索1），"鼓手"是个慈善机构工作人员（线索3），"鲨鱼"是个敲诈勒索的家伙（线索3），所以伪造者的代号是"将军"。现在已知其中3本书对应的罪犯是谁。《完人在纽约》对应的不是政治家（线索1），所以政治家是在《完人在迈阿密》。而《完人在纽约》的罪犯是慈善机构工作人员，代号"鼓手"。因《完人在迈阿密》里的罪犯是个政治家，所以他参与的是武器或毒品走私（线索1），我们已知伪造者和拐骗者对应的人和书，所以政治家是勒索者，代号"鲨鱼"（线索3）。综上，在《完人在开罗》一书的考古学家一定是"王子"。最后，由线索3，《完人在纽约》的罪犯"鼓手"不是毒品走私者，他是武器走私者。而毒品走私者是《完人在开罗》中的罪犯。

因此得出答案：

《完人在柏林》，"修道士"，拐骗，警察。
《完人在开罗》，"王子"，毒品走私，考古学家。
《完人在里斯本》，"将军"，伪造，旅馆经营者。
《完人在迈阿密》，"鲨鱼"，勒索，政治家。
《完人在纽约》，"鼓手"，武器走私，慈善机构工作人员。

447. 前胸与后背

凭二人负伤的部位。好人追赶坏人，必然从后背抓，坏人回身反抗，一定会当胸打在好人前面，坏人再跑，好人还是从坏人背后打坏人；坏人返身反抗，必然打到好人前面，所以胸前伤重的是好人，背后伤重的是坏人。

448. 换装

B机器是穿红白相间的浴袍的女士用的（线索5），线索4排除了D是尤菲米娅·坡斯拜尔用的，因为兰顿斯罗朴小姐用了机器C（线索2），尤菲米娅的机器可能是A或者B。而拉福尼亚的是B或者C（线索4），因此她也不用机器D。我们知道兰顿斯罗朴用了机器C，那么贝莎不可能是机器D（线索1）。因此，通过排除法，维多利亚肯定用了机器D。所以她的姓不可能是马歇班克斯（线索1），我们知道她的姓也不是坡斯拜尔或者兰顿斯罗朴，那么一定是卡斯太尔，而她的浴袍肯定是绿白相间的（线索3）。因此尤菲米娅不可能用了机器B（线索4），那么一定是在A上，剩下机器B是马歇班克斯用的。因此，从线索1中可以知道，贝莎就是兰顿斯罗朴小姐，她用了机器C，装束是黄白相间的，通过排除法，尤菲米娅·兰斯拜尔是穿了蓝白相间浴袍的人。

因此得出答案：

机器 A，尤菲米娅·坡斯拜尔，蓝白相间。

机器 B，拉福尼亚·马歇班克斯，红白相间。

机器 C，贝莎·兰顿斯罗朴，黄白相间。

机器 D，维多利亚·卡斯太尔，绿白相间。

449. 手上的证据

知县想到，王半仙若是平时每日挣了几文钱就穿起来的话，手上一定不会留有铜锈，若是偷了刘仁 5 贯钱连夜一个一个地字对字、背对背地穿好，手指上必然留下很重的铜锈。于是，知县让王半仙伸出手一看，果然其右手的拇指、中指和食指上留下了深绿色的铜锈。聪明的知县就这样断明了这件偷窃案。

450. 一尊假香炉

公元前 128 年的人，是不可能预先知道以后要实行公元纪年的。

451. 勋章

因为勋章 C 有一个绿色的绶带（线索 1），根据线索 4，所以铁拳团的铁制勋章不可能是勋章 D。勋章 A 用的是银作材料（线索 2），勋章 D 不是金制的（线索 5），所以勋章 D 应该是青铜制的。根据线索 5，勋章 C 是金制的。综上可得，铁拳团的铁制勋章应该是勋章 B。因此，由线索 4 得出，悬挂蓝色绶带的勋章是勋章 A。现在已知 3 个勋章的团名或绶带颜色，所以赖班恩王子勋爵士团的有着紫色绶带的是青铜制勋章 D，因此，白色绶带的勋章是铁拳团的勋章 B。最后，由线索 5，不是伊斯特埃尔勋爵士团的、带绿色绶带的金制勋章 C 是圣爱克赞讷勋爵士团的。而伊斯特埃尔勋爵士团的是银制的蓝色绶带的勋章 A。

因此得出答案：

勋章 A，伊斯特埃尔勋爵士团，银，蓝色。

勋章 B，铁拳勋爵士团，铁，白色。

勋章 C，圣爱克赞讷勋爵士团，金，绿色。

勋章 D，赖班恩王子勋爵士团，青铜，紫色。

452. 小姑娘筐里的食盐

因为从衣着上看，凤妹子是穷苦农民的孩子，不可能有香手帕。只有仙女寺尼姑的手帕才有这种薰香味，一问凤妹子，在路上果然遇见了一个尼姑，便由此破了案。

453. 被诬陷的偷瓜贼

县令让王海生把那 20 多个西瓜抱起来，可是他费了九牛二虎之力，也只抱起来八九个。而后县令又对他说："你堂堂男子汉才抱起这么几个，难道她一个女人家能抱起 20 多个？"在事实面前，王海生只得认了罪。

454. 过街女士

栗子大街上的学校是根据圣人命名的（线索 6），但它不是圣·威妮弗蕾德小学，因为圣·威妮弗蕾德小学的马路不是用树来命名的（线索 1），所以栗子大街上的学校肯定是圣·彼得小学。卡尔女士在山楂树巷上协助孩子们过街（线索6），大不列颠路小学位于同名的大街上（线索2）。既然阿贝菲尔德小学的斯多普薇女士不是帮助学生经过风磨房大街（线索2），那么她一定在希尔大街上手持车辆暂停指示牌协助孩子过街，而且她已经工作5年了（线索4）。圣·威妮弗蕾德小学不在山楂树巷上（线索1），所以它必然在风磨房大街上，剩下卡尔女士协助西公园学校的小学生们经过山楂树巷，她已经工作3年了（线索4）。科洛斯薇尔女士已经工作2年了，她不在栗子大街或者风磨房大街上工作（线索3），所以她必然在大不列颠马路上工作。圣·威妮弗蕾德小学的"过街女士"做这份工作不是4年（线索1），所以必然是6年。栗子大街的圣·彼得小学的过街女士工作已经4年。在圣·威妮弗蕾德小学工作6年的"过街女士"不是夏普德女士（线索5），所以，她必然是虹尔特女士，剩下圣·彼得小学的过街女士是夏普德女士。

因此得出答案：

阿贝菲尔德小学，斯多普薇女士，希尔大街，5年。

大不列颠路小学，科洛斯薇尔女士，大不列颠马路，2年。

圣·彼得小学，夏普德女士，栗子大街，4年。

圣·威妮弗蕾德小学，虹尔特女士，风磨房大街，6年。

西公园小学，卡尔女士，山楂树巷，3年。

455. 皇帝与大臣

这20位大臣都立刻杀了自己的侍卫。

假设大臣只有A、B两个人，A大臣肯定会想：B肯定知道我的侍卫是好还是坏。如果我的侍卫是好人，他肯定会杀了他的侍卫，结果就会刊登在第二天的报纸上。如果早上的报纸没有刊登这条消息，那么我就在第二天杀了我的侍卫……以此类推。到第20天，报纸没有刊登消息，那么所有的大臣就都杀了自己的侍卫。

456. 昏庸的皇帝

那大臣摸出一张纸券后，装作不小心的样子投入油锅下的灶火中。这样，要判断他刚才摸出的是什么字，只有开箱验看。当皇帝看到箱中剩下的是一"死"字，就会断定大臣刚才摸出的是"生"字。

457. 修理店的汽车

4号汽车是深蓝色的（线索4），灰色美洲豹不是1号汽车（线索1），它肯定是2号汽车或3号汽车，而且它肯定是丰田（线索3）。既然4号汽车不是流浪者（线索4），它肯定是宝马。4号汽车不归阿尔玛所有（线索3），同时阿尔玛的汽车也不可能是美洲豹或者丰田，因为这两辆车都在汽油泵旁边（线索3），所以她的汽车肯定是流浪者，同时肯定是1号汽车。从线索1中可以看出，灰色美洲豹是3号汽车，哈森的汽车是2号，而且必定是丰田，它不是绿色的（线索3），所以它肯定是浅蓝色的。剩下阿尔玛的流浪者牌是绿色的。最后，根据线索2中，蒂莫西的汽车肯定是灰色美洲豹，而深蓝色宝马必定是杰拉尔丁的汽车。

因此得出答案：

1号，阿尔玛，绿色流浪者。

2号，哈森，浅蓝色丰田。

3号，蒂莫西，灰色美洲豹。

4号，杰拉尔丁，深蓝色宝马。

458. 转危为安

太子一听，迅速把手中的水泼在地上，然后对国王说："陛下，我没喝完这碗水，这水已经滋润了您的土地。我肯定是无法喝到它了，请您履行誓言吧。"

459. 巧打德国侵略军

先安排甲、乙、丙3人持两张请柬进入指挥部：

甲先借口有事外出，领取一张特别通行证；

接着，乙用甲拿出的特别通行证进第一道岗，进指挥部时用请柬的一张红票，然后也借口有事外出，领取一张特别通行证，这时乙的手中就有一张请柬的一半红票和两张特别通行证；

丙也用乙的方法获取一张特别通行证。

凭这三张特别通行证，游击队员们每批通过第一道岗哨3人，出1人，就可将个几名队员都安全通过第一道岗，埋伏起来。最后，甲乙丙3人再进入指挥部,交回三张特别通行证。

460. 牛群

数目是500头的牛群要去往贝克市（线索6），去斯伯林博格要花3星期，而数目为200头的牛群到达目的地要花5星期（线索4），后者不去圣奥兰多（线索1）及查维丽（线索4），则一定是去科里福斯，因此，他的老板就是瑞德·布莱德（线索3）。里格·布尔有300头的牛群（线索2），因此，斯坦·彼定的牛群则有400头，行程4星期。而去往圣奥兰多的牛群数要大于400头，但不是500头（线索6），则一定是600头。我们知道，后者的行程不是3、4或者5星期，也不是2星期（线索2），则一定是6星期。里格·布尔的300头牛群队伍行程不是6或者2星期（线索2），那么一定是3星期，目的地是斯伯林博格。通过排除法，数目为400头的牛群一定是去往查维丽的。朗·霍恩带队的牛群行程不是2星期（线索2），那么他的牛群数目肯定为600头，行程6星期。最后，波·维恩的牛群不是400头（线索3），那么一定是去往贝克市数目为500头的牛群。通过排除法，行程是2星期。剩下斯坦·彼定的牛群数目为400头，目的地是查维丽。

因此得出答案：

瑞德·布莱德，科里福斯，200头，5星期。

里格·布尔，斯伯林博格，300头，3星期。

朗·霍恩，圣奥兰多，600头，6星期。

斯坦·彼定，查维丽，400头，4星期。

波·维恩，贝克市，500头，2星期。

461.《圣经》阅读计划

亚当斯对审判官说："我得慢慢地品味，每天一行左右。"审判官问："那不是需要几百年吗？"亚当斯说:"国王陛下许可我读完《圣经》再被处死,并没有讲什么时候读完啊！"

462. 倒霉的"郝斯彻斯"

弗瑞德·罗普被自行车压倒（线索4），西里尔·佩奇在4月份受伤（线索2），所以他们两个人都不是大堂经理，因为大堂经理是被狗咬了，而这件事发生在另一件意外之后（线索1）。艾里斯·韦尔斯是女服务员（线索6），而线索1告诉我们大堂经理不可能是高夫·狄尔，所以大堂经理是贝蒂·欧文。现在我们已知4月份意外事件的主角西里尔·佩奇不可能是大堂经理或女服务员，也不是出纳员（线索2）。而杂役是在5月份受伤的（线索4），所以西里尔·佩奇一定是位厨师。已知他没有被狗咬到，也不是被自行车压倒，更不是被客人击倒（线索3）；被一条鱼滑倒的事件是发生在7月份（线索5），所以在4月份，西里尔·佩奇不幸在地板上摔倒。现已知3个人的工作，所以不叫弗瑞德·罗普的杂役一定是高夫·狄尔。因此根据线索1，大堂经理贝蒂·欧文是在6月份被狗咬的。弗瑞德·罗普是个出纳员，因为他是被自行车压倒的，他不可能是在7月份受伤，所以他一定是在8月份发生意外事件的。女服务员艾里斯·韦尔斯是在7月发生滑倒事件的，最后，杂役高夫·狄尔在5月份被客人袭击。

因此得出答案：

4月份，西里尔·佩奇，厨师，在地板上摔倒。

5月份，高夫·狄尔，清洁工，被客人击倒。

6月份，贝蒂·欧文，大堂经理，被狗咬到。

7月份，艾里斯·韦尔斯，女服务员，被鱼滑倒。

8月份，弗瑞德·罗普，出纳员，被自行车压倒。

463. 大学生公寓的谋杀案

格伦听到后门的声音，证明桑尼的确在命案发生前回到了家，并且被电线绊倒了。这样，扯出插座的电线，就又证明了桑尼说的是实话。可是，既然桑尼摔倒，扯出了电线，正在修车的比尔就应该突然陷于黑暗之中，可比尔却没有向亨利提到他的电灯忽然间熄灭，这是因为此时他正在悄悄地上楼，杀死了哈里，电灯熄灭他根本不知道。

464. 瓦尼斯城堡

铁门在城堡的南方（线索4），A门为第二护卫队守卫（线索2），而剑门是在第四护卫队守卫的门的逆时针方向的下一扇门（线索1），它不是D门，而D门也不是钻石门（线索3），那么一定是鹰门，它不是由哈尔茨和第一护卫队负责的（线索5），也不是由第二护卫队负责的，线索3排除了第四护卫队，那么D门一定是由第三护卫队看守的。因此，从线索3中知道，第四护卫队看守钻石门。我们知道钻石门不是C和D，而护卫队号也排除了A门，因此它就是B门。从线索1中知道，A门就是剑门。通过排除法，哈尔茨长官和第一护卫队负责的一定是铁门。克恩不掌管第一护卫队，因此苏尔不掌管第二护卫队（线索6），也不是由弗尔掌管的（线索1），那么一定是克恩掌管了第二护卫队。苏尔是第三护卫队的长官，负责鹰门，即D门（线索6），剩下弗尔掌管第四护卫队，负责B门，即钻石门。

因此得出答案：

A门，剑门，克恩，第二护卫队。

B门，钻石门，弗尔，第四护卫队。

C门，铁门，哈尔茨，第一护卫队。

D门，鹰门，苏尔，第三护卫队。

465. 谁安放的录音机

是清洁工，他穿的是网球鞋，录音带上不会留下脚步声，而女秘书穿的是高跟鞋，如果是她作案，录音带上一定会留下皮鞋的脚步声，因为她最终要取走录音机，不会担心脚步声被录下来而轻轻走路。

466. 高个子修理工

萧队长根本就没讲他们汽车轮胎的型号，也没讲是几只，高个子修理工却知道得一清二楚，这就说明他刚才参与了抢劫，见过他们的汽车。

467. 博物馆的展品

B物是胸针，不是在1912年被赠出的（线索3），根据线索5，A物不可能是酒杯或在1912年被赠出之物，而这两者是邻排的。A物也不可能是剑（线索4），所以它是银匙。已知B物胸针、A物银匙都不是在1912年被赠出，酒杯也不是（线索5），所以赠出的是那把剑。它出产的时间不是10世纪（线索4）或9世纪（线索5），也不是12世纪（线索2），所以那把剑是出产于11世纪。因此，根据线索5可知，酒杯是10世纪的东西。已知它不是A物或B物，根据线索4得出也不是D物，所以是C。剩下D物是11世纪的那把剑。产于10世纪的酒杯赠送的时间不是1936年（线索1），不是1948年（线索2）或1912年（线索5），所以是1929年。银匙不是9世纪的东西（线索1），它是12世纪出产1948年赠出的（线索2）。最后，B物胸针一定是9世纪出产并在1936年赠出。

因此得出答案：

物品A，银匙，12世纪，1948年。

物品B，银胸针，9世纪，1936年。

物品C，银酒杯，10世纪，1929年。

物品D，银剑，11世纪，1912年。

468. 口香糖艺术

神探博士和其他人都听到了3声电钻响声，但是画上共有6颗螺丝钉，这就说明一定是两个人同时开动电钻钉启掉了所有螺丝钉。因此这两个人都参与了作案，而不是只有一个人作案。

469. 被抢的村会计

老赫在大柱家询问中发现了一个可疑的地方，那就是那顶呢子帽。他发现大柱除了手臂的一处伤外，另两处伤都在头顶部。可是他认真查看了墙上挂着的帽子，没有刀口，干干净净。在那个紧张的时刻，歹徒还能容大柱把帽子摘下来再砍他吗？因此，老赫初步认定是大柱自报假案。他估计，假若真的是大柱自报假案，那么他当晚一定要把贷款转移到一个隐蔽的地方。于是他让老齐和小董暗中监视大柱家的动静。果然，老赫离开不久，大柱就来到院子里的老榆树下，用铁锹挖了个深坑。当他正要把那捆用塑料布包好的贷款放进坑里时，就被抓获了。

470. 在碰碰车上

格兰特坐在1号车上（线索4），埃莉诺在2号车上（线索5）。其中一个男孩在黄色的 3 号车上（线索 2），所以达芙妮·艾伦（线索 3）一定是在 4 号车上。已知黄色的 3 号车不是格兰特或艾伦在开，而线索 1 告诉我们布里格斯在蓝色的碰碰车上，所以一定是鲍威尔在开。因此，综上所述，埃莉诺的姓氏是布里格斯，她开的车是蓝色的。根据线索 1，刘易斯一定姓格兰特，坐在 1 号车上。剩下大卫是坐在 3 号车上的男孩。达芙妮坐的车不是红色的（线索 3），所以是绿色的。刘易斯·格兰特则坐在红色的碰碰车上。

因此得出答案：

1 号车，刘易斯·格兰特，红色。

2 号车，埃莉诺·布里格斯，蓝色。

3 号车，大卫·鲍威尔，黄色。

4 号车，达芙妮·艾伦，绿色。

471. 被偷的古书

莱蒙德没有上过楼，怎么会知道小偷是拆了书橱的门偷走书的呢？实际上是他拆了书橱门，造成古书被偷的假象，以骗取保险金。

472. 甜水和苦水

包公心想，救火如救命，哪能分什么苦水和甜水？问话的人虽很可疑，但这还不能说明他是坏人，因为有的愚笨的人也可能会问出这样的话。但是答话人肯定说要挑苦水时，问题明显了。事实正是这样，人们都涌到苦水巷，进出不得，哪里还能救火呢？于是，包公猜想，这一定是说话人事先预谋好了的圈套。事后一审问，果然如此。

473. 笔名

贝克探长的创作者不是农场经营者斯图亚特·文恩，也不是酒店老板或咖啡店主（均由线索 3 得出）；警察所写的侦探是法罗斯探长（线索 5），所以贝克探长一定是来自格温内思郡的（线索 1）兽医笔下的英雄。那个兽医是个男的（线索 3），但他不是埃德蒙·格林（线索 1），我们知道也不是斯图亚特·文恩，所以他是内文·坡。思尔文探长的创作者不是酒店老板或咖啡店主（线索 4），也不是警察（线索 5），所以是农场经营者斯图亚特·文恩。余下的那个男酒店老板（线索 1），因此叫埃德蒙·格林。住在苏塞克斯东部地区的人不是埃德蒙·格林（线索 1），所以那个人是斯图亚特·文恩。创作出法罗斯探长的那个警察不住在什罗普郡（线索 5），或者泰赛德地区——因为住在泰赛德地区的必定是咖啡店主或者酒店老板（线索 6），所以一定是住在多塞特地区。朱丽叶·李尔写的侦探是撒切尔警官（线索 4），同时，因为埃德蒙·格林是酒店老板，所以朱丽叶·李尔是咖啡店主。余下阿米莉娅·科尔一定是来自多塞特地区创作出法罗斯探长的那个警察。而酒店老板埃德蒙·格林笔下的侦探必定是奎恩探长。朱丽叶·李尔居住在英格兰的乡村地区（线索 2），所以，家在泰赛德地区必定是埃德蒙·格林；而朱丽叶·李尔家必在什罗普郡。

因此得出答案：

阿米莉娅·科尔，警察，多塞特地区，法罗斯探长。

埃德蒙·格林，酒店老板，泰赛德地区，奎恩探长。

朱丽叶·李尔，咖啡店主，什罗普郡，撒切尔警官。

内文·坡，兽医，格温内思郡，贝克探长。

斯图亚特·文恩，农场经营者，苏塞克斯东部，思尔文探长。

474. 消失的花瓶

只有当希拉里偷走花瓶并卖掉时才有可能知道花瓶其实只值20美元。她说"根本不值得去偷",这句话表明正是她偷的。

475. 深深的脚印

凶手的脚印就是教授留下的脚印。教授很瘦小,但是脚印却很深很深,实际上,是教授把贞子叫到家里,杀害了她以后,背着她到公寓里,然后打电话报警。

476. 知名人士的房子

洛娜·古德普兰斯在猜错7次后才被猜出(线索5),所以不是利维·韦尔斯或沃伦·埃斯赫姆(线索1),也不是米莉·奈尔(线索3),只猜错3次就被猜出的别墅主人(线索6)一定是科拉·帕利斯。沃伦和米莉都不是猜错4次后被猜出的,那是利维·韦尔斯。她不是住在公寓——公寓不是在猜错7次后确定的(线索2)。排屋主人是在猜错5次后被确定的(线索4),因此,公寓的主人是在猜错6次后确认的,根据线索2,前教区牧师住宅和他的家庭健身房(线索4)猜错7次后被猜出。综上可得,改装的大而空荡的房屋屋主是猜错4次后被认出的,即利维·韦尔斯。唱片收集不属于仅猜错3次就被猜出的人;根据线索3,米莉不是在猜错5次后认出的,所以是6次。而沃伦是猜错5次被认出的人。同样根据线索3得知,唱片收集这条线索是属于在大而空荡的房屋的利维。沃伦的泄密物件不是古董或纪念品(线索1),而是照片。住在公寓的米莉没有纪念品(线索1),她有的是古董。最后,纪念品是在科拉·帕利斯的乡村小别墅的泄密物件。

因此得出答案:

大而空荡的房屋,利维·韦尔斯,猜错4次,收集的唱片。

乡村小别墅,科拉·帕利斯,猜错3次,纪念品。

公寓,米莉·奈尔,猜错6次,古董。

前教区牧师住宅,洛娜·古德普兰斯,猜错7次,家庭健身房。

排屋,沃伦·埃斯赫姆,猜错5次,图画。

477. 谁杀了叔叔

律师用的是排除法。当律师走后楼梯时,脸撞到了蜘蛛网,说明阿萨没有从后楼梯走过。同时,阿萨也没有走过主楼梯,因为一直坐在主楼梯旁的塞西尔说没有看见过他。另外,刚擦过的厨房地板上没有脚印,说明波比没有进过厨房。所以,只有塞西尔有时间杀人,况且他还说了有人从后门闯了进来这样的掩饰的话。

478. 圣诞节

汉克发现公司总经理格兰杰来到19楼哈奇的办公室,知道哈奇死了。可他来到20楼的会议室分发礼物,却独独没有哈奇的礼物,如果他不知道哈奇出事,那么,全公司人人都有礼物,也必然应有哈奇的礼物。由此可以判定,格兰杰是凶手,他当然没有必要为哈奇准备礼物了。

479. 腼腆的获奖者

提艾泽尔得第3名(线索4),分到1号羊圈的克罗普(线索1)和普劳曼(线索3)

都没有得到第 1 名。所以是海吉斯得第 1 名。现已知第 1 名的得主及另外两位农场主的编号，所以那个分到 4 号圈、得第 2 名的人（线索 2），一定是普劳曼。综上，克罗普一定是第 4 名；根据线索 3，在 2 号圈的是来自高原牧场的羊，而农场主是海吉斯这个比赛获胜者。所以不是布鲁克菲尔得牧场的农场主的普劳曼（线索 2），他的农场是曼普格鲁牧场。而布鲁克菲尔的牧场是克罗普的。

因此得出答案：

圈栏 1，克罗普，布鲁克菲尔得牧场，第 4 名。

圈栏 2，海吉斯，高原牧场，第 1 名。

圈栏 3，提艾泽尔，格兰其牧场，第 3 名。

圈栏 4，普劳曼，曼普格鲁牧场，第 2 名。

480. 自杀还是谋杀

插上插头，电风扇开始转动，桌子上的遗书就会被风吹掉。而那封遗书在警察到达时仍放在桌面上。这就是说，被射杀的威尔森倒地时，碰到了电源线，插头从插座中脱落，电风扇停止了转动，然后凶手才将伪造的遗书放到桌面上。如果是威尔森死前自己放的遗书，那遗书就会被吹到地上了，因此毫无疑问这是他杀。

481. 收藏古书

13 号拍卖物是 1804 年出版的书（线索 5），而 5 号不是 1860 年的《大卫·科波菲尔》（线索 1），也非 1832 年的版本，也不是 1780 年出版的，因后者的拍卖号要比《伦敦历史》大（线索 3），那么 5 号一定是 1910 年出版的有作者签名的书（线索 2）。它不是带有注释的《多顿公园》（线索 6），也不是 21 号《哲学演说》（线索 1），那么《多顿公园》的奇数拍卖号一定是 13 号，因此它是 1804 年出版的。《哲学演说》不是 1910 年和 1780 年出版的（线索 2），则一定是 1832 年出版的。1780 年出版的不是《伦敦历史》（线索 2），那么一定是《马敦随笔》，剩下《伦敦历史》是 1910 年出版的。《马敦随笔》不是 16 号（线索 3），那么一定是 8 号，剩下 1860 年的《大卫·科波菲尔》是 16 号。因此，1780 年的书肯定是第一版（线索 4）。最后，曾经是著名珍藏之书的不是《大卫·科波菲尔》（线索 1），那么《大卫·科波菲尔》一定是稀有之物，剩下来自珍藏的是 1832 年的《哲学演说》。

因此得出答案：

5 号，《伦敦历史》，1910 年，作者签名。

8 号，《马敦随笔》，1780 年，第一版。

13 号，《多顿公园》，1804 年，完整注释。

16 号，《大卫·科波菲尔》，1860 年，稀有之物。

21 号，《哲学演说》，1832 年，珍藏部分。

482. 古堡凶杀案

无底洞内漆黑一片，立昂还没有去看死者是谁，就说是 306 房的人自杀了，可见他就是凶手。

483. 心理学家之死

亚当斯发现酒杯里的冰块经过了两个小时后，还在杯子里没有化掉，说明这杯酒是在青木死后放进房间里的。这就证明了女佣在说谎，而说谎的目的，就应该是掩饰她的行为。所以，女佣是杀人凶手。

484. 服务窗口

因为4号窗口的顾客在购买一本邮票集锦（线索4），3号窗口的顾客在办理公路收费执照（线索2）。路易斯在3号窗口工作（线索3），那么亨利就在1号窗口工作。艾莉斯在2号窗口前提取养老金（线索1）。用排除法可知，亨利必定在寄挂号信。所以，大卫必然在2号窗口工作（线索5）。在亚当的窗口前办理业务的不是亨利（线索2），所以迈根必然在1号窗口处工作，亚当在4号窗口处工作。从亚当那里购买邮票的不是玛格丽特（线索4），他是丹尼尔，剩下在路易斯的窗口前办理公路收费执照的是玛格丽特。

因此得出答案：

1号窗口，迈根，亨利，挂号信。

2号窗口，大卫，艾莉斯，养老金。

3号窗口，路易斯，玛格丽特，公路收费执照。

4号窗口，亚当，丹尼尔，邮票集锦。

485. 谁在点火

宫原警官看到煤油炉还在燃烧着后产生了怀疑。假如川崎文子是在自己房里猝死的，那么死后四十五六个小时，煤油炉里应该是早已油尽火灭了，而事实是煤油炉还燃烧着，这不合逻辑，因为死人是不能点火的。

486. 鼠屎之谜

孙亮想，如果老鼠屎是蜜桶里原有的，那么里外都应该是湿的才符合逻辑；如果是刚刚放进去的，鼠屎就应该外湿里干。他让人把鼠屎碾碎后，果然外湿里干。

487. 谁是真正的贼

符融说道："假如你跑得快的话，怎么会被过路人追上捉住呢！"

488. 首姆斯和惠特森

首姆斯根据马蹄印侦破了"布林克斯顿扼杀案"（线索2），1900年首姆斯根据一颗纽扣侦破了一桩案件（线索5）。1901年首姆斯侦破"假冒的印度王公案件"的线索不是结婚证书（线索6），而根据线索1可知，1901年的案件不是根据洗衣房账单侦破的，也不是花费4天时间。所以用排除法得出1901年的案件是首姆斯根据车票侦破的。"王冠宝石案"不是根据洗衣房账单花费4天侦破的，因为此案费时3周才得到解决（线索3），而根据线索1，"幻影掷刀者案件"也不是根据洗衣房账单花费4天侦破的。用排除法可以得出，"波斯外交官案件"就是根据洗衣房账单花费4天侦破的案件。我们知道此案不是发生于1900年或者1901年，而1898年的案件费时6周才得到解决（线索7），同时也不可能是1899年（线索4），所以此案必然发生于1897年。从线索1可知，"幻影掷刀者案件"发生于1898年，花费了6周的调查时间。我们已经推断出与3个年份相匹配的关键线索，我们还知道"布林克斯顿扼杀案"的线索是马蹄印，所以"幻影掷刀者案件"的线索是结婚证书。现在，用排除法可知，"布林克斯顿扼杀案"必然发生在1899年，而那个用时3周的"王冠宝石案"必然发生于1900年，而且其线索是丢失的纽扣。"布林克斯顿扼杀案"不是花费4周时间来侦破（线索2），所以它必然花费了8天时间，剩下"假冒的印度王公案件"花费了4周时间。

因此得出答案：

1897年，"波斯外交官案"，4天，洗衣房账单。

1898年，"幻影掷刀者案"，6周，结婚证书。

1899年，"布林克斯顿扼杀案"，8天，马蹄印。

1900年，"王冠宝石案"，3周，丢失的纽扣。

1901年，"假冒的印度王公案"，4周，车票。

489. 公主的珍宝

原来苏无名到达都城的那天，正碰上这伙胡人"出殡"。他们送葬却不悲伤，有的还偷偷地笑，且送葬队伍中没有妇女儿童，苏无名便觉得这伙胡人的出殡极不合常理，便猜想他们不是好人，有可能是盗贼，但又不知他们埋赃物的地方。估计到寒食节扫墓的时候，他们必然还要出城。所以，只要跟着他们，找到那座墓，就可以来个人赃俱获了。

490. 莫斯科"摩尔"

伊丽娜·雷茨克沃不是克斯汀·麦克莫斯（线索1），也不是D位置的帕姬·罗宾逊（线索1和3），圣布里奇特·凯丽就是路得米勒·恩格罗拉（线索4），因此，伊丽娜·雷茨克沃就是曼范伊·碧温。位置D中的帕姬·罗宾逊不是叶丽娜·幼娜娃（线索4），那么一定是马里那·克兹拉娃。剩下叶丽娜·幼娜娃就是克斯汀·麦克莫斯。路得米勒·恩格罗拉不是人物D，叶丽娜·幼娜娃不是人物C（线索4），后者也非人物A（线索1），那么一定是人物B。因此，从线索1中知道，伊丽娜·雷茨克沃就是人物A，剩下路得米勒·恩格罗拉是人物C。帕姬·罗宾逊不是Z12（线索3），而曼范伊·碧温和克斯汀·麦克莫斯也不是Z12（线索1），那么Z12就是圣布里奇特·凯丽。Z4不是A或D（线索2），则一定是人物B，即克斯汀·麦克莫斯。曼范伊·碧温即伊丽娜·雷茨克沃，她不是Z7（线索5），则一定是Z9，剩下Z7是帕姬·罗宾逊，即人物D马里那·克兹拉娃。

因此得出答案：

位置A，伊丽娜·雷茨克沃，曼范伊·碧温，Z9。

位置B，叶丽娜·幼娜娃，克斯汀·麦克莫斯，Z4。

位置C，路得米勒·恩格罗拉，圣布里奇特·凯丽，Z12。

位置D，马里那·克兹拉娃，帕姬·罗宾逊，Z7。

491. 品尝红薯的滋味

包公依照种地的知识进行逻辑推理，得出了结论：地里第一年种烟，第二年种红薯，红薯就是苦的；地里第一年种玉米，第二年种红薯，红薯就是甜的。所以尝完姓李的和姓王的两家的红薯，自然就分出了地界。

492. 不认识的窝主

商父对黑风说道："我按你提供的名单，把这些'窝主'都抓来了。现在你来看看，这些人里有没有抓错的？"

"就是他们，一个也没错。"黑风只扫了这些"窝主"一眼，便肯定地答道。

"好，现在我来问你，"商父指着最边上跪着的一个人问道，"他叫什么名字？"

"他……"黑风干眨巴眼说不出话来。

"我再问你，"商父又指着中间跪着的一个人问道，"他是谁？"

"他是……"黑风还是回答不出来。

"好了，不要再装相了。"商父厉声喝问道，"那些名字被你记得烂熟，却又不能把人和名字对起来，岂不是怪事吗？还不从实招来！"

黑风低下了头。他承认自己失败了，不得不交代出事情的真相。

493. 运货车

亚瑟驾驶2号运货车，而汤米驾驶的不是1号运货车（线索1）。因为汤米在亚瑟之前驶离出口（线索1），所以他也不可能驾驶4号运货车，而4号运货车是沿着D号马路行驶的（线索4），所以汤米只可能驾驶3号运货车。驾驶2号货车的亚瑟不是从D号马路离开的，所以汤米不可能是第3个驾驶运货车离开的（线索1）。而第3个离开的运货车是沿着C号马路行驶的（线索2）。罗斯是第2个驾驶运货车离开的（线索3）。既然汤米不是第1个离开的（线索1），那他必定是第4个离开的。1号运货车的司机是第3个离开的，它在C号马路上行驶，所以他不可能是罗斯，只可能是盖瑞。剩下罗斯驾驶着4号运货车在D号马路上行驶。而驾驶2号运货车的亚瑟是第1个离开的。从线索1可知，亚瑟在B号马路上行驶，而汤米在A号马路上行驶。

因此得出答案：

1号运货车，盖瑞，马路C，第3。

2号运货车，亚瑟，马路B，第1。

3号运货车，汤米，马路A，第4。

4号运货车，罗斯，马路D，第2。

494. 巧断家产

张齐贤断决说："你们兄弟二人都认为对方比自己分的财产多，也就是说，只要能得到对方那份财产也就满意了。所以，为了让你们皆大欢喜，请你们交换全部财产。"

495. 品牌代言人

流行歌手将为一软饮料产品做广告（线索4），而电视主持人不代言化妆品和摩托滑行车（线索3），她不是范·格雷兹，范·格雷兹是为一针织品类代言的（线索2），那么电视主持人则为某肥皂代言。罗蕾莱是化妆品（线索3），我们知道它不是由流行歌手和电视主持人代言的，它也没有和电影演员（线索3）及网球选手签约，后者将为阿尔泰公司的产品做广告（线索5），那么罗蕾莱的代言人一定是电视演员简·耐特（线索1）。卡罗尔·布和阿丽娜系列签约了（线索1），而玛丽·纳什没和丽晶和普拉丝签约，那么她一定是和阿尔泰签约的，她就是网球选手。通过排除法，阿尔泰公司即是制造摩托滑行车的厂家，而范·格雷兹就是电影演员。丽晶的签约者不是流行歌手和电视主持人（线索4），那么一定是电影演员范·格雷兹，丽晶是针织品制造商。电视主持人代言的肥皂不是普拉丝公司的产品（线索3），那么一定是阿丽娜的产品，那么这个主持人就是卡罗尔·布，通过排除法，普拉丝必定是和休·雷得曼签约，她就是流行歌手，为某软饮料代言。

因此得出答案：

卡罗尔·布，电视主持人，阿丽娜，肥皂。

范·格雷兹，电影演员，丽晶，针织品。

简·耐特，电视演员，罗蕾莱，化妆品。

玛丽·纳什，网球选手，阿尔泰，摩托滑行车。

休·雷得曼，流行歌手，普拉丝，软饮料。

496. 井中的丈夫

凶手就是那个妇人。既然死者的亲人和熟人都看不清楚尸体是谁，妇人却肯定地说是她的丈夫，反而说明是她害死了丈夫，再把尸体抛进井里的。

497. 没人在家

因为6号楼是一位女士的（线索4），根据线索1，5号楼一定是一位男士，4号一定是位女士。所以剩下的两位男士一定是在1号和3号，最后那位女士则是住在2号。住在6号的女士不可能是里弗斯夫人（线索3）或沃特斯小姐（线索5），所以是格蕾小姐。现在在新西兰的那个人一定是位女士（线索3）。伯恩斯先生没有陪在女儿身边，也没去谈生意或进行商业旅行（线索6），所以他是在住院或度假，他不可能是住在1号的男士（线索2和线索3），他住在3号或5号。住在伯恩斯先生左边的女士（线索1）不可能是沃特斯小姐，因为她在去商业旅行的人的左边（线索5），去商业旅行的人不是伯恩斯先生（线索6），显然也不是格蕾小姐，所以是戴克斯，而这意味着伯恩斯先生是去度假了（线索3）。如果这两个人和格蕾小姐都住在楼上，那么沃特斯小姐和布洛克先生也只能住在楼下了，而这是不可能的（线索5）。所以，伯恩斯先生住在3号，里弗斯夫人住在2号；那个陪着女儿的男士（线索1）则是布洛克先生。因此，里弗斯夫人是在住院（线索2）。楼上的格局是：沃特斯小姐住在4号，戴克斯去商业旅行了，他住在5号，格蕾小姐住在6号，因为她不是去谈生意（线索6），所以她是去新西兰了。谈生意的是沃特斯小姐。

因此得出答案：

1号楼，布洛克先生，陪女儿。

2号楼，里弗斯夫人，住院。

3号楼，伯恩斯先生，度假。

4号楼，沃特斯小姐，谈生意。

5号楼，戴克斯先生，商业旅行。

6号楼，格蕾小姐，在新西兰。

第五篇　事实演绎

498. 邮票藏在哪里

小偷把邮票沾水后贴在电风扇的叶片上，然后打开电风扇，因为电风扇在转动，所以不可能发现邮票。警察关掉电风扇，邮票自然也就找到了。

499. 珠宝店被抢劫

珠宝被扔到了流沙上，大艾尔费了好大劲找到了珠宝。小乔也去找过，结果陷进流沙中死了，没有留下任何痕迹。

500. 被偷的世界名画

一个惯用右手的人，脱裤子时通常先脱左腿。而戈迪探长走进马格的卧室时，马格的右腿在裤腿里，而左腿还在外面，说明他当时正在脱裤子，不是像他自己说的是在穿裤子。

501. 首饰店被盗

罪犯先把珠宝塞到青蛙的肚子里，然后让蛇吞下青蛙，他再将蛇带走。

502. 价值连城的大钻石

清洁工人。他利用吸尘器吸出了钻石。

503. 仓库被盗之谜

卡特拆下仓库天窗的两根铁栅栏后，从那里潜入盗走了箱子，然后在窗口上放了几只大蜘蛛。蜘蛛有足够的时间在凌晨织上网，因此即使铁栅栏缺了两根，仓库仍好像处于密封状态。

504. 一定是桩凶杀案

当被害人睡熟后，冈本先在门的四边把封条贴上一半，然后打开煤气开关。他走出房间关严门，然后就用吸尘器的吸口对准门缝，这样剩下的一半封条被吸尘器一吸，就紧紧地贴在门和门框上，造成了被害者自杀的假象。

505. 时间观念很强的银行经理

罪犯就是鲁克伯的侄子。表从高处掉下来，不是停，就是变慢了，不可能变快。这是他侄子上楼开窗时故意拨快的。他又有意朝天放枪并大声诅咒，知道伯父只要被吵醒必定要下楼来对表，事先在地毯上弄了皱褶，让他绊倒，从楼梯上摔下来跌死。

506. 巧留鞋印

原来，在3个月前当汤姆买鞋的时候，理查德也买了另一双完全相同的鞋子。他乘汤姆不备，每隔一天就把这双鞋子换给汤姆穿。由于汤姆是两双鞋子轮流穿的，所以鞋子的磨损情形完全一样。案发当日，理查德穿着其中一双鞋子到詹姆斯家谋杀了詹姆斯，又故意在院子里留下鞋印。第二天,他再把这双鞋子与汤姆的鞋子对换,然后把换出的鞋子丢弃,以毁灭证据。

507. 不在现场

罪犯利用录音机制造了不在现场的假象。罪犯先将住所附近的打桩声用录音机录制下来，然后于案发时间内，在凶杀案现场和老朋友通电话时把它播出去。

508. 在劫难逃

这起投毒杀人案的同谋犯就是B夫人的保健医生。他受麦吉的重金收买和色情诱惑，成了这一罪行的帮凶。在每周的定期检查时，将无色无味的毒药涂在体温计的前端（在当时，体温计是口含的）。这样，每次都有微量毒素通过嘴部进入了B夫人的体内，日积月累，终于达到了致死的剂量。尽管B夫人的防范措施如此周密，但还是没有想到他们会在测试体温这一途径上做文章。

509. 奇怪的密室杀人案

存放杂物的储存室的壁板墙，全是从里侧用钉子钉上去的。其中两三张壁板是用强力胶粘上去的。罪犯把这几张壁板取下来，走出房间后再把壁板涂上强力胶，粘到原来的位置上去。壁板上仍留有旧铁钉帽儿，所以，从外面冷眼一看，这个房间的四周墙壁似乎全用铁钉钉着，给人以完全封闭的错觉。

510. 被害人溺水死亡

凶手给被害人服用了麻醉剂，并在船上做了手脚使船缓慢进水。这样在1个多小时后被害人药效尚未完全解除时船沉入水，致使被害人在半清醒的状态下溺死。

511. 同事间的生死较量

艾伦很狡猾，他把氯化钾涂在水果刀的一面来切苹果，把沾有氯化钾的那半个苹果给了布伦特，而自己吃的是没有沾到氯化钾的另外半个苹果。

512. 离奇死因

凶手是管家。死亡原因不是枪杀，而是电击致死。

513. 酒店谋杀案

凶手在门外吵闹，打架生事。记者想查看究竟，即从锁匙孔向外观看，但凶手的毒针已等待着他。一针刺下，死者即中毒，因而死于密封的空间内。

514. 主谋

张先生将狗训练得一听见电话铃响就立刻对人进行攻击。当时，张先生打电话给邓先生，狗听见电话铃声后便依照平日的训练去攻击人。

515. 聪明的伽利略

伽利略推测索菲娅的弟弟事先在这个望远镜的筒里装有毒针。

那天晚上，索菲娅在玛丽娅和其他人入睡之后，悄悄登上钟楼的凉台，想用这个望远镜观察星星——这可是一架精心制造的望远镜。在眼睛贴近望远镜之后，为了对准焦点，使用人就要调节筒内的螺丝。这时，弹簧就会把毒针射出，直刺眼睛。

索菲娅受伤后，猛地一惊，望远镜便从手里滑落而掉进河里。她忍住剧痛把毒针从眼里拔了出来——因为她是在看了那本被禁的书《天文学对话》后，为了弄清楚地动说而进行天体观测的。这决不能让院长知道，不能呼喊。她也许是想拔出毒针，自己来治好眼伤，但毒性很快扩散，无法解救了。

516. 训练猴子做杀手

因为艾伦平时装扮成小李，而且平时装的不是实弹。但他忽视了猴子再聪明也不会分辨出真正要杀的人。当小李走进房间时，猴子感到陌生，所以没有扣动扳机。而当再熟悉不过的主人艾伦走进房间时，猴子因条件反射扣动了扳机，而这次装的是实弹。艾伦设计杀别人的计划却把自己的命搭上了。

517. 漂泊的救生筏上

乘客用匕首刺死飞行员时，刀尖刺破了橡皮筏的空气管。如果不立即采取补救措施，里面的压缩空气就会跑掉，船就会很快沉没，所以凶手用手指拼死抠住这个洞以防止漏气。这样，他就动不得半步，也就无法拿到有食品的罐头了。即便手指松开，迅速拿过罐头，也没有时间把罐头打开，因为这一时间橡皮筏的空气会跑得一干二净。或者是船沉了，或者是饿死，二者必居其一。

518. 特工情报员遇害

那是两辆车并排在公路上行走，只不过两辆车都亮着一盏灯。对方早就预料到情报员会向旁边闪避，所以安排了这个万无一失的假局。在灯的照耀下，情报员看不到真相，果然中计。

519. 空姐被杀

凶手开枪时，被害者正背对窗子弯腰，子弹射穿了她的大腿后进入胸部，所以表面上看好像是中了两枪。

520. 融化的巧克力

秘书杀死博士，并造成他自杀假象，然后就用电热毯将吊着的尸体紧紧裹着，一切弄妥之后才去接罗斯福。3小时后，秘书与罗斯福一起回到研究所。他先让罗斯福在会客室等候，自己走上二楼，迅速把电热毯取下铺到床上。这样即使死去了3个小时，尸体也不会变凉。但是由于放在口袋里的巧克力也随着身体一起变暖而融化，因此，罗斯福识破了秘书的诡计。

521. 一宗杀人案件

是矮个儿的阿伦。他在屋内吸烟时，由于被屋外的矮树所阻，所以外面的人看不到屋内人的面目。

522. 子弹会拐弯吗

杀手听到广播时得到启示，于是他躲在车尾，利用列车行进中转弯形成的弧度，抓住时机开枪射击罪犯。

523. 富家女遇难

其实线索已经给出了，堂姐先进屋察看，她是帮凶，是她反锁的门。所以凶手是堂姐和她的未婚夫外科医生。当富家女和外科医生进入别墅后，医生便杀了她，在浴室里肢解了尸体，用防水布包着，放进了大篮子里。

524. 阳台上的枪杀案

凶手就是射击运动员，他趁伊里杰夫练习倒立的时候，从二楼阳台往上射击。

525. 第二枪

开枪的是死者自己。原来，他的第一枪放空了，第二枪则贯穿他的头部并穿过了房门。

526. 死在阿尔卑斯山

警方断定凶手是杰森。他假装正午离开小屋，等1点30分罗伯特和约翰都离开后，便进入小屋杀了乔。他随即往下跑到半山腰，偷了约翰放在那里的滑板，一口气滑向山庄，所以4小时40分就到达了旅馆。因此,1点30分出发的约翰到达半山腰时找不到自己的滑板了。而罗伯特和约翰都没有作案时间。

527. 杀人的毒蝎

寇安命人把葡萄架拆毁,在架子上捉住了一只4寸多长的毒蝎。原来,那日李原一家在葡萄架下吃饭,鸡香味引落下来一缕细丝——毒蝎的唾液,李原因此中毒身亡。

528. 土耳其浴室

约翰是被杰克谋杀的。杰克将一把锋利的冰匕首藏在他的保温杯中,带入浴室。行凶之后,冰匕首很快就融化了,因而没有留下凶器。

529. 邮政局长被害案

凶手是A——麦根,只有他带有可致人死命的凶器,只要把狗链绕在手上,就是一件可致人死命的硬物。

530. 无孔不入的特工暗杀

凶手是维修电话的工人,他是该国派出的特工人员。他在电话听筒内安装了子弹发射装置。他离开房间后,就给房内打电话。当那位重要人物拿起电话时,电流接通,子弹装置的镍铬线变热,子弹便会发射出去。所以门是反锁着的,而重要人物却中弹身亡。

531. 保险诈骗案

徐某将刀片绑在鸟腿上,自杀以后,鸟飞出窗外,因此屋内找不到刀片。

532. 可笑的小偷

轿里的新娘是另一名女子假扮的。小偷根本不认识新娘,却煞有介事地和假新娘对证起来。

533. 不早不晚,正好七点

收录机既然能录进枪声,那么也能录进屋里挂钟的报时声。这说明罪犯是在其他现场一边录音一边杀死被害者的,然后把尸体与录音机一同移至这第二现场。

探长根本无需听录音,就能够得出这一结论。因为如果录音里面有挂钟的报时声的话,他手下的侦探早就该知道确切的谋杀时间了,根本无需去问电视台。

534. 拿走了一颗珍珠

窃贼要的不是珍珠,而是那个首饰盒!这个窃贼其实是卢米埃尔首饰盒的另一个收藏者。他自己的首饰盒上的锁坏了,所以他计划将自己的首饰盒跟福斯特的首饰盒掉包。为了不让福斯特先生起疑心,他仿造了一个珍珠项圈(不幸的是,仿造的项圈只有99颗珍珠),然后在宴会中趁人不备,换走了福斯特的首饰盒。

威尔侦探手上的名单就是卢米埃尔首饰盒收藏者的名单。当他发现这份名单上的一个名字同样出现在福斯特的客人名单中时,他认为这个人就是窃贼。

535. 究竟发生了什么

波洛在雪地上只看到了杜弗斯留下的脚印。他还看到,积雪从谷仓的屋顶不停地滑落下来，掉在了杜弗斯认为自己被袭击的地方。原来，可怜的杜弗斯把雪落下来的声音误认为是外人闯入的声音，而且被从屋顶掉下来的雪砸伤了。

536. 赃物藏在何处

货物埋藏在下午3点时云杉树顶在地面的投影处。

537. 吞蛋送命

赵三把鸡蛋浸在酸中一段时间，然后，将小钢针慢慢刺入蛋里。这时，蛋壳的石灰质被酸浸解，变得软而略带韧性。钢针刺进时，蛋壳不会爆裂。待钢针完全刺入蛋内，蛋壳便自动封口，这时再将蛋拿出来，让酸挥发掉，鸡蛋就和正常的鸡蛋一样了。

538. 寻找凶器

用来勒死被害人的凶器，原来是被害人自己头上长长的头发。

与死者一道淋浴的凶手，将长长的辫子绕在其脖子上，使其窒息而死。

539. 凶器消失了

凶器是用冰块做成的锋利的短刀，对着柔软的腹部，用冰做的短刀杀人是完全可能的。凶手为了不使冰融化，将其放入暖水瓶，再装入干冰带进浴室，趁对方不备突然行刺。

540. 宰相的女儿

贾雅什丽让人把这4个人分别安置在4个房间里。然后，贾雅什丽把自己打扮得漂漂亮亮的，她先来到王子的房间里，说："王子，我对你一见钟情。我想嫁给你。只要你先给我父亲一份定金，我就是你的了。"王子回答："你很美，我也对你一见钟情。不过我现在身无分文。待案子解决，我回国后给你送来。"贾雅什丽断定王子确实没有偷珍珠，就去见婆罗门的儿子。婆罗门的儿子一见姑娘就爱上了她。姑娘向他要彩礼，他回答说："我父亲要钱有钱，要土地有土地。我回到家以后，一定给你送来。"姑娘看出他也确实没有偷珍珠。于是，她去见木匠的儿子。木匠的儿子说："我身边一个钱也没有。不过这桩官司了结后我马上回家取钱。"

贾雅什丽又去见商人的儿子。商人的儿子一见这般美貌的姑娘，灵魂早已出了躯壳。他迫不急待地从大腿内侧的裤子里取出了4颗珍珠，作为彩礼要娶贾雅什丽。贾雅什丽马上把4颗珍珠交给了父亲，并指出商人的儿子就是私吞珍珠的贪污犯。

541. 犯罪手法

罪犯不可能分身，却可以间接地与鲁彭通电话。问题还是出在罪犯家里，能够做到让罪犯知道电话的条件就是罪犯家有两台电话。鲁彭挂电话时，罪犯的妻子会立即使用另一台电话呼叫罪犯。随后，他妻子就把这两部电话的受话器和送话器相对着靠在一起。

542. 不翼而飞的赎金

歹徒从22号寄物箱背后的箱子里，将中间的隔板取下，然后把手提箱拉过去，取出钞票后再把手提箱推回原处，然后再放好隔板，一切恢复原状。

543. 凶器是什么

杰克为了报复吉利，在下雨天从屋顶扔下一大块冰块，这样可以把杰克的小木屋砸烂，而且过几个小时冰块就会化掉，特意选下雨天就因为此，什么痕迹都不会留下。

544. 引爆

罪犯趁被害人外出时，悄悄地溜进屋里，在火药里掺上氨溶液和碘的混合物。氨溶液里加入了碘，在潮湿的状态时是安全无害的。但是只要变得干燥，高音量的震动就会使其爆炸。

545. 手枪队护送宝马

盗贼把整个车厢都盗走了，他们把马和手枪队一块劫持了。

546. 女窃贼

伸助和尚用胶布把仿制的牢房钥匙贴在碗底。因为碗里装着面条，女看守辛吉不可能将碗底翻过来检查，成田久子吃着情人送来的面条，当然会想到伸助和尚可能是来帮她越狱的。她会仔细地摸索碗底，偷偷地将钥匙取下来。

547. 失踪的赎金

绑匪是司机。赎金在汽车里。他车中放着两个同样的手提包，埋进去的是空包。

548. 寡妇之死

凶手拿出胶囊性质的毒药，谎称是安眠药，给死者服下。在胶囊尚未消化时，凶手就先行离去，所以有了不在场的证据。

549. 被偷得彻底的别墅

原来窃贼装扮成搬家公司的工人，所以才敢在大白天把小北家偷得这么彻底。

550. 酬金有诈

这位女子是某医院的工作人员，凭借特殊的身份知道 H 公司的经理患了心脏病，并且知道他最多能活 3 个月。等到 H 公司的经理一死，这位女子就理所当然地得到了丰厚的酬金，而查理斯却被蒙在鼓里。

551. 工人偷运橡胶事件

那些空胶桶就是偷运出去的橡胶。工人们先将橡胶提炼制作成桶形，待运出厂后，再将它熔化掉，转卖给他人。

552. 同样的剧情不同的结论

王力在道路前方立了一面与道路同样宽的大镜子。这样，就使江文产生了错觉，将镜子里反射出的自己的车当做对面开来的车子，于是慌忙打轮掉进了大海。

553. 吃人的老虎

这是个极端凶残和聪明的凶手！他想除掉玛莉，可又没有机会，于是借老虎来行凶。他想办法在玛莉的头发上涂了一些有刺激性气味的药品。老虎闻到药品的味道，忍不住想打喷嚏，于是露出微笑一般的表情。由于喷嚏的力度过大，玛莉的脖子被咬断，凶手的目的也就达到了。

554. 警犬也会有失误

越狱犯是通过改变脚的气味逃走的。越狱犯在树林里脱下鞋子，并往鞋里撒尿，再继续往前跑。如此一来，足迹的味道改变了，警犬再厉害也会被弄糊涂的。

555. 古屋幽灵

当然没有真的幽灵，而是一项阴谋。原来，由于传说这座古屋里藏有大量珠宝，有人正在悄悄地寻找。而这座古屋被出售，工人们要进去整修。为了使寻宝不受工人们的干扰，躲在里面的寻宝者便假扮幽灵吓唬人，以此使别人不敢贸然进去。他先穿上又宽又长的袍子，脸用毛巾包起来，然后全身涂上磷。因为磷的燃点很低，一般室温中也会燃烧，发出蓝白色的火光，但磷火的温度不高，不会烧伤人。就这样他站在椅子上，又宽又长的袍子将椅子遮住，粗看起来像个巨人，为了使自己的形象更为恐怖，同时防止别人朝他开枪，他便利用了客厅里的镜子。也就是说，他并没有在客厅里，而是站在客厅楼梯转弯处的平台上。由于正对着大镜子，他的形象便从镜子里反射出来。所以，当道格斯教授抓起椅子砸碎镜子后，幽灵便不见了，而道格斯教授也明白，这是有人在装神弄鬼。

556. 瞬间逃窜的匪徒

管理员在绞断大厦电箱保险丝的同时保留了电梯的保险丝，所以案犯可以乘电梯逃走。

557. 凶手的作案手段

刀是用弓箭射出去的。如果留意凶器日本刀上没有把手，谜也就解开了。也就是说，凶手是将日本刀当做箭，在25米以外用力拉弓射出来的。

558. 狡诈的走私犯

霍普走私的正是他每月定期开过海关的高级轿车，而他那3个神秘的行李箱是迷惑转移海关视线的工具。当海关人员为此而头昏脑涨时，也就忽视了走私的轿车。

559. 蠢管理员

先准备一根足够长的绳子，一端束在腰部，再借助梯子把绳子的另一端打一个结，绑在顶梁上，然后爬下梯子，把梯子移到门外。自己沿着绳子往上爬到顶梁，用绳子在顶梁上绑第二个结，接着松开第一个结，用事先准备的剪刀把第二个结之前的绳子剪掉并丢到窗外，自己垂降下来，这样就可以把自己吊在半空中了。

560. 罪犯的阴谋

罪犯是在上午把牧马人绑在枯树上的。罪犯是用湿的生牛皮捆住被害者的脖子后扬长而去的，那时被害者还没完全窒息。湿牛皮在夏天太阳的照射下，逐渐干缩，直到勒紧牧马人的脖子，使其窒息而死。

561. 毒蜂与录音机

这部微型录音机里的磁带开头录着轻松柔和的华尔兹乐曲，可就在这首乐曲中突然插了一段节奏紧张刺激性强的流行音乐。

毒蜂在听到轻松柔和的乐曲时表现得温顺老实，而当突然听到这种强刺激的流行音乐时，马上兴奋起来，野性大发。罪犯就是趁被害人睡午觉的时候，利用毒蜂的这种习性，在录音机里装上这盘磁带，让毒蜂袭击了他。

562. 金发美女与敲诈犯

金发美女是敲诈者的同谋。她在电话机的听筒里做了手脚。她趁鲁尔洗浴时，悄悄地和敲诈者接通电话，然后用小支架把听筒支起来，这样电话那头就可以录下这边的声音。等差不多结束时，美女又悄悄把支架拿开，听筒便放回原位。这时，"男中音"便打进了敲诈电话。

563. 雪后脚印

这是一个人由于某种原因而伪造的自杀现场的恶作剧。

首先他制作了一副高跷，但这副高跷是脚尖朝后的。当快要下雪的时候，他拿着这副高跷走到了峭壁上；当雪将停时，他就踩着自制的高跷，小心翼翼地一步步按原路走回村了。

564. 影星之死

洗洁剂中含有四氯化碳。四氯化碳是一种无色无味的液体，作为油脂类液剂，常被用于衣服的干洗。但是人饮酒过度时，一旦吸入这种气体，就会导致死亡，其死亡时不会留下明显的证据，所以往往被误作酒精中毒死亡。为了让麦克尔吸入这种气体，史密斯故意在他领带上溅了调味汁。酒醉了的麦克尔用史密斯夫介绍的这种洗洁剂擦拭领带上的污迹时，吸入了足量的四氯化碳有毒气体，于是死亡。

565. 中毒

毒酒是温酒温出来的。这里的锡壶大多是铅锡壶，含铅量很高。酒保把铅锡壶直接放在炉子上温酒，酒中就含有了浓度很高的铅和铅盐，多饮几杯，就会出现急性中毒！

566. 巧用厕所

莫斯每天上厕所时，将挖出来的土一点一点地带出来，然后从厕所冲走。

567. 不可能发生的事

这么一具高大的尸体，还绑着这么多沉重的铁饼，显然是无法一次性拖动的。原来为了毁尸灭迹，这个司机先将女尸装入布袋抛入大海，然后再将铁饼绑在布袋上。为了达到目的，他不惜一次次潜入水里，将铁饼逐个绑上。这个凶手的耐心实在了得，只可惜"天网恢恢，疏而不漏"。

568. 硬币透露了案情

布朗事先把钱扔在地上，等吉姆回来发现硬币弯腰去拾时，他便从二楼窗口朝下射箭，所以能正中吉姆的背部。

569. 盗窃犯

司机就是盗窃犯。他用特定的方法（比如用纸做套子，套在花蕾上）推迟了牵牛花的开花时间，在作案后迅速返回住处，拍摄出花开全过程的照片作为伪证。

570. 遗书上的签名

因为打字机上并未留下任何指纹。

571. 结婚纪念日

多丽丝首先在浴缸里放进冷水，再加入大量冰块，将喝下酒中掺有安眠药的奥利弗放入浴缸中。在此种情况下，死者发生了心脏麻痹而致死。多丽丝此时再注进热水，作为掩饰。

572. 滑雪场的凶案

正是这位男子杀死了女游客。他用绳子拴住滑雪杆，然后把滑雪杆向后投去，刺中了女游客的胸口，又将滑雪杆用绳子拉回来，所以在现场找不到凶器。

573. 勤快的表弟

表弟的清洁行为像是在掩盖证据。未经要求主动粉刷地下室的行为显得尤其可疑，他有可能是在掩盖水泥地上留下的血迹。

574. 警察破案

因为现场留下了被 A 打死的蚊子。

575. 打破的水晶

凶手用的凶器是一把用水晶做成的小刀，他把水晶故意打碎，然后把刀扔到水晶碎片里面以混淆人们的注意力。

576. 没有消失的指纹

警察还是凭着那个指纹找到他的，原来指纹是有再生功能的，当皮肤再生的时候，指纹也会重新浮现出原有的模样，所以，通过给手指动手术的方式来改变指纹并不可靠。约翰由于不懂得这一点，才使自己在不知不觉中露了马脚。

577. 为何指控她

奥尔森的手表不可能是在搏斗中摔坏的，因为奥尔森是被人从背后刺死的，所以，手表上的时间只是假象。现场的混乱和咖啡也是假象，因为实际上没有任何搏斗。最后，纸杯上只有约瑟夫一个人的指纹，可是玛丽明明告诉警察是自己把纸杯扔进废纸篓的，纸杯上理应有她的指纹。所以，玛丽撒了谎。其实，她就是凶手。她戴上手套，用毒刺刺死了奥尔森，然后伪造现场，想嫁祸于约瑟夫，却不小心露出了马脚。

578. 谁把花踩坏了

萨拉脚上那双沾满了泥的鞋子告诉了尼娜。本特先生刚刚给他的花圃浇过水，而天气晴朗干燥，因此萨拉脚上的泥一定是在她闯入花圃时沾上的。

579. 摆摊算命

为何相士算得准确？因为他根本没有盲，在"推算"时他看到富绅背后有个身穿风衣的人持着枪不怀好意，便暗示给富绅听。可惜富绅不信"命"，毫无防备。

580. 完全不对的车子

西格马尔交罚款的那张 10 马克的号码，是第一次被抢劫的 75000 马克中的其中一张。

581. 开具火葬证明

警察审视来人，发现对方在悲哀中带有惊惶的神色。另据死者的姐姐提供：妹妹早就怀疑丈夫有外遇,夫妻间经常吵闹,而近几个月来夫妻又和好如初,想不到妹妹会突然死亡。原来丈夫为达到同勾搭的女人结婚的目的,蓄意杀妻,先假意和好,使妻子解除戒备。这天,他削了一个苹果,暗地里将山萘放进挖好的小洞里,让妻子吃了下去。

582. 奸细是怎么找出来的

因为这个人没有按规定把斗笠拿在左手,而是拿在了右手。所以,侦察员断定他是奸细。

583. 能说话的尸体

周纾从众人的议论里,知道尸体是刚放在这里的,他假装审问,开始细细地观察尸体,果然,他从尸体的头发和耳孔里,看到很多稻草屑,便很准确地判断出凶手是把尸体藏在稻草里,混进城门的。

584. 一根白色的细毛

证据就是那根白色的细毛,巴特将细毛带回去后,经鉴定是小白鼠身上的毛,为了麻痹罪犯,他故意制造假新闻,说罪犯已被抓获。而后,他又以高额酬金为诱饵,让罪犯自投罗网。

585. 谁是花瓶的主人

眼睛是心灵的窗口,刚才佯装摔花瓶的时候,马代的眼睛露出生气的眼神,马丁的眼神却显得毫不心疼。

586. 会抓贼的盲人

盲人进房时,听到了大座钟的"滴答"声,忽然声音一下子变微弱了,说明窃贼挡住了座钟,他就指示探长朝大座钟的方向扑过去。

587. 电话密码

查理有时捂紧话筒,有时松开手。这样,保安处就收到了查理如下"间歇式"的情报:"我是查理……现在……黑塔旅馆……和目标……在一起……请……快……赶来……"

588. 奇异的案情

警长推测,他们搏斗是在黑暗中进行的,而狼狗只凭早先沾在睡衣上的气味咬人,而这件睡衣是那位史密斯先生事先偷偷地给古董商换过的。而这一切,又都是他预谋过的,所以才发生了"狗咬自己主人的怪事"。

589. 笔记本电脑不见了

迈克尔拿了丽莎的笔记本电脑。他说他昨晚一直在读一本小说。可是昨晚他们到旅馆后过了 30 分钟就熄灯了,他不可能读完。他一定是用丽莎的笔记本电脑在网上读完这本书的。

590. 聪明的化妆师

原来,女化妆师是仿照街上张贴的一张通缉犯人的照片来化妆的。她把杀人犯的那张脸型移到这个逃犯的脸上,所以警察一下就盯住了他。

因为职业关系,化妆师要广泛收集脸谱,供化妆之用。不料,她留意的一张通缉照片,竟派上了大用场。

591. 姑娘的手枪

姑娘是动物园的驯兽员，她用的是麻醉枪。

592. 跟踪谜团

小说的结尾是这样的："室内一片狼藉。就连艾诺自认为坚固无比的保险柜也豁然洞开，而里面空空如也。当然了，确知此地一周内无人防范，谁都可以悄无声息、从容不迫地撬开保险柜。这个戴墨镜的混蛋！确实，世上哪有什么真正的热情慷慨之士……"

原来，这个戴墨镜的男子使了一个小小的诡计，让艾诺去跟踪那个少女一个星期，赢得了充分的时间，可以不慌不忙地进入空室作案。

593. 惯犯被擒

是一直处于通话状态的电话机发出了报警信号。惯犯用万能钥匙撬锁时，女郎正和朋友通电话，她听到门响，说"请稍候"，其实是对电话中的朋友说的，因此她与小偷搏斗时的喊叫通过话筒传到朋友那里，她朋友马上报告了警署。

594. 目击者的疑惑

小景看到的人就是凶手。凶手是个圆脸的人，但由于小景在窗户的细长的缝隙中看到他迅速地走来走去，这样看到的就是细长的脸而不是圆脸，这只是错觉。

595. 令人瞠目结舌的真相

原来，巴西护卫舰从海洋里打捞上来的并非是求救信，而是广告书。在"西·希罗"叛乱事件发生前16年，有个叫约翰·帕尔明格托恩的人出了一部名为《西·希罗》(《海上英雄》) 的小说。后来由于在广告宣传上下了功夫，该书销路极好。宣传的方式之一就是作者在小说出版之前，往海里扔了5000只封装着摘自《圣经》的著名片断和书稿中求援呼吁内容的瓶子。偏偏有那么一只瓶子会被巴西护卫舰捞起，内容又偏偏与叛乱事件相符，以至奇迹般地成了罹难船的救命符。这是作者在16年前始料不及的……

596. 是"梦"吗

凶手是那个给唐先生白酒的年轻人。原来他杀死美女后，被唐先生不经意看到了，于是他用铁棒敲晕了唐先生。处理完现场后，他把唐先生背下了这次列车，登上了下一次去北京的列车，而且坐在和上次车一样的车厢，一样的卧铺，然后离开，目的当然是要使唐先生产生错觉，认为自己看到的场面是酒醉所致。

597. 终日不安的罪犯

事后张某才知道，由于晚间看不清，加上他性急慌忙，把那封信投到举报箱里去了。

598. 婚礼灾难

苏菲的丈夫文森是个骗子，他是该观光客轮的一等水手。为了骗取苏菲的2万美元，他使用假名，隐瞒船员身份，同她闪电般地结了婚。在码头上，他同苏菲一起上舷梯时，穿的是便服，以便不暴露身份。二等水手以为上岸的一等水手回来了，怎么也不会想到他是苏菲的新郎。所以在苏菲向他们询问时，说了那样一番话。文森还在船舱的门上贴上了假号码。第二天早晨，打电话把苏菲叫到甲板上并企图杀害她的也是他。

599. 行李箱被窃案

犯罪的证据就是那把52号行李箱钥匙的复制品。为了骗取钥匙，这帮窃贼首先存入他们自己的行李，然后派人用复制的钥匙取出别人存入的箱子，所以他的口袋里一定有一把同样的钥匙复制品。

600. 被淹死的人

思维定式是侦探最大的敌人。在海水中溺死是一条重要的线索，同时它也在暗示警察案发地点是在海边，而特里拥有不可能作案的时间证据。

实际上，如果仔细思索一下，并不是被海水溺死就一定发生在海边，如果有足够多的海水的话，在浴缸里同样也能作案，然后放掉海水，装满淡水，这只需要10分钟就足够了。

601. 教授之死

摩恩探长从毒针联想到火炉上的水壶，有人用软木塞堵住水壶嘴，并把毒针插到软木塞上，水开了以后，蒸汽把软木塞推出来，毒针便带着软木塞刺中了教授。而这一切只有秘书才有机会做得到。

602. 谁是抢劫者

就是男童。李先生在地上看见1.9米的身影，仅是一种错觉。

603. 大摇大摆的小偷

小偷忘了关灯。

604. 同案犯的罪证

王阳明在台上叫了一个差人的名字，那个差人便从公案的桌子底下钻了出来，3个人立时傻了眼，因为他们3个人说的话，藏在公案底下的差人全都听见了。

605. 果汁杯底下的纸条

约翰让服务员在果汁杯底贴了一张纸条，上面写着："你旁边的人是宿舍抢劫犯，快抓住他！"

606. 强盗后背的蜡烛油

小红说，强盗抢劫时，她借着点蜡烛照明的机会，把每个强盗的后背都滴上了蜡烛油。强盗走后，她便叫家人去县衙报了案。县衙就是根据后背有蜡烛油这一特征，抓获了强盗。

607. 生豆子和熟豆子

贩豆子的商人是王恺派去的。王恺暗中派的这名商人夜里路过那寺庙，他被抢的豆子中掺进了少数熟豆子。王恺派士兵到寺庙买回的豆子中发现了熟的，说明这寺里的和尚是抢劫嫌疑犯或者是销赃犯。

608. 马戏团谋杀案

几分钟之前小丑手里还拿着一把气球，但被抓时手里却是空的，因此他一定把枪绑到了气球上。证据已经随风飘走了。

609. 可疑的盗窃案

窃贼不可能用过大卫的螺丝刀，因为螺丝刀和其他工具一起放在上了锁的房子的地下室里。因此窗户是被进屋后取来螺丝刀的人撬开的。

610. 恐怖分子

博士怀疑校车上可能有恐怖分子，因为在经过铁路道口时校车按规定必须停车，而且司机不得在穿越铁轨时换档。

611. 替罪羊

米奇把毒药冻在冰块里，这样在冰块刚开始融化的几分钟喝一点儿是安全的。喝过妻子杯中的饮料然后再离开会使他的证词比较有利。

612. 谎言

克鲁克先生不可能光着脚踩在玻璃碎片上打电话报警。他可能穿着鞋，从外面打碎窗户，造成入室盗窃假象，然后打电话报警，再脱鞋上床，让人以为他刚起床。

613. 一副银牙签

黄知县让赵富贵稍候，然后拿着银牙签来到了后衙。让他一个衙役带上银牙签，扮做伙计模样，去赵富贵店中取布。衙役见到赵富贵妻子后，取出银牙签对她说："赵老板将前两天进的那两匹布转卖他人了，现在赵老板有事不能亲自来，派我来代为取布，因为怕你生疑，故以银牙签为凭。"赵富贵的妻子仔细地查看了银牙签后，确认是丈夫的随身之物，便将陈达的布匹交给了差役。此刻，证据确凿，赵富贵只好认罪。

第六篇　心理剖析

614. 商队

偷金子的人做贼心虚，老人说"偷金子的人只要一拉马的尾巴，它就会叫"，这样他便不敢去拉马尾巴，因此他的手上不会沾有马尾巴上的气味，老人一嗅便知道谁是盗贼了。

615. 等鱼上钩

到了天黑，官员把老妇人放走，命令手下人秘密跟踪，看谁与这老妇人说话。这样反复三天，发现都有同一个人找老妇人。因他作案心虚，见每天都留下老妇人，就急忙打听虚实，正好中了主审官的圈套。

616. 间谍

吉姆斯说的那番话，用的是德语。他从"流浪汉"露出的笑容中，发现了破绽。吉姆斯利用人的潜意识心理，转移德国间谍的注意力，通过假释放使他在无意之中露出得意忘形之色，这是一场典型的心理战。

617. 找到窃贼

其实员工们的草棍是一样长的。劳思故意说有一根稍长一些，小偷做贼心虚，怕当众出丑，就把自己的草棍掐去一截，这样唯有他的那根草棍比别人短一截，正好露出了马脚。

618. 聪明的警长

警长说的是："你们可以走了。"当第二个人起身离座时，警长便知道他是装聋扮哑的。

619. 多出的金币

法官说道："既然你们都说得很有道理，那么很明显，事实的真相是樵夫捡到的这个装有100个金币的钱袋根本不是那个装有130个金币的钱袋，所以我现在宣判：好心的樵夫，你就拿着这个装有100个金币的钱袋继续等那个失主来认领吧！"

620. 斗米斤鸡

于成龙说："农夫踩死的是一只小鸡，你并未喂多久。俗语说：'斗米斤鸡。'如今你的鸡死了，就不必喂了，你就会省了9斗米，你就应还农夫9斗米。"当时1斗米300钱，9斗就是2700钱，米店老板当然赔本了。

621. 选择几率

其实小王仍然是在3个碗中选择一个，他选择正确的几率仍然是1/3。在选择后再揭开另外一个空碗对他的选择没有任何影响。

622. 使用伪钞的家伙

是考纳。因为克罗伯收款时，考纳给他一张100马克的钞票，没有其他钞票对比，所以克罗伯没有识别出来。若是其他两位旅客付两张或三张100马克，真假混在一起，克罗伯就很容易发现。

623. 没能力做证人

骆驼牌烟盒上，除了一头站在沙漠里的骆驼以外，并没有任何人，当然也没有什么所谓"牵骆驼的人"。这样，汤姆的回答就否定了自己刚刚说过的从来不进行臆测或者推理、一切都依照事实说话的表白。

624. 无冤无仇

证据便是波恩放到保险柜里的留有杀手指纹的酒杯。

625. 一颗散落的珍珠

朗波检查发现地毯被吸尘器清扫过。于是他故意将碎纸片弄了一地，以观察管家在打开吸尘器时发现珍珠的反应，谁知他却默不作声，这证明他是罪犯。

626. 杨树叶作证

法官是用试探的方法审清这件案子的。他想，胖子说是在镇子东面的一棵杨树下把钱交给瘦子的，如果这是假话，那么瘦子就根本不会知道有这么一棵大杨树。于是，他让胖子去拿树叶。当胖子走了半个小时后，法官问瘦子："他怎么还不回来？"瘦子却回答说："我估计这时候他还没走到那棵树下呢！"这正好证明了瘦子知道有这样一棵大杨树，也由此证明了胖子说的是实话，而瘦子说的是假话。

627. "赌城"拉斯维加斯

茶壶生满了锈，无论谁摸它，手上都会留下痕迹。偷钱的人听了主人的话，心里有鬼，不敢去摸茶壶，所以手上是干净的。以此推断，手上没有锈迹的人就是偷钱的人。

628. 奇怪的拳头

原来，那稻草人已变成了彦一自己。他身披稻草，头戴稻草帽，站在那里。偷瓜贼头上挨的拳头正是彦一打的。其实，彦一白天做了稻草人插在瓜地里，并且大肆宣传，让所有的人都知道他干了件"蠢事"。到了晚上，他把稻草人搬进瓜棚里的床上，把它蒙上床单。自己则披上稻草站在稻草人的位置上，等候偷瓜贼来偷瓜。偷瓜贼自作聪明，终于上了彦一的当。

629. 开庭审理

作出如此裁决的原因是坐在被告席对面的主审法官提醒了陪审团：刚才，在律师进行那场"即兴的心理测验"的时候，全厅的目光确实都转向了那扇侧门，唯独被告琼斯例外。他依然端坐着木然不动。因此，可以得出结论，在全厅的人中他最明白：死者不会复活，约瑟夫是不可能在法庭上出现的。

630. 孤独费

乐意赔款的宇宙足球厂的老板认为：琼斯太太与其丈夫闹离婚，这正说明了他们厂生产的足球的魅力所在。而且，琼斯太太的控告词为他们厂做了一次绝妙的广告。

631. 化学家的声明

吉姆让威廉以一个化学家的身份写份声明，登在报上。威廉在声明里说自己是个化学家，失窃那天晚上放在桌子上的那瓶酒里有毒，谁喝了，不出5天必定中毒身亡。他要求爱好那幅画的朋友尽快到他家服解毒药，否则，生命会有危险。盗贼看了声明以后信以为真，第二天便带着那幅画自首了。

632. 谁是匪首

克莱尔探长问："你们的头目衣服怎么穿反了？"土匪们一时没有反应过来，都朝一个人看去，那个人就是土匪头子。

633. 列车上的广播

托尼探长叫乘警通过广播寻医就是要让劫宝杀人犯自动现形。当广播说9号车厢有一位病人需要抢救时，劫宝杀人犯立刻坐不住了，他要去看个究竟。当听说病人已苏醒过来时，他害怕被认出来。所以准备等火车到站后赶紧逃跑，没想到惊慌之下暴露了自己。

634. 装哑取证

琼斯觉得金发女人眼熟，终于想起这是个通缉在逃的诈骗犯。在厕所里，他装作聋哑人，让女诈骗犯把自己要钱的话写在纸上。于是，他以此为证据抓住了这个女诈骗犯。

635. 设宴抓贼

张敞以砍头作为条件，布下了一个"欺骗"计策进行破案。他让小偷头儿穿上差役的衣服上大街去逛，遇着小偷就说："我花钱在官府里买了一个差使干，今后咱哥们儿谁若是有个闪失，我就可以从里面照应了。请通知我的弟兄们，我今天晚上要在香月楼设宴庆贺庆贺！"

小偷们听了,信以为真,一传十,十传百,当天晚上全部到了香月楼。这样,这些小偷便被张敞早已埋伏的几百名兵丁全部抓获。

636. 县令买马

罗际在城门口贴出的布告,上面写道:"本知县奉朝廷之命,出白银1000两,买一匹个大脊宽、毛如火炭的4岁口大马,望养此马者,速送县衙。"马贩子见钱眼开,以为可以用偷来的这匹马卖到1000两白银,结果中了罗际的高价购物之计。

637. 母亲与儿子

杨津命衙役上街敲锣喊话,告之全城百姓,在东门外十里处,有一个20多岁的年轻人被害,此人青衣黑马,黑马四蹄踏雪。若是谁家之人,请快去州衙领尸。强盗王虎的母亲听见了,心里一惊:敲锣人喊的那个被害人不正是自己的儿子吗?于是,她便急忙来到州衙。杨津就是这样用"死"儿诱母之计,找到了强盗的母亲,并由此破了案。

638. 两张诬告状纸

如果乔仁告李靖谋反是事实的话,那么乔仁无论在什么时间什么地方,说得都应该是一样。可是,梁光谎称丢了状纸迫使乔仁重写了一张状纸后,梁光将两张状纸一对照,发现内容有很大出入。梁光就这样揭露了乔仁诬陷李靖的犯罪事实。

639. 盖字识盗

张族推断,吕元自作聪明,一定会认为先拿出来的信是考验他的假信,肯定不敢承认。于是,张族先拿出吕元亲自写的状词盖住两头,让他辨认。果然不出所料,吕元回答说上面的字不是他写的。为了进一步证实吕元就是盗买粮食的人,张族又把那封假信拿出来,盖住两头的字再让吕元辨认。吕元看了看字,心想,刚才没有承认那张纸上的字是我写的。现在再不承认这张纸上的字是我写的,可就露馅儿了!于是,他承认了这字是他写的。这起盗买粮食案就这样被张族用盖字巧诈的方法巧妙地查清了。

640. 被赖掉的钱

赵和在公文上写道:"最近,我县抓住了几名强盗。他们供认,他们所抢的一部分赃物窝藏在贵县林兴家里。请将林家查封,并把林兴速押来江阴。"赵和名气很大,淮阴知县也敬他三分。见了公文,淮阴知县立即派衙役把林兴抓来,派人押到江阴。赵和让林兴把所有财产填写一份清单,检查他的财产是否都有着落。林兴怕因抢劫案受到牵连,便在清单上如实填上了一项:"陈石赎地归还铜钱800贯。"赵和又找来陈石当堂对质,林兴哑口无言,只得将典当地契退给了陈石。

641. 祖传妙药

冯祥当众说:"既然没人能救活,看来,只好本府亲自来救治这个商人了,本府深明医理医道,丁小山你在这里好生守护,待我回家去取祖传妙方。"说罢,他便向丁小山使了个眼色,然后自己就走出了人群。此时的凶手就在人群中,他以为知府真会医道,害怕知府取回了妙方治好了商人,于是便趁知府离开之际,以医治为名向商人第二次下了毒手,可他没有想到,丁小山正在一旁紧紧地注视着他,等他一动手,便被丁小山抓了个正着。

642. 寻找嫁妆

刘炎泽估计，盗贼看了公告，因为害怕第二天被查出来，会马上把偷来的衣服运出城外，而整箱衣服目标太大，他们会把衣服穿在里面，分几次穿出城。刘炎泽关照士兵，看谁反复进出城门的，就扣留搜查。

643. 失而复得的官印

当黄县令将封好的官印盒子交给胡狱吏时，胡狱吏就面临着两难选择：或者当场打开盒子，说明盒中无印；或者拿回盒子，送还时，再说明盒中无印。如果选择前者，说明他早知道盒中无印，他有偷印的嫌疑；如果选择后者，得承担丢印的罪名。胡狱吏为了摆脱罪名，只有将偷来的官印，再放回盒中。

644. 不识字的狗

祝瀚道："贵管家不必生气，本府自有主张。我想，只要把贵府诉状放在它面前，它看后低头认罪，也就可以定案了。"

管家大叫道："你这昏官，走遍天下，可有一条认识字的狗？"

祝瀚神情严肃地说："既然狗不识字，那金牌上的'御赐'二字它岂能认得？既然它不认识，这欺君犯上的罪名又从何说起？狗本不通情理，咬死丹顶鹤乃是禽兽之争，凭什么要处治无辜百姓？"几句话把那宁王府管家问得哑口无言。

645. 贪财的瞎子

这块布明明是红布，县官故意说是白布，算命的看不见，也跟着说是白布，终于露馅儿了。

646. 以牙还牙的办法

特洛的办法是：倒出一杯酒，当众一饮而尽，从而证明酒中确实无毒。

647. 智破伪证

"那么受伤以前，你能举多高呢？"原告下意识地很快把手举过了头顶。顿时，原告露出了马脚。

648. 引诱

苏秦知道自己伤势太重，要不久于人世了。为了捉住刺客，便献了一个"自污"的计策来帮助齐王破案。他对齐王说道："臣死后，请大王亲自将臣的尸体车裂示众，然后再当众宣读我的罪行，说我是燕国派来颠覆齐国的奸细。如果这样做，就能捉到刺客，为臣报仇了。"

齐王按苏秦的主意办了之后，刺客看见苏秦被车裂，便从人群中走出来，承认了自己就是刺客，结果中了苏秦的圈套。

649. 巧还耕牛

张允济说道："我们抓捕了一个偷牛贼，正在挨家挨户地核对，好查清楚每家牛的来源。"

650. 藏人的木桶

店老板和老板娘一听，包拯让他们俩抬走木桶，便高兴地抬起那盖得严严实实的大木桶就往家走。走到半路，店老板回过头，见四下里没人，笑嘻嘻地说："咱们拿了他们 60 两银子，还得了这一大木桶衣物，真是发财啦！"

两人正说得高兴，忽然"呼啦"一声，木桶上的盖子掀开了，从里面跳出一个衙役，对他俩说："你们的话我都听到了，现在回衙门去听候处理吧！"

就这样，包拯略施小计，就取得了口供和证据，责罚了这对贪心的夫妇。

651. 一口大铁锅

偷锅贼说自己无法背走铁锅，包拯就故意把铁锅奖给他，偷锅贼不知道是计，熟练地把铁锅背在身上就走，揭穿了他背不动锅的谎话，暴露了窃贼的身份。

652. 被割掉舌头的耕牛

包公听了李大柱的讲述，立即想到割牛舌头的人一定与李大柱平素有怨。因为把耕牛的舌头割掉，牛就不能吃草了，留它无用，就会杀掉它。这样一来，就犯了私宰耕牛罪。于是，包公便将计就计，让李大柱把耕牛杀掉。金兆来不知这是包公的计策，看见李大柱杀死了耕牛，心中大喜，当即来到县衙告李大柱私宰耕牛罪。这个案子就是这样被包公巧妙地侦破了。

653. 招兵抗倭

范贾看了大牛的尸体，马上联想到本地区是倭寇曾经出没的地方，便想到了一个计策，故意说大牛是被倭寇杀死的，好让听到此话的人传出去，这样凶手就一定会听到，误以为杀人之事不可能再追究到自己身上。当布告登出之后，又有重金的赏赐，凶手就自己主动地送上了门。

654. 大牢与小牢

师爷献的是离间计。他让知府把强盗分别关在大牢和小牢里，并给小牢里的强盗吃好酒好肉，给大牢里的强盗吃粗茶淡饭，目的就是让他们互相猜忌，从而互相揭发，达到破案的目的。

655. 兄弟打官司

过了几天，百文敏将张元带到县衙，喝问："本县刚查获一桩盗窃案，据盗犯招认，他的赃物全部窝藏在你的家中，你枉读诗书，竟干出无法无天之事，岂有此理！"

张元吓得连忙说："回禀大人，我一直在家读书，与外人从不来往。家兄张震在外经商，走南闯北，结交三朋四友，或许其中藏有隐私。家中之物都是张震购置，与我无关。"

"哦，家中之物都是张震购置？"

"一点不错。"

百文敏顿时把脸一沉："大胆张元，竟霸占哥哥家产，丧尽天良，国法难容，家产全归还哥哥所有。来呀，将张元轰出公堂。"

656. 谁害死了老太太

县官让手下人半夜里装成鬼，来到小庙里，对小姑和嫂嫂说："谁要是撒谎，就要抓她去见阎王。"小姑胆战心惊，就把真相都说了出来。

657. "神钟"识盗

陈述古暗中派狱吏将钟身涂满墨炭，而罪犯做贼心虚，唯恐手摸到钟后发出声音，只做了个摸的样子，没敢让手触到钟上，所以手指上一点儿墨炭也没沾上，手指是干净的，便说明他是盗贼。

658. 良师益友

宗涛与售票员的对话声音很大，车上所有的乘客全都听到了。这时有一位乘客慌张地将手伸进了自己的提包里去摸索着，宗涛看在眼里，上前一把抓住了他的手："是你偷了我的心爱之物！"那人支支吾吾的不承认。宗涛便说道："我刚才说，闹钟很快就要响了，别人都不以为然，只有你慌张地将手伸进包里，你这样做，是想将偷得的闹钟的响铃按住。"说着宗涛从那人提包里拿出了一件东西，却不是闹钟，而是一台小巧的收录机。那人见状马上又强辩道："你丢失的是闹钟，与我有何相干？"宗涛说："我丢失的就是这台'良师益友'。如果我不说是闹钟你能暴露么？"

659. 没装胶卷的相机

薛剑故意在公证人耳边嘀咕了一会儿，还用手指做了个"8"的手势，然后大声地对那个人说道："我已向公证人讲了拍几张的数字，现在该轮到你了。"那个人有些心虚，也附在公证人身旁说了几句话，他猜测薛剑的手势的一定是说拍了8张，于是便当众说："我拍了8张！"

公证人待这个人说完后，举着相机当众宣布说："这位叫薛剑的人刚才悄悄告诉我说相机里根本没有装胶卷，而这个人却说装的是柯达，而且拍了8张，我告诉你们，薛剑说的是对的，他刚才打的手势"8"是故意迷惑这个人的。"

660. 公审大树

县官想，埋钱的事只有商人和他的妻子知道，估计妻子趁商人不常在家，有了相好，把藏钱的事告诉了相好，是相好偷走了钱。县官考虑到相好常到商人家来，商人的儿子对他一定很熟，就假装审问大树，吸引来众人，见到小孩要谁抱，谁就是相好。

661. 收萝卜

胡知县先让酱园老板散布广收萝卜，然后让衙役化装成酱园的伙计，在收购时一边付款过秤一边与每个卖萝卜的人进行谈话，询问他们的萝卜种在什么地方，当问到这两人时，因为是偷的，所以这两人说不清来历，便断定他们是贼。

662. 受冤枉的木匠

县官知道王木匠是冤枉的，故意这样说的。因为根据字据，要兄弟3人一起到场才能还钱，现在少了老三，两个哥哥就无法向王木匠要钱，而如果老三出现的话，县官就可以把他抓起来。

663. 谁是抢劫者

徐明说："把表当面还给本人，不再追究，拦路抢劫的人会暗自庆幸，欣然同意；挺身而出抓坏蛋的人，肯定不会同意这样做，因为这样敷衍塞责，好坏不分，就等于把他的正义行为抹杀、亵渎了。这样，谁是谁非，真相也就大白了。"

664. 跟踪狂

如果约翰晚上开车出去跟踪某人，他很可能早已想到把车顶灯拆除，这样就不会在上下车时泄露自己的行踪。露西说当跟踪者上车时车灯并没有亮，这就支持了小杰弗里的猜测。

665. 心理学家的理论

凶犯就是那个推销员。情人经常来往于被害人的家，嘴上叼着香烟进进出出，是很平常的事。推销员就不同了，为了推销商品，常常到陌生人家。出于礼貌，他每走进一户人家之前，往往会在大门口把点燃的香烟丢掉。这对他已习以为常了。结果证明，心理学家是正确的。

第七篇　综合分析

666. 失窃的宝石

宝石是男仆偷的。房间里总共只有3位客人和主人安德鲁，所以根本不需要5杯加了冰的酒。原来，那位男仆乘人不备，把宝石偷了出来放在酒杯里，乍一看就好像是冰块一样。

667. 一家乐器商店被盗

是莱格。他暴露出喇叭是藏在盒子里被偷走的，而且还知道店里有3个钱箱被撬。此外，他在短文里几乎所有的行动都跟实际发生的事实相反，显然是故意隐瞒。

668. 船长遇害

从蜡烛的溶解情况来判定被害时间。由蜡烛的上端溶解部分呈水平状态来看，船在触礁而倾斜时，蜡烛还在燃烧着。海水的涨潮和退潮，其间总是隔着6个小时，轮流变化着，这艘船被发现的时候是上午9点左右，此时恰好刚退潮，由此可知，此次退潮至上一次的退潮，其间只涨过一次潮，以此可推论船是在昨晚9点左右触礁倾斜的，凶手也是在此刻下手的。

669. 替罪的瞎子

父亲是瞎子，如果发怒打人，一般是乱砸一气；而祖父的3处伤口排列整齐，显然是明眼人干的。

670. 画家被杀

死者两个月前左手已麻木，但现场他依然用左手握枪，证明他是被谋杀的。在两个来访客人中，只有两天前从巴黎回来的道明不知道他的左手有毛病，所以道明就是凶手。

671. 森林公园深处的凶情

从落叶上分析的，如果车子在森林中停放两天，车内和尸体上一定会堆满落叶；如果车上落叶很少或基本没有，证明车子停到这里的时间不长。而罪犯只能步行离开，在大森林里，既容易留下痕迹，又不容易走远。

672. 证言的破绽

第一，既然两名劫匪进门时头戴面具，只露出眼睛，怎么可能嘴里叼着香烟呢？第二，既然歹徒戴着手套，又怎么可能用戒指划破托尼的脸呢？

673. 嫌疑犯答话

嫌疑犯说是在东西流向的河南岸坐着看河水，即他是面朝北的。在北纬29度线以北，可以看到月球和太阳一样在天空的南部东升西落。如果他面朝北，是看不见月亮在河水中的倒影的。

674. 考卷里的错误

试卷共有4处错误：(1)中午，当太阳高悬天空中时，不论树木多高多矮，都不会有影子；(2)水源靠地下涌泉补充的湖是没有潮流的；(3)海鳟是海水鱼；(4)贩毒犯开始往回划时是"午夜刚过10分"，因此"午夜时分"巡逻队不可能在对岸发现他们的船。

675. 空的保险柜

那盆绿色植物，如果4天之久不被移动，它的叶片应该倾向阳光，而现在叶片倾向墙壁，说明被人移动过。窗子的里边锁着，而只有索尼有钥匙，所以移开花盆打算秘密打开保险柜的就是他。

676. 露出马脚的高级骗子

塞克在3个地方露出了马脚：

（1）作为警官，在8月仲夏，仍然戴着手套是违背常理的；

（2）当塞克给苏格兰场打电话时，他没有要任何人听电话，这样的电话接线员是无法接通的；

（3）塞克最初说有一伙歹徒要抢劫公司，但不知有多少人，而后无意中又透露出是3名歹徒，话语前后矛盾。

677. 伪造的照片

凯恩指着照片说："在'时速高达40英里的风暴'中，小姑娘不可能划亮火柴，因此表明，照片中的窗户是关闭的。莫纳太太晚上从高处坠落下去的情景，在室内是不可能看到的。因为照片是在晚间用闪光灯拍摄的，这样，室内就比窗外亮得多，这时照片上的窗户只能像镜子一样反映室内的景物，而不可能现出莫纳太太的身影。根据这个道理，可以判断，这张照片是伪造的！"

678. 一宗奇案

科学根据是：那一年阳历的7月20日是上弦月，10点钟时月亮已经西沉，不会有月光。即使证人记错了时间，把作案时间推前，月亮还在西天，月光从西边照射过来，如果凶手面向西，藏在树东边草堆后面的证人是根本无法看到其面容的；倘若作案者面向证人，月光照在作案人后脑勺上，证人依然无法看到其面容。

679. 飞来的爹

首先，程颢发现药书虽旧，但上面的字迹很清楚。按老汉说的，把儿子卖给人至今已有30几年，他在外行医，药书随身常用，翻摸了30几年，字迹不可能还这样清楚。程颢又想到，按曲诚年龄与曲宁相比，曲诚得曲宁时不到40岁，怎么会被称为"老员外"呢？程颢由此断定这个字是刚写上去的，药书凭证是伪造的。

680. 新学期的风波

从小偷翻了前6排座位，只偷了那两样东西来看，小偷事先就知道那3样东西，目的也正是它们。但是玛丽却没有被偷，由此可见，小偷并不知道他们坐在哪些位子上。所以，老师凯瑟琳可以排除在外，她所说的话当然也是真的了。

那么，知道他们那3样东西，又没有不在场证明，也不知道他们座位的人，只剩下老爷爷和准备去教务处办理转学手续的理查德同学。但是，老爷爷拄着拐杖，不可能跳过围墙。所以，窃贼就是理查德。

至于理查德为何没有跟同学们一起去上体育课，前面已经说了——他要去教务处办理转学手续。

681. 抢劫出租车的强盗

罪犯是西蒙。罐装啤酒喷涌出来便是证据。

根据西蒙的证词，如果从几小时前就在听立体声音乐，那么，罐装啤酒在手提包中一直处于静止状态，即使打开盖子，也不会喷出。

实际上，西蒙在司机追赶下拼命逃跑时，啤酒在手提包内剧烈摇晃，从而产生了气泡。

画家罗宾吃剩下的苹果没变色，是由于在盐水中泡过。苹果削皮后用盐水一浸，就不会变色。竹内刑警切了一小块儿苹果品尝，吃出咸味，便相信罗宾没讲假话。

682. 一株植物

嫌疑犯是亨利。根据有两条：（1）亨利是药店老板，竟然不知道麦冬这种常用的药草具有的疗效，这说明亨利并不是真正的药店老板。（2）在5点零2分时，吉力尔船长见屋外有人影一闪，这肯定是一名游客，因为除了游客以外，4位工作人员都在屋内。待吉力尔等人回到古堡时，9名游客全在。在短短的8分钟内，这名游客要跑过杂草丛生的小路去船上把发动机的进油管割断，然后再回古堡，一来一回奔跑约1400米，这只有26岁的亨利这样身强力壮的年轻人能做到。

683. 一张借条

柳清吩咐差役将纸笔分给原告孙贵、证人金平和龙六成，说："你们3人分开站好，张乾借钱时间是上午还是下午或是晚上，写在纸上，不得交头接耳！"

这一下，孙贵3人愕然失色，拿着纸不知如何下笔。片刻之后，他们沉不住气了，纷纷跪下磕头认罪。

原来，孙、金、龙3人嫉恨张乾买卖兴隆，于是合计坑害他。由金平仿照张乾的手笔，在一张假借据上署了名，不想"铁判官"智胜一筹，用计在公堂上揪住了狐狸的尾巴。

684. 谁的旱烟管

李知县看着他们各抽完3袋烟后，便大声喝道："大胆柳吉生，胆敢拿别人烟管。这烟管上刻有'癸未仲夏'，癸未年至今年庚戌年已27年。烟斗上并无大的磨损。你抽3袋烟时，吹不出烟灰，连续在地上重打。照此抽法，这烟斗早无残存了。李文德抽烟吹不出烟灰，用头上之发簪挑出，可见他对烟斗之爱护。据此，烟斗之主必是李文德无疑。柳吉生，还不从实招来！"

柳吉生被问得哑口无言，只得供认了自己的罪行。

685. 寻找放哨的人

因为酒是不会结冰的，所以酒鬼一定是假装的。他拿的酒瓶里装的肯定是水。一个清醒的人有什么必要在街上闲逛，还要假装喝醉了呢？他一定是放哨的人。

686. 巧辨方头锹

胡县令看见瓜秧都被砍断，便想到应该从作案工具着手破案。他凭经验知道，毁瓜者若是用镰刀砍的，地面上不会留下印迹；若是用锄头砍的，瓜秧被砍断的地方应该是斜茬。所以，他就根据瓜秧断口处是直茬的情况，认定毁瓜者用的一定是铁锹。但是铁锹有圆头的，也有方头的。于是，他又查看，发现地下入土印迹的深度一样，便断定为方头锹。之后还得在这几十把方头锹里找出那把砍断瓜秧的锹，于是，胡县令又逐个用舌头舐方头锹。当他舐过黑胖子的方头锹时，感到舌尖又苦又涩，便断定毁坏瓜田的是黑胖子所为。

687. 到底是谁

经理的伤是在头的左后侧，因此凶手很可能是个左撇子。根据镜像效应，正在写字的两个人中一定有一个是左撇子，而另一个用右手写字的则是无罪的。

688. 林中奇案

博士和埃利奥特认为凶手不可能还随身带着刀子，直到警察来抓他。凶手一定是把刀扔掉了或藏到了某个地方。现场有两个人身上带刀，因此让人自然想到其中有一把刀必然是凶器，或者说其中有一个人必然是凶手。实际上另一个声称自己来野营钓鱼的人身上本应该带刀。如果他没有刀的话反而会成为头号嫌疑犯，因为如果没有带刀的话，他是根本无法清洗和准备鱼的。

689. 波森家的盗窃案

如果波森警官家的车库门使用的是遥控电开门器，那么停车服务员就有可能把设置记录下来，然后使用相似的开门器打开车库门。一旦进入车库，他就能轻易进入波森家中，因为很多人都从来不锁车库通往室内的门，人们通常都认为只要车库门锁好就不用锁室内的门。盗贼根本不需要偷波森家的钥匙，只要从车库能进入室内，他就能得到汽车的钥匙。

690. 杀手阿龙

埃利奥特侦探不相信像阿龙这样有经验的杀手会在犯罪现场留下这么显而易见的证据，他肯定知道通过弹壳可以追查到枪支的使用者。了解到阿龙一向以伪造现场出名，而且自动手枪的弹壳从来都是落在射击点右侧而非左侧，因此埃利奥特认为阿龙是用三明治包装袋装了几发其他枪支的弹壳，作案后再故意把它们留在现场的。

691. 带血的合欢树叶

李光弼解释道："有些植物的叶片在晚上或是阴天下雨的时候，会自动地合起来，目的是不让外界的雨滴或大风等把叶片毁坏。合欢树的叶子就有这个特点。所以，当我发现死者旁边的合欢树上有几片叶子的内侧溅上了血迹时，我就断定死者是在下雨之前被人杀害的，也就是说凶手是下雨前就待在店里的人。又根据以往的经验来推断，如果是店老板杀害了死者，店老板一定会把尸体藏起来，不会放在外面。由此，我断定凶手就是下雨之前住在店里的人，也就是二楼上的这个人。"

692. 馆长之死

凶手在作案后把雪茄放到桌子上，再将望远镜的焦距调整到下午5点左右太阳的位置，对准雪茄烟的头部。下午5点左右的时候，阳光开始聚焦在雪茄上把它点燃，从而造成了约瑟夫先生是下午5点左右才去世的假像。从作案手法上看，能够贴身作案的人一定和约瑟夫先生很熟，再加上刻意篡改的时间证据，凶手很可能就是凯德尔！